日本外交文書

第二次欧州大戦と日本　第一冊
日独伊三国同盟・日ソ中立条約

外務省

序

外務省では、明治維新以降のわが国外交の経緯を明らかにし、あわせて外交交渉上の先例ともなりうる基本的史料を提供する目的で、昭和十一年『日本外交文書』第一巻を公刊した。以来、既に明治・大正期の刊行を終え、昭和期についても、満州事変、海軍軍縮問題、および日米交渉（昭和十六年）等の特集とともに、昭和期Ⅰ（昭和二―六年）および昭和期Ⅱ（昭和六―十二年）の外務省記録の編纂・刊行を終えた。そして現在は、戦前期の最後となる昭和期Ⅲ（昭和十二―二十年）を鋭意刊行中である。

本冊は、日独伊三国同盟と日ソ中立条約の締結を中心に、太平洋戦争開戦までの時期における第二次欧州大戦関係外務省記録を特集方式により編纂・刊行するものである。本冊の刊行により『日本外交文書』の通算刊行冊数は二一〇冊となる。

激動の時代といわれる昭和期を顧みるにあたって、本冊が正確な史実を提供し、外交問題の歴史的研究に資するとともに、現在の国際関係を考察する上でも貢献できれば幸いである。

平成二十四年三月

外務省外交史料館長

例言

一　太平洋戦争終結に至るまでの昭和期（昭和二―二十年）の外交文書は、次の三期に分けて編纂・刊行している。

昭和期Ⅰ　昭和二―六年　　（一九二七―一九三一）

昭和期Ⅱ　昭和六―十二年　（一九三一―一九三七）

昭和期Ⅲ　昭和十二―二十年（一九三七―一九四五）

二　昭和期Ⅲについては、「日中戦争」、「太平洋戦争」および「第二次欧州大戦と日本」の三つの特集を中心に構成する。

三　本冊は『日本外交文書　第二次欧州大戦と日本　第一冊』として、日独伊三国同盟と日ソ中立条約の締結を中心に、太平洋戦争開戦までの時期における第二次欧州大戦関係文書を特集方式により収録した。

1　本冊に収録した文書は、基本的に外務省所蔵記録によった。

2　本冊では、外務省所蔵記録に加え、防衛省防衛研究所戦史研究センター所蔵史料、大東文化大学東洋研究所所蔵「海軍省資料」、陽明文庫所蔵「近衛文麿関係文書」、国立国会図書館憲政資料室所蔵「来栖三郎関係文書」ならびに「天羽英二関係文書」、および「極東国際軍事裁判関係文書（米国議会図書館作成マイクロフィルム）」より文書を補塡した。

なお、防衛省防衛研究所戦史研究センター所蔵史料より補塡した文書については冒頭に◉印を、大東文化大学東洋研究所所蔵史料より補塡した文書については冒頭に☆印を、陽明文庫所蔵史料より補塡した文書については冒頭に†印を、「極東国際軍事裁判関係文書」より補塡した文書については冒頭に＊印をそれぞれ付し、その他については末尾にその旨を記した。

3　収録文書は、原則として原文のままとした。

4　収録文書には、一連文書番号および件名を付し、各事項ごとに日付順に配列した。

5　収録文書中発電月日不明の電報は、着電の日付を記し、1月⑮日のように丸括弧を付して区別した。

6　収録文書中右肩に付した⑴⑵⑶等の記号は、同一番号の電報が分割されて発電されたことを示す。なお、本冊への収録にあたっては、文章の区切りではなくとも分割された箇所をもって改行した。

7　収録文書中来信については、公信番号の下に接受日を明記し、接受日不明のものについては当該箇所にその旨を記した。

8　発受信者名については、初出の場合のみ姓名を表示し、以後は姓のみにとどめた。また発受信者名に付す国名・地名は、原則として辞令に基づく在勤地とした。

9　本冊に採録するにあたって加えた注記は、（編注）として当該箇所に明記し、その文面は各文書の末尾に記載した。

10　原文書に欄外記入や付箋がある場合は、（欄外記入）（付箋）として当該箇所に明記し、その文面は各文書の末尾に記載した。

11　収録文書中（省略）（ママ）等の括弧を付したルビは、収録にあたって記したものである。

12　原文書で印字不鮮明等の理由により判読不明な文字は□とし、（一字不明）のようにルビを付した。

13　押印については、公印と私印をそれぞれ〔印〕と（印）に区別して記した。

14　本冊には〈参考〉として、「所謂防共協定強化問題（三國同盟問題）ノ顛末」（昭和二十三年八月作成）および「防共協定を中心とした日独関係座談会記録」（昭和二十四年四―五月作成）を収録した。

15　本冊末尾に全収録文書の日付順索引を付した。

目次

一　防共協定の加盟国拡大と強化問題……1
二　日独伊三国同盟……141
三　日ソ中立条約……277
四　独ソ開戦後の対独伊・対ソ関係……417
〈参考〉
「所謂防共協定強化問題(三國同盟問題)ノ顚末」……553
「防共協定を中心とした日独関係座談会記録」……573
日本外交文書　第二次欧州大戦と日本　第一冊　日付索引

一　防共協定の加盟国拡大と強化問題

1　昭和11年11月25日　調印

日独防共協定

付　記　昭和十一年十一月二十五日

右協定に関する外務省声明

共産「インターナショナル」ニ對スル協定

大日本帝國政府及

獨逸國政府ハ

共産「インターナショナル」（所謂「コミンテルン」）ノ目的ガ其ノ執リ得ル有ラユル手段ニ依ル現存國家ノ破壊及暴壓ニ在ルコトヲ認メ

共産「インターナショナル」ノ諸國ノ國内關係ニ對スル干渉ヲ看過スルコトハ其ノ國内ノ安寧及社會ノ福祉ヲ危殆ナラシムルノミナラズ世界平和全般ヲ脅スモノナルコトヲ確信シ

共産主義的破壊ニ對スル防衛ノ爲協力センコトヲ欲シ左ノ通協定セリ

第一條

締約國ハ共産「インターナショナル」ノ活動ニ付相互ニ通報シ、必要ナル防衛措置ニ付協議シ且緊密ナル協力ニ依リ右ノ措置ヲ達成スルコトヲ約ス

第二條

締約國ハ共産「インターナショナル」ノ破壊工作ニ依リテ國内ノ安寧ヲ脅サルル第三國ニ對シ本協定ノ趣旨ニ依ル防衛措置ヲ執リ又ハ本協定ニ参加センコトヲ共同ニ勸誘スベシ

第三條

本協定ハ日本語及獨逸語ノ本文ヲ以テ正文トス本協定ハ署名ノ日ヨリ實施セラルベク且五年間效力ヲ有ス締約國ハ右期間滿了前適當ノ時期ニ於テ爾後ニ於ケル兩國協力ノ態様ニ付了解ヲ遂グベシ

右證據トシテ下名ハ各本國政府ヨリ正當ノ委任ヲ受ケ本協定ニ署名調印セリ

昭和十一年十一月二十五日即チ千九百三十六年十一月二十五日「ベルリン」ニ於テ本書二通ヲ作成ス

大日本帝國特命全權大使

子爵　武者小路　公共　〔印〕

獨逸國特命全權大使

Joachim von Ribbentrop〔印〕

共産「インターナショナル」ニ對スル協定ノ附屬議定書

本日共産「インターナショナル」ニ對スル協定ニ署名スルニ當リ下名ノ全權委員ハ左ノ通協定セリ

(イ)兩締約國ノ當該官憲ハ共産「インターナショナル」ノ活動ニ關スル情報ノ交換竝ニ共産「インターナショナル」ニ對スル啓發及防衛ノ措置ニ付緊密ニ協力スベシ

(ロ)兩締約國ノ當該官憲ハ國內又ハ國外ニ於テ直接又ハ間接ニ共産「インターナショナル」ノ勤務ニ服シ又ハ其ノ破壞工作ヲ助長スル者ニ對シ現行法ノ範圍內ニ於テ嚴格ナル措置ヲ執ルベシ

(ハ)前記(イ)ニ定メラレタル兩締約國ノ當該官憲ノ協力ヲ容易ナラシムル爲常設委員會設置セラルベシ共産「インターナショナル」ノ破壞工作防遏ノ爲必要ナル爾餘ノ防衛措置ハ右委員會ニ於テ考究且協議セラルベシ

昭和十一年十一月二十五日卽チ千九百三十六年十一月二十五日「ベルリン」ニ於テ

大日本帝國特命全權大使 子爵 武者小路 公共

獨逸國特命全權大使 Joachim von Ribbentrop

共産「インターナショナル」ニ對スル協定ノ祕密附屬協定

大日本帝國政府及

獨逸國政府ハ

「ソヴィエト」社會主義共和國聯邦政府ガ共産「インターナショナル」ノ目的ノ實現ニ努力シ且之ガ爲其ノ軍ヲ用ヒントスルコトヲ認メ

右事實ハ締約國ノ存立ノミナラズ世界平和全般ヲ最深刻ニ脅スモノナルコトヲ確信シ

共通ノ利益ヲ擁護スル爲左ノ通協定セリ

第一條

締約國ノ一方ガ「ソヴィエト」社會主義共和國聯邦ヨリ挑發ニ因ラザル攻撃ヲ受ケ又ハ挑發ニ因ラザル攻撃ノ脅威ヲ受クル場合ニハ他ノ締約國ハ「ソヴィエト」社會主義共和

國聯邦ノ地位ニ付負擔ヲ輕カラシムルガ如キ效果ヲ生ズル一切ノ措置ヲ講ゼザルコトヲ約ス

前項ニ掲グル場合ノ生ジタルトキハ締約國ハ共通ノ利益擁護ノ爲執ルベキ措置ニ付直ニ協議スベシ

第二條

締約國ハ本協定ノ存續中相互ノ同意ナクシテ「ソヴィエト」社會主義共和國聯邦トノ間ニ本協定ノ精神ト兩立セザル一切ノ政治的條約ヲ締結スルコトナカルベシ

第三條

本協定ハ日本語及獨逸語ノ本文ヲ以テ正文トス本協定ハ本日署名セラレタル共產「インターナショナル」ニ對スル協定ト同時ニ實施セラルベク且之ト同一ノ有效期間ヲ有ス

右證據トシテ下名ハ各本國政府ヨリ正當ノ委任ヲ受ケ本協定ニ署名調印セリ

昭和十一年十一月二十五日卽チ千九百三十六年十一月二十五日「ベルリン」ニ於テ本書二通ヲ作成ス

大日本帝國特命全權大使

子爵　武者小路　公共〔印〕

獨逸國特命全權大使

Joachim von Ribbentrop〔印〕

附錄第一

以書翰啓上致候陳者本日共產「インターナショナル」ニ對スル協定ノ祕密附屬協定ニ署名スルニ當リ大日本帝國政府及獨逸國政府ハ左ノ點ニ關シ完全ニ一致セル旨閣下ニ通告スルノ光榮ヲ有シ候

右祕密附屬協定第二條ニ記載セラルル「政治的條約」ハ漁業條約及利權條約、大日本帝國、滿洲國及「ソヴィエト」社會主義共和國聯邦間ニ於ケル國境問題ニ關スル條約竝ニ大日本帝國及「ソヴィエト」社會主義共和國聯邦間ニ締結セラルベキ其ノ他ノ之ト同種ノ條約ヲ包含セズ

前記ノ見解ニ關スル獨逸國政府ノ同意ガ本使ニ確認セラルルヲ得バ幸甚ニ候

本使ハ茲ニ閣下ニ向テ重テ敬意ヲ表シ候　敬具

昭和十一年十一月二十五日「ベルリン」ニ於テ

大日本帝國特命全權大使

子爵　武者小路　公共

獨逸國特命全權大使

ヨアヒム、フォン、リッベントロップ閣下

（譯文）

附錄第二

以書翰啓上致候陳者共產「インターナショナル」ニ對スル協定ノ祕密附屬協定ニ關シ本日附貴翰ヲ以テ左ノ通御申越ノ趣敬承致候

以書翰啓上致候陳者本日共產「インターナショナル」ニ對スル協定ノ祕密附屬協定ニ署名スルニ當リ大日本帝國政府及獨逸國政府ハ左ノ點ニ關シ完全ニ一致セル旨閣下ニ通告スルノ光榮ヲ有シ候

右祕密附屬協定第二條ニ記載セラルル「政治的條約」ハ漁業條約及利權條約、大日本帝國、滿洲國及「ソヴィエト」社會主義共和國聯邦間ニ於ケル國境問題ニ關スル條約竝ニ大日本帝國及「ソヴィエト」社會主義共和國聯邦間ニ締結セラルベキ其ノ他ノ之ト同種ノ條約ヲ包含セズ

本使ハ前記ノ見解ニ關スル獨逸國政府ノ同意ヲ閣下ニ通告スルノ光榮ヲ有シ候

本使ハ茲ニ閣下ニ向テ重テ敬意ヲ表シ候　敬具

千九百三十六年十一月二十五日「ベルリン」ニ於テ

獨逸國特命全權大使

大日本帝國特命全權大使

子爵　武者小路　公共閣下

（譯文）

附錄第三

以書翰啓上致候陳者本日共產「インターナショナル」ニ對スル協定ノ祕密附屬協定ニ署名スルニ當リ獨逸國政府ハ獨逸國及「ソヴィエト」社會主義共和國聯邦間ニ存スル千九百二十二年ノ「ラパロ」條約及千九百二十六年ノ中立條約ノ如キ政治的條約ノ條項ハ本協定ノ實施當時ノ事態ニ於テ客體ヲ缺如セザル限リ本協定ノ精神及本協定ヨリ生ズル義務ニ牴觸セザルモノト認ムル旨閣下ニ通告スルノ光榮ヲ有シ候

本使ハ茲ニ閣下ニ向テ重テ敬意ヲ表シ候　敬具

千九百三十六年十一月二十五日「ベルリン」ニ於テ

獨逸國特命全權大使

大日本帝國特命全權大使
子爵　武者小路　公共閣下

附錄第四

以書翰啓上致候陳者共產「インターナショナル」ニ對スル協定ノ祕密附屬協定ニ關シ本日附貴翰ヲ以テ左ノ通御申越ノ趣敬承致候

以書翰啓上致候陳者本日共產「インターナショナル」ニ對スル協定ノ祕密附屬協定ニ署名スルニ當リ獨逸國政府ハ獨逸國及「ソヴィエト」社會主義共和國聯邦間ニ存スル千九百二十二年ノ「ラパロ」條約及千九百二十六年ノ中立條約ノ如キ政治的條約ノ條項ハ本協定ノ實施當時ノ事態ニ於テ客體ヲ缺如セザル限リ本協定ノ精神及本協定ヨリ生ズル義務ニ牴觸セザルモノト認ムル旨閣下ニ通告スルノ光榮ヲ有シ候

本使ハ大日本帝國政府ガ右通告ヲ多大ノ滿足ヲ以テ了承セル旨閣下ニ確認スルノ光榮ヲ有シ候

本使ハ茲ニ閣下ニ向テ重テ敬意ヲ表シ候　敬具

昭和十一年十一月二十五日「ベルリン」ニ於テ

獨逸國特命全權大使
ヨアヒム、フォン、リッベントロップ閣下

大日本帝國特命全權大使
子爵　武者小路　公共

共產「インターナショナル」ニ對スル協定ノ祕密附屬協定及附錄ノ祕密保持ニ關スル了解事項

兩締約國ハ共產「インターナショナル」ニ對スル協定ノ祕密附屬協定及附錄第一乃至第四ヲ祕密ノモノト認ムルコトニ一致ス

祕密附屬協定ノ內容ヲ第三國ニ通告スルコトガ兩締約國ノ利益タリ得ベキ場合ニハ斯ル通告ハ相互ノ同意ニ基キテノミ爲サルルモノトス

昭和十一年十一月二十五日卽チ千九百三十六年十一月二十五日「ベルリン」ニ於テ

大日本帝國特命全權大使
子爵　武者小路　公共

獨逸國特命全權大使
Joachim von Ribbentrop

（付　記）

共產「インターナショナル」ニ對スル協定
ニ關スル外務省聲明　（十一月二十五日公表）

㈠共產「インターナショナル」所謂「コミンテルン」ハ「モスコー」ニ本部ヲ構ヘ、其ノ創立以來世界革命ノ根本方針ノ下ニ各國ニ於ケル國家組織及社會組織ヲ破壞センカ爲、各種ノ工作ヲ施シ世界平和ニ多大ノ脅威ヲ與ヘテ來タカ、昨年夏第七回世界大會ヲ開催シ「ファシズム」及帝國主義ニ對抗スル爲、第二「インターナショナル」等トノ統一戰線結成ニ邁進スルノ方針ヲ決議スルト共ニ、「コミンテルン」今後ノ活動ノ目標ハ日本、獨逸、波蘭等テアルコトヲ明ニシ、尙日本ト鬪爭スル爲支那共產軍ヲ援助スヘキ旨ヲ決議宣言シタ。

「コミンテルン」ノ實行方法ハ、右大會後著シク巧妙トナツタ爲其ノ危險性ハ益々增大シタ。而シテ「コミンテルン」カ如何ニ各國ノ內部關係ニ介入シ、現存國家ノ安寧及世界平和ニ對シ甚シキ害毒ヲ齎シタカハ、今次西班牙ノ動亂ニ就テノミ之ヲ見ルモ其ノ深刻ナルニ驚カヌ者ハ無カラウ。又尠クトモ右「コミンテルン」大會ノ際「ソヴィエト」聯邦政府ニ抗議シタ國々ニ於テハ「コミンテルン」ノ活動ノ有害ニ付充分ナル認識ヲ有スル筈テアル。

㈡赤化ノ侵犯ハ從來東洋方面就中支那ニ於テ特ニ著シク、外蒙古、新疆ノ如キハ既ニ其ノ慘禍ヲ嘗メ、支那本部ニ於テハ共產軍ノ甚シキ跋扈ヲ見ツツアリ、中國共產黨ヲ通シテ行ハルル「コミンテルン」ノ對支活動ハ前記第七回大會以後頓ニ活潑ヲ加ヘテ來タ。滿洲國ニ於テモ「コミンテルン」ハ中國共產黨滿洲省委員會ヲ指導シテ各地ノ細胞組織ノ扶植及匪賊ノ懷柔誘導ニ努メ、赤色「パルチザン」隊ヲ各地ニ出沒セシムル等其ノ暗躍甚シキモノカアル。我國ニ於テハ滿洲事變以後極左運動ハ一時衰微ノ兆カアツタカ「コミンテルン」大會後ハ其ノ決議ニ從ヒ合法場面ニ潛入シテ統一戰線運動ヲ展開シ、共產主義運動再興ノ素地タラシメントシ再ヒ該運動擡頭ノ勢カアル。

㈢帝國政府トシテハ萬古不動ノ國體ヲ擁護シ、國家ノ安全ヲ確保シ、進テ東亞永遠ノ平和ヲ維持スル爲、從來共共產主義的活動ニ對シテハ明確ナル方針ヲ堅持シテ來タ次第テアルカ、右ノ如キ「コミンテルン」ノ脅威ノ增大ニ鑑ミ、一層嚴重ナル防衛措置ヲ講スルノ必要ニ迫ラルルニ至ツタ。然ルニ「コミンテルン」ノ組織及活動ハ國際的テアルカラ、之ニ對抗スル爲ニハ國際的協力ニ俟ツコトカ肝要テアルカ、獨逸ニ於テハ昭和八年「ヒツトラー」政權ノ成立以來峻烈ナル反共產主義的政策ヲ實行シ來ツタ、一方前述ノ如ク客年ノ「コミンテルン」大會ハ日本及獨逸等ヲ以テ今後ニ於ケル「コミンテルン」活動ノ主タル對象ト爲シテ居ルノテ、獨逸ハ對「コミンテルン」關係ニ於テ帝國ト著シク類似ノ立場ニ在ルノテアル。依テ帝國政府ニ於テハ「コミンテルン」ニ對スル防衛工作ノ第一歩トシテ、先ツ獨逸ト交涉ヲ重ネタ結果、遂ニ本日協定ノ調印ヲ了シ直ニ實施セラレタノテアル。

㈣本協定ハ「コミンテルン」ノ破壞工作ニ對スル共同防衛ヲ本旨トスルモノテ、締約國間ニ於ケル「コミンテルン」ノ活動ニ關スル情報ノ交換、防衛措置ニ關スル協議及實行竝「コミンテルン」ノ脅威ヲ受クル第三國ニ對スル共同勸誘ニ付規定シ、別ニ附屬議定書ニ於テ本協定ノ施行ニ必要ナル具體的方法ヲ定メテ居ル。

㈤帝國政府ニ於テハ今後「コミンテルン」ノ脅威ニ對スル防衛措置ノ完璧ヲ期シ成ルヘク多數ノ國家ト協力センコトヲ欲スル次第テアルカ、是レ一ニ「コミンテルン」防衛ノ目的ニ出ツルモノニ他ナラヌノテアツテ、本協定ニ關聯シ又ハ其ノ背後ニ何等ノ特殊協定ノナイコトハ勿論、右以外ノ目的ヲ以テ何等カ特殊ノ國際的「ブロツク」ヲ形成シ、又ハ之ニ參加セントスル意圖ヲ有スルモノテナイ。尙又本協定ハ「ソヴィエト」聯邦其ノ他如何ナル特定國ヲモ目的トスルモノテナイコトハ言フ迄モナイ。

～～～～～～～～～～～～～～～～～～～～

2　日独防共協定に対する欧州諸国の警戒心理について

昭和11年12月25日　在ベルギー来栖(三郎)大使より有田(八郎)外務大臣宛(電報)

第一一七號

ブリュッセル　12月25日発
本　省　着

日獨協定ニ關シテハ蘇側ノ宣傳ハ別トシ當國等ニ於テモ本來アレタケノ事ニテ公表迄交渉進行ノ事實スラ嚴祕ニ附スル程ノ大袈裟ナル協定ヲナス筈ナシト見ル觀側（測カ）及ヒ本協定ハ或ハ將來軍事同盟ニ發展スベキ段階ニアラスヤト爲ス觀測今以テ相當有識者間ニ行ハレ居ルヲ以テ東亞南洋等ニ廣キ領土ヲ有スル諸國及ヒ獨乙ノ壓力ヲ感シ居ル諸國ガ頗ル警戒心理ヲ强化セルハ想像ニ難カラズ伊太利ノ如キハ逸早ク此機微ニ着眼シ十月末「チアノ」ノ伯林ヨリ歸來後直チニ日獨協議進行ヲ新聞ニ洩ラスト同時ニ伊モ亦參加スルカノ如ク宣傳セシメ對英地中海交渉ヲ自國ニ有利ニ促進スル爲巧ニ之ヲ利用シタルヤニ觀測セラレ獨乙モ亦對英工作及ヒ最近又復氣勢ヲ擧ケツツアル植民地獲得運動等ニ適宜右警戒心理ヲ利用シツツアルガ如キコトナキヲ保セズ蓋シ其邊ノ機微ナル關係ハ帝國政府トシテモ既ニ充分御承知ノ上各種工作ヲ進メラレツツアル次第ト拜察スルモ今回ノ協定ニ對スル我國民論カ贊否何レモ徒ラニ民主々義諸國ノ誤解ヲ云々スルニ止マリ是等諸國從來ノ對日態度ニモ反省ノ余地アルヲ指摘スルモノ殆トナク一般ニ堂々タル氣魄ヲ缺キ居ルヤニ見受ケラルルハ出先トシテ甚心許ナキ次第ニシテ或ハ一部諸國ヲシテ日本與シ易シノ感ヲ抱カシムルト共ニ獨乙ニ與フル印象モ亦面白カラサル結果トナリ我國ハ結局虻蜂取ラスニ陷ルナキヤヲ憂慮セサルヲ得サル次第ナリ

勿論前述御工作上ノ必要限界ヲ越ヘテ徒ラニ各國ヲシテ行過キタル警戒心理ヲ抱カシメ置キ却而他國ヲシテ之ヲ利用セシムルガ如キハ我國ノ利益ト一致セサルヲ以テ累次御訓電ノ通リ右警戒心理解消ニ努ムルノ要アルベキハ申迄モナキ所ナルモ我國ノ國內情勢及ビ武斷的對支對南洋政策カ誇大ニ海外ニ傳ヘラレ居ル今日單ナル「コンミンテルン」ノ陰謀暴露祕密條項存在否定ノミニテ充分前記不安解消ノ目的ヲ達シ得ヘキヤ聊カ疑ナキ能ハス

然ルニ民主々義諸國中佛國ハ佛蘇協定ノ關係上日獨協定成立ニ當リテハ相當神經過敏トナリ一時ハ衝動的ニ在佛大使發往電第六三九號「レシェー」內話末段ノ如キ事態發生スベキモ本來眞ニ平和ヲ熱望スル佛國トシテハ次第ニ判斷ノ冷靜ヲ回復スルニ至ラバ萬々一日蘇ノ衝突ガ延イテ獨蘇ニ波及スルガ如キ場合ニハ佛國ハ極メテ困難ナル立場ニ陷ルベキヲ豫想シ日蘇問題ノ將來ニ對シテハ相當關心ヲ抱クベシト推測セラルルヲ以テ我國トシテハ前記「レ」ノ內話ニ

モ鑑カミ適當ナル機會ニ日獨協定ノ成立ガ佛蘇協定ヲ以テ極東ニ無關係ナリトナス佛國屢次ノ言明ニ何等變化ヲ及ホスガ如キコトナシト承知シテ然ル可キヤヲ照會シ先方ノ希望ニヨリテハ例ヘバ我國ハ常ニ東亞ニ於ケル佛國ノ權益ヲ尊重スヘシ等ノ證言ヲ與ヘ協議ノ上適宜其經緯ヲ公表スルニ於テハ相當前述警戒心理ノ解消ニ資スルト共ニ或ハ延イテ對蘇局面打開ノ機緣トモナリ得可キヤニ思考ス

右交渉ノ時期方法ニ關シテハ勿論愼重考慮ノ要アルヘキモ佐藤大使近々御歸朝ノ豫定ナルヤニ拜承シ居ルニツキ此際右卑見何分ノ御檢討ヲ得度シ

編注　本文書は、国立国会図書館憲政資料室所蔵「憲政資料」中の「来栖三郎関係文書」より採録。

3　昭和12年2月23日　在独国武者小路(公共)大使より林(銑十郎)外務大臣宛(電報)

独伊など全体主義国家の政治経済動向の特徴につき杉村駐伊大使と意見交換について

ベルリン　2月23日発
本　　省　3月16日着

郵第一號(極祕)

今次杉村大使來獨ヲ機ニ同大使ノ伊國ニ於ケル及本使ノ土國、獨逸ニ於ケル體驗トヲ基礎トシ所謂全體主義國ノ政治、經濟動向ニ付意見交換セルカ其ノ政治形式ニ對スル好キ嫌ヒハ別トシ左記諸點ハ是等諸國共通ノ現象トシテ今後歐洲政局判斷上重要ナルモノト認メラル

一、獨伊ニ於テハ爾餘諸國ノ如ク國內多數分子ノ異ナレル意見ノ出樣ニ依リ中間的政策ノ生ルルコトナク常ニ國策ニ徹底味アルト同時ニ國策卽チ人物ノ反映ナル結果トシテ國策中ニハ多分ニ一本調子ノ人間味ヲ露出シ居ルヲ常トス從テ之ヲ相手トスル外交交渉ニ當リテモ從來ノ自由主義國ニ對スルトハ全然別個ノ態度ヲ要ス卽チ一度味方トシテノ意氣ヲ感セシムレハ一路目的ニ進ミ得ルニ反シ不徹底ナル態度ヲ執ルニ於テハ全然 dead lock ニ逢着スルコトアリ右ハ日獨協定交渉當時ノ經緯ノ明カニ示ス所ナルト同時ニ今後ノ日伊交渉等ニ當リテモ特ニ留意ヲ要スヘシ

二、[2]「ナチ」、「フアツシスト」政權ハ其ノ政權掌握當初コソ相當ノ無理乃至强力手段ニ出テタルモ右ヲ以テ彼等カ常ニ民衆ニ壓制ヲ加フルモノト爲シ惹イテハ右政權ノ基礎鞏固ヲ疑フカ如キハ當ヲ得ス「ヒ」、「ム」等ハ民衆ノ幸福、生活安定ヲ以テ立國ノ基礎トシ此ノ政綱ヲ徹底セシメ又現實ニ其ノ國ヲ破滅ノ域ヨリ救ヒタル絕大ノ功ニ依リ國民ノ感謝ト信頼トヲ一身ニ集メ居ルコトハ外部ノ想像以上ナルト共ニ貧民、失業救濟其ノ他社會及敎育事業ニ於ケル建設的活動目覺シキハ共通ノ現象ニシテ殊ニ政治當局者カ先ツ民心ノ動向ヲ事前ニ察シ次テ民衆ヲ率ユルノ態度ニ出テ以テ民心ヲ把握シツツアル點ハ兩國ノ將來ヲトスル上ニ重要ナル事實ナリ（曾テハ反對者アリシモ昨今ハ何レモ轉向セリ）

三、[3]伊獨兩國カ資源少ク經濟上不利ナル立場ニアルハ事實ナルモ國民ノ團結ト徹底セル政治ノ力トカ相當程度迄右困難ヲ克服シテ國力ヲ伸張セシメツツアルハ事實ニ徵シ動カスヘカラサル事實ニシテ執權當初ヨリ常ニ外部ノ悲觀論ヲ裏切リ着々成功シ居ルコトハ兩國トモ同樣ナリ所謂自由主義的財政家カ今度コソ行詰ルヘシト繰返シ述ヘツツアルニモ拘ラス何時モ巧ニ之ヲ切拔ケ次テ大ニ國力ヲ恢復シツツアリ從テ是等諸國ニ對スル同情トカ反感トカハ別トシテ右諸國擡頭ノ事實ハ之ヲ充分認識シテ歐洲政局ヲ判斷セサレハ非常ナル誤算ヲ生スヘシ

四、伊獨ニ於テハ新聞統制完全ニ行ハレ居ル結果トシテ重要外交交涉又ハ財政措置等ニ付機密保持ニ遺憾ナキヲ期シ得ル反面事前ノ觀測乃至想像ヲ基礎トスル報道ナク此ノ間ニ處シ英佛等ノ海外行電報カ伊獨兩國ノ政治經濟狀況ニ關スル限リ虛報若ハ著シク事實ヲ枉ケタル報道ヲ爲スハ

[4]日獨協定、日伊交涉又近クハ獨逸ノ「モロツコ」ニ對スル要求說等ノ電報ト其ノ後ニ現ハルル眞實ノ事態トヲ比較スレハ明カナル處一方伊獨ノ如ク半官通信以外ニ通信社存セサル國柄ニアリテハ一々之ニ有權的辯明ヲ加ヘ自ラ祕密ヲ洩ラスカ如キコトヲ避クル結果唯默殺ノ已ムヲ得サルニ至ルコト多ク結局海外ノ虛報ノ跳梁ニ委セルコトトナル實情ナルヲ以テ獨伊ニ關スル海外電報ニ接スルニ當ツテハ情報ノ大部分ハ悧巧ナル新聞記者ノ想像說トシテ充分濾過シテ判斷スルヲ要ス此ノ點ニ付我國新聞雜

誌カ是等無價値ナル報道ヲ傳播シ一般ヲシテ歐洲政局ノ判斷ヲ誤ラシメ又在京獨伊大使等ヨリ本國ニ再報セラレ國交上面白カラサル結果ヲ來セルコト一再ニ止ラス此ノ件特ニ警戒ト指導トヲ加ヘラレンコトヲ希望ス

伊へ暗送セリ

4 イタリアの防共協定参加をめぐる独伊交渉の状況につきリッベントロップ大使説明について

昭和12年3月10日　在独国武者小路大使より佐藤(尚武)外務大臣宛(電報)

ベルリン　3月10日発
本　省　3月11日着

特第二號(館長符號扱)

在伊大使宛往電第一號ニ關シ

七日「リッペン」大使ト會見ノ際「リ」ハ防共協定ニ伊太利引込ノ為獨逸側トシテハ伊皇帝ノ姪ノ婿ニ當ル「ヘッセン」公ヲ通シテ更ニ最近「ラウマー」ヲ「ヘッセン」ノ許ニ派シ且「チアノ」トモ會見セシメタリ是等結果ヲ綜合スルニ伊トシテモ防共協定參加ニ異存ナキカ如ク唯之カ實現ノ時機及方法ニ付充分考慮ヲ要ストナシ居ルモノト認メラルル處他方獨伊間ニハ之ト併行シテ尚清算ヲ要スル問題多々存シ之ヲ無視シテ本問題ノミヲ推進ムルコトモ出來兼ヌル等ノ事情モアリ獨トシテハ極メテ機微ナルモノアルノミナラス前述ノ如ク目下折角努力中ノコトニモアリ旁此ノ際右一筋道ニテ推進メ度ク其ノ成行ハ遲滯ナク本使又ハ杉村大使へ報告スヘキ旨申出アリ本使ハ「チアノ」ト杉村大使トノ今後會見ニ於テ本問題ニ觸ルルコトアラハ杉村大使ニ於テ何等カノ形式ニ於テ之カ促進ニ努力スルコト當然ニシテ之ヲ冷カニ受流スコトハ日獨ノ為不利ナリト應酬セルニ「リ」ハ今暫ク右「ヘッセン」、「ラウマー」、「チアノ」ノ道ヲ進メ度キ旨頻リニ懇願シ居タリ尚「チアノ」ハ「ラウマー」ニ確カナル筋ヨリ聞ク所ニ依レハ日獨協定ニハ密約附屬シ居ル由ナルカ如何ト問ヘルニ付全然存セサル旨答ヘタル由ナリ

伊へ轉電セリ

5

昭和12年4月(8)日　在独国武者小路大使より佐藤外務大臣宛(電報)

独ソ接近説を独国政府当局否定について

ベルリン　発
本　省　4月8日前着

特情伯林第七號

最近英佛諸新聞ニハ獨蘇兩國接近說カ頻リニ傳ヘラレテ居ルカ獨逸政府當局ハ右報道ヲ全的ニ否定七日左ノ如キ見解ヲ表明シタ

今回ノ獨蘇接近說ハ明カニ蘇聯當局ノ策動テアル蘇聯當局ハ獨蘇接近ヲ捏造シテ英佛新聞ヲ躍ラセタ上日本ニ反響ヲ起シ總選擧ニ當面スル日本ノ輿論ヲ攪亂延イテ日獨兩國政府ノ離間ヲ企圖シテ居ルノタ英佛新聞ノ一部カ斯ル手品ニマンマト乘シラレルナト彼等ノ無定見ト非常識ハ笑フヘキテアル

6　昭和12年4月9日　在独国武者小路大使より佐藤外務大臣宛(電報)

ソ連の日独離間工作に対し注意方意見具申

ベルリン　4月9日後発
本　省　4月10日前着

第一〇四號

六日來英佛ノ新聞ハ獨ハ最近對蘇政策ヲ再吟味セントシツツアリトカ或ハ Rudendorf ト Hitler トノ和解ノ事實乃至蘇聯外交委員ニ Potemkin 任命ノ事實ハ蘇獨接近ノ前兆ナリトカ眞シヤカニ傳ヘ居リ他方六日ノ瑞西 Basler Nachrichten 紙ハ佐藤外相ハ佛國離任前記者團ト會見ニ於テ日獨協定反對ノ意見ヲ發表シタリ云々ト掲載シ居ル處斯ノ如ク時ヲ同ウシテ同種ノ宣傳ノ行ハレツツアルハ主トシテ蘇聯ノ日獨離間工作ニ外ナラス我方トシテ充分注意ヲ要スヘシ

右ニ付七日海軍長官「レーダー」ハ本使ニ「ヒ」總統ノ反蘇態度カ確固不動ナルハ御承知ノ通リニテ獨逸軍部モ亦絕對ニ之ヲ支持シ居ル次第ナルカ又モヤ斯ル離間的宣傳ノ行ハルルハ實ニ苦々シト繰返シ說明セリ(尙獨逸側ハ六日DNBヲシテ右風說否認《(ママ)》ノ取消ヲ發表セリ)

要スルニ日獨共其ノ對蘇態度ニ變改アリ得ヘカラサルハ勿論ナルカ本使カ協定成立當初ヨリ懸念シ居タル蘇側ノ離間策カ今日ニ至リ突如始マリタルハ蘇側ニ於テ我方選擧ヲ利用シ此ノ機ニ我國內不統一ヲ增シ協定ノ效力減殺ヲ計リ居

ルモノナルコト明カニシテ重光大使モ全然同シ觀測ナリ此ノ際我方トシテハ充分此ノ點ニ留意シ國論ノ啓發及統一ニ努ムルコト緊要ト存ス

英、露、佛、伊ニ暗送セリ

7　昭和12年4月19日　在独国武者小路大使より佐藤外務大臣宛（電報）

独ソ接近説に対し独側反駁について

ベルリン　4月19日前発
本　省　4月19日後着

第一一七號

最近[1]外國新聞ニ獨、蘇接近說喧傳セラレタルモ獨側ハ之ヲ一笑ニ附シ來レルハ往電第一〇四號ノ通リナル處十七日外務省情報部長Aschmannハ本使ニ對シ前記風說ノ裏ニハ勿論莫斯科ノ策謀アルモ右ニ應シ佛國外務省情報部長モ「コメール」等ノ動キモアルト推セラルル節アルニ付獨側モ愈右ニ對シ暴露戰術ニ出テ相手ノ鼻ヲ明カスヘシト述ヘ又「リツベントロツプ」事務所「ラウマー」部長モ同樣語リタルカ尙同人ハ日本議會最近ノ議論及獨逸ノ原料難等ヨリ蘇側ニテハ此ノ際此ノ種宣傳ニ依リ兩國間ニ水ヲ注シ離間セントスルモノナリト述ヘ居レリ斯クテ十七日D・N・Bハ記者會議ニ於テ愈反對宣傳ヲ開始スルコトトナリ十八日朝各紙一齊ニ大見出ヲ以テ論說ヲ掲ケタリ其ノ大要ハ同盟ニ依リ電報濟ナルカ要スルニ今次獨、蘇接近說ハ關係國對獨逸關係ノ離間中傷ヲ目的トスルモノナルコトヲ高調シ是[2]等風說ノ目的ハ蘇側トシテハ㈠最近猶太系ノ舊「ゲ・ペ・ウ」隊長「ヤゴダ」ノ罷免㈡非反獨的ナル在佛「ポテムキン」蘇大使ノ本國轉勤等ニ依リ獨ニ接近ヲ計リ又獨側ニ於テハ㈠最近「ヒ」總統及「ルーデンドルフ」將軍融和ノ結果獨蘇ノ軍部間接近ヲ策シ㈡國內重工業家ノ對蘇貿易増進ノ必要ニ基ク兩國ノ接近說有力トナリ㈢「シヤハト」藏相カ數日前武府訪問ニ際シ外國記者トノ會談中蘇聯ヲ含ム國際經濟會議參加ノ用意アリト述ヘタル等ノ事實竝ニ風說ヲ捉ヘ獨蘇接近說ノ根據ト爲スカ如キモ何レモ見ヘ透キタル策謀ニテ一顧ノ價値ナシ獨ノ對蘇態度ハ客年「ニユールンブルグ」黨大會及去ル一月三十日議會ニ於ケル「ヒ」總統演說中ニ直截簡明ニ聲明セラレ右ハ現政府不變ノ政策ニシテ獨ハ蘇聯ニ對スル如何ナル救援義務ヲ負ハサルト共

ニ又蘇ヨリ何等救援ヲ求ムルモノニアラスト言フニアリ

(3)尙往電第一一五號所報在獨「スーリッチ」蘇大使ハ過日巴里赴任ニ際シ親シク本使ヲ來訪君府以來ノ友人トシテ卒直ニ日蘇提携ノ必要ニシテ今日尙遲キニ非ス又獨蘇接近ハ漸ク有望トナリタルカ佛トシテモ蘇聯カ集團平和機構ヲ固持スル限リ異存ナキ筈ナリト述ヘ本使ノ所見ヲ求メタルカ本使ハ右ハ日獨離間ノ底意アルモノト認メタルニ付今日所見ヲ披瀝スルノ境遇ニアラサルモ蘇側ニ於テ世界共產主義ト政府ト混同スル限リ右ハ望ナシト述ヘ來レルカ彼此思合ハセ益々往電第一〇四號ノ所信ヲ深ウス

8

昭和12年5月25日　在伊国杉村(陽太郎)大使より
佐藤外務大臣宛(電報)

日伊間の防共協定締結は時期尚早である旨意見具申

ローマ　5月25日発
本　省　5月26日着

第八五號(極祕、館長符號扱)

一、客年十二(十一カ)月拙電第一九四號(編注)ニ對シ貴電第一〇九號ノ御同電ニ接シ當時御來訓ノ御趣旨ヲ伊外相ニ傳ヘタルニ「チアノ」ハ日獨協定第二條ヲ指摘シテ日本ノ態度ヲ訝リタルニ依リ本使ハ此ノ際日伊間ニ防共協定ヲ結フ差迫レル必要ナシ日伊ノ親善關係ニ顧ミテ協定ナクトモ必要ナル協力ハ可能ニシテ又必要アラハ何時ニテモ協定ヲ結ヒ得ヘシ差當リ日伊間ニ文化ノ交換事業ヲ完成シ次テ經濟協定ヲ結ヒタル後政治協定ニ進ムヲ順序トセント應酬シ宥メ置キタリ爾後伊外相ハ本使ニ對シ間歇的ニ本問題ニ觸ルルコトアリシモ本使ハ在獨大使發貴大臣宛電報第五五號及第六三號ノ見解ノ下ニ然ルヘク應酬シテ深入リスルヲ避ケ來レリ

二、然ルニ五月十三日「チアノ」ハ議會ニ於テ防共ニ關シ日伊ハ共通ノ立場ニアル旨ヲ演説シ同夜外相主催本使送別宴ニ於テモ同趣旨ノ挨拶ヲ爲シ且宴後本使ニ對シ實ハ客冬以來貴大使ヲ信頼シテ防共協定締結ノ申入ヲ差控ヘ來レルカ貴大使ノ轉任ヲ見タル今日離任ニ先立チ文書(文書ノ形式ニ付言及セス)ヲ以テ此ノ點ヲ明カニシ置キ度シ今日日伊間ニ文化交換ノ事業ハ圓滑ニ進行シ通商協定モ締結ノ瀬戸際ニ達セリ今ヤ政治協定ノ段取トナレルニ

アラスヤト言ヘルニ付本使ハ卽答ヲ避ケ一考シ度キ旨ヲ告ケ會談ヲ打切リタリ

三、惟フニ防共ノ中心ハ日獨協定ニシテ日伊ノ協力ハ補足的ノモノナリ日伊協力ノ効果ヲ案スルニ我ヨリ見レハ伊ノ蘇聯邦ニ對スル武器ノ供給ヲ止メシムル等主トシテ對蘇工作ニ其ノ重點ヲ認ムヘク伊トシテハ蘇聯邦ニ對スル外或ハ對英關係ヲモ念頭ニ入レ居ルニアラスヤトモ觀取セラル假ニ伊ニ於テ對英政策ニ防共協定ヲ利用スルノ魂膽ナシトスルモ日獨協定ト同シク日伊ノ接近ハ多少トモ英ヲ刺戟スル副作用ナキヲ保シ難キ處問題ハ此ノ副作用ヲ最小限度ニ止メテ我方目的ヲ達成スル方策ヲ見出スニアリト思考ス

四、目下日英ノ間ニハ彼我ノ利害調節ニ付交渉中ナルヤニ聞ク日伊接近ヲ以テ日英交渉ノ障碍タラシムヘカラサルハ言ヲ俟タサル處又伊カ「ムツソリニー」出現以來稍信頼シ得ルニ至リ殊ニ防共問題ニ付相當明確ニ反對的態度ヲ持スルコトハ明カナルモ其ノ態度時ニ豹變スル惧アル點ニ想到スレハ日伊間ニ此ノ際嚴密ナル約定ヲ結フコトハ本使ニ於テ躊躇スル所ナリ本使ハ對伊工作ハ動キノ取レサル約定ノ形式ニテ爲スヨリモ成ルヘク伸縮性ヲ帶ハシメ主トシテ平素ニ於ケル外交工作換言スレハ在伊大使ト伊首相及外相トノ接觸ニ依リ時宜ニ應シ兩國ノ利害一致スル場合協力スルヲ可トス

之カ爲ニハ新大使ノ赴任ニ際シ閣下ヨリ伊外相ニ宛テ日伊ノ國交カ親善ヲ加ヘタルヲ賀シ防共問題ニ付同一立場ニアルコトヲ指摘セラレ若シ出來得レハ右ニ加フルニ將來必要ニ應シ防共ニ協力スルノ希望又ハ意思アルコトヲ示サレタル書翰（茲ニ協力トハ單ニ主義上協力セントノ義ニシテ警察的又ハ軍事的協力等具體的ノモノヲ指スニアラス實體的協力ノ商議ヲ爲ス場合ニハ伊ト聯盟、蘇聯邦、獨、英、佛トノ政治的關係ニ付相當突込ミタル具體的説明ヲ徴スルノ要アリ）ヲ携行セシメラレ新大使ヲシテ之ヲ切懸ニ本使カ爲セルト同樣伊外相ト折衝スルカ程良キ所ナルヤニ思考ス

之ヲ要スルニ本使ハ此ノ際日伊間ニ防共問題ニ關シ協定又ハ聲明ヲ爲スコトハ未タ其ノ時機ニアラスト信スルモ他方伊側ノ態度前述ノ如クナルニ本使ニ於テ相當ノ挨拶ナクシテ離任スルトキハ或ハ伊ノ失望ト誤解トヲ買ヒ例ヘハ伊空

軍力近來我ニ對シ示シツツアル特別ノ好意ノ如キヲ維持スルコト至難カト察セラルルノミナラス他日我ニ於テ伊ノ協力ヲ求ムルノ必要生シタル場合之ヲ求メ得サルカ如キ事態ニ導クコトアルヲ惧ル

前陳ノ卑見ハ現下諸般ノ情勢ヲ観考シ深入リセサルト同時ニ伊ヲ我友邦トシテ保持シ行クニ付此ノ際差當リノ方策トシテ上申セルモノ右ニ對シ大體ノ御考ナリトモ御回示ニ接シ得ハ幸ナリ

編注 『日本外交文書』昭和期Ⅱ第二部第五巻第257文書。

9 日独両国の対ソ関係は不変であるとのヒトラー総統の発言について

昭和12年6月11日 在独国武者小路大使より広田(弘毅)外務大臣宛(電報)

ベルリン 6月11日後発
本 省 6月12日前着

第一八八號(極祕)

九日「ラウマー」ト會談ノ際同人ノ内話ニ依レハ「ヒ」總統ハ「リ」大使ニ對シ大要左ノ如キ意見ヲ述ヘタル由

(一)日獨兩國ノ蘇聯ニ對スル關係ハ恰モ地球カ太陽ノ周圍ヲ運行スルカ如ク全ク天然ノ法則ニ依ルモノト言フヘク永ク聊ノ搖アル筈ナシト確信ス

(此ノ點ニ關シ「ラ」ハ「リ」大使ヨリ本使ヘノ傳言トシテ同大使トシテハ最近日英間ニ行ハレツツアル交渉ハ日獨兩國ノ對蘇關係ニ役立ツモノニシテ苟モ之ト扞格スルカ如キ性質ノモノニアラサルコトヲ確信スト述フ)

(二)對英關係ニ關シテハ獨伊兩國トシテハ英ト反對ノ立場ヲ持スルコトハ策ノ得タルモノニアラス獨ノ對外政策ハ何處迄モ東方ヲ目標トシ之ニ重點ヲ置クヘク從テ西方就中英ニ對シテハ此ノ際成ルヘク融和的關係ヲ招致スルノ要アリ

(三)尤モ對蘇關係ニ付テハ獨伊兩國共徒ニ聲ヲ大ニシテ事態ヲ緊張セシムル必要ナキハ勿論ナルカ絶エス蘇ニ重壓ヲ感セシメツツ徐々ニ其ノ方策ヲ實現スルニ努ムルヲ可トス

(四)當面ノ問題トシテ重要ナルハ對波蘭工作ニシテ獨トシテハ何トカシテ對波關係ヲ有利ニ導クノ要アリ

（此ノ點ニ關聯シ「ラ」ハ「リ」大使ハ對波工作ニ關シ日獨共同シテ何トカ有利ニ展開セシムルノ方法ナキヤトノ意見ヲ有シ居ル旨述フ）

10　昭和12年9月8日　在仏国杉村大使より広田外務大臣宛（電報）

日伊協定の調印間近との報道について

パリ　9月8日発
本　省　9月9日着

第五一四號

八日「ウーブル」ノ「タブイ」カ日伊交渉トシテ論スル所左ノ通リ何等御參考迄

昨夜ノ羅馬情報ニ依レハ(イ)數箇月來、日伊間ニ交渉中ナリシ日伊協定ハ愈近ク調印ノ運ヒニ到ルヘク(ロ)右ハ日獨協定ニ則リ反共產主義鬪争、外交政策中一定事項ニ付事前ニ協議スルノ義務及軍事方面ニ於ケル技術的協力(尚之ハ論說外ナルモ此ノ點ニ關シ當地操觚界ニテハ伊國ハ對支飛行機輸出ヲ止メ日本ニ對シ一千臺供給方先ツ契約セラレタリトノ風評アリ)ヲ規定スルモノナルカ(ハ)日支事變勃發及夫レニ對シ獨逸ノ曖昧冷淡ナル態度等ニ依リ日本ハ頻リニ急速締結方催促シ伊國亦國際情勢ニ押サレテ右樣協定ノ一日モ早キ適用ヲ熱望セルモノノ如ク斯クテ日獨伊ノ提携益固ク(ニ)「ヒツトラー」カ「ニユーレンベルグ」大會ニ於テ獨伊ノ聲明ハ何レノ地ナルヲ問ハス共產主義脅威ニ對シ文明ヲ擁護スルニアリト揚言セシハ吾人ノ憂慮措ク能ハサル所ナリ

在歐各大使、壽府ニ郵送ス

11　昭和12年9月30日　在独国武者小路大使より広田外務大臣宛（電報）

イタリアが満州国承認交渉を開始との情報に対し真相回示方請訓

ベルリン　9月30日後発
本　省　10月1日前着

第四〇六號（部外極祕、館長符號扱）

大島武官宛參謀本部總務部長電報ニ依レハ在滿伊國總領事ハ本國政府ノ訓令ニ基キ滿洲國政府トノ間ニ伊國ノ滿洲國承認及滿洲國ノ「エチオピア」承認ヲ中心トスル政治經濟

協定ニ關スル商議ヲ開始シ居ル趣ナル處右商議ニ於テハ伊國側ヨリ獨逸ノ滿洲國承認ヲ促進スル件モアル由ニモアリ右眞相當方ヘモ御回電請フ

12　昭和12年10月18日　在伊国堀田(正昭)大使より
広田外務大臣宛(電報)

イタリアの好意的な対日態度に鑑み同国の防共協定参加問題に関する対処方針を至急回示方請訓

付　記　昭和十二年九月二十二日、陸軍省軍務局軍務課作成
「日伊協定ニ關スル意見」

ローマ　10月18日発
本　省　10月19日着

第二一七號(至急、極祕、館長符號扱)

貴電第一八四號ニ關シ

伊國政府ニ於テ徹底的ニ我國ニ對シ好意ヲ示ス態度ヲ執リ居ル此ノ際本件ニ關スル我方回答ヲ此ノ上遲延セシムルコトハ伊國側ニ疑心ヲ抱カシメ將來ニ面白カラサル影響ヲ殘ス惧アリ又最近支那特使(蔣方震)羅馬ニ到着「ステファニ」同道ニテ首相、外相、法王等ヲ歴訪シ政治的工作ヲ為サントスルト共ニ武器買入ニ付テモ奔走スルヤノ情報アリ對支武器賣込ヲ抑制セラレ不滿ノ色アリト傳ヘラルル當國實業界カ此ノ機會ニ支那側ト聯繫シテ何等運動ヲ為スヤモ保シ難キ情勢ナルニ付テハ此ノ際日獨協定參加ノ形式ヲ採用スヘキヤ否ヤノ問題ハ獨逸トノ話合纏マル迄未決定ノ儘ニ留保シ單純ナル防共協定ノミニ限ル點ニ付テ取急キ「チアノ」外相ニ申入ルルコト致度ク右何分ノ儀至急御回訓ヲ仰ク

獨ヘ轉電セリ

(付　記)

日伊協定ニ關スル意見

昭和一二、九、二二
陸軍省軍務課

(欄外記入)

一、判　決

帝國現下ノ情勢ト伊國ノ對日態度トニ鑑ミ急速ニ日伊提携ノ為ノ協定ヲ締結スルヲ要ス

二、要　領

一、協定締結ノ必要及反響

堀田大使ノ意見ニ全然同意ニシテ此際ハ不利ナル反響ヲ輕減スルノ處置ヲ講シツヽ協定締結ニ邁進スルノ一途アルノミ

二、協定ノ種類

協定ノ種類ハ堀田大使ノ報告ノ如ク單ニ防共協定ノミノ締結ハ既ニ堀田大使ノ意見ノ如ク問題トナラス從テ左ノ二案トナル

(イ)防共、中立

(イ)案ハ中立ヲ守ルヘキ義務ヲ負フヘキモノナルヲ以テ他國ニ對スル反響刺戟ハ少ナル一利アルモ協定ノ魅力著シク減殺スルノミナラス伊國トシテモ十分滿足セサルヘシ故ニ好ンテ當方ヨリ提案スヘキモノナリト思考セラレス

(ロ)防共、中立並協議

(ロ)案ハ協定一方ノ締結國ト他國トノ戰爭ノ場合相手國カ兩國ト關係少キ國ナル時ハ他ノ一方ノ締結國ハ中立ヲ守リ、兩國ト關係深キ國ナル時ハ協議ノ上其態度ヲ決定スルモノニシテ、問題ハ英、「ソ」兩國ナルヘシ、而シテ(ロ)案ハ歐洲ノ爭亂ニ捲込マル、虞アリトスル說ナキニ非サルモ義務的ノモノニ非サルヲ以テ其憂ナキノミナラス其時ノ情勢ニ依リ帝國ノ去就ヲ決定シ得ルノ融通性アリ伊國亦此案ヲ希望シアルヲ以テ最モ容易ニ協定締結ノ運ヒニ至ルヘシ

三、本協定ヲ祕密ニスヘキヤ否ヤニ關シテハ種々ノ利害アルヘシト雖、假令祕密ニスルモ必ラスヤ露ハル、ヘク而モ種々臆測附會セラル、ノ不利アルヲ以テ却テ明瞭ニ之ヲ公表シテ疑惑ナカラシムルコト却テ有利ナリト思考シアリ

(欄外記入)

九月二十四日受

13　昭和12年11月6日　調印

イタリアの日独防共協定参加に関する議定書

付記一　昭和十二年十一月六日

右議定書締結に関する外務当局談

二　昭和十二年十一月十九日、欧亜局第二課作成
満州国の防共協定参加問題に関する応答要領

議　定　書

大日本帝國政府
伊太利國政府及
獨逸國政府ハ

共產「インターナショナル」ガ絶エズ東西兩洋ニ於ケル文明世界ヲ危險ニ陷レ、其ノ平和及秩序ヲ攪亂シ且破壞シツツアルニ鑑ミ

平和及秩序ノ維持ヲ念トスル一切ノ國家間ニ於ケル密接ナル協力ノミガ右危險ヲ減殺シ且除去シ得ルコトヲ確信シ

「ファシスト」政治ノ創始以來不撓ノ決意ヲ以テ右危險ト鬪ヒ共產「インターナショナル」ヲ其ノ領土ヨリ驅逐シタル伊太利國ハ共產「インターナショナル」ニ對シ同樣ノ防衞ノ意思ヲ堅持スル日本國及獨逸國ト共ニ右共同ノ敵ニ當ルコトニ決シタルニ鑑ミ

千九百三十六年十一月二十五日「ベルリン」ニ於テ日本國及獨逸國間ニ締結セラレタル共產「インターナショナル」ニ對スル協定第二條ノ規定ニ從ヒ左ノ通協定セリ

第一條

伊太利國ハ千九百三十六年十一月二十五日日本國及獨逸國間ニ締結セラレタル共產「インターナショナル」ニ對スル協定及附屬議定書ニ參加ス右協定及附屬議定書ノ本文ハ本議定書ノ附錄(編注)トシテ添附セラル

第二條

本議定書ノ三署名國ハ伊太利國ガ前條ニ掲ゲラルル協定及附屬議定書ノ原署名國ト看做サルルコトニ同意ス本議定書ノ署名ハ右協定及附屬議定書ノ原本ノ署名ニ相當スルモノトス

第三條

本議定書ハ前記協定及附屬議定書ト一體ヲ爲スモノトス

第四條

本議定書ハ日本語、伊太利語及獨逸語ヲ以テ作成セラレ其ノ各本文ヲ以テ正文トス本議定書ハ署名ノ日ヨリ實施セラルベシ

右證據トシテ下名ハ各本國政府ヨリ正當ノ委任ヲ受ケ本議定書ニ署名調印セリ

昭和十二年十一月六日卽チ千九百三十七年、「ファシスト」曆十六年十一月六日「ローマ」ニ於テ本書三通ヲ作成ス

堀田　正昭　（印）

Ciano　（印）

Joachim von Ribbentrop（印）

編　注　省略。本書第1文書「共産「インターナショナル」ニ對スル協定」および同「附屬議定書」と同文。

（付記一）

日本國、獨逸國及伊太利國間議定書締結ニ關スル外務當局談

（昭和十二年十一月六日）

本十一月六日午前十一時（日本時間午后七時）羅馬ニ於テ日獨伊三國全權ノ間ニ伊國ノ日獨防共協定參加ニ關スル議定書カ調印セラレ直ニ發效スルコトトナツタ。

客年十一月二十五日伯林ニ於テ日獨間ニ締結セラレタル共産「インターナショナル」ニ對スル協定第二條ハ日獨兩國カ共同シテ第三國ノ參加ヲ勸誘スヘキ事ヲ規定シテ居ルノテアツテ今回右規定ニ基キ共産「インターナショナル」卽チ所謂「コミンテルン」ノ破壞工作ニ對シ日獨同樣斷乎タル決意ヲ有スル伊國ノ參加ヲ見ルニ至ツタノテアル。

近ク日獨防共協定締結一周年ヲ迎ヘントスルニ當リ同協定ノ意義及效果ハ各方面ニ於テ益々痛感セラレテ居ル西ニ於テハ一ケ年餘ニ亘ル西班牙ノ內亂、東ニ在リテハ東亞ノ安定ヲ亂ス其共産黨及抗日人民戰線ノ暗躍ノ何レモカ「コミンテルン」ノ策動ニ外ナラサル實證ヲ眼ノ當リニ見ル今日、日獨ニ依リ結成セラレタル防共ノ戰線カ「ムソリニ」首相ノ政治下ニ近年目覺シキ躍進振ヲ示シツツアル伊太利ノ參加ニ依テ一層强化サルルニ至ツタコトハ眞ニ心强イコトテアツテ世界ノ平和及文化ノ擁護ノ爲ニモ衷心ヨリ慶賀スヘキコトト云ハネハナラナイ。

尙本議定書ノ成立ニ依テ日獨伊三國間ニ現存スル親善關係ハ益增進セラルルコトト思ハレルカ右ハ帝國政府カ從來執リ來ツタ一貫セル反共政策ノ具現ニ外ナラナイノテアツテ苟モ反共産主義ノ點ニ於テ一致スル限リ總ユル諸國ノ本取極參加ヲ希望スル點ニ今後モ何等渝リナイノテアル。

(付記二)

滿洲國ノ日獨伊防共協定參加問題ニ關シ　一二、一一、一九　歐二
新聞記者ニ對スル應酬振ニ關スル件

本件ニ關シテハ左記要領ニ依リ應酬スルコトト致シタシ

滿洲國ハ我國ト共ニ東亞ヲ赤化ノ禍害ヨリ保全スルヲ以テ立國ノ一大精神トスルモノニシテ現ニ兩國關係當局間ニ於テハ共產運動取締ニ付相互ニ緊密ナル協力ヲ持シツツアル次第ナルヲ以テ日滿兩國間ニハ日獨防共協定成立前ヨリ事實上ノ防共協定ヲ存セリト云フヲ妨ケス、加之日滿兩國ノ異體同心タル關係ヨリスレハ滿洲國ハ帝國ヲ通シ間接ニ防共協定ニ參加シ居ルモノトモ見做シ得サルニ非ス從テ目下ノ事態ニ於テハ殊更滿洲國ヲ本協定ニ參加セシムルノ形式ヲ採ルノ必要ハナカルヘシ

14　昭和12年11月12日　堀内(謙介)外務次官
在本邦アウリッチ伊国大使　会談

日独伊防共協定に対するソ連の対伊抗議について

「ソ」側ノ對伊抗議ニ關シ在京伊太利大使次官來訪ノ件

在京伊太利大使十一月十二日堀内次官ヲ來訪ノ上左ノ通述ヘタリ

『伊太利國ノ日獨防共協定參加ニ關スル議定書ノ發表アリタル後在伊「ソ」大使ハ「チアノ」外相ニ面會シ今次ノ取極ハ伊「ソ」間友好不侵略條約ニ違反スルモノニシテ「ソ」ニ對スル伊側ノ非友誼的措置ト認ムル旨ヲ述ヘタル上右以外ニ何等申述フヘキコト無シト云ヘルニ付「チアノ」外相ハ御申出ノ次第ハ早速「ムッソリニ」ニ傳フヘク之以上自分トシテモ何等云フヘキコトナシト應酬シ置キタル趣ナリ

尚先日「チアノ」外相伯國大使ト會談ノ際日獨伊防共「パクト」ニ言及シタル處同外相ハ伯國ニ於テ同「パクト」ニ參加スルノ可能性アルヤノ印象ヲ得タル趣ナリ』

云云、

(在紐育若杉總領事發特情第二四六號ニ依レハ十一月十二日ノ紐育「タイムス」ハ伯國外務省カ日獨伊防共協定ニ直ニ參加スル意嚮ナキ旨言明シタリト報シ居ル由ナリ)

15　昭和12年11月⒂日　在独国武者小路大使より広田外務大臣宛（電報）

ドイツ外交の基本は独伊枢軸と日独伊防共協定にありとのヒトラー側近の論説について

ベルリン　発
本　省　11月15日前着

特情伯林第七二號

「ハリフアツクス」卿ノ獨逸訪問ヲ目前ニ控ヘ各國新聞ハ早クモ種々ノ臆測ヲ逞シウシ獨逸外交政策ノ轉換サヘ報道サレテ居ルカ「ナチス」黨通信ハ十四日「ヒツトラー」側近者ノ筆ニナル「不適當ナ方法」ト題スル論説ヲ掲ケ「ナチス」外交ノ基本トシテ獨伊樞軸ト日獨伊防共協定ノ不變不動ナル旨ヲ力說大要次ノ通リ述ヘテ居ル

「ハリフアツクス」卿ハ獨逸訪問ノ上「ヒツトラー」總統以下黨國ノ首腦ト腹藏ナキ意見ノ交換ヲ遂ケルテアラウカ英國初メ諸外國各紙カ事前ニ各種ノ臆測ヲ廻ラスコトハ不穩當ト言ハネハナラヌ斯ル臆測ハ一トシテ事實ト合致スルモノナク全ク滑稽ト評スル外ハナイ

一、第一ニ獨逸政府カ日伊兩國政府ト結ンタ政治的親善關係カ論議ノ中心ニナラウト言フ如キ觀測ハ全ク獨逸政府ノ外交方針ニ盲目ナルモノテ伯林、羅馬樞軸竝ニ防共協定コソ獨逸外交ノ基調テアルコトヲ知ラネハナラヌ

一、次ニ諸列强ノ關心事テアツテモ獨逸ノ關知シナイ事件ニ付獨逸政府カ進ンテ盟邦ニ慟懸ケ仲介ノ勞ヲ執ルトノ想像モ全ク事實ニ反スル

一、獨逸政府カ英佛獨伊四國會議ノ開催ヲ希望シテ居ルカ如キ觀測モ誤ツテ居ル政府ハ現在開會中ノ國際會議失敗ヲ新規ノ會議テ糊塗セントスル斯ル奸策ニ與シナイ

一、植民地問題ハ從來「ヒツトラー」總理カ繰返シ世界ニ闡明シタ通リテ今更附加スヘキ點ヲ持タナイ植民地問題ノ「十年間休戰案」等痴人ノ囈言ニ過キヌ

一、中歐問題ニ付テハ獨逸政府ハ調停ニ依リ解決スル自信ヲ有スル從テ何等第三國ノ援助ヲ必要トシナイ

斯ク觀シ來レハ英國各紙カ非常識ナ憶說ヲ播布シテ居ル現在「ハリフアツクス」卿ノ獨逸訪問カ果シテ時宜ニ適スルヤ否ヤ疑問トセサルヲ得ナイ寧ロ少クトモ新聞界カ冷靜ニ歸スル迄一時訪獨ヲ延期スルノカ妥當テハナカラウカ敢テ英國ノ朝野ニ借問スル所以テアル

16　昭和12年11月24日　在伊国堀田大使より広田外務大臣宛(電報)

満州国承認をめぐる独伊関係の機微につきチアノ伊国外相内話について

ローマ　11月24日後発
本　省　11月25日前着

第三三五號(極祕、館長符號扱)

二十四日外相主催大倉男歡迎會ノ際「チ」ハ本使ニ對シ「ム」ハ滿洲國承認ニ異議ナク唯獨逸ト打合ノ要アリトシ在獨伊大使ヲシテ獨外務省側ノ意見ヲ叩カシメタルニ極メテ内密ニ申上クル次第ナルカ獨側ハ其ノ滿洲國承認ニ對シ代償ヲ求ムル意嚮ナル由ニテ右決定迄伊トシテハ本件承認ニ關スル最後的決定ヲ差控ヘ日本ニ公式ニ同答ヲ差上ケ兼ネ居ル次第ナリ伊側ニ於テハ日本ノ「ヱ」併合承認アリタル以上何等代償ヲ求ムル意嚮ナク本件同答遲延ハ全ク右獨逸側方針ニ因由スルニ外ナラスト内話セルニ依リ本使ハ伊側ノ好意アル態度ヲ謝シタル後本使ノ有スル報道ニ依レハ獨側ハ日獨防共協定成立記念一週年ヲ期シ本件承認ヲ行フヤニ内聞セリ何等貴大臣限リノ御參考迄ニ申上クト言ヘルニ「チ」ハ意外ノ面持ニテ獨逸側態度前述ノ如ケレハ御言葉ナレト右ノ如キコトナカルヘシト答ヘ本使ハ聞込ノ儘御參考迄ニ内報スルノミト應酬シ置ケリ

本電内容ハ御了解ニ難カラサルヘキ通リ獨伊關係ノ極メテ機微ナル部分ニ及ヒ居リ從テ「チ」モ繰返シ外部ニ洩レサル樣念ヲ押シ居リタルニ付絶對ニ外部ニ洩レサル樣御注意願度シ

17　昭和12年11月28日　在伊国堀田大使より広田外務大臣宛(電報)

イタリアの満州国承認決定について

付　記　昭和十二年十一月二十九日
　　　　右決定に関する外務当局談

ローマ　11月28日後発
本　省　11月29日前着

第三四三號(大至急)

二十八日「チアノ」外相ノ求メニ依リ往訪シタル處同外相ハ伊國政府ハ滿洲國ヲ正式ニ承認スルニ決シ明日「ステファニ」ヲ通シ其ノ旨公表シ且同時ニ滿洲國政府外務大臣ニ

宛テ電信ヲ以テ同政府ヲ承認シ同國ニ在ル領事館ヲ公使館ニ改ムル旨公式ニ通告スル筈ナリト告ケ伊國政府トシテハ「アビシニヤ」併合ニ對スル日本側ノ承認ハ既ニ得タルモノト了解シ居リ更メテ布告ヲ發セラルル必要ナキモノト考フ從テ萬一日本政府ニ於テ此ノ際何等カノ宣言ニテモ發セラルルトセハ日本ハ既ニ「アビシニヤ」併合ヲ承認シ居レリトノ事實ヲ述ヘラルルコトト致度シト附言セリ

獨ヘ轉電セリ

（付　記）

伊太利國政府ノ滿洲國承認ニ關スル外務當局談

（十一月二十九日午後十二時）

伊太利國政府ハ客年十二月滿洲國政府ニ對スル正式ノ手續ヲ經テ在奉天伊國總領事館ヲ再開シ右ハ同國承認ノ第一歩ト見ラレテ居タカ今回正式承認ノ通告カ行ハルル事トナッタノハ欣快ノ至テアル。

滿伊兩國間ノ正式外交關係ノ開始ハ啻ニ滿伊兩國間ノ親善關係促進ノ見地ヨリ望マシキ事テアルノミナラス其ノ有スル政治的意義ハ更ニ大ナルモノカアル、防共ノ大目的ノ爲ニ堅ク握手シタル日伊兩國ノ關係ト日滿不可分ノ關係トヲ併セ考慮スル時伊國カ今回滿洲國ヲ承認スルニ至ッタ事ハ自然ノ趨勢トモ云ヒ得ルカ、右伊國ノ措置ハ現實ノ事態ヲ無視スル傾向アル國際聯盟等ニ對シテハ一大警鐘ヲ與ヘタモノト云ヘヨウ。

尚帝國政府ハ既ニ昨年十二月三日在「ヱチオピア」公使館ヲ廢シ領事館ヲ設置シタカ其ノ時カラ伊國ノ「ヱチオピア」併合ハ帝國ニ依リ承認セラレテ居ルノテアル。

18　昭和12年12月4日　在伊国堀田大使より広田外務大臣宛（電報）

日独伊防共協定の成立等に関する石井子爵とチアノとの会談要旨報告

ローマ　12月4日前発
本　省　12月4日夜着

第三五四號（極祕）

石井子爵[(1)]ヨリ

二日「チアノ」外相トノ會談（約二十五分）要旨左ノ通リ

一、先ツ當方ヨリ日獨伊三國協定ノ成立ニ對シ深甚ナル慶賀ノ意ヲ表シタルニ「チ」ハ伊國側トシテハ愼重ニ熟慮ヲ重ネタル上ニテ日伊兩國間ニハ利害ノ衝突スル惧絶無ナリトノ結論ニ達シ安心シテ今次協定ニ參加セル次第ニシテ從テ一旦此ノ決意ヲ爲シタル以上日本トノ提携ニ付テハ何處迄モ邁進スルモノナリト答ヘタリ

二、英國ハ何事ニモ干渉カマシキ態度ニ出ツル國ニシテ自ラ高ク持シ恰モ歐洲ノ道德的支配權ヲ有シ居ルカノ樣ニ振舞ヒ居ル處伊太利ハ之ニ承服スル能ハスト言ヒテ其ノ言辭概ネ「ム」首相ノ談話（往電第三五二號）ヲ裏書スルノ感アリタルカ當方ヨリ「ハリフアクス」卿ノ訪獨ニ言及シ獨逸カ頻リニ英國トノ友誼ヲ溫メント努力スル風アルニ反シ伊國ハ寧ロ英國ニ拮抗スル風アリテ獨伊兩國ノ英國ニ對スル行方ニ多少相違アルヤノ印象ヲ與フルモノアル點ニ付探リヲ試ミタルニ「チ」ハ「ハ」卿ノ訪獨ニ依リテ英獨關係カ好轉セリト見ルハ早計ニ失スヘク假リニ英獨間ニ若干ノ話合進展セリトスルモ佛蘭西カ文句ヲ言出スコト必定ナリ夫レハ兎ニ角英獨協調ニ關スル交渉ハ羅馬ヲ經由スルコト恰モ英伊間ニ於テ何等交渉行ハルル場合ニ伯林ヲ經由スルカ如ク此ノ事態ハ今後ト雖永ク變ルコトナカルヘシト述ヘタリ

三、「チ」ハ尙支那事變ニ觸レ過日支那大使ニ對シ支那ノ爲ヲ計ル友人ノ言トシテ支那ハ速ニ和ヲ請フヘシト勸誘セルニ支那大使ハ和ヲ議スルトシテモ如何ナル條件ヲ申込マルルヤ解ラスト言ヘルニ付日本側條件ノ如何ニ拘ラス支那ハ速ニ之ヲ受諾スルヲ可トス例ヘハ「ヱチオピア」問題ニ於テハ「ネグス」カ當初伊太利ノ條件ヲ受諾シタランニハ併合ヲ免レ遙ニ現狀ヨリ優ル結果ヲ得タルヘキニ他國ノ助言ヲ聽キ無益ナル抵抗ヲ試ミタルカ爲遂ニ亡國ノ憂目ニ遭ヒタリ當時「ネグス」ヲ聲援セル列國モ遂ニ何等ノ援助ヲ與ヘサリシ例ヲ見レハ支那タルモノ亦思半ニ過クルモノアルヘシトノ趣旨ヲ直言シ置ケリト述ヘタリ

19 昭和13年2月9日 在独国東郷（茂徳）大使より 広田外務大臣宛（電報）

独ソ接近説は英仏等による日独離間工作であるとの観測について

ベルリン　2月9日後発
本　　省　2月9日夜着

第六二號(館長符號扱)

英宛貴電第三六號ニ關シ

獨蘇間互ニ相侵サストノ話合ハ英國側ノ氣持ハ別トシ獨政府カ斯ル話合ニ乘ル如キハ到底考ヘ得サル所ナリ現ニ「ヒ」總統ハ客月十一日本使ニ對シ蘇聯ハ日獨共通ノ敵ナリト述ヘ其ノ後會談セル「ゲツベルス」、「ヘス」、「ローゼンベルグ」、「ヒムラー」等ノ要人ハ何レモ獨蘇關係ニ付明白ナル態度ヲ示シタルカ「リツベントロツプ」ハ客月二十八日會談ノ際獨逸外交ハ日獨伊樞軸ヲ以テ基準トスヘキモノニシテ英獨關係ハ右ニ對シ第二義的ト考ヘ居レリト述ヘタルコトアリ前記ノ事情竝ニ「ヒ」總統ノ性格等ニ照シ獨蘇間ニ前記ノ如キ話合アリヤノ說ハ蓋シ英佛等ノ一部ニ於テ日獨離間ニ利用スル爲揑造セルモノト認ムル外ナキニ依リ我方トシテハ寧ロ是等流說ニ惑ハサルルコトナキヲ必要ト思考ス

英ヘ轉電シ蘇ヘ暗送セリ

20　昭和13年2月21日

ドイツの満州国承認に関する情報部長談

獨逸ノ滿洲國承認ニ關スル情報部長談

(二月二十一日)

昨二月二十日獨逸國議會ニ於テ「ヒツトラー」宰相カ獨逸ハ滿洲國ヲ承認スル旨宣言シタル事ニ付テハ在獨東鄕大使ヨリ公報カアツタ。抑々獨逸ト滿洲國トハ昭和十一年滿獨通商協定ノ成立ヲ見テ事實上密接ナル關係ニ在ツタノテ正式承認ハ時期ノ問題ト見ラレテ居タノテアルカ種々ノ事情ヨリ今日ニ及ンタノテアル。今回「ヒツトラー」宰相カ英斷ヲ以テ承認ヲ斷行セラレタコトハ東亞延テ世界ノ大局ヲ明察シタルモノトシテ敬服ニ堪ヘヌ所テアルト共ニ現實ニ卽セヌ國際聯盟ヤ沒落ノ蔣政權ノ受クル打擊ハ想像ニ餘リアル。

又嚮ニ伊太利、西班牙兩國ニ依リ承認セラレタル滿洲國カ今回更ニ獨逸ノ承認ヲ得テ其ノ國際的地位ヲ益々鞏固ニシタ事ハ衷心慶賀ニ堪ヘナイ。

今回ノ獨逸ノ擧ニ依リ防共ノ大精神ヲ以テ結ハルル日獨伊

滿ノ關係カ益々緊密化セラルルコトヲ喜フト共ニ獨逸ノ滿洲國承認カ物質的利益ヲ超勢シタル友誼的精神ノ表現ナルコトヲ認識シテ充分感謝ノ意ヲ表スヘキテアルト思フ。

21　昭和13年3月9日　在独国東郷大使より広田外務大臣宛（電報）

満州国の正式承認は満独修好条約の締結による旨独側より通報について

ベルリン　3月9日後発
本　省　3月10日前着

第一〇九號（大至急、極祕、館長符號扱）

往電第一〇四號ニ關シ

九日求ニ依リ柳井「ワイツゼツカー」政務局長ヲ往訪シタル處「ワ」ヨリ獨逸政府ノ滿洲國承認ハ過日ノ御話ノ通リ二月二十日「ヒ」總統ノ議會演説アリタル歴史的ノ日トシテ取扱フコト政治的妙味アルモノト考ヘ種々協議シタルモ結局法律的手續トシテハ獨滿兩國間ニ修好條約ヲ締結シテ承認ノ手續ヲ完了スルコトニ決シ先刻「マッケンゼン」次官加藤在獨滿洲國通商代表ノ來訪ヲ求メ右條約案文（別電第一一〇號（省略））ヲ手交シタル次第ナルカ日滿間ノ特殊關係ニ鑑シ右時ヲ移サス貴方ヘ通報スル次第ナリ尚加藤代表ハ右ノ趣ト共ニ本件獨滿條約案文ヲ本國ニ請訓シ四、五日中ニ回答ヲ得ラルヘキ旨答ヘタルニ依リ然ル上ハ遲クモ來週中ニハ條約調印ヲ見滿洲國承認ノ手續ヲ了スルノ見込トナルヘシト述ヘタリ

依テ柳井ヨリ然ラハ獨逸政府トシテハ滿洲國ノ承認ハ二月二十日ノ「ヒ」總統宣言ニ依リテ行ハレタルモノトセス獨滿間條約調印ノ方式ニ依ラントスル意嚮ナリヤト反問シタル處「ワ」ハ右ハ前述ノ通リ種々研究シタルモ結局條約締結ナル方式ヲ以テスル方針ニ決シタル次第ナリト答ヘ更ニ柳井ノ問ニ應シ獨逸ハ新京ニ先ツ外交事務處理ノ權限ヲ有スル代理公使ヲ置キ次テ適當ノ時機ニ正式公使ヲ派遣スルコトトナルヘシト述ヘタリ

22　昭和13年3月25日　在独国東郷大使より広田外務大臣宛（電報）

満独修好条約交渉の状況について

ベルリン　3月25日後発
本　省　3月26日前着

第一五七號（極祕、館長符號扱）

往電第一〇九號ニ關シ

其ノ後本使「マッケンゼン」次官ト或席上ニテ會談ノ際（十日）本件滿獨修交條約ノコト話頭ニ上リ同次官ハ右交渉ハ四、五日中ニモ纒ルヘシトノ印象ヲ得タリト述ヘタルニ付本使ハ二月二十日ノ「ヒ」總統宣言ニ依リ滿洲國承認ノ決意闡明セラレ日滿兩國ニ多大ノ好感ヲ與ヘタル次第ニシテ承認手續トシテハ兩國間ニ直ニ公使館ヲ設置シ然ル上通商條約締結ノ交渉ニ入ルヲ適當ト思考シタルカ獨逸側ニ於テハ條約締結ニ依リ承認セントスルノ意嚮ナル旨ヲ承知シ日滿側ニ對スル影響モ面白カラサルモノアルニ至ルヘク又本件條約ノ締結モ御話ノ如ク短時日間ニ簡單ニ實施シ得ヘキヤハ疑問ナリト注意シ置キタル經緯アル處其ノ後獨逸側ニテモ種々考慮セルモノノ如ク二十四日外務省通商局長「ウキルス」ハ加藤滿洲通商代表ノ來訪ヲ求メ獨逸トシテハ出來得ル限リ速ニ獨滿間條約締結ノ運トシ度キ希望ナルヲ以テ右交渉ヲ容易ナラシムル爲囊ノ獨逸側提案第三條カ第一項ニ於テ將來獨滿間ニ一般的通商條約締結ノ交渉ヲ爲スヘキ旨ノ豫約ヲ爲スト共ニ同第二項ニ於テ右通商條約成立迄ハ居住、商工業、關税其ノ他ノ事項ニ付最惠國待遇ヲ與フヘキ旨ヲ規定シタルヲ改メ獨滿兩國ハ將來最惠國待遇ノ基礎ノ上ニモ（ママ）通商條約締結ノ交渉ヲ爲スヘキ旨ヲ豫約スルノミトシ第二項ノ最惠國約款ハ全部削除スルコトト致スヘキニ付（別電第一五八號（省略）參照）此ノ際至急修交條約締結ヲ實行スルコトト致度シト申出テタル趣ナリ

23　昭和13年4月20日　在独国東郷大使より広田外務大臣宛（電報）

満独修好条約交渉にて独側が最恵国待遇条項の削除を提案について

ベルリン　4月20日後発
本　省　4月21日前着

第二一一號（館長符號扱）

往電第一五七號ニ關シ

滿獨修交條約案ニ關シテハ其ノ後モ加藤代表ト「ヴィール」通商局長トノ間ニ交渉行ハレツツアル處獨逸側ニ於テ

ハ政治的見地ヨリ本件條約ノ締結ヲ促進スルヲ可トシ之カ爲ニハ交渉中諸種ノ議論ヲ誘發スル惧アル最惠國待遇ニ關スル條項ハ一切之ヲ削除スヘシトノ結論ニ達シタル模様ニテ十九日同局長ヨリ加藤代表ニ對シ別電第二一二號(省略)ノ案文ヲ提示シ來レル處右ニ依レハ舊案第三條末尾ノ「最惠國待遇ノ基礎ニ於テ」ナル字句ヲ削除シ將來滿獨間通商條約交渉ニ當リテハ相互ニ相手方ノ要求ニ付能フ限リノ滿足ヲ與フル様爲スヘキ旨ヲ記スルニ止メ居レリ

尚獨逸側ニ於テハ今次締結セラルヘキ條約ハ滿獨兩國語ヲ以テ「テキスト」トシ度キ意嚮ナル趣ノ處當地滿洲國側ニテハ暗號ノ構成上獨逸文「テキスト」ヲ新京ニ打電シ能ハサル趣ニモアリ別電「テキスト」滿洲國政府ヘ轉達方然ルヘク御取計煩度シ

24 昭和13年4月30日 在伊国堀田大使より 広田外務大臣宛(電報)

欧州情勢に鑑み日伊関係の強化が急務である旨意見具申

ローマ　4月30日後発
本省　5月1日前着

第二〇〇號（極祕）

一、獨逸ノ墺國併合及英伊協商ノ成立ヲ中心トスル歐洲政局ノ轉換期ニ際シ我國トシテモ之ニ適應シテ對策ヲ樹ツルコト緊要ノ儀ト思料セラルル處右ニ關聯シ主トシテ日伊關係ヲ眼中ニ置キ左ニ卑見ヲ開陳ス

二、獨伊樞軸ノ將來カ何ノ程度ノ緊密ヲ加フヘキヤハ素ヨリ豫知シ難キモ獨墺併合後ノ情勢ヲ觀察スルニ數段ノ强化ヲ見ルモノト推察セラレ又英伊關係ノ將來ニ付テモ種々ノ見解アルヘキカ今次ノ協定ニ依ル兩國友好關係ノ囘復カ少クトモ日伊關係ノ實情ニ比シ稍實質的ナル條約上ノ根據ヲ得タルモノナルコトハ否定スヘカラス此ノ新事態ニ直面シ切實ニ感セラルルハ内容空虛ニ近キ防共協定ヲ唯一ノ連鎖トスル日伊提携ノ基礎カ如何ニモ(一字アキ)弱ナル一事ナリ

三、「ム」首相ノ親日政策ハ「アビシニヤ」併合ヲ起點トスル伊國外交ノ轉換ニ照應シテ熟考ヲ經タル固キ決意ニ出テタルモノナルカ（客年往電第一六四號參照）本來伊國ノ

期待スル所ハ一層進ミタル政治的連結ニアルコト防共協定交渉ノ際ニ於ケル伊側提案（客年往電第一四九號）ニ見ルモ明カニシテ往電第一八〇號「チアノ」外相ノ言明ハ「ム」首相ノ決意ヲ傳ヘタルモノトシテ充分ニ信頼スルコトヲ得ヘシト雖此ノ伊國側ノ熱意アル態度ニ拘ラス我國ニ於テ防共協定以上ニ進ムコトヲ好マサル微温的態度ヲ永ク持續スルニ於テハ伊國側ハ之ヲ友誼ニ冷淡ナルモノト解シ多血ナル南歐ノ國民性トシテ失望ヨリ一變シテ反感ニ移ルコトナキヲ保シ難シ斯カル急激ナル變化ヲ來ササル迄モ一方ニ於テ獨伊結束ノ强化ヲ見他方ニ於テ英伊協定ニ引續キテ佛伊協定ノ商議進捗シ歐洲ニ於ケル伊國ノ國際的地位安定ヲ增スニ從ヒ根底淺キ日伊ノ親善關係カ著シク其ノ光彩ヲ失フニ至ルヘキコト自然ノ勢ナルヘシ

四、伊國ヲ以テ信頼ヲ置クニ足ラサル國ト妄斷シ（例ヘハ歐洲大戰中三國同盟ヲ棄テテ聯合國側ニ加擔セル事例ヲ引證シ或ハ「ムツソリーニ」死後ノ伊國ノ變動ヲ豫想スル等）其ノ前提ノ下ニ日伊提携ニ反對スル議論アルカ如キモ第一ニ伊國側ノ友誼的態度ニ變化ヲ見ル場合アリトセハ恐ラク我國ノ消極的態度カ其ノ誘因タルヘキコト前項ニ詳述セル通リナルカ第二ニ百歩ヲ讓リ假ニ前掲反對論ノ斷定ヲ眞ナリトシテ爲ニ空シク躊躇スルモ何等實益ナク寧ロ我方ヨリ進ンテ兩國ノ結束强化ノ方法ヲ講スルヲ當然ノ對策トスヘク第三ニ提携强化ノ成立ニ拘ラス伊國側ノ態度ニ變化ヲ生スル場合ニハ我國モ亦之ニ對應シ態度ヲ變更スルニ何等支障アルコトナシ

五、對英關係ノ調整カ我外交上忽ニスルコトヲ許ササル重大問題タルハ何人モ異論ナキ所ナルヘシ然レトモ之カ成否ハ支那問題、海軍問題等ノ實質的妥結ニ懸ルモノニシテ日獨、日伊ノ結束ヲ弛緩シ若クハ破棄シタリトテ決シテ對英關係ノ改善ヲ期シ得ルモノニアラス之ニ反シ獨伊トノ提携ヲ緊密ニシ我地歩ヲ强化シテ而モ對英友好關係ノ回復ヲ計ルコトノ可能ナルハ伊國ノ對英協定ニ成功セル事例カ如實ニ示ス所ナリ（英伊關係緩和ノ空氣ハ一方ニ於テ兩國間紛爭ノ渦中ニ日本ヲ投スル危險ヲ著シク減殺スルト共ニ他方ニ於テ日伊提携ニ對スル英佛ノ輿論ノ反響ヲ中和スル效アルヘシ（客年往電第一八一號參照）

六、日獨關係ト日伊關係トノ間ニハ密接ナル相關性アリ（日

支事變勃發當初在支將校ノ參戰禁止、對支武器輸出ノ抑制等ニ關スル伊國側ノ慫慂カ獨逸ノ態度決定ニ好影響ヲ與ヘタルハ其ノ適例ナリ）卽チ日伊提携ノ强化ハ日獨關係ヲ補强スル所以ニシテ日獨ノ結束ト竝行シテ日伊關係モ亦强化セラルルコトヲ要ス（同一ノ意味ニ於テ獨伊樞軸ノ强化ハ日獨、日伊ノ關係ヲ間接ニ强化スル效果アルヘク又一方萬一獨伊間ニ不和ヲ生スルカ如キ場合ニハ其ノ時ノ情勢ニ適應シテ我向背ヲ決スヘキノミ）

七、獨伊ニ對スル關係ニ於テ特ニ留意ヲ要スルハ兩國ニ對スル我態度ニ厚薄ヲ示サザルコトナリ（伊國側カ此ノ點ニ敏感ナルハ客年獨ノ日支講和斡旋ノ際ノ事例ニテ御了知ノ通リナリ）

尤モ對獨對伊ノ關係ハ前者ハ主トシテ蘇聯邦ヲ目標トシ後者ハ寧ロ對英牽制ヲ重點トスルモノニシテ（客年往電第一六〇號及第一六四號㈢參照）從テ其ノ連鎖ノ基礎タルヘキ條約關係自然內容ヲ異ニスルコトトナルヘシト雖其ノ間ニ輕重ノ差ヲ設クルコトハ何等理由ナキノミナラス三國間ニ不快ナル空氣ヲ釀成スル危險アルヘシ

八、上述ノ如ク防共協定ノミニ依存スル日伊關係ノ現狀ハ歐洲政局ノ新事態ニ顧ミルモ到底長ク此ノ儘ニ放置スルヲ許サザルモノアリテ此ノ際之カ强化ヲ計ルコト急務ナリト思料セラルル處（政治的連鎖ノ强化ト竝行シ文化及經濟ノ方面ニ於ケル提携協調ヲ促進スルコト緊要ナルハ申ス迄モナシ）其ノ實行方法ニ付テハ追テ別電ヲ以テ案ヲ具シ稟申ニ及フヘシ

在歐各大使（土ヲ除ク）、米、壽府ヘ轉電セリ

25 満独修好条約の調印完了報告

昭和13年5月12日　在独国東郷大使より広田外務大臣宛（電報）

ベルリン　5月12日後発
本　省　5月13日前着

第二五九號

十二日午前十一時獨逸外務省ニ於テ加藤滿洲國代表及獨逸代表「ワイツゼッカー」外務次官ノ間ニ滿獨修好條約調印ヲ了シタリ右「テキスト」ハ十二日當地發我方「クリエ」便ニテ托送「チタ」ニテ滿洲國側ニ交付ノ筈

26　昭和13年6月3日　在伊国堀田大使より宇垣(一成)外務大臣宛(電報)

日本との協力重視に言及したチアノ外相の外交方針演説要旨

ローマ　6月3日後発
本省　6月4日後着

第二四五號

「チアノ」外相ハ二日未蘭ニ於ケル外交政策研究所第二回總會開會式ニ臨ミ伊國外交方針ニ關シ演説ヲ爲シタルカ要領左ノ通リ

一、伊國ハ獨伊樞軸ニ忠實ニシテ今後益々獨トノ密接ナル協力及親密ナル了解ヲ繼續スヘシ今日政治的理想及國民的利害ノ共通ト同時ニ國境ノ共通ハ兩國民ノ連帶性及相互尊敬ノ基礎ナリ、右獨伊連帶性ノ最初ノ表現ハ西班牙ニ歐洲破壞ノ足場ヲ作ラントスル「ボルシエビズム」ニ對スル共同ノ反撃ナリ、西國ニ於ケル我等ノ行動ハ赤色破壞力ニ對スル歐洲ノ抵抗ヲ代表スルモノナリ

二、「ボルシエビズム」排撃ノ行動ハ三國防共協定ニ基ク日本ノ獨伊ヘノ結合ニ依リ更ニ强化セリ、伊國ハ日本トノ協力ヲ極メテ重要視ス、「フアシスト」使節ニ對スル日本ノ歡迎ハ兩國ノ感情ノ熱誠ナルヲ證ス、輝カシキ傳統ト愛國心及犧牲的精神ヲ同シク有スル日伊兩國民ハ將來其ノ友情ヲ一層密接且積極的ナラシムル運命ニアリト確信ス

三、日支事變ニ付テハ東亞ノ現事態ハ「ボルシエビズム」ノ破壞的活動ニ起因シ支那政府カ其ノ國民的要望ヲ赤色國際主義ノ標榜スル一國家ノ手中ニ委ネルノ愚ヲ覺ラス不用意ニモ「ボルシエビズム」ト結ヒタル結果ナリト斷言シ得ヘシ

四、巴爾幹ニ對スル伊國ノ關心ハ地理的及歷史的因緣ニ基ク伊國ハ同地方ニ利己的目的又ハ制覇ノ野心ナク友好的協力ヲ求ムルモノナリ

五、英伊協定ハ過去ノ誤解ヲ一掃シ現實ノ率直ナル認識ニ基キ兩國間ノ關係ヲ忠實且明瞭ニ確定シタルモノナリ、斯ノ如キハ國交調整ノ唯一ノ方法ニシテ裏面ニ他ノ意圖ヲ包藏シ乍ラ表面的一時ノ妥協ヲ爲スハ危險ナリ、伊太利ハ此ノ種ノ妥協ニ由來スル何等ノ結合ニモ參加スルノ意思ナシ

右演説ニ關シ二日夕刊及三日朝刊各紙ハ何レモ論説ヲ掲ケ「ゼノア」ニ於ケル「ム」首相ノ演説ト共ニ伊國外交方針ヲ明示スルモノトシテ敷衍説明ヲ加ヘ居レリ

27 昭和13年7月19日 五相会議決定

「日獨伊防共協定研究方針」

付記一 作成日不明、外務省作成

日独および日伊政治的提携強化方針要領

二 作成日、作成者不明

「防共協定ノ强化工作要領案」

日獨伊防共協定研究方針

昭和十三年七月十九日

五相會議決定

日獨伊防共協定ヲ强化スル方針ノ下ニ研究ス

（付記一）

日獨政治的提携關係ノ强化ハ我對蘇關係ノ見地ヨリ成ルヘク速ニ實現セシムルヲ可トス

但シ嚴ニ目標ヲ對蘇關係ニノミ局限シ獨逸カ蘇聯以外ノ歐洲諸國トノ關係ニ於テ戰爭ヲ起スカ如キ場合ニ於テモ蘇聯カ右戰爭ニ加入セサル限リ我方ハ自由ニ態度ヲ決シ得ル裕リヲ取リ置クト共ニ蘇聯ノ該戰爭加入ヲ牽制スルコトトスルヲ要ス

協定ノ内容ニ付テハ攻守同盟ヲ避ケ防禦的ナル相互援助條約ヲ可トス

日獨政治的提携强化方針要領

(イ)日獨間ニ蘇聯ヲ目標トセル相互援助協定ヲ締結ス

本協定ハ之ヲ公表スル建前トス

(ロ)協定ノ内容ハ概ネ左ノ通

一、締約國ノ一方カ挑發ニ因ラサル攻撃ヲ受ケ蘇聯ト交戰スルニ至リタル時ハ他方締約國ハ可能ナル一切ノ方法ニ依リ援助ヲ與フヘキコトヲ約ス

二、締約國ノ一方カ蘇聯ヨリ挑發ニ因ラサル攻撃ノ脅威ヲ受クル場合ニハ兩締約國ハ共同シテ執ルヘキ措置ニ付直チニ協議スヘシ

三、締約國ノ一方カ本條約ニ規定スル場合ニ際シ他ノ一方

ニ與フヘキ援助ノ中兵力的援助ノ實行方法ニ關シテハ當該官憲ニ於テ豫メ協議ノ上協定スヘシ

但シ本協議條項ハ之ヲ祕密交換公文中ニ規定ス

四、本協定ノ有效期間ハ五年トス

日伊政治的提携關係ノ强化ハ我對蘇對獨關係ノ見地ヨリ成ルヘク速ニ實現セシムルヲ可トス右ハ提携ノ限度ヲ誤ラサルニ於テハ對英關係上ヨリモ極メテ良結果ヲ齎スヘシ

協定ノ內容ニ付テハ中立及協議條約ノ程度ニ止ムルコト適當ナリ

日伊政治的提携强化方針要領

(イ)日伊間ニ現存ノ防共協定ニ依ル提携關係ヲ一歩進メ中立及協議ニ關スル協定ヲ締結ス

本協定ハ之ヲ公表スル建前トス

(ロ)協定ノ內容ハ概ネ左ノ通

一、締約國ノ一方カ挑發スルコトナクシテ第三國ヨリ攻擊ヲ受クル場合他ノ一方ハ右紛爭ノ全繼續期間中中立ヲ維持スヘキコトヲ約ス

二、締約國双方ニ緊密ナル利害關係ヲ有スル國際問題發生スル場合締約國ハ他ノ一方ノ申出ニ依リ直ニ協議スヘキコトヲ約ス

三、本協定ノ有效期間ハ五年トス

編注　本文書は、昭和十三年八月十二日の五相会議に提出されたものと思われる。

(付記二)

防共協定ノ强化工作要領案

防共協定ノ强化ニ關シテハ別册「日獨及日伊樞軸强化ニ關スル方策案」ニ依ル

(別　册)

日獨及日伊樞軸强化ニ關スル方策案

一、判　決

帝國ハ速ニ獨逸及伊太利ト各個ニ協定ヲ遂ケ相互ノ締盟關係ヲ一層緊密化シ協定各國ノ對「ソ」威力及對英牽制力ヲ强化シ以テ當面ノ支那事變解決ヲ迅速有利ニシ且我東亞經

綸ノ進展ニ資セシムルヲ要ス
之カ爲獨逸ニ對シテハ防共協定祕密附屬協定ノ精神ヲ擴充
シテ之ヲ對「ソ」同盟ニ導キ伊太利ニ對シテハ主トシテ對
英牽制ニ利用シ得ル如ク祕密協定ヲ締結ス

二、對　策

一、日獨同盟ノ締結
概ネ左記ノ內容ニ依ル
同盟內容案
㈠日獨兩國ハ現「ソ」聯政權ヲ以テ兩國々防上及世界平和保持上許容シ難キ存在タルコトニ關シ共通ノ觀念ヲ有スルコトヲ確認ス
㈡第一案
「締約國ノ一方カ「ソ」聯ト開戰ノ已ムナキニ至リシ場合ニ於テハ他ノ締約國ハ一方國ニ對シ爲シ得ル限リノ援助ヲ與フルモノトス
「ソ」聯ト紛争ヲ生シ又ハ之ヨリ脅威ヲ受ケタル場合亦同シ」
第二案
「締約國ノ一方カ「ソ」聯ト開戰ノ已ムナキニ至リシ場合ニ於テハ他ノ締約國ハ直チニ「ソ」聯ト開戰シ日獨協力シテ之ヲ處理ス
「ソ」聯ト紛争ヲ生シ又ハ之ヨリ脅威ヲ受クル場合ニ於テハ相互爲シ得ル限リノ援助ヲ與フルモノトス」
之カ爲締約國ハ平時相互ニ「ソ」聯ニ關スル情報ヲ通報スルノミナラス締約國ノ何レカカ「ソ」聯ト戰爭ノ危機又ハ紛争ヲ生シ或ハ之ヨリ脅威ヲ受クルニ至リシ場合ニ於テハ相互協力又ハ援助ニ必要ナル一切ノ事象ニ關シ協議ス
㈢締約國ノ一方カ「ソ」聯及ヒ伊太利ヲ除ク第三國ト戰爭又ハ紛争ヲ生シ又ハ之ヨリ脅威ヲ受ケタル場合ニ於テハ他ノ締約國ハ相互ニ他ニ好意アル態度ヲ保持ス
㈣本同盟ノ有效期間ハ五年トス

二、日伊協定ノ締結
概ネ左記ノ內容ニ依ル
協定內容案
㈠締約國ノ一方カ獨逸外ノ第三國ト交戰スル場合ニ於テハ他ノ締約國ハ相互ニ他方ニ最モ好意アル中立ヲ保持

スルト共ニ爾他列強ノ第三國側參戰ヲ防止スルコトニ努ム
之カ為締約國ノ何レカカ獨逸外ノ第三國ト戰爭ノ危險ヲ生スルニ至リシ場合ニ於テハ他ノ締約國ノ執ルヘキ處置ニ關シ兩締約國ハ相互ニ協議ス
㈡締約國ノ一方カ獨逸外ノ第三國ト紛爭ヲ惹起シ又ハ之ニ依リ脅威ヲ受ケタル場合ニ於テハ他ノ締約國ハ前項ノ趣旨ニ依リ相互ニ他ニ好意アル態度ヲ保持ス
㈢本協定ノ有効期間ハ五年トス

編　注　本文書は、陸軍が作成したものと思われる。

28　昭和13年8月26日　五相会議決定

防共協定強化に関する日独伊協定案

付記一　昭和十三年八月二十九日発東条(英機)陸軍次官、山本(五十六)海軍次官より在独国大島(浩)大使館付陸軍武官、在独国小島(秀雄)大使館付海軍武官宛電報陸電二三五号

右協定案と独側提案との相違点について

二　昭和十三年八月二十九日発東条陸軍次官より在独国大島大使館付陸軍武官宛電報陸電二三六号

右協定案に関する説明

八月二十六日五相會議決定案

前文案

共產「インターナショナル」ニ對スル日獨伊三國間ノ協力關係ニヨリ三國間ノ友好的關係ノ增進セラレタルニ鑑ミ
共產「インターナショナル」ノ國際的活動カ益々世界平和殊ニ歐洲及亞細亞ノ諸地域ニ於ケル平和ヲ脅カスニ至レル事實ニ鑑ミ
右協定ノ精神ニ基キ前記諸地域ニ於ケル共產主義的破壞ニ對スル防衛ヲ强固ニシ且三國ニ共通ナル利益ノ擁護ヲ確保スル爲左ノ通協定セリ

一、締約國ノ一カ締約國以外ノ第三國ト外交上ノ困難ヲ生セシ場合ニ於テハ各締約國ハ執ルベキ協同動作ニ關シ直ニ評議ヲ行フ
二、締約國ノ一カ締約國以外ノ第三國ヨリ挑發ニヨラサル脅

威ヲ受ケタル場合ニ於テハ此ノ脅威ヲ排除スル爲他ノ締約國ハ凡ユル政治的且經濟的ノ支援ヲ行フ義務アルモノトス

三、締約國ノ一カ締約國以外ノ第三國ヨリ挑發ニヨラサル攻擊ヲ受ケタル場合ニ於テハ他ノ締約國ハ之ニ對シ武力援助ニ就キ直チニ協議ニ入ル

終

備　考

祕密協定ニ依リ與フベキ兵力的援助ノ條件、範圍、限度及實行方法ヲ明確且詳細ニ規定スルコトヲ要ス

（付記一）

陸電二三五號　昭和十三年八月廿九日發電

陸海軍次長（官カ）發大島、小島兩武官宛電報寫

一、笠原少將持參ノ協定案ニ對シテハ陸海軍共其ノ趣旨ニ同意ナリ

左ノ條件ヲ以テ之ヲ採擇スルコトニ意見ノ一致ヲ見タリ

(イ)前文トシテ左記要旨ヲ附加ス

（前文案略）

(ロ)第二條ノ「外交的」ヲ「經濟的」ニ改ム

(ハ)第三條末尾ノ「ヲ行フ義務アルモノトス」ヲ「ニ付キ直チニ協議ニ入ル」ニ改ム

(ニ)第二條第三條ノ脅威及攻擊ナル字句ニ「挑發ニヨラサル」ヲ冠ス

(ホ)本協定ニ附屬スヘキ祕密協定ニヨリ與フヘキ兵力的援助ノ條件範圍限度及實行方法ヲ明確且詳細ニ規定シ度キ意見ナリ

二、當方ハ本協定ヲナルヘク速ニ締結スルノ希望ヲ有スルニ付獨側ヨリ速ニ正式ニ提案セシムル如ク取計ハレ度

（付記二）

陸電二三六號　昭和十三年八月廿九日發電

陸軍次官發大島宛電報寫

陸電第二三五號ニ關スル說明

一、「前文案」ハ本協定カ現存防共協定ノ延長ニシテ主トシテ蘇聯ヲ目標トスル趣旨ヲ明確ナラシメントシタル一案ニシテ英米等ヲ正面ノ敵トスルカ如キ印象ヲ與ヘサル樣用語上ニ注意セルモノナリ

二、「本文案」第三條ノ武力的援助ノ義務ヲ卽時且無條件ナ

ラシメス又我方ノ意ニ反シテ純然タル歐洲問題ニ捲キ込マルル如キ危險ナカラシムル爲兵力的援助ニ入ルニ先チ協議ヲ行フヲ建前トシタルモノナリ
三、本協定ハ趣旨ニ於テ防禦的性質ヲ有セシムル爲脅威及攻撃ハ挑發ニヨラサル場合ニ限ルコトトセリ
四、尚案文ニ關シテハ目下更ニ鋭意研究中ナリ

29　昭和13年8月31日　宇垣外務大臣より在独国東郷大使宛（電報）

防共協定強化に関する独側の試案提示およびわが方の対応状況について

別電一　昭和十三年八月三十一日発宇垣外務大臣より在独国東郷大使宛第三二七号
右試案
二　昭和十三年八月三十一日発宇垣外務大臣より在独国東郷大使宛第三二八号
右試案への回答としてのわが方条件

本　省　8月31日発

第†三二六號（絶對極祕）

八月初旬陸軍大臣ヨリ本大臣ニ對シ七月十日前後「リ」外相ト大島武官トノ間ニ防共樞軸强化ニ關シ二三非公式意見ノ交換行ハレ其ノ際同外相ヨリ大要別電第三二七號ノ如キ試案ヲ提示シ右ニ關シ政府間ノ正式交渉ニ入ルニ先チ出來得レハ帝國陸海軍側ノ內意ヲ承知シ度キ旨ノ申出アリ仍テ偶々歸朝ノ豫定ニアリシ笠原少將ニ託シ之ヲ東京ニ持チ歸ラシメタルカ（八月五日東京着）本件ハ國策ノ根本ニ關係アル重大問題ナルニ付軍部ノ意向ヲ決定スルニ當リ本大臣ノ所見ヲモ承知シ度シトノ意味合ヲ以テ非公式ニ連絡アリ本大臣ニ於テハ右「リ」外相案ナルモノハ正式ノ外交徑路ニヨリ當方ニ達シタルモノニ非ルニ付單ナル情報ニ過キサルモノトシテ聽取シ只同案ノ趣旨ニ對シテハ別電第三二八號ノ如キ條件附キナラハ陸海軍トシテノ同意ヲ內示セラレ差支ナキ旨但シ本件ハ速ニ貴使ヲ通シ政府間ノ正式交渉ニ移ス樣措置アリ度ク又大島ヨリ貴使ニ詳細報告セシメラレ度キ旨希望シ右一昨二十九日陸軍側ヨリ貴地武官宛電報セリ事情右ノ如クニテ本件ニ付テハ委曲大島ヨリ貴使ニ報告アルヘク又協定案自体ハ近ク「リ」外相ヨリ貴使ニ對シ正式ニ提示スルコトトナルヘシト存セラルル處前述ノ通本件ハ

「リ」外相ニ於テ先ツ軍部ノ意向ヲ「サウンド」シ來リタルモノヲ陸軍大臣ヨリ本大臣ニ非公式ニ連絡シタルモノニテ本大臣トシテハ本件ハ何所迄モ一種ノ情報トシテ取扱ヒ何レ獨側ヨリ正式ニ外交交渉トシテ貴使ヲ通シ提案シ來ル迄ノ側面的ノモノト了解シ居ル次第ニ付右篤ト御了解ノ上「リ」ヨリ正式提案アリタル上ハ本件協定達成方十分御盡力相成度協定案文ハ目下當方ニ於テ鋭意研究中ニテ追テ電報ス

尚本件ハ獨逸側ニ於テハ「リ」外相ノミ承知シ居リ他ニ何人モ知ルモノナキ由ナルノミナラス獨伊間ニ於ケル內交渉ノ關係(「リ」ハ伊國側ニモ働キカケ居ルモノノ如キ趣ナリ)モアルニ付「リ」ヨリ正式交渉アル迄ハ貴使限リ極祕ノ含ミニ止メ置カレ度爲念

(別電一)

本　省　8月31日発

第三二七號†(絶對極祕)

一、締約國ノ一カ締約國以外ノ第三國ト外交上ノ困難ヲ生セシ場合ニ於テハ各締約國ハ執ルヘキ協同動作ニ關シ直ニ評議ヲ行フ

二、締約國ノ一カ締約國以外ノ第三國ヨリ脅威ヲ受ケタル場合ニ於テハ此ノ脅威ヲ排除スル爲他ノ締約國ハ凡ユル政治的且外交的ノ支援ヲ行フ義務アルモノトス

三、締約國ノ一カ締約國以外ノ第三國ヨリ攻擊ヲ受ケタル場合ニ於テハ他ノ締約國ハ之ニ對シ武力援助ヲ行フ義務アルモノトス

(別電二)

本　省　8月31日発

第三二八號†(絶對極祕)

一、蘇聯及共產「インターナショナル」ノ破壞工作ニ對スル防衞ヲ主眼トシ英米等ヲ正面ノ敵トスルモノニ非ル趣旨(米ニ付テハ特ニ地域的制限ヲ加フルコトニ依リ明トス)ヲ前文ニ於テ明瞭ナラシムルコトヲ要ス

二、協定ノ字句ハ研究ノ上相當ノ變更ヲナスコトヲ要ス(例ヘハ本協定カ純然タル防禦的協定ニシテ安全保障ヲ第一義トスルニ鑑ミ「脅威」又ハ「攻擊」ニ「挑發ニヨラサル」ノ字句ヲ冠スル要アルコト及「政治的且外交的支

援」トアル處外交的支援ハ政治的支援ノ中ニ含マレ居ルノミナラス我方ハ經濟的支援ヲモ重視シ居ルニ鑑ミ之ヲ「政治的及經濟的支援」ト修正スルノ要アルコト等其ノ一二ノ例ナリ）

三、本協定ニヨリテ負フ兵力的援助ノ義務ノ自動的トセス且我方ノ意ニ反シテ純然タル歐洲問題ニ捲込マルルカ如キ危險ナカラシムル爲第三條ノ場合ノ兵力的援助ニ付テハ「直ニ協議ニ入ル」コトトシ且祕密附屬協定ニ依リ我方ノ與フヘキ兵力的援助ノ條件範圍限度及之カ實行方法ヲ明確且詳細ニ規定スルコトヲ要ス

30　昭和13年9月17日　在ベルギー来栖大使より宇垣外務大臣宛（電報）

欧州情勢に鑑みわが方の対独態度は慎重を要すべしとの意見具申

ブリュッセル　9月17日発
本　省　着

第二一五號

一、歐洲刻下ノ危機ニ關聯シ我國ガ利害關係錯綜セル東亞ニ强大ナル實力ヲ擁シ且ツ背後ヨリ蘇聯ヲ制スルノ外無言ノ間ニ米國ノ向背ヲ牽制シ得ル地位ヲ保有シツツアル事實ハ今回ノ時局處理ニ當リテモ獨逸側ハ勿論英佛其他ノ歐洲諸國ニ於テ暗々裡ニ充分考慮シツツアル所ナリト觀測セラレ旁々此際我國トシテハ特ニ威嚴アル自重ノ態度ヲ嚴守スヘキ次第ナリト思考ス

二、我國ノ外交政策上日獨關係ノ重要ナルハ申迄モナキ處元來日獨協定締結ニ當リテハ獨逸側ニ於テモ前項我國ノ地位ヲ充分考慮シタル次第ト觀測セラルルヲ以テ同協定ノ運用ニ關シテモ我國トシテハ盟邦トシテノ信義ヲ嚴守スルト同時ニ飽迄兩國對等ノ地位ヲ堅守スベキ筋合ト思考セラレ從テ事態今日ノ階梯ニ於テハ我國トシテ張鼓峰事件ノ當時獨逸ノ執リタル態度以上ニ出ルノ要ナカル可キハ勿論盟邦ノ肚裡和戰何レトモ見透シ難キ際我國ノ態度ハ特ニ愼重ヲ要スベク我國トシテハ常ニ東亞ノ安定勢力タル地位ニヨリ終始スルヲ要締トスベキ次第ナリト思考ス

右最近情報部長聲明ノ次第モ有之此際卑見敢テ具申ス

編注　本文書は、国立国会図書館憲政資料室所蔵「憲政資料」中の「来栖三郎関係文書」より採録。

31　昭和13年11月11日　五相会議決定

「日獨伊防共協定强化ニ關スル件」

†日獨伊防共協定强化ニ關スル件

昭和十三年十一月十一日

五　相　會　議　決　定

一、昭和十三年七月十九日及八月二十六日ノ五相會議決定ニ基ク日獨伊三國協定ノ速カナル締結ヲ促進スルヲ要ス之カ爲先ツ至急大島大使電報ノ獨逸案ヲモ參酌シテ我政府案ヲ決定シ促進ノ基礎ヲ確立スルヲ要ス

二、協定ハ當然日獨伊三國間ニ於テ速ニ締結スルヲ方針トス但其交渉遲延シタル場合ハ日獨、日伊平行的ニ協定ヲ締結シ將來機ヲ見テ此兩協定ヲ日獨伊三國協定ニ合一ヲ期ス

（付　箋）

外務大臣ヨリ本協定ニツキ質問アリ

「問」本協定ハ「ソ」ニ對スルヲ主トシ英佛等ハ「ソ」側ニ參加スル場合ニ於テ對象トナルモノニシテ英佛等ノミニテ對象トナルモノニ非ス、勿論佛カ赤色化シタル場合ノ如キハ對象タルヘシ

「答」外務大臣見解ノ通リ（全員）

（昭和十三年十一月十一日五相會議）

32　昭和13年11月23日　在独国大島大使より有田外務大臣宛（電報）

信任状捧呈時におけるヒトラーとの会談報告

ベルリン　11月23日前発
本　　省　11月23日後着

第七二一號（極祕）

廿一日「ベルヒテスガーデン」ニ於テ御信任狀捧呈ヲ了シタル後引續キ「ヒットラー」總統ハ本使ト對座シテ談話ヲ交シタルカ其ノ要旨左ノ通リ

總統ハ先ツ最近日本軍ノ支那ニ於ケル赫々タル勝利ハ寔ニ慶賀ノ至リナリ自分ハ當初ヨリ日本ノ終局ノ勝利ヲ確信シ

居ル處日本ノ戰勝ハ一ニ國民ノ旺盛ナル精神力ノ結果ニ外ナラス自分ハ是非共此ノ事業ノ完成ヲ期セラレンコトヲ切望スル次第ナリト述ヘタルニ付本使ヨリ總統ノ支那事變ニ對スル明確ナル御方針ハ日本ノ深ク感謝シ居ル所ナリ日本ハ飽迄終局ノ目的ヲ達成セントノ固キ決意ヲ有シ決シテ不完全ナル解決ヲ以テ滿足シ得ス日本國民ハ支那事變ノ解決ニ依リ新亞細亞ヲ作リテ東洋平和ヲ確立スル固キ信念ヲ有ス之カ爲東亞ニ於ケル共產ノ危險ヲ根絶セシムルコトハ必要ニシテ又英國ノ如キカ支那ニ於テ政治上特殊ノ地位ヲ占メ東亞ノ安定ヲ妨クルカ如キハ斷シテ容認シ得サル所ナリト述ヘタル處「ヒ」總統ハ「デモクラシー」諸國ノ態度ハ自分モ了解シ能ハサル所ニシテ歐亞ニ於テ各種ノ害毒ヲ流シツツアリ然レトモ是等國民ノ精神力ハ遙ニ我々國民ノ下位ニ在リ自分ハ一九一八年當時ノ獨逸國民ノ精神狀態ヲ憂ヒ爾來國民ノ强キ精神力涵養ニ多大ノ努力ヲ傾注シ來リタルカ本年ニ入リ重大ナル局面ニ遭遇シ略此ノ目的ヲ達成シ得タルコトヲ知リタリト語レリ依テ本使ハ本年ニ於ケル大事業ノ成功ヲ祝シタルニ總統ハ之カ爲自分ハ豫テヨリ極メテ周到ナル準備ヲ爲セシヲ以テ目的ヲ達シタリ而シテ自分ハ「勝ツテ兜ノ緒ヲ締メヨ」トノ日本ノ格言ヲ見出シ深ク感セルカ今日ノ獨逸ノ爲ニハ此ノ精神最モ必要ナリト信シ居レリ之カ爲日獨伊三國ノ提携ヲ益々緊密ナラシメントスル希望ナリト述ヘタリ

33　昭和13年12月5日　在独国大島大使より有田外務大臣宛（電報）

防共協定強化問題に関する根本方針への疑義に対し政府の真意回示方請訓

ベルリン　12月5日夜発
本　省　12月6日前着

第七五九號（絶對極祕）

貴電第四六四號中「英佛等ノミニテ對象トナルモノニ非ス」トノ點ニ關シ本使武官在職中陸軍ヨリ接受セル累次ノ電報ト對照シ充分ノ研究ヲ加ヘタルガ八月下旬五相會議ノ決議ト大ナル相違アル如キ重要國策カ僅々二三ケ月ノ間ニ變更セラレタリトハ信ズル能ハザル所ニシテ或ハ本使ガ前回ノ五相會議ノ決議ヲ誤解シ居リタルヤヲ惧ル就テハ陸軍大臣ト御聯絡相成リ且陸軍從來ノ電報等ヲモ查覈セラレ此

點ニ付至急明確ナル御回訓ヲ請フ

若シ果シテ變更ヲ加ヘラレタルモノトセバ非公式ノ交渉ナリトハ謂ヘ獨側ニ申入濟ニシテ且之ニ基キ獨側ヨリ伊太利側ヘモ通告濟ナルヲ以テ今更斯ノ如キ變更ヲ申入ルルハ我ガ威信ニ關スルモノト信ズ尚貴電ノ如クンバ實質ニ於テ蘇聯ノミヲ對象トスル三國協定トナリ實現困難ニシテ又日獨、日伊別箇ノ協定ヲ結ブコト現在ノ歐洲情勢特ニ獨伊ノ緊密ナル關係ニ鑑ミ其實現性極メテ少キモノト觀察ス從テ此ノ際八月下旬ノ五相會議ノ決議ニ基キ爾後ノ交渉ヲ行ヒ補足協定ニ於テ定ムベキ援助ノ範圍條件等ニ於テ加減スルヲ得策トスベク此ノ點御研究ヲ請フ

34 昭和13年12月13日

外務省作成の五相会議決定案「滿洲國及洪牙利ノ防共協定參加方ニ關スル件」

昭和十三年十二月十三日

†滿洲國及洪牙利ノ防共協定參加方ニ關スル件

五相會議決定案

一、昭和十三年十一月十一日五相會議ニ於テ日獨伊防共協定强化方ニ關スル方針決定セラレタルニ鑑ミ豫ネテ表明セラレ居タル希望ニ基キ滿洲國ヲ防共協定ニ參加セシムルコト

但シ右實現ノ方法殊ニ參加ノ形式ニ關シテハ外務省ニ一任スルコト

二、今般獨逸側ヨリ洪牙利ノ防共協定參加希望申出ニ基キ我國ノ意向ヲ照會シ來リ(伊國側ハ贊成ナル由)タル處右ニ對シテハ前記滿洲國參加方ノ件モアリ歐洲ニ於テ洪牙利ト密接ノ關係ニアル獨伊兩國ニ於テ同意ナルニ於テハ我國モ贊成ナル旨回答スルコト

35 昭和13年12月22日　在英国重光(葵)大使より有田外務大臣宛(電報)

ハンガリーの独伊接近に関する報道報告

ロンドン　12月22日後発

本　省　12月23日前着

第一〇五〇號

一般的情報

二十一日羅馬發「タイムス」特電ハ「チアノ」外相ノ「ブタペスト」訪問ニ關聯シ洪牙利ハ近ク獨伊樞軸ニ參加スヘク伊側ニ於テハ同國ノ聯盟脱退ヲ勸奬シツツアリ又同國ハ獨伊ノ例ニ倣ヒ猶太人排斥ノ措置ヲ執ル模樣ノ處「ユーゴースラブ」ト洪牙利トノ接近ノ機運濃厚ナリト報ス

獨、伊、洪ヘ轉電シ其ノ他ノ在歐各大使、壽府ヘ郵送セリ

36 昭和14年1月10日 在独国大島大使より有田外務大臣宛(電報)

満州国およびハンガリーの防共協定参加に関する議定書案を独側提示について

別電 昭和十四年一月十日発在独国大島大使より有田外務大臣宛第二九号

右議定書案

ベルリン 1月10日前発
本省 1月10日後着

第☆二八號(大至急、極祕)

客年往電第七九七號ニ關シ

一、滿洲國及洪牙利ノ防共協定參加ノ形式ニ關シテハ其ノ後引續キ獨逸側ハ聯絡研究中ノ處七日獨逸側ヨリ別紙(電カ)譯文ノ案ヲ送付越シ右ハ日本側ノ申分ヲモ出來得ル限リ取入レ起草シタルモノナルカ伊太利側ニ於テモ大體異議ナシトテ意見ヲ求メ來レリ

二、同案ハ前述ノ如ク當方ノ主張ヲモ取入レタルモノニシテ大體客年貴電第五一二號本省ノ御意嚮ニモ合致シ居ル無事ナル案ナリト認メラルルヲ以テ至急御詮議ノ上何分ノ儀御回電アリタシ(滿洲國ノ場合ハ同案中洪牙利ノ字句ヲ滿洲國ト改メ日獨伊三國ト滿洲國トノ間ニ新京ニテ締結スルモノトス)

三、尚同案中第二項「右附屬議定書ニ於テ豫メ定メラレタル右加入國ノ共同工作」云々ノ規定ハ將來多數國家ノ加入スル場合ヲ考慮シ原調印國ト他ノ加入國トノ間ニ常設委員會加入ニ關シ若干ノ區別ヲ設ケントスル趣旨ナリ右爲念

伊、洪ヘ轉電セリ

(別 電)

ベルリン　1月10日前発
本　省　1月10日後着

第二九號(極祕)☆

議定書案

獨逸國政府
伊太利王國政府
大日本帝國政府及
洪牙利王國政府ハ左ノ通リ協定セリ
洪牙利ハ一九三六年十一月二十五日獨逸國政府及大日本帝國政府ノ名ニ於テ調印セラレ伊太利國カ一九三七年十一月六日附議定書ニ依リ原調印國トシテ加入セル共産「インターナショナル」ニ對スル協定(附屬議定書ヲ含ム)ニ加入ス
右附屬議定書ニ於テ豫メ定メラレタル右加入國政府間ノ共同工作ヲ容易ナラシムヘキ形式ニ關シテハ留保セラルルモノトシ右ハ將來協定セラルヘキモノトス
一九三六年十一月二十三(五カ)日附協定及同附屬(議定欠カ)書竝ニ一九三七年十一月六日附議定書ハ附屬文書トシテ本議定書ニ添付セラル
本議定書ノ獨逸語、伊太利語、日本語及洪牙利語ノ内容ハ同樣ニ拘束力ヲ有スルモノニシテ調印ノ日ヨリ效力ヲ發生ス
右證據トシテ下名ハ本國政府ヨリ正當ノ委任ヲ受ケ本議定書ニ署名調印セリ
何年何月　ニ於テ

37　昭和14年1月10日　在独国大島大使より有田外務大臣宛(電報)

ハンガリーの早期防共協定参加を独伊希望につきわが方対処振り請訓

ベルリン　1月10日後発
本　省　1月10日後着

第三〇號(大至急、極祕)☆

往電第二八號ニ關シ
一、九日伊太利側ヨリ往電第二九號議定書案ニ付至急日本側ノ意見ヲ承知シタク日本側ニテ贊成ナルニ於テハ洪牙利ヲシテ防共協定加入ノ意思ヲ本月(十二欠カ)日同國議會ニ於テ(議員ノ質問及外務大臣ノ答辯ノ形式ニ於テ)發表セシメタシトノ意見ヲ申越シ更ニ「ワイスセッカー」外務次官ノ

許ニ於テ本使及在當地伊太利ト（大使欠カ）三人本件ニ付會談セルカ獨逸側モ右伊太利側ノ希望ヲ支持セリ（右ノ如ク伊太利及洪牙利カ急キ出シタル理由トシテ獨逸側ノ極祕ニ洩ラス所ニ依レハ右ハ洪牙利ノ内政及歐洲ノ政情ニ依ル次第ナルカ殊ニ伊太利トシテハ「チエンバレン」首相ノ羅馬訪問ニ當リ洪牙利ノ加入ノ既成事實ヲ突付ケルコトヲ特ニ希望スルニ出ツル模樣ナリ）

二、右ニ對シ本使ヨリ歐洲ノ特殊ノ情勢ニ基ク獨伊ノ希望ハ諒トスルモ本件ニ付テハ日本政府ノ意嚮ヲ承知セス又洪牙利カ聲明スル以上滿洲國ノ聲明スルコトヲ欲スルヤモ知レス議定書案決定ノ手續上ヨリ言フモ十二日迄ニハ到底間ニ合ハサルヲ以テ右期日ハ延期セラレタシト述ベタルニ獨伊側ハ本件ハ歐洲政治ノ現實ノ發展ヨリ出テタルモノナルニ付特ニ日本側ニ於テモ同情的ノミナラス（脱）了解セラレタク是非一應東京ニ請訓セラレタシ又議定書ノ調印ハ多少ノ日數遲レテ滿洲國ト同時ニ調印スルコト勿論ナルモ議定書案ノ趣旨ハ右洪牙利發表前ニ決定シ洪牙利ニ内示シ置クコト後日ノ面倒ヲ避クル上ヨリモ必要ナリト説明セリ

三、右獨伊申入ハ甚タ突然ノコトナルカ右ハ上述ノ如ク歐洲特殊ノ政情ヨリ出ツルモノニシテ我方トシテ差支ナキニ於テハ好意的ニ取扱フコト然ルヘシト認メラルル處我方（及滿洲國）ニ於テ冒頭往電ノ議定書案ニ大體贊成ナルニ於テハ此ノ旨ヲ獨伊（及洪牙利）ニ通報シテ洪牙利ノ參加ノ聲明ヲ行ハシメ（滿洲國モ聲明スルコト可ナル場合ニハ之ヲ行フ）調印ハ其ノ後成ルヘク速ニ新京及「ブタペスト」ニ於テ同時ニ行フ樣手續ヲ進ムルコトトシテハ如何カト存ス就テハ獨伊ニ對スル回答ノ都合モアリ日時切迫シ居ルニ付折返シ何分ノ御回電アリタシ

四、又同案ニ依ル場合將來他ノ國ノ加入ニ付テハ同樣ノ趣旨ノ議定書ヲ既加入國ヲ加ヘタル締約國全部ト新加入國トノ間ニ締結セントスル大體ノ考ナリ（尤モ議定書用語ハ日獨伊ト新加入國ノ言葉ニ限ルコト然ルヘシ）

伊、洪へ轉電セリ

38　昭和14年1月16日

満州国およびハンガリーの防共協定への参加

表明に関する情報部長談

（昭和十四年一月十六日）

滿洲國及洪牙利國ノ防共協定參加ニ關スル
外務省情報部長談

新春劈頭防共協定原署名國タル日獨伊三國ノ共同勸誘ニ從ヒ滿洲國及洪牙利國カ相繼イテ新タニ本協定ニ參加ノ意向ヲ表明シタコトハ特筆スヘキ國際情勢ノ一發展テアル

抑モ「コミンテルン」ハ各國ノ歴史ト文化トヲ抹殺シ秩序ノ破壞ヲ企圖スル人類共同ノ敵ト謂フヘク夫レ故ニ世界ノ孰レノ地域ニ於テモ其存在ヲ許容サレサルモノテアツテ各國カ相携ヘテ其絶滅ヲ期スルノハ當然ノコトテアル

「コミンテルン」ハ曩ニ西班牙及中部歐羅巴ノ赤化ヲ企テタカ獨伊ノタメ擊攘セラレ又英佛等ニ於テモ民主主義ヲ擬裝シ國内ノ左翼分子ヲ煽動シテ全國的赤化ヲ陰謀シタルタメ最近是等國家ノ強キ嫌惡ヲ買ヒ今ヤ反共機運ハ全歐ニ鬱然トシテ起リ茲ニ洪牙利國カ卒先防共ノ一翼トシテ參加ヲ見ルコトトナツタ次第テアル

又一方東亞ニ於ケル赤化ノ脅威ニ對シテハ我國ハ先ツ起ツテ防止ノ任ニ膺リ居ルコト言フ迄モナク今ヤ滿洲國ノ加盟ヲ迎ヘントシ歐亞ニ亘ル防共陣營ハ新タニ強化サレタノテアル

東亞新秩序建設ノ巨歩ヲ歩ミ出シタ我國トシテハ「コミンテルン」清掃ノタメ防共ノ兩翼ヲ東西ニ加ヘタコトヲ深ク慶賀スル次第テアツテ之ヲ第一段階トシテ今後世界各地域ニ於テ續々志ヲ同フスル參加國ノ現ハルルコトヲ信シテ疑ハナイ

39 昭和14年1月22日

防共協定強化問題に関する有田外相内奏要旨

●昭和十四年一月二十二日日獨伊防共協定強化ニ關スル有田大臣内奏要旨

日獨伊防共協定強化ノ問題ハ客年五相會議ニ於テ蘇聯ニ對スルヲ主トシ英佛等ハ蘇側ニ參加スル場合ニ於テ對象トナルモノニシテ英佛等ノミニテ對象トナルモノニ非サル主旨ヲ決定シ宇垣外務大臣ヨリ内奏ヲ經タリ然ルニ五相會議決定ノ主旨充分ニ出先ニ徹底セサリシ結果今回獨伊側ヨリ日獨伊三國同盟案ヲ正式ニ提案（提案内容内奏ス）シ來リタル

ニ依リ先般來關係各大臣ニ於テ熟議ヲ重ネタル結果本月十九日別紙(編注)ノ通リ政府ノ方針ヲ決定セリ（方針内容内奏ス）

抑モ今次ノ日本案ハ前回ノ五相會議決定ノ主旨ニ變更ヲ加ヘ「コミンテルン」ノ破壊工作ト關係ナキ場合ニモ共同ノ利益ヲ擁護スル必要アル場合ニハ蘇聯以外ノ第三國ヲモ對象トスルコトトシタルモノナルガ若シ前回ノ五相會議決定ノ主旨ヲ貫徹セントスレハ從來ノ經緯ニ鑑ミ獨伊側ニ對スル日本ノ不信行爲トモナルヘク其ノ結果ハ折角樹立サレ居ル右兩國トノ親交關係ニモ悪影響ヲ及ホスヘキコトヲモ考慮シ獨伊案ノ主旨ヲ取入レタルモ實質的ニ出來得ル限リ我國ノ蒙ルコトアルヘキ不利ヲ少ナカラシムルコトニ努ムル一方外部ニ對シテハ防共協定ノ强化ニ外ナラサル様説明シテ第三國ヨリ來ルコトアルヘキ悪影響ヲ少カラシメタルモノナリ

尚蘇聯以外ノ第三國ト「コミンテルン」ノ破壊工作ニ對スル以外ノ理由ニテ獨伊カ交戰スル場合ニ於テハ現在ハ勿論近キ將來ニ於テモ武力的援助ハ實際ニ於テ之レヲ與ヘサル方針ナリ

編注　別紙は見当らない。本書第40文書別紙甲号と同文。

40　昭和14年1月26日　有田外務大臣より在伊国白鳥(敏夫)大使、在独国大島大使宛

協議および相互援助に関する日独伊協定の締結に関する訓令

昭和十四年一月二十六日

外務大臣　有田　八郎

在伊
特命全權大使　白鳥　敏夫殿

在獨
特命全權大使　大島　浩殿

協議及相互援助ニ關スル日獨伊間協定締結方ニ關スル訓令

一、客年八月二十六日五相會議ニ於テ本件協定締結方ニ關スル方針ヲ決定スルニ當リテハ新協定ハ飽ク迄防共協定ノ延長ニシテ其ノ趣旨ヲ逸脱スヘカラストノ建前ノ下ニ强化方ヲ考慮シ從テ新協定ハ蘇聯邦ト關係ナキ場合ニ於テ

英佛等ノミヲ對象トシテ適用セラルルカ如キモノニ非スト爲セリ蓋シ東亞ノ安定力タル帝國ノ地位ヲ確立シ且帝國ノ企圖シツツアル東亞ノ新秩序建設ニ對スル諸施策ノ圓滑ナル遂行ヲ期スルカ爲ニハ一方帝國ニ直接關係ナキ歐洲問題ニ介入スルコトヲ避クルト共ニ他方英米等ヲ此ノ上帝國ノ敵方ニ廻ラシムルカ如キ事態ノ釀成ヲ避クルコト極メテ必要ナルカ故ニ日獨伊三國提携ノ强化ハ茲暫ク防共ノ範圍ニ止ムヘク全面的同盟條約ハ帝國ノ立場ヨリ見テ不得策ナリトセルモノナリ

二、然ルニ上述ノ如キ五相會議ノ意圖ガ明瞭ニ出先ニ徹底セラレサリシ結果獨伊側ヨリ三國同盟ノ提出ヲ見ルニ至リタル次第ナルカ政府ニ於テハ前回五相會議ノ決定ヲ變更スルコトニ付一方ナラサル困難ヲ感シタルモ假令行違ニ基クトハ云ヘ苟モ獨伊側ヲシテ日本ノ方針ヲ誤解セシメタルモノナル以上前回ノ五相會議案ヲ其ノ儘主張スルコトハ穩當ナラストテ云フニ決シ關係各大臣ニ於テ熟慮ヲ重ネタル結果本月十九日漸クニシテ別紙甲號政府方針ヲ決定シ右ニ基キ帝國政府案別紙乙號ノ通立案セリ

三、今次ノ日本案ハ「コミンテルン」ノ破壞工作ト關係ナキ第三國ヲモ對象トスルコトトシテ獨伊案ノ主旨ヲ取入ルルト共ニ實質的ニ出來得ル限リ我方ニトリ有利ナラシメタル一方外部ニ對シテハ防共協定ノ强化ニ外ナラサル様說明シテ第三國ヨリ來ルコトアルヘキ惡影響ヲ少ナカラシメムトスル折衷案ニシテ甲號決定ハ諸般ノ關係上絕對ニ變更ヲ許ササル事情ニアルモノナリ依テ貴大使ハ右ノ事情ヲ諒トセラレ別紙ニヨリ獨伊側ト接衝ヲ遂ケラレ協定締結ノ運ヒトナル様御努力相成度シ

四、尙現存日獨防共協定ハ表面反「コミンテルン」政策ヲ標榜シツツ裏面蘇聯邦ニ對スル日獨共同ノ壓力ヲ覘ヒ締結セラレタルモノナルモ其ノ實際上ノ運用ニ於テハ條約ノ文言ニ關係ナク日獨間各種ノ問題ニ付兩國協力ノ實ヲ擧ケ來レルモノニシテ此ノ點ハ伊國ノ參加ニヨリテ一層强力ノモノトナリタルコト御承知ノ通ナリ申ス迄モナク此種協定ノ重要性ハ協定面ノ文言ニ非スシテ協定締結ニヨリテ進メラルル締約國間政治的提携關係ノ緊密化ニアリ現ニ日獨伊三國共現存防共協定ノ運用ニヨリ夫々充分ナル政治的效果ヲ擧ケ第三國ニ對シ相當ノ睨ミヲ效カシ居ル實情ナリ從テ今次協定ヲ表面上防共ノ範圍內ニ於ケル

强化ノ程度ニ止ムルトスルモ右ノ運用ニヨリ對英佛關係ニ於テモ充分ナル政治的壓力トナリ得ルモノト確信スルモノナリ然レトモ同盟關係ノ强ク現レ居ル條約ヲ以テ歐洲外交ノ懸引ニ利用セント考ヘ居ルヤニ認メラルル獨伊トシテハ今更表面ヲ防共協定ニ「カモフラージユ」セントスル案ニハ同意ヲ澁ルヘキハ想像スルニ難カラサル所ナルモ前述ノ如ク運用ニヨル政治的妙味ヲ充分期待シ得ルモノナルニ付テハ説明ノ仕樣次第竝ニ努力如何ニテハ先方ヲ納得セシムルコト決シテ不可能ニアラスト思考スルモノナリ

五、別紙乙號協定案ニ關シテハ委細別添説明書ニヨリテ承知セラレ度キ處

(イ)了解事項㈠及㈢ハ帝國政府ニ於テ絶對緊要ト思考スル所ニシテ形式ハ了解事項ナルモ性質上議定書ト何等輕重ニ差異ナキモノナリ

(ロ)本協定發表ノ時期ニ關シテハ帝國ハ帝國獨自ノ立場ヨリ見タル内外ノ情勢ヲ篤ト考慮シ獨伊側ト協議ノ上其時期ヲ決定シ度キ意嚮ナリ(御承知ノ通帝國ハ現ニ蘇聯邦トノ間ニ漁業條約締結ノ交渉ヲ行ヒツツアル處此關係ニ於テモ現存日獨防共協定締結當時ニ於ケル經驗ニ鑑ミ本協定發表ノ時期ハ右漁業條約又ハ暫定取極調印後若ハ全然其見込ツカサルニ至リタル後トスルコト萬事好都合ナリト思考ス)此點ニ關シテハ追テ何分ノ儀改メテ訓令スヘシ

別紙甲號

日獨伊三國協定方針

一、對　象　「ソ」ヲ主タル對象トスルコトハ固ヨリナルモ狀況ニ依リ第三國ヲモ對象トスルコトアルヘシ

一、武力援助　「ソ」ヲ對象トスル場合ハ之ヲ行フコト勿論ナリ
第三國ヲ對象トスル場合ハ之ヲ行フヤ否ヤ及其ノ程度ハ一ニ情況ニ依ル

一、締結時期　成ルヘク早キヲ要ス

一、發表時期　協議ノ上適當ノ時期ヲ選フ

一、有效期間　五　年

一、第三國ヘノ説明　「コミンテルン」ヲ對象トスト説明ス

別紙乙號

協議及相互援助ニ關スル日本國、伊太利國及獨逸國間協定(案)

大日本帝國政府
伊太利國政府及
獨逸國政府ハ

日本國、伊太利國及獨逸國間ノ友好關係ガ千九百三十六年十一月二十五日ノ共產「インターナショナル」ニ對スル協定締結後一層增進セラレタル事實ニ鑑ミ

共產「インターナショナル」ノ國際的活動ガ「ヨーロッパ」及「アジア」ニ於ケル平和ヲ脅威スルモノナルコトヲ確信シ

前記協定ノ精神ニ從ヒ、「ヨーロッパ」及「アジア」ニ於ケル共產主義的破壞ニ對スル防衛ヲ鞏固ニシ且三締約國ノ共通利益ヲ擁護センコトヲ決意シ

左ノ通協定セリ

第一條

締約國ノ一ガ締約國ニ非ザル一又ハ多數ノ第三國ノ態度ニ依リ困難ニ遭遇スルニ至リタル場合締約國ハ共同シテ執ルベキ措置ニ付直ニ協議ニ入ルモノトス

第二條

締約國ノ一ガ締約國ニ非ザル一又ハ多數ノ第三國ヨリ挑發ニ因ラザル脅威ヲ受ケタル場合他ノ締約國ハ右脅威ヲ受ケタル國ニ對シ右脅威ヲ排除スル爲政治的及經濟的支持ヲ與フベキコトヲ約ス

第三條

締約國ノ一ガ締約國ニ非ザル一又ハ多數ノ第三國ヨリ挑發ニ因ラザル攻撃ヲ受ケタル場合他ノ締約國ハ之ニ助力及援助ヲ與フベキコトヲ約ス

三締約國ハ右ノ場合ニ於テ前項ノ規定ニ基ク義務履行ノ爲必要ナル措置ニ付直ニ協議決定スベシ

第四條

本協定ハ日本語、伊太利語及獨逸語ノ本文ヲ以テ正文トス

本協定ハ署名ノ日ヨリ實施セラルベク且五年間效力ヲ有ス

締約國ハ右期間滿了前適當ノ時期ニ於テ爾後ニ於ケル協力ノ態樣ニ付了解ヲ遂グベシ

右證據トシテ下名ハ各本國政府ヨリ正當ノ委任ヲ受ケ本協

定ニ署名調印セリ

年　月　日　ニ於テ本書三通ヲ作成ス

署名議定書

本日、、、、、協定ニ署名スルニ當リ下名ノ全權委員ハ左ノ通リ意見一致セリ

(イ)協定第二條及第三條ニ關シ

千九百三十二年九月十五日日本國及滿洲國間ニ締結セラレタル議定書第二項ノ規定ニ鑑ミ滿洲國ノ受クルコトアルベキ脅威又ハ攻撃ハ日本國ニ對スル脅威又ハ攻撃ト見做サルベキモノトス

(ロ)協定第四條第二項ニ關シ

協定ノ期間滿了ニ當リ協定第二條又ハ第三條ニ基ク支持又ハ助力及援助ノ與ヘラレ居ル場合ニ於テハ協定ハ右支持又ハ助力及援助ヲ必要トセル事態ノ終熄スル迄引續キ效力ヲ有スルモノトス

年　月　日　ニ於テ

秘密附屬議定書

本日、、、、、協定ニ署名スルニ當リ下名ノ全權委員ハ左ノ通協定セリ

(イ)協定第二條及第三條ニ關シ協定ノ效力發生後成ルベク速ニ三國當該官憲間ニ於テ豫メ箇々ノ紛爭ノ可能性ト共ニ締約國ガ各其ノ地理的狀勢ニ應ジ如何ナル性質及如何ナル範圍ノ支持又ハ助力及援助ヲ與フベキカヲ審議スベシ

(ロ)締約國ガ共同シテ戰爭ヲ爲ス場合ハ締約國ハ單獨ニ休戰又ハ講和ヲ爲サザルベキコトヲ約ス

(ハ)締約國ハ締約國ニ非ザル第三國トノ間ニ現存スル條約ニ基ク義務ニシテ協定ノ條文ニ牴觸スルガ如キモノアル場合ハ右義務ニ拘束セラレザルモノトス

(ニ)本秘密附屬議定書ハ締約國ノ合意ナキ限リ公表セラレ又ハ第三國ニ對シ通告セラレザルモノトス

(ホ)本秘密附屬議定書ハ協定及署名議定書ト同一ノ期間效力ヲ有シ且之ト不可分ノ一體ヲ爲スモノトス

秘密了解事項(案)

本日、、、、協定ニ署名スルニ當リ下名ノ全權委員ハ左ノ通一致セリ

一、協定第三條及祕密附屬議定書(イ)項ニ關シ兵力的援助ハ「ソヴイエト」社會主義共和國聯邦ガ單獨ニ又ハ第三國ト共同シテ締約國ノ一ヲ攻撃シタル場合ニ行ハルルモノトス

前項ノ規定ハ「ソヴイエト」社會主義共和國聯邦ノ參加セザル攻撃ノ場合ニ於テモ締約國ガ狀況ニ依リ兵力的援助ニ關シ協議決定スルコトアルベキヲ妨グルモノニ非ズ

二、協定及署名議定書ハ公表セラルベキモノナルニ鑑ミ締約國ハ協定ニ關シ說明ヲ爲スノ必要アルトキハ協定ハ千九百三十六年十一月二十五日ノ共產「インターナショナル」ニ對スル協定ノ延長ニシテ共產「インターナショナル」ノ方針ニ從ヒ破壞工作ヲ爲スコトアルベキ國ニ對スル防衛ヲ目的トスルモノナリトノ趣旨ニテ說明スベキモノトス

年　月　日ニ於テ

別紙丙號

帝國政府案ニ關スル說明書

(一)協定名

協定ノ防守的性質ナルコトヲ示ス事ヲ適當ト認メ「協議及相互援助ニ關スル協定」トシタルモノナリ

(二)前文

(イ)獨逸案ハ批准條項付ナルニ鑑ミ締約國元首ガ全權委員ヲ任命スル形式ノ例文ヲ用ヒ居ル處後述(六)(ロ)ノ理由ニ依リ日本案ハ調印ト同時ニ發效セシムル主義ヲ採ル結果防共協定ノ前例ニ倣ヒ「三國政府ハ、、、、協定セリ」トノ形式ヲ採用セリ

(ロ)第一項

日獨兩案トモ趣旨ハ同ジ、獨案ハ『反「コミンテルン」協定』ナル語ヲ用ヒ居ルモ日本案ハ正式ニ「共產「インターナショナル」ニ對スル協定」ノ字句ヲ用フ

(ハ)第二項

獨案ニハ「「コミンテルン」ガ平和ヲ脅威ス」トアルヲ日本案ハ「共產「インターナショナル」ノ國際的活動ガ」ト修正ス

(ニ)第三項

本項ニ於テ日獨兩案ハ重要ナル相違アリ

獨案ハ伊國側ノ修正意見ヲ容レ本協定ガ「歐羅巴及亞

細亞ニ於ケル三締約國ノ共同利益保護ノ為ニ同盟條約ヲ締結スル」ヲ目的トスルノ趣旨ヲ宣明スルニ對シ日本案ハ本協定ガ「防共協定ノ精神ニ從ヒ共產主義的破壞防衛竝ニ三締約國ノ共通利益ヲ擁護セントスル」モノナルコトヲ明ナラシムルモノナリ。卽チ日本案ハ本協定ガ何處迄モ防共協定ノ延長ナリトノ建前ヲ執ルモノニシテ固ヨリ協定條文ハ蘇聯以外ニモ適用アルモ表面ハ飽迄防共トナスコトヲ明ニスルモノナリ

此ノ點ニ關シ獨伊側ヨリ修正意見出ヅベキコト豫想セラルルモ公表說明ニ關スル祕密了解事項(九)(ロ)ト相俟テ我方トシテハ諸般ノ關係上本案ヲ飽迄堅持スルモノナリ

(三)第一條

日獨兩案トモ同ジ

(四)第二條

獨案ニハ單ニ「脅威ヲ受ケタル場合」トアルニ對シ日本案ハ「挑發ニ因ラザル」ノ字句ヲ冠シ飽迄防守的ナル點ヲ闡明ニス

(五)第三條

(イ)第一項ハ獨案ニハ「有ラユル使用シ得ル手段ヲ以テ」ナル字句アル以外日本案モ同一趣旨ナル(リカ)

日本案中ニハ「有ラユル使用シ得ル手段」ナル字句ヲ使用セザル理由ハ右字句ハ一見一層意味ヲ强ムル字句ナルガ如キモ他面ニ於テ「使用シ得ルヤ」否ヤハ援助ヲ與フル國自體ノ判斷ニ係ルヲ以テ寧ロ制限的ニモ解シ得ラルルモノナルニ依ル。斯ル字句ヲ用ヒズ總括的ニ義務ヲ定メ置クヲ以テ充分ト認ムル次第ナリ

(ロ)第二項ニ關シテハ第一項ノ義務發生スル場合右義務ヲ履行スルニ必要ナル措置ニ付協議決定スルノ趣旨ニシテ日獨兩案トモ同趣旨ナルガ獨案中ニハ「協議決定」ノ代リニ「共同ニ確定」ト云ヘリ。日本案ニ「協議」ノ字句ヲ使用スルハ三國ガ「直ニ」接觸ヲ保チ決定ニ達スベシ意ヲ表ス為ナリ。尙本項ハ一面ニ於テ祕密議定書(イ)項ニ於テ事前ニ支持又ハ助力及援助ノ實行方法ヲ審議決定シ置クコトトナリ居ルヲ「カムフラージユ」セントスルノ意味モアル次第ナリ

(六)第四條

(イ)獨案第五條ハ協定ノ效力ニ關シ期間ヲ十年トシ滿了前

一年ノ豫告ヲ以テ廢棄ノ通告ナキ時ハ更ニ五年間效力ヲ存續スルコトトナリ居ル處今日ノ國際情勢ニ鑑ミ十年間ノ期間ハ長キニ失スルノ懸念アリ日本案ハ有效期間ヲ五年トシ防共協定ノ例ニ傚ヒテ期間滿了前了解ヲ遂グルコトトセリ

(ロ)尚本協定ヲ獨案ノ如ク批准條項付トナス場合ハ調印時期ヲ早メ且ツ我方國內手續上正確ヲ期シ得ル點等ニ於テ有利ナルガ如キモ他方獨伊側ノ主トシテ期待シ居ル點ガ條約ノ公表ニヨル政治的效果ナルベキコトヨリ考フレバ何カノ都合ニテ批准ノ遲ルルコト等モ考慮セラレ我方トシテ好マシカラザル事態トナルノ惧レモアリ諸般ノ事情ヲ考慮シ調印ト同時ニ發效セシムルヲ必要ト認メタルモノナリ

又調印ト發表トノ關係ニ關シ漁業交渉トノ關係等ヨリ我方トシテハ發表時期ニ付希望アリ、然ルニ調印シタル後發表ヲ差控ヘ居ル時ニ外部ニ漏洩スル惧大ナルヲ以テ結局調印直後發表ノコトトスルヲ得策トスヘキニ鑑ミ我方國內手續ニ要スル期間等ヲモ見込ミ調印前御裁可ヲ求ムル形式ガ我方ヨリ見テ最モ好都合ナル次第ナリ

其ノ他例文ハ成ルベク防共協定ノ例ニ據ル。

(七)署名議定書

(イ)(イ)項ノ規定ハ帝國ノ蘇聯邦ヨリ受クルコトアルヘキ攻撃及脅威ハ蘇滿國境方面ニ最モ可能性多キ次第ナルニ鑑ミ將來ノ誤解ヲ避クル爲設クルコトヲ適當ト認メタルモノナリ

(ロ)(ロ)項ノ規定ハ協定效力ノ問題ト關連シ祕密議定書中ニ單獨不講和ニ關スル條項ヲ設クルニモ鑑ミ戰爭以外ノ場合ヲモ考慮シ存置ヲ適當ト認メタルモノナリ

(ハ)尚本署名議定書ハ協定ト共ニ公表セラルルモノナルカ獨伊兩國側ニ於テ例ヘバ(イ)項日滿關係ニ類似スルガ如キ問題アリテ本署名議定書中ニ何等カノ條項設置ヲ希望スル場合ニハ之ヲ排除セントスルモノニ非ズ獨伊側ヨリ申出アル場合ハ理由ノ如何ニ依リ考慮ノ餘地アル次第ナリ

又本議定書ハ祕密議定書ノ存在ヲ幾分「カムフラージユ」セントスル意味ヲモ有ス

(八)祕密附屬議定書

(イ)(イ)項ハ協定成立后三國當該官憲間ニ於テ協定第二條ニ規定スル政治的及經濟的支持、第三條ニ於テ規定スル助力及援助ニ關シ豫メ審議シ置クノ趣旨ニシテ獨側提案ノ趣旨トモ合致スルモノナリ、尙我方ニ於テハ助力及援助ノ中兵力的援助ノ義務ハ蘇聯ガ單獨ニ又ハ第三國ト共同シテ締結國ヲ攻擊シタル場合ニ限ルノ方針ニシテ右ノ點ヲ祕密了解事項中ニ明ニシ置クノ方針ナルコト後述(九)(イ)ノ通ナリ

尙獨側提案ハ外務大臣又ハ其ノ代表者ノ常設委員會ヲ設置スルノ案ナルガ我方トシテハ大体外務大臣ノ參加ヲ不可能トスル以上常ニ代表者ノ出席トナルベク外務大臣ノ代表者ナル資格ニ疑義アルノミナラズ獨伊ハ常ニ外務大臣ノ出席ヲ見ルコトトナルベク本協定ノ實施以外ノ點特ニ急速ヲ要スル事項ニ於テ常ニ獨伊側ノ意圖ニ引摺ラルルノ危險モナキニ非ズ、當該官憲間ノ協議ヲ以テ充分ト認ムル次第ナリ

又通信統制ニ關スル委員會設置モ獨伊ト事情ヲ異ニスル我方ニ於テハ多大ノ困難アルト共ニ其ノ必要ヲ認メ居ラズ

(ロ)(ロ)項ハ獨案中ニハ公表セラルベキ條項トシテ基本協定中ニ之ヲ存スルモ右ハ協定ノ宣傳的效果ヲ偏重スル見地ヨリスレバ三國ノ共同戰爭ヲ豫見セシメ如何ニモ强力ナルコトヲ誇示スルモノトシテ有效ナリトモ考ヘラルベキモ我方トシテハ本協定ヲ表面飽迄防守的ナル協定トスルノ建前ナルヲ以テ積極的ニ戰爭ヲ豫想スル條文ハ面白カラズト認メ祕密議定書中ニ存置セシメ其ノ實質的內容ニ重キヲ置クコトトシタルモノナリ

獨案中ニハ「本條約ニ基キ共同ニ遂行セラルル戰爭」トアル處日本案ニハ單ニ「共同シテ戰爭ヲナス」トアリ右ハ特ニ大ナル意味アル次第ニハ非ルモ本協定ノ直接效果トシテ豫見セラルルハ蘇聯ヲ含ム戰爭ノミナルモ蘇聯ヲ含マザル場合ニモ間接ノ效果トシテ共同ニ戰爭スル場合モアリ得ベキニ依リ「本條約云々」ヲ削除セルモノナリ

(ハ)(ハ)項ハ伊蘇及獨蘇中立條約、「ラツパロ」條約等ヲ考慮セル規定ニシテ日獨防共協定附屬交換公文ト同樣ノ趣旨ニ出ヅ

(ニ)(ニ)項及(ホ)項ハ特ニ說明ヲ要セサルベキモ夫々存置ヲ適

當ト認ムルモノナリ

(九)祕密了解事項

(イ)了解事項(一)第一項ハ兵力的援助ノ義務ヲ負フハ蘇聯ガ單獨ニ又ハ第三國ト共同シテ締約國ノ一ヲ攻擊シタル場合ニ限ルノ趣旨ヲ明トスルモノニシテ我方ノ最重要視スル條項ナリ

本了解ハ二個ノ重要ナル意義ヲ有ス第一ニ我方ハ本協定締結ニ當リ飽迄蘇聯ヲ主タル目標トスルヲ必要ト認ムルモノナルガ本協定ノ建前上協定ノ各條項ハ蘇聯ト蘇聯以外ノ第三國トヲ區別シ居ラズ從テ協定第一條、第二條ハ何レモ英佛等ヲ對象トスル場合ニモ適用アル次第ナルガ第三條ノ助力及援助ノ中兵力的援助ノ義務ニ關シテハ我方ハ蘇聯又ハ蘇聯ノ參加アル場合ニ留保シ置カントスルモノナリ。第二ニ從來獨逸側ヨリ提示セラレタル案ハ協定ノ公表ガ世界ニ與フル影響ヲ以テ最大ナル效果トナシ協定ノ實施自体ヨリ來ル效果ハ之ヲ稍閑却シ居レルノ感アリ卽チ獨側第一次案ハ援助義務ヲ公表セラルル基本協定中ニ規定シ置キツツ裏面ノ議定書中ニ於テ委員會ノ合意成立迄何等ノ援助義務發生セザル建前トナリ居リ又今次提案ニ於テハ此ノ點ヲ改メタルモ批准條項附トナリ居ル等我方ガ日獨伊三國協定ヨリ期待スル所ト相距ルコト遠キモノアリ、我方トシテハ少クトモ對蘇聯關係ニ於テ獨逸側ヲ兵力的援助ニ付テモ拘束シ置クノ必要アリ從テ前記第一ノ點ト併セ本條項ヲ絕對必要トスル次第ナリ、本項ノ設置ニ關シテハ獨伊側ノ反對存スベキコト豫測ニ難カラザルモ我方トシテハ蘇聯ノ關係スル場合以外ニ付テハ兵力的援助ノ義務ヲ負ハザル方針ヲ決定シ居ル以上之ヲ獨伊ニ明ニセズシテ協定ヲ締結スル事ハ將來ノ禍根ヲ遺スモノトシテ採リ得ザル所ナリ、將又右ノ點ハ祕密議定書(イ)項ニ豫見セラルル當該官憲間ノ協議ノ際ニ讓ルモ可ナルベシトノ論モ立チ得ベキ處右ノ不可ナルハ基本トナル協定中ニ標準ヲ明示セズシテ細目協定ニ入リ得ザルコトヨリ明ナリ且ツ右了解ナキ限リ獨伊側ヨリ各種ノ注文ヲ付ケ來ル間隙ヲ與フベシ

尤モ本了解事項ニ關シ例ヘバ伊國側ヨリ蘇聯ガ單獨ニ對象トナル場合ハ兵力的援助ノ義務ヲ負ハザル趣旨ノ留保ヲナスコトモ有リ得ベク我方トシテハ此種申出ア

ル場合考慮ノ餘地アルモノト認メ居レリ

尚第二項ハ蘇聯ノ參加ナキ場合ニ於テモ狀況ニ依リテハ兵力的援助ヲ與フル可能性アルコトヲ明ニスル爲一項ヲ設ケタルモノナリ

(ロ)了解事項(二)モ(一)ト同様ニ我方ノ最重視スル所ニシテ當初防共協定ノ延長トシテ日獨伊間ニ協定ヲ締結スルヲ企圖シ居タル我方トシテハ協定ガ實質的ニハ蘇聯邦以外ノ國家ヲモ對象トナスコトニ決定シタル今日ニ於テモ尚外部ニ對スル説明ニ當リテハ防共協定ノ延長トシテ説明シ以テ英、米、佛等ヲ不當ニ刺戟セザル様措置スルヲ必要ト認ムルモノナリ(基本協定前文ヲ防共ノ範圍ニ限リタルモ亦此主旨ニ出ヅ)、本了解事項ニ付テハ獨伊側ニ多大ノ難色アルベキモ假令防共ヲ目標トスルモ英佛等ニ對スル示威ハ十分其目的ヲ達シ居ル事今日迄ノ例ニヨリテモ明ナル次第ニ鑑ミ獨伊側ニシテ右ヲ納得セシムルコト可能ナルベク我方トシテハ右以上ニ進ンデ英佛等ヲモ對象トスルコトヲ明ニスルコトニハ同意シ得ズ

編　注　本訓令は伊藤述史公使が携行して訪独し、白鳥・大島両大使へ手交した。

41　昭和14年1月28日　在英国重光大使より有田外務大臣宛(電報)

独ソ接近に関する英国紙報道について

ロンドン　1月28日後発
本　省　1月29日前着

第八九號

一般的情報

往電第七二號ニ關シ

二十八日「クロニクル」(「バーノン、バートレット」)ハ致國問題以來英佛兩政府ニ於テ蘇聯ヲ冷遇シ最近ノ英佛、英伊會談等ノ內容モ何等蘇聯ニ通報セラレス右ハ痛ク蘇聯ヲ失望セシメタルカ他方獨逸ハ東歐進出ノ野心ヲ有シ西部國境ノ安全ヲ計ル爲蘇聯ノ好意的中立ヲ買ハント欲シ居ルニ付獨蘇通商交渉ノ成行ハ深甚ナル注意ヲ要スル處獨逸ハ蘇聯ノ觀(歓カ)心ヲ得ル爲防共協定軍事化ヲ延期スルモ可ナリト申入レタリト仄聞ス右ハ「ヒトラー」ノ反共思想根强キモノ

アルニ鑑ミ一見信シ難キヤニ想像サレ勝チナルモ蘇聯ノ粛清ニ依リ反獨分子既ニ除去セラレタリト言フカ如キ理由ノ下ニ蘇獨ノ握手スルコトハ必スシモ不可能事ニアラス獨逸軍部カ獨蘇同盟ヲ希望シ居ルハ周知ノ事實ニシテ此ノ點ニ關聯シ最近「フエルキシア、ベオバハター」ニ著名ナル獨逸將校カ蘇聯陸軍ヲ稱讃セル論文ヲ寄稿セルハ注意ニ値スト報シ尚社説ヲ掲ケ英、佛ハ蘇聯ヲ輕視シ過キタル爲今ヤ蘇獨ノ接近ヲ齎スニ至レリトテ政府ノ對蘇政策ヲ攻撃セリ尚「タイムス」ノ「ワルソー」通信ハ蘇聯報道ニ依レハ今次交渉ハ獨逸側ヨリ提議セルモノノ由ナリト報ス

在歐各大使、壽府へ郵送セリ

42 昭和14年1月31日 在独国大島大使より 有田外務大臣宛(電報)

日伊両国との友邦関係を強調したヒトラーの演説要旨

ベルリン 1月31日前発

本　省 1月31日後着

第八六號

「ナチ」(1)政権獲得六週年記念國會ニ於ケル演説ニ於テ「ヒ」總統ハ大獨逸國完成ニ至ル經過ヲ述ヘ「デモクラシー」諸國ノ反獨態度反獨宣傳ニ對シ痛烈ナル反駁ヲ與ヘ植民地問題カ依然獨逸國ノ生活ニ關スル問題ナルコトヲ强調シタル後國内ノ經濟宗教猶太人諸問題ニ關スル所見ヲ發表シ最後ニ外交ニ關シ先ツ日伊両國カ獨逸ニ取リ極メテ心强キ友邦ナルコトヲ强調シ要旨左ノ通リ述ヘタリ

一、歴史的文化的ニ結付クヘキ運命ニアリタル「ヂヤーマン」及羅馬民族ハ「フアッシヨ」及「ナチ」ノ治下ニ於テ完全ニ結付キタリ今日世界ハ一九三八年伊太利カ獨逸ニ對シ示シタル好意ニ對シ獨逸ハ今後伊太利カ如何ナル理由動機カラニセヨ攻撃セラレタル場合斷然伊太利側ニ立ツヘキコトヲ決心セルコトヲ知ルヘキナリ獨逸ノ軍備ノ優秀ナルト同様伊太利軍備ノ優秀ナルコトハ既ニ「アビシニア」及西班牙紛争ニ於テ明瞭ニ示サレタリ伊太利及獨逸カ共同スルニ於テハ如何ナル紛争モ恐ルル必要ナク平和ヲ保障スルニ最モ有效ナルヘシ獨逸ハ決シテ戰争ヲ望ムモノニハアラサルモ今日世界資源ニ對シ獨逸ノ國カニ相應スル參加ヲ要求シ獨伊共同ノ利益ヲ共同ニ擁護

セントスルモノニシテ如何ナル脅威ヲモ恐レス

二、日本トノ關係ハ「ボルシエヴイズム」ノ脅威ヲ除カントスル決心ニ依リ結ハレタリ防共協定ハ平和ト文化ノ脅威ヲ殲滅セントスル國家聯合ノ結合點トナルヘシ既ニ二箇年ニ亘ル聖戰ニ於テ輝カシキ戰績ヲ殘シタル日本國民ハ東洋ニ於ケル文化ノ擁護者ニシテ其ノ敗北ハ東洋ノ共產化ヲ意味シ歐洲及他ノ國家ニ取ツテモ有益ナルコトニアラス(2)

三、英佛ニ對シテハ植民地返還ノ要求アルノミニシテ外ニ何等領土的ノ要求ヲ有セス

四、其ノ他波蘭、洪牙利、勃牙利、羅馬尼、希臘、土耳古ニ對スル關係及西方諸國瑞西、白耳義、和蘭、丁抹、瑞典、芬蘭、「バルト」諸國ニ對スル關係モ頗ル良好ナリ

五、洪牙利、滿洲國ノ防共協定參加ハ世界平和ノ維持ニ鑑ミ頗ル喜フヘキ事實ナリ

六、南米ニ對スル關係モ良好ナリ北米ノ昨今ノ反獨宣傳ハ極メテ遺憾トスル所ナルモ斯ル傾向ハ決シテ米國民ノ全般ノ意思ト一致スルモノニハアラス

43　昭和14年1月31日　在独国大島大使より有田外務大臣宛（電報）

フランコ政権の防共協定参加につきドイツ側よりわが方意向を打診について

ベルリン　1月31日後発
本　　省　2月1日前着

第九二號（極祕）

三十一日「スターマー」「リッペントロップ」外相ノ命ヲ受ケ本使ヲ來訪シ獨トシテハ「フランコ」政府ノ防共協定參加ニ關シ大體該政府ノ勝利確實ナル見込立チタル時期ヲ目度ト見テ注意シ居リタルカ「バルセロナ」ノ陷落ニ依リ「フランコ」ノ西班牙統一確實トナリ且英國カ經濟援助等ノ方法ニテ「フランコ」ニ接近ヲ試ミ「フランコ」政府ノ防共協定參加ヲ妨害スル惧ナシトセサルヲ以テ現在コソ「フランコ」政府ノ防共協定參加ヲ勸誘スヘキ絶好ノ機會ト思考ス本件ニ關シ伊國側ニハ正式ニハ申入レ居ラサルモ大體贊成ノ模樣ナリ就テハ日本側ニテモ右ニ御贊成ナラハ獨側ニ於テ「フランコ」側ノ意嚮ヲ確メタク先ツ日本政府ノ內意ヲ伺ヒタシト述ヘタリ

本使トシテハ「フランコ」ノ西班牙統一ノ見込ハ立チタルモノト認メ居リ又英國ノ妨害ニ關シテモ「リ」ト同様ノ意見ヲ有シ西班牙ニ政治的竝ニ軍事的勢力ヲ扶植セントスル獨伊ノ希望ヲ支持スルハ對英牽制上ニモ有效ナルモノト認メラルルヲ以テ此ノ際我方トシテモ獨側ノ提案ニ贊成スルコト適當ト思考シ居ル次第ナリ就テハ本件ニ關スル政府ノ御内意至急御回電相煩度シ

伊ニ轉電シ西ニハ別ニ要旨電報ス

44 欧州情勢に鑑みハンガリーの防共協定参加議定書の調印は早期完了が望ましい旨具申

昭和14年2月13日　在ハンガリー松宮(順)公使より有田外務大臣宛(電報)

ブダペスト　2月13日後発
本　省　2月14日前着

第三〇號

獨發貴大臣宛電報第一二〇號ニ關シ

獨文議定書洪牙利側異議無シ洪牙利文正文ハ決定次第電報スヘシ最近「バルカン」方面ノ政情動搖シ此ノ間英蘇ノ工作頻リニ傳ヘラルル折柄議定書調印ハ出來得ル限リ速ニ完了スルコト最モ望マシキ次第ニ付我方國内手續ハ一日モ早ク之ヲ終了シ二十日前後ニハ調印シ得ル樣特ニ御配慮願度シ

45 フランコ政権に対するドイツの要望等に関する諜報報告

昭和14年2月18日　在英国重光大使より有田外務大臣宛(電報)

ロンドン　2月18日後発
本　省　2月19日前着

第一六二號

過般佛外相ノ密使「プリノン」ノ訪獨ニ關シ「プ」ト昵懇ナル諜報者ノ内話ニ依レハ「プ」ハ「リッペントロップ」(「ヒトラー」)ト會見ヲ希望シタルモ果サス)ト會談ノ結果獨逸ハ西班牙ニ關シテハ㈠内亂終了後通商關係增進ヲ計ルコト及㈡「フランコ」ノ防共協定加入(「リ」ハ此ノ點ハ獨ノ格別重要視スル所ナリト語レル由)ヲ實現セシムルコトノ外差當リ特ニ要求ナク伊太利ノ對佛要求ニ關シテハ「チアノ」カ未タ正式ニ要求限度ヲ内示セサル爲獨逸トシテモ

的確ナル態度ニ出スル能ハサルモ伊太利ノ要求カ法外ノモノトナリ爲ニ危機ヲ醸成スルカ如キコトナキ様獨ヨリモ斡旋スヘキニ付佛側ニ於テモ合理的ナル希望ノ開陳ニ對シテハ妥協的態度ニ出テラレタシト爲スモノナリトノ印象ヲ得タル趣ナリ何等御參考迄

佛、獨、西へ暗送セリ

46　昭和14年2月24日

満州国およびハンガリーの防共協定参加に関する情報部長談

滿洲國、洪牙利國ノ防共協定參加ニ關スル情報部長談

（二月二十四日）

本日滿洲國及洪牙利國ハ新京及「ブタペスト」ニ於テ夫々日獨伊三國トノ間ニ防共協定參加議定書ノ調印ヲ行ヒ曩ニ兩國政府ニ依テ聲明セラレタル防共協定參加ノ手續ヲ完了シタ。

滿洲國ハ其建國以來夙ニ反共主義ヲ以テ其國是トナシ帝國ト協同シテ共産主義殲滅ニ當ツテ來タモノテアルカ同國カ今回防共協定ニ參加スルニ至ツタコトハ極メテ自然ノ成行トイフヘキテアル。曩ニハ「サルバドル」、獨、伊、西等ヨリ又最近ハ洪牙利ヨリ正式承認ヲ受ケ愈々其ノ國際的地位ヲ固メタ滿洲國カ今日防共協定ニ參加ノ運ヒトナツタコトハ東亞ニ新秩序ノ建設セラレントスルニ當リ誠ニ意義深イモノト言フヘキテアル。

又洪牙利國ハ一九一九年世界大戰後ノ混亂ニ乘シ一時「ベラクン」ノ率ル共産過激派カ政權ヲ掌握シ蘇聯トノ間ニ軍事同盟ヲ締結シ社會主義聯盟ヲ建設セントシタコトカアツタカ洪牙利ハ右共産革命鎭壓ニ成功シテ以來防共ノ爲不斷ノ努力ヲ續ケ來ツタコトハ衆知ノ事實ニ屬シ現攝政「ホルテイ」提督ハ當時國民軍ノ總司令官トシテ共産革命鎭壓ノ最大殊動者テアラレタコトヲ想起スルナラハ感慨深キモノカアル洪牙利國カ先般日獨伊ト志ヲ同シウシ防共協定參加ノ意嚮ヲ宣言スルヤ蘇聯ハ之ニ對シ「ブタペスト」駐箚ノ同國公使ヲ召還スルノ擧ニ出ツルト共ニ在蘇洪國公使館ノ閉鎖ヲ求メ洪牙利ノ防共協定參加ヲ牽制シヨウトシタニモ拘ラス其參加ヲ見タノハ洪牙利ノ防共協定ニ參加ノ決意ノ如何ニ堅カリシカヲ窺フコトカ出來ル。吾人ハ茲ニ新タナ

ル盟邦ヲ得益々一致協力共同目的ニ邁進セムトスル決意ヲ固クスル次第テアル。日獨防共協定締結以來幾何モ無クシテ曩ニハ伊國ノ參加アリ今日又滿洲國及洪牙利國ノ參加ヲ見ルニ至リ防共勢力カ東西兩洋ニ亙リ着々擴大セラレツツアルノ狀勢ハ眞ニ慶賀ニ堪ヘヌ次第テアル。

47 昭和14年3月4日 在独国大島大使より有田外務大臣宛(電報)

日独伊協定の締結に関する訓令で示されたわが方条件に独伊は絶対同意不可能であり政府の再考方意見具申

ベルリン 3月4日前発
本 省 3月4日夜着

第一七六號(絕對極祕)

一月二十六日附貴信御訓令ノ趣了悉且伊藤公使一行ヨリ詳細ノ説明ヲモ聽取シタルガ右御訓令ニ對スル本使等兩人ノ意見左ノ通申進ス

一、今回御訓令ノ要點ハ「日獨伊三國協定方針」ホノ第一、第二及第六項卽チ祕密了解事項ニ規定セラルル二點ニ存スト認メラレ政府ハ之ニ依リ英、米、佛ヲ向フニ廻スコトヲ囘避セムトセラルル御趣旨ナリト認メラルル處、本協定ヲ公表スル場合苟クモ第一條乃至第三條ノ規定カ現存スル以上之ヲ前文ノ文句等ヲ利用シテ「コミンテルン」ノミヲ對象トスト説明スルモ之ヲ信ズル者ナカルベキヲ以テ御所期ノ目的ハ毫モ達成セラレザルベク、若シ夫レ祕密了解事項第一項ヲ英米等ニ通報シ或ハ漏洩セシムルガ如キコトニ依リ右目的ヲ達成セムトスルニ至ツテハ不信義ノ極ト云フベク苟クモ政府ニ於テ斯ノ如キ御意圖アルベシトハ到底本使等ノ想像シ得ザル所ナルガ、日本方面ヨリノ情報特ニ二月十七日貴族院ノ祕密會ニ於テ首相ガ述ベラレタル處ハ同盟岩永社長ノ口ヨリ漏レタリトシテ獨逸政府ハ既ニ入手シ「スターマー」大島ニ訊ネ來リタル有様ニシテ獨伊トシテハ本祕密事項ニ右ノ如キ魂膽アルベシトハ直チニ想像スル所ナルベク而シテ從來ノ例ニ見ルモ結果ハ正ニ右ノ如クナルベキハ疑ナシ

二、次ニ政府ガ本祕密了解事項第一項ヲ規定セラレタル理由ハ歐洲ノ紛爭ニ捲込マルルヲ欲セザルニ在リトノコトナ

ルガ帝國ノ東洋ニ於ケル地位ハ米國ノ孤立主義ノ立場トハ異リ現ニ蘇聯ト境ヲ接シ且英、米、佛等何レモ現在東洋ノ事態ニ介入シ居リ我ニ於テ欲スルト否トニ拘ラズ歐洲ノ情勢ト深キ關聯ヲ有スル次第ニシテ既ニ協定第一條第二條ニ於テ英佛ヲ相手トシ且第三條ニ關シテモ兵力使用以外ノ點ニ於テ之ヲ對象トセムトスル限リ或程度歐洲ノ紛爭ニ干與セザルヲ得ザルハ當然ナリ、他方兵力使用ト謂フモ獨伊ノ我ニ求ムル所ハ我ガ東洋ニ於テ獨伊ニ求ムル所ト同ジク全實力ヲ擧ゲテ歐洲ノ戰爭ニ參加スベシト云フニアラズシテ要ハ三國各其ノ實力ニ應ジ主トシテ其ノ持場ニ於テ敵國ノ勢力ニ對抗スルニ在ル次第ナルヲ以テ若シ政府ニシテ此點ニ危惧ヲ抱カルルニ於テハ豫メ三國間ニ此ノ點ニ關スル了解ヲ明ニシ置キ以テ兵力使用ノ條件、程度、方法等ヲ當該官憲間ノ話合ニ依リ決定シ得ベク此レ即チ獨伊側ヨリ累次提案シ來レル祕密議定書案ノ目的トセル所ニ外ナラズ

三、尙政府ハ了解事項第一項ノ如キ規定ニ依リ蘇聯ノ參加セザル攻擊ノ場合ニハ我方ニ於テ兵力援助ノ義務ヲ負ハザルモ日蘇開戰ニ當リテハ獨伊ノ兵力的援助ヲ確保セムコトヲ絕對不變ノ方針ナリトセラルルモ斯ノ如キ片務的條項ニ對シ伊ガ贊同セザルベキコトハ御訓令附屬說明書ニ於テモ既ニ豫想セラレ居ル通ニシテ斯ル規定ヲ突付クルニ於テハ獨モ現存獨伊ノ緊密關係ニ鑑ミ伊ヲ離スコトヲ欲セザル實狀ニ鑑ミ到底受諾ヲ肯ゼザルベシト

四、又今回ノ協定ノ趣旨ヲ「コミンテルン」ニ對スルモノナリト說明セムトノ御方針ハ元來獨伊殊ニ伊ニ對シテハ本協定ノ宣傳的價値ヲ强調シテ之ニ參同セシメムトスル御趣旨ト矛盾スルモノニシテ伊ガ絕對ニ之ヲ受容レザルベキハ明カナリ、又協定ニシテ公表セラルル以上何人モ右ノ如キ說明ヲ信ズルモノナカルベク斯ル方針ハ日本ガ協定其者ニ於テ我國ノミニ有利ナル條件ヲ要求スルノミナラズ其ノ說明ニ於テ迄我方ノミニ都合良キ虛僞ヲ用ヰ且獨伊ニモ之ヲ押付ケムトスルモノニテ斯ノ如キコトヲ提議スルハ徒ラニ獨伊ノ輕侮ヲ買ヒ帝國ノ道義外交ニ汚點ヲ印スベキコトヲ虞ル

五、之ヲ要スルニ今回ノ御訓令中協定案ノ字句等ノ細目ハ之ヲ別トシ以上ノ諸點卽チ祕密了解事項規定ノ點ハ本使等トシテ政府ノ御趣旨ヲ全ク了解シ得ザル處ニシテ本使等

從來ノ獨伊側トノ接觸及一般狀勢ヨリ判斷シ先方ノ同意ヲ取付ケ得ル見込全ク無キト共ニ之ヲ其ノ儘提案スルニ於テハ帝國ノ威信ヲ失墜セシムベキハ勿論獨伊ヲシテ我方ノ誠意竝ニ精神ヲモ疑ハシメ將來久シキニ亘リテ此ノ種協定ノ成立ヲ絶望ナラシムベキハ素ヨリ現ニ存スル日獨伊樞軸ノ弱化乃至ハ崩壞ヲモ招來スルコトナキヤヲ深憂スル次第ナリ

六、政府ニ於テハ今次御訓令ノ案ヲ以テ本使等ノ努力次第ニ依リテハ獨伊側ニ於テ受諾シ得ベキモノト斷定セラルルモ本使等トシテハ累次ノ電報ニテモ御承知ノ通此ノ儘ノ案ニテハ兩國ノ同意絶對不可能ナルコトヲ確信ス加之以上各項具申ノ通斯ノ如キ案ヲ以テ彼等ニ臨ムコトハ帝國ニ對スル獨伊兩國ノ信頼ヲ裏切リ特ニ「ヒツトラー」「ムツソリーニ」兩氏ヲシテ皇道日本ノ眞意ニ關シ深甚ナル疑惑ヲ抱カシムル所以ニシテ其ノ三國間今後ノ關係ニ及ボス惡影響計リ知ル可カラザルモノアリ

本使等トシテ御訓令ノ趣旨ヲ取次グハ何分ニモ良心ノ許サザル所ナルノミナラズ帝國永遠ノ利益及目前ノ國際環境ニ於ケル我方立場ヲ考慮スルトキハ到底御趣旨ニ副フコトヲ得ザル次第ナリ就テハ政府ニ於カレ如上縷述セル本使等ノ苦衷ヲ御洞察ノ上此ノ際御訓令ノ案ニ對シ御再考アラムコトヲ切望ス尚今日迄既ニ遷延ヲ重ネタル本件ニ付此ノ上更ニ貴我ノ間ニクドクドシク往復ヲ重ヌルコトハ諸般ノ關係上甚ダ面白カラズト思考セラルルニ付根本ノ精神主義ノ點ニ關シ政府御詮議ノ結果ニ付出來得ル限リ至急且明確ニ御回示相成樣致度シ

白鳥、大島

48　昭和14年3月6日　在独国大島大使より有田外務大臣宛（電報）

日独伊協定の締結に関する訓令に再考を求める大島・白鳥両大使の現地情勢判断につき伊藤公使報告

ベルリン　3月6日夜発
本　省　3月7日前着

第一九〇號（絶對極祕）

伊藤公使ヨリ

本使等二十四日羅馬到着以來同地及伯林ニ於テ連日ニ亘リ

白鳥、大島兩大使及陸海軍兩武官ト會談シ政府ノ意圖ヲ詳細傳達シ之カ説明ニ努力シ且現地ノ狀勢判斷ニ關シ意見ヲ聽取シタルガ

第一、條約案ノ根本ニ於テ中央ノ觀察ト現地ノ意見トノ間ニ大ナル懸隔アルヲ知リタリ其ノ主ナル點左ノ通

一、兩大使ノ説明ニ依ル（ニ欠カ）獨伊兩國ハ現在ノ狀勢ニ於テ「コミンテルン」ヲ主タル對象トスル條約ニ多大ナル關心ヲ有セス英佛ヲモ含ム第三國ヲ對象トシ日獨伊三國ノ相互信頼等ニ基ク强固ナル結合ヲ希望シアリテ英佛對象ノ場合原則トシテ兵力的援助ヲ忌避シ或ハ英佛ヲ對象トスルコトヲ第三國ニ「カムフラージユ」セントスルカ如キ方策ハ獨伊特ニ伊ノ受諾シ得ザル所ニシテ伊ノ參加ナキ協定ハ獨モ今ヤ成立ノ意思ナシト言フニアリ

二、斯ル建前ヲ取リタル場合大島大使ノ歐洲情勢觀察及白鳥大使ノ「ムッソリーニ」首相トノ會談ニ關スル電報ニアル通獨伊兩國共現在ノ處置ニ武力ニ訴フル意圖ヲ有セス然レトモ政策遂行上必要トアレハ武力ヲ使用シ得ル決意無キ限リ三國協定締結ノ意義ナク基本條約ニ於テ表面ヲ强ク表スモ祕密了解事項ニ依リ獨伊側ノ最重要視スル點ヲ掣肘セムトスル思想ハ到底彼等ノ共ニ應諾シ得サル所ナリトノ見解ナリ

三、尚兩大使ノ説明ニ依ルニ英佛ノミヲ對象トスル場合獨伊兩國ハ日本ヨリ可能ナル範圍ニ於ケル武力使用ヲ期待シ居ル次第ニシテ今次協定ノ話合モ此ノ「ライン」ニテ進ミ居ルモノナリ從テ日本カ英佛ノミヲ對象トシテ兵力使用ノ義務ヲ負フモ其ノ範圍實行方法ノ限定ニ依リ蘇聯ニ對スル獨伊ノ義務ヲモ考察シ我方カ欲セザル程度以上ニ純歐洲戰爭ニ捲込マルルノ危險無シトノ意見ナリ

第二、御訓令ノ取計ニ關シ本使等ハ本案カ帝國政府トシテハ熟議ヲ重ネタル最後案ナルコトヲ繰返シ説明シ其ノ方法ハ大使裁量ニ任ズベキモ兎モ角一應ハ獨伊側ニ傳ヘ其ノ意嚮ヲ打診スベク極力慫慂シタルガ、兩大使共ニ從來ノ交渉特ニ最近ニ於ケル獨伊ノ態度ニ徵シ受諾ノ意無キハ明白ナルノミナラズ之ヲ提示スルコトニ依リ却テ帝國ノ威信ヲ傷ケ且將來獨伊トノ關係ニ惡影響ヲ及ホスモノトシ個人ノ立場ハ全ク別トシ外交國策遂行ノ大局上本案ヲ

獨伊側ニ示スコトハ良心ノ許サザル所ナリトノ確信ヲ有シアリ

第三、兩大使ノ意見ハ大要右ノ通ニシテ兩大使ハ今次政府案ニ關シ愼重熟慮ノ結果政府ノ再考ノ餘地ヲ切望シ往電第一七六號ノ請訓ヲ發スルコトトナレル次第ナリ

本使等特使トシテ說得ノ任ヲ盡シ得ザリシハ甚タ遺憾トスル所ナルモ現地ノ情勢右ノ次第ナリ不取敢報告ス

49 昭和14年3月23日

日独伊協定の締結に関する訓令の方針変更に反対する井上欧亜局長意見書

今次日獨伊三國提携鞏化ノ議アリ菲才乏シキヲ歐亞局長ノ要職ニ承ケ頭初ヨリ之ガ事務ノ鞅掌ヲ委セラレタルハ恩顧洵ニ淺カラサルモノアリ日夜黽勉謬ナカラムコトヲ期シ終始研鑽以テ斯案ノ成立ヲ冀ヘリ然ルニ這般在獨在伊兩帝國使臣ニ授ケラレタル訓令ニ對シ兩大使ヨリ意見具申アリ五省會議ハ更ニ議ヲ重ネ新シク案ヲ得テ今將ニ訓電ヲ發出セラレントス

惟フニ白鳥大島兩大使カ言フ所ハ客年來數閱月ノ長キニ亘リ具サニ論議ヲ重ネ愼重考究セラレタル所ニ係リ縱令豫想セラレタルカ如キ兩使ノ稟申アルモ之カ爲ニ既定ノ方針ヲ左右スベキモノニ非ス、然ルニ今遽ニ再議ヲ行ヒ協定事項中蘇聯邦ノ參加セザル場合ノ英佛兩國等ヲ對象トスル兵力的援助ニ付一度訂立シタル方針ニ一大變革ヲ加ヘ曩ニハ之ヲ行フヤ否ヤハ一ニ當時ノ情況ニ因ルベキモノトシ而モ現在及近キ將來ニ於テ之ヲ行フ意志ナキ旨確立シタルニモ不拘今次同訓ニ於テハ右兵力的援助ヲ行フベキコトヲ原則トシ但ダ例外トシテ當分ノ間之ヲ行ハサル旨ヲ獨伊ニ通達シ了解ヲ取付ケ置カムトス、之ヲ換言セハ英佛ノミヲ對象トスル兵力的援助ヲ爲スベキヤ否ヤヲ帝國獨自ノ立場ヨリ決定セムトシタル方針ヲ變シテ原則的ニハ豫メ獨伊ニ對シ帝國ノ行動ヲ束縛セムトスルモノナリ、勿論當分ノ間之ガ適用ナキコトニ付保留スベシト雖モ右ハ「當分ノ間」ノコトニシテ協定全期間ヲ通ジテ然リトナスコトヲ得ザルベシ、若シ全期間ニ亘リ此保留ヲ一貫セムトセバ徒ラニ信義ヲ獨伊ニ失シ帝國ノ威信ヲ墮スモノト謂フベシ、或ハ僅少ノ援助モ援助タルニ於テハ即チ一ナルヲ以テ帝國々力ノ許ス以

上ニ援助ヲ行フコトトハナラズトノ論アルベキモ一旦英佛ヲ對象トシテ兵力ヲ行使セムカ如何ニ小規模ナリト雖モ敵對行爲タルハ明カナルノミナラズ規模範圍自ラ擴大シ欲セザルニ大規模ノ敵對行爲トナルナキヲ誰カ保スベキ、殷鑑遠カラズ今次事變ニ在リ、殊ニ獨外相ノ言ニヨレバ彼レガ帝國ニ求ムル所ハ歐洲ニ對スル派兵ニ非ザルモ東洋ニ於テ英佛ノ根據地ヲ攻撃シ且極東ヨリスル兩國通商路ノ破壞ニ在リ加之帝國海軍ニヨル米國ノ牽制スラ之ヲ欲シ居レリ、誰カ之ヲ小規模且限局セル援助ヲ以テ滿足スルモノナリトセムヤ

大島大使ハ獨國ノ强大ヲ知ルガ故ニ速キニ迫ンデ之ト合縱セムトス白鳥大使ハ英國ヲ東亞ヨリ驅逐スルヲ以テ帝國ノ使命ナリトス兩使ガ獨伊ノ意向ヲ酌ミ我方案ヲ以テ非ナリトナスハ理ナキニ非ズ、何レモ熱誠人ニ勝レ賢良他ニ劣ラザルコト吾人ノ疑ハザル所ナリト雖モ恨ムラクハ其企圖スル所直ニ之ヲ容ル可ラズ蓋シ夫ノ英タリ佛タルモノ前世紀白人文明ノ潮流ニ棹シテ東亞ノ天地ニ越俎干渉ヲ事トス、素ヨリ惡ムベシト雖モ蘇狼朔北ニ吼エテ北邊ノ守リ更ニ急ヲ告グルモノアリ此重壓ヲ除キ日滿兩國ヲ磐石ノ泰キニ置カムトセバ姑ク隱忍自重シテ英佛各國ヲ操縱シ有事ノ日我ニ左膽（祖カ）セザルマデモ敵ニ與セザルベキヲ保セサル可ラザレバナリ、若シ夫レ我ニ充實セル力アリ後顧ノ憂ナキニ至ラバ英佛ヲ討チテ東亞ノ肅正ヲ計ルニ毫モ憚ル所ナシ、今ヤ歐洲政局ハ愈々出デテ愈々變轉極マル所ヲ知ラズ、宜シク我ニ於テ能フ限リ行動ノ自由ヲ確保シ置キ一朝有事ノ際國策ノ命ズル所ニ向ヒテ進退スベシ豈今ヨリ之ヲ獨伊ニ約シ異日桎梏ノ重キヲ喞ツノ要アラムヤ

斯ノ獨伊ノ欲スル所ハ協定ヲ天下ニ公示シ日獨伊三國提携ノ威力ヲ以テ各自ノ意圖スル政策ヲ實施セムトスルニ在リ、今次我ノ提案セムトスル基本協定ハ假令之ヲ防共協定ノ延長ナリト聲明スルモ第一條乃至第三條定ムル所ニ依リ世人ヲシテ鞏固ナル三國樞軸ノ確立ヲ認識セシムルニ足ルベキコト、現今ノ單純ナル協定ニシテ既ニ十分ナル效果ヲ擧ゲ居ルニ徴シ歴然タリト曰フベシ、卽チ帝國原案ヲ其儘ニ獨伊側ニ提示セムカ之ニ依リ妥結ニ到達スルコト必ズシモ不可能ナラズ要ハ之ヲ示シテ接衝大ニ努ムルニ在リ、然ルニ今茲ニ出デズ徒ラニ前議ヲ飜ヘシテ兩大使及獨伊ノ意ヲ逆ヘムトス惟フニ此膝一ビ屈スレバ復タ信ブ可ラズ耿々

トシテ事ノ易キニ就クヲ敢テセバ狂瀾ハ終ニ既倒ニ還スノ日ナシ、君恩ノ鴻遠ナルヲ浴シ大事ヲ托セラルルノ眷顧ヲ懐ヘバ盍ゾ今ニシテ直ニ兩大使ニ命ズルニ我方原案ニ依ル獨伊トノ接洽開始ヲ以テシ兩使ニシテ肯カズムバ斷然之ヲ召還スルノ擧ニ出デザルヤ、忠誠ノ士其人ニ乏シカラズ堪能ノ才豈他ニ之レナシト言ハムヤ、正ヲ履ンデ懼レザルハ士ノ道ニシテ又閣下ノ常ニ諭ヘラルル所ナリ今此封事ヲ錄シテ特ニ之ヲ想起セズムバ非ズ渺タル小官ヲモ顧ミズ敢テ此言ヲ爲スモノ唯々社稷ノ安泰ヲ希フノ微衷ニ出ヅ而シテ閣下ノ赤誠ヲ信ズレバナリ庶幾クハ明鑒ヲ垂レ青史ニ汚點ヲ殘サザラムコトヲ

昭和十四年三月二十三日

井上　庚二郎(印)

內閣總理大臣

男爵　平沼　騏一郎閣下

50　昭和14年3月25日　有田外務大臣より在独国大島大使宛(電報)

日独伊協定の締結に関する訓令で示したわが方条件に独伊が同意しなかった場合の交渉方針につき回訓

本省　3月25日後3時発

●第一七六號(編注)(館長符號)

貴電第一七六號ニ關シ

第一、帝國政府訓令案ニ對スル貴兩大使意見具申ニ關シテハ當方ニ於テ愼重研究熟議ヲ重ネタル處結局祕密了解事項ノ內容(兵力援助及本協定ニ關スル第三國ヘノ說明)ニ關シ貴方トハ重大ナル意見ノ相違アルコト明瞭トナレリ

帝國政府トシテハ各種ノ觀點ヨリ右二項ヲ祕密了解事項トシテ取極メ置クコトハ必要ニシテ而モ之ヲ附帶セシムルモ本協定ノ成立不可能ニアラサルヘシト思考シタル次第ナリ

右了解事項ヲ附帶セシメタル場合ニ於ケル本協定成立ノ見込ニ於テ不幸貴大使ト見解ヲ異ニシタル次第ニシテ貴大使ニ於テハ固ヨリ政府案ニ就テ先方ノ意見ヲ打診セラレタル結果ノ意見具申ナリトハ存スルモ今日ニ於テハ我政府決定案ニ對スル獨伊側ノ意見ヲ正式ニ確ムルコトナクシテ之ニ變更ヲ加フルコト能ハサル狀態ニ在リ

貴大使ノ意見ニ依レハ先方ノ受諾スル見込少シト推定セラルル我政府案ヲ正式ニ提出スルコトハ獨伊ノ感情ヲ著シク悪化シ本協定ノ成立ヲ阻害スヘキハ勿論現存防共協定ニ迄悪影響ヲ及ホスヘシトノコトナルモ帝國ノ立場ハ獨伊トハ稍々其趣ヲ異ニシ困難ナル支那事變處理ノ途上ニ於テ英佛等ト各種ノ摩擦ヲ惹起シ而モ未解決ノ狀態ニ在リ、本事變ノ處理及次期國際情勢ノ轉機ニ備フヘキ軍備ノ充實竝ニ生産擴充ノ中途ニアリ、之カ完整ヲ喫緊ノ急務トスル帝國ノ狀態ヲ率直且詳細ニ披瀝シ之ニ對スル先方ノ應答ヲ求メ兩者意見ノ相違ハ今後ノ折衝ニヨリ妥協點ヲ見出スノ餘地アルモノト思考シアル次第ナリ

第三、帝國ノ現在及近キ將來ニ於ケル外交方針カ獨伊トノ關係緊密化ヲ以テ其根幹トスヘキハ既定ノ事實ニシテ右方針ハ今日ニ於テ何等變更ヲ見サル次第ナルヲ以テ帝國トシテハ本協定カ速ニ締結セラルルコトハ衷心ヨリ希望スルモノナリ

從テ先般ノ訓令案ヲ先方ニ傳達シ先方之ニ應セサル場合我方トシテハ早急ニ本協定ヲ斷念スル如キ意志ハ毛頭之無ク飽迄兩者間ニ妥協點ヲ見出スコトニ依リ之カ成立ニ努力スヘキハ帝國政府トシテ執ルヘキ當然ノ措置ナリト堅ク信スルモノナリ

即チ先方トノ意見一致セサル場合考慮シ得ヘキ妥協案左ノ如シ

1、祕密諒解事項第一項ニ就テ

第一案

祕密諒解事項(ヲカ)一應左ノ通改ム

「協定第三條及祕密附屬議定書第一項ニ關シ兵力的援助ハ「ソヴイエト」社會主義共和國聯邦カ單獨ニ又ハ第三國ト共同シテ締約國ノ一ヲ攻撃シタル場合ニ行ハルルモノトス但シ伊太利國ハ「ソヴイエト」社會主義共和國聯邦カ單獨ニ他ノ締約國ヲ攻撃シタル場合ニ於ケル自國ノ兵力的援助義務ニ付テハ之ヲ保留ス

前項ノ規定ハ「ソヴイエト」社會主義共和國聯邦ノ參加セサル攻撃ノ場合ニ於テモ締約國カ狀況ニ依リ兵力的援助ニ關シ協議決定スルコトアルヘキヲ以テ妨クルモノニ非ス」

第二案

祕密諒解事項一ハ之ヲ撤回シ下記精神ニ基キ細目協定ヲ

作成ス卽チ(イ)蘇聯ヲ對象トスル場合ハ武力援助ヲ行フコト勿論ナリ(ロ)其他ノ第三國ヲ對象トスル場合ニ於テハ條約文ノ趣旨ハ武力援助ヲ行フヲ原則トスルモ帝國諸般ノ情勢ヨリ見テ現在及近キ將來ニ於テ之ヲ有效ニ實施スルコトヲ得ス(祕密諒解事項第一項ニ關スル說明(訓令別紙丙號第九項)ハ之ヲ削除ス)

2、祕密諒解事項第二項ノ件ニ關シテハ之ヲ祕密諒解事項ヨリ削除シ左記二案中何レカニ依ル

第一案

締結ハ成ルヘク之ヲ速カナラシムルモ條約全部ヲ祕密トス

第二案

條約ハ公表スルコトトシ次ノ如ク說明スルコトニ關シ豫メ獨伊ノ了解ヲ求メ置クモノトス

「條約ハ條約文通リナルモ現在ノ世界情勢ニ於テ帝國ニ實際脅威ヲ與ヘツツアルモノハ共產「インターナシヨナル」ノ破壞工作ナルヲ以テ帝國ニ關スル限リ右以外ハ協定ノ對象トシテ念頭ニ置キ居ラス」

3、左記兩項ハ條約トセサルモ協定ノ成立迄ノ間ニ何等カノ文書ノ形式ニ於テ相互ノ間ニ之ヲ明ニシ置クコト

一、1、ノ第二案ヲ採用シタル場合ハ

武力援助ハ「ソ」以外ノ第三國ニ對シテモ之ヲ行フヲ原則トスルモ帝國諸般ノ情勢ヨリ見テ現在及近キ將來ニ於テ有效ニ實施スルコトヲ得サルコト

二、2、ノ第二案ヲ採用シタル場合ハ

其第二項卽チ條約ハ條約文通リ、、、、トシテ念頭ニ置キ居ラザルコト

第三、本條約ヲ速カニ圓滿締結ニ導カントスル貴兩大使從來ノ御努力ニ關シテハ當方ノ深ク之ヲ感謝シアル處ニシテ今後ノ折衝ニ伴フ貴方ノ苦衷モ亦充分之ヲ諒トスル處ナルモ以上政府ノ方針ニ基キ此上共一層ノ御努力アランコトヲ切望スル次第ナリ

編注　本文書は電報番号が欠落しているが、他の史料から第一七六号と推測し補った。

51　昭和14年3月28日

防共協定強化交渉に関し政府方針の更なる変更は行わない旨首相・外相・陸相・海相・蔵相が署名した昭和天皇宛念書

昭和十四年三月二十八日

（華押）平沼（首）　板垣（陸）　米内（海）
有田（外）　石渡（藏）

一、防共協定强化ニ關スル大島白鳥兩大使宛昭和十四年三月二十五日付外務大臣訓令ハ兩大使具申ノ次第ニモ顧ミ前回ノ訓令執行前ナルニ拘ラス特ニ考慮ヲ加ヘ新ニ妥協案ヲ添ヘテ再ヒ訓令スルニ至リタルモノナルヲ以テ萬一兩大使ニ於テ今次ノ訓令ニ兎角ノ意見ヲ挾ミ其ノ執行ヲ肯セサルカ如キコトアルニ於テハ政府ハ兩大使ヲ召喚シ餘人ヲシテ代ッテ交渉ニ當ラシムル等適當措置ヲ講シ交渉ニ支障無カラシムヘシ

一、昭和十四年一月二十六日付及同三月二十五日付外務大臣訓令ノ範圍内ニ於テ交渉ヲ重ヌルモ我方針ヲ變改セサル限リ獨伊側トノ間ニ本件妥結ノ見込無キニ至リタル場合ハ結局本交渉ハ之ヲ打切ルノ外無シ

編注　本文書は、終戦後、堀田元駐伊大使が宮内省で書き写したものと思われる。本書〈参考〉「防共協定を中心とした日独関係座談会記録」中の「第三回懇談会」を参照。

52　昭和14年3月31日　在伊国白鳥大使より有田外務大臣宛（電報）

新たな訓令を踏まえた防共協定強化に関する現地交渉方針について

ローマ　3月31日後発
本　省　4月1日前着

◉第七九號（絶對極祕）

貴電第一七六號(編注)ニ關シ

大島白鳥ヨリ

一、曩ニ特使持參ノ御訓令案ハ祕密了解事項ニ重キヲ置カレ然カモ右了解事項ハ條約本文ニ於テ一旦與ヘタルモノヲ再ヒ奪フノ結果トナリ帝國政府ニ於テハ本條約ノ成立ヲ欲セサルヤノ印象ヲ與ヘ本使等トシテ御訓令ヲ其儘執行スルコトハ國家ノ利益ニアラスト思考シタル儀ナルカ今

次御訓令ハ先ツ何ヲ措キテモ條約ノ成立ヲ絶對必要トセラレ之カ爲ニハ難キヲ忍ビ種々讓歩ヲモ辭セサルノ御趣旨ト拜シ邦家ノ爲誠ニ欣幸トスル所ナリ斯ル上ハ本使等トシテモ全努力ヲ傾倒シテ出來得ル限リ御趣旨ノ貫徹ヲ期スヘキ處折衝ノ順序方法ニ關シテハ固ヨリ當方ニ御一任アルヘキ儀ト存ス

二、而シテ本使等合議研究ノ結果大體ノ順序ハ次ノ如ク取運フコトトセリ

(イ)先ツ獨伊兩國ニ對シ文書ヲ以テ特使持參ノ條約本文竝ニ議定書案ヲ提示シテ先方ノ檢討ヲ求ムルコト

(ロ)其際口頭ヲ以テ帝國政府ニ於テ別ニ二、三了解ヲ得置キ度キ點アルコトヲ通告スルコト

三、條約本文ニ關シテモ帝國政府案ト獨伊側ノ最近案トハ相當ノ距リアリ妥結ハ必スシモ簡單ニ行カサルヘク條約ノ成立ヲ絶對ニ必要トスル以上先ツ此根本問題ニ付彼我ノ意見ヲ一致セシムルコトカ第一ノ急務ナルハ申迄モナシ最近本使等カ獨伊當局トノ接觸ニ於テ得タル印象ニ依レハ「チエツコ」問題等ニテ獨伊樞軸カ著シク强化セラレ西班牙ノ問題モ獨伊側ニ有利ニ展開シツツアリ獨伊西三國ノミノ結束ヲ以テ英佛ニ對抗セントスルノ形勢ナキニシモ非ス而シテ獨伊兩國トモ蘇聯トハ最近通商關係ノ改善ヲ試ミ蘇聯ニ對スル言動ヲ愼ムノ風アル等ニ顧ミ日本ノ都合ニ依リ協定不成立トモナレハ右情勢ハ更ニ顯著トナルヘシ我方トシテハ時日ノ遷延ニ依リテ生シタル此面白カラサル傾向ヲ是正スルノ要アリ夫カ爲ニハ比較的獨伊ノ受諾シ易キ條約本文及議定書案ヲ示シテ一ト先ツ掫リヲ戻スヲ得策ト信スルノミナラス條約ノ成立ヲ促進スル所以ナリト信ス

四、政府ノ欲セラルル了解事項ノ二點中兵力援助ノ問題ニ付テハ獨伊側ニ於テモ決シテ多クヲ期待シ居ルモノニ非ルハ本使等ノ繰返シ報告セル通ニシテ此點御趣旨ノ貫徹ハ何等困難無シト存ス唯帝國政府ニ於テ蘇聯ノ加入無キ場合ノ援助義務輕減ニ重キヲ置カレ餘リニ念ヲ押サルルコトハ他方蘇聯加入ノ場合ニ於ケル兵力援助義務(歐洲ニ於ケル)ヲ加重スル結果トナルノ嫌ヒ無キヤ今日ノ歐洲情勢ニ於テハ英佛ヲ相手トスル戰爭ニハ自然蘇聯ノ參加ヲ見ルヘキニ顧ミ此點特ニ御考慮ノ要アリ又我方ニ於テ正式ニ兵力援助ヲ局限スレハ當然伊太利ノミナラス獨逸

ニ於テモ同様ノ留保ヲ申出スヘキコトヲモ覺悟セラルルノ要アリト思料ス

五、支那問題未解決ノ今日我方ニ於テ不必要ニ英佛等ノ感情ヲ損スルヲ欲セサル次第ヲ獨伊側ニ説明スルモ彼等ヨリ見レハ斯ノ如キ留保ハ條約ノ價値竝ニ效用ヲ多分ニ減殺スル次第ニシテ我方ヨリ極メテ有力ナル論據ヲ示スノ要アリ御訓令ニモ詳細ニ説明ヲ與フヘシトアル處從來此點ニ關シ政府ヨリ適確ナル御垂示ニ接シ居ラス本使等トシテハ先方ヲ納得セシムルニ足ル適切ナル材料ヲ有セサルニ付右論據トナルヘキ資料ヲ御電示相成度

六、以上ノ如キ諸般ノ理由ニ依リ先ツ以テ條約本文ヲ先方ニ提示シ本件正式交渉ヲ一日モ速ニ軌道ニ上スヲ得策ト認メタル次第ナリ御承知置アリタシ

編注　「貴電第一七六號」は本書第50文書を指すと思われる。

53　昭和14年3月31日　在米国堀内大使より有田外務大臣宛（電報）

日独伊軍事同盟説への米国政府当局の観測に関する報道報告

ワシントン　3月31日　発
本　　省　4月1日後3時着

米國政府ハ日獨伊防共軍事同盟説ニ多大ノ關心ヲ示シテキルガUP通信ハ日本ガ結局頗ル廣汎ナ軍事同盟ニハ參加セヌ事ニナツタトノ報道ニ接シ政府當局ガ左ノ如キ觀測ヲ洩シタト報ジテ居ル

日本ハ全体主義國家トノ拔キ差シナラヌ盟約ハ廻避スル様決意シタト傳ヘラレルガコレハ日米關係ノ惡化ヲ窮極ニ於テ平和裡ニ解決セントスル余裕ヲ殘シタモノデアル日本ガ全体主義諸國トノ同盟ニ參加スル事ハ事實上日米間ノ諸問題解決ノ途ヲ塞グモノデアルト云フノハ米國ハ斯ル全体主義國ノ聯繫ハソレ等諸國ニ隣接スル地域ヲ遙ニ隔テタル遠隔ノ地ニマデ手ヲ延バシテ現狀ヲ打破センコトヲ窮極目的トスル攻撃的團結ト見做スデアラウカラデアル米國トシテハ斯ル場合ニハ太平洋ノ防備ヲ増勢スルノミナラズ英佛蘇ノ共同戰線ニ接近セザルヲ得ナクナルダラウ曾テノ日英同盟ニ於テハ英國ガ民主主義國デアリ米國トハ頗ル友好的デアツタニモ拘ラズ米國ハコノ同盟ヲ相當重大視シタノデア

ルガ現在ノ日本ノ獨伊トノ同盟ニ於テハ相手ガ獨裁國デアルダケニ特ニドイツトノ同盟ハ曾テノ日英同盟ニ比シ遙ニ重視セラレルデアラウ
米國ハ事實上ニ於テ敵對行爲ガ開始セラレザル限リ右全体主義同盟ニ對抗スル同盟ニハ參加シナイデアラウガ全体主義同盟ニヨリ起リ得ベキ日本ノ太平洋進出、獨伊ノ西半球ヘノ勢力伸長ヲ阻止スル爲ニハ英、ソ聯其他ノ諸國ト緊密ニ協同スルデアラウ米國ハ主トシテ太平洋ノ防衛問題ニ注意ヲ向ケテキルガ歐洲ニ於テ獨伊トノ均衡ヲ圖ルモノト豫測サレル英佛ニ對シテハ通商上乃至經濟上之ト協力スルデアラウ又最近ソヴエト聯邦ガソノ海軍擴張ニ對シ米國ヨリ援助ヲ得ヨウト米蘇接近策ヲ講ジテ媚態ヲ示シテキルニ對シテ米國ハ今ノトコロ冷淡ナ態度ヲ持シテキルガ若シ日本ガ全体主義國家ノ盟約トナルナラバ米國ハコノ態度ヲモ亦變更スルニ至ルデアラウ

編注　本電報は電報番号不明。

54　昭和14年4月1日　在スペイン矢野（真）公使より有田外務大臣宛（電報）

対仏関係に鑑みフランコ政権は防共協定参加の公表に気乗りせずとの在スペイン独国大使内話について

サンセバスティアン　4月1日後発
本　省　4月2日後着

第八六號（極祕、館長符號扱）

貴電第三三號ニ關シ（西國ノ防共協定參加ノ件）

一、三十一日外務大臣ト談合セル獨大使内話

外務大臣ハ目下佛國ト軍艦武器金塊等ノ引渡商議中ナルニ顧ミ此ノ際ノ發表ニ氣乘セス西國ハ既ニ署名ニ依リ防共諸國ト事實上緊密ノ關係ニ入リタル次第ニモアリ旁西國ノ立場モ了解サレタキ旨繰返シ何レ「フランコ」ニ相談追テ回答ノ旨ヲ約セリ尚獨逸政府ノ特使（獨發貴大臣宛電報第一六三號御參照）今明日中ニ「フランコ」ニ直接交渉ノ筈ナルカ本件ハ對佛交渉ノ進展如何ニ係リ卽時發表ハ今ノ所九分通リ見込ナキヤニ印象サル

二、伊大使目下馬德里ニ在リ聯絡困難ナルカ獨大使ノ希望モ

アリ本使今明日中ニ外相ト面談ノ筈
獨へ轉電セリ

55　昭和14年4月4日　在独国大島大使より有田外務大臣宛（電報）

フランコ政権による速やかな防共協定参加の公表をリッベントロップ独国外相希望について

ベルリン　4月4日前発
本　省　4月4日後着

第三一四號（大至急、極祕、館長符號扱）

三日「リ」外相ト會見ノ際獨逸トシテハ西國ノ防共加入ニ付テハ馬德里モ既ニ陷落シタルコトトテ當初ノ約束ノ通リ速ニ公表セシメタキ希望ヲ有シ先方ノ意嚮ヲ探リタル處西國外相ハ尙氣兼ネシテ躊躇ノ模様ナルモ加入ノ事實ハ既ニ外國新聞ニモ報道セラレ祕密トスルモ益ナキ次第ナルヲ以テ早速在西獨大使ニ訓令ヲ發シ「フランコ」自身ヲ說得セシメ出來得レハ水曜新聞朝刊ヲ以テ公表セシムル様工作スル考ナリ右ニ付伊側ハ勿論日本トシテモ別段異議ナキコトト了解スル處日本モ在西公使ニ對シ獨伊ト歩調ヲ合セ共同措置方訓令セラレンコトヲ御願ヒスト申述ヘタリ

本件ニ關シテハ貴大臣發在西公使宛電報第三三號ノ次第モアル處御參考迄電報ス

西、伊へ轉電セリ

56　昭和14年4月7日　在スペイン矢野公使より有田外務大臣宛（電報）

フランコ政権の防共協定参加公表日に関する独伊大使との協議結果について

付　記　昭和十四年四月八日

右参加に関する情報部長談

サンセバスティアン　4月7日後発
本　省　4月7日後着

第一〇〇號（大至急、極祕、館長符號扱）

往電第九八號ニ關シ

一、「ブルゴス」ニ於ケル打合ノ結果ニ付更ニ獨伊大使ト談合セリ

獨伊西ハ西國加入ノ事實ヲ八日朝刊ニテ公表スヘク我方モ時差ニ關係ナク八日朝刊又ハ夕刊ニテ公表差支ナシ

二、西國側ハ左記要旨ノ「コミユニケ」ヲ發表スル筈

「西國政府ハ西班牙ニ内亂ヲ點火セル共產主義ヲ戰場ニ於テ決定的ニ擊滅シ共產主義ノ包藏スル危險ニ對スル其ノ防衛的態度ヲ確認スル爲ニ防共協定ニ加入セリ

右加入ニ關スル議定書ハ外相獨伊兩大使及日本公使本國政府ヨリ正當ニ委任サレ「ブルゴス」ニ於テ署名セリ」

三、西國側ハ議定書ヲ右「コミユニケ」ト同時ニ發表スルカ又ハ數日後トスルカ未定ナルカ三國カ西國加入ノ事實公表ト同時ニ議定書ヲ發表スルニ異議ナシ

四、西國民(側カ)ハ本件公表後先ツ「フランコ」執政ヨリ三國元首ニ對シ親電發送ノコトニ考慮スヘシト言ヘルカ滿洲國洪牙利ニ付テハ先ツ先方ヨリ祝電ヲ受ケタキ意嚮ヲ洩ラセル由

獨、伊へ轉電セリ

(付　記)

西班牙ノ防共協定參加ニ關スル情報部長談　(四月八日)

今回「フランコ」將軍ヲ首班トスル更生「スペイン」國ハ正式ニ日獨伊ヲ原署名國トスル防共協定ニ參加シタ。渾沌タル歐洲政局ノ眞只中ニ「スペイン」カ防共陣營ニ加ハリタルコトハ眞ニ意義深キモノカアル。

先年獨伊赤化運動ニ完全ニ失敗セル「コミンターン」ハ歐洲赤化ノ第一線ヲ「スペイン」ニ張ツタ。之カ爲「スペイン」國内ハ赤白ノ二勢力ニ分レ骨肉相食ミ同胞相殺スノ慘劇ヲ演シタ寔ニ人生ノ悲慘事テアル。血涙ヲ揮ツテ立上ツタ「フランコ」將軍ノ一派ハ幾多ノ困難ヲ超克シテ遂ニ本年早々「バルセローナ」ヲ占領シ「カタロニヤ」地方ノ平定ニ成功スルニ及ンテ赤色政權ハ全ク崩壞シ去リ去三月二十八日「マドリッド」モ陷落シテ過去二年有半ニ亘ル「スペイン」内亂モ「フランコ」將軍ノ決定的勝利ヲ以テ終結シタ。

防共陣營ノ諸國ハ夙ニ「フランコ」政權ヲ承認シ赤色調伏ノ大業ニ十二分ノ支持ヲ與ヘテ來タカ帝國政府ハ更生「スペイン」ノ此ノ輝カシキ業績ニ對シ滿腔ノ敬意ヲ表スルト共ニ今後倍加ノ協力ニ依リ兩國關係ノ愈々緊密ナランコトヲ望ンテ已マヌモノテアル。

編　注　フランコ政権は、昭和十四年三月二十七日、防共協定に参加した。

57　昭和14年4月8日　有田外務大臣より在独国大島大使宛（電報）

武力援助の対象および参戦の解釈等に関するわが方立場につき回訓

別　電　昭和十四年四月八日発有田外務大臣より在独国大島大使宛第二一五号
対英仏関係に関するわが方立場

本　省　4月8日発

第二一四號

貴電第三二四號等ニ關シ

貴使等ノ御努力ニ依リ我方提案ヲ「ヒトラー」總統ニ於テ鵜呑ニセル趣右ハ大ニ多トスル所ナルカ我方ニ於テ帝國ノ眞意ヲ貫徹スル爲重キヲ置ケル點カ祕密了解事項ニ掲ケタル二點ニアルコト御承知ノ通リニシテ卽チ

㈠武力援助ニ關シ蘇聯ヲ相手トスル場合ハ相互ニ全幅的援助ヲナスコトヲ期待スルト共ニ其他ノ第三國ヲ對照（象カ）トスル場合ニ於テハ條約文ノ趣旨ハ武力援助ヲ行フヲ原則トスルモ帝國諸般ノ情勢ヨリ見テハ現在及近キ將來ニ於テ有效ニ之レヲ實施スルコトヲ得ス（況ンヤ獨伊ノ外相カ希望ヲ表明セル東洋ニ於ケル英佛ノ兵力ノ處分ノ如キ現在及ヒ近キ將來ニ於テ之ヲ實行シ得サル實情ナリ）此點ニ關シ獨伊ヲシテ誤解ヲ懷カシメサルコトハ我方ノ特ニ重視スル次第ナルヲ以テ之ヲ何等カノ文書ノ形式ニ於テ相互ノ間ニ明ニスル樣訓令セルコトモ要スルニ獨伊ヲシテ誤解ヲ懷カシメ後日我方カ兩國ヲ欺キタルカ如キ結果トナルコトヲ避ケントノ誠意ヨリ出ツルモノナリ此點ハ是非先方ニ我方ノ意圖ヲ徹底セシメ置カレ度ク先方カ之ヲ了解セル上ハ往電第一七六號訓令通リ之ヲ書翰ナリ「イニシアル」セル口上書又ハ議事錄ナリ何等カノ書物ニシ置カレ度シ

尚貴大使ハ「リ」外相ニ對シ參戰云々ヲ言明シ居ラルル處帝國政府ノ眞意ハ獨伊カ蘇ヲ含マサル英佛ト戰端ヲ開ク場合ニ於テモ援助ノ精神ニ於テハ變リナキモ如何ナル程度ノ援助ヲ與フルヤハ一ニ當時ノ情況ニ依リ決定セントスルモノナリ殊ニ現在及近キ將來ニ於テハ有效ナル武

力援助ヲ爲シ得サル情況ナルニモ鑑ミ援助ノ程度等ニ付
必然的ニ義務附ケラルルコトハ協定締結ニ於テ之ヲ避ケ
ントスル意向ナリ
然レ共一旦先方ニ對シ參戰云々ヲ言明セラレタル以上其
ノ意義ニ付誤解ナカラシメ置クコト必要ナルニ付
帝國ハ「戰爭ニ參加スル」トハ協定第二條ノ「支持」
及第三條ノ「助力及援助」ヲナスコトヲ意味シ且第三
條ノ「助力及援助」ノ内武力援助ニ關シテハ「現在及
近キ將來ニ於テハ有效ニ之ヲ實施スル能ハサル限度ノ
モノ」ト解釋シ居ルコトヲ明ナラシメ置カレ度シ
而シテ當方解釋ノ如キ「戰爭參加」ノ態樣ハ戰爭勃發ノ
場合ニ於テ帝國ノ實施スヘキ武力援助ノ程度方法等ノ實
際ニ依ルヘキモノニシテ將來戰發生ノ形態等ヲモ併セ考
フル時ハ宣戰ヲ布告スル場合モアリ又當時ノ情況ニ應ス
ル如キ宣言乃至聲明ヲ行フニ止ムルヲ可トスル場合モ存
スヘク又何等ノ意思表示ヲ行ハス事實上援助ヲ與フルコ
トモアリ得ヘシ此ノ點御含ミ置キアリ度シ
尙戰爭參加ノ義務ハ片務的ナラサルヲ要スルモノナレハ
例ヘハ伊國側カ我方ノ對蘇戰爭ノ場合如何ナル義務ヲ負
フヘキヤニ付テモ先方ノ肚ヲ探リ置クコト當然ノコトニ
屬スヘシ申迄モナキ儀乍爲念
(二)次ニ我方ノ對英佛關係ガ獨伊ノ對英佛關係ト同一ナラサ
ルハ別電第二一五號ニ詳述セル通ニシテ我方トシテ今日
ノ情勢ニ於テ英佛ト全然對立的關係ニ入ルコトハ之ヲ欲
セサルカ故ニ獨伊ト今次協定ヲ締結シ本協定ノ威力ヲ背
景トシツツ英佛ニ對シテハ擒縱自在ノ外交ヲ遂行シ得ル
如ク或ル程度ノ裕リヲ保存セントスルモノニシテ前電第
一七六號再訓令ノ英佛等ノ質疑ニ對スル說明振ハ此ノ觀
念ニ基キ立案セラレタルモノナリ依テ本協定ハ「條文通
リナルモ現在ノ世界情勢ニ於テ帝國ニ實際脅威ヲ與ヘツ
ツアルモノハ共產「インターナショナル」ノ破壞工作ナ
ルヲ以テ帝國ニ關スル限リ右以外ハ協定ノ對象トシテ念
頭ニ置キ居ラス」ト說明セントスルモノニシテ我國トシ
テ此點ノ留保亦是非必要トシ後日ノ誤解ヲ避クル爲何等
カノ書物ニテ之ヲ明ニセント欲スルモノナリ
以上(一)及(二)ノ點ハ既ニ往電第一七六號ヲ以テ訓令セル所ニ
屬スルモ其ノ趣旨ヲ篤ト体シ獨伊側ノ同意ヲ取付クル爲重
ネテ御盡力相成度

訓令トシテ在伊大使ニ轉電アリ度シ

（別　電）

本省　4月8日発

第二一五號

在伊大使發本大臣宛電報第七九號五ニ關シ

概ネ左記趣旨ヲ考察セラレ適宜説明セラルル樣致度

一、獨伊ハ歐洲ノ狹キ地域ニ於テ英佛ト相接近シ居ル關係上其ノ對立ノ深刻サハ帝國ト英佛トノ關係ニ比シ遙ニ大ナルモノアリ

帝國ト雖支那事變處理上將又南方發展上英佛トハ現在ハ勿論將來ニ於テモ對立關係ニ在ルコト勿論ノコトナルモ今日直ニ戰爭ヲ賭シテ迄相爭フ必要性少シ、英佛ハ假令帝國對支施策ニ依リテ其ノ在支權益竝ニ極東政策ニ關シ不安ヲ感スルモ帝國ニ對シテ實力ヲ行使スル迄ノ意圖ハナキモノノ如ク實際問題トシテモ現情勢上帝國ト英佛トノ關係ハ國策上對立スルモ戰爭ニ非サレハ解決不可能ナルモノニハ非サルナリ然ルニ現在ノ獨伊ト英佛トノ關係ハ外交交渉ヲ以テシテハ到底解決ノ餘地ナク又假令一時的解決ヲ見ルモ其ノ地理的關係ハ宿命的ニ抗爭ヲ繼續スル運命ニ在ルヘシ、之等ノ關係ハ「ソ」聯及支那ヲ同時ニ考フル時ハ容易ニ了解シ得ラル可ク帝國ト「ソ」支トノ關係ハ宛モ獨伊ト英佛トノ關係ニ等シク帝國カ歐洲ノミノ紛爭ニ關與スルヲ常ニ必スシモ得策トセサルコトハ獨伊特ニ伊カ極東ノミノ紛爭ニ捲込マルルヲ欲セサルト同樣ノ理ナリ

勿論帝國ト英佛トノ關係モ若シ帝國カ支那事變ヲ解決シ更ニ進ンテ「ソ」國トノ關係ヲ清算シ國力ヲ充實シタル曉ニ於テハ現狀以上ニ切迫シ來ルヘキハ豫想ニ難カラサル所ナルモ少ク共現在ニ於テハ帝國ト英佛トノ關係ヲ獨伊ノ夫ト全然同一視スルコトハ當ヲ得サルモノナリト確信ス

二、尚ホ支那事變ノ處理ニ邁進シ居ル帝國ノ各種經濟的情勢ハ當分英米トノ經濟關係ヲ相當重視スルノ已ムヲ得ザル實情ニ在リ彼等トノ關係惡化カ我國民經濟ヲ混亂セシメ今次事變所期ノ目的達成特ニ長期建設ノ至難ヲ招來スルノ虞多キ次第ナルヲ以テ彼等トノ經濟關係ヲ或程度ニ維持シ度希望ヲ有スル次第ニシテ且又目下着々計畫中ノ物

資動員、生産力擴充計畫等ノ圓滿ナル遂行ノ點ヨリ見ルモ此點ヲ重要視セサルヲ得ス

三、卽チ帝國ハ昭和十四年度ニ於テ軍需品約十三億圓生産力擴充用品約十億圓輸出用品原料約五億圓ノ輸入ヲ必要トシ之ニ圓「ブロック」向ニ對スル供給必要品及民需ヲ加フルトキハ莫大ノ金額ニ上リ輸出貿易、産金其ノ他金銀ノ動員等ニヨル輸入力二十億圓ヲ以テシテハ如何トモナシ難キ實情ニアリ此ノ點ヨリ見レハ帝國ハ茲ニ三年間極メテ困難ナル時期ニ直面シ居ルモノト云フヘク英米トノ經濟關係ノ悪化ハ忽チ前記諸計畫ノ遂行ニ重大ナル障礙ヲ與ヘ延イテ支那事變ノ處理ニモ影響スル處甚大ナルヘキヲ虞ルルモノナリ本項ハ嚴ニ貴官限リ御含ミ迄

伊ニ轉電アリ度シ

58 昭和14年4月21日 在独国大島大使より 有田外務大臣宛(電報)

防共協定強化交渉におけるわが方の態度次第で独伊は対ソ関係の調整もあり得るとのリッベントロップ内話について

ベルリン 4月21日後発
本 省 4月22日前着
84

◉第三七〇號(絶對極祕)

大島及白鳥ヨリ

二十日ノ「ヒ」總統誕生日ハ早朝ヨリ深夜ニ至ル迄種々ノ催シアリ外相トシテハ極メテ多忙ナル一日ナリシニモ拘ラス同外相主催ノ「アドロンホテル」ニ於ケル「レセプシヨン」ノ混雜ノ裡ニアリテ本使等兩人ト懇談致シタシトノ申立テアリ午前二時ヨリ三時ニ亘リ別席ヲ設ケテ會談ス要領左ノ通

一、「リ」ハ先ツ改メテ今日ノ國際關係ニ於テ日獨伊ノ三國樞軸カ如何ニ有力ニシテ望マシキカヲ縷々説キ此ノ一角カ崩ルルコトハ三國ノ爲不幸ナル所以ヲ力説シ問題ハ要スルニ日本カ本協定ヲ以テ現下世界歴史ノ大轉換機ニ際シ決定的ノ役割ヲ演スルモノナリトノ高キ見地ヨリ之レヲ觀察スルヤ否ヤニ在リ單ニ三國各々ノ目前ノ必要ト云フ點ヨリ見レハ本協定ヲ最モ有利ニ利用シ得ルハ日本ナルヘク獨伊ノ關スル限リハ幾度モ云ヘル通リ今日「ヨーロッパ」ニ於テハ我々ハ優勢ナリ明日ニモ戰爭アラハ疾

風迅雷英佛ノ聯合勢力ヲ打破スルノ確信アリ米國ノ如キハ英佛ヲ助ケントスルモ其ノ餘裕ヲ與ヘサル決心ナリ我々カ三國協定ヲ欲スルハ斯クノ如キ目前ノ局面ニ重キヲ置ク次第ニアラスシテ世界歴史ノ大轉換人類文明ノ立直シヲ實現シ正シキ世界平和ヲ確立セントスルニ在リ

二、然シナカラ眼前ノ歐洲局面ニ於テ我々カ愈々英佛ト戰ヒヲ覺悟スル段トナレハ「ソヴイエト」ロシアヲ敵ノ陣營ニ走ラシムルコトハ甚タ拙策ニシテ實ハ今日英佛ト獨伊ト何レカ「ソヴイエト」ヲ味方トスルカノ問題カ漸次現實的ノ意義ヲ有シツツアリ、本協定ニ關スル日本ノ回答カ「ノウ」ナラハ我々トシテモ此ノ點考慮セサルヲ得ス、抑々伊太利ハ防共協定ニ加入スル迄ハ蘇聯トハ頗ル良好ナル關係ニアリタル次第ナルカ日獨提携ニ關スル自分ノ確キ信念ト不動ノ政策ニ動カサレ云ハバ心ナラスモ蘇聯ヲ向ニ廻ハシ今日ニ至レルモノニテ「スペイン」問題ノ解決シタル今トナリテハ伊太利政府ハ英佛牽制ノ爲ニモ寧ロ蘇聯トノ親善關係ノ復活ヲ内心欲シ居ルコトハ否ムヘカラス、而シテ蘇聯側ヨリモ頻リニ伊太利ニ働キカケツツアルハ事實ナリ、然ノミナラス蘇聯ハ獨逸ニ對シテモ公式ニハアラサルモ色々ノ筋ヲ辿リテ余自身及總統ノ側近ニ兎角ノ申出ヲ爲シツツアリ、彼等ノ云フ所ヲ二三列擧スレハ一切猶太人ヲ蘇聯政府ヨリ排斥スルトカ蘇聯ハ決シテ「デモクラシー」ニハアラスシテ獨伊ト同樣ノ政治形態ヲ採ラントシツツアリ經濟上ノ提携ハ勿論軍事上ニ於テモ獨逸ノ教官ヲ入ルル等種々協力ヲ欲スルモノナリトカ又今日蘇聯ニハ「ボルセビキー」ナルモノナシ等云フニアリ、此等ハ何レモ一應肯カルルコトニシテ自分モ今日トナリテハ「ヒ」總統トシテ必要止ムナシトアラハ蘇聯トノ諒解ヲ躊躇スヘキ何等理由ナシト思考スルモノナリ、然シテ國内殊ニ財界ニハ蘇聯トノ關係調整ヲ望ム向頗ル多キ次第ナリ固ヨリ自分ハ一旦打建テタル外交政策ヲ變更スルコトハ飽迄モ避ケタキ所存ニシテ今後モ日獨親善關係ノ維持ニ努力スヘキモ我々カ今日迄總ユル努力ヲ傾ケ誠意ヲ盡クシタルニ拘ラス日本側ニ於テ不幸我々ト見解ヲ異ニセラルルナラハ萬策茲ニ盡クル次第ニシテ自分一個ノ力ヲ以テシテハ前陳ノ如キ不愉快ナル局面ノ展開ヲ見ルコトヲ妨ケ得サルヘキヲ恐ル

三、獨伊ノ樞軸ニ加フルニ日本ヲ以テセハ其ノ偉力ハ絶大ナ

ルモノアリ従ツテ「デモクラシー」諸國ハ借款ノ提供等種々日本誘惑ノ手ヲ延ハシツツアルコト想像ニ難カラス、然シナカラ日本ニシテ彼等ノ考ニ乘セラレ此ノ大事ノ問題ノ處理ヲ誤ラルルニ於テハ幾干モナクシテ必ス後悔セラルルコトヲ確信ス、實ハ既ニ彼等ノ或者ハ(國名ハ申シ上ケ兼ヌルモ)獨逸ニ對シ十億馬克ノ現金ヲ獨逸銀行ニ前拂スヘキニ付今年末迄ニ右金額ニ相當スル武器軍需品ヲ支那側ニ供給サレタシトノ提議ヲ爲セルモノアリ、日獨伊同盟不成立ト聞カハ今後彼等ノ壓迫カ日本ノ對支政策ニ集中セラルヘキハ一點疑ヒナキトコロナリ

四、自分ハ以上申上ケタル諸點ニ關シ未タ「ヒ」總統ニ意見ノ具申ハ爲シ居ラサルモ、伊太利側ヨリハ何時トモ的ノナキ本協定ノ成否ヲ待ツコトナク獨伊樞軸ヲ一層强化スルノ協定締結方ヲ頻リニ督促シ來リ居リ米國大統領ノ提議ニ對シ總統ハ來ル二十八日議會ニ於テ國民ニ訴ヘントセラレ居リ獨逸トシテハ日本政府ノ決定的御意向ヲ此ノ處三四日中ニ是非共承知致度ク若シ何等御回答ナキニ於テハ協定ハ成立ノ見込ナキモノト認メ我々ハ其ノ覺悟ヲ以テ内外ノ處置ヲ進ムルコトト致スヘシ

59 昭和14年4月21日 在独国大島大使より有田外務大臣宛(電報)

独伊側の督促に鑑み現地の交渉状況を踏まえた政府方針の至急回示方請訓

ベルリン 4月21日後発
本　省 4月22日前着

◉第三七一號(絶對極祕)

大島及白鳥ヨリ

貴電第一七六號御訓令ニ基キ獨伊ニ對シ接衡ヲ行ヒタル結果ハ當時詳細報告シタル通ニシテ右接衡ノ模樣ニ鑑ミ本使等ヨリ改メテ請訓ニ及ヒタル處其ノ後政府ヨリノ御來示ハ貴電第二一四號ノミナルカ右ハ本使等ノ請訓ニ對スル御返答トハ認メ難ク爾來累次往電ニ對シ一言半句ノ御垂示ニ接セス獨伊側ヨリハ其ノ間頻リニ督促アリ本使等トシテハ帝國政府ノ御意向ヲ反映スル何等ノ應答ヲ爲シ得サル次第ニシテ斯クノ如キ事情ニ於テ徒ラニ任地ニ在ルモ何等在外使臣タルノ任務ヲ果シ得ス往電第三七〇號ノ通リ獨逸政府トシテモ茲數日中ニ回答アリタシトノ最後的申入レモアルニ鑑ミ至急何分ノ御指令ヲ得タシ

60　昭和14年4月23日　有田外務大臣より在独国大島大使宛(電報)

参戦の解釈および従来の訓令に則して交渉方回訓

本　省　4月23日発

第二三八號(絶對極祕)

貴電第三六五號ニ關シ

獨伊カ蘇ヲ含マサル第三國ノ攻撃ヲ受ケタル場合帝國トシテ獨伊側ニ立ツコト勿論ナルカ獨伊側ニ立ツトカ「戰爭ニ參加スル」トカ云フ意味ハ往電第二一四號回訓ノ通リ協定第二條ノ「支持」及第三條ノ「助力及援助」ヲナスコトニシテ且第三條ノ「助力及援助」ノ內武力援助ニ關シテハ之ヲ行フヲ原則トスルモ「現在及近キ將來ニ於テハ有效ニ之ヲ實施スル能ハサル限度ノモノ」即チ當方解釋ノ如キ「戰爭參加」ノ態樣ハ戰爭勃發ノ場合ニ於テ帝國ノ實施スヘキ武力援助ノ程度方法等ノ實際ニ依ルヘキモノニシテ將來戰發生ノ形態等ヲモ併セ考フル時ハ宣戰ヲ布告スル場合モアリ又當時ノ情況ニ應スル如キ宣言乃至聲明ヲ行フニ止ムルヲ可トスル場合モ存スヘク又何等ノ意思表示ヲ行ハス事實上援助ヲ與フルコトモアリ得ヘシト解シ居ル次第ナリ從テ貴電第三四四號ノ趣旨ハ大體差支ナキヤニ考ヘラルルモ右貴電中ニハ貴使トシテ腑ニ落チ兼ヌル字句等モアリトノコトナルニモ顧ミ右腑ニ落チ兼ヌル點御回示アリ度シ

尚貴電第三七一號ニ關シテハ往電第一七六號及第二一四號訓令ニ依リ交渉セラレ度シ

伊ヘ轉電アリ度シ

61　昭和14年4月24日　在独国大島大使より有田外務大臣宛(電報)

防共協定強化交渉の妥結は絶望につき本国召還方請訓

ベルリン　4月24日前発
本　省　4月24日後着

第三七五號(絶對極祕)

白鳥及大島ヨリ

貴電第二三八號ニ關シ

一、帝國政府ニ於テハ依然トシテ武力援助ノ對象ヲ一般的トスルコトヲ躊躇セラレ居リ參戰ノ義務ニ付テハ之ニ特別ノ解釋ヲ附シテ普通ノ意義ノ參戰義務ヲ負フコトヲ避ケントスルノ御方針ナリト認メラルル處此ノ點ハ獨伊側ニ於テ最モ重要視シ居リ彼等ノ眞意ハ従來幾回モ電報シタル通リニシテ今更貴電ノ如キ申入レヲ爲スモ到底同意ノ見込ナク飽迄モ武力援助ノ對象ハ一般的トシ參戰ハ普通ノ意味ニ於ケルモノナルコトヲ固執スヘキハ明ナリ冒頭貴電ニ依レハ貴電第二一四號ノ趣旨ニ基キ此ノ上交渉ヲ續行スヘシトノコトナルモ事情右ノ如クナル以上全ク成算ナキノミナラス本使等ハ貴電第一七六號ニ基キ此ノ點ニ關シ帝國政府ノ御意向トシテ既ニ先方ニ明確ナル言質ヲ與ヘ獨伊トシテハ右言質ニ基キ條約本文等ヲ鵜呑ニシタル次第ニシテ今ニシテ御來示ノ如キ説明ヲ爲スコトハ曩ノ言質ヲ覆スモノト解スヘク帝國政府ノ信義ニモ關スル儀ニシテ本使等トシテハ到底先方ニ申入ルルノ立場ニ在ラス、ノミナラス同シク交渉ノ決裂ヲ來タストシテモ斯クノ如キ經緯ノ中ニ物別レトナルハ將來ノ爲甚タ面白カラスト存ス

二、往電第三七〇號「リ」外相ノ言ハ彼ノ口ヨリ突如トシテ公言セラレ而モ之ヲ帝國政府ニ報告スヘキコトヲ期待セルハ甚タ意外ニシテ本使等トシテモ之ヲ電報スルコトニ躊躇シタル次第ナルカ「リ」ノ態度及言語氣頗ル眞劍ニシテ如何ニ彼カ思ヒ詰メタルカヲ窺ハシメタルヲ以テ率直ニ稟申シタル次第ナルカ先方ヲシテ斯クノ如キ言ヲモ吐カシムルニ至ツテハ問題ハ頗ル險悪ナル段階ニ達シタリト云フヘシ

三、斯クシテ本使等ノ觀ルトコロヲ以テスレハ本件交渉ハ茲ニ絶望トナリ此ノ上何等策ノ施スヘキヲ知ラス斯ル重要國策ノ遂行ニ關シ蹉跌ヲ來タシタルハ本使等ノ不敏ノ致ストコロニシテ恐縮ニ堪エス就テハ直ニ本使等ヲ御召還相成度シ

尚本使等トシテハ本件カ此ノ不幸ナル結末ヲ見ルニ至リタル事情ニ付キテハ獨伊側ニ對シ從來ノ經緯ヲ率直ニ告クルノ外ナカルヘシト認メラルル處其ノ他本使等出發前善後ノ爲執ルヲ適當トスル措置アラハ御訓電相成度シ

伊ニ轉電セリ

62 昭和14年4月26日 在英国重光大使より有田外務大臣宛(電報)

枢軸強化に対する日本の消極姿勢に関する英

国紙報道について

ロンドン　4月26日後発
本　省　4月27日前着

第四二四號

一般的情報

二十五日「タイムス」東京特電ハ日本政府ハ最近引續キ重大協議ヲ行ヒ居ル處「ヒットラー」ハ二十八日ノ演説ニ於テ日本カ樞軸國ニ加擔シテ太平洋ニテ戰フヘキ旨ヲ言明スルコト難シカルヘシト報シ所謂樞軸同盟ニ對シテハ國內各方面ニ反對アリ先週末迄ハ政府ノ決定ハ凡ソ豫期シ得タル位ナルカ今以テ協議行ハレ居ル點ヨリ見レハ獨逸側ニ於テ日本ニ壓迫ヲ加ヘ居リ又有力分子ノ支持アル爲右決定ニ再檢討行ハレ居ルモノト觀察セラル閣員ノ大多數ハ同盟ニ反對ニシテ議會モ反對ナルハ樞軸强化要求ノ決議上程ヲ否決シタルニ依リ明カナリ同盟贊成者ハ主トシテ陸軍ニシテ右ハ在支軍人ノ意嚮ヲ反映スル所鮮カラス英國ハ蔣政權ヲ支持スルヲ以テ敵國ト同視スヘシトノ極端ナル意見モアル處海軍トシテハ蘇聯ト共ニ大海軍國ヲ敵ニ廻スコトニ反對シ居リ米大統領ノ執レル措置ノ影響モ亦大ナルモノアリ從テ用語ノ上ノミニテ樞軸ヲ强化スルコトハアリ得ヘキモ一般情勢延イテハ內閣ノ前途モ機微ナルモノアリト報セリ

尙二十六日「エキスプレス」外交記者ハ羅馬ヨリ得タル情報トシテ「チアノ」外相ハ二十八日「ヒットラー」演説ヲ傍聽スル筈ナリシモ之ヲ取止メタルハ日獨伊軍事同盟發表ニ關スル交渉カ行詰リトナレル爲ナリ「ヒットラー」ハ防共協定ヲ積極化シ二十八日ノ演説中ニ之ヲ發表シテ「チアノ」ハ伯林ニ於テ日本大使ト共ニ之ニ調印スル計畫ナリシモ日本ハ米艦隊ノ太平洋集中ニ鑑ミ躊躇シテ決セス獨逸外交ハ日本政府ノ決意ヲ變更セシムヘク尙最後ノ努力ヲ試ミツツアルモ目下ノ所ハ米海軍ノ威力カ奏效シ居レリト報ス

獨伊ニ轉電セリ

63　昭和14年4月28日　在英国重光大使より有田外務大臣宛（電報）

日本政府は反民主主義同盟には加入しない方針を独伊両国へ伝達する予定との英国紙報道について

ロンドン　4月28日後発
本　省　4月29日前着

第四三五號

一般的情報

所謂防共協定強化問題ニ關シ二十七日東京發「タイムス」特電ハ政府ハ軍事同盟ヲ拒否スヘシトノ觀測專ラニシテ恐ラク政府ハ東亞ニ於ケル獨立及行動ノ自由ヲ留保シ不脅威不侵略ノ指導方針ヲ堅持スルコトトナルヘク右條件ノ下ニ防共協定ヲ強化(用語ニ於テノミ)セントスルモノト見ラルト報シ同日ノBUP通信(各紙ニ廣ク掲載セラル)ハ官邊ヨリ出テタル情報ニ依レハ日本ハ蘇聯參加ノ場合ヲ除キテハ反民主主義同盟加入ヲ拒否スル方針ヲ決定シ平沼首相ハ獨伊大使ヲ招致シ右ヲ通達スル筈ナルカ(獨逸側ニ於テハ日本案ヲ受諾スル模様ナシ)平沼內閣ハ運命ヲ賭シテモ右方針ヲ堅持スル趣ナリト報シ「ヨークシヤー、ポスト」社說ハ日本ハ支那事變ノ初期ニ於テハ蘇聯ノ介入ヲ恐レ獨逸ノ協力ヲ求メタルモ獨逸ハ寧ロ冷淡ナリシカ今回ハ獨逸カ積極的ニ日本ニ働キ掛ケ英蘇接近及英國ノ蔣政權援助等ヲ理由ニ防共協定強化方ヲ提議シ居レリ日本軍部ハ之ニ贊成ナルモ政府ハ右協定ヲ字義通リニ解シ蘇聯ノミヲ對象トスヘシトノ方針ヲ堅持シ居レリトノ趣旨ヲ述ヘタリ

獨、伊ヘ郵送セリ

64　昭和14年5月5日　有田外務大臣より在独国大島大使宛(電報)

在本邦独伊大使を通じてヒトラーおよびムッソリーニへ伝達した総理意見を踏まえ防共協定強化交渉の継続方訓令

別　電　昭和十四年五月五日発有田外務大臣より在独国大島大使宛第二六三号

右総理意見

本　省　5月5日発

●第二六二號(極祕)

貴電第三七五號ニ關シ

一、帝國政府トシテハ既定ノ方針ニ依リ本件交渉ヲ繼續シ協定ノ成立ヲ期シ居ル次第ナル處現下歐洲ニ於ケル情勢ヨリ觀察セハ獨伊側ニ於テモ本件協定ノ成立ヲ希望シ居レリト認メラルルニ付我根本精神ヲ諒解スルニ於テハ協定

成立ノ可能性アルヘク又右我方ノ眞意ヲ了得セシムルニハ尚他ニ盡スヘキ手段モ有之様思ハル

二、即チ別電第二六三號平沼總理ノ意見(同佛譯文別電第二六四號《(見当ラズ)》ノ通)ヲ駐日獨伊大使ヲ通シテ獨伊兩國首相ニ傳達スルノ處置ヲ採リ以テ貴兩大使ノ折衝ヲ支援スルコトトセリ

三、貴大使ニ於テモ右帝國ノ根本精神ヲ獨伊兩國ニ了解セシメ協約成立ノ爲此ノ上共ニ一層ノ盡力アランコトヲ切ニ期待ス

訓令トシテ別電ト共ニ伊ヘ轉電アリ度シ

(別　電)

本　省　5月5日発

●第二六三號(極祕)

平沼內閣總理大臣ノ意見

余ハ獨伊宰相カ卓越セル先見ト金鐵ノ如キ意思ヲ以テ自國ノ新建設ト正義ニ基ク國際平和ノ建立ニ邁進シツツアル事實ニ對シ滿腔ノ敬意ヲ表スルモノニシテ余モ亦日本國總理大臣トシテ世界平和ト道義ニ基ク東亞ノ新秩序建設ニ全力ヲ傾倒シ居ル次第ナリ、此ノ時ニ當リ既ニ兩國間ニ存在スル防共協定カ克ク其ノ效力ヲ發揮シ以テ兩國ノ使命遂行ニ資スルコト甚大ナルヲ認ム而シテ今次余カ現有防共協定ヲ強化シ日獨伊三國ノ提携ヲ益緊密ナラシムル目的ヲ以テ協約ヲ締結セントスルハ兩國ノ重大ナル使命ヲ完フシ世界平和ノ維持ニ貢獻セントスルモノニシテ一ニ道義ヲ基礎トシ利害ノ打算ニ出ツルモノニ非ス

右強化ノ內容ニ關シ日本トシテハ獨伊カソ聯以外ノ第三國ヨリ攻擊ヲ受ケタル場合ニモ獨伊側ニ立チ之ニ政治上經濟上ノ援助ヲ與ヘ且ツ可能ナル武力援助ヲモ行フノ決意ヲ有シ居ルモノニシテ右決意ハ不動ノモノナリ

帝國ハ右ノ如ク協約ニ依リ獨伊ニ武力援助ヲ與フルコトヲ原則トスルモ諸般ノ情勢ニ依リ現在及近キ將來ニ於テ有效ナル武力援助ヲ與フルコトヲ得サル實情ニアリ尤モ將來可能ナルニ至リタルトキハ之ヲ與フルハ當然ナリ、其ノ事ニ付獨伊兩國ノ明確ナル了解ヲ得置カント欲スルモノナリ

更ニ日本トシテハ其ノ當面スル國際環境ニ顧ミ本件協定發表ニ當リ外部ニナスヘキ說明ニ細心ノ用意ヲ必要トスルモノニシテ此點ニ付テモ獨伊兩國ノ明確ナル了解ヲ得置カム

トスルモノナリ
以上述フルトコロノ余ノ信念ハ道義ヲ基本トスルモノニシテ利害ノ打算ニ依ル論議ノ爲ニ動サルルモノニ非ス萬一我誠意ヲ疑フカ如キコトアラハ協約ノ精神的基礎ヲ動搖スルヲ以テ協約ハ不成立ナラサルヲ得ス
余カ以上ノ如ク卒直ナル所見ヲ披瀝スルハ一ニ協定ノ滿足ナル成立ヲ熱望スルカ爲ナリ

65 日本政府は民主主義国に対抗する一般軍事同盟の締結に難色との英国紙報道について

昭和14年5月5日　在英国重光大使より有田外務大臣宛（電報）

ロンドン　5月5日後発
本　省　5月6日前着

第四六六號
一般的情報
往電第四三五號ニ關シ
其ノ後モ各紙ハ頻リニ東京通信ヲ掲載シ帝國政府ハ依然民主主義國ニ對スル軍事同盟締結ニ難色アリ國内ノ意見岐レ居リ陸軍ハ贊成ナルモ政界上層部、海軍、資本家竝ニ一般國民ハ概ネ反對ナリトノ趣旨ヲ報道シ居ル處四日「バイアス」通信ハ有田大臣カ拜謁後獨伊兩大使ヲ引見セルニ鑑ミ政府ノ方針決定ヲ見タルモノト思ハレ右ハ依然同盟ヲ拒否スルニ在ル模樣ナリト報シ同「テレグラフ」通信ハ蘇聯ノ侵略ニ對抗スルコトヲ目的トスル軍事同盟案ヲ御裁可アラセラレタルモ政府部内ニハ民主主義國ニ對スル一般的同盟締結ニ反對スル勢力擴大シツツアリ有田大臣ハ人目ヲ避ケ密カニ「クレーギー」大使ト會見セリ等ノ「ニユース」ヲ報シ居レリ尚六日獨伊軍事同盟發表セラルヘシトノ取沙汰アリ

66 防共協定強化問題に対し日本政府は現実的選択を採りつつありとの英字紙論調について

昭和14年5月6日　在上海三浦（義秋）総領事より有田外務大臣宛（電報）

上　海　5月6日後発
本　省　5月6日後着

第一二二〇號

五日「ノースチヤイナデイリーニユース」ハ社説ヲ以テ日本ハ獨伊トノ軍事同盟ヲ對蘇關係ノミニ限定スルコトニ決定シタリトノ東京電報カ眞ナリトセハ日本カ獨伊ト共ニ民主國家軍ニ對抗スルヲ拒絶セルヲ意味シ防共樞軸ノ弱點ヲ示スモノナリ獨伊トノ一般的軍事同盟締結ニ關シテハ軍部內ニ相當支持アルモ海軍ニ反對アリタルコトカ拒絶ノ遠因トナリシモノナルヘキモ主要ナル理由ハ防共樞軸ニテ實利ヲ得タルハ獨ノミナルコト獨カ日本ノ外交政策ヲ指揮セントスルコトニ對シ相當ノ不平アルコトニ存スヘシ孤立外交政策ヲ取リ最モ利益ヲ得ルハ日本ニテ日本ハ之ニ依リ獨伊ヨリ脅威セラルル惧モナク又民主國軍ノ怨恨ヲ買フコトモナク歐洲戰發生ノ場合多大ノ利益ヲ得ヘキヲ以テ日本カ眞ニ獨伊ト深入リセサルコトニ決セリトセハ日本ハ最モ現實的ナル政策ヲ取リツツアルモノナリト論セリ

北京、天津、南京、漢口ヘ轉電セリ

67　昭和14年5月8日　在伊国白鳥大使より有田外務大臣宛（電報）

独伊外相会談において両国の政治的および軍事的協定の締結が決定した旨のコミュニケ公表について

ローマ　5月8日後発
本　省　5月9日前着

第一二四號（至急）

「チアノ」「リツペントロツプ」兩外相ノ六、七兩日ニ亘ル「ミラン」會談ニ關シ

本會談ニ於テハ現下ノ一般政情詳カニ檢討セラレ改メテ獨伊兩政府ノ完全ナル意見ノ一致確認セラレ樞軸兩國ノ關係ヲ政治的及軍事的協定ヲ以テ形式的ニモ決定的ニ規定スルニ決シタル旨ノ「コンミユニケ」公表セラレタリ尚八日「メツサゼロ」ハ右協定ノ「テキスト」ハ急速ニ作成セラレ遅クトモ六月初旬ニハ右協定署名ノ為兩外相ノ再會合ヲ見ルニ至ルヘキ旨ヲ報シ他ノ各紙亦今次ノ會合ハ歐洲ノ平和ニ貢獻スヘキ歴史的ノモノナリトシテ其ノ重要性ヲ大々的ニ報シ居レリ

在歐各大使ヘ轉電セリ

68　昭和14年5月8日　在米国堀内大使より有田外務大臣宛（電報）

日本は防共協定を軍事同盟に強化せずとの報道に関する米国紙論調について

ワシントン　5月8日後発
本　省　5月9日後着

第三七四號

最近東京ヨリＡＰ、ＵＰ其ノ他諸紙ノ特電ニテ日本ハ防共協定ヲ軍事同盟ニ強化セサルコトニ決定セル旨傳ヘ右ハ各方面ノ注目ヲ惹キ居ルモノノ如ク六日紐育「ヘラルド、トリビユーン」八日紐育「タイムス」ハ社説ヲ掲ケ日本ニ於テハ民主々義ハ成功セサリシモ決シテ全體主義ヲ採リ居ラス經濟關係ハ遙ニ英米民主國ニ對スル方密接ナル上蘇聯ニ對シテハ絶ヘス備ヘサルヘカラス從テ歐洲問題ニ捲込マルル譯ニ行カサルニ付（「タイムス」）協定强化ヲ避クルニ決定シ國内輿論竝ニ常識ニ從ヒタルモノナランモ軍ノ一部ニハ支那ニ於ケル征服戰爭ノ挫折ニ焦慮シ右決定ノ變更方運動シ居リ今（後）?尚曲折アルヘシ（「ヘラルド、トリビユーン」）ト為シ居レリ

69　昭和14年5月16日　在米国堀内大使より有田外務大臣宛（電報）

独伊との軍事同盟締結問題をめぐる日本政府内の対立状況に関する米国紙報道について

ワシントン　5月16日後発
本　省　5月17日後着

第四〇五號

十四日東京發「フライシヤー」ノ紐育「ヘラルドトリビユーン」宛電話通信ハ内閣ハ數箇月ニ五（亙カ）ル協議ノ結果約一週間前獨伊ニ對シ軍事同盟ノ代リニ蘇聯ヲ目標トスル相互援助ヲ提議シタルカ時恰モ「チアノ」「リツペントロップ」ノ「ミラン」會談ニ當リ獨伊ハ日本ヲ加ヘス軍事同盟ヲ締結スルコトニ決スルト同時ニ日本ノ提議ニ對シ不愉快ヲ感シタル旨答ヘ殊ニ獨逸ハ防共協定ノ廢止スラ仄メカシタル趣ナリ此ノ形勢ニ際會シ閣内ニハ軍事同盟ニ贊成ナル板垣陸相、小磯拓相ト之ニ反對ナル米内海相以下ノ閣僚トノ間ニ意見ノ對立ヲ生シ平沼首相ハ内閣ノ運命ヲ賭シ居ル由ナリ去ル九日ノ五相會議後陸海軍首腦部ハ別ニ會合ヲ催シ米内海相ハ翌日海軍ノ反對意向ヲ首相ニ傳ヘ陸軍側ハ未タニ

其ノ結果ヲ報告シ居ラサルモ同盟ニ贊成ナル旨豫想サル若シ陸海軍間ニ意見對立シ陸相又ハ海相ノ辭職トモナラハ內閣瓦解必然ナルニ付首相ハ妥協案ヲ樹テテ內閣延命ニ奔走中ノ趣ナリ政界ニハ總辭職ハ一週間乃至十日ノ問題ナリトテ後繼首相トシテ南、米內、木戶等ヲ擧クル者アリ南內閣トナラハ同盟締結サルヘク米內首相トナラハ反對論ノ勝利確立サレ陸海何レモ讓ラサル場合ハ木戶侯ニ大命降下スルナラン本問題ハ日本ノ將來ニ大ナル影響ヲ齎ス近年ニ無キ大問題トサレ居レルカ現在ノ所政府ノ政策タル反對論ノ趣旨ハ勝敗ノ歸趨不明ナルニ今獨伊側ニ附キ歐洲ノ紛爭ニ直ニ捲込マルルコトハ避クヘシトシ殊ニ獨伊ト同盟ヲ結ハハ一旦紛爭起ル場合米國ノ英佛側ニ附クコト殆ト確實ナルヲ以テ日本ハ欲セスシテ米國ト戰ハサルヘカラサル羽目トナルヘク支那ノ長期建設等東亞ニ爲スヘキコト多キニ鑑ミ遠隔ノ地ニ手ヲ伸ハスコトハ避クヘシト爲スニ在リ之ニ反シ同盟論者ハ英米佛等ハ日本ノ對支政策ヲ排擊シ居リ獨伊ト袂ヲ分タハ日本ハ孤立ニ陷ルヘシト論ス目下兩派共蘇聯ノ動キ殊ニ英蘇間ノ協定ノ成行ヲ凝視シ居リ「クレーギー」大使ハ日本政府ニ對シ英蘇協定ハ當分ノ間極東ヲ「カバー」セサル旨正式ニ通告シ暗ニ日本ニシテ獨伊ト同盟セハ該協定ヲ極東ニモ延長スヘキヲ仄メカシタルモノト諒解セラルト傳ヘ居レリ尙未タ之ニ關スル論說現ハレ居ラス

紐育へ暗送セリ

70　昭和14年5月18日　在米国堀内大使より　有田外務大臣宛（電報）

防共協定強化問題に関する妥協案として平沼内閣が一般的相互援助協定案を五相会議に提出したとの米国紙報道について

ワシントン　5月18日後発
本　省　5月19日前着

第四一三號

往電第四〇五號ニ關シ

十七日東京發「フライシヤー」ノ紐育「ヘラルド、トリビユン」宛電話通信ハ日獨伊同盟問題ニ關シ其ノ後平沼首相ハ直ニ軍事同盟ニ入ルコトヲ避ケ同時ニ閣內及獨伊ノ反對ヲ緩和スヘク辛フシテ軍事同盟ニ至ラサル程度ノ一般的相互援助協定案ヲ妥協案トシテ五相會議ニ提出セリ其ノ內容

ハ嚴祕ニ附セラレ居ルモ相互援助協定ヲ防衛的タルノ諒解ノ下ニ蘇聯以外ノ他ノ諸國ニモ對スルモノタラシメントスルモノト信セラレ其ノ效果トシテハ日本ハ軍事同盟ヲ締結セル場合ノ如ク歐洲戰爭ニ直ニ捲込マルルコトナク局外ニ立ツ抜路ヲ見出サントスルモノト解セラル「ヒットラー」總統ハ約六週間前日本政府カ同盟ニ贊成ナル在獨伊各大使ヲ支持セサルコト明カトナリタル時竝ニ先週在京獨伊大使ニ對シ軍事同盟ニ加ハラサル旨通告セル時(夫レニ引次キ獨伊ハ該同盟ニ入レリ)ト二回防共協定ノ廢棄ヲ脅カシタル趣ナリト報シ更ニ十六日五相會議前首相ハ五相ト個別的ニ懇談セルコト陸軍首腦部會議アリタルコト從來ノ慣例ヲ破リ參議會カ獨立ニ政府ニ建言セントシ居ルコト其ノ内容ハ同盟反對ト認メラレ居ルコト等ヲ傳ヘ五相中外相及海相ハ同盟ニ反對ニテ陸相ハト言掛カケタル所ニテ本通信ハ切レ「トリビユン」本社ハ「恐ラク檢閲ニ依リ此ノ點ニテ電話切ラレタリ」ト註ヲ附シ居レリ

紐育ヘ暗送セリ

---

71 昭和14年5月21日 在米国堀内大使より有田外務大臣宛(電報)

対米関係への影響の観点から防共協定強化問題につき意見具申

別 電 昭和十四年五月二十一日発在米国堀内大使より有田外務大臣宛第四二四号

対独伊関係強化の場合に予想される米国の反応について

ワシントン 5月21日前発
本 省 5月22日前着

第四二三號(絶對極祕)

一、帝國ガ獨伊トノ間ニ英佛ニモ對抗スル相互援助條約ヲ締結スル場合ニハ帝國參戰ノ義務ハ飽迄蘇聯邦ノ參戰スル場合ニ限定シ且防共ヲ目的トスル結合ナルコトヲ外部ニ明ニスルコト我國策上得策ナルヘキヲ信ス而シテ現下ノ歐洲情勢ニ於テ獨伊、英佛ノ戰爭切迫セリトハ考ヘラレサルモ帝國カ萬一獨伊側ニ立チ參戰スル場合ハ勿論單ニ右參戰ノ決意ヲ豫メ表明スル場合ニ於テモ其ノ帝國ノ國際的地位ニ及ホス影響ニ付キテハ既ニ總ユル觀點ヨリ攻究ヲ盡クサレタルコトト拝察スルトコロ何レノ場合ニ於テモ帝國ハ反對陣營ノ諸國家ヨリ受クル壓迫ヲ最モ少クスルハ喫緊ノ事ナルヘシ此ノ見地ヨリ見ルニ帝國カ實際上獨伊ニ對シ與ヘ得ル援助ノ程度ハ大体自主的ニ之レヲ決定スヘキモ他方右援助殊ニ武力援助ハ當然英佛ニ對スル我敵對行爲ト目サルヘキヲ以テ其ノ結果帝國カ英佛竝ニ之レニ加擔スル其ノ他ノ國ヨリ如何ナル攻撃乃至對抗手段ヲ受クルコトアルヘキカノ考察コソ帝國ニトリ極メテ緊要ナリト思考ス此ノ點ニ於テ最モ重大ナル關係ニアルハ帝國ノ英帝國ニ對スル經濟的依存關係ナルト共ニ米國ノ執ルヘキ態度如何ノ問題ナリ英國側カ海外決濟ノ七割ヲ占ムル「ロンドン」金融市場ヲ我ニ閉鎖シ全帝國ヲ動員シテ物資供給ヲ斷ツカ如キ場合ニ於テモ米國カ中立ヲ維持スル限リ帝國ノ國防經濟ハ相當ノ活路ヲ保チ得ヘキモ若シ米國カ英佛ト共ニ對日經濟壓迫ニ出テ更ニ進ンテ參戰スルカ如キ場合ニ於テハ帝國ノ不利益蓋シ想像ニ餘リアルヘシ故ニ米國ノ態度コソハ帝國ノ對獨伊關係決定上最モ愼重ニ檢討スルノ要アリト思考ス

二、歐洲政局ニ對スル米國ノ方針ニ付キテハ累次ノ拙電ニ依リ既ニ御了悉ノ如ク要スルニ英佛對獨伊戰ノ場合ニハ成ルヘク參戰ヲ避ケツツモ英佛ニ對シ財政經濟的援助ハ勿論武器其ノ他軍需品ノ供給ニ於テモ出來得ル限リ便宜ヲ與ヘントスルニ在リ右ハ所謂全体主義國ノ侵略ニ對シテ「デモクラシー」國ヲ援護シ延イテ米國ノ利益及安全ヲ確保スル所以ナリトノ認識ヲ國民ニ普及セシムル爲メ政府ニ於テ百方宣傳ニ力メツツアル實情ナリ故ニ議會內外ニ於テ孤立主義者ノ主張ハ今尙相當根强キモノアルモ政府ハ現ニ英佛竝ニ其ノ外廓ト目サルル和蘭等ニ對シ飛行機其ノ他國防充實ニ必要ナル物資ノ供給上總ユル便宜ヲ供シツツアリ

然カモ當國輿論ハ概ネ之レヲ是認シ言論界ハ「ハースト」系一派ヲ除キテハ殆ンド一齊ニ右英佛ニ組スル政府ノ措置ヲ以テ當然ト爲シ且ツ既定ノ國策遂行ナルカ如ク報道シ居レリ從ツテ帝國ハ獨伊トノ間ニ軍事同盟ヲ締結スルニ至ルヤ否ヤハ今日米國朝野ノ一樣ニ重大關心ヲ示シ居ル處ニシテ愈々軍事條項ヲ含ム相互援助條約成立ノ場合ニ米國ノ執ルヘキ態度ハ之レヲ想像スルニ難カラス

三、卽チ(イ)右協定ノ結果將來日本カ獨伊ニ組シテ英佛ト戰フ

カ如キ場合ニハ米國ハ差シ向キ出兵以外ノ手段ニ依リ英佛ヲ助ケ日獨伊ヲ牽制スヘク勢ノ赴クトコロ結局ハ參戰ノ已ムナキニ至ルヘシ(ロ)差當リ歐洲戰爭起ラス日本ノ參戰直接ノ問題トナルニ至ラストスルモ開戰ノ場合日本ハ當然獨伊側ニ立チテ參戰スルモノナリトノ決意ヲ表明スルニ於テハ米國ノ對日感情ハ著ルシク惡化シ經濟壓迫ハ益々强化セラルルニ至ルヘキハ當然ナリ

而シテ此ノ場合大体ノ豫測ハ別電第四二四號ノ通リナルカ右ニ關シテハ我方ニ於テ相當深刻ナル影響ヲ覺悟シ豫メ具体的對策ヲ講シ置クコト必要ナルヲ痛感ス

四、尙帝國ノ對獨伊關係强化ヲ公表セラルル場合ニ帝國カ國策上何故獨伊ニ組スルカノ理由ヲ闡明シ大義名分ヲ明ニセラルルコトハ中外ノ輿論指導上極メテ肝要ナリト存ス此ノ點ニ付キ人類ノ公敵タル「コミンターン」ノ破壞工作ハ我國体竝ニ國防ニ對スル重大脅威ナルカ故ニ獨伊ト共ニ之レヲ防壓スルノ要アリトノ當初ヨリノ我方説明ハ少クモ米國有力方面ニ對シ相當ノ效果アリ(尤モ米國ニ在リテハ全体主義ヲ以テ共產主義ニ劣ラサル「デモクラシー」ノ脅威ト考ヘ居ルコトハ御承知ノ如シ)然シナカラ右ノ關係ヲ離レ帝國カ獨伊ヲ助ケテ英佛ニ對抗セサルヘカラサル理由ヲ如何ニ説明スヘキカ勿論英佛カ帝國ノ東亞新秩序建設ヲ防(妨カ)害スル場合ハ帝國トシテハ我政策ノ支持者タル獨伊ト共ニ當然之レヲ反擊スルモノナリトノ主張ヲ爲シ得ヘキモタダ英佛カ蘇聯邦ト關係ナク歐洲ノ領土問題ニツキ獨伊ト爭フ場合ニ我ヨリ獨伊ヲ助クヘキ理由如何ハ充分中外ニ徹底セシメラルル必要アルヘク此ノ邊ハ既ニ御攻究濟トハ存スルモ氣付ノ儘申添フ

(別電)

ワシントン　5月21日前発
本省　5月21日夜着

●第四二四號

往電第四二三號ニ關シ

最近ノ歐洲政局ノ緊迫及支那ニ於ケル我方活動ノ新展開等ニ伴ヒ政府筋ニ於テモ我方ニ對スル經濟制裁措置ヲ講究シ居ル形跡顯著ナルコト累次報告(往電第三五一號第三八八號及第三八九號等御參照)ノ通リニシテ帝國カ對獨伊關係ヲ强化セリトノ事實明トナルニ於テハ當國朝野ノ對日感情

ハ著ルシク悪化シ其ノ速度ハ俄カニ豫斷シ得サルモ大体左ノ方向ヲ辿ルモノト豫想セラル

㈠重要物資ノ對日禁輸

中立法關係ニテハ如何ナル修正カ加ヘラルルニセヨ結局外貨及輸送能力ヲ併有スル英佛ニ都合ヨキモノタルニ相違ナク其ノ點ニ於テハ帝國ニ不利トナルコト萬ナカルベク問題ハ寧ロ「ピットマン」ノ九ケ國條約違反國ニ對スル通商制限決議案(往電第三四六號及第三四八號御參照)ノ如キモノナルカ斯ル案カ議會ヲ通過スルハ日米國交斷絶ノ一歩手前ナルヘク直クニ其處迄ノ事態ニ行クモノトハ思考セラレサルモ昨年來行政措置ニ依リ事實上飛行機及同器材ノ對日禁輸ヲ行ヒ居ル遣口ヲ更ニ爾餘ノ武器屑鐵鋼「モーターツラック」類石油等我國カ差シ向キ極度ニ輸入ヲ必要トスル重要物資ニモ及ホシ來ルヘシ(往電第三八八號)右ハ中立法ノ修正乃至通商制限法ノ制定ヲ待タスシテ政府ノ内面指導ニ依リ之レヲ實行シ得ルトコロナルニ鑑ミ最實現ノ可能性アル措置ト認メラル

㈡邦品輸入ニ對スル障碍

當國ニ於テ相當規模ノ借款「クレヂット」ノ取付ケ殆ト不可能ノ現況ニ於テハ主トシテ輸出ノ振興ニ依リ輸入力ヲ培養セサルヲ得サル處當國政府ハ前記對日通商制限案ノ如キ新ナル立法ヲ待ツ迄モナク關稅法ノ諸條項トチホゾン法ダンピング防止法其ノ他ノ規定ニ基キ些細ノ事實ニ藉口シテ漸次ニ邦品ノ輸入ヲ制限スル措置ヲ執リ得ル立場ニ在リ現ニ關係事務當局間ニ聯絡研究ヲ遂ケツツアル形跡アルコト前述ノ通ナルニ付此等ノ措置ヲ實施シ來ルヘキハ豫想ニ難カラサル處ニシテ特ニ注意ヲ要スルハ本法《(邦カ)》ニ於テ何等カノ形ニ於テ輸出補助金ヲ交付シ居レルコトニツキ米國ノ出先官憲等ニ疑問ノ餘地ヲ與フルカ如キ場合ニハ獨逸ニ對スル相殺關稅ノ附課(往電第四〇七號及第四〇八號)ノ經緯ニ鑑ミ邦品ニ對シ同様ノ措置ヲ誘致スルコトナキヲ保セサルコト之レナリ

㈢金融上ノ措置

最終ニ我方ニ最モ重大ナル形響《(影カ)》ヲ及ボスベキハ紐育市場ニ於ケル金融上ノ便宜差止メノ手段ナリ御承知ノ如ク我國ノ現送金ニ對シ聯邦準備銀行ハ今日迄財務省指圖ノ下ニ我ニ有利ナル値段ニテ買入レヲ爲シ來レルノミナラズ「イヤーマーク」ノ如キ多大ノ便宜ヲ與ヘツツアリ米國

側ニ於テ將來右ノ取扱ヒヲ差止メ又滿洲事變以來既ニ相當窮屈トナリ居ル紐育各主要銀行ノ對本邦銀行金融取引ヲ更ニ一段ト引締ムルニ至リ更ニ一歩ヲ進メ「ロンドン」市場ト相呼應シテ右措置ニ出ツルニ於テハ我海外輸出入ハ物々交換ノ外殆ント途ナキニ至ルヘク斯ル場合ノ對策ハ豫メ攻究シ置カルルノ要アリト思考ス

72 昭和14年5月22日 在独国大島大使より 有田外務大臣宛（電報）

独伊友好同盟条約成立について

別　電　昭和十四年五月二十二日発在独国大島大使より有田外務大臣宛第四八二号
右条約文要訳

付　記　昭和十四年五月二十二日
右条約成立に関する情報部長談

ベルリン　5月22日後発
本　省　5月23日前着

第四八一號

今二十二日午前十一時當地ニ於テ獨逸伊太利間友好同盟條約署名セラレ即日效力發生セリ尚右條約ハ本日直ニ發表セラレタルカ其ノ内容別電第四八二號ノ通リ

別電ト共ニ在歐大使、米ヘ郵報セリ

（別　電）

ベルリン　5月22日後発
本　省　5月23日前着

第四八二號

[1]獨逸國宰相及伊太利及「アルバニヤ」國王「エチオピヤ」皇帝ハ國粹社會主義獨逸國及「ファシスト」伊太利國間ニ現存スル友好連帶關係ヲ嚴肅ナル條約ニ依リ强化スルノ秋來レリト認メ

獨逸國及伊太利國間ノ共同ニシテ且永久ニ確定セラレタル綱領ニ依リ相互ノ援助及支持ニ對スル確實ナル連鎖カ創設セラレタル後兩國政府ハ其ノ基調及目的ニ於テ既ニ以前ヨリ合意成立シ兩國ノ利益促進竝ニ歐洲ニ於ケル平昭(和カ)確保ノ爲有效ナリト證明セラレタル政策ヲ改メテ承認シ共通ナル世界觀及利害關係ノ總括的連帶性ニ依リ固ク相互

ニ結合セラレ獨逸國民及伊太利國民ハ將來ニ於テモ相竝ヒ力ヲ併セ其ノ生存區域ノ確保及平和ノ維持ノ爲努力スヘク決心シ

獨逸及伊太利ハ斯ノ如ク既ニ歴史ニ示サレタル道ニ從ヒ不安ト破壞ノ世界ノ眞只中ニ歐洲文化ノ根底ヲ確保スルニ役立タンコトヲ欲シ

是等原則ヲ條約ニ確定センカ爲

獨逸國宰相ハ

外務大臣「ヨヒム・フオン・リッペントロップ」ヲ

伊太利及「アルバニヤ」國王「エチオピヤ」皇帝ハ

外務大臣伯爵「ガレアツオ、チアノ、デイ、コルテラッツオ」ヲ

全權委員ニ任命シ兩全權委員ハ互ニ其ノ良好妥當ナリト認メラレタル全權委任狀ヲ交渉シタル後左ノ通リ協定セリ

第一條[2]　兩締約國ハ絶エス接觸ヲ保チ總テ共同ノ利益若クハ歐洲全體ノ情勢ニ關スル問題ニ付了解ヲ遂クヘシ

第二條　兩締約國ノ共同利益カ何等カノ國際的事件ニ依リ脅カサレタル場合兩締約國ハ共同利益ノ確保ノ爲執ルヘキ措置ニ付直ニ協議スヘシ

締約國ノ一方ノ安全若クハ其ノ他ノ重大ナル利益カ外部ヨリ脅サレタル場合他ノ締約國ハ此ノ脅威ヲ排除スル爲右締約國ニ對シ全力ヲ以テ政治上外交上ノ支持ヲ與フヘシ

第三條　兩締約國ノ願望及期待ニ反シ締約國ノ一方カ他ノ一又ハ多數ノ國家ト爭フニ至リタル場合他ノ締約國ハ同盟國トシテ直ニ右締約國ノ側ニ立チ陸海空軍ノ全力ヲ以テ之ヲ支持スヘシ

第四條[3]　有時（事カ）ノ際第三條所定ノ同盟義務ノ迅速ナル實行ヲ期スル爲兩國政府ハ軍事的及戰時經濟的領域ニ於ケル協力ヲ强化スヘシ

同樣ニ兩國政府ハ本條約規定ノ實施ニ必要ナル他ノ措置ニ付テモ絶エス相互ニ諒解ヲ遂クヘシ

兩國政府ハ本條第一項及第二項ニ掲クル目的ノ爲常置委員會ヲ組織スヘシ常置委員會ハ兩國外務大臣ノ指揮ニ屬ス

第五條　兩締約國ハ共同ニ戰爭ヲ遂行セル場合休戰及講和ハ相互ノ完全ナル一致ニ依リテノミ之ヲ行フコトヲ約ス

第六條　兩締約國ハ其ノ友邦國ニ對スル共同ノ關係カ有ス

ル意義ヲ意識シ將來ニ於テモ右關係ヲ維持シ兩締約國ト右友邦トヲ結合スル一致セル利益ニ應シ右關係ヲ强壯ニ發展セシムルノ決意ヲナセリ

第七條　本條約ハ署名ト共ニ效力ヲ發生ス兩締約國ハ其ノ最初ノ有效期間ヲ十年ト確定スルニ一致セリ本條ノ協力延長ニ付テハ有效期間ノ經過前適宜諒解ヲ遂クヘシ

右證據トシテ下名ハ本條約ニ署名調印セリ

一九三九年五月二十二日卽チ「フアシスト」暦第十七年伯林ニ於テ

獨伊兩國語ヲ以テ同樣ノ效力ヲ有スル本證二通ヲ作製セリ

（付　記）

獨伊友好同盟條約ノ締結ニ關スル外務省情報部長談

（五月二十二日）

本日獨逸ト伊太利トノ間ニ友好及同盟條約カ締結セラレタカ本條約ハ元々兩國ノ隣接關係並ニ兩國ノ歐洲ニ於ケル特殊ノ地位ニ由來スルモノテアル。

獨伊兩國ハ伯林羅馬樞軸ノ結成以來今日迄多難ナル歐洲國際政局ニ處シテ其ノ强固ナル結合力ヲ發揮シ特ニ昨年カラ本年ニ亘ツテ發生シタ獨墺合邦「ズデーテン」問題「チエツコ」併合「メーメル」地域回復及「アルバニア」問題等ニ際シテハ兩國互ニ良ク支援シ其ノ要求ヲ貫徹シタコトハ眞ニ驚異ニ値スル事實テアル。是ハ一ニ兩國カ相互ニ夫々ノ所信目的ニ關シ完全ナル同情ト諒解ヲ有シ殆ント一體トナツテ行動シタカラニ因ルモノト思フ。

抑モ獨伊樞軸ハ之ヲ從來ノ如ク不文ノ儘ニ置カウト又新ニ成文化シヤウト其ノ鞏固サニ於テハ何等異ルトコロナイテアラウカ本條約ノ成立ニ依リ樞軸政策ノ運用上大ナル進歩ヲ見ルニ至ツタトイフコトカ出來ル尙又同樞軸ノ脆弱性ヲ云爲スルカ如キ惡意ノ宣傳等ハコレニ依リ今後全ク地ヲ拂フコトトナルテアラウ。以上ハ歐洲ノ將來ニ重要ナル關係ヲ有スルモノテアツテ本條約ハ歐洲現下ノ危機ニ際シ必スヤ世界ノ平和ト進運トニ貢獻スルトコロ極メテ大ナルモノカアルト信スル。

今ヤ帝國外交ノ基軸ハ共產主義撲滅ヲ目的トスル防共協定ニ置カレテ居リ右協定ノ精神ニ於テ獨伊ト緊密ナル提携ヲ爲スニアルコトハ動カスヘカラサル國策テアル。從テ防共ノ盟邦タル獨伊兩國カ本條約ノ締結ニ依リ其ノ關係ヲ全面的ニ完整シ強固ナル陣形ヲ造ルニ至ツタコトハ帝國トシテ欣幸ニ堪エサル所テアル。此意味ニ於テ吾人ハ本同盟成立ニ對シ祝意ヲ表スルモノテアル。

73　昭和14年5月22日　在独国大島大使より有田外務大臣宛（電報）

防共協定強化交渉の経緯に関する大島大使所感

ベルリン　5月22日発
本　省　着

郵送第一號（絶對極祕）

日獨伊三國協定問題ニ關スル交渉ハ貴電第二九七號御訓令ニヨリ行詰リ本使トシテ最早策ノ施スヘキモノヲ知ラス往電第四七七號ノ通リ最後ノ所信ヲ上申セル以上何等意見ヲ申スヘキ筋ニ非サルモ本件交渉ニ關シテハ當初ヨリ種々特殊ノ經緯アリ之ニ關シ出先トシテノ經驗及其他ノ感想等ヲ率直ニ開陳シ置クコトハ將來ノ交渉ノ爲必要ニシテ又參考トナルヘキ點アリト信スルヲ以テ左ノ通申進ス

一、客年十月大使ヲ拜命以來本使ハ武官在職中陸軍側ノ意嚮ニ從ヒ非公式ニ「リ」外相ト聯絡シ居タル三國協定案ニ對スル八月二十六日五相會議ノ決議ノ規定ニ從ヒ引續キ「リ」外相ト交渉シタル結果十月三十一日ニ至リ獨逸側ノ非公式提案（「ミユンヘン」會議ノ際伊太利側ニモ提示セラレタルモノ）ヲ入手セリ右條約案文及同案成立ノ經緯ニ付テハ當時直ニ詳細外務大臣宛報告セリ

二、五相會議ノ決定ノ趣旨ハ明白ニ一般ニ第三國ニ對抗スル協議援助條約ニシテ本使トシテハ武官在職中陸軍側ヨリノ通知ニ依リ更ニ之ヲ確メ得タルノミナラス大使就任後モ宇垣外務大臣發東郷大使宛電報第三一一號及第三二七號等ニ依リ帝國政府ノ本件協定締結ノ趣旨カ蘇聯ノミナラス英佛等ヲモ對象トシ唯前文ニ於テ多少之ヲ「カムフラージユ」セントスルモノナルコトヲ承知シ確信シ居タル次第ナリ而シテ政府ハ右趣旨ニ於ケル本使ノ交渉ニ對シ何等反對ノ御意嚮ノ訓令モ無ク十一月十二日ニハ本協定カ「對蘇關係ヲ主トシ對英牽制ヲ從トスルト同時ニ時局收拾上ノ效果ヲ窺フ所謂一石三鳥的外交工策」ナルコトヲ電報アルト共ニ伊太利カ本件協定ニ付遷延的態度ヲ示シツツアル眞意ヲ探知方御訓令アリタリ（貴電第四四四號）而シテ他方獨逸側ニ於テモ本使ニ於テ「ムツソリ

ー二」首相ト會談シ日本政府ノ本件協定ニ對スル熱意ヲ説明シ伊太利側ノ決心ヲ促進スルコトヲ頻リニ從慂（慫カ）シ本使ハ右ニモ一理アリト認メタルヲ以テ請訓シタルニ御許可ノ電報ニ接シタリ

三、然ルニ十一月二十四日ニ至リ突如トシテ政府ヨリ十一月十一日ノ五相會議ニ於テ三國協定締結ノ促進方ヲ議決セラルルト共ニ「本協定ハ蘇聯ニ對スルヲ主トシ英佛等ハ蘇聯側ニ參加スル場合ニ於テ對象トナルモノニシテ英佛等ノミニテ對象トナルモノニアラス勿論佛カ赤色化シタル場合ノ如キハ對象タルヘシ」トノ諒解成立セラレタル旨ノ電報（第四六四號）ニ接シタルヲ以テ本使ヨリ右諒解カ八月二十六日ノ五相會議ノ決議ト相違シ居レル旨ヲ指摘シ且本使トシテハ八月二十六日ノ決議ノ趣旨ニ依リ獨逸側ニ我政府ノ意志ヲ通告濟ニシテ右ハ伊太利側ニモ傳達サレ居ル旨ヲ述ヘ至急明確ナル御訓令ヲ請ヒタルモ（往電第七五九號）爾來政府ヨリ杳トシテ何等ノ御回電無カリシ次第ナリ他方本使「ムツソリーニ」トノ會見ノ結果「ム」ハ大イニ乘氣ヲ示シ原則的同意ヲ表明スルト共ニ協定發表ノ時期ニ付テモ二初（月欠カ）メ迄ニ確答ヲ爲スヘシトノ積極的回答ヲ得タルカ帝國政府ヨリハ本使ヨリノ督促ニ拘ハラス右請訓ニ對シ何等ノ御回答ナク十二月末ニ至リ漸ク「根本ノ方針ニ付テモ行違アル様ニテ目下折角詮議中ナルニ付「リ」外相ト之以上餘リ深入リセサル様」トノ訓電ニ接シ當方ヨリ折返シ根本方針ニ關スル行違トハ如何ナル點ナリヤトノ至急請訓ニ對シテハ一週間ヲ經タル後漸クニシテ「協定適用範圍ノ問題ナリ」トノ御回答ニ接シタリ

四、本年初頭伊太利側ヨリ協定卽時締結ニ同意ヲ表明其後直ニ獨逸ノ正式提案伊太利ノ右案受諾トナリ獨伊側トシテハ帝國政府ノ希望ヲ多分ニ取容レタルコトニモアリ（殊ニ前文ニ於テ）直ニ御受諾アルモノト豫定シタル模様ナリシニ前記「行違」ノ點ニ關スル政府ノ御審議ハ其ノ後遲々トシテ進マス當方ニハ其ノ間ノ事情ニ付何等ノ御通報モ無ク獨伊側ノ催足（促カ）ニ對シ殆ント應待不可能ノ狀態ニ在リタル處突如トシテ伊藤特使一行ノ御派遣トナリ本使トシテハ少クトモ政府ノ御決定ハ特使到着前ニ豫メ之ヲ承知研究致度キ旨ヲ上申セルモ御同意ヲ得サリシ次第ナリ

五、特使派遣ノ御事情ニ付茲ニ論議スルコトハ之ヲ避クヘキモ特使持參ノ御訓令ハ國内ニ於ケル行違ヲ取纏ムルヲ主トシ獨伊側トノ從來ヨリノ交渉經緯ニ付充分ニ之ヲ考慮セラレサリシモノト認メサルヲ得ス右御訓令ニ對スル本使等意見ハ往電第一七六號ノ通ニシテ茲ニ繰返スノ要無キモ其ノ根本ノ要點ハ兵力援助義務ノ點ニ在リ(他ニ協定ニ關スル説明振ニ付キ帝國政府トシテ我々ノミニ好都合ナル虛僞ヲ用ヒ且獨伊ニモ之ヲ押付ケントスル御方針ニ對スル反對モアリタルモ)卽獨伊カ攻擊ヲ受ケタル場合右攻擊國カ蘇聯以外ノ國ナル場合ニ於テモ帝國トシテ一般的武力援助ノ義務ヲ負フコトカ三國協定成立ノ不可缺ノ要件タルコトハ本使カ「リ」外相ニ與ヘタル言質ヲ別トスルモ先方トノ交渉ノ結果先方ノ意見ヲ確メ當初ヨリ終始上申シ來リタル所ニシテ右ハ其後ノ交渉ノ經緯ニ依ルモ正當ナリシコトヲ確信ス

六、而シテ政府ニ於テハ本使等ノ右上申ヲ容レ貴電第一七六號ヲ以テ「妥協案」ヲ提示セラレ兵力援助義務ニ付テハ同電第二ニ於テ二箇ノ案ヲ示サレ本使トシテハ其ノ第二案ヲ以テ交渉ノ基礎ト爲スニ足ルト認メ之ニ基キ先方トノ交渉ヲ再開シ帝國ハ第三國ヨリ獨伊カ攻擊セラレタル場合援助ヲ爲シ得ル程度ハ別トシ一般ニ武力援助ノ義務ヲ認ムルモノナルコト卽一般ニ獨伊側ニ立チ參戰ノ義務ヲ負フモノナルコトヲ獨逸側ニ言明シ說得ニ努メタル結果「ヒトラー」總統ニ於テモ我方ノ眞意ヲ諒解シ條約文ニ關スル我方提案ヲ一字一句モ修正セス鵜呑ミトシタルコト御承知ノ通ナリ

七、然ルニ其後政府ニ於テハ本使カ「リ」外相ニ對シ參戰云々ヲ言明セルコトニ對シ「政府ノ眞意ハ獨伊カ蘇聯ヲ含マサル第三國ト戰端ヲ開ク場合ニ於テモ援助ノ精神ニ於テハ變リナキモ如何ナル程度ノ援助ヲ與フルヤハ一ニ當時ノ狀況ニ依リ決定セントスルモノ」ナリトノ故ヲ以テ本使カ言明セル「參戰」ナル字句ノ意義ニ付帝國政府ハ參戰トハ協定第二條ノ「支持」及第三條ノ「助力及援助」ヲ爲スコトヲ意味シ且第三條ノ「助力及援助」ノ中武力援助ニ關シテハ「現在及近キ將來ニ於テハ有效ニ之ヲ實施スル能ハザル限度ノモノ」ト解釋スルモノナルコトヲ獨逸政府ニ說明シ置クヘシ(武力援助モ無ク宣戰布告モ無キ「參戰」)トノ不可解ナル訓令(貴電第二一四號)

ヲ發セラレ之ニ對シ本使カ參戰ナル字句ヲ使用セルハ獨伊ニ對スル第三國ノ攻撃ニ對シ帝國トシテ必ス兵力的援助ヲ爲スノ義務ヲ負フ趣旨ニテ話シタルモノニシテ本使ノ獨逸側ヘノ右説明ハ政府訓令ニ相違シ居レリヤ否ヤニ關シ特ニ明確ナル御回訓ヲ仰キ（往電第三四四號）タルニ對シテハ「大體差支ヘ無キヤニ考ヘラル」トノ漠然タル御回電（貴電第二三八號）ニ接シタルノミニテ政府トシテ依然前記ノ如キ「參戰」ニ關スル不可解ナル解釋ヲ固執セラレタリ他方本使等トシテハ「ヒ」總統誕生日其他ノ機會ニ於ケル獨伊側トノ接觸ヨリ斯ル政府ノ御方針ヲ以テシテハ到底交渉ヲ續行スルモ成立ノ見込ナキノミナラス今ニシテ參戰ニ關スル斯ノ如キ特殊ノ説明ヲ爲スコトハ帝國政府ノ信條ニ關シ同シク交渉ノ決裂ヲ來ストスルモ斯ノ如キ經緯ニテ物分レトナルハ將來ノ爲甚タ面白カラストノ意見ヲ上申シ交渉斯クシテ絶望トナリタル上ハ本使等ヲ直ニ御召還アランコトヲ申請シタル次第ナリ（往電第三七四號）

八、右ニ對シ政府ヨリ暫ク御返電ニ接セサリシ處政府ニ於テハ突如トシテ平沼總理ノ御意見ヲ駐日獨伊大使ヲ通シ獨伊兩國首相ニ傳達スルノ處置ヲ取ラルルト共ニ本使等ニ對シ之ニ基キ交渉ノ續行ヲ命セラレタル處（貴電第二六二號）右平沼總理ノ御言明ハ字句明白ナラス殊ニ交渉不成立ノ責任ヲ豫メ獨逸側ニ課セントスル趣旨ノ字句アリタル爲獨逸側ニ與ヘタル印象頗ル面白カラサリシモノアリタルモ本使トシテハ右平沼首相ノ御意見ハ日本ハ獨伊カ一般ニ第三國ヨリ攻撃ヲ受ケタル場合獨伊側ニ立チテ之ニ政治上、經濟上ノ援助及武力援助ヲ與フルノ不動ノ決意ヲ有ス唯諸般ノ情勢ニ依リ現在及近キ將來ニ於テハ有效ナル武力援助ヲ與フルコトヲ得サル實情ニ在リ尤モ可能ナル援助ハ常ニ之ヲ與フルモノナリトノ御趣旨ナリシヲ以テ茲ニ交渉ノ前途ニ再ヒ曙光ヲ認メ獨逸側ヨリノ交戰國關係ニ入ルノ覺悟ヲ有セラルルヤノ質問ニ對シ之ヲ肯定シ今日ニ及ヒタル次第ナリ

九、然ルニ先般貴電第二九七號御訓令ニ依レハ政府ニ於テハ更ニ愼重御審議ノ結果蘇聯ヲ含マサル歐洲戰爭發生ノ場合戰爭狀態ニ入ルヤ否ヤハ其ノ當時ノ狀況ニ依リ自主的ニ決定セントスルノ方針ヲ決定セラレ本使等ニ對シ帝國ハ獨伊カ蘇聯以外ノ國ト戰爭ノ場合ニ於テ獨伊側ニ立ツ

コト當然ナルモ無條件ニ武力行使ヲ義務附ケラルルコトハ不可ナリトスルモノナルコトヲ獨伊ニ申入ルヘシトノ御訓令ナル處斯テハ又復事態ハ伊藤公使携行ノ御訓令ト同様ノ事態ニ立返リ帝國政府ニ於テ何ノ爲ニ貴電第一七六號ノ妥協案ヲ提示セラレタリヤ又何ノ爲ニ平沼總理ノ御言明アリタル次第ナリヤ本使トシテ全ク之ヲ理解シ得サル次第ナリ

十、以上ノ如キ經緯ヲ回顧シ考察スルニ本件交渉ハ結局我方ノ決意不明確ナル爲ニ徒ラニ獨伊ニ希望ヲ繫カシメテ事態ヲ遷延シ彼等ノ我方ニ對スル信頼ヲ弱メタル結果ヲ生シタリ「リ」外相ニ於テハ本年初メ頃ヨリ日本ハ協定ヲ欲セス又ハ遷延ヲ望ムニ非スヤトノ疑念ヲ抱キ始メタルハ當時屢々電報ノ通リニシテ本使ハ政府ノ御訓電ニ従ヒ之ヲ打消スニ努メ來リタルカ今ヤ彼ノ疑ヒタルカ如キ事態トナリタルコトヲ認メサルヲ得ス卽帝國政府ニ於テハ元來兵力援助義務ニ關スル諒解ニ付我方カ之ヲ文書ニ作成シ置カントスルノ御趣旨ハ帝國カ現在及近キ將來ニ於テ有效ナル援助ヲ爲シ得サルコトニ付獨伊ニ誤解ナカラシムルニ在リ（貴電第二一四號ノ一）トノ御説明ニシテ之ニ對シ獨伊カ充分ニ了解セルヲ以テ書キ物トスルニ及ハスト答ヘタルニモ拘ラス帝國政府ニ於テ本使等幾度カノ意見上申ニモ拘ラス本使等ニハ不明ナル理由ニ依リ文書ノ作成ヲ固執セラレ之ト併セ元來政府ニ於テ自由ニ爲シ得ル本件協定ニ關スル對外説明ニ付テモ不思議ニモ獨伊ヲシテ政府間ノ約束ノ如キ形ノ文書ヲ作成セシムルコトヲ固執セラレ交渉ノ進行ニ併ヒ結局獨伊ノ臆測セル通リ我方ニ於テハ斯ル書キ物ニ依リ協定ノ規定ヲ變更歪曲セントスルモノナルコト明白トナリタルハ誠ニ遺憾ニ堪ヘサル所ナリ元來獨伊ハ協定ノ文句等ニハ餘リ重キヲ置カサルモ彼等トテモ法律的觀念無キニハ非ス字句等ニ依リ精神ヲ誤魔化サントスルノ外交方法ハ今後共成功セサルヘキコトヲ確信ス

十一、尙本件交渉ノ經過中本使トシテ最モ當惑ヲ感シタルハ機密漏洩ノ點ニシテ交渉ノ初期ヨリ交渉中ノ案文其ノ他カ「ヂユールナル、ド、モスクー」「ニユース、クロニクル」其ノ他各方面ノ新聞等ニ掲載セラレタルコト再三ニ止マラス固ヨリ之等ノ漏洩カ總テ我方ノ責任ナリト謂フ次第ニハ非ルモ相當我方ヨリ漏洩セル形跡顯著ナルモ

ノアリ又最近ニ至リテハ帝國政府ノ審議進行ノ模様ハ本使等ハ常ニ「アバス」其ノ他ノ通信及新聞電報ニ依リテノミ承知スルカ如キ次第ニテ之等ノ通信ハ屢々相當ニ眞相ヲ穿チ居リ東京ニ於ケル機密ノ漏洩甚タシキヲ想ハシメタリ右ノ結果ハ單ニ本使等ノ交渉上ノ駈引ヲ常ニ頗ル困難ナラシメタルノミナラス本交渉ヲ店晒シトシ帝國ヲシテ所謂引込ミノ附カサル立場ニ置カシメタルハ今後ノ交渉ニ當リテハ最モ戒心スヘキ點ノ一ナリ

伊へ轉送ス

74　昭和14年5月23日　在英国重光大使より有田外務大臣宛(電報)

日本は枢軸同盟に深入りする意向なしとの英国紙観測記事について

ロンドン　5月23日後発
本　省　5月24日前着

第五三六號

一般的情報

二十三日「テレグラフ」ハ重要欄ニ左記要旨ノ「ヘツジス」通信ヲ掲載シ注意ヲ惹キ居レリ

日本ハ決シテ樞軸同盟ニ深入リスル意嚮ナク寧ロ今後一年ヲ出テサル間ニ現在ノ對獨關係ヲ清算セサル迄モ無意味ナルモノニ化スヘシト信スヘキ節アリ防共協定ハ締結當時ヨリ一般ニ頗ル不評ニテ假ニ國民投票ニ附シタリセハ簡單ニ拒否セラルヘシ日支事變突發後日本ハ密ニ獨逸ニ期待スル所アリタルニ拘ラス右ハ無慙ニモ裏切ラレ獨逸ノ軍事顧問ハ蔣ヲ援ケ軍需品モ亦多量ニ供給セラルル様ノ次第ニテ日本ニ於ケル反獨感情ノ擡頭トナリ玆ニ樞軸偏重外交ヲ再檢討スル機運ヲ生シタリ日本ニハ朝野有力者ノ間ニ民主主義トノ協調ニ復歸スヘシトノ强キ意見カ潛在シ居ル處日支時局ノ前途容易ナラサルモノアリ且又歐洲ノ情勢モ獨伊側ニ不利ニ進展シツツアルノミナラス米國ノ立場モ明カナルニ鑑ミ是等ノ反樞軸論者ハ徐々ニ獨伊トノ連繫ヲ清算セシメント試ミツツアリ勿論同盟締結論者ノ執拗ナル努力モ無視シ得サル所ナルカ穩健派ハ差當リ日獨關係ノ波紋ヲ囘避シツツ裏面ニ於テ(對?)英工作ヲ進ムルト共ニ歐洲政局ノ推移ヲ注視シ居レリ歐洲戰爭トモナレハ中立ヲ維持シ經濟的立場ヲ改善シ以テ東亞ニ於ケル地歩ヲ確立スヘシト言フハ卽

チ此ノ一派ノ主張ナルカ日本ハ間モナク新樞軸ニ依ル外交政策ニ乘出スニアラスヤト觀察セラル

75　昭和14年5月23日　在米国堀内大使より有田外務大臣宛（電報）

日本が独伊同盟に参加の場合は世界戦争の勃発不可避との米国官辺筋の空気に関する情報報告

ワシントン　5月23日後発
本　　省　5月24日後着

第四三四號

廿二日「ウオルター、リップマン」ハ須磨ニ對シ左記趣旨ヲ内話シタル趣ナル處當國官邊ノ空氣ヲ反映スル資料トモ認メラレ御參考迄

一、自分ハ行政部方面トモ密接ノ關係ヲ保持シ居リ政治部内ノ意嚮ヲ忖度シ得ル立場ニアル處各般ノ事情ヲ綜合スルニ日本ハ東亞ニ於テ獨力事態收拾ニ當ルモ何レノ國ト雖武力ヲ以テ之ヲ阻止シ得サル狀態ニアル處新ニ獨伊同盟ニ加盟シテ自ラ歐洲政局ノ紛糾ニ捲込マルルヲ敢テスルニ於テハ右ハ眞ニ遺憾ノ事ニシテ日本ノ爲ニ採ラサル所ナリ自分ハ右同盟ニ日本ノ參加ヲ見ル場合ニハ結局世界戰爭ノ勃發ヲ避ケ難シト見居レリ（同人ハ歐洲ノ情勢視察ノ爲近ク渡歐ノ豫定ナル由）此ノ意味ニ於テ世界ノ平和ハ日本ノ動向ニ懸ルモノト言フヘク其ノ責任ハ重大ナリ

二、米國識者ハ支那カ名目ハ共和國トシテ近代國家ノ形ヲ裝ヒ居ルモ眞相ハ遙ニ之ヨリ遠キモノナルコトヲ熟知シ居ルモノニシテ米國現在ノ對支態度ハ所詮「センチメンタリズム」ヲ一歩モ出テスト稱シ得ヘク日本カ新シキ事態ニ基キ新政權ト協定ヲ結ヒ得ハ米國ハ必スシモ「スティムソン」當時ノ如キ不承認主義ヲ固執スルモノニアラサルヘシ唯其ノ際日本カ布哇及比律賓ヲ侵略セサルコトヲ確約スルヲ要スヘキ處右ハ米國政府ノ二國間政治協定不締結方針ニモ鑑ミ石井「ランシング」協定ノ如キ日米兩國間ノ協定トナスノ外ナキモ英國關係ヲモ含メ日米英三國ノ協定トスル等ノ方法ヲ講スレハ不可能ニアラサルヘク斯ル手ヲ用フルコトコソ日本ノ外交ノ働キ所ナリ云々（尚同人ハ日本カ親獨反英ノ方向ニ突進ム場合ニハ米國ハ急速ニ現在ノ軍備ヲ倍加スルコトヲ豫想セサルヘカラ

スト附言セリ）

英ヘ轉電セリ

76　昭和14年5月(27)日

在仏国宮崎（勝太郎）臨時代理大使より
有田外務大臣宛（電報）

独伊同盟への日本の立場に関する仏国紙論説について

パリ　発
本省　5月27日後着

特情巴里第八二號

巴里廿六日發電

廿五日ノ「タン」紙ハ獨伊軍事同盟ニ對スル日本ノ立場ニ付次ノ如キ社説ヲ掲ケタ

獨伊同盟ノ締結サレタ今日之ニ對スル日本ノ態度如何ハ極東ノ重要性ヲ良ク認識スルモノノ注意ヲ强ク惹イテ居ル獨伊兩國カ日本ヲ同盟ニ引入レント全力ヲ注イテ居ルコトハ周知ノ事實テ之ニ對シ日本ハ未タ決定的態度ヲ執ツテ居ラス日本ノ政策ノ主眼ハ東亞ニ於ケル「コミンテルン」ノ活動ヲ失敗ニ歸セシメ日支協力シテ東亞ニ新秩序ヲ建設スルニ在ル日本カ獨伊ト接近シタノハ兩國ノ政治社會形態ニ共鳴シタ爲テハナク蘇獨ノ對立カ東亞ニ於ケル「コミンテルン」ノ牽制ニ役立ツト考ヘタカ爲テアル他方日本ハ東亞ニ多大ノ權益ヲ有シ之ヲ共同防衛セントスル英佛ニ對シテモ斟酌ヲ加ヘサルヲ得ヌ立場ニ在リ是等諸國カ租界ニ對スル一方的變革ヲ肯ンセヌコトハ最近ノ鼓浪嶼事件及上海ノ租界問題ニ關スル米國ノ回答ニ依ルモ明カニサレタ數日前ノ五相會議決定ノ内容ハ未タ明カテハナイカ日本消息通ニ依レハ獨伊ニ對シ好意的中立ヲ保ツニ止メ從ツテ獨伊同盟ニ對スル積極的參加ハ差控ヘルコトトナツタラシイ今日英佛蘇相互援助條約ノ成立セントスルコトカ日本ノ此ノ態度ヲ變更サセ獨伊同盟ニ參加サセルタラウトハ決ツテ居ナイ何トナレハ英佛蘇三國協定ハ蘇聯ノ西部國境ノミニ關シ東亞ニ於ケル其ノ地位ニハ全然觸レテ居ラヌカラタ日本ノ關心ハ後者ノミニ在リ日本側ノ見地ヨリスレハ自國ノ安全及利益ニ影響ノナイ純粹ノ歐洲問題ニ其ノ全力ヲ注ク決心ヲスルコトハ有リ得ヌ様ニ思ハレル

77　昭和14年6月6日　在英国重光大使より有田外務大臣宛（電報）

日本が独伊に対する好意的中立方針を決定との英国紙報道について

ロンドン　6月6日後発
本　省　6月7日前着

第五九四號

一般的情報

一、六日各紙ハＵＰ東京通信ニ基キ日本政府ハ五月二十日獨伊ニ對スル好意的中立ノ方針ヲ決定シ在獨伊大使ヲシテ蘇聯カ參戰セサル場合ニハ歐洲ニ於ケル義務ヲ負擔シ得サル旨通報セシムルコトトセル處右ハ獨伊ニ對シ友好的立場ヲ執ルモ援助ニ付テハ自主的ニ決定ストノ意味ナリ然ルニ兩大使ハ右通告ニ先立チ本國政府ニ對シ或種ノ説明ヲ求メタルニ依リ政府ハ更ニ協議ヲ行ヒタル後本五日外相ヨリ訓令ヲ發シタルモノナリトノ趣旨ヲ報ス

二、五日「テレグラフ」伯林通信ハ大島大使ハ近日中ニ「リ」外相ヲ往訪シ日本政府ノ態度ヲ通報スヘキ處日本ハ蘇聯參戰ノ場合ニハ軍事行動ヲ執ル用意アルモ正式條約ニ依リ拘束ヲ受クルコトヲ欲セス卽チ獨伊軍事同盟ニ參加ノ意ナシトノ態度ナリ同大使ハ同盟參加ノ主張者ニシテ政府カ右ニ同意セサル場合ハ辭職スヘシト申出テタルカ更ニ政府ニ對シ意見上申ヲ爲ス模樣ナリト報ス

獨伊ニ轉電セリ

78　昭和14年6月13日　有田外務大臣より在独国大島大使宛（電報）

防共協定への第三国参加に際して事前通報を求めるハンガリーの要望につき日独協議について

本　省　6月13日後9時30分発

第三三八號

三日在京「ボルツェ」獨參事官井上歐亞局長ヲ來訪シ本國ヨリノ訓電ニ依ル趣ヲ以テ最近洪牙利政府ハ獨逸國政府ニ對シ今後防共協定第三國加入ノ場合ハ洪牙利ニ對シ事前ニ「インフォーム」セラレ度キ旨要望シ越シタル次第ヲ述べ獨トシテハ右ニ異存ナキモ之ニ對スル帝國ノ意見如何ヲ質シタルニ付同局長ハ右洪國ノ要望ハ政府トシテモ原則トシテ異存ナカルベキモ防共協定參加ノ形式ハ貴電第七九七號

第一一二號第一八九號等ニヨリ既ニ特別ノ必要ナキ限リ三原署名國ヨリ第三國ニ對シテ加入勸誘ヲ行ヒ右第三國加入後之ヲ滿洪其ノ他既加入國ニ通告スル事ニ纏リタル經緯アリ從テ右獨國政府ノ意向ハ之ヲ改ムルモノト了解スベキヤノ點及滿洲國ガ曾テ西班牙ノ加入ニ際シ右洪國ト同樣ノ要望ヲ爲シタルコトアリ從テ同國トモ話合ヲ要スベキ點ヲ述ベ右洪國ニ對スル事前ノ「インフォーム」ニ對シ同國トシテ諾否ヲ要スベキ筋合ナリヤ將又第三國加入勸誘ハ何國ガ之ヲ爲スベキヤ等ノ技術的問題モ存スベキガ右等ニ付テハ獨政府ノ意向如何ト尋ネタルニ「ボ」ハ電文簡ニシテ明瞭ナラザルモ本國ニ大体ノ點ハ申送ルベシト答ヘタリ

尚何故ニ今日洪國ガカカル要望ヲナセルヤノ點ヲ質シタルニ「ボ」ハソノ間ノ事情明瞭ナラザルモ多分「ユーゴスラビヤ」攝政「ボール」ノ「ベルリン」訪問中ニモアリ何カ洪牙利側ニ於テ考慮シ居ルニアラズヤト答ヘタリ

獨ヨリ伊太利、西班牙、洪牙利ヘ轉電アリタシ

79 昭和14年6月22日 在ウィーン山路(章)総領事より 有田外務大臣宛

独ソ接近およびドイツによる対ポーランド措置発動の可能性に関する情報報告

機密第一〇三號 （接受日不明）

昭和十四年六月二十二日 在維納總領事 山路 章

外務大臣 有田 八郎殿

獨蘇關係ニ關スル件

本件ニ關シテハ曩ニ五月中旬電報ヲ以テ報告致置キタル處其後更ニ左ノ事項ヲ知ルヲ得タリ

一、「シロウイ」將軍ノ動靜ニ關シ在「プラーク」帝國總領事館ニ照會シタル處同將軍ハ近來國外旅行ヲ爲シタルコトナク依然保護領ニ居住シ居ル趣ナリ。

二、獨蘇關係ニ關シ別紙ノ如キ諜報ニ接シタリ。

三、六月十二日當館雇外國人タル元帝國名譽領事「ドクトル・チンメルマン」ハ更ニ諸方面ニ於テ獨蘇間ニ波蘭分割ニ關シ話行ハレ居ル旨ノ噂依然存スルコト及獨逸當局ニ於テハ新聞方面ニ對シ露骨ナル反蘇宣傳ヲ中止スル樣指令セル旨聞込ミタリト語レリ。

四、「ケルン」市ニ於テ發行セラレ居ル「ナチ」黨竝ニ各官

廳ノ機關紙タル（紙名欠カ）紙五月二十六日ノ朝刊ニ於テ頗ル親蘇的論説ヲ掲ケタルカ就中獨伊同盟カ蘇聯ノ政策ノ結果生シタルモノニアラスシテ英佛ノ政策ニ因ルモノナルコト等ヲ述ヘ居ル點ハ注目ニ値ヒス（別信普通（第欠カ）一〇二號參照）

五、諜報トシテ入手セル蘇聯政局（「ジュダーフ」署名）發主要國駐在ノ蘇聯使臣ニ宛テタル公文中ニハ英國ヲ目標トスル獨蘇同盟ハ英國カ亞細亞ニ植民地ヲ有シ居ル點ノミヨリスルモ蘇聯ニトリ有利ニシテ從テ右同盟ノ成立ハ其ノ希望スル所ナルモ在外共產黨員ノ憤懣及防共協定等ノ爲實現上困難アル旨記載セラレ居レリ（委曲六月二十一日附往信機密第九九號附屬中段ロ、參照）

六、諜報トシテ入手セル在佛「ユーゴー」公使發本國政府宛報告中ニハ佛國政府ハ信スヘキ情報トシテ獨逸政府カ波蘭領タル「ポーゼン」、「ソルン」及「ダンチヒ」ヲ獨逸領トナシ又波蘭ノ南部及東部ノ「ウクライナ」方面ニ獨逸保護領ヲ設定シ大「ウクライナ」國發生ノ足場トセン計劃ヲ有シ居ル旨ヲ波蘭側ニ內報セル趣ナリ（委細五月廿一日附往信機密第八一號參照）

七、諜報トシテ入手セル在波蘇大使發蘇聯人民委員會議宛報告中ニハ在波英國大使ノ言トシテ英國側ハ獨逸カ波蘭ニ對シ攻撃ヲ準備シ居ルヲ確信シ居ル旨ヲ記載シ居レリ（委細六月廿一日附往信機密第九五號參照）

之ヲ要スルニ果シテ獨蘇間ニ何等カ政治的話合カ實際行ハレ居ルヤハ頗ル疑問ナリト思考スルモ現下ノ急迫セル歐洲情勢ニ鑑ミ獨蘇兩國共政治的及經濟的理由ヨリシテ相互ニ他方ヲ乘（剩カ）リ刺戟セス寧ロ經濟的關係ヲ進メントスル氣持ノ存スルコトハ之ヲ肯定シ得ヘク、殊ニ獨逸側ニ於テ大体今秋ヲ期シ波蘭ニ對シ何等カ重大ナル措賃（置カ）ニ出ツル惧アルコトハ諸方面トノ接觸ニ依リテ本官ノ大体相違ナシト信シ居ル所ナリ

（別　紙）

（「ソフイア」ヨリノ報告、五月二十五日當館入手）

獨蘇間祕密交渉ニ關シ取調ヘノ結果差當リ左ノ如シ

獨蘇間ニ於ケル最初ノ意見交換ハ一九三八年十一月「コペンハーゲン」竝ニ「ストックホルム」ニ於テ行ハレタルモノナルカ兩國密使會談ノ目的ハ先ツ極祕裡ニ非公式ナル意

見ノ交換ヲ行ヒ以テ將來ノ交渉ノ準備ヲ爲サントスルニ在リタリ

其ノ後「ゲーリング」ハ最後ニ伊太利ニ滯在セル際在羅馬蘇聯大使「スタイン」トノ間ニ獨蘇不侵略條約締結ニ關聯シ意見ノ交換ヲ行ヘリ

之ト同時ニ獨逸政府ハ獨逸新聞本部ニ對シ今後蘇聯ニ關シ一切ノ攻撃的記事ヲ掲クルヲ中止スヘク又差當リ一切ノ蘇聯政權ニ對スル反對宣傳ヲ罷ムヘキ旨ノ命令ヲ發セリ

右交渉ハ本年四月二十四日ニ至リ具體的形ヲ爲スニ至レリ。即チ同日在伯林蘇聯大使「メリカロフ」及蘇聯大使館公使《（ママ）》館參事官「アスタホフ」ヲ一方トシ獨逸外相代理「ワイツゼツカー」ヲ他方トスル兩者間ニ直接交渉行ハレタリ

其ノ結果ハ直ニ「メリカロフ」ノ莫斯科行及獨逸政府ノ要求ニ依ル「リトウイノフ」ノ辭任トナリテ現ハレタリ

右交渉ハ獨逸案ヲ基礎トシテ行ハレ居レルモノナルカ同案ニ依ルニ蘇聯ハ獨逸カ他國トノ間ニ戰爭ヲ行フ場合嚴正中立ヲ守ルヘキコトヲ聲明シ又更ニ右ノ如キ場合獨逸ノ敵（波蘭、羅馬尼ヲ含ム）ニ對シ軍需品及食料品ノ供給ニ依リ間接的ノ援助ヲモ行ハサルノ義務ヲ負フコトトナリ居レリ。

又蘇聯ハ既ニ獨逸カ行ヒ居レルト同樣「リスアニア」及「エストニア」ノ保全ニ對スル保障聲明ヲ爲スヘキコトトナリ居レリ。但シ右兩國ヲ經由スル獨蘇間ノ物資交換ハ確保スヘキモノトス

此ノ點ニ關スル莫斯科ヨリノ信憑スヘキ情報ニ依レハ人民委員會議ハ獨逸側ノ對蘇要求カ過大トナル場合ニ之ヲ押付ケントスルノ見地ヨリ目下進行中ナル對英交渉ヲ完全ニハ斷絶セシメサル旨ノ決議ヲ爲スト同時ニ近キ將來ニ於ケル蘇聯ノ外交方針ヲ平和政策竝ニ孤立政策（危險ナル連繫ヨリ無關係ニ止マルコト）ノ上ニ置キ且之カ爲獨逸案ニ對シ讓歩的態度ヲ示スコト適當ナル旨ノ方針ヲ決定セル趣ナリ

尙「スターリン」ハ「リトウイノフ」ノ後任タル「モロトフ」ニ對シ、資本主義諸國間ノ啀合ハ勝手タルヘキモ吾人ハ此ノ爭ヲ冷靜ニ傍觀セサルヘカラス、吾人ハ一切ノ外國ニ對シ平和ヲ必要トシ又我カ經濟及我カ近隣トノ交易ヲ出來得ル限リ發展セシメ且其ノ際思想的相違ハ之ヲ顧慮セスト告ケタル由ナリ

80　昭和14年6月23日　有田外務大臣より 在独国大島大使宛（電報）

防共協定への第三国の参加に際して日独伊以外の署名国にも事前通報を行うことにわが方同意について

本　省　6月23日後8時25分発

第三五八號

往電第三三八號ニ關シ

二十一日「ボルツェ」獨參事官三谷條約局長ヲ來訪シ先般井上歐亞局長トノ話ニ基キ本國政府ニ問合中ナリシ處今般本國政府ヨリ將來防共協定ニ對スル第三國加入ノ勸誘ハ三原署名國ニテ行フモノナルガ原署名國ハ右加入ノ勸誘ヲ行フ前之ヲ他ノ既加入國ニ「インフォーム」ストノ意味ナル旨回電越シタリト述ベタルニ付同局長ハ夫レナラバ帝國政府トシテモ異存ナキ旨答ヘ置キタリ

獨ヨリ伊太利、西班牙、洪牙利ヘ轉電アリタシ

81　昭和14年7月11日　在英国重光大使より 有田外務大臣宛（電報）

ヒトラーが独ソ同盟締結をソ連側へ提議との英国紙記事について

ロンドン　7月11日後発
本　省　7月12日前着

第七六九號

十一日「クロニクル」紙上例ノ「カミングス」ハ左ノ通リ述へ居レリ

「ヒトラー」ハ最近非公式ニ且間接ニ蘇聯ニ對シ㈠蘇聯及「ウクライナ」ニ對スル脅威ナキ限リ蘇聯ハ東歐ニ於ケル獨逸行動ノ自由ヲ認ム㈡波蘭ヲ分割ス㈢獨逸ハ亞細亞及極東ニ於ケル蘇聯ノ行動ノ自由ヲ全面的ニ支持ス㈣獨逸ハ日本トノ協力ヲ撤退シ日本ヲ樞軸側ヨリ「ドロップ」ス㈤以上ノ「ライン」ニテ蘇獨同盟ヲ締結ストノ提議ヲ爲シタリ

此ノ種提議ハ本年ニ入リ既ニ二回モ試ミラレ蘇側ノ拒否スル所トナリタルカ今又右提案ヲ見タルハ如何ニ「ヒトラー」カ英佛蘇三國協定ヲ恐レ居ルヤノ證左ナリ最近獨逸ニ於テハ全然反蘇宣傳ヲ見サリシハ事實ニシテ若シ今回ノ提案ニシテ成功ノ希望ヲ見ルニ於テハ「ゲッベルス」ニ於テ「スターリン」ハ「ボルセビズム」ヲ清算シ國家社會主義

國トナリツツアリトテ獨蘇友好關係設定ノ正當ナルコトヲ宣傳シ始ムヘシ

蘇、獨、伊ニ郵送セリ

---

82 昭和14年7月22日

在ベルギー来栖大使より
有田外務大臣宛（電報）

事変処理および対ソ・対米関係の観点から防共協定強化交渉を慎重解決すべき旨意見具申

ブリュッセル　7月22日発
本　省　着

第一四一號

（一、欠カ）日獨伊關係强化ノ問題ハ懸案久シキニ亘リ且ツ案件ノ性質上國民中相當事理ヲ解スベキ方面迄モ交渉ノ內容及帝國政府カ難キヲ忍ンテ讓歩ヲ重ネ來レル經緯ヲ承知セス漫然防共協定强化ヲ高唱シ居ル有樣ニシテ一面既ニ重大ナル內政問題ト化シ政情ニ陰鬱ナル壓迫ヲ加ヘ居ルヤニ見受ケラルルノミナラズ獨伊兩國ノ蘇聯邦ニ對スル態度モ最近大体伊發往電第一九二號ノ㈡ノ通リ變化シ來リツツアルヤニ觀測セラルルヲ以テ我國トシテモ當面ノ最重要國策タル事變處理及對蘇工作ノ見地ヨリ改メテ本件ニ愼重ナル檢討ヲ加フルノ必要ニ迫ラレツツアルヤニ思考ス

二、蘇聯邦國策ノ大本カ世界赤化ニ存シ一方資本主義國家群ト全体主義國家群トカ相戰ヒ双方疲弊困憊スルヲ切望スルト同時ニ他方對外戰爭ニヨリ來ルベキ自國ノ內破綻ノ危險ヲモ考慮シ極力之カ渦中ニ投スルヲ避ケントシツツアルハ御承知ノ通リナルノミナラズ蘇聯邦トシテハ英佛ノ對波蘭及羅馬尼保償（障カ）ニヨリ事實上既ニ或程度迄西部國境ヲ保償（障カ）セラレツツアル關係モ有之對英佛交渉ニ於テモ出來得ル限リ相手方ヲ操リ其ノ間英佛ト獨伊トヲ競爭セシメ以テ外交上有利ナル地位ヲ占ムルニ努メツツアルヤニ見受ケラレ從テ通商取極等ノ問題ヲ除キ兩交渉共蘇聯邦ニトリ余程ノ利益ヲ與ヘザル限リ急速ニ顯著ナル成果ヲ擧ケ得可シトモ觀測スル能ハズ

三、又假リニ獨伊ガ我國トノ協定成立ニ先立チ蘇聯邦ニ工作ノ結果蘇聯邦ヨリ中立ノ約束ヲ取付ケ得タリトスルモ萬一ノ場合右中立ガ何處迄當ニナルヘキカモ問題ナルベキニ鑑ミ獨伊トシテハ更ニ我國トノ協定ニヨリ此ノ點ニ對

スル二重保償（障カ）ヲ得ルコト望マシカルベク且ツ我國ノ態度カ米國ノ向背ニ或程度迄關係アルベキ事實ヲモ考慮シ右兩國ノ對蘇工作成功ノ曉ニ於テモ獨乙トシテハ俄カニ我國ヲ袖ニシ難キ事情存スルヤニ思考セラルルヲ以テ我國トシテ獨伊ノ對蘇工作開始セラレタル事實ノミヲ以テ此際特ニ焦慮ノ氣勢ヲ示サルルノ要ナカルベシト信ス

四、事態今日ニ至リ我國カ今俄カニ無條件無留保ニテ對獨伊協定締結ヲ申入レタリトスルモ獨伊トシテハ對蘇關係ノ關スル限リ前項ノ二重保障トシテ之ヲ受付クル迄ニシテ第一保障卽チ現ニ彼等ノ行ヒツツアル對蘇工作ヲ直チニ打切ルベキヤハ頗ル疑問アルノミナラズ寧ロ獨伊トシテハ滿蘇滿蒙國境ニ於ケル緊張セル事態及ビ漁業問題其ノ他常ニ重大紛争ヲ繰返シツツアル日蘇關係ノ現狀ニモ鑑ミ日蘇ノ國交遂ニ破レ遠カラズ協定發動ヲ余儀ナクセラルル事態ノ發生スルガ如キヤヲ懸念シ恐ラク其點ニ關シ相當ノ條件ヲ提出スベシト觀測ス

五、右條件カ獨伊ノ斡旋ニヨル日蘇關係調整ノ形ヲトリタル場合ニ於テ獨伊トシテハ一應我國ヲ支持スベキ筋合ナルモ現ニ中立問題ニ關シ蘇聯邦ヲ口説キ落サントシツツアル弱味モ有之又日蘇關係ニ多少ノ不安ヲ殘シ置クニアラサレバ我國ヲ獨伊ニ引付ケ置クヘキ重大要因ノ一ヲ失フニ至ルベキヲ充分承知セル彼等トシテ其支持ノ程度ニモ一定ノ限界アルベク殊ニ我國カ天津問題交渉ヲ遮二無二打壞シ獨伊ニ依存スルノ外ニ活路ナキカ如キ境地ニ自ラ陷リ來ルガ如キ場合ニハ獨伊トシテハ支持不足ニ對スル我國ノ不平ニ應酬シ得ル次第ナルベシ、又假令强力ナル支持ヲ與ヘタリトスルモ蘇聯邦トシテハ少クトモ其協力ナクシテハ實行至難ナル對波對羅保障ニヨリ英國ノ弱キ尻ヲ摑ミ居ル關係上獨伊ノ態度如何ニヨリテハ何時ニテモ英佛ヲ操リ得ル地位ニアルニ鑑カミ强硬ニ對抗シ來ルベク結局我國ノ希望通リ双方國境撤兵ニヨリ日蘇關係ヲ根本的ニ調整スルガ如キハ甚ダ覺束ナキ所ナルベシト觀測ス

六、次ニ米國ノ態度ニ至ツテハ日獨伊共ニ多大ノ關心ヲ有スベキ處最近米國議會ノ中立法改正問題ニ於ケル孤立主義者ノ勝利ハ其票差僅少ナルト共ニ幾多內政上ノ要因ヲ含ミ居ルハ御承知ノ通リニシテ殊ニ同案下院裁決ノ直前 Daladier ノナシタル演説カ所謂逆効果ヲ生シタルヤニ

観測セラレツツアルハ日獨伊トシ特ニ留意スベキ點ニシテ從テ今直チニ三國協定强化ヲ見ルニ於テハ中立問題ニ關スル現政府擁護派ハ之ヲ以テ中立法審議延期ノ結果ナリトシ何時勢力ヲ盛リ返シ來ルヤモ測リ難ク獨伊トシテモ愼重考慮ヲ要スベク今夏大統領ノ西部地方遊說ニ際シ協定强化ヲ特ニ西部ノ關心ヲ有スル日米問題ニ結付ケ論議宣傳スル等ノコトナキヤハ曾テ山東問題ヲ米國々內政爭ノ具ニ供セラレタル苦キ經驗ヲ有スル我國トシテ充分戒心ノ要アルベシ

蓋シ大戰當時「ウイルソン」ガ He kept us out of war ノ旗印ヲ以テ大統領ニ再選セラレ其後間モナク米國ノ參戰ヲ見タル事實ニ徵スルモ歐洲大陸流ノ尺度ヲ以テ米國ノ向背ヲ斷定スルハ頗ル危險ニシテ右ハ大戰當時駐米獨逸大使「ベルンストルフ」伯モ其回顧錄中ニ於テ痛歎シ居ル所ナリ

七、如上ノ現勢ニ鑑ミ協定强化ノ時期方式ニ關シテハ愼重ナル考察ヲ要スヘキモ既ニ帝國政府トシテ決意ヲ固メラレ且ツ先方ニモ「コムミット」セラレ居ル以上此際伊發往電第一九二號㈡白鳥大使私案ノ趣旨ヲ參照セラルルト共ニ本來三國協定ハ根本ニ於テ世界平和確立ヲ目的トスルモノナルニ鑑ミ締約各國カ其特ニ利害關係ヲ有スル地域ニ於テ關係各國トノ國交ヲ調整シ親善ヲ增進セシムル爲必要ニ應シ締約國相互ニ協力スルヲ妨ケサルモノナル趣旨ヲ協定中ニ高調明示スルコトトシ以テ本件ヲ解決シ我國トシテハ公正ナル事變處理ニ邁進スルト共ニ米國ノ情勢如何ニヨリテハ過般「グルー」大使ニ托セラレタル平沼「メッセージ」ト同趣旨ヲ擴充シ米國ヲ誘ヒテ英佛獨伊關係ノ調整ヲ試ムルガ如キ大國日本ニ相應ハシキ積極且ツ ? 的方途ヲ考慮セラレ(過般「コペンハーゲン」ニ開カレタル國際商業會議所會議ノ討議參照)陰鬱ナル現下政情ヲ一新セラルルコト此際切望ニ堪ヘズ「自主節孤立」モ勿論問題ナルベキモ支那ノ外力依存ヲ攻擊シ來レル日本カ相手ノ英佛タルト獨伊タルトヲ問ハズ自ラ外力依存ノ態度ヲトラルルガ如キハ東亞新秩序建設ノ上ヨリ見テ三思ノ要アルヘシト思考ス

蘇米ヘ轉電セリ

在歐各大使ヘ暗送セリ

編注　本文書は、国立国会図書館憲政資料室所蔵「憲政資料」中の「来栖三郎関係文書」より採録。

83　昭和14年7月29日　在独国大島大使より有田外務大臣宛（電報）

防共協定強化交渉に対するわが方態度にリッベントロップが強い疑念を表明について

ベルリン　7月29日夜発
本　省　7月30日前着

第七六三號（絶對極祕）

二十八日「リ」外相「ヒ」總統ト打合セノ爲避暑地「ザルツブルグ」ヨリ一時歸伯シ本使ニ會見ヲ求メ來リタルニ付往訪會談セリ「リ」ハ三國協定締結ニ關スル獨逸側ノ態度ニハ變化ナキコトヲ述ヘタルカ既ニ六週間餘ヲ經過シ尚我方ヨリ何等ノ返答ナキコトニ關シ種々疑念ヲ抱キ居リ會談間ニ得タル印象ニ依レハ「リ」ハ我方カ本件交渉ノ意思ナク引延シ策ニ出テ居ルニアラスヤ又日英會談成立ニ伴ヒ我方ノ對獨政策ニ變化ヲ生シタルニアラスヤ等ノ疑惑ヲ深クシ居ルモノノ如クアリシヲ以テ本使ヨリ累次ノ貴電ニ基キ我方態度ヲ説明シ特ニ日英會談ニ關シテハ同會談ニ於テ歐洲問題ニ言及セラレタルコト全然ナキ趣旨ヲ貴電ニ基キ説明シ其ノ疑惑ヲ解クニ努メ置キタルモ既ニ稟申セル如ク協定問題ノ遷延カ日獨關係ニ及ホス影響ニ付テハ深憂ニ堪エス

伊ヘ轉電セリ

84　昭和14年8月4日　在伊国白鳥大使より有田外務大臣宛（電報）

防共協定強化交渉に対するわが方の最終的態度につき大至急回示方請訓

ローマ　8月4日後発
本　省　8月5日前着

第二二四號（絶對極祕）

大島白鳥ヨリ

三國協定問題ニ關シテハ六月中旬本使等ヨリ最後的訓令ヲ仰キタルニ對シ爾來一ケ月ニ垂ントスルノ今日ニ至ル迄何等ノ御指示ニ接セス斯クノ如キ國家重大案件ニ關シ政府ノ執ラレツツアル態度ハ我外交史上前例ナキトコロニシテ相

手國ニ對シ極メテ禮ヲ失スルノミナラス第一在外使臣ニ對スル處置トシテ到底本使等ノ承服シ得サル處ナリ問題ハ既ニ論議ニ論議ヲ盡クシ檢討ニ檢討ヲ重ネタル上ノコトニシテ政府ノ御決定ハ諾否ノ唯一言ニ盡クル次第ナリ國際ノ狀勢ハ日ニ日ニ急變シツツアリ相手國トシテモ其ノ對外關係ノ決定上帝國ノ最終的決意ヲ一日モ速カニ知ラント欲シツツアリ將又我國民トシテモ帝國ノ對外關係頗ル重大ナル今日此ノ大問題ニ對スル政府ノ御決定如何ニツキ最大ノ關心ヲ有スル次第ナリ然ルニ此ノ期ニ及ンテモ荏苒時日ヲ空費セラルル政府ノ御措置ハ斷シテ內外ニ對スル責任ヲ自覺セラルルモノト認ムルヲ得ス本使等トシテモ此ノ上的モナク御垂示ヲ待ツコトハ邦家ニ忠ナル所以ニアラスト思考スルカ故ニ敢テ茲ニ苦言ヲ呈シ最後ノ訓令ヲ仰ク次第ナリ、何分ノ儀大至急御回示アリタシ

85 昭和14年8月22日　在独国大島大使より有田外務大臣宛（電報）

独ソ不可侵条約の締結決定につきリッベントロップより通報について

ベルリン　8月22日前発
本　省　8月22日夜着

第八二四號（大至急、絕對極祕）

二十一日午後十一時「リ」外相ハ「オーバーザルツブルグ」ノ「ヒ」總統山莊ヨリ電話シ來リ最近獨波關係益々緊張シ來リ諸般ノ情勢上ソ國ト不可侵條約ヲ締結スルコトニ決定セリ「ヒ」總統モ自分モ日獨親善ニ盡シ來リタル者ニシテ今後モ右關係ヲ繼續スル意志ニ毛頭變リナシ唯波蘭ニ對スル獨逸ノ既定方針ヲ遂行セントスルニ際シ對英佛波關係逼迫シ獨逸ノ外交的立場極メテ困難トナリ此ノ窮境ヲ脫センカ爲ニハ日獨伊三國同盟成立ノ望ミ殆ント無シト見ラルル今日已ム無ク蘇聯ト結フ以外ニ途無シト考フルニ至リタルモノナリト述ヘタリ之ニ對シ本使ヨリ今回ノ獨逸政府ノ措置ハ防共協定附屬祕密協定ニ違反スルモノニシテ日本政府及國民ハ之ヲ絕對ニ承服セサルヘシ斯ル措置ヨリ生スル憂フヘキ事態ノ一切ニ對シテハ獨乙政府トシテ責任ヲ負フヘキモノナリト抗議シタルニ「リ」ハ日本カ獨乙ノ苦シキ立場ヲ諒察シ法理論ヲ離レテ獨乙今次ノ措置ヲ容認セラレタシト繰返シ語リ居リタリ

尚右會談ノ際「リ」ハ電話ニテハ詳細申上ケ兼ヌルニ付「ワイゼツカー」次官ヨリ詳細御聽取相成度シト云ヒタルヲ以テ「リ」ト話シタル後「ワ」次官ヲ往訪本件經緯ヲ質問シタルニ「ワ」次官ハ前記「リ」外相ノ話ト同様ノ趣旨ノコトヲ述ヘタル外「ダンチヒ」問題緊迫ニ伴ヒ在波蘭獨乙人迫害激化シタル爲今日ニ於テ對波關係ノ處理ハ「ダンチヒ」問題ノ解決ニ止ムルヲ許サス「コリドール」ニ關スル問題及在波獨乙人ノ保護問題ニ延長セサルヲ得サルニ至リ此ノ情勢ニ於テ波蘭カ起ツ可能性ハ茲二、三日顯著トナリタリ英佛カ起ツ可能性ハ現在五十「パーセント」ト觀察スルモ獨乙トシテハ波蘭カ起ツ場合英佛ハ起ツモノト覺悟シテ準備セサルヘカラス依テ急ニ蘇聯トノ關係調整ニ乘リ出シタル次第ナリト答ヘタリ之ニ對シ本使ヨリ「リ」外相ニ對シ述ヘタル所ト同様ノ趣旨ニテ抗議シ右「リ」外相ヘ傳達方依頼セリ

伊ヘ轉電セリ

86　昭和14年8月22日　在英国重光大使より有田外務大臣宛(電報)

独ソ不可侵条約締結の報道に対する英国内の反応について

ロンドン　8月22日後発
本　　省　8月23日前着

第九七五號

往電第九七三號ニ關シ

一、獨蘇不侵略條約締結ノ報道ハ青天霹靂ノ感アリ事ノ意外ナルニ朝野ヲ擧ケテ啞然タルモノアリ政府筋ヲ始メ一般ニ平和戰線結成ノ蹉跌ニ普ク失望スルト共ニ頻リニ蘇聯ノ不信ヲ鳴シ蘇ノ態度ヲ怪ミ居ル處右ニ依リ獨逸ノ立場大イニ有利トナレル反面波蘭ハ愈苦境ニ立ツニ至リ英佛ニ於テ之カ救援ニ赴クコト亦至難トナルヲ以テ獨逸ハ此ノ好機ヲ逸セス一氣ニ事ヲ決スヘク危機ノ突發ハ茲數日ニ迫リ居レリトノ觀察有力ニテ反對黨ハ議會召集ヲ要求シ居リ新聞モ大體之ヲ支持ス

二、新聞ハ「ヘラルド」「クロニクル」等ノ左翼迄何レモ痛烈ニ蘇聯ヲ糺彈シ一方ニ英佛交涉ヲシ乍ラ他方密ニ獨逸ト結フカ如キコトハ獨逸ノ對波侵略ヲ奬勵スルニ等シト述ヘタルカ豫メ蘇聯ト了解ヲ遂ケスシテ東歐ノ「コミツ

トメント」ニ應シタルコトカ仰(抑カ)々ノ誤ナリ(「エクスプレス」)トテ政府ヲ非難スルモノアリ又獨蘇接近ノ結果蘇佛條約ハ無效トナレルカ同時ニ防共協定モ亦死文ト化セルニ等シキニ付日本ハ今ヤ獨力ヲ以テ蘇聯ト對抗セサルヘカラス(「メイル」)ト云フモノアリ尚路透東京電報ハ日本ニ於テハ獨逸ノ行動ヲ以テ防共協定ノ精神ニ違反スルモノナリトシテ不滿ノ聲アル旨ヲ報シタルカ右ハJapan's bitter lessonト云フカ如キ見出ヲ以テ掲載セラレ居レリ

〰〰〰〰〰〰〰〰

87　昭和14年8月22日　在米国堀内大使より 有田外務大臣宛(電報)

独ソ不可侵条約締結に関する米国紙報道振りについて

ワシントン　8月22日後発
本　省　8月23日前着

第八五五號

二十二日各紙ハ獨蘇不侵略協定問題ニ關スル歐洲電報ヲ第一面ニ掲ケ居ル處紐育「タイムス」及紐育「ヘラルドトリビユーン」華府通信ハ國務省筋ハ在外使臣ヨリノ公報ナキ爲公ニ意見ヲ述フルヲ差控ヘ居ルモ蘇聯カ英佛ノ反「ヒツトラー」陣營ニ投セサリシコトニ付テノ失望ノ色ハ明瞭ニテ一般ニ今回ノ通商條約ニ次キ不侵略協定締結計畫ハ日本ノ支那侵略カ獨逸ノ通商ト威信等ヲ他列國ノ夫レト同様ニ毀損シ又日本カ事變ニ餘リ沒頭シ蘇聯ニ取リ殆ト脅威タラサルニ至レル爲獨ノ蘇聯ニ對スル侵略計畫實行不能トナリタルコトニ對スル憤懣ニ原因シ蘇聯亦歐洲政局ニ於テ出來得ヘクハ消極的役割ヲ取ランコトヲ望ミ居リ從テ獨蘇政治協定ハ攻擊的性質ヲ有セス寧ロ消極的目的ヲ有スヘク今回ノ擧ハ「ヒツトラー」カ東歐制覇ノ計畫ヲ棄テ寧ロ英帝國打倒ノ決意ヲ固メタルモノナリトノ觀測ヲ裏書スルモノニシテ右ハ當然極東ノ事態ヲ變化セシメ日本ノ地位ヲ弱ムルモノナリトノ意見廣ク行ハレ居レリ外交官邊ニ於テハ右ハ歐洲全局ニ取リ最モ重大ナル結果ヲ齎スヘキ大轉期ニシテ獨蘇兩國ノ波蘭ニ對スル壓力ハ愈々重加シ「ウクライナ」ノ獨立要望ハ之ニ依リ再ヒ紛(粉カ)碎セラレタルモノニシテ若シ英佛蘇軍事協定成ラス獨蘇不侵略協定成ラハ戰後歐洲ニ於ケル最モ重大ナル外交的勝利ナラン他方之ニ依リ日獨伊間ノ結束ハ弛ミ蘇聯ハ極東ニ於テ自由ナル立場ヲ獲得シ其ノ

政策ヲ强化スヘシト観測セラレ居ル趣ヲ報シ居レリ
英ニ轉電セリ
英ヨリ獨、蘇、佛ヘ轉電アリタシ

88　昭和14年8月23日　在ソ連邦東郷大使より有田外務大臣宛(電報)

独ソ不可侵条約調印のためリッベントロップがモスクワ訪問予定との情報

モスクワ　8月23日前発
本　省　8月23日後着

第九七七號(至急、極祕)
在當地獨伊大使館側ヨリノ聞込左ノ通リ
(一)「リッペントロップ」ハ二十三日午後四(時?)飛行機ニテ來莫直ニ「モロトフ」ト會見シ調印濟ミ次第二十五(日)朝當地發ノ豫定但シ交渉ノ進捗如何ニ依リテハ其ノ前日又ハ翌日トナルヘシ
(二)本件交渉ハ約十日前ヨリ伯林ニ於テ獨逸側ト在獨蘇聯邦代理大使「アスタホフ」トノ間ニ行ハレ略妥決セルモ一、二明確ニスルヲ要スル點アリ之ニ付テハ「リッペン」自身蘇政府ト打合ノ必要アリ自ラ來莫スルコトトナリタルモノナリ
(三)從テ當地獨大使館ニ於テモ何等其ノ內容ヲ承知セス(現ニ伊國大使ハ今朝「タス」發表ヲ見テ驚キ早速獨逸大使ヲ往訪セルモ前記(一)、(二)ノ點ヲ聽キ取リタルニ過キサリシ趣ナリ)
尚在當地伊太利大使館ノ一館員ハ過般「ザルツブルグ」獨伊兩外相會談ノ際本件交渉開始ヲ決定セルコト略確實ナリト語レリ
在歐米各大使ヘ轉電セリ

89　昭和14年8月23日　在独国大島大使より有田外務大臣宛(電報)

独ソ不可侵条約の締結事情に関するリッベントロップの説明について

ベルリン　8月23日前発
本　省　8月23日夜着

◉第八三二號(至急、絶對極祕)
往電第八二四號ニ關シ

「リ」外相ヨリ本使ト會談ノ爲二十二日夕刻「ザルツブルグ」ヨリ莫斯科へ飛行ノ途中伯林ニ立寄ルヘキ旨通知越シタルヲ以テ會談セリ其ノ要領左ノ通リ

一、「リ」ハ今回ノ獨蘇不侵略條約締結ノコトハ事態切迫シ至急ノ内ニ決定セラレタル爲事前ニ御話シ出來サリシハ洵ニ遺憾ナリト前提シタル後昨日モ御話シタル通リ英佛ノ獨逸包圍政策ハ最近獨波ノ争ニ關聯シ愈々猛烈トナリ獨逸トシテハ？生死ヲ賭シテモ英佛ト抗争ノ態勢ヲ整フル必要アリ日獨伊三國協定不成立ノ今日獨伊トシテハ今回ノ不侵略條約締結ニ依リ至急蘇聯ヲ中立化セシムル外ナカリシ次第ナリ自分トシテハ日獨蘇三國間ニ不侵略ノ約束ヲ作リ英國ニ對抗スルコト最モ得策ナリト信スルモノニシテ今回ノ交渉ニ當リ蘇聯ノ代表者モ蘇聯カ日本トノ妥協ヲ欲スル旨ヲ繰返シ述ヘ居リタリ自分ハ蘇聯側ニ對シ不侵略條約ヲ締結スルモ獨逸トシテ日本トノ親善ノ方針ニハ全ク變更ナキ旨ヲ明言シ來リタル次第ニシテ此ノコトハ莫斯科「スターリン」「モロトフ」ニモ告クル積リナリ又日本ニシテ御希望ナラハ日蘇間ノ仲介ヲナスノ用意アリト述ヘタリ

二、次ニ「リ」ハ日獨伊三國協定問題ニ關シテハ久シキニ亘リ期待シテ話合ヲ續ケ來リ共同シテ「ムソリニ」ノ説得ニ努メタル經緯アリ四月ニハ獨伊側ハ日本ノ案文其ノ儘同意シタルカ其ノ後日本政府ノ態度不明確ニテ最近ニ至リテハ二箇月餘ニ亘リ何等ノ意思表示ニモ接シ得サルニ至レリ斯ルコトトナリタルハ最モ殘念ナルカ自分トシテハ今回ノ波蘭トノ紛争解決ノ上ハ別ノ形式ニ依リ日獨關係ノ緊密化ヲ圖リタキ考ナリト述ヘタリ

三、之ニ對シ本使ハ未タ政府ヨリ何等訓令ヲ接受シ居ラサルモ自分ハ貴大臣カ昨日電話ニテ「法理論ヲ離レ」云々ト述ヘラレタルニ反シ本問題ヲ重大ナル徳義問題ナリト信スルモノナリ日本政府及日本國民ハ獨逸カ如何ニ苦境ニ在リトハ言ヘ日獨關係ノ基礎ヲ爲シ來レル防共協定ヲ無效タラシムルカ如キ措置ヲ何等ノ相談モ無ク一方的ニ執リタルコトニ對シ深キ不滿ヲ抱クヘシ日獨伊三國協定問題ニ關スル日本ノ回答遲レタルコトハ防共協定違反ノ理由トナルモノニアラス又日獨蘇三國ノ不可侵協定云々ト言フカ如キ貴大臣ノ意見ニハ自分トシテ何等御返事スヘキ限リニアラスト述ヘタル上今日ハ時間モ無キ趣ナレハ

簡單ニ質問ヲ致度シト前提シ

(イ)不可侵條約ノ內容ハ如何ナルモノナリヤ「テキスト」既ニ決定セラレタリヤト質問セルニ「リ」ハ「テキスト」ハ決定シ居レルモ莫斯科ヨリ歸來ノ上御說明スルコトト致度シト答ヘタルヲ以テ本使ハ更ニ極東問題ニ關スル規定アリヤ又ハ祕密條項ヲ存スルヤト質問セル處極東問題ニハ何等關聯ナシ祕密條項ノコトニ付テハ何レ歸來後御話シスルコトトスヘシト答ヘタリ

(ロ)次ニ本使ヨリ今回ノ不侵略ト防共協定トノ關係ヲ如何ニ考ヘラルルヤト質問セルニ明確ナル回答ヲ爲シ得サリシヲ以テ防共協定參加諸國トノ關係ヲ如何ニセラルル所存ナリヤト質問セルニ何レモ別ニ解決ノ方法ヲ考フル所存ナリト答ヘタリ

(ハ)本使ヨリ日獨伊三國協定ニ關スル從來ノ交涉ハ當然之ニテ打切リトナルモノト考ヘラルルコトナルヘシト質問セルニ「リ」ハ蘇聯ヲ對象トスルモノハ打切リナルカ日獨ノ關係ニ付テハ別ノ形式ニ依リ更ニ緊密化ヲ圖リタシト考ヘ居レリト述ヘタリ

(ニ)次ニ本使ヨリ「ヒ」總統以下「ナチス」獨逸ハ蘇聯ヲ妥協スヘカラサル仇敵ト目シ來リ日本トシテモ蘇聯ヲ目標トシテ諸般ノ工作ヲ共同シテ行ヒ來リタル次第ナル處獨逸ノ右根本國策ハ變更セラレタルモノナリヤト質問セルニ「リ」ハ新事態ニ應シ修正セラレタル(Neue Revision)譯ナリト答ヘタリ

四、同外相ハ本使トノ會見後直ニ「ケーニヒスベルグ」ヲ經テ莫斯科ニ向フ豫定ノ趣ニテ急キ居リ充分會談ノ時間無カリシカ別レニ臨ミ廿五日迄ニハ伯林ニ歸來ノ豫定ナレハ其ノ上ハ更ニ會見シタシト述ヘ居リタリ

90　昭和14年8月(24)日　在米国堀内大使より有田外務大臣宛(電報)

独ソ不可侵条約が極東に及ぼす影響を重視した米国紙論調について

ワシントン　発

本　省　8月24日後着

特情華府第一一七號

華府各紙ハ連日獨蘇不可侵條約ニ關スル論說ヲ掲ケテ居ルカ孰レモ獨蘇兩國今回ノ提携カ極東ニ及ホス影響ヲ特ニ重

視シ日本カ孤立スル結果蘇聯カ極東ニ於イテ自由ニ振舞フコトカ出來ルト共ニ一方英國ハ歐洲ニ重壓ヲ感スル爲極東ニ於イテハ日本ノ要求ニ讓歩セサルヲ得ナクナル點ヲ指摘シテ居ル主ナル華府各紙ノ論調左ノ通リ

華府「ポスト」紙（廿三日）

獨蘇不可侵條約ハ日獨兩國カ相携ヘテ蘇聯ニ當ル可能性ヲ消滅シ其ノ結果蘇聯ハ極東ニ關心ヲ集中シ得ルコトトナラウ斯クテ日本ハ其ノ政策ヲ建直ス必要ニ迫ラレルニ至ツタ最近ノ事態ノ發展ハ英佛側ノ力ヲ弱メルモノタカ他方日本ヲモ孤立セシメルモノタ獨逸ハ今ヤ日本ヲ必要トセス之ニ反シ蘇聯ハ極東ニ於イテ自由ニ振舞フコトカ出來ルコトニナツタ日本ハ事態ヲ氣ニ病ンテ居ルカ日本ノ執ルヘキ道ハ蘇聯ト和解スルカ若クハ北部國境ニ更ニ兵力ヲ增派スルカノ孰レカテアルカ之ハ支那ノ戰線ヲ弱メル結果トナル孰レニスルモ獨蘇不可侵條約ハ之迄極東テ勝手ニ振舞ツテ居タ日本ニ大キナ影響ヲ與ヘヨウ

華府「スター」紙（廿二日）

獨蘇不可侵條約ハ英佛蘇同盟ニ對スル努力ヲ無效ナラシメ英佛及波蘭カ「ヒツトラ」總統ノ領土的野心ヲ封スル爲作リ上ケ様トシテ居タ平和戰線ニ對スル大打擊テアル「ヒツトラー」總統ノ外交的一擊ハ單ニ波蘭ノ後門ノ守リヲ粉碎シタノミナラス獨逸ハ蘇聯トノ通商協定ニ依リ平時戰時トモニ必須ノ原料品ヲ獲得スル道ヲ開イタ之ニ依ツテ波蘭ハ全ク侵略ノ危機ニ曝サレルコトニナツタノテアル「ヒツトラー」總統カ現在ノ要求ヲ更ニ擴大スル可能性ハ濃厚テアリ英佛兩國ノ援助ヲ確約サレテ居ル波蘭ハ獨逸ニ徹底的ニ支配サレルヨリモ敢テ一戰ヲ賭スルタラウカ獨逸軍カ波蘭ヲ粉碎スルコトニナレハ獨逸ハ更ニ方向ヲ轉シ蘇聯ヲ對英佛戰ニ利用シ得ルコトニナリ獨逸ヲ長期戰ニ依ツテ屈服セシメルコトハ殆ト不可能トナラウ蘇聯カ斯ノ如ク獨逸側ニ加擔シタ以上戰爭ノ形勢カ獨逸ニ不利トナレハ武力援助ヲ與ヘル可能性スラ生シテ來ル獨蘇兩國ノ和解ハ日本ニ取リ重大打擊テアリ蘇聯カ歐洲テ獨逸ノ脅威ヲ受ケテ居ル限リ日本ハ極東テ比較的自由ニ極東制覇ヲ遂行シ得ルカ不可侵條約カ獨蘇兩國間ニ出來レハ蘇聯ハ極東權益擁護ノ立場ヲ强化シ得ルコトトナラウ

然シ英國ハ右條約ノ結果日本人ノ要求ヲ退ケルノニ一層困難ヲ感スルコトトナリ支那ニ於ケル日本ノ立場ハ强化サレ

ルタラウ

91　昭和14年8月(24)日　在英国重光大使より有田外務大臣宛(電報)

独ソ不可侵条約に関する英国紙論調について

ロンドン　発
本　省　8月24日後着

特情倫敦第九二號

廿三日ノ倫敦各紙ハ何レモ獨蘇不可侵條約ニ關スル論評ヲ掲載シテ居ルカ各紙共ニ獨蘇接近ニ依ツテ英國ノ對波援助決意ハ微動タニセヌ旨强調スルト共ニ獨逸ノ不信ヲ攻撃、獨逸ハ極東ノ盟邦ヲ失フコトニナラウト論シテ居ル主ナル論調左ノ通リ

「タイムス」

獨蘇不可侵條約締結ノ報道ハ英國輿論ニ一大衝撃ヲ與ヘタカ冷靜ニ之ヲ考察スレハ英佛及波蘭ハ必スシモ甚大ナ打撃ヲ蒙ツタ譯テハナイ今回ノ條約締結カ英佛兩國ヲ驚愕セシメ以テ波蘭ヲ見棄テシメントスル企圖ナルニ於テハ明白ナル失敗ト言フヘキテアル何故トナレハ英國ハ飽迄モ波蘭援助ノ協定ヲ履行スル決意ヲ有シ波蘭トテモ一見直接的打撃ヲ蒙ツタ感カアルカ波蘭カ元來蘇聯ノ援助ヲ歡迎シナカツタコトヲ想起スレハ夫レ程ニ重大事テモナイカラテアル寧ロ獨蘇接近ハ獨逸自身ニ對スル精神的打撃テ獨逸國民ハ判斷ニ迷フヘク諸外國モ獨逸ニ對スル信頼ヲ失フタラウ現ニ日本ハ明白ニ不滿ヲ表明シテ居ルノテハナイカ斯クテ日本ハ極東戰爭ノ際ノ有力ナル支持者ヲ失ツタカ西班牙モ亦同樣不安ヲ感シテ居ル併シ何ト言ツテモ蘇聯ノ二重外交ハ許シ難イ尤モ本條約ノ結果蘇聯カ獨逸カガ侵略ヲ行フ際一方國カ中立ノ義務ヲ負フモノナリヤ否ヤニ依ツテ現在ノ英佛蘇三國交渉繼續ノ可否カ決定サレヨウ

「デーリー・テレグラフ」紙

獨蘇不可侵條約ハ締約國ノ一方カ侵略ヲ行ツタ際ハ失效スヘキ旨ノ條項ヲ含ムト傳ヘラレルカ此ノ點カ最モ重大テアル獨蘇接近ナルモノハ從來不可能ト解サレテ居タノニ之カ實現シタノハ驚異ニ値スルカ英國及其ノ輿論ノ決意ハ本條約成立ニ依リ何等動搖シナイ寧ロ獨逸ハ歐洲ニ於テ得ル所ヲ極東ニ於テ失フ惧カアル

92 昭和14年8月24日 在ソ連邦東郷大使より有田外務大臣宛(電報)

独ソ不可侵条約の調印完了について

モスクワ 8月24日前発
本省 8月24日夜着

第九八五號(至急)

本二十四日午前一時獨蘇不可侵條約調印ヲ了セリ期限十箇年但シ右期限終了一箇年前ノ豫告ヲ以テ五箇年延長スルヲ得條約中兩締約國ハ反對ノ「グループ」ニ加入セサルヘキ旨ノ條項アリ

尚「リッペン」ハ本朝三時迄「スターリン」、「モロトフ」等ト會談セリ「リッペン」ハ本日農業博覧會參觀ノ後午後三時飛行機ニ依リ歸獨ノ豫定委細追電ス

在歐大公使、米、壽府ニ轉電セリ

93 昭和14年8月24日 在ソ連邦東郷大使より有田外務大臣宛(電報)

独ソ不可侵条約調印に関するソ連政府発表について

別電 昭和十四年八月二十四日発在ソ連邦東郷大使より有田外務大臣宛第九八九号

右条約文

モスクワ 8月24日後発
本省 8月25日前着

第九八八號

二十四日蘇聯政府發表左ノ通リ

八月二十三日午後三時三十分「モロトフ」「リッペントロップ」間ニ不可侵條約締結問題ニ關シ第一次會談行ハレタリ右會談ハ「スターリン」及「シューレンブルグ」大使出席ノ下ニ約三時間ニ亘リ行ハレ一旦打切ノ後午後十時ヨリ會談ヲ再開シ別電第九八九號不可侵條約ノ調印ヲ見タリ

在歐各大使、米、壽府ヘ轉電セリ

(別電)

モスクワ 8月24日後発
本省 8月25日前着

第九八九號

蘇聯[1]政府及獨逸政府ハ兩國間ニ於ケル平和事業ヲ鞏固ナラ

シムル希望ニ促カサレ且一九二六年四月兩國間ニ締結セラレタル中立條約ノ根本義ヨリ出發シ左ノ協定ニ到達セリ

第一條、兩締約國ハ單獨或ハ他國ト共同シ互ニ一方ニ對シ一切ノ強力、侵略行爲及攻擊ニ出テサルノ義務ヲ有ス

第二條、締約國ノ一方カ第三國ヨリノ軍事行動ノ對象トナル場合ニハ他ノ一方ハ如何ナル形式ニ於テモ右第三國ヲ支持セサルヘシ

第三條、兩締約國政府ハ兩國政府間ニ共通ノ利害問題ニ關シ情報ヲ交換シ協議スル爲將來相互ニ緊密ナル關係ヲ保持スヘシ

第四條[(2)]、兩締約國ノ孰レノ一方モ他ノ一方ニ直接又ハ間接ニ對抗スル如何ナル國家「グループ」ニモ參加セサルヘシ

第五條、兩締約國間ニ何等カノ問題ニ關シ意見ノ相違又ハ紛爭ヲ生シタルトキハ友好的意見ノ交換或ハ必要ニ應シ紛爭處理委員會ノ設置ニ依リ專ラ平和的方法ヲ以テ右意見ノ相違若クハ紛爭ヲ解決スヘシ

第六條、本條約ノ期間ハ十箇年トシ若シ締約國ノ一方カ期間滿了一箇年前ニ本條約ノ廢棄ノ通告ヲ爲ササルトキハ本條約ノ有效期間ハ更ニ五箇年間自動的ニ延長セラレタルモノトナサルヘシ

第七條、本條約ハ成ルヘク短期間內ニ批准セラルヘシ

批准書交換ハ伯林ニ於テ之ヲ行フ本條約ハ調印後直ニ效力ヲ發生ス

本條約ハ一九三九年八月二十三日莫斯科ニ於テ獨文、露文ニ通ヲ以テ作成ス

蘇聯邦政府ノ委任ニ依リ「モロトフ」

獨逸政府ノ爲ニ「リッペントロップ」

94　独ソ不可侵条約調印後のリッベントロップ声明

昭和14年8月24日　在独国大島大使より有田外務大臣宛(電報)

ベルリン　8月24日後発
本　　省　8月25日前着

第八四四號

二十四日「リ」外相ハ莫斯科出發前獨蘇不可侵條約ニ關シDNB特派員ニ對シ左ノ聲明ヲ發表セリ

獨蘇關係ハ過去ニ於テ兩國カ敵對關係ニアリシ時ハ惡ク友

邦タリシ時ハ良好ナリシナリ昨日ハ兩國民ニ取リ運命ニ關スル日タリ「ヒ」總統ト「スターリン」ハ兩國ノ友好關係ヲ決定セリ昨夜余ト「モロトフ」トノ間ニ署名ヲ了シタル不可侵條約ハ兩國カ建設的ニ且緊密的協力ヲ樹立スヘキ確乎不動ノ基礎ナリ右ハ恐ラク兩國民ノ歴史上最モ重大ナル轉換期タリ獨蘇ニ對シテ包圍セントノ試ミ行ハレタルカ此ノ包圍政策コソ茲ニ獨蘇了解ヲ成立セシムルニ到ラシメタルナリ余ハ本不可侵條約カ日蘇關係竝ニ日獨友好關係ニ好影響ヲ與フヘキコトヲ確信ス

在歐各大使(蘇ヲ除ク)及壽府ヘ轉電セリ

95 昭和14年8月24日　在ニューヨーク若杉(要)総領事より有田外務大臣宛(電報)

独ソ不可侵条約成立の重慶政権における反響に関する報道について

ニューヨーク　8月24日後発
本　　　省　8月25日前着

第三〇二號

獨蘇不可侵條約成立ノ支那側反響ニ關スル重慶二十三日「タイムス」「ダーデイン」發電要旨左ノ通リ

一、本件條約ノ成立ハ當地ニテモ全ク豫期セサリシコトトテ朝野ヲ驚愕セシメタルカ官邊筋ハ未タ公式「コメント」ヲ發表シ居ラサルモ一般ニハ蘇聯ノ對支援助ヲ强化セシメ重慶政府ノ地位ヲ改善セシムルモノトシテ歡迎シ居レリ(「ダーデイン」ハ此ノ點ニ關シ蘇聯ハ過般ノ通商條約締結以來對支「クレヂツト」設定、飛行機及操縦者ノ供給等積極的對支援助ヲ既ニ强化シツツアル旨ヲ指摘シ居レリ)

二、本件條約成立ノ結果蘇聯ノ對支武器供給ハ獨リ蘇聯飛行機ノミナラス獨蘇通商條約ニ依リ蘇聯原料品ト交換セラルヘキ獨逸製軍需品ノ對支流入スラ見ルニ至ルヘク近ク重慶、伯林間航空路ノ開設ヲ豫想スルモノアリ

三、但シ本件條約ノ成立カ支那ヲ有利ナラシムルヤ否ヤハ歐洲ニ戰爭勃發スルヤ否ヤ及日本今後ノ出方如何ニ依ルモノトナシ日英接近ノ可能性ハ未タ消滅セスト警戒的態度ヲ取ルモノ亦少カラス

米ニ郵送セリ

96　昭和14年8月25日　有田外務大臣より在独国大島大使宛（電報）

防共協定強化交渉は打切りと了解する旨独側へ申入れ方訓令

本　省　8月25日発

◉獨蘇不侵略條約ノ締結ニ依リ從來行ハレ來タリタル日獨伊三國協定ニ關スル交渉ハ自然全般的ニ打切リトナリタルモノト了解スル旨帝國政府ノ訓令トシテ獨逸側ニ申入レラレタシ

伊へ轉電アリタシ

編　注　本電報は電報番号不明。

97　昭和14年8月25日　在伊国白鳥大使より有田外務大臣宛（電報）

独ソ不可侵条約成立に関し伊国外相の機関紙論説にて日本の態度に言及について

ローマ　8月25日前発
本　省　8月25日夜着

第二四八號

二十四日「テレグラフ」紙（「チアノ」外相ノ機關紙）ハ獨蘇不侵略條約ニ關スル論説中ニ於テ日本ノ態度ニ言及シ獨蘇條約ハ日本ヲ自動的ニ樞軸政策ヨリ遠サクルモノトセル英佛ノ觀測ハ全ク幻覺ニ終レリ新條約ノ成立ハ日本ト樞軸國トノ緊密ナル關係ヲ阻害スルモノニアラストスル日本官邊ノ聲明ハ極メテ當然ナリ太平洋ニ於テ英ト根本的ニ争ハ（?）ントスル日本ハ歐洲ニ於テ英ノ蒙ムル打擊ヲ悦ヒ英カ若シ歐洲ニ於テ事ヲ構フルニ於テハ日本ハ亞細亞ニ於テ直ニ之ヲ攻擊スヘク斯クテ日本ハ何等形式的ノ同盟ヲ要セスシテ實際的ニ樞軸國ニ參加スヘシト述ヘ居レリ

在歐各大使へ轉電セリ

98　昭和14年8月25日　在スイス天羽（英二）公使より有田外務大臣宛（電報）

独ソ不可侵条約締結に関する独ソ両国の思惑につき観測報告

ベルン　8月25日後発
本　省　8月25日夜着

第一一三號

獨蘇不可侵條約[1]ハ各方面ニ衝動ヲ與ヘ種々ノ論議ヲ起シ居ル處之ニ對スル獨蘇双方ノ意中ヲ忖度スルニ左ノ如シ

(一)獨逸トシテ

(イ)事態急迫シ波蘭延イテ英佛トノ戰爭ニ備ヘサルヘカラサル情勢トナリタルカ獨ハ曩ニ日本ト軍事同盟ヲ結ヒテ日本ヲ引入レントシタルモ日本ニ於テハ動カシ得サル障害アリト見テ之ヲ斷念シ蘇聯ヲ中立セシメテ英佛包圍陣ノ有力ナル一角ヲ挫キ更ニ蘇聯トノ提携ニ依リテ土耳古ヲ抑ヘ(英土提携ハ英外交ノ大成功タルト同時ニ獨ニ對シテハ大打撃)羅馬尼ニ強壓ヲ加ヘ希臘ヲシテ逡巡セシメントス他方蘇聯トノ通商條約信用供與協定ノ成立ニ依リ物資(既ニ昨今ノ新聞ニハ宣傳カモ知レサルモ獨ハ蘇聯ヨリ石油、綿、小麥等ヲ輸入セリト傳ヘラル)ヲ得ントス

(ロ)「ヒトラー」トシテ波蘭問題ハ出來ルナラハ平和的手段ニ依リ解決セントスルカ波蘭カ强硬ナル態度ニ出テ居ルハ英佛ノ援助ヲ賴ミトシ場合ニ依リテハ蘇聯カ英佛ト締結スルコトヲ豫想シ居ルニ基クモノナルカ故ニ蘇聯ニシテ中立ヲ守リ英蘇ノ波蘭ニ對スル援助困難トナラハ波蘭ハ獨ニ抵抗セスシテ屈服スルコトアルヘク少クトモ波蘭ノ態度ヲ緩和セシメ得ヘシトナス(但シ往電第一〇八號波蘭公使ノ內話及波蘭方面ヨリノ新聞情報ハ波蘭ハ最初ヨリ蘇聯ノ援助ヲ期待シ居ラサルカ故ニ蘇聯ノ中立ハ影響少シトナシ出來得ル限リ獨蘇不可侵條約ノ效果ヲ少クセント努メ居ルモノノ如シ)

(ハ)日本及西班牙ニ對スル影響ニ付テハ獨逸ニ於テハ或ハ西班牙ハ現下ノ國情ヨリ獨蘇不可侵條約ニモ拘ラス伊獨ニハ追隨スヘク日本カ尙此ノ上獨伊ト舊來ノ關係ヲ維持スルコトニハ望ヲ囑シ難シトスルモ少クトモ日本ハ中立ヲ守ルヘク最近日本ノ反英氣分ヨリ見レハ如何ナル場合モ獨逸ノ反對ニ廻ルコトハナカルヘシト觀測シ居ルナルヘシ

(二)蘇聯トシテ[2]

(イ)最モ欲スルハ戰爭ニ引入レラレサルコトナルカ故ニ獨波戰爭延イテハ歐洲ノ戰爭ニ中立トナラントスルカ蘇聯ハ英佛ト獨伊トカ戰ツテ双方疲勞スルコトヲ欲スルカ英佛カ波蘭援助ヲ約束セル以上獨逸ヲシテ之ニ對抗

スル戰爭ヲ決意セシムルニハ日本カ參加セサルコト明白トナリタル今日ニ於テハ蘇聯ノ中立カ必至條件タルコトヲ看取シ獨逸ニ不可侵ヲ約シテ戰爭ヲ促進スルモノナルヘシ

(ロ)蘇聯ニ取リテ最モ危險ナルハ日本ト獨逸ニシテ蘇聯ノ最モ恐レ居ルハ獨逸（蘇聯ノ獨逸ニ對スル恐怖ハ傳來的ニシテ想像外ナリ）ト日本ナリ蘇聯ノ對外政策ハ常ニ日本ト獨逸トノ關係ニ依リテ支配セラレ居ルカ故ニ蘇聯ハ特ニ日獨伊軍事同盟成立スレハ英佛ノ陣營ニ投セントセシモ今ヤ獨逸カ三國軍事同盟ヲ斷念シテ蘇聯ト不可侵條約ヲ締結スル以上日本ハ獨伊ニ對シテ中立トナルコト明瞭ナルヲ以テ蘇聯モ亦中立トナラントス

(ハ)蘇聯ニ取リテハ日獨伊防共協定ハ蘇聯ヲ包圍スル痛手ナリシカ獨逸カ蘇聯ト不可侵條約ヲ締結スル以上日獨防共協定ハ無意義トナルヘク而シテ伊ハ獨ト結合シ西班牙ハ又早晩獨伊ニ引摺ラルルヲ以テ蘇聯ハ專心日本ニ當ルコトヲ得ヘシ殊ニ日本ハ軍事同盟問題ヲ繞リテ國內ニ意見對立シ居ルヤニ傳ヘラルルカ此ノ上獨蘇不可侵條約ノ締結ニ依リテ獨蘇關係ニ急變ヲ來サハ日本國內ノ輿論ハ更ニ紛糾スヘシト觀測ス他方最近日本ニハ反英氣分橫溢シ親獨氣分ハ急ニハ冷却セサルカ故ニ蘇聯カ獨逸ト組メハ日本ノ反蘇氣分ヲ緩和シ場合ニ依リテハ日本モ獨伊蘇ノ提携ニ引入レ得ヘシト想像ス（「リッベントロップ」ハ莫斯科ニ於テ新聞記者ニ對シ蘇獨關係ノ改善ハ日蘇關係ノ改善ヲ伴フヘシト言ヘル由傳ヘタルカ當國新聞中ニハ日本カ極東ニ於テ蘇聯ト勢力範圍ヲ協定シテ妥協スルコトアルヘシト見居ルモノアリ外交團中ニハ之ニ對シテ眞面目ニ質問セル者アリ）

(三)[3]尚本協定ニ付テハ左ノ事實ヲ看過シ得ス

(イ)「ヒットラー」ハ如何ナルコトアルモ其ノ根本政策タル東方政策ヲ棄テサルヘク其ノ爲ニハ先ツ波蘭內舊獨領ヲ回復シテ蘇聯ニ對スル足場ヲ作ル必要アルヲ以テ現在蘇聯ノ波蘭問題ニ對スル立場ハ恰モ「チエッコ」事件ノ場合ニ於ケル波蘭ノ立場ト等シク獨逸カ波蘭ニ成功スレハ獨逸ノ鋒先ハ軈テ蘇聯ニ向フコトハ覺悟セサルヘカラス

(ロ)又獨逸トシテモ蘇聯ト提携スルハ「ナチ」年來ノ主義

主張ニ反スルモノニシテ曩ノ「チエッコ」民族合併同様「ヒットラー」政策ハ無主義無節操ナリトノ謗ヲ免レス又獨逸ノ急轉廻ハ特殊ノ友邦タル日本及西班牙ニ對シテ重大ナル不信義ヲ懷カスモノナルカ世界ニ對シテモ其ノ聲望ヲ墜スコト明カナリ

(ハ)蘇聯ハ英佛トノ交渉ニ於テ極東ヲ引入レントシテ成功セサリシモノノ如ク又獨逸ハ三國軍事同盟ニ成功セス斯クテ獨蘇双方其ノ年來ノ主義、主張ヲ棄テ現實ノ必要ノ爲ニ結合シタルモノナルカ而モ双方共他國ト交渉中ニ於テ豫メ關係國ニ知ラサスシテ既存ノ條約トハ矛盾スル協約ヲ拔打的ニ結ヒタリ

此等ノ事實ニ鑑ミルモ如何ニ時局ハ急迫シ又獨逸ハ如何ニ背水ノ陣ヲ布ケルヤヲ看取シ得ヘシ

在歐各大使、壽府ヘ暗送セリ

99　昭和14年8月29日　在仏国宮崎臨時代理大使より有田外務大臣宛(電報)

独ソ不可侵条約が欧州諸国および日本に与える影響につき観測報告

パリ　8月29日前発
本省　8月29日夜着

第五二〇號

往電第四七二號ニ關シ

蘇聯邦カ佛英ヲ獨ニ乘換ヘ獨カ日本ヲ蘇聯邦ニ乘換ヘタル結果獨ハ東方ニ大ナル兵站基地(蘇聯邦カ之ヲ承諾シ居ル限リ)ヲ有スルニ至レルト共ニ東歐ニ於ケル軍事上ノ立場ヲ强化セルカ他方日本西班牙始メ全世界輿論ノ非難不信ヲ買フニ至レル政治的不利益ハ今直ニ明カナラストスルモ漸次獨ニ不利ニ働キ來ルヘキ外日本カ必スシモ佛ヘノ敵タラサルニ至リ英佛ハ對日關係ヲ改善スルニ成功セハ力ヲ歐洲ニ集メ得ヘク米モ對日關係ヲ安心シテ歐洲ニ向キ得ルコトトナリ英佛援助ヲ增大シ得ヘキニ付西歐、地中海、阿弗利加方面ニ於ケル獨伊ノ立場ハ却テ弱クナル可能性ヲ生シ殊ニ伊ノ困難ノ增大スル可能性アリ例ヘハ日本ノ牽制ナクナレル英佛ハ印度洋太平洋方面ノ兵力ヲ「エチオピヤ」ニ集メ得ヘク「エ」死地ニ陷ラハ之ヲ救ハントテ伊ハ地中海、阿弗利加方面ニ無理ナ作戰ヲ爲スコトモアリ得ヘク之國防ノ脆弱性ト相俟チテ軍事的立場ニ破綻ヲサヘ來スコトナシ

トセス少クトモ英佛ハ此ノ弱點ヲ突クヘク伊トシテハ獨ニ益々隷屬的トナルカ獨ヲ捨ツルカノ可能性ヲ生シ得ヘシ
蘇聯邦ハ戰爭殊ニ日獨挾繋《(撃カ)》ノ危險ヲ賭スルヲ免レ三方ニ於テ一應安全ヲ增シ又自ラ放火セル歐洲大戰カ愈燃上リタル場合ニハ局外ニ立チ双方ノ消耗ヲ待ツ姿勢ヲ取リ得ヘキモ他方獨ニ對スル物資供給者タル蘇聯邦ト海外トノ交通々商ハ獨ノ敵カ阻止スヘク蘇ハ獨伊側戰時經濟「ブロック」内ニ閉込メラレ獨ト不和トナル可能性モ多ク蘇聯邦カ戰爭ニ堪ヘサル國内ノ脆弱性ト相俟ツテ我方ニ對スル壓力モ餘リ恐ルルニハ當ラサルヘキカト想像セラル
蘇獨新關係カ國際關係ニ及ホス影響ハ未タ明カナラサルモ前述ノ如キ種々ノ可能性ハ看取シ得ヘク我方ハ自由獨立不羈ノ立場ヲ維持シツツ右種々ノ可能性ヲ發展誘導利用シ得ヘキ有利ナル地位ニ在ルモノト存ス時局柄不取敢御參考迄

100　昭和14年8月31日　在ベルギー来栖大使より　阿部(信行)外務大臣宛(電報)

独ソ不可侵条約の成立に焦慮することなく事変処理に邁進すべき旨意見具申

第一八八號　　ブリュッセル　8月31日発
本　省　着

一、獨蘇不可條《(侵欠カ)》約調印ニ關シ我國一部ニ於テモ獨(伊)側ノ弁明ヲ其儘受入レ之ガ主タル原因ヲ我方ノ態度遷延ニ歸シ之ヲ誹議シ居ルヤニ印象セラルル處本來國際約束上ノ義務ヲ眞劍ニ考ヘ容易ニ態度ヲ決セサルト迅速ニ約束シ迅速ニ違約スルトハ國際信義ノ觀念ニ於テ多大ノ逕庭アルノミナラズ假リニ日獨伊關係カ既ニ强化セラレ居タリトスルモ右ハ獨逸ノ排除セントスル英佛蘇接近ヲ促進スル迄ニシテ事態急迫セル場合獨トシテハ事變ヲ控ヘ居ル我國トノ緊密關係ノミヲ以テシテハ長鞭馬腹ニ及ハサルノ感ヲ懷キ焦眉ノ急タル蘇聯邦ノ中立確保ノ爲恐ラク大体今回同樣ノ方途ニ出テ來リタルベシト觀測セラルルニ付我方自ラ上述遷延ヲ云々シ責ヲ負ハントスルガ如キハ嚴ニ戒シムベキ所ナルベシト思考ス
二、又一部ニハ我方ノ孤立ヲ云々スル者アルヤニ見受ケラルルモ冒頭條約調印後ニ於ケル獨伊ノ我ニ對スル態度ハ豫テ往電第一四一號㈢ヲ以テ具申ノ通リニシテ且ツ蘇聯邦

ノ態度ニ關シテモ獨逸ノ波蘭征服カ短期間ニ達成セラレ(當國軍事専門家ハ三週間乃至二箇月ト觀測シ居レリ)愈々蘇獨境ヲ接スル場合ノ事態ヲ考ヘ蘇カ一片ノ不可侵條約ヲ信頼シ歐洲方面ヲ閑却シ遽カニ武力ヲ極東方面ニ傾倒シ來ルベシト見ルガ如キハ些カ早計ナルヤニ觀測セラルルノミナラズ從來赤化ノ危險ニ冷淡ナリシ諸國ノ對蘇感情ガ蘇獨接近ノ結果著シク變化シツツアル空氣(例ヘバ佛ノ共産黨紙發行停止、黨員ノ檢束等)モ我國トシテ看過スヘカラサル所ナルベシ

三、次ニ當面ノ「ダンチヒ」問題カ假リニ和平解決ヲ見、之ヲ契機トシテ英獨關係調整ノ商議開始セラレタリトスルモ右和平ハ体裁ヨキ英ノ後退ニ終ル可態《(能カ)》性鮮カラサルヲ以テ英國輿論ノ現狀、英國ノ國民性及英獨佛伊ノ復《(複カ)》雜ナル關係ニ鑑ミ英獨ノ妥協ハ少クトモ容易ナラサルベク更ニ從來米國一部ニ於テ唱ヘラレタル一般的國際平和會議ノ如キモ例ノ大風呂敷ニ失シ軍縮ハ勿論世界經濟、日支事變等ヲ持込ミ來ルノ惧アリ旁以テ一朝一夕ニ其開催乃至妥結ヲ見ルニ至ラサルヘシト觀測ス

四、以上ノ形勢ニ鑑ミ我國トシテハ自主的立場ニ於テ其間充分外交工作ヲ行フ余地アリト思考セラルルニツキ此ノ際我國自ラ孤立ヲ云々シテ焦慮シ又ハ他國ノ「重壓」ヲ來ルベシト稱ヘテ從來ヨリ一層硬直ナル態度ヲ執ルノ要ナク最近新聞報等ノ傳フルガ如ク支那中央政權ノ確立ニ依リ事變ノ公正ナル處理ニ邁進スルコト此ノ際トシテ第一義ナリト思考ス

在歐米各大使ヘ轉電セリ

編注 本文書は、国立国会図書館憲政資料室所蔵「憲政資料」中の「来栖三郎関係文書」より採録。

---

101 昭和14年9月7日 在独国大島大使より阿部外務大臣宛(電報)

日ソ国交調整にドイツは側面的援助を惜しまずとのリッベントロップ見解について

ベルリン 9月7日前発
本省 9月7日夜着

第九四五號(極祕)

五日早朝東部戰線大本營ニ在ル「リ」外相會見ヲ求メ來リ

タルヲ以テ同地ニ赴キ同日午後十時ヨリ本六日朝一時迄「リ」ト會談セリ「リ」ハ自分ノ伯林歸還未定ナルニ付御足勞ヲ煩ハシタル次第ナリト斷リ主トシテ蘇聯問題ニ關シ所見ヲ述ヘタリ會談ノ要旨左ノ通リ

一、「リ」ハ獨蘇不可侵條約締結ニ付テ日本側ニ多大ノ不滿ヲ生セシメタルヲ謝シタル後獨逸ハ今次戰爭ニ於テ必勝ヲ確信シ居レルモ萬一獨逸カ敗北スルコトアラハ英、佛、米ノ合同勢力ハ遠カラス日本ニ向フヘシ日本ノ支那事變解決ニ當リ最大ノ妨害ヲ爲スハ英國ナルヲ以テ獨逸カ英國ヲ叩キノメスコトハ結局日本ノ爲ニモ不利ニアラサルヘク日本ニ於テモ此ノ點充分考慮セラレ獨逸ノ執リタル措置ヲ御諒解相成度シト又繰返シテ述ヘタリ

二、「リ」ハ先般來申上ケタル通リ日本トシテモ此ノ際蘇聯トノ國交調整ヲ考ヘラルルコト可然ニアラスヤ獨逸トシテハ今後共日獨親善關係ヲ維持シタク且日蘇國交ノ調整ハ獨逸人ノ利益トモナルヘク以テ日蘇國交調整ニ關シテハ出來ル限リノ側面的援助ヲ惜マス若シ夫レ日蘇間ニ不可侵條約締結セラルルコトトモナラハ日獨蘇ノ統一戰線ニテ英帝國打倒ノ爲進ミ得ルコトトナリ日獨ノ爲極メテ有利ナルコトト存ス

自分ハ今日「スターリン」ト隨時聯絡ヲ取リ得ル狀況ニ在リ若シ日本カ御希望ナラハ日本ヨリ依頼セラレタルモノナルコトヲ絶對ニ現ハサス全ク非公式ニ先方ノ意向ヲ探ル用意アリト述ヘタリ之ニ對シ本使ハ本使個人ノ意見トシテハ日蘇國交ノ調整ハ結構トハ存スルモ蘇聯ノ「コミンテルン」政策ニ對スル國民ノ反感ハ極メテ根強ク且蘇聯ノ對支援助、支那ノ赤化工作ハ日本ノ對支政策ヲ妨害シ居ルヲ以テ本問題ハ爾ク簡單ナルモノニアラス先ツ蘇聯ヨリ如實ニ誠意ヲ示シ來ルニアラサレハ日本國民ハ蘇聯トノ接近ニ傾カサルヘシト答ヘタルニ「リ」ハ繰返シ日本カ希望セラルルニ於テハ本問題ニ關シ盡力致度シト述ヘタリ

三、「リ」ハ自分カ「スターリン」ト話シタル印象ニ依レハ「ス」ハ極メテ「リアリスト」ノ政治家ニシテ今日彼ノ命令ハ直ニ全蘇聯ニ實行セラルル地位ニ在リ彼ノ一言ニテ蘇聯新聞ノ獨逸攻撃ハ直ニ中止セラレタルカ如キ其ノ一例ナリ又「ス」ハ猶太人ヲ嫌ヒ他面西班牙戰争以來世界赤化ノ無益、無效ナルヲ充分了解シ來レルコト明カニ

シテ彼ハ「ロシア」人ノ露西亞國家建設ヲ企圖シ居リ「コミンテルン」政策ハ有害無益ナリトナシ居ル模様ナリ自分ハ「ス」ト話ス迄ハ蘇聯ニ行ハルル極端ナル肅清工作ノ如キ全ク了解シ得サリシカ「ス」トノ會談ニ於テ「ス」ノ現在執リツツアル政策ヨリ見テ相當ノ反對者アルハ當然ニシテ彼ノ政策實現ノ爲ニハ之モ無理カラヌモノト感シタリ斯ルコトハ「ピーター」大帝ノ時モ行ハレタルコトニテ露西亞ノ政治ニハ附キ物ナリトモ考ヘ居レリト述ヘタリ

蘇へ轉電セリ

102 昭和14年9月10日 在伊国白鳥大使より阿部外務大臣宛（電報）

離任に際し第二次欧州大戦の勃発をめぐる欧州情勢の観測と日本の執るべき外交方針につき具申

ローマ　9月10日後発
本省　9月11日前着

第二九九號（絶對極祕）

離任ニ際シ更メテ左ノ通リ卑見具申ス

一、其ノ後ノ推移ニ徴スルニ愈々全面的長期ノ戰爭トナル前ニ今一度平和ノ運動カ試ミラルヘキハ疑ナキモノノ如ク獨逸カ何等カ提議ヲ爲スヘシトノ「チアノ」外相ノ言ハ相當的確ナル根據ニ基クモノノ如キ印象ヲ受ケタリ伊太利カ之ト呼應シテ新シク活動ヲ始ムヘキコトモ疑ナシ實ハ伊太利ハ其ノ後モ裏面ニ於テ大イニ活躍シツツアルモノト認ムヘキ理由アリ英佛トノ間ニ頻リニ往復ヲ重ネ居ルノミナラス米國トモ協力シツツアルヤニ察セラレ而シテ波蘭カ意外ニ脆ク敗レ軍國トシテノ獨逸ノ眞價カ再ヒ發揮セラレタルコトハ却テ平和ヲ促進スルノ效果アルヘシト認メラル

二、佛國ニ關シテハ問題ナキモ英國カ强硬ナリトノ「チアノ」ノ言ハ必スシモ其ノ儘ニハ受取ル能ハスト思料ス今次英國ノ態度ニハ幾多疑ハシキ節アリ彼カ表面ノ强ガリノミヲ見テ戰意動カスヘカラストナスハ或ハ早計ニハアラサルヘキカ獨伊ノ提携カ一朝ニシテ搖クヘクモナキハ英國トシテモ充分承知ノ筈ナルニ早晩敵側ニ廻ルヘキ伊太利ニ對シ頻リニ媚ヲ呈シ殊ニ「ムツソリニ」ノ平和ノ

努力ニ對シ英佛首相カ議會ニ於テ特別鄭重ニ敬意ヲ表シタルカ如キハ今後ノ「ム」ノ平和斡旋ヲ期待スルカ爲ナルヘシ昨今當地英國大使カ頻々「チ」外相ヲ訪問スルモ無論平和ノ問題ニ關聯アルモノト見サルヘカラス開戰既ニ十日ニ及ハントスルモ英佛側カ何等目覺シキ活動ヲ示ササルハ之亦彼等ノ心理カ戰爭ト平和トノ間ヲ彷徨スルカ爲ト考ヘラレサルニアラス他面伊太利カ國際列車ヲ運轉シ米國航路其ノ他ヲ再ヒ開キ國内ニ於テモ强テ平和ノ氣分ヲ濃厚ナラシムルト共ニ獨波戰爭ニ關シテモ獨逸ノ戰勝ニ熱狂スヘキ筈ノ民心ヲ抑ヘ新聞等ニモ努メテ公平ヲ装ハシメ居ルハ戰爭ニ捲込マルルコトヲ惧ルルカ爲ヨリモ平和ノ斡旋ニ備フルカ爲ト思考セラル（戰爭ニ加ハルモ伊太利ノ地位ハ世間想像ノ如ク脆弱ニアラスト存ス）

三、兎モ角モ平和ニ對スル最後ノ試ミカ爲サルヘキコトニ付テハ今日識者ノ豫想ハ一致シ居リ而シテ其ノ成否ハ一ニ懸テ獨逸ト英國トノ態度ニ存スルコトモ衆目ノ見ル所ナリ

波蘭ヲ征服シタル後獨逸カ果シテ如何ナル提議ヲ爲スヘキカハ知ルニ由ナキモ蘇聯邦トノ密約等アリテ獨蘇ノ間ニ波蘭ヲ分割スルカ如キ解決ハ英國トシテ勿論問題ニシ得サルヘシ然レトモ波蘭ノ獨立ヲ認ムル以上假令其ノ領土ハ削ラルルモ他ノ條件タニ備ハラハ英國トシテ必スシモ無下ニ斥クルコトヲ爲ササルヤモ測ラレス他ノ條件トハ之ニ依リテ長キニ亘リ歐洲ノ平和カ維持セラレ幾百萬ノ人命カ救ハレ波蘭ノ犠牲ハ之ヨリ大ナル人類ノ福祉ノ爲之ヲ忍フコトカ正義ナリト自他ヲシテ信セシムルニ至ル程ノモノナラサルヘカラス些カ穿チ過キタルモ英國トシテハ當初ヨリ第二ノ「ミユンヘン」ノ變形トシテ一度大膽ニ戰爭ヲ開始シタル上ニテ此ノ種早期ノ講和會議ヲ開クコトヲ豫想シ居リタルヤモ測ラレス戰前交渉以來ノ英國ノ態度ハ餘リニ强硬ニ過キ英國外交ノ傳統ニ背クノ嫌アリ彼トシテハ特ニ今日ノ時期ヲ選ヒテ戰爭スヘキ必要モ自信モナキ筈ナレハ自ラ以上ノ如キ憶測モ生シ得ル次第ナリ

四、日本ノ立場ヨリスレハ斯ノ如キ平和會議而モ「チアノ」ノ言フカ如ク日本、米國、蘇聯邦ヲ含ム世界的平和會議ノ如キハ甚タ面白カラス此ノ儘歐洲ノ諸國カ死ヌカ生キ

ルカノ戰爭ヲ續クルコトカ新亞建設ノ我使命達成ニ便ナルハ勿論ナルモ我トシテハ徒ニ樂觀シテ何等工作ヲ爲ササルハ斷シテ不可ナリ都合好キ場合ト共ニ惡シキ場合ヲモ考慮シ豫メ之ニ備フルコト肝要ト存ス殊ニ如何ニシテ前陳ノ如キ國際會議ヲ未然ニ防クヘキカ又防キ得サル場合ハ如何ナル態度ヲ以テ之ニ臨ムカ、如何ナル事前ノ外交工作ヲ要スヘキカ等ニ付充分ナル御檢討アランコトヲ切望ス東洋ノ犧牲ニ於テ白人ノ問題カ解決セラルルノ危險ハ極メテ警戒ヲ要ス而シテ英獨妥協ノ成ル場合其ノ虞最モ大ナリ問題ハ案外切迫セル樣ニモ思料セラルル處本使差當リノ意見ハ矢張リ此ノ際獨伊トノ合作ヲ第一義トシ蘇聯邦トモ至急懸案ヲ解決シテ一層良好ナル關係ヲ作リ置クコト適當ナリト存ス而シテ之ハ支那事變ノ解決ヲ眼目トスル以上何レノ途日本ノ執ルヘキ態度ナリ

二　日独伊三国同盟

103　昭和15年3月14日　有田外務大臣より在伊国天羽大使宛(電報)

訪伊使節団長に佐藤元外相が決定した旨通報

本　省　3月14日4時40分発(編注)

第七一號(至急)

訪伊使節團團長ハ前外務大臣佐藤尙武氏ニ正式決定セルニ付其ノ旨伊側ニ御通達相成度

英、獨ニ轉電アリ度

佛ニ轉電セリ

編　注　本電報の発電時間が午前・午後のいずれであるかは不明。

104　昭和15年3月26日

訪伊使節団派遣に関する外務省決定

付　記　昭和十五年三月二十二日、欧亜局第二課作成「訪伊經濟使節團ト日伊親善關係增進ノ政治的措置ニ關スル考察」

昭和十五年三月十九日起案

同　三月廿六日決裁

高　裁　案

遣伊使節團ニ關スル件

現下ノ國際情勢ニ因リ日伊間友好關係ヲ一層緊密ナラシムル必要アリ且曩ニ伊國カ「パウリッチ」侯及「コンチ」伯ノ兩使節團ヲ我方ニ派遣シ好意ヲ示シタルニモ鑑ミ今般我方ニ於テモ日伊經濟關係ノ緊密化ヲ主タル目的トスル親善使節ヲ派遣致シ度ニ付別記ノ通任命方取計フコトト致シ度

右仰高裁

記

遣伊使節團派遣方ノ件

一、任　務　日伊經濟關係ノ緊密化(日滿伊經濟協定改訂交渉ヲ含ム)ヲ主タル目的トスル親善使節ナリトス

二、構成及資格　團員ハ別表一(省略)、二號表人員ヲ以テ組織シ日伊親善增進經濟問題商議ノ爲ノ帝國首席代表者ハ大正六年六月十三日附勅令第六四號ニ依ル特命全權大使トス尙御信任狀ヲ捧呈

スルコトトス

但シ團員中一號表記載ノ分ハ日伊親善增進經濟問題商議ノ爲ノ使節トシテ正式ニ發令シ又二號表記載ノ分ハ外部ニ對スル關係上ニ於テハ別個ノ出張命令ニ依ルモ外務省限リノ(公表セサルコト)辭令ニ於テハ前記同様ノ命令ヲ發シ事實上之ニ參加シ本件事務ニ關與セシムルモノトス

三、注意事項

(イ)本使節團ハ當省以外ノ外部ニ對シテハ前記三、ノ主旨ニテ説明シ、其ノ政治的使命ヲ有スルモノナルコトヲ特ニ印象ツクルコトナキ様注意スルコトトス

(ロ)必要ニ應シテハ本使節團ハ曩ニ伊國カ「パウリッチ」侯及「コンチ」伯ノ兩使節團ヲ我方ニ派遣シ好意ヲ示シタルニ酬ユル爲日伊兩國ノ經濟關係增進ヲ主タル目的トスル親善使節トシテ派遣スルモノナルコトヲ説明スルコトトス

(ハ)本使節團トシテノ行動ハ伊太利滞在中ニ限定セラレ從テ同國ニ於ケル任務終了ト共ニ之ヲ解散スルコトトス

(ニ)伊國以外ノ國ニ於ケル行動ハ往復ノ旅行ト看做スコトトス

(付記)

訪伊經濟使節團ト日伊親善關係增進ノ政治的措置ニ關スル考察

(昭和一五、三、二一　歐二)

一、日伊兩國ノ政治的關係ハ昭和十一年頃ヨリ漸次改善セラレ支那事變勃發後ハ伊國ノ對日好意的態度竝ニ伊國ノ防共協定參加ニ依リ緊密ノ度ヲ增シ更ニ昭和十三年三月伊國ノ「ファシスト」使節團本邦訪問行ハレ特ニ帝國國民中ニ對伊好感ヲ釀成セリ

然ルニ其ノ後日獨伊防共協定強化問題ノ蹉跌次テ歐洲戰亂ノ勃發等ノ爲特ニ日伊間ニ親善關係ヲ強調シ乃至ハ提携ヲ強化スル爲ノ政治的措置ハ執ラレス又「パウルッチ」使節團ニ對スル答禮使節團派遣モ屢次關係當局間ノ議ニ上リタルモ實現ヲ見ルニ至ラス今日ニ及ヒタル次第

ナルカ今次佐藤大使ヲ首班トスル經濟使節團ノ伊國ヲ訪問スル機會ニ於テ日伊關係ヲ現在以上ニ緊密ナラシムル措置乃至兩國親善關係ヲ印象付クル措置ヲ執ルコトノ可否及其ノ影響等ヲ十分考慮ノ要アリ必要ニ應シ使節團ノ主タル使命タル兩國經濟關係ノ增進以外ニ何等カノ政治的「ヂェスチヤー」ヲ示スコトモ亦適當ナルヘシ

一、日伊親善關係增進ノ可否

日伊關係ヲ現在以上ニ强化スルノ可否ハ固ヨリ其ノ提携ノ程度及强弱等ニ依リ定メラルヘキモノニシテ一概ニ之ヲ斷スルコト能ハサル處日伊關係强化ノ可否ヲ考慮スルニ當リテハ特ニ我方トシテ日英關係、日米關係、日蘇關係及日獨關係及事變處理對策ニ及ス影響ヲ充分考慮ノ上帝國外交方針ノ根本的見地ヨリ決スルノ要アリ

(イ)先ツ日英關係ニ付考慮スルニ英、獨ハ現在交戰關係ニアルヲ以テ對英、對獨ノ關係ヨリ日伊ハ中立國トシテ共通ノ立場ニ起チ共通ノ利害關係ヲ有ス特ニ通商障害ノ點ヨリ對英關係上ノ主張ニ於テ共通スルモノ多キ次第ナレハ右ノ點ヨリ日伊カ其ノ提携ヲ或程度强化スルハ英國側ニ對スル一種ノ挑戰トモ言ヒ得ヘク日英關係改善ノ趣旨トハ背馳スルモノアリト雖モ又其ノ效果ナシトセス

乍然右ハ兩國ノ提携カ或ル程度ヲ超ヘサル限度内ニ止ルニ於テハ寧ロ英國側ニ對シ或ル種ノ牽制的作用ヲ爲シ且ツ特ニ之カ爲ニ日英關係乃至英伊關係ヲ惡化スルトモ認メラレサルニ依リ必スシモ惡影響ノミ多シト斷シ難ク又英國側カ或ル限度内ノ日伊ノ接近ニ對シ直ニ報復的措置ヲ執ルカ如キ事ハ到底考ヘラレサル處ナリ

(ロ)日米關係上ハ日伊接近ノ「ジェスチュア」カ米國側ニ多少ノ反感ヲ與フヘキハ當然覺悟セサルヘカラサルモ目下伊國ハ其ノ對米關係ヲ改善セントシ居リ又日伊提携ノ結果カ米國ヲ對象トセサルコトモ歷然タルモノナルニ依リ右カ軍事同盟等攻擊的乃至挑發的ノ性質ヲ帶フルモノニ非サル限リ特ニ遠慮ノ必要無カルヘシ

(ハ)最モ重大ナルハ日蘇關係上ノ影響ニシテ特ニ蘇聯ハ歐洲戰亂ヲ繞リ「バルカン」方面ニ於テ伊國トノ利害關係錯綜セルモノアリ伊蘇兩國間ニ介在スル獨逸ノ苦心モ專ラ玆ニ存スル次第ナルハ「ブレンネル」會談等ノ議題等ニ付テハ窺ハルル所ナルカ日伊提携ハ元來防共

協定ニ依リ結ハルルモノナルモ抑モ日伊提携ニ依ル蘇聯ニ對スル壓力ハ甚タ間接的ニシテ伊國ノ從來意圖セル所モ亦茲ニ存セス其ノ對英關係上ノ利用ニ在リタルコトハ明白ナリ從テ或ル程度ノ日伊提携ハ對蘇關係上特ニ惡影響有リトハ言ヒ難シ尤モ蘇聯ヲ目標トスル軍事同盟ニ非サル場合ノコトニシテ右カ對蘇軍事同盟等ノ場合ニ於テハ蘇聯側ノ惡感ヲ無益ニ挑發シ日蘇間諸交渉ノ進捗ヲ阻害スヘキハ謂フ迄モ無キ次第ナリ

(二)日伊關係カ日伊間ノミノ話合ニテ强化セラルルコトハ從來ノ經緯ヨリ獨逸側特ニ「リッペン」外務大臣ノ不快トスル所ナルヘキモ現在獨逸ハ交戰國ニシテ伊國ハ非交戰國ナリ右立場ノ相違ヨリ必要的ニ中立國トシテ立場ヲ同シクスル日伊カ或ル種ノ提携ヲ爲スコトニ付假令獨逸側ヲ除外スルヤノ感ヲ與フル措置ニ出ツルモ亦已ムヲ得サル次第ニシテ獨逸側トシテハ其ノ對英佛關係上日伊ノ接近ハ之ヲ嫌惡スヘキ理由ナシト認メラル

一、以上考察ヨリ日伊關係ノ强化ハ必スシモ帝國ノ諸列强トノ關係上不可ニ非ストノ結論ニ達スヘシ、尤モ日伊關係强化ヨリ生スル我方ノ利益ハ中立國ノ立場ノ强化スルコト及東亞ノ事態ニ對スル伊國ノ協力ヲ確保スル以外ニ特ニ顯著ナルモノヲ期待シ難シ乍然從來伊國ノ支那事變ニ對スル好意的態度ヨリ見テ伊國カ常ニ好意的態度ヲ持續スル樣我方トシテ之ヲ繼キ置クコト肝要ニシテ特ニ事變ヲ繞リ將來列國ノ會議等開催ノ場合ヲ考慮スルニ於テ然リ

一、尚提携ノ內容ヲ考察スルニ嘗テ伊國側カ希望セル日伊間中立及協議ニ關スル條約ハ目下ノ歐洲戰爭狀態ニ顧ミ少ナクトモ中立ニ關スル限リ問題トナラス卽チ伊國カ參戰スル場合ニ日本カ中立ヲ約シ又ハ日本カ參戰スル場合ニ伊國カ中立ヲ約スト謂フモ寧ロ今日ノ事態ニ於テ意味ナキ次第ナリ

一方協議ニ關スル條約ニ付テハ日伊カ特ニ共通利益ヲ有スル事情ニモ鑑ミ考慮シ得ラレサルニ非ス

卽チ日伊間ハ中立國トシテ其ノ交戰國トノ關係上共通ノ問題ニ當面スルコト多キヲ以テ右ノ如キ場合成ルヘク緊密ナル聯絡ヲ執リ特ニ政治的ニ重大ナル事態ニ直面シ態度ヲ決スルカ如キ場合ニハ出來ル限リ豫メ隔意ナキ協議

ヲ遂ケ成ルヘク共同ノ目的ニ邁進セントスルヲ趣旨トスル協定ノ如キモ一案ナルヘシ
尤モ斯ル程度ノ日伊關係ノ强化ハ多少行進ミノ感ナキニシモ非ス徒ニ伊國側ノ歡心ノミ買フコトトモナル惧レアリ斯クノ如キ協定ヲ締結スルコトハ後日ノ研究ニ俟ツコトトシ不取敢佐藤經濟使節團長訪伊ニ當リ帝國政府總理大臣及外務大臣ヨリ「ムッソリーニ」首相及「チアノ」外相ニ宛テタル「メッセーヂ」ヲ携行セシメ右「メッセーヂ」ノ內容ヲ相當充實シタルモノトシ使節團伊太利着後右ヲ發表スルコトニ依リ或ル程度日伊關係緊密ナル狀態ヲ世界ニ誇示スルコト適當ナルヘシ
又「メッセーヂ」等ヲ携行スルコトハ別トシ伊國首腦部ト會談ノ後ニ於テ右會談カ相當兩國ノ提携等政治問題ニ關聯シ日伊兩國カ相互理解ヲ一層深メタル趣旨ノ共同「コミュニケ」等ヲ發表スルコトモ亦一案ナルヘシ右「メッセーヂ」案ニ付キテハ別紙(編注)ノ通リ

編　注　別紙は見当らない。本書第107文書参照。

105　昭和15年4月2日　有田外務大臣より在伊国天羽大使宛(電報)

佐藤大使は訪伊後非公式にドイツ等を視察する予定である旨通報

本　省　4月2日後7時0分発

第八八號

訪伊使節團ハ使命達成後伊國ニ於テ解散スル處一行中佐藤大使及ビ伊藤公使ハ全然非公式ニ瑞西、獨、蘭、白、佛、英、「バルカン」諸國、土、西班牙等ヲ旅行シ政情視察後米國經由歸朝ノ豫定ナリ不取敢御含置迄
在歐各大公使ニ轉電アリタシ
米ヘ轉電セリ

106　昭和15年5月17日　有田外務大臣より在伊国天羽大使宛(電報)

欧州情勢の変化によりイタリアとの協定締結は再考を要すとの結論につき佐藤大使へ通報

付　記　昭和十五年六月四日、欧亜局第一課作成
「日伊間相互支援協定締結ニ關スル考察」

本省　5月17日後5時0分発

第一七〇號（至急、館長符號扱）

貴電第三九三號ニ關シ

伊國ガ非交戰國トシテ立ツ限リ帝國ト共通ノ立場ヲ有スルヲ以テ日伊間ノ提携ヲ益々緊密ナラシムル事諸般ノ關係ヨリ兩國ノ爲ニ有利ナルベシトノ考慮ヨリ使節團着伊后先方トノ接觸ノ次第ニ依リテハ兩國間ニ情報交換乃至協議條項ヲ規定スル協定ノ締結方等ヲ一應考究シタルモ使節團出發后ノ歐洲形勢特ニ最近伊國ノ態度等ニ鑑ミ右ハ此ノ際再考ヲ要ストノ結論ニ達セリ右佐藤大使ニ御傳達相成度

（付　記）

日伊間相互支援協定締結ニ關スル考察（昭和一五、六、四　歐二）

今次歐洲大戰ノ歸趨ハ未ダ遽ニ予斷シ難キモ來ルベキ伊國ノ參戰等ニ依リ戰局ガ短期ノ裡ニ終結ヲ見ル可能性ナキニ非ズ其ノ場合何レガ勝利ヲ得ルトスルモ其ノ結果日本側ハ立場ヲ弱メラルル虞レアリ從ッテ日伊間ニ相互支援ノ協定ヲ爲シ置キ將來媾和會議等ノ場合ニ於ケル與國ヲ獲得シ置クコト然ルベシトノ在伊天羽大使ノ禀請ニ付キ伊國ガ當然參戰ヲ爲スベシトノ假定ノ下ニ考察セル所左ノ通リ

一、利害得失

日伊關係ノ强化ハ當然日本ノ不介入方針ノ或ル程度ノ變更ヲ意味シ對英佛關係ノミナラズ對米關係ニ重大ナル影響アルベキハ當然予測セラルル所ナリ

サリナガラ右不介入方針ノ內容ニ於テ日本ガ獨伊ニ與シ參戰スルト云フガ如キ性質ノモノニ非ズシテ單ニ之ニ「モーラル」ノ支持ヲ與ヘ且戰後ニ於テ相互ノ尊重、協力スベシトノ內容ナルニ於テハ必ズシモ之ヲ以テ米國等ガ日本ニ不當ナル壓迫ヲ加フル理由ト爲シ得ザルベシ

サリナガラ戰爭ノ終結ガ獨伊側ノ敗北ニ終リタル際ハ日本ハ英米佛勝利國ノ前ニ相當不利ナル立場ニ置カルルコトトナルベキモ天羽大使ノ意見ノ通リ現在ノ戰局ヨリ推斷スルニ於テハ英佛側ノ勝利ヲ得ルハ今後戰爭ガ長期戰トナリ交戰國ガ何レモ疲弊シタル後ニ於テ初メテ實現シ得ルコトニシテ今後數年ヲ要スルモノト思考セラルルヲ以テ此ノ場合我方ニ於テハ既ニ支那事變ヲ適當處理シ戰後ニ於ケル列國ノ壓迫ニ備ヘ得ルノ實力ヲ養ヒ得ルノ余

裕アルモノト考ヘラル

問題ハ米國ノミナルベキモ日本ガ不介入方針ヲ一擲シ戰爭ニ參加スル場合ハ戰後聯合國側ヨリ相當ナ壓迫アルベキモ現在通リ不介入方針ヲ支持シツツ「モーラル」ノ支援ヲ與フル程度ナルニ於テハ必ズシモ不利ナル點多シト斷ジ難シ況ヤ獨伊側ガ勝利ヲ得ル公算大トナレルニ於テヲヤ

結局問題ハ日伊ガ如何ナル點ニ於テ締結スルヤノ點ニ歸着スル次第ニシテ大体ニ於テ天羽大使稟請ノ如ク日本政府ガ支那ニ於ケル伊國ノ權益ヲ尊重スルノミナラズ今後共差支ナキ範圍ニ於テ伊國ノ東亞ニ於ケル活動ニ最モ好意的考慮ヲ拂フベキコトヲ約シ伊太利側ハ日本ノ東亞ニ於ケル地位ヲ認メ凡ユル場合ニ其ノ立場ヲ支援スルコトヲ約ス程度ニナルニ於テハ双方ノ利害一致シ居ルニ付キ可ナリト認メラル

サリナガラ今日ノ所伊國側ガ右ノ如キ微温的ナル取極メヲ欲スルヤ否ヤハ明カナラザルモ從來「ムッソリーニ」及「チアノ」外相ガ我ガ當局者ニ繰返シ言明セル所ニモ鑑ミ從來ノ言明ヲ文書ニナシ置ク位ノ輕キ意味ニテ何等カノ取極メヲ爲スコトハ此ノ際必ズシモ不可ナラズト思考ス

右ニ關スル具体案左ノ通リ

一、祕密覺書案

日伊兩國代表者ハ本國政府ノ許可ヲ得テ兩國政府ノ政策ガ左ノ點ニ於テ一致セルコトヲ確認ストノ趣旨ニテ覺書ヲ交換シ置キ右ヲ我方國內手續上ニ於ケル國際約定ト爲サザルコト一案ナリトス

一、內容ノ重大ナルニ鑑ミ我方國內手續上國際約定ト爲シ左ノ趣旨ヲ規定ス

取極メノ內容

一、日伊兩國政府ハ今後生ズベキ外交上ノ諸問題ニ付キ出來得ル限リ緊密ナル連絡ヲ保チ相互ニ支援スベキコトヲ約ス

一、日本政府ハ東洋ニ於ケル伊太利國ノ權益ヲ尊重シ且其ノ經濟的活動ニ對シ最モ好意的考慮ヲ加フベキコトヲ約ス

一、伊太利政府ハ日本國ノ東亞ニ於ケル地位ヲ認メ右ニ關聯スル國際問題生ズル場合ニ於テハ日本ノ立場ヲ支援スベキコトヲ約ス

107

昭和15年5月17日　有田外務大臣より
在伊国天羽大使宛（電報）

イタリアが欧州大戦へ参戦した場合におけるムッソリーニ首相およびチアノ外相宛メッセージの修正方訓令

別電一　昭和十五年五月十七日発有田外務大臣より在伊国天羽大使宛第一七三号
右ムッソリーニ首相宛メッセージ修正案
二　昭和十五年五月十七日発有田外務大臣より在伊国天羽大使宛第一七四号
右チアノ外相宛メッセージ修正案
付記一　昭和十五年四月八日付
右ムッソリーニ首相宛メッセージ原案
二　昭和十五年四月八日付
右チアノ外相宛メッセージ原案

本　省　5月17日後8時0分発

第一七二號（極祕）

訪伊使節團ハ米内總理及ビ本大臣ヨリ夫々「ム」首相及ビ「チ」外相ニ宛テタル「メッセーヂ」ヲ携行シタル處歐洲政局ハ近ク伊國ガ參戰乃至貴電第三八八號末段ノ如キ獨自ノ措置ニ出ヅル危險ヲ胎ミ居ルニ付右「メッセーヂ」ノ内容ニ付テモ再應考慮ノ要アリト思考セラル就テハ使節團「ム」首相等ト會見ニ先チ伊國ノ參戰ヲ見ルガ如キ場合ハ別電第一七三號及第一七四號ノ「メッセーヂ」ヲ貴方ニテ豫メ可然準備シ置カレ之ヲ手交スルコトトセラレ度ク（此ノ場合署名ナキモノトナルモ已ムヲ得ザルニ付先方ニ對シ卒直ニ電報ヲ以テ接受セルモノナルコトヲ告ゲ使節團出發ノ際用意セル「メッセーヂ」ハ非交戰國ノ立場ヲ强調シ居ルニ依リ事態ニ卽セザルニ至リタリトノ趣旨ヲ打明ケラルルモ差支ナシ從テ日附ハ使節團到着後ノ日附トセラレ度シ）伊國側ノ態度ニ變化ナキ場合ハ使節携行ノモノヲ其儘手交セラルルコトト致度

尚「メッセーヂ」本文ハ日本文ニシテ右佛譯文ハ使節團ニ於テ船中準備シ置クコトトナリ居ル處其ノ儘提出ノコトトナル場合モ貴使ニ於テ前記次第御含ノ上譯文ニ付キ充分御注意相成リ度シ

編注　チアノ外相宛メッセージは五月二十一日、ムッソリーニ首相宛メッセージは五月二十三日、それぞれ原案通り先方へ手交された。なお、イタリアの対英仏宣戦布告は六月十日になされた。

（別電一）

本　省　5月17日後7時20分発

第一七三號

米内總理大臣ノ「ムッソリーニ」首相宛「メッセーヂ」

總理大臣閣下

曩ニ貴國政府ハ「パウルッチ」侯ヲ團長トスル「ファシスト」黨親善使節團ヲ帝國ニ派遣シ「ファシスト」伊太利國ノ帝國ニ對スル深キ友情ノ證左トセラレ更ニ「コンチ」伯ヲ團長トスル經濟使節團ヲ派遣シテ日伊兩國ノ經濟關係ノ增進ニ多大ノ成果ヲ擧ケラレタルカ今般日伊兩國ノ經濟的提携關係ノ緊密化ト兩國ノ傳統的親善關係ノ增進ヲ使命トシテ貴國ニ特派セラルル使節團々長佐藤尚武大使閣下ヲ通シ閣下ニ對シ「ファシスト」伊太利政府及伊太利國民ニ對スル日本政府及日本國民ノ深キ尊敬ト友情ノ念ヲ傳達スルノ機會ヲ得タルハ予ノ最モ光榮且欣快トスル所ナリ

今ヤ東亞ニ於ケル新秩序建設ノ大業ハ新支那中央政府ノ樹立ト共ニ其ノ輝カシキ黎明ヲ見ルニ至リシカ伊國官民ハ支那事變當初ヨリ今日アルヲ明察シ終始一貫帝國ニ對シ最モ理解アル好意的支持ノ態度ヲ堅持セラレ帝國官民ニ深キ感銘ヲ與ヘラレタリ東西ニ輝カシキ傳統ト文化ヲ誇ル日伊兩國ノ提携カ政治經濟文化ノ各方面ニ亘リ日ト共ニ益々其ノ緊密ノ度ヲ加ヘツツアルハ單リ日伊兩國ノ爲ノミナラス世界人類平和ノ爲同慶ニ堪ヘス

今次歐洲戰爭勃發ニ伴フ世界ノ情勢ハ極メテ重大ナル處光輝アル古「ローマ」ノ傳統ヲ繼承シ愛國ノ熱火ニ燃ユル新興「ファシスト」伊太利國民カ此ノ複雜ニシテ機微ナル世界ノ情勢ニ對處シ祖國ノ爲努力ヲ拂ハレツツアル歷史的時機ニ際シ本使節團ニ「メッセーヂ」ヲ託シ閣下ニ予ノ深甚ナル敬意ヲ表スルヲ特ニ欣幸トス茲ニ日伊兩國ノ益々敦厚ナル親交ヲ祝福シ併セテ友邦伊太利國及伊太利國民ノ前途益々多幸ナランコトヲ祈念ス

（米内總理大臣自署）

昭和十五年四月八日

伊太利國

總理大臣「ベニト、ムッソリーニ」閣下

（別電二）

本省　5月17日後7時20分発

第一七四號

有田外務大臣ノ「チアノ」外相宛ノ「メッセーヂ」

外務大臣閣下

日伊兩國經濟關係ノ緊密化ト兩國ノ傳統的親善關係ノ增進ヲ使命トシテ今般貴國ニ派遣セラルル使節團々長佐藤尚武大使閣下ニ本「メッセーヂ」ヲ託シ閣下竝ニ伊太利國民ニ對スル予ノ衷心ヨリノ敬意ヲ表スルノ機會ヲ得タルハ予ノ最モ光榮且欣快トスル所ナリ

日伊兩國間ノ經濟提携關係ハ曩ニ貴國政府ノ派遣セラレタル「コンチ」伯ヲ團長トスル經濟使節團來朝ニ依リ一層增進セラレタルカ其ノ後ノ東亞及歐洲ニ於ケル事態ノ展開ニ伴フ世界ノ情勢ハ日伊兩國ノ經濟關係ニ新タナル檢討ヲ加ヘ兩國ノ相互扶助關係ヲ更ニ密接ナラシムルヲ適當ト認メシムルニ至レリ

今次使節團派遣ノ主タル目的ハ此ノ新タナル事態ニ對處シ曩ニ「コンチ」伯ノ本邦訪問ノ機會ニ締結セラレタル協定ニ改訂ヲ加フルノ可能性ヲ檢討スルト共ニ日伊兩國ニ共通ノ利害アル諸問題ニ關聯シ一層相互ノ理解ヲ深メントスルニ在リ

日伊兩國ノ親交關係カ防共協定締結以來兩國民ノ深キ相互理解ト信頼ヲ背景トシ日ニ益々敦厚ヲ加ヘツツアルハ單ニ兩國民ノ爲ノミナラス世界人類ノ福祉ノ爲慶賀ニ堪ヘサル所ナリ我日本帝國カ過去二年有餘ニ亘リ其ノ努力ヲ傾注セル東亞ノ秩序再建設ノ事業ニ對シ伊太利國官民ハ終始一貫最モ理解アル好意的支持ノ態度ヲ堅持セラレタルカ今ヤ新支那中央政府ノ樹立ト共ニ東亞ハ其ノ新シキ秩序ニ確乎タル礎石ヲ築クニ成功セリ

現下世界ノ情勢ハ極メテ重大ニシテ歐洲戰爭ノ進展ト其ノ歸趨如何ハ帝國政府カ其ノ不介入ノ態度ヲ堅持シツツ重大關心ヲ以テ注視シ居ル所ナルカ世界文明ノ將來ヲ左右スヘキ機微ナル局面ニ對處スル伊太利國民ノ熱烈ナル愛國心ハ日本國民ノ全幅ノ讃歎ヲ惜マサル所ニシテ此ノ日伊兩國民ニ共通ナル愛國ノ精神コソ兩國ヲ強固ニ結合スル紐帶ト云フヘク兩國ノ緊密ナル提携ハ眞ノ世界平和ノ爲益々其ノ光

彩ヲ發揮スヘキモノナルコトヲ疑ハズ
予ハ茲ニ閣下ニ對シ深甚ナル敬意ヲ表スルト共ニ友邦「ファシスト」伊太利國ノ前途益々多幸ナランコトヲ祈念ス

昭和十五年四月八日

（有田外務大臣自署）

伊太利國

外務大臣伯爵「ガレアッツオ、チアノ」閣下

（付記一）

米内總理大臣ノ「ムッソリーニ」首相宛「メッセーヂ」

總理大臣閣下

曩ニ貴國政府ハ「パウルッチ」侯ヲ團長トスル「ファシスト」黨親善使節團ヲ帝國ニ派遣シ「ファシスト」伊太利國ノ帝國ニ對スル深キ友情ノ證左トセラレ更ニ「コンチ」伯ヲ團長トスル經濟使節團ヲ派遣シテ日伊兩國ノ經濟關係ノ增進ニ多大ノ成果ヲ擧ケラレタルカ今般日伊兩國ノ經濟的提携關係ノ緊密化ト兩國ノ傳統的親善關係ノ增進ヲ使命トシテ貴國ニ特派セラルル使節團々長佐藤尙武大使閣下ヲ通シ閣下ニ對シ「ファシスト」伊太利政府及伊太利國民ニ對スル日本政府及日本國民ノ深キ尊敬ト友情ノ念ヲ傳達スルノ機會ヲ得タルハ予ノ最モ光榮且欣快トスル所ナリ

今ヤ東亞ニ於ケル新秩序建設ノ大業ハ新支那中央政府ノ樹立ト共ニ其ノ輝カシキ黎明ヲ見ルニ至リシカ伊國官民ハ支那事變當初ヨリ今日アルヲ明察シ終始一貫帝國ニ對シ最モ理解アル好意的支持ノ態度ヲ堅持セラレ帝國官民ニ深キ感銘ヲ與ヘラレタリ東西ニ輝カシキ傳統ト文化ヲ誇ル日伊兩國ノ提携カ其ノ深キ相互理解ト共通ノ正義ノ理念ノ上ニ政治經濟文化ノ各方面ニ亘リ日ト共ニ益々其ノ緊密ノ度ヲ加ヘツツアルハ單リ日伊兩國ノ爲ノミナラス正義ニ基ク恆久的平和ノ樹立ヲ渴望スル世界人類ノ爲同慶ニ堪ヘス

今次歐洲戰爭勃發ニ伴フ世界ノ情勢ハ極メテ重大ナル處光輝アル古「ローマ」ノ傳統ヲ繼承シ正義ト愛國ノ熱火ニ燃ユル新興「ファシスト」伊太利國民カ此ノ複雜ニシテ機微ナル世界ノ情勢ニ對處シ國際正義ノ確立ト祖國ノ興隆ノ爲拂ハレツツアル努力ト其ノ成果トハ日本國民ノ深キ共感ト友情ヲ以テ注視シ且祝福スル所ニシテ防共協定ノ締結以來不動ノ基礎ヲ確立スルニ至レル日伊兩國ノ提携ハ此ノ混亂セル世界ノ暗黑ヲ通スル一道ノ光明トシテ將來益々其ノ光

彩ヲ發揮スヘキ天與ノ使命ヲ有スルモノト信ス
予ハ此ノ歴史的時機ニ際シ派遣セラルル使節團ニ本「メッセーヂ」ヲ託シ閣下ニ深甚ナル敬意ヲ表スルト共ニ日伊兩國ノ益々敦厚ナル親交ノ表徴トナシ併セテ友邦伊太利國及伊太利國民ノ前途益々多幸ナランコトヲ祈念ス

昭和十五年四月八日　（米内總理大臣自署）

伊太利國
總理大臣　「ベニト、ムッソリーニ」閣下

（付記二）

有田外務大臣ノ「チアノ」外相宛ノ「メッセーヂ」

外務大臣閣下
日伊兩國經濟關係ノ緊密化ト兩國ノ傳統的親善關係ノ増進ヲ使命トシテ今般貴國ニ派遣セラルル使節團々長佐藤尚武大使閣下ニ本「メッセーヂ」ヲ託シ閣下竝ニ伊太利國民ニ對スル予ノ衷心ヨリノ敬意ヲ表スルノ機會ヲ得タルハ予ノ最モ光榮且欣快トスル所ナリ
日伊兩國間ノ經濟提携關係ハ曩ニ貴國政府ノ派遣セラレタル「コンチ」伯ヲ團長トスル經濟使節團來朝ニ依リ一層増進セラレタルカ其ノ後ノ東亞及歐洲ニ於ケル事態ノ展開ニ伴フ世界ノ情勢ハ日伊兩國ノ經濟關係ニ新タナル檢討ヲ加ヘ兩國ノ相互扶助關係ヲ更ニ密接ナラシムルヲ適當ト認メシムルニ至レリ
今次使節團派遣ノ主タル目的ハ此ノ新タナル事態ニ對處シ曩ニ「コンチ」伯ノ本邦訪問ノ機會ニ締結セラレタル協定ニ改訂ヲ加フルノ可能性ヲ檢討スルト共ニ世界情勢ノ進展ニ伴ヒ生起スヘキ日伊兩國ニ共通ノ利害アル諸問題ニ關聯シ一層相互ノ理解ヲ深メントスルニ在リ
日伊兩國ノ親交關係カ防共協定締結以來兩國民ノ深キ相互理解ト信頼ヲ背景トシ日ニ益々敦厚ヲ加ヘツツアルハ單ニ兩國民ノ爲ノミナラス正義ニ基ク恆久的平和ノ確立將又世界人類ノ福祉ノ爲慶賀ニ堪ヘサル所ナリ我日本帝國カ過去二年有餘ニ亘リ其ノ努力ヲ傾注セル東亞ノ秩序再建設ノ事業ニ對シ伊太利國官民ハ終始一貫最モ理解アル好意的支持ノ態度ヲ堅持セラレタルカ今ヤ新支那中央政府ノ樹立ト共ニ東亞ハ其ノ新シキ秩序ニ確乎タル礎石ヲ築クニ成功セリ
現下世界ノ情勢ハ極メテ重大ニシテ歐洲戰爭ノ進展ト其ノ

歸趨如何ハ帝國政府カ其ノ不介入ノ態度ヲ堅持シツツ重大關心ヲ以テ注視シ居ル所ナルカ世界文明ノ將來ヲ左右スヘキ機微ナル局面ニ對處スル伊太利國民ノ熱烈ナル正義心ト愛國心ハ日本國民ノ全幅ノ讃歎ヲ惜マサル所ニシテ此ノ正義ト愛國ノ精神コソ日伊兩國ヲ強固ニ結合スル紐帯ト云フヘク右ニ依リ結ハルル兩國ノ緊密ナル提携ハ此ノ重大ナル時局ニ際シ將來益々其ノ光彩ヲ發揮スヘキモノナルコトハ疑ナキ所ナリ

予ハ茲ニ閣下ニ對シ深甚ナル敬意ヲ表スルト共ニ友邦「ファシスト」伊太利國ノ前途益々多幸ナランコトヲ祈念ス

昭和十五年四月八日

（有田外務大臣自署）

伊太利國

外務大臣伯爵「ガレアッツオ、チアノ」閣下

108　昭和15年5月20日　在独国来栖大使より有田外務大臣宛（電報）

欧州戦局の変化に応じ日中戦争処理方針の適宜再検討方意見具申

ベルリン　5月20日前発
本　省　5月21日前着

第五一三號（館長符號扱）

一、[1]前回大戰ニ於ケル「マルヌ」會議ノ先例ハ有之モ獨逸ノ蘭白進撃カ如何ニモ目覺シク且新兵器新戰術ノ偉力モ頻リニ傳ヘラレ居ル結果我國一部ニ於テハ獨逸カ此ノ儘武力ノミニ依リ一氣ニ英佛ヲ壓迫シ得ルモノト卽斷シ居ルヤニ推セラルル節アル處（我參謀本部ノ判斷ハ然ラストト傳承ス）本使ノ所見ヲ以テスレハ恐ラク獨逸カ今日最モ苦心シツツアル所ハ外交手段ヲモ竝用シ戰局ヲ有利且迅速ニ終結セシメル方策如何ニ存シ現ニ獨逸海軍首腦部カ蘭印問題ノ關係ニテ當館遠藤武官ニ對シ今後日本ノ行動如何ニ依リ戰局ヲ獨逸ノ爲有利迅速ニ收拾シ得ル機會出現シタル場合ハ日本カ見逃ササランコトヲ望ムト申越セルカ如キ蓋シ其ノ片鱗ト見ルヲ得ヘシ

二、前回大戰同樣戰線何處ニ於テカ膠着シ長期戰トナルハ獨逸ノ最モ避ケント欲スル所ナルト同時ニ當面ノ目標タル英佛ヲ急追スルノ余リ甚タシク兵力器材ヲ消耗シ背面ニ控ヘ居ル蘇聯ヲシテ軍事經濟ノ双方ニ亘リ獨逸ノ急所ヲ

握ラシムルニ至ルカ如キモ亦相當遠大ナル慮リヲ有スヘキ「ヒットラー」等トシテ警戒ヲ怠ラサル所ナルヘク其ノ間ノ掛合頗ル微妙ニシテ従ツテ伊太利參戰ニ關シテモ獨逸トシテハ戰線擴大ノ得失、大体定評アル伊國陸兵ノ素質及巴爾幹ニ於ケル獨蘇伊ノ利害必スシモ一致セサル關係等ヲ考慮シ少クトモ今直ニ伊國ノ參戰ヲモ望ミ居ルモノトハ思考スルヲ得ス

三、[2]蓋シ獨逸トシテハ對英佛決戰及來ルヘキ和平兩方面ニ於テ伊太利ヲ利用セン肚ナルヘク從來米國カ和平問題ニ關シ常ニ伊太利ヲ念頭ニ置キ「ウエルズ」使節ノ如キモ順路トハ言ヘ先ツ非交戰國タル伊國ト意見ヲ交換シタルコト及米國カ差當リ手ノ付ケ様ナシトハ知リツツモ戰爭不擴大又ハ和平成立ニ向ツテ「ヂエスチユア」ヲ繰返シ伊太利ヲ最後迄動カサントスル情勢ニ至レルニ鑑ミ(伊發往電第三八五號米國ノ對伊警告ハ必スシモ米國最後ノ科白トハ斷シ難カルヘシ)伊國ニ對シテハ寧ロ此ノ方向ニ於テ非交戰國トシテ獨逸ヲ援助スルコトモ期待シ居ルヘク旁々伊太利最近ノ示威的態度ハ實際參戰ノ一歩手前ノ態勢ヲ執リ西部戰線ニ於ケル獨ノ作戰的立場ヲ側面援護セシムルト共ニ他面萬一平和來ノ場合ヲモ考ヘ英、米、佛ニ對シ伊太利ノ地中海ニ對スル要望ヲ深刻ニ印象セシメ置カントスル底意ヲ含ミ居ルヤニ認メラル

四、[3]以上ハ主トシテ獨逸側ノ立場ヲ付度シテノ觀測ナルモ英佛將又伊側ニ於テモ勿論種々思惑アルヘク又米側トシテモ少クトモ英國ノ内密ノ意嚮明カナラサル限リ輕々ニ和平運動ニ乘出スカ如キコト萬ナカルヘク旁々外交局面ノ展開ハ戰局同様遽ニ豫斷ヲ許ササルモノアルモ何ノ途我國ノ地位カ益々重要ヲ加フヘキハ疑ナク此ノ際日支事變ノ關係上我國ノ外交的活動カ兎角意ノ如クナラス一部外國ヲシテ些カ鼎ノ輕重ヲスラ問ハシメツツアルカ如キ事態ハ成ルヘク急速ニ調整スルコト我國トシテ最モ緊要ナリト思考セラルルニ付既定ノ事變處理方針ニ關シテモ如上ノ重大時局ヲ考慮シ適宜再檢討ヲ加ヘラルルコト切ニ希望ニ堪ヘス(英發往電第七七一號御參照)

右卑見敢テ具申ス

米、伊、蘇ヘ轉電セリ

伊ヨリ英、佛ヘ轉電アリタシ

109　昭和15年5月25日　有田外務大臣より在伊国天羽大使宛(電報)

佐藤大使のドイツ訪問が公式訪問の形にならぬよう注意喚起

本　省　5月25日後8時30分発

第一九四號(極祕、館長符號扱)

貴電第四三二號ニ關シ

佐藤大使ヘ

豫定通リ旅行セラレ差支ナキモ獨逸訪問ガ恰モ公式訪問ノ如キ形ヲトル事ハ對伊關係上モ面白カラザルニ付此ノ點御如才ナキコト乍ラ充分御留意相成度

110　昭和15年6月8日　有田外務大臣より在伊国天羽大使宛(電報)

今後のドイツの動向等に関し独要人へ打診方佐藤大使へ訓令

本　省　6月8日後7時0分発

第二三三號(極祕、館長符號扱)

貴電第四九五號ニ關シ

佐藤大使ヘ

豫定通リ獨逸ヲ訪問セラレ差支ナク獨逸側ニ於テ多少宣傳的ニ取扱フモ已ムヲ得ザルニ付出來得ル限リ先方要人トノ接觸ヲ遂ゲラレ獨逸今后ノ動向等打診セラルル樣致度

獨ヘ轉電アリタシ

111　昭和15年6月24日　有田外務大臣より在独国来栖大使宛(電報)

ヒトラー総統等との会談の際の発言要領につき佐藤大使へ訓令

別　電　昭和十五年六月二十四日発有田外務大臣より在独国来栖大使宛第三九九号

右要領

付　記　昭和十五年七月(日付不明)発有田外務大臣より在独国来栖大使宛電報

ヒトラーおよびリッベントロップ外相との会談の際に意見交換すべき諸点

本　省　6月24日後7時0分発

第三九八號*(極祕、大至急、館長符號扱)

佐藤大使へ
貴使「ヒツトラー」等ト會談セラルル際ハ別電第三九九號ノ趣旨ヲ述ヘラルルコトト致度シ尚其ノ際話ノ都合ニ依リテハ貴使「ムツソリニ」話合ノ次第ヲ適宜通ジ置カルルコトモ一案ナルヘシト思考ス、又佛印問題ニ關シ來栖大使ヨリ「ワ」次官ヘ申入レノ次第モ適宜御利用相成度
別電ト共ニ伊ニ轉電アリタシ

（別　電）

本　省　6月24日後7時0分発

第三九九號*（大至急、館長符號扱）
今日ノ世界ニ於テ各國ハ政治的經濟的ニ相關性アリ其ノ一隅ニ起リタル事件モ他ノ世界ノ部分ニ影響ヲ及サザル事ナキ處他面種々ノ原因ニ依リ世界ノ諸國ニハ地域的分野カ自ラ存在スルコトモ否ミ難シ殊ニ最近ノ世界的變動期ニ至リ㈠東亞及南洋地方㈡歐洲及亞弗利加地方㈢南中北米地方ガ三大分野ヲ形成セントスルノ傾向ハ顯著ナルモノアリ從テ此ノ三大區域内ニ於ケル平和ヲ維持シ進ンテ世界ノ平和ヲ確保センコトハ各區域内ニ於ケル安定勢力タル國家重大ナル責務タルト共ニ各地域内ノ安定勢力タル國家各々他方ノ政治、經濟上ノ特色ヲ尊重シ互ニ相侵サス進ンテ該地域ノ安定ニ協力シ而モ資源及文化ノ上ニハ有無相通シ長短相補足スルノ理解ト雅量トヲ有スルコト肝要ナリ從テ帝國トシテハ南洋地方ヲ含ム東亞ノ諸民族ト共ニ之等地域ノ安定ニ基ク惠福ヲ分タントスルモノニシテ從來幾度カ干戈ヲ辭セサリシモ亦右關係ニ基クモノニ外ナラズ蓋シ我建國ノ大義ニ照スニ世界萬物各々其ノ所ヲ得シムルヲ以テ理想トス從テ我對外政策ノ根本方針モ亦帝國ノ世界ニ於ケル當然ノ地位ヲ確保スルニアルハ勿論ナルト同時ニ世界諸民族ガ均シク其ノ所ヲ得ンコトヲ望ミテ已マザルモノナルカ先以テ帝國トシテハ其ノ分擔スル地域ノ安寧福祉確保ニ努力セントスルモノナリ

（付　記）

本　省　発

佐藤大使へ☆
往電第三九八號ニ關シ
貴使獨側首腦ト會談セラルル際往電第三九八號別電ノ趣旨

ヲ述ヘラルルコトハ勿論ナルモ「ヒトラー」又ハ「リッペン」トハ左記御含ノ上此等諸點ニ付テモ腹藏ナキ意見ヲ交換セラレタシ

一、日獨兩國ハ夫々東亞（南洋ヲ含ム）及歐洲（阿弗利加ヲ含ム）ニ於テ新秩序建設ニ邁進シ居レルカ其ノ前途ニハ幾多ノ障碍アリ正義ト公平ニ基ク世界新秩序建設ノ共通ノ理念ヲ有スル兩國カ各其分野ニ於テ活動シ相互ニ協力スルコトハ前記目的達成ノ為極メテ有益且必要ナルモノト信ス

二、帝國ハ過去三ケ年以來支那ニ於ケル新秩序ノ實現ニ努力シ居レルカ其ノ反響トシテ英米佛ノ勢力ヲ牽制シ歐洲ニ於ケル新秩序ノ建設ニ好都合ナル事態ヲ齎シ居レルハ理解ニ難カラサルヘク又歐洲ニ於ケル獨逸戰勝ノ結果ハ南洋ヲ含ム東亞ノ事態ニ少ナカラヌ影響ヲ齎シ居レル事モ事實ナリ一言ニシテ云ヘハ日獨兩國ハ世界政策遂行上共存共榮ノ體勢ニ在リ

三、蘇聯ニ對スル問題モ日獨間ニ共通ナル問題ニシテ現下ノ事態ニ於テハ兩國共蘇聯トノ平和維持ヲ必要トシ日本モ之カ為努力シツツアルカ蘇聯トノ平和維持ニ關シ日獨兩國ハ相互ニ協力シ得ル立場ニアリト思考ス

四、歐洲及東亞ニ於ケル新秩序建設体勢ニ鑑ミ米國ヲシテ其ノ分野ヲ守リ妄リニ他方面ニ容喙セシメサルヲ日獨兩國共通ノ利益ナリト思考ス

五、斯クノ如ク日獨兩國ハ其ノ世界政策上多クノ點ニ於テ共通ノ利害關係ニ在ルヲ以テ帝國トシテハ其ノ自然的生存圈内ニ在ル東亞及佛印蘭印其他南洋地方ニ對スル日本ノ政策ヲ獨逸カ理解シ之ヲ支持セムコトヲ期待スルト共ニ獨逸カ歐洲及阿弗利加方面ニ於テ其ノ政策ニ成功セムコトヲ希望スルモノナリ尚經濟問題ニ付テハ帝國ハ東亞及南洋方面ニ對シ此等地方ノ平和ト繁榮トヲ確保シ其ノ資源ヲ人類福祉ノ為開發利用セムコトヲ期スルモノナルカ此レト同時ニ帝國モ亦獨逸カ安定圈相互間ニ於テ同様經濟上有無相通ズル政策ニ出テムコトヲ期待スルモノナリ

六、前項ト同様ノ理由ニ依リ支那事變處理ニ付テモ帝國トシテハ獨逸ノ理解アル態度ヲ期待スルモノニシテ帝國カ支那事變ヲ速ニ處理シ自由ナル立場ニ歸ルハ間接ニ獨逸ノ為ニモ有益ナルヘシト思考ス

編　注　本電報は電報番号不明。

112　昭和15年6月25日　在独国来栖大使より有田外務大臣宛（電報）

フランス降伏後の欧州情勢を踏まえたわが方の採るべき立場につき具申

ベルリン　6月25日後発
本　省　6月26日後着

*第七八八號（極祕、館長符號扱）

一、[1]佛ヲ屈服セシメタル獨逸ハ今ヤ渾身ノ力ヲ擧ケテ英國攻撃ニ移リタルカ此ノ調子ニテ行ケハ遠カラス對英制空權把握、英本土上陸作戰ノ成功等ニ依リ英本國モ亦獨軍ノ支配ニ歸スル公算モ少カラスト認メラルル處此ノ場合英政府カ例ヘハ加奈陀ニ移轉シ米ヲ後楯ニ飽迄抗爭ヲ續クルヤ否ヤ今日ノ情勢トナリテハ可成リノ問題ト云フヘク何レニスルモ歐洲、地中海、阿弗利加ニ於ケル限リ獨伊ノ所謂「レーベンスラウム」ハ大体確保セラルルニ至ルヘシ「ヒトラー」政權掌握以來八年遂ニ强敵佛ヲ屠リ更ニ英帝國ノ本據ヲ衝カントスル獨軍及銃後ニ能率發揮ニ必勝ノ精神力ニ付テハ其ノ因テ來ル所ヲ虚心坦懷檢討シ他山ノ石ト爲スヘキニシテ又蘭白、佛ニ於ケル獨軍ノ軍紀嚴正、安民ノ效果ヲ擧ケツツアル顯著ナル事實ノ如キ色々ノ説明ハアルヘキモ要スルニ獨爲政者及軍部ノ對英作戰ニ控フル尋常一樣ナラサル覺悟ヲ反映スルモノト認ム

二、近キ將來歐洲ヲ中心トシ獨ノ覇業成ルトスルモ海上權ヲ伴ハサル限リ米國ヲ中心トシ英屬領ヲ糾合セル反獨伊「ブロック」（數百萬ノ獨伊系ノ住民ヲ國内ニ有スル伯拉西爾、亞爾然丁等モ對獨伊恐怖感及「ラテン」的「イデオロギー」ヨリ恐ラク之ト同調スヘシ）ニ迄止ヲ刺スコト不可能ニシテ結局之等ハ獨伊樞軸ト海ヲ隔テテ對峙關係ヲ持續スヘシ

三、[2]尤モ經濟問題トシテハ一方歐洲大陸ノミノ自給自足經濟確立ハ假令可能ナリトスルモ少クトモ多大ノ困難ニ逢着スヘキト同時ニ他方米國、加奈陀、濠洲（亞爾然丁モ同樣）等ニ取リテモ其ノ農産物ノ主要輸出先タル歐洲市場ヲ長ク喪失スルハ頗ル苦痛ナルヘキヲ以テ前記兩「ブロツク」ノ對立ハ早晩緩和セラルヘキ素因ハ充分存スルモ

國際關係ハ素ヨリ經濟ノミヲ以テ律スヘカラス佛ハ言ハスモカナ「アングロサクソン」國家群ノ臥薪嘗膽的氣分ハ容易ニ拭ヒ去ルヘクモアラス國際政局ノ將來ハ戰後ニ來ルヘキ社會上經濟上ノ變革ト相俟テ相變ラス完全ナル安定ヲ期スルヲ得サルヘシ

四、如上兩國家群對峙ノ間ニ介在シ帝國ノ地位ハ今後益々重キヲ加ヘ其ノ一擧一動ハ蘇聯邦ノ向背ト共ニ歐米諸國ノ重大ナル關心ノ目標トナルヘキ趨勢ニ在リ此ノ間亞細亞、南洋ノ諸民族カ帝國ニ對シ無言ノ期待ヲ寄セ居ルコトハ留意ヲ要スヘシ（本使來歐以來努メテ亞細亞諸國ノ外交團同僚ト接觸シ來レル結果其ノ感特ニ深シ）帝國トシテ現下ノ重大國際政局ニ處スルト雖賢明ナル途ハドツシリ東亞ニ腰ヲ下シ之ヲ侵サントスル勢力ハ其ノ何國タルヲ問ハス國內結束全力ヲ擧ケテ之ヲ排擊スルノ構ヲ具現スルニ存スヘク東亞ノ盟主トシテ世界ヲ相手スヘキ地位ニ鑑ミ單ニ歐洲一角ノ事態ニ幻惑シ一ノ追隨外交ヲ斥ケテ他ノ追隨外交ニ惰シ自之（主カ）獨往ノ態度ヲ忘ルルカ如キ最モ戒シムヘキ所ナリト思考ス

五、[3]此ノ關係ニ於テ大切ナルハ何ト言ヒテモ事變處理ニシテ先ツ諸外國ノ援蔣勢力ヲ排除スルノ御趣旨ヲ以テ既ニ英佛ニ對シ壓力ヲ加ヘラレ且蘇聯ニ對シテモ蘇宛貴電第四二五號ノ方策ニ出テラレントシツツアルモノト拜察ス就テハ東亞、南洋問題ノ今後ニ最モ關係ヲ有スヘキ米國ニ對シテモ米宛貴電第二一二號前段ノ次第ハ有之モ何等カノ措置ニ出テラルルコト必要ト存ス蓋シ東亞ニ於テハ曩ニ野村外相就任ノ際太平洋平和維持ニ對スル我方ノ提案ニ耳ヲ藉ササリシヤニ傳ヘラレ歐洲ニ於テハ「ミユンヘン」會議以來「チエンバレン」ノ「アツピーズメント」政策ヲ論難シ在英佛米大使ノ言動相俟テ英佛等ノ對獨戰爭熱ヲ煽リタルニ過キサル米國モ最近ノ歐洲戰局ニ直面シテハ流石ニ國際政局ヲ愼重且現實的ニ考慮スルノ傾向ヲ帶ヒ來ルニ相違ナシト想像セラレ（今回ノ米內閣改組モ其ノ現レニアラスヤト思ハル）大体前揭米宛貴電末段ノ情勢近ツキツツアルヤニ思考セラルル次第ナリ輓近我國ノ有力ナル一部ニ對獨伊關係强化論擡頭シ居リ政府ニ於カレテモ種々御硏究中ノコトト察スル處本使ノ觀ル所ヲ以テスレハ此ノ際日支關係ハ勿論蘭印、佛印問題等總テヲ包含スル西太平洋平和維持ニ關スル抱負及決意ヲ適

當ナル方法ニ依リ天下ニ明カニセラレ現下ノ國際情勢ニ卽シ米英ノ再考ヲ促シ根氣强ク特ニ米ノ態度轉換ヲ期セラレ、以テ事變處理、對南方發展ニ資セラレンコト第一義ト信ス

米、蘇、伊、壽府ヘ轉電セリ

壽府ヨリ英ヘ轉電アリタシ

113 昭和15年7月10日 在独国来栖大使より有田外務大臣宛（電報）

佐藤・リッベントロップ会談報告

ベルリン 7月10日前発
本 省 7月10日夜着

第八七〇號（極祕、館長符號扱）☆

貴電第四二七號[1](編注)ニ關シ

佐藤大使ヨリ

「リ」外相久シク不在ノ爲漸ク本八日伯林ニテ面會來栖大使、河相公使ト共ニ會談一時間二十分ニ亘リ意見交換ヲ爲セルカ其ノ要領左ノ通リ

一、本使ヨリ先ツ獨ノ歐洲新秩序建設ノ企圖着々進捗シ佛ニ於テ偉大ナル成功ヲ贏得ラレタルコトニ對シ日本政府ノ慶祝ヲ呈スル旨挨拶シタル後本使伯林通過ノ機ニ於テ帝國政府ノ命ニ依リ日本政府ノ意見ヲ傳達致度ク且自分ハ近々歸朝スヘキニ付獨政府ノ意嚮モ日本ヘ齎ラスヘシト前置シ冒頭電記載ノ各項ヲ説述シ更ニ蘭印、佛印等ノ問題ニ付帝國政府ノ採レル見解ニ對シテハ既ニ累次來栖大使ヨリ外務次官ニ説明セル處アルニ付多分貴聞ニ達シ居ルコトト存スルモ是等ノ諸點ニ關シ貴見ヲ伺フヲ得ハ幸甚ナリト述ヘタル處「リ」ハ逐一之ヲ傾聽シタル後帝國政府カ各般ノ問題ニ亘リ獨逸政府ト協力ヲ欲セラルル點ハ獨逸ノ欣快トスル所ニシテ獨トシテハ過去ニ於テモ日本ト密接ナル行動ニ出テ充分ナル了解ニ到達スヘク努力シタルハ御承知ノ通リナリ唯自分ハ獨カ何ヲ欲スルヤノ點ニ付テハ明カナル認識ヲ有スルモ日本ノ企圖カ奈邊ニアリヤニ關シテハ遺憾乍ラ明確ナル知識ヲ持チ兼ヌル次第ニシテ兩國間ノ協力モ必要乍ラ先ツ日本カ果シテ具體的ニ何ヲ希望セラルルヤヲ承知致度シ尤モ日本ノ極東ニ於ケル行動カ歐洲ニ對シ大ナル影響ヲ與ヘ獨逸カ之ニ依リ大ナル便宜ヲ得タルハ御説明ノ通ニシテ日本モ亦獨逸

ノ理解アル態度ニ依リ支那問題ニ關シ各般ノ利益ヲ獲得セルハ事實ニシテ若シ獨逸ノ斯クノ如キ好意的態度ナカリセハ日本カ現ニ支那ニ於テ收メタルカ如キ大ナル戰果ハ或ハ期待シ得サリシナルヘシト述ヘタリ

二、[(2)]仍テ本使ハ成程從來日本ノ外交政策カ外觀ニ於テ捕捉シ難キ點アリシヤモ知レサルモ右ハ日本カ滿洲事變發生以來九年ニ亘リ直面シタル外交上ノ種々ナル困難障碍ノ爲或場合ニハ或方向ニ進マントシツツ次ノ場合ニ於テ局面ノ變化ノ爲曩ノ方針ニ大ナル改變ヲ加ヘサルヲ得サリシ等ノ事實ノ爲外觀ノ疑惑ヲ買ヒタル場合モアリシヤニ認メラルルモ日本カ九年此ノ方特ニ過去三年來邁進シ來リタル要點ハ支那ニ於テノ新秩序建設卽チ華盛頓體制ヨリ離脱シテ日本ト友好的ナル新シキ支那ヲ造ラントスル點ニシテ之カ爲英米佛等ノ强大ナル勢力ニ拮抗シ來リタル次第ナリトテ過般伊太利當局ニ對シ述ヘラレタル所ト同様ノ趣旨ヲ以テ九箇國體制脱却ノ根本方針ニ關シ意見ヲ開陳セリ

三、次ニ「リ」ハ日米間ノ問題ニシテ特ニ相互ノ了解ヲ困難ナラシムル點ハ果シテ右新秩序ノ問題ノミナルヘキヤ其ノ他ノ點例ヘハ日米間海軍ノ平等問題等カ兩國國交ヲ阻害シ居ルニアラスヤト質問シ來レルニ依リ本使ハ日米間紛爭ノ最大原因ハ正ニ支那問題ニ在リ米人ハ良カレ惡シカレ支那ノ保護ヲ以テ任スルカ故日本ノ新秩序建設ノ主張ハ彼等ノ喜フ所ニアラス米國ハ常ニ大西洋上ニ於ケル海軍ノ優勢ヲ保チ之ニ依リ太平洋ノ警察權ヲ把握スルヲ念トスルモノニシテ支那問題ニ關スル限リ日米間主張ハ相容レサルモノアリト説明セル處「リ」ハ之ニ對シ米ハ資本生産共ニ飽和シ居ル結果戰後ニ於テ商品ノ捌口ニ窮シ寧ロ進ンテ日本ニ對シ原料及製造品ノ供給ヲ潤澤ナラシムヘク斯クシテ日米關係ハ好轉ノ機運ニ向フニアラスヤト想像セラルト述ヘ

更ニ[(3)]一國ノ政治力カ强大トナレハ經濟上ノ諸問題ハ自然ニ其ノ欲スルカ如キ形ニ於テ解決セラルルモノニシテ獨逸ノ如キ最近其ノ政治力カ强大ヲ加フルニ從ヒ原料問題ノ如キ製造品輸出問題ノ如キ皆常ニ獨ノ滿足スル様解決セラレ居レリトテ暗ニ獨逸大勝ノ後ニ於ケル經濟力ノ發展ヲ誇示シ且米國ハ世界ノ金ヲ殆ト九割ヲ占有スルニ至リタルモ金ハ既ニ物資交換ノ用具ニアラス戰後ニ於テモ

獨逸ハ國內的ニ全然金ニ倚存セサル經濟ヲ建設シ僅ニ國際間ノ貿易決濟ニ金ヲ利用スルニ過キサルヘシ米國ハ有餘ル金ヲ保持シ生產力擴充ノ結果商品溢レ外國市場ノ獲得ニ日モ足ラサル有樣トナルヘシトテ米カ商品賣込ニ急ニシテ大國トシテ左程恐ルルニ足ラサルヤノ口吻ヲ洩ラセリ

四、依テ本使ハ日米間ノ疎隔ハ前述ノ如ク支那問題ニ端ヲ發シ居リ其ノ間米カ支那ニ實利實害ヲ有セサル關係上常ニ主義上ノ問題ニ拘泥シ居ル結果兩國間ノ了解ハ極メテ困難ナリ而シテ日本カ若シ或程度ヲ逸脫センカ米ノ輿論ハ直ニ激發シテ經濟上ノ壓迫ヲ加ヘ來ルヘキ可能性ナシトセス既ニ日米通商條約ハ廢棄セラレ居レリ他面米ニ對スル日本ノ經濟上ノ依存關係ハ現在ニ於テモ可ナリ廣範圍ニシテ經濟斷交ノ結果ハ日本ニ取リ輕視スヘカラサルモノアリ萬一石油補給ノ途ニテモ杜絕スルコトアリトセハ日本ハ之ヲ死活問題トシテ南洋ニ目ヲ轉スヘク茲ニ日米戰爭ノ危機皆無ト言ヒ難シ

而[4]シテ一度戰爭發生セハ之カ歐洲ニ對シ重大ナル影響ヲ與フヘキコトハ多言ヲ要セスト述ヘタル處「リ」ハ言下ニ之ヲ肯定シ可成リ「イムプレス」サレタル樣子ニ見受ケラレタリ

五、更ニ「リ」ハ獨逸ハ「ベルサイユ」條約以後ニ於テ最モ封鎖ノ苦惱ヲ受ケタル國ナリシモ現在ニ於テハ英國ト其ノ地位ヲ顚倒セリ獨逸ハ對佛作戰ト同樣對英作戰ニ於テ極メテ短期間ニ完全ナル戰果ヲ獲得シ得ルモノト確信シ居ル處其ノ結果世界ノ大勢ハ經濟的ニ見テ歐洲及阿弗利加ハ獨伊、東亞ハ日本、其ノ餘ノ亞細亞ハ蘇聯邦ノ各分野トナリ之ニ米國ヲ加ヘ各區域間ノ主人公タル國々ニ於テ自己消費ノ剩餘ヲ交易スルコトトナルヘシト述ヘタリ

六、次ニ「リ」ハ支那問題ニ言及シ事變急速解決ノ目算アリヤト質問セルニ付本使ヨリ迅速解決トハ言ヒ得ス(マヽ)ルトスルモ兎モ角今ヤ汪兆銘ノ新政府モ新設セラレ日本ハ之ト友好的協定ニ入ルヘク現在交涉ノ最中ト心得居レリ之カ成立ノ曉ハ新政府ニ於テ國ノ內外ニ公正妥當ナル政府ヲ行フコトトナルヘク右ハ東亞ノ安全ニ資スル所大ナルヘク米國ニモ好影響ヲ與ヘ彼ヲシテ東亞ノ新事態ニ對スル認識ヲ改メシムルニ至ルヘク之カ日米關係調整ノ契機トモナルヘシト考フト答ヘ置キタリ

七、更ニ蘇聯邦ニ關シ「リ」ハ獨蘇協定以來兩國間國境確定シ互ニ其ノ境界ヲ永久的ニシタル次第ナルカ豫テ自分ノ希望シタルカ如ク最近數ケ月ニ亘リ日本カ獨逸ト同シク蘇聯邦トノ間ニ諸種ノ案件ヲ解決シテ良好ノ關係ヲ恢復スヘク努力セラレ居ルハ自分ノ欣幸トスルト述ヘ居タリ[(5)]

八、最後ニ本使ヨリ對英作戰終了ノ曉歐洲平和克服ノ爲採ラルヘキ手段ニ付何等貴見ヲ拜聽シ得ヘキヤト述ヘタルニ對シ「リ」ハ目下獨逸ノ神經ハ對英作戰ニ集中セラレ居リ到底平和克服ノ形態乃至ハ手續等ニ關シ考慮ヲ繞ラシ居ル餘地ナシトテ深入ヲ避ケタリ

會見既ニ一時間餘ニ及ヒタルヲ以テ本使ヨリ重ネテ日本ノ關心ヲ有スル諸問題ニ關シテハ既ニ來栖大使及本使ヨリ申述ヘタル所ニ依リ貴大臣ニ於テ充分御了解成リタルコトト存ス右ニ對シ獨逸政府カ相當ノ考慮ヲ拂ハレンコトヲ希望スルト述ヘ會談ヲ打切リタリ

九、以上ノ經過ニテ御承知相成ルヘキ通リ獨側ニテハ蘭印、佛印等ニ關シ伊首相ノ與ヘタルカ如キ明確ナル態度ヲ一切見受クルヲ得ス確約言質等ヲ取リ付クルヲ得サリシハ甚タ遺憾ニシテ獨側ニテハ之等諸問題ニ對シ寧ロ確定的前約ヲ與フルヲ避ケントスル樣子ニ見受ケラレタリ

尚先方ノ希望モアリ本電内容外部ニ洩レサル樣特ニ御配慮相煩度シ

伊、米、蘇、英ヘ轉電セリ

編　注　本書第111文書付記と思われる。

114　昭和15年7月10日　在独国来栖大使より有田外務大臣宛（電報）

佐藤・リッベントロップ会談を契機に日独協力問題につき独側と協議開始の見通しについて

ベルリン　7月10日前発
本　　省　7月10日夜着

第八七一號（館長符號扱、至急）☆

一、日獨協力ニ關スル帝國政府ノ御方針モ貴電第四二七號ニ依リ大體ノ輪廓拜察セラルルニ付往電第八七〇號佐藤大使「リ」外相會談ヲ契機トシ今後ハ本使ニ於テ時宜ニ依リ話ヲ進ムルコトト致スヘシ

二、然ルニ最近我國ノ内部ニハ熱心ノ餘リ殆ト獨逸ノ一顰一

笑ヲ氣ニ掛ケ居ル向モ有之ニアラスヤト印象セラルル處何事ニモ一應負被セ來ル傾向アルニ加ヘ戰勝ニ意氣擧レル獨逸人ニ對シ右樣ノ態度ヲ示スハ外交上頗ル不得策ナルハ申ス迄モナク斯ル不對等ナル氣構ノ下ニ妥結セル協力ノ如キハ其ノ效果甚タ覺束ナカルヘシト存ス

三、以上ノ考慮ニ基キ本使ハ佐藤大使カ前記往電ノ會談ヲ終ヘラレ辭去スルニ當リ「リ」外相ニ對シ本日ノ會談ニ依リ獨逸側ニモ日獨協力ノ希望ヲ有セラルルコト判明セルハ本使ノ特ニ欣快トスル所ニシテ實ハ最近時々獨逸ノ對日態度冷却ヲ本使ニ傳ヘ來ル者アリ不幸ニシテ萬一事實ナリトセハ豫テ日獨接近ヲ希望セル本使トシテモ右新事情ノ下ニ最善ノ方策ヲ考慮スルノ外ナキカト私カニ思案シ居リタル次第ナリト述ヘタル處「リ」ハ右ハ頗ル意外ナリトシ强ク之ヲ否定シタルヲ以テ本使ヨリ然ラハ先刻佐藤大使ニ御質問ノ日本ノ希望スル協力ノ方法ノ如キハ双方ニ協力ノ意思存スル限リ自ラ明カトナルヘク右ニ對シテハ今後御希望ニ依リ本使ニ於テ意見交換致スヘシト申置キタリ

四、右會談ニ列席セル「スターマー」ト同夜晩餐ノ席上懇談ノ機會ヲ得タルカ「ス」ハ「リ」外相ハ戰後ノ事態ヲモ考ヘ日本トノ協力ヲ考慮シ居リ其ノ範圍ハ外交經濟ノ双方ニ及フコトヲ希望シ居ルモノノ如クナルカ四圍ノ情勢上右仕上ケハ成ルヘク速カナルヲ欲シ居ル模樣ナリト內話シ居タリ

英、米、伊、蘇ヘ轉電セリ

115 昭和15年7月11日 在ウィーン山路総領事より有田外務大臣宛(電報)

日独間における利害衝突の可能性等に関する親日要人の発言につき報告

ウィーン 7月11日後発
本省 7月12日夜着

第☆一三〇號

最近會談セル當地二三親日要人ノ言中我方トシテ參考トスヘキモノ左ノ通リ

㈠日獨間ニ於ケル利害衝突ノ惧アル唯一事ハ獨逸側ニ於テ「イラン」又ハ阿富汗ヲ通スル印度洋方面ヘノ進出ヲ蘇聯ニ認ムル要アリト思考シ居ルニ對シ日本側ニテ快ク思

ハサル點ナルヘシ但シ場合ニ依リテハ日本側ニテ浦潮等ト交換スル意味ニ於テ右ヲ承認セラレテハ如何

(二)獨逸側トシテハ佛國及和蘭等カ今後獨逸ノ友好國トナルヘキ故其ノ植民地ハ成可ク之ヲ其ノ儘其ノ有トシテ殘シ置キ度キヲ以テ日本カ佛印及蘭印等ヲ占領セラルルコトハ餘リ歡迎セス、尤モ是等植民地ニ於ケル日本人ノ經濟的發展ニ對シテハ充分好意的態度ニ出ツヘク尙又南洋ニ於ケル舊獨領委任統治地域ノ領土權ヲ日本ニ讓渡スルハ勿論蘭印ノ東半ヲモ讓渡シ差支ナカルヘシ

(三)日本ハ獨伊ノ對英大攻擊開始等ノ適當時期ニ於テ香港、緬甸、新嘉坡、濠洲等ノ英領ヲ占領セラレテハ如何其ノ場合英國ガ大シタ抵抗ヲ爲シ得サルハ勿論米國政府最近ノ態度緩和等ニモ鑑ミ其ノ軍事的干渉モ起ラサルヘシ(若シ英獨間ノ和平成レル上ハ獨逸側ハ前記(二)ノ如キ態度ニ出ツヘシ)

蘇、獨、伊、土、瑞西、洪へ轉電セリ

瑞西ヨリ英へ轉電アリタシ

116　昭和15年7月12日

日独伊提携強化に関する外務・陸軍・海軍間の事務当局協議録(第一回)

付　記　昭和十五年七月十二日、外務省作成

「日獨伊提携强化案」

日獨伊提携强化ニ關スル陸海外協議議事錄

(昭、十五、七、十二)

出席者

陸軍省　高山中佐

海軍省　柴　中佐

軍令部　大野大佐

外務省　安東課長

　　　　石澤課長

　　　　德永事務官

安東「先般佐藤大使ニ訓令シ日獨提携强化ニ付獨逸側ト話ヲセシメラルルコトトナツタガ、佐藤大使ハ「リ」外相ト會見シ日獨双方ノ大体ノ意見ヲ交換スルコトヲ得タ其ノ會談ノ際「リ」外相ハ「日本ハ一体何ヲ欲シテヰル

カ分ラヌ」ト語ツテキルガ此ノ機會ニ日本側ヨリ曩ノ佐藤大使宛訓令ヨリ一歩進ンダ具体的ノ案ヲ提出シテ日獨提携强化ヲ計ルコト必要ト認ムル、今皆様ニ差上ゲタ案(編注)ハ全クノ試案ニ過ギナイガ之ヲ一應審議シテ皆様ノ御意見ヲ伺ヒタイ」

(高山中佐ノ要求ニヨリ案ノ説明ヲスルコトトナル)

安東「本案ハ獨逸カ何レニセヨ英國ヲ屈服セシメ歐洲及阿弗利加ニ於ケル覇權ヲ掌握シ歐洲阿弗利加ニ新秩序ヲ建設スルコトヲ前提トシテ日獨提携ヲ强化センコトヲ目的トスルモノデアル日本ニトリ重要問題タル對蘇問題ニ付テハ獨逸ト結ンデ蘇ヲ牽制セントシ又最近米蘇ノ提携ノ傾向ナキニシモ非ザルコトガ伺ハレルガ日獨提携ヲ以テ之ヲ牽制セントスルモノデアル

日獨提携ノ限界ニ付テハ案ノ中ニアル如ク現在ノ日本ノ國內情勢特ニ經濟状態ニ鑑ミ又蘇及ヒ米トノ關係ヨリ見テモ參戰ヲ避ケルヲ賢明トスル(此ノ點ニツキ陸海軍トシテノ意見ヲ求メタル處陸海トモ全然同意ノ旨意思表示シタリ)而シテ參戰ニ至ラサル限度ニ於テ最大限ノ提携ヲ計ラントスルモノデアル」

高山「本案ハ單ニ三省ノ間ノ意見ヲマトメテ之ヲ上ニ提出シ審議シテモラウタメノ案ナルヤ」

安東「本件ハ急速ニ運ブ事ヲ最モ緊急トスルニヨリ三省ニ意見マトマラバ之ヲ上ニ提出シ直チニ國策トシテ之ヲ實行ニ移スコトニシタイ」(陸海共贊成)

(內容ノ説明ニ移ル)

安東「佛印、蘭印及其ノ他ノ南洋ニ付テノ日本ノ獨逸ニ對スル要求デアルガ先般來之ノ問題ニ付テ日本ノ「フリー、ハンド」ヲ認メシメルト云フ案ガ出テヰタガ「フリー、ハンド」ト云フモ曖昧ナルニヨリ之ヲ具体的ニ述べテミルト案ノ如クナルト思フ之ノ點ニ付テハ尙皆様ノ意見ヲ伺ヒタイ

案ノ目的ハ日本ハ之等ノ地域ニ付テ領土的野心ヲ有スルワケニハ非ズ之等ノ地方ニ於テ經濟的自由活動ハ勿論政治的指導權ヲ確立セントスルヲ目的トシ之ヲ獨逸ニ認メサセントスルモノデ又獨逸ニ於テ之ヲ認メ易キ形式ヲ執ラントスルモノデアル」

高山「南洋ニ於ケル日本ノ政治的指導權ヲ獨逸ニ認メサセルト云フガ支那滿洲ニ於ケル日本ノ政治的指導權トノ關

係如何」

安東「支那及滿洲ニ於ケル日本ノ政治指導權ハ當然ノコトトシテ特ニ列記シナイ」

安東「尙之等ノ地方ニ付テハ英、佛及蘭領ノ各々ニ付細目ハ後ニ議スルコトトスル」

安東「支那事變處理ノ爲ニ獨カ適當ナル支持ヲ與フノ點ニ付テハ日本ノ態度ハ自主的デナケレバナラヌ例ヘバ最近問題ニナリカケタル蔣政權トノ和平仲介ノ如キモ、日獨提携ノ一般的問題ノ一環トシテ獨逸トシテ支那事變ヲ解決シテ日本ノ立場ヲ强化スルコトハ卽チ獨逸ニ有利ナリトスル見解ヨリ之ヲ行ハシメナケレバナラヌ我方ヨリ懇願スルガ如キ態度ハ避クベキデアル又新政權ノ承認蔣側ニ對スル輸出禁止等具体的ニ研究スル必要ガアル」

安東「歐洲及阿弗利加トノ通商其ノ他ノ經濟的考慮ヲ加フノ點ハ獨逸ガ歐洲阿弗利加ニ「ブロック」經濟ヲ形成セル場合閉鎖經濟ヲトルコトアラバ日本トシテ困マルカラ日本ノ東亞南洋經濟圈ト獨逸ノ新經濟圈トノ間ニ通商、其ノ他ノ經濟關係ノ有無相違(通カ)關係ヲ確保セントスルモノデアル」

安東「日本ガ獨逸ニ對シ約スルモノノ中最モ問題トナルハ第二ノ英國ノ屈服ヲ容易ナラシムル爲東亞ニ於テ出來得ル限リノ牽制手段ヲ執ルノ點デアルガ之ノ點ニ付テハ陸海軍ニ果シテ如何ナル手段ガアルカ研究ヲ願ヒタイ自分トシテハ英國ガ極東ニ於テ有スル政治的權益ヲ壓迫スルトカ或ハ情勢ノ變化ニ應ジ「ビルマ」、印度ニ於ケル獨立運動ヲ祕ニ援助スル等ノコトガ牽制手段トナリハセヌカト考ヘル」

安東「第三ノ點ハ獨逸ガ日本ノ南洋ニ於ケル優越權ヲ認メシメル代償トシテ考ヘラルルモノデ、支那、南洋ニハ獨逸ガ熱望スル品物例ヘバ「ウオルフラム」、「ゴム」、錫等デアリ之等ヲ獨ニ供給シテヤルコトニシ又獨逸ノ支那及南洋ニ於ケル經濟活動（投資企業ヲ含ム）ニ好意的考量ヲ加ヘテヤル之ノ(イ)及(ロ)デ「バランス」ガ良クトレルコトトナルト思フ」

大野「獨逸ハ戰後場合ニヨツテハ蘭印佛印及支那ニ對シテ經濟的活動ヲ活潑ニ行フコトアルベク殊ニ佛國及和蘭ヲ自己ノ屬國ノ如クセル後佛印蘭印ヲ自己ノ領土トセザル迄モ活動的ナル「ナチ」黨員ヲ派遣シテ之ヲ自己ノ政治

的指導ノ下ニ置クベキコトモ考ヘラルルニ付日本ノ對佛印、蘭印工作ハ之ヲ豫防スルタメニ急速ナルヲ要スル日本トシテハ佛印蘭印自身ヲ歐洲ヨリ切離スコトニ努力スルヲ要スル」

安東「(二)ノ對蘇關係ニ付テデアルガ現在ノ所デハ日獨双方トモ蘇聯ト平和ヲ維持スルコトヲ有利トスルニ於テハ同ジデアルガ戰爭終了後ニ於テ獨逸ガ對蘇關係ヲ如何ナル方向ニ向ケルヤ今ノ所斷定ハ出來ナイ併シ乍ラ日獨双方共對蘇關係ニ於テハ同ジ立場ニ立ツカラ今カラ獨逸トノ間ニ何等カノ取極ヲナスコトモ必要デアル併シ目下ノ所獨逸ニトリ對蘇關係ハ機微ナル點ガアリ日本ニ對シ本當ノ腹ヲ割ラヌコトモアリ得ル依ツテ場合ニヨツテハ後段ヲ「ドロップ」スルモ可デアル」

高山「蘇聯ガ羅馬尼等ニ進出スルコトハ獨逸トシテハ好マザルトコロナルベク之ヲ東部ニ牽制スベク獨逸ヨリ依頼ガアツタ場合ニ果シテ如何ナル手段ガ考ヘラレルカ」

右ノ手段ニ付色々ノ話アリ

次ハ(三)ノ對米關係ニ移ル

高山「之ハ結局日本ハ米國トノ間ニ何等ノ諒解等ヲ行ハズトノ意ナリヤ例ヘバ日米間ニ太平洋平和保障協定ノ如キモノガ成立シ米國ニシテ太平洋方面ニ脅威ヲ感ゼザルニ至ラバ米國トシテ歐洲問題ニ干渉スルニ至ルコトアルベク之ハ獨逸ノ好マザル所ナルベシ」

安東「然ラズ、日米間ニ太平洋保障協定ノ如キモノガ出來ルトシテモソレハ米國ハ米大陸ニ立籠ルベキ意味ニ於テ行ハルルモノデ南洋等ニ手出シヲセザル樣スルモノデアルベキデアル

最近「ヒツトラー」ハ米ハ米大陸ニ止マリ他大陸ニ干渉スベカラズト云ヒ又佐藤大使トノ會談ニ於テ「リ」外相ハ米ヲ牽制スルタメニ日米關係ガ惡化スルコトヲ望ンデキル樣ニハ見受ケラレズ獨トシテハ米ガ獨逸ニ對シ攻撃ノ態度ニ出デザル限リ現在モ將來モ米ト平和關係ヲ維持センコトヲ希望スル如ク見受ケラル、從テ獨ハ日米關係ガ特ニ惡化スルヲ好ムモノニ非ズト思ハル」

高山「米ガ英側ニ參戰スルコトヲ防グタメニ日本ガ何等カノ措置ヲトルコトヲ要求セザルヤ」

安東「右ノ如キ心配ハ今回ノ戰爭ノ當初ニハアリタルモ現在ノ所殆ドナシ何トナレバ獨ハ米ノ參戰ナキモノト見テ

居ルカラデアル」
石澤「對米問題ニ付日本トシテ考ヘテ置カナケレバナラヌ點ハ今後二、三年立テハ米海軍ハ一大飛躍ヲスルコトニナル之ニ對シ日獨相共ニ牽制スルコト必要デアル」
安東「日獨トモ米國ト啀ミ合ハズ平和的ニ牽制スルコト必要デアル」
石澤「現在ノ日米双方ノ主張ヲ見ルニ兩者間ニハ相當ノ開キアリ之ヲマトメルニハ非常ナ努力ヲ要スル、一方歐洲ニ新秩序建設セラレタル曉ニハ米ノ歐洲干渉ガ困難トナリ一方米ハ比島「ハワイ」等ヲ根據地トシテ極東ニ干渉スルコトトナルベク日米平和体制ヲ作ルニシテモ米ハ日本ニ對シテ相當ノ條件ヲ提出スルダロウ従テ獨ヲシテ米ヲ牽制セシメントスレバ日本ハ獨逸ニ對シテ大ナル借方トナラウ」
安東「然シ米ガ日本ニ壓力ヲ加ヘル事ニナレバ日本ノ對蘇牽制力ガ減ズルコトニナルカラ之ハ獨ノ欲セザル所ナルベク日獨ノ對米蘇關係ハ結局同ジモノトナラウ」
高山「獨逸ハ戰前ヨリ相當南米ニ進出セル如ク見ユルガ戰後ニ於テモ獨ハ南米進出ヲ絶對ニ必要トスルモノニ非ズヤ、果シテ然ル時ニ米ガ之ヲ許容セズ、獨米間ニ爭起ルコトナキヤ」
右ノ點ニ付議論アリ
柴「最近來朝シタ「ヘルフリッヒ」ノ言ニ依レバ日本デハ戰後獨逸ハ疲弊スベク考ヘ居ル向キ少ナカラザルモ、之ハ全ク誤ニシテ、戰前及戰爭中擴大セル工業力ハ戰後其ノ販路ヲ求メルタメ經濟的大活動ヲナスベシト云ッタ戰後獨逸ハ南洋支那等ヲ狙ッテ經濟的ニ大イニ進出シテ來ルダロウ」
安東「第㈣ノ點ニ付テハ既ニ皆様ノ意見ガマトマッテキル様ニ參戰ノ要求アリトモ之ハ應諾出來ナイ」
安東「㈢ノ伊太利ノ問題デアルガ伊太利ハ之迄明白ニ日本ノ東亞政策ヲ支援スル旨述ベテキルコトデモアリ又戰勝ニ誇ル獨逸ヲ牽制スル意味ニ於テモ日本トシテ伊太利ト友好的關係ヲ保持シ行クハ重要デアルカラ本件ヲ獨逸ニ持出スト同時ニ伊太利トモ交渉スルコトヲ適當ト認メル」
（陸海共賛同）
「伊太利トノ間ニ問題ニナルノハ對蘇關係デアルガ伊太

利ハ蘇聯トノ間ニ平和ヲ維持スルコトニ賛成ナリヤコノ點ガ問題ニナル」
高山「現戰爭進行中ハ獨伊ノ對蘇態度ハ强弱ノ差コソアレ平和ヲ維持シタキ點ニ於テハ一致スルダロウ」
尙條約ノ形式ニ付議論アリ、正式ノ條約トスルニハ時間ヲ要ス、先方カ條約ヲ希望スレバ兎モ角然ラザル限リ政府間ノ交換公文位ニシ政治的了解ヲ遂ケルコトトス(尤モ日本ノ蘭印、佛印ニ對スル地位ノ承認ハ協定ニシオクコト可ナリ)要スルニ急速ニ事ヲ運ブコトニ一致ス
尙夫々各項ノ具体的問題ノ細目ヲ至急愼重ニ研究スルコトニ一致シタ

編注 本文書付記と思われる。

(付 記)

日獨伊提携强化案

昭和十五年七月十二日

一、提携强化ノ目的

現下ノ國際變局ニ處シ南洋ヲ含ム東亞新秩序建設ニ邁進スル帝國ト歐洲ニ於テ新秩序建設ニ戰ヒツツアル獨伊トノ間ニ速カニ緊密ナル協力關係ヲ具現シ帝國ノ目的達成ヲ容易ニスルト共ニ歐洲戰後ノ世界情勢ニ對處シテ帝國ノ國際的立場ヲ强固ニセントス

二、日獨提携

方 針

日獨兩國相互ニ密接ナル聯絡ヲ保持シ且ツ外交上及經濟上ノ支援ヲ與フルコトニ付具体的ナル政治的了解ヲ遂クルモノトス

要 領

㈠(イ)獨逸ハ日本ニ對シ左記ヲ約ス

一、佛印蘭印其ノ他南洋地方諸民族ノ自治又ハ獨立ニ干渉セス右地方カ日本ノ生存圈内ニアルヲ認メ右地方ニ對スル日本ノ政治的指導及協力ヲ容認シ之ヲ支持ス

二、支那事變處理ノ爲ニ適當ナル支持ヲ與フ

三、歐洲及「アフリカ」トノ通商其ノ他ノ經濟關係ニ關シ好意的考慮ヲ加フ

(ロ)日本ハ獨逸ニ對シ左記ヲ約ス

一、獨逸ノ歐洲及「アフリカ」ニ於ケル政策ヲ支持シ獨逸指導下ノ歐洲新秩序ヲ容認ス
一、英國ノ屈服ヲ容易ナラシムル爲東亞ニ於テ出來得ル限リノ牽制手段ヲ執ル
一、獨逸ノ必要トスル支那及南洋ニ於ケル物資ノ供給竝ニ支那及南洋ニ於ケル獨逸ノ經濟活動ニ好意的考量ヲ加フ
(二)日獨兩國ハ「ソ」聯トノ平和維持ニ協力スルコト萬一其ノ一方カ「ソ」聯ト戰爭狀態ニ入ル場合ニハ他方ハ「ソ」聯ヲ援助セサルノミナラス右ノ場合及日獨兩國ノ一方カ「ソ」聯ノ脅威ヲ受クル場合兩國ハ執ルヘキ措置ニ關シ協議スルコトトス
(三)日獨兩國ハ米國ヲシテ米大陸以外ノ他方面ニ容喙セシメサル樣協力シ米國カ日獨何レカニ對シ政治的又ハ經濟的壓迫ヲ爲ス場合日獨共ニ米國ヲ支持スルカ如キ政策ヲ執ラサルコトトス
(四)獨側ヨリ我方ノ參戰義務應諾ヲ主張スル場合現段階ニ於テハ之ヲ受諾セス
(五)來栖大使「リ」外相ト交渉スルヲ可トスルモ右カ不可能ナラハ東京ニテ之ヲ行フ
三、日伊ノ提携
獨トノ交渉ト併行シテ羅馬ニ於テ伊太利トノ交渉ヲ開始ス其ノ内容ハ大体獨ニ準シ伊太利ノ歐洲及「アフリカ」ニ於ケル政策ヲ支持シ地中海ヲ中心トスル新秩序ヲ容認スルト共ニ他ハ獨ニ對スルモノト同シ

117　昭和15年7月12日　在独国来栖大使より有田外務大臣宛（電報）

日独提携問題等に関するヘルフェリッヒ元訪日経済使節団長の内話について

ベルリン　7月12日前発
本　省　7月12日夜着

第八八三號（館長符號扱）

小谷[1]ハ三日日獨協會主催講演會ノ爲伯林ニ來レル「ヘルフエリツヒ」ト面會更ニ六、七兩日「ヘ」ノ客トシテ漢堡ニ滯在セルカ「ヘ」ハ蘭印問題其ノ他ニ關シ要領左ノ通リ内話セル趣ナリ長文ニ過クルノ感アルモ時局ニ鑑ミ御參考トナル點鮮カラサルヘシト認メ特ニ電報ス

一、蘭印關係

(イ)四月十五日ノ有田聲明ハ英佛米ノ策動ヲ封スル意味ニ於テ獨側ノ「アップレシエート」セル所ナリ

(ロ)獨ハ伊太利ト異リ蘭印ニ付テハ經濟的利害關係多キニ付關心モ大ナリ

(ハ)蘭印カ政治的ニ蘭本國ト遊離シテ全然別個ノ獨立國トナル可能性モ絶無ニハアラサル處獨側ハ右樣事態ヲ拱手傍觀スルカ如キコト無カルヘシ

(ニ)日本ハ石油問題ノ爲「ボルネオ」ノ領有ヲ希望スルコトヲ考ヘ居レル處蘭印全體ノ領有ハ若干問題ナルヘシ

(「ヘ」ハ蘭印ノ運命ニ關シ獨側ニハ日獨間ニ政治的ノ話合アルヘキヲ希望スル向アルヲ言外ニ仄シ居レリ)

(ホ)自分ハ蘭印ニ於ケル獨側利益ノ保護ヲ日本ニ要請スル樣進言シ政府モ是ヲ容レテ日本側ニ「アップローチ」セル處日本側カ國際的ニ「デリケート」ナル關係アリトテ是ヲ引受ケサリシハ遺憾ナリ(右ニ對シ小谷ハ香港及新嘉坡ニ於ケル保護ノ件ハ承知シ居ル處蘭印ニ對シテハ獨ヨリ正式要請アリシヲ聞知セス「ヘ」ノ言フコト事實ナリトセハ右ハ恐ラク在京獨大使館側ノ努力足ラサリシ結果ナラスヤト反問セル處「ヘ」ハ或ハ然ラントノ體ニテ頷ケル由)

(ヘ)在蘭印獨逸人虐待問題ハ獨側ノ默過シ得サル處ニシテ自分ハ監禁其ノモノヲ撤廢セシムルコトヲ目標トシテ種々對抗策ヲ進言シ居レリ

(ト)兎モ角蘭印ノ將來ニ付テハ政治的ニモ經濟的ニモ日獨間ニ充分ノ打合ヲ遂クルコト必要ナリ

(2)(三、欠カ)和蘭關係

(イ)自分ハ歸獨後政府ノ要請ニ依リ一週間和蘭ニ滯在シテ宣撫工作ノ樞機ニ參與セルカ在蘭出先獨官憲ハ自分ノ援助ヲ多トシ再度出張方依頼越セルニ付「リッベン」又ハ其ノ他ノ外務首腦ト懇談ノ上來ル十四日ヨリ一週間ノ豫定ニテ再ヒ和蘭ニ赴ク豫定ナリ

(ロ)NSB一派ハ獨側ニ於テ和蘭ノ政治ヲ同黨ニ一任スル樣要請セルカ獨側ハ自分ノ助言ニ基キ同黨カ國民大多數ノ支持ヲ受クルニ至ラサル限リ考慮ノ餘地ナシトシテ之ヲ拒絶シ一切ノ(以下十語不明、照會中)ニ出テ居レリ

(ハ)和蘭人ノ中ニハ自分ニ種々愚痴ヲ零ス者アル處自分ハ

中立政策ナルモノハ政策ト呼フニ價セス要スルニ和蘭ハ列強ノ相互牽制ニ依リ餘力ヲ保チ居タルニ過キサル次第ナレハ今後ハ獨ノ傘下ニ歐洲新秩序ニ協力スルヨリ外ナシトノ趣旨ニテ説教シ居レリ

三、植民地問題ニ對スル獨ノ態度

「ヒトラー」ハ「ケニヤ」其ノ他阿弗利加東部ニハ興味ナク(伊太利ニ讓ル爲カト考ヘラル)「ニジリア」ヲ中心トシテ阿弗利加ノ西部方面ニ纒リタル大植民地(「ニジリア」「カメルウン」佛領阿弗利加領「コンゴー」等ナルヘシ)ヲ建設セントスル模様ナルカ同方面ハ「パームオイル」其ノ他植物性油脂原料ニモ富ミ獨逸ヨリノ距離近ク交通便ナルニ付自分モ結構ナコトト考ヘ居レリ

四、[3]新秩序關係

(イ)今後ノ世界ハ獨ヲ中心トスル歐洲「ブロック」蘇聯、日本ヲ中心トスル東洋竝ニ米洲ノ四大圏トナルヘキ處獨トシテ右新事態ニ如何樣ニ對處スヘキヤノ根本方針ハ未タ決定シ居ラス

(ロ)目下獨經濟界ニハ二樣ノ論アリ一ハ「シヤハト」ヲ中心トシ獨ハ戰後米國ヨリ弗資金ヲ借リテ新秩序ヲ建設スヘシト論シ他ノ一派ハ右「シヤ」ノ論ハ從來ノ英米ヲ主トスル自由主義經濟ノ繼續ナルヲ以テ一顧ノ價値無シトシ四大生存圏相互間ノ取引ハ「バーター」制ヲ建前トスヘク決濟ノ爲ニハ特殊ノ國際機關ニ依ルヘシト主張シ居レリ

(ハ)本件ハ尚研究ヲ要スル點多キモ自分ハ大體後者ノ論ニ贊成ナリ唯蘇聯邦ハ一寸別問題ニ付實際ハ日獨米ノ問題トナルヘシ而シテ日モ獨モ金ニ不足セル國ナルカ例ヘハ年數億ノ輸出超過ヲ繼續シ得ル蘭印ノ經濟ヲ如何樣ニ「コントロール」スルヤハ本件解決ニ重大ナル關係アリ此ノ點ニモ日獨ノ話合ハ必要ナリ

五、日滿支關係

(イ)自分ハ歸獨後對日滿支ノ經濟的竝ニ政治的關係ニ付二通リノ報告書ヲ政府ニ提出セルカ獨ハ日滿支ノ圓「ブロック」ニ對シ統一アル政策ヲ採リ廣汎ナル權限ヲ有スル通商代表ヲ日本ニ派遣スヘシト云フ自分ノ主張ハ概ネ關係省ノ贊同ヲ得タリ

(ロ)尚滿支ニ於テハ獨ハ經濟的ニ日本ニ次ク地位ヲ獲得スルコトト可能ナラハ右ニテ滿足スヘキモノニシテ假令第

二位タリトモ日満支側ト協力シテ為スヘキ仕事ハ頗ル多シトノ趣旨ニテ關係方面ヲ說キ居レリ

(ハ)政治的ニハ自分ハ今尚日本ハ蔣介石ト話合ヲ遂クルコトカ日支事變解決ノ為賢明ナリト考フルモノニシテ日本サヘ其ノ氣ニナレハ自分ハ凡ユル方面ヲ動カシ斡旋ノ勞ヲ執リ得ヘシト思考ス

六、[4]日獨提携關係

(イ)自分ノ日本旅行ハ愉快且有意義ニシテ「リッベン」外相ハ自分ノ口頭報告ヲ熱心ニ聽取セル上自分ノ努力ニ對シ感謝ノ意ヲ表シタルカ更ニ文書報告(上記五、(イ)參照)モ熟讀シ呉レ日獨關係改善ニ關スル提案ニ付更ニ某外務高官ト懇談ヲ重ネル様自分ニ要請越セリ

(ロ)「リ」外相以外ノ外務系人物ニシテ自分ト最モ良ク意見ノ一致シ居ルハ「スターマー」總領事ナリ

(ハ)自分ハ直接ノ見聞ヲ基礎トシテ日本國民ノ少ク共七割五分ハ親獨的ナリト說明スルト共ニ特ニ日滿側諸氏ノ盡力ニ依リ滿洲里出發前ニ入手セル「滿側ハ五月末頃迄ニ大豆五萬噸ヲ供給スヘシ」トノ書面ヲ證據トシテ日本ハ經濟的ニモ獨ト協力ノ用意アリト吹聽シ來リタルカ親獨的氣分ニ付テハ問題無カリシモ大豆ハ其ノ後約束ノ數量カ縮少セラルル一方ナリシ為相當非難セラレ苦シキ思ヲ為シタリ

(ニ)外務省内ニモ日本ヲ良ク理解セサルモノモアリ或ル集會ニ於テ某外務官吏ハ日本ノ從來ノ態度ニ慊ラサリシモノカ自分ノ話合ヲ邪魔シテ事毎ニ反駁的誹謗ヲ浴セタルニ付自分ハ激怒シテ之ヲ沈默セシメタルコトモアリタリ

(ホ)[5]是ヲ要スルニ日本政府從來ノ對獨態度ニ付テハ獨側ニ不滿アリシコトニモアリ獨側ノ壓倒的勝利殆ト確實トナレル今日ニ於テ日獨提携强化ヲ促進スルコトハ心理的ニ見ルモ爾ク簡單ニ行キ難キ點アルモ他方日本國民ノ大體一貫セル對獨友好感情ハ心アル獨逸人ノ良ク認識セル處ナルト共ニ「ヒットラー」モ戰勝ニ驕テ無理難題ヲ吹掛クルカ如キ人物ニハアラスト確信スルニ付日本政府カ眞劍ニ日獨提携强化方ヲ考慮セラルルニ於テハ南洋ヲ含ム東亞ノ諸問題竝ニ對蘇對米關係等總ユル問題ニ付日獨間ニ諒解ヲ遂クルコト可能ナルヘク自分ハ「ヒ」及「リ」ノ依頼アル場合ハ日本訪問ノ際ト

同様ノ意氣込ヲ以テ莫斯科、東京、滿、支等各地ヲ歴訪シテ斡旋奔走スル用意アリ
蘇ヘ轉電セリ

118 昭和15年7月13日　有田外務大臣より在独国来栖大使宛(電報)

リッベントロップとの会談内容中ドイツの蘭印・仏印への関心および対米関係の事項につき詳細回示方佐藤大使へ訓令

本　省　7月13日後10時発

第四四五號(大至急、館長符號扱)

貴電第八七〇號ニ關シ

佐藤大使へ

一、貴使「リ」外相會談ニハ獨逸ノ戰勝氣分ガ相當露骨ニ反映シ居ルカ如ク見受ケラルル處「リ」カ蘭印、佛印ニ付「ノンコンミツタル」ノ態度ヲ持セル際右問題ニ付本來ハ關心ヲ有セザルモ之ヲ利用シテ日本ヨリ何等求メン(例ヘバ參戰)トスルノ氣配無カリシヤ又世界ノ大勢ニ付經濟的ニ見テ四分野ヲ豫想シ居レルガ右ハ間接ニ各分野ニ於ケル安定勢力ノ優越性ヲ認メズ南洋ニ就テモ場合ニ依リテハ佛蘭等ノ東亞ノ植民地ヲ獨ノ傘下ニ收メントスル野望ヲ抱キ始メタルガ如キ感ジヲ受ケラレザリヤ

二、「リ」ガ對米問題ニ付樂觀的意見ヲ述ベタルニ對シ貴使ガ日米關係ノ惡化ニ言及セラレ日米戰爭ガ獨ノ對歐工作ニ惡影響アリト仄カサレタル處右ハ必然的ニ日本ノ南洋進出ヲ招キ獨ノ野心達成ニ困難ヲ生ズルノ意味合ヲ以テ獨ノ注意ヲ惹カントセラレシモノナリヤ夫レトモ日米戰爭ハ日本ノ國力ノ消耗ヲ招キ對ソ迫力ヲ弱ムル結果獨ノ對歐工作ヲ不利ニスルノ意味合ヲモツテセラレシモノナリヤ尚本件會談中日米戰爭ガ惹テ獨米戰爭ニ發展スルコトニ付テ迄彼我ノ間ニ言及セラレタルコトアリヤ參考迄至急御回電アリ度

119 昭和15年7月15日　在独国来栖大使より有田外務大臣宛(電報)

リッベントロップとの会談内容の詳細につき佐藤大使より回答報告

ベルリン　7月15日後発
本　省　7月16日前着

第九〇一號（館長符號扱）

貴電第四四五號ニ關シ

佐藤大使ヨリ

一、獨逸カ蘭印等ニ關スル日本側ノ要望ニ對シ確約ヲ與ヘサル反面ニハ之ヲ懸引ニ利用セントスル肚全然ナシトハ限ラサルヘキモ少クトモ獨外相ノ態度ヨリスレハ之ヲ餌トシテ日本ノ參戰ヲ求ムルカ如キ氣配ハ一切見受ケラレヌ寧ロ現在ニ於テハ獨側ハ日本ノ海軍力ハ別トシ國力ノ點ニ於テ左程重キヲ置キ居ラサルヤニ感ゼラレタリ。又南洋植民地ニ關シ既ニ野望ヲ持チ始メタリト迄ハ申上ケ兼ヌル來栖大使發往電第五二七號當時ニ比シ歐洲大陸ニ於ケル大勝ノ今日獨側ノ心境ニ可ナリノ變化ヲ來シタルハ看過スヘカラスト信セラル

二、對米問題ニ關スル本使ノ所言ハ貴電所載ノ如キ獨ノ南洋ニ對スル野望抑制ノ意味ニ出タルニアラス又日本ノ國力消耗對蘇迫力ノ減退云々ノ意味合ニモ無之往電第八七〇號ニ追電セル九日附拙電ノ通リ日米戰爭カ延テ獨米戰爭ニ發展スル可能性ヲ匂ハセテ外相ノ注意ヲ喚起シタルモノニシテ「獨カ對英作戰ニ專念シ且極力長期抗戰ヲ回避セントシツヽアル際新ニ米ノ對獨參戰ヲ見ルカ如キハ彼ノ最モ苦痛トスル所ナルヲ察シ」少シク脅シ氣味ニテ申述ヘタル次第ニテ彼ノ直感シタル所モ正ニ右ノ弱點ニアリタリト推察セラレタリ、但シ日米戰爭ニ發展スヘシトスル如キ直接法ノ表現ハ之ヲ避ケ拙電所載ノ言廻ハシ方ヲ用ヒタリ

120　昭和15年7月16日　日独伊提携強化に関する外務・陸軍・海軍間の事務当局協議録（第二回）

日獨伊提携强化ニ關スル陸海外三省係官會議議事錄（其ノ二）

昭和十五年七月十六日　於外務省

出席者

外務省　安東課長
石澤課長―（中座）

田尻課長
徳永事務官
陸軍省　高山中佐
參謀本部　種村少佐
海軍省　柴　中佐

安東「先日ノ會議ノ際日獨伊提携强化ニ關スル案ヲ差上ケテ置イタガ今日ハ其ノ案ニ付テノ陸海軍ノ意見ヲ承リタイ先ヅ陸軍ヨリ」

高山「案全体ノ考ヘ方トシテハ之デヨク贊成デス一々ノ點ニ付テ述ベルト(一)ノ南洋ヲ含ム東亞新秩序建設ノ句ノ南洋ノ意味デスガ日本ノ腹構ヘトシテハ西ハ印度ノ東部「ビルマ」カラ南ノ方ハ濠洲新西蘭ヲ含ムモノトシテヰタイ併シ其ノ中ニハ自ラ第一義ノ南洋ト第二義ノ南洋ガアルベキデ今スグ日本ノ態度トシテ表明スベキ南洋トシテハ第一義ノ濠洲新西蘭「ビルマ」等ヲ含マザル狹イ南洋ヲ意味スベキダガ併シ日本ノ腹構ヘトシテハ廣イ意味ノ南洋ヲ考ヘテ置クベキト思フ」

安東「日本ノ理想トシテハ勿論濠洲新西蘭「ビルマ」等ヲモ包含セシムベキデアル併シ具体的ノ問題ニ對シテ目下ノ所第一義ノ南洋ヲ採ルベキデアル之ノ點ニ於テ高山中佐ノ意見ニ全然同感デアル」

柴「同感」

高山「次ニ(二)ノ要領ノ點ニ付テデアルガ斯カル要領ヲ獨逸トノ間ニ定メル前ニ要領ノ根本トナルベキモノ卽チモツト原則的ナモノヲ話ス必要ナキヤト考ヘル」

安東「其ノ原則的ナモノト云フノハ獨逸ガ歐洲及阿佛利加ヲ其ノ生活圈トシテ之ニ新秩序ヲ建設シ一方日本ガ南洋ヲ含ム東亞ノ新秩序ヲ建設スル點ニ於テ兩國ハ共通ノ立場ニ在ルヲ以テ兩國ガ互ニ其ノ生活圈ヲ承認尊重シ其ノ中ニ於ケル新秩序建設ニ助力及協力ヲナスベキコトヲ意味スルヤ」

高山「然リ」

安東「高山中佐ノ原則的ナモノニ付テ獨逸トノ間ニ先ヅ話ヲ定メルコトニ異議ナシ」

高山「卽チ獨逸ト本件ニ付話ヲスルトキニハ先ヅ第一ニ原則的ナコトヲ話シ之ヲ定メタ上ニ要領細目ニ入ルベシ」

安東「同感」（海軍贊成）

高山「次ニ要領ノ內容ニ入ルガ一、ノ中ニ、「諸民族ノ自治又ハ獨立ニ干渉セズ」トノ文句ガアルガ獨逸ニ之ヲ言ハセル必要ナシト思フ」
安東「之等ノ地方ヲ獨逸ガ取ル意向ナキコトヲ示サセルタメノモノナリ」
高山「其レハ明瞭ニ言ハシメル必要ハナイト思フ、佛印蘭印ガ日本ノ生存圏内ニアルコトヲ認メシメ其等ノ地方ノ日本ノ政治的指導ヲ認メシムレバ充分デナイカト思フ」
結局「南洋地方ガ――日本ノ生存圏内ニアルヲ認メ……」トナル
高山「次ニ政治的指導ノ意味デアルガ、之ノ意味ノ最モ強イ場合ハ占領ヲ意味スルガ、今スグニハ占領ハ考ヘニ置イテハキナイ、然シ兎モ角政治的指導ノ點ニ於テ國内ニ於テ腹ヲ合セ一致シテ置ク必要ガアル而シテ成ルベク強キ政治的指導權ヲ獨逸ヲシテ承認セシムルコトニシタイ」
安東「本件强化問題ニ於ケル最モ困難ナル點ノ一ツハ玆ニアルト思フ佐藤大使ヨリノ電報デモ薄々ウカガハレルノデアルガ獨逸デハ蘭印佛印ニ付テハ獨逸自身ガ政治的指導權ヲ握リ日本ニハ經濟的ニ利益ヲ與ヘントスル意向ヲ有シテヰルノデハナイカ、卽チ獨逸ハ日本ニ政治的指導權ヲ認メマイトスルノデハナイカト言フコトガウカガワレル」
高山「自分モソンナ氣ガスル、獨逸ニ對シテ出來得ル限リ强キ佛印蘭印ノ指導權ヲ認メシメルコトガ必要ダ」
安東「本件强化問題ノ話合ヒニ際シテハスグニ右ノ點ガ問題ニナルト思フガ先日山路總領事ヨリノ電報ヲ見テモ獨逸ハ「蘭印」ノ東ヲ日本ニ提供スル意ガアルト言フテキルガ、之ヲ逆ニ言ヘバ爪哇、「スマトラ」等ハ獨逸ガトルコトヲ意味スルノデアル」
高山「獨逸ガ今後蘭印佛印ニ關シ日本ニ如何ナル態度ヲトルカハ、獨逸ガ戰後蘇聯ニ對シテ如何ナル態度ヲ採ラントスルカニ多ク懸ルト思フ、獨逸ガ戰後アマリ遠カラズ蘇ヲ處分セントスル意向ナク佛印蘭印ハ案外容易ニ日本ニ委スルヤモ知レナイ、併シ先ヅ第一ニ歐洲ノ新秩序建設ニ取リカカルナラバ佛印蘭印問題ハ相當厄介ニナル、而シテ今ノ所日本トシテハ獨逸ガ佛印蘭印ヲモ政治的ニトラントスル意向ノモノトシテ考ヘ之ニ對處シナケレバナラヌ、ソレニハ相當强イ覺悟ヲ必要トスルノデアル」

安東「同感デアル、獨ガ蘭印等ニ政治的指導性ヲ持タウトスルコトニハ强ク反對スベキデアル」

石澤「全然同感デアル」

種村「佛印蘭印ノ問題ハ結局海軍力ガ物ヲ言フト思フ海軍力ヲ持タナイ獨逸ガ如何ニ頑張ツタ所デ日本ノ海軍勢力圈内デハ日本ニ對抗デキナイ、結局問題ハ日本ノ腹一ツデ決スル」

安東「其レハ尤モダガソウナツタ場合ニハ獨逸ハ蘇ヲ利用シ日本ヲ北ヨリ牽制セシメントスルカモ知レナイ之モ考ヘ置クベキ點デアル」

種村「如何ナル蘇デモ獨逸ニ利用サレ滿洲ノ北部一部ヲトラウトシテウカウカ手出シヲスルコトハシマイ、蘇トシテハ近東、印度ヲ狙フダロウ」

高山「(ロ)ノ「英國ノ屈服ヲ容易ナラシムルタメ牽制手段ヲトル」ハ前ノ「支那事變處理ノタメ適當ナル支持ヲ與フ」ト共ニ別ノ項ニシテハ如何？何トナレバ之ハ日獨關係ノ將來ヲ律スルト云フヨリモ現在ノ問題乃至短カイ期間ニ終ルベキ事項デアルカラ」

安東「之ハ一ツニハ獨逸ヲシテ南洋ヲ含ム東亞ノ新秩序ヲ承認セシメ事變處理ニ支持ヲ與ヘシムル代償トシテ考ヘタモノデ、別項トシテモ異議アルワケデハナイ」

高山「英國ニ對シテ牽制手段ヲ執ルトアルガ果シテ有效ナル牽制手段アリヤ」

柴「具体的方針トシテハ仲々難シイ」

高山「然ラバ本項ハ文字ヲ換ヘル必要ナキヤ」

田尻「新聞ノ利用ガ考ヘラレル」

高山「日本ノ對英牽制ト獨逸ノ事變處理支持トガ丁度「バランス」トシテ考ヘラレルガ、事變處理ニ付テ考ヘラル新政權ノ承認ニ付テハ波蘭等ノ承認デ「バランス」ガトレルガ、支那ノ經濟建設ニ協力セシムル點ニ付テハ對英牽制ガ「バランス」トシテ考ヘラレルノデハナイカ」

安東「經濟建設協力ニ對スル代償トシテ獨逸ガ欲シイトシテヰル「ウオルフラム」其他ヲ供給シテヤルコト及企業ニ或程度參加セシメテヤルコトガ考ヘラレル」

高山「支那ニ於ケル企業ニハナルベク參加セシムルコトヲ避ケタイト考ヘテヰル」

種村「イザトナレバ企業ノ半分近ク迄參加セシメル度量ヲ示シテモヨイ」

高山「其レハナルベク少クシタイ」

田尻「事變處理ニ付テノ獨逸ノ政治的支持ト言ヘバ之ハ今ノ所和平斡旋ダラウ、經濟問題トシテハ經濟及技術ノ提携デアルガソノ代償トシテ支那南洋ニ獨逸重工業ノ捌ケ口ヲ與ヘテヤル」

高山「獨逸ト共ニ伊太利ノコトヲ考ヘル要アリ」

田尻「代償トシテハ事變以來獨逸ハ沿岸貿易ヲ行ツテ居ルガ、コノ沿岸貿易トカ支那ニ於ケル產業技術ノ援助ヲ認メタラヨイト思フ、日本ハ獨逸ヨリ經濟技術ヲ學ブ必要ガアリハシナイカト思フ」

安東「其レハ必要ダ、亞米利加ノ重工業ハ材料豐富ナ重工業デ言ハバ金持ノ重工業デアリ獨逸ノ重工業ハ貧乏人ノ重工業デアル、日本トシテハ獨逸ノ貧乏人ノ重工業ヲ學ブ必要ガアル」

種村「日本トシテハ滿洲ノ重工業ヲ發展セシムルコトガ非常ニ大切デアル、從テ亞米利加ヨリ入レルコトガ期待デキナイトスレバ獨逸ヨリ之ヲ入レルコトヲ考ヘネバナラヌ、戰後獨逸ノ技術ガ蘇ニ入ル樣ナコトニナレバ日本トシテ重大問題デアル戰後獨逸ノ技術ヲ滿洲支那ニ入レルコトヲ考ヘテ置クベキデアル」

安東「話ハモトニ戻シテ結局對英牽制トシテ何等具体的ノ手段ナシト言フコトニナルカ」

田尻「新聞ヲ利用シテ或程度對英牽制ヲ行ヒ得ル」

安東「國際情勢ノ變化ニ應ジ「ビルマ」、印度ノ獨立運動ヲ密カニ煽動スルコトモ效果アル對英牽制ト考ヘラレル」

種村「支那事變ヲ繞ル對英問題ニ付强硬ナル態度ヲトルコト例ヘバ香港ニ關スル問題、上海天津ノ問題ニ付强硬ナル態度ヲトルコト之ガ對英牽制ニ非常ニ效果アリト考ヘル」

田尻「場合ニヨツテハ香港ノ武裝解除ヲ要求スルノモ一案ダ」

安東「結局第一ニ支那カラ英國ノ政治權益ヲ排除スルコト、第二ニ「ビルマ」印度ノ獨立ヲ煽動スルコトニナル」

高山「之等ハ結局武力發動ニ至ラヌ程度ニ行フ」

安東「海軍トシテハ例ヘバ無國籍艦船ヲ動カス等ノコトハ考ヘラレナイカ」

柴「ソレハ考ヘラレル」

柴「對英牽制ヨリ一歩進ンデ英國ヲタタク方法ハナイカ」
田尻「蔣介石ガマイッタ時ニハ行ヒ得ルガ今ノ所デハ行ハナイガヨイ」
柴「其レハ事變處理ガ濟ンダラ參戰シテモヨイト云フコトニナリハシナイカ」
高山「差當リ現在ノ程度デ進ムガ適當デアル」
柴「コノ對英牽制ノ問題ヲ獨逸側ト話シテキルト新嘉坡ヲトツテ呉レト獨逸側ガ云ヒダスカモ知レヌ」
田尻「事變ガ片付ケバ行フト云ヘバヨイ」
種村「新嘉坡ノ攻擊ハ自主的ニ行フンダトスレバヨイ」
高山「結局參戰ノ問題ニ付テハ日本ハ義務ハ負ハナイ、併シ日本獨自ノ立場ニ於テ對英一戰ヲ行フコトアルベシト云フ構ヘヲ以テ獨逸ト交渉スルコトトシタラヨイ」
（一同賛成）
高山「第二項ノ對蘇關係ニ付テハ差當リ平和維持ヲナスコト、結局蘇ヲ日獨共通ノ立場ニ副フ如ク利導スルコト、場合ニヨツテハ蘇ノ鋒先ヲ「ビルマ」印度ニ向ケルコトモ考ヘ得ル」
高山「第三項ノ對米關係デアルガ將來ノ問題トシテハ米ニ對シ日獨ガ南米ニ對シ共同動作ヲ執ルコトガアリウル、南米ニ對スル經濟施策ニ付日本ガ獨逸ヲ支持スベキコトガ問題トナリ得ル日本トシテモ二三年後東亞新秩序成立ノ後ニハ獨逸ト共ニ米ニ對シ共同動作ヲ執ルコトモ今ノ中ニ考ヘテオイタ方ガヨクナイカ」
安東「米國ノ問題ニ付テハモツト考ヘル必要ガアル、現在獨逸ハ米國ニ對シテハ非常ニ樂觀的デアリ又戰後ノ經營ニ付テモ「シヤハト」ハ米ヨリ金ヲ借リルコトヲ考ヘ他ノ「ナチス」派ハ「バーター」制ニヨルコトヲ考ヘテヰル、結局獨逸ガ米ニ對シ如何ナル態度ヲトルカハ獨逸ガ英國ヲ倒シタ後ニナツテミナケレバ分ラヌ今ノ所デハ獨逸ハ「米國ハ歐洲ノ問題ニ口ヲ出スナ」トシテキル日獨間ノ話合デハ今ノ處案ノ程度以上ハ何トモ云ヘナイト思フ」
高山「ソレハソウダ、併シ日本ノ腹構ヘトシテハ既ニ述ベタ様ナコトヲ考ヘテ置ク必要ガアルコノ意味ニ於テ將來南米ヘノ經濟進出ニ付テハ日獨協力スルコトヲ考ヘテ置イテヨイ」
田尻「獨逸ハ米國ノ經濟ヲ金ノ經濟トシテ之ヲ見クビツテ

居リ將來ノ南米ヘノ經濟進出ヲ考ヘテ居ルト思フ、兎モ角獨逸ガ將來米蘇ニ付テ如何ニ考ヘ居ルヤヲ一應打診シ置クコト必要ナリ、獨逸トシテモ米國ガ蘇ノ背後ニ在ルコトハ大イナル脅威デアル」

種村「獨逸ト米國トノ爭ハ近ク實現シハシナイカト思フ獨逸ガ南米ニ進出シ之ヲ米國ガ防衛スルコトニヨリ爭トナル可能性アリ、日本ニトツテモ南米ハ良キ販路ナルニヨリ獨逸ト協力シテ南米進出ヲ計ルベキダト思フ」

安東「結局之等ノコトハ米國ハ米大陸ノミニ止マレトスル政策ニ含マレル、腹構ヘトシテハ高山中佐等ノ言ハルル點ヲ持シテ居ル必要ガアルガ目下紙ニ書クモノトシテハ、原案位デヨクナイカ」

高山「第四項ノ參戰義務ノ問題ハ既ニ話シ濟ミノ如ク日本トシテハ義務ハ負ハナイガ自主的ニ對英一戰ヲ行フコトアリウルトノ腹構ヘナルベキコト」

高山「最後ニ伊太利トノ提携ニ付テハ原案ニ贊成」

田尻「伊太利トノ間ニハ別ニ簡單ナモノヲ作ツテドウカ」

安東「伊太利モ大体獨逸ト同樣ニシ同時ニシタ方ガヨイ」

高山「獨逸伊太利ニ付テハ、是迄支那ニ於テ有スル經濟的政治的力ニ於テ差ガアルコトヲ認メネバナラヌ」

高山「對蘇問題ニ付テハ伊太利ニ對シテハ言ヒ方ヲ少シ變ヘル必要ハナイカ」

安東「之ハ最近ノ大橋忠一氏ノ報告デアルガ伊太利ハ回教徒ヲ利用シテ「イラン」印度方面ヘノ進出ヲ考慮シテ居ルト云フコトデアル、若シ蘇ガ「イラン」ニ出ルコトアラバ伊太利トシテモ對蘇問題ニ相當ノ關心ヲ持ツダロウ、兎モ角程度ノ別コソアレ對蘇問題ニ付テハ獨伊ハ共通ノ立場ニアル、從テ獨伊ニ對シ同樣ノ提議ヲナシテモヨイ」

安東「次ニ海軍ノ方ノ意見ヲ承リタイ」

柴「既ニ高山中佐ノ言ハレタ點ニ盡キ其レニ贊成デアル、日獨提携ヲ强化スルニアタリテハ日獨相互ニ其ノ新秩序建設ヲ認メ互ニ協力スルト云フコトヲ骨子トスベキデ日本側ガ物欲シサウナ顏ヲシテハナラヌ、又提携强化ニ際シテハ對米問題對蘇問題ニツキモツト突進ンデ話ヲスル必要アリハセヌカト考ヘル、日米間ニハ本質的ニ對立スベキモノハナイ、現在ノ日米對立ハ多ク經濟的デアリ又多分ニ感情的デアル、又對蘇關係ニ付テハ日獨ガ之ヲ利導スルコトガ必要デアル、只之等ノ點ヲ條約ノ文面ニ出スコトハ勿論考ヘモノデアル」
高山「米、蘇ノ問題ハ條約ノ表面ニ出サズ祕密條項トスベキダ」
高山「コノ原案ヲ實現スルニ如何ナル手順ガトラルルカ」
安東「日獨双方デ話合ヒ要點ヲ交換公文トスルコトニデモナルダロウ」
安東「是レデ係官ノ間デハ大体意見ガ纒ツタ、實施ノ爲時ヲ失ハナイコトガ肝要ダト思フ」
（一同贊成）
高山「今迄ノ話合テ陸軍ハ纒メ得ラレルト思フ」
柴「海軍モ同様デアル」
高山「獨逸デ話合ヲスルコトニナレバ、電報デハ意ヲ盡シ得ナイカラコチラノ腹ヲ傳ヘル爲ニ説明ニ行ク必要ガアロウ」
（一同贊成）

121 昭和15年7月18日 在独国来栖大使より有田外務大臣宛（電報）

第二次近衛内閣成立に関する独国紙論調報告

ベルリン　7月18日後発
本　省　7月19日後着

第九二三號

獨新聞ハ内閣交迭ニ對シ多大ノ注意ヲ拂ヒ居ル處十七日Voelkischer Beobachter ハ近衛公ハ果斷ニシテ實行力アル政治家ナルヲ以テ同公ヲ首班トスル內閣ハ今後ノ日本政治動向ニ對シ徹底的意義ヲ有スヘシ米內內閣ノ妥協政策ニ對シ國民ノ大多數ハ日本ノ權威及大國トシテノ地位ニ副ハストナシ又陸軍ハ同內閣カ歐洲ノ事態ヨリ何等明確ナル結論ヲ抽出シ得サリシヲ非難セリ近衛內閣ハ總ユル重大問題ヲ果斷ニ處理スヘシト期待セラル云々ト論シ同日Frankfurter Zeitung ハ米內內閣ノ瓦解ハ歐洲事態ヲ反映シ日本ノ經濟界陸軍及輿論ノ中ニ醸成サレタル根强キ力ノ動キニ原因ス然レ共近衛內閣モ過去ノ諸內閣ト同様幾多ノ困難ニ當面セサルヲ得サルヘシ日本ハ其ノ政治形態ニ關スル精神的闘争ヲ未タ完結シ居ラス日本ヲ以テ獨伊ノ如キ全體主義國家等ニ爲スハ誤リナリ蓋シ日本ニ於テハ未タ曾テ獨伊ニ於テ見タルカ如キ一大民族運動ナク又日本國民ニハ

或特定ノ政治家ニ全幅ノ信頼ヲ措カサルヘカラストスル感情ナシ政黨及各種ノ勢力カ今猶決定的解決ヲ求メ闘爭ヲ續ケ居レリ斯ル環境ニアリテ如何ナル首相ト雖一定ノ政策ヲ貫徹スルコトハ日本國民カ妥當ナル政治形態ヲ發見シタル時始メテ政治家ハ自己ノ政策ヲ一貫シテ施行シ得ヘシ云々ト報シタリ

122 昭和15年7月18日 在独国来栖大使より 有田外務大臣宛(電報)

第二次近衛内閣成立に関する独国外務省機関紙の論調報告

ベルリン 7月18日後発
本　省 7月19日後着

第九二五號

新内閣成立ニ關シ當國外務省機關紙(獨逸外交政治通信)ハ要旨左ノ通リ論シタリ

獨伊樞軸國カ歐洲ヨリ西方諸國ノ干渉ヲ排除シ得タルニ反シ日本ノ外交擔當者カ東亞ノ强國ニ相應シキ地位ヲ日本ニ與フルコトニ成功セス天津現銀、上海租界、緬甸ノ武器輸出、淺間丸問題等英帝國トノ個々ノ問題ニ關スル交渉ニ拘泥シ一時ノ妥協ニ到達シタルモ東亞ニ於ケル覇權確立ト言フカ如キ明白ナル外交ニ轉換ヲ遂ケ得サリシコトニ關シ久シキ以前ヨリ外交擔當者ニ對スル國民及軍部ノ不滿増大シ遂ニ今日ノ政變ヲ招來スルニ至レリ從テ今次政變ハ國民ノ大部分ノ要望ニ依ルモノニシテ今後ノ政策ノ方向ハ大命拜受者ノ人格ニ依リ表明セラレ舊キ傳統ト共ニ東亞新秩序ヲ妨害セントスル勢力ニ對抗シ歴史的使命ヲ遂行セントスル日本ノ若キ意思ヲ代表スヘシ云々

123 昭和15年7月23日 在独国来栖大使より 松岡(洋右)外務大臣宛(電報)

松岡外相就任を機に対米関係の立て直しを図るべき旨意見具申

ベルリン 7月23日後発
本　省 7月23日夜着

*第九四六號(館長符號扱)

松岡外務大臣親展[1]

一、蘭印、佛印問題等當面ノ案件ハ暫ク之ヲ措キ抑々我國ノ

對米關係ハ過去三十年間殆ト悪化ノ一途ヲ辿リテ遂ニ今日ニ至リ且米國カ最近膨大ナル軍備擴張計画ヲ進メツツアルカ如キ態勢ニ直面シ我國トシテ對獨伊關係ノ强化對蘇關係ノ思切ツタル打開ヲ計ルハ蓋シ當然ノ措置ナルヘシト雖一方事變以來我國側ノ採リ來レル對米措置ニ關シテハ其ノ邊ノ御造詣特ニ深キ閣下ニ於テ自然種々御所懐ヲ有セラルル儀ト拜察セラルルヲ以テ此ノ際閣下ノ御就任ヲ機會トシ對米關係ニ關シテモ新ナル構想ノ下ニ方策ヲ施サレ少クトモ日米關係ヲシテ一層險悪ナラシムルニ先立チ我國側トシテ盡スヘキヲ盡クシ置カルルハ本使ノ切望ニ堪ヘサル所ナリ

二、[2] 惟フニ歐洲戰局ハ獨逸ノ英本土攻略ヲ以テ或ハ一段落ヲ告クヘシト雖獨英ノ抗争ハ素ヨリ之ノミヲ以テ完全ニ清算セラルヘクモアラス此ノ間ニ處シテ眞ニ世界平和ノ克服ヲ齎シ得ルモノハ共ニ無瑕ナル大海軍ヲ擁スルト同時ニ一ハ英國ノ姉妹國タル一ハ獨逸ノ準與國ト見ラレツツアル日米兩國ノ合作ニ依ル公平ナル斡旋ニ依ルノ外ナキハ恐ラク米國ニ於テモ具眼ノ士ノ敢テ首肯ヲ惜マサル所ナリト信ス

三、日米兩國ニシテ幸ニ前述ノ重大責務ニ目覺メ其ノ見地ニ立ツテ先ツ一方ハ西半球ニ於ケル米國ノ優越地位ヲ他方ハ東洋、南洋ニ於ケル日本ノ優越的地位ヲ相互ニ理解尊重スルノ合意ヲ固メ適當ノ時期ニ於テ日米相携ヘテ歐洲和平ノ斡旋ニ乘出スノ態勢ヲ整フルニ於テ米國トシテハ嘗テハ英佛ノ對獨開戰ヲ煽リ今日ニ至リ參戰ノ困難ニ惱ミツツアル現下ノ「ジレンマ」ヨリ品位ヲ保持シツツ脱却スルヲ得ヘク又我國トシテハ支那ノ對米依存ヲ清算セシメ事變處理ニ一大巨歩ヲ進メ得ルト共ニ戰後ノ蘭印問題ニ關シ今日ノ如ク徒ニ焦慮スルコトナク東亞ノ盟主ニ相應シキ堂々タル態度ヲ以テ之ニ對處スルヲ得ヘシト思考ス

四、[3] 勿論時恰モ米國大統領選擧戰ニ際シ此ノ種對米工作ノ微妙困難ナルハ申迄モナカルヘシト雖既ニ共和、民主兩黨大統領候補者ノ會見ニ依リ重大ナル外交問題ヲ「エレクシヨン、イツシユー」ノ外ニ置カントスル氣運モ擡頭シ居ルノミナラス最近米國カ大統領祕書官談ノ形式ニ依リ不完全乍ラ歐亞各自ノ「モンロー」主義的主張ヲ容認シ且支那問題ニ關シテモ宋子文ノ救訴ヲ退ケタルヤニ察セ

ラルル等最近ノ諸傾向ニ鑑ミ此ノ際米國人心理ニ通曉セラルル閣下ニ於テ機宜施策セラルルニ於テハ現今ニ於テモ述上對米工作ノ機會絶無ナラサルヘシト信ス

五、蓋シ我國ハ事變以來米國ノ基督教會、海軍及「ウオール」街ノ三大勢力ヲ向フニ廻ハシ居ルト共ニ何分「セオドル、ルーズベルト」「ジヨン、ヘイ」ノ如キ巨人見當ラサル米國ノ現狀ニ鑑ミ右樣工作ノ成否ハ勿論予斷ヲ許ササルヘシト雖假令不幸ニシテ我國折角ノ苦心カ遂ニ徒勞ニ歸シタル場合ニ於テモ其ノ結果我國カ採ルニ至ルヘキ外交政策ハ中外ノ識者ヲシテ充分之ヲ理解セシムルヲ得ヘク殊ニ對獨伊提携ニ關シ無言ノ間ニ一抹ノ不安反感ヲ抱キ居ル國內一部ヲモ充分承服セシムルニ至リ茲ニ始メテ我國ノ新外交政策ニ對スル國民ノ一致結束ヲ確固不動ナラシムルヲ得ヘキ次第ナラスヤト思考ス事態緊迫ノ際僭越乍ラ卑見敢テ申進ス

124　昭和15年8月1日　松岡外務大臣／在本邦オット独国大使　会談

松岡外相・オット大使会談要領

付　記　昭和十五年七月三十日、作成者不明

「日獨伊提携强化ニ關スル件」

昭和十五年八月二日　歐亞二課

松岡大臣「オツト」獨逸大使會談要領

大臣ノ求メニ應シ八月一日獨逸大使來訪午后五時ヨリ六時四十分過キマテ懇談ス要領左ノ如シ

大臣　本大臣ハ先日、日獨乃至貴大使本官ノ間ニハ言葉ヲ要セスト告ケタルカ、拙者ノ心中ハ御承知ノ通リナリ又外日話シタル如ク予ハ所謂親英テモ親獨テモナク謂ハハ親日家テアリ日本ノ運命ヲ如何ナル他國又ハ他國人ニモ委セル如キ事ニハ絶對反對テアル、併シ本大臣カ日獨防共協定ノ發案者乃至發頭人ノ一人ナルコトハ「ヒツトラー」總統竝ニ「リ」外相モ御承知ノ筈ニシテ閣下亦之ヲ知ル、其ノ後日獨軍事同盟ノ話アリタル時モ貴大使御承知ノ通リニシテ本大臣ノ獨伊ニ對スル感情竝ニ立場ニ付テハ茲ニ更メテ說明スル要ハナイト考ヘル今ヤ我朝野ヲ通シテ樞軸强化ニ傾ケルコトハ御看取ニ難カラサルヘキモ廟議トシテハ未タ確定トマテハ行カナイ、而シテ本大臣ノ抱イテキル考ヲ行フニ先チ之ニ對シ獨逸ハ一体如何

ナル考ヲ有シ又如何ナル態度ヲ以テ臨ムカ其ノ大体ノ輪廓ヲモ知ラスシテハ近衞總理竝ニ同僚ヲ說得スル譯ニハ行カナイ、換言スレハ自分ノ考ヘテヰル點ニ付キ獨逸側ノ態度カ大体明瞭ニナラナケレハ之ヲ行フコトカ出來ナイカラ此ノ點ニ付テ獨逸ノ意見ヲ承ハリ度イ

大使　誠ニ尤モナ次第タト存スル乍然一体日本カドウシヨウトスルノカ其レニ付テ具体的ニ承ハルニ非スンハ伯林ニ於テモ返答シ得ラレヌコトト存ス

大臣　本大臣ハ常ニ含蓄ノアル外交的辭令ヲ用ユルコトハ御承知ノ通リ大厭イダ、卒直ニ本大臣ノ考ヘヲ申ス次第ナルカ既ニ政府ヨリ公表セル如ク日本ハ今日日滿支ヲ一環トシ南洋ヲ含ム大東亞ノ新秩序建設ヲナサントスルモノテアリ之ノ圈内ニ在ル總テノ國民、民族ノ解放ト自由ヲ日本ハ志シ各國民各民族ノ共同相互ノ利益ヲ圖リ共ニ榮ヘルコトヲ計ラントスルモノナリ之ヲ逆ニ言ヘハ征服ヤ搾取ニハ反對ナリ予ハ日本カ之ヲ行フコトニモ反對デアル勿論日本ノ一部ニ於テハ之等ノ地域ヲ征服シ又ハ搾取スル事ヲ考ヘテヰル者モアラウ、ソレハ彼等歐米人カ敎ヘタノテ卽チ歐米カブレノ人達デアル、本大臣ハソレガ日本ニ依リテ行ハレヤウガ歐米ニ依リテ行ハレヤウガ之ニ絕對反對デアル。若シ我國カ左樣ナ事ヲ敢テセントスルナラ飽迄抗爭スル決心ヲ有シテル、予ト同樣ノ思想ヲ有スル日本人ハ相當數アル、卽チ總テノモノカ共同相互ノ利益ヲ得相互ノ繁榮ヲナスコトヲ欲スルノテアル、日本ハ之等ノ地域ニ歐米人カ入ルコトヲ拒ミ之ノ地域ヨリ歐米人ヲ驅逐スルモノニ非ス、然シ右ニ述ヘタ主義コソ直ニ歐米人ニモ多クノ利益ヲ齎スモノト信スル、現前ノ支那事變ヲ皮相ニ觀レハ如何ハシク思ハレルカモ知レナイガ籍（藉カ）スニ時ヲ以テセハ日本ハ支那ニ就テモ必スコノ理想ヲ實現スルデアラウ。

サテ支那ニ關シテハ日本單獨ニテ之ヲ處理シ得ルト予ハ信スルカラ前ニ獨ニハ問ハナイガ獨逸ハ南洋ニ付右ニ述ヘタル如キ日本ノ理想乃至方針ヲ前提トシテ如何ナル態度ヲ採ラントスルモノナリヤ又獨逸ハ南洋ニ於テ何ヲ求メントスルモノナリヤ次ニ獨逸ハ日蘇ノ關係ニ付テ何ヲ希望シ又何ヲ爲シ得ルカ又日米ノ關係ニ付テハ本大臣ハ常ニ想フソレハ來ルヘキ世界文明ハ太平洋文明ニシテ之ノ太平洋文明ニ於テ恐ラク日米兩國ハ共ニ大ナル役割ヲ

演スルモノト思考シ従ツテ兩國ノ關係ハ人類ノ明日ニ至大ノ影響ヲ及ホスヘキ重大事ナリト信スルトコロ之ノ大キナ見地ヨリシテ一体獨逸ハ何ヲ爲サントシ又日本若クハ米國ニ何ヲ求メントスルカト問ヒタイガコレハ余リニ大キク且遠イ問題ナルカ故ニ暫ク措キ現前ノ日米關係ハ御承知ノ通リナルカ之ニ關シテ獨逸ハ一体米國ニ對シ何ヲ爲サントスルカ又日本ノ爲メニ何ヲ爲シ得ルカ承知シ度イ

大使　御意見御尤モノ次第ナルカ先ツ第一ニ日本ノ考ヘル南洋トハ如何ナル範圍ナリヤ承ハリ度シ

大臣　之ハ全ク本大臣ノ私見タルニ止マルガ目下ノ處「シヤム」迄ヲ南洋ノ範圍ニ入レ居ルモ然シ將來形勢ノ推移如何ニヨツテハ漸次擴大スルコトモアラン

大使　コレハ私見ナレトモ南洋ニ關シテハ獨逸ハ大キナ三ツノ觀點カラ見ナケレハナラヌト思フ卽チ獨逸ハ現在英本國ト戰爭ヲシテ居ルカ之ノ戰爭ハ將來英帝國全体トノ戰爭（英帝國崩壞戰）ニ發展スル可能性アリ獨逸トシテハ之ノ見地ヨリ南洋問題ヲ見ナケレバナラナイ卽チ㈠斯カル戰爭トナリタル場合獨逸ハ南洋ニ對シテ何ヲシナケレバナラヌカヲ考ヘナケレバナラヌ㈡又如何ナル物ヲ如何ナル量求メル必要アリヤ㈢畢竟之ノ大戰爭ニ於テ獨逸ガ南洋ニ付日本トノ關係ヲ如何ニスルカ如何ニ在ラシメルカニ懸ツテ來ルモノト思考スル斯カル獨ノ對英國戰爭ノ大見地ヨリ見ルトキハ支那事變ノ如キハ單ナル一事件ニ過ギザルニ非ラサルヤ又コノ世界ノ動亂ナリ動向ナリヲ離レテ處理出來ヌト思フガ如何

大臣　最後ノ見解ニ付テハ私見トシテハ本大臣モ同感ニシテ其ノ趣旨ヲ曾ツテハ雜誌ニ寄稿セルコトモアル次第ナルガ現在日本人ノ多數ガ支那事變處理ヲ第一ノ急務ナリト考ヘ居レルコトハ御承知ノ通リナリ日本國ノ外務大臣タル拙者トシテハ日本人ノ輿論ヲ一應ハ尊重セザルヲ得ナイ支那事變ハ世界混亂ノ一環ナレドモ然シ之ガ處理ハ日本ニトリ重要ナル問題ナリ

大使　一体日本ハ支那ヲ如何ニ解決セントスルモノナリヤ

大臣　蔣介石ヲ徹底的ニヤツツケル考ヘナリ

（大使少々驚キノ色アリ）

大使　其レモ一方法ナルカ之ノ際蔣介石ト話合ヲ爲スヘキ可能性ナキヤ本使ハ蔣介石トノ話合ヲ賢明ナル方策ナリ

ト考フ

大臣　本大臣モ蔣介石トノ話合ヲ全的ニ拒マントスル者ニ非サルモ日本人ノ氣性ヨリスレハ蔣介石ヲヤツツケザルヲ得ス又只今ノ處飽迄彼ヲ屈服セシメサレハ止マナイ考ナリ、無論ソレハ必ズシモ武力ノミニ依ルト云フ譯ニテモアラズ兎モ角支那事變ダケハ日本ノ力ノミニテ之ヲ處理シ得ルト信スルモノナリ

大使　然シ支那事變處理ニ際シテハソ聯ガ相當大キナ問題タルコトニ重點ヲ置カザルヲ得ナイト思フ、獨ソノ關係ヨリセバソ聯ハ最早獨ニトリ差シテ危險ナリトハ思ハレズ

大臣　本大臣モ同様ニ看取ス、恐ラク「ヒツトラー」「カンプフユーラー」ヲシテ疾風迅雷丁、白、蘭ヲ侵シ「フランダース」ノ電撃戰ヲ決意セシメル卽チ少クトモ其重大ナル動機ノ一ハ「スターリン」ノ動キニ關シ朝、夕ヲ計ラレヌ深憂措カサリシカ爲ナラルベシ(獨大使點頭)シカモ獨軍巴里入城ノ時「ヒツトラー」ハ「スターリン」ニ勝テリ、ソノ瞬間カラ最早獨ハ「ソ」ニ關シテ安心セリト予ハ結論シ居レリ

大使　予モ同感ナリ、日本ニ於テ希望アルニ於テハ獨逸ハ日蘇間ヲ斡旋セントスルモノニシテ本使ハ日蘇話合ヲ爲スコトヲ賢明ナリト思考スルモノナリ本使ノ信スル所ニ依レハ「ヒツトラー」ハ蘇聯ト事ヲ構ヘヨウト考ヘ居ラス又事ヲ構ヘスシテ充分行キ得ルモノト思考シ居ルモノナリ

米國ノ問題ニ付テハ獨逸ハ米國ハ參戰セスト見居ルモノナリ而シテ此際特ニ留意シテ頂キ度キコトハ將來獨逸ハ米國ト爭フ考ナク寧ロ米國ト諒解ヲ遂ケ度シト考ヘ居リ其ノ可能性ヲ信シ居ルモノナリ要スルニ獨逸ノ西半球ニ對スル主ナル利害關係ハ南中米ニ在リ而シテ南米トノ貿易ヲ行ヒ經濟的ニ發展ヲナス爲メニハ米國ト友好關係ヲ結ハサルヘカラス又合衆國自体トノ貿易其他ノ經濟關係モ增進ノ要アリト考ヘ居レリ若シモ日本ノ對米(南北)關係カ右ト同様ナルニ於テハ利害ハ獨ト一致スル譯ニテ獨ト同様ノ對米態度ニ出デラルベキ筈ナリ然ラバ獨逸ハ却ツテ日本ノ爲ニ日米間ノ接近親善ヲ囘復增進スル爲ニ斡旋ノ勞サヘ取リ得ヘシト思料ス

大臣　日本モ亦合衆國、南中米、「カナダ」等ニ對シテハ

全ク經濟問題ニシテ特ニ近年南中米ニ對貿易躍進ノ方針ヲ取リ居リ又企業ヲモ發展セシメント欲シ居ルモノニシテ此ノ點ニ於テ獨逸ト全ク同シ立場ニ在リ獨逸ト同シ考ヲ抱ケル次第ナリ

然シ乍ラ二、三日來ノ新聞ヲ見レハ米國民ハ參戰熱ヲ昂メ居ルヤノ報道アリ貴大使ハ之ヲ如何見ラルルヤ

大使　獨逸ハ亞米利加ニ付テハ相當確實ナル情報ヲ有スルモノナルカ米國民カ參戰熱ヲ昂メ居ルトハ嘘ナリ最近「ルーズベルト」大統領ハ益々窮地ニ陷リ居レリ貴大臣ハ「ヒツトラー」總統ノ「ウキーガンド」ニ與ヘタル「インタービユ」ヲ御讀ミニナラレタルコトト存スルモ其ノ「インタービユ」ヲ與ヘタル理由ハ獨逸ノ見ル所ニ依レハ米國民ハ大統領カ米國ヲ戰爭ニ參加セシメントスル政策ニ益々反對シ大統領ノ政策ヨリ離レントシ居ルモノナルカ之ヲ益々强メンカ爲メ「ヒツトラー」ハ前述米人記者ニ對シ「インタービユ」ヲ與ヘタルモノナリ要スルニ獨米ノ關係ハ必スシモ惡化セス漸次改善セラル、見込アリ

大臣　尙ホ先日某氏ヲ通シテ獨逸大使ヨリ申入レアリタル㈠蘇滿西比利經由獨逸ヘノ物資輸送ノ件㈡支那ニ於ケル獨逸人被害ノ早急解決㈢英字新聞ノ反獨的記事取締ノ件ハ本日ノ閣議ノ席上關係大臣等ト十五分以内ニテ何レモ主義上大使ノ御希望ニ應スルノ決定ヲナシタリコレニテ貴大使ハ「ベルリン」ニ歸還ノ要ナキコトトナレリ、然シ何レノ國モ「レツド、テープ」ハ免カレス實行上遲延スルコトモアルヘク、其點ハ豫メ含ミ置カレタシ但シ㈠ト㈡特ニ㈠ハ自分ガ直接指揮管掌スヘク又㈢ハ已ニ下僚ヨリ關係省ニ打合セノ手續ヲ取リタリ

「オツト」大使ハ右三件ニ關スル獨文覺書ヲ爲念持參外務大臣ニ手交スルト同時ニ米大陸ニ在ル軍籍無關係ノ獨人ヲ獨本國ニ歸還セシムル件ニ付在米大陸日本官憲等ハ兎角本立證ヲ濫リ勝チナリトテ之ニ關スル覺書ヲモ手交シ松岡大臣ニ好意措置ヲ希望セリ、松岡大臣ハ之ニ對シ同僚殊ニ遞信大臣等トモ打合セ至急措置シ極力好意ヲ示スヘク出先官憲ニモ發訓スヘシト答ヘタリ

尙訪伊使節團ニ付「オツト」大使ハ「自分ハ本使節團ハ日本ガ獨逸ト伊太利ヲ離間セシメントスルタメニ派遣セラレタルモノト固ク信ジ居ルモノニシテ不快ニ思ヒ居ル次第ナ

リ、豫テ獨逸ニ良カラザル佐藤大使ガ伊太利ニ派遣セラレ其ノ歸途獨逸ニ立寄リタリトシテモ獨逸ヨリ決シテ好遇セラレザリシハ當然ノコトナリ」ト述ベタルニ依リ松岡大臣ヨリ予モカヽル「デマ」ヲ耳ニシタルコトアルモ左様ナルコトハ有リ得ス、之ヲ耳ニシタル當時モ予ハ余リニ馬鹿氣タルコト唯笑ヒタリト告ゲタリ然ルニ「オット」大使ハ飽迄之ヲ信スル態度ニ見受ケタリ

又「オット」大使ヨリ「本使ガ日本駐在大使トナリタル以後本使ノ得タル感ジハ全ク不愉快ナルモノバカリナリ是迄霞ケ關ハ全ク獨逸ヲ無視シ居ルモノガ獨逸大使館ヨリ提出スル案件ニ付テハ少シモ解決シ呉レズ或モノニ付テハ返答サヘ呉レザル次第ナリ是ノミニテモ本使ハ本國政府ヨリ召還セラルベキ充分ノ理由アルモノニシテ又事務以外一度ト雖本使ニ會フ機會サヘ與ヘラレズ本使ハ英米大使以下ニ取扱ハレ殆ンド堪エ難キ侮辱ヲ蒙レリ。獨逸トシテハ尚予ニ幾分ノ望ヲ繋ギテ召還セズ今日ニ至リシ次第ナリ」ト述ベタリ

尚大臣ヨリ大使ニ對シ本日「アンリー」大使ニ對シ佛印ニ付テノ日本ノ要求ヲ話シ置キタルガ、之ハ佛印國境附近作戰上絶對必要ニシテ急ヲ要スルモノナリ。佛政府ハ或ハ本件ヲ獨政府ニ「リフアー」スヘキヤト想像スルトコロ若シモ本件ニ付佛政府ヨリ獨政府ニ之ヲ「リフアー」シタル時ハ遲滯ナク日本ノ要求ヲ容ルル様返答アルヤウ、又「リフアー」セストモ佛國政府ニ於テ愚圖ツク様子ナラハ獨政府ヨリ進ンテ右ノ趣旨ヲ佛政府ニ申送ラルルヤウ至急獨政府ニ電報セラレタシト述ヘタルニ「オット」大使ハ早速電報スベキ旨返答セリ。

（付　記）

日獨伊提携强化ニ關スル件

昭和一五、七、三〇

（欄外記入）

一、方　針

帝國ト獨伊トハ世界新秩序建設ニ對シ共通的立場ニ在ルコトヲ確認シ相互ニ其ノ生存圏ノ確立及經倫（綸カ）ニ對スル支持及對蘇對米政策ニ關スル協力ニ付キ了解ヲ遂ク

二、要　領

㈠帝國ト獨伊間ニ於テ右方針ニ基ク基本的了解ヲ遂ク（別紙第一）

註、右基本的了解ニ基キ更ニ日獨伊間又ハ日獨、日伊間ニ所要ノ協定ヲ行フモノトス

㈡現在日獨伊各國カ夫々直面シ居ル支那事變及歐洲戰爭ニ關スル相互支持協力ニ關シ右基本的了解ト共ニ速カニ了解ヲ遂ク(別紙第二)

㈢右實施ハ左ノ各項ニ依ル

イ、前記㈠及㈡ノ交涉ハ別紙第三日獨伊提携强化ニ對處スル基礎要件ヲ体シ且別紙第四交涉方針要領ニ基キ行フ

ロ、前記㈠ハ伯林及羅馬ニ於テ實施ス

ハ、前記㈡ハ㈠ト共ニ一併伯林及羅馬ニテ提案シ其ノ具体的交涉ヲ東京ニ於テ行フ

㈣以上ノ了解ハ必シモ協定ノ形式ヲ執ルヲ要セサルモ獨伊ノ希望アルニ於テハ協定トスルヲ妨ケス

別紙第一

日獨伊提携强化ノ爲ノ基本トナルヘキ政治的了解事項

一、日本及獨伊兩國ハ現在其實現ニ努力シツツアル世界ノ新秩序建設ニ關シ共通ノ立場ニ在ルコトヲ確認シ公正ナル世界平和ヲ助成增進スル爲相互協力ス

二、日本及獨伊兩國ハ夫々新秩序建設ノ爲日本ノ企圖スル南洋ヲ含ム東亞ニ於ケル生存圈竝獨伊ノ企圖スル歐洲及阿弗利加ニ於ケル生存圈ヲ相互ニ尊重シ右地域ニ於ケル新秩序建設ニ對シ相互ニ支持ヲ與フ

三、日本及獨伊兩國ハ相互ニ密接ナル經濟的協力ヲ行フ之カ爲其生存圈内ノ所產ノ優先的相互交易竝ニ技術ノ交換ヲ行フト共ニ夫々自己ノ生存圈内ニ於ケル相手國ノ經濟的活動ニ付好意的考量ヲ加フ

四、日本及獨伊兩國ハ「ソ」聯トノ平和ヲ維持且「ソ」聯ノ政策ヲ兩者共通ノ立場ニ副ハシムル如ク利導スルコトニ協力スルト共ニ其ノ一方カ蘇聯ト戰爭狀態ニ入ル危險アル場合ニハ執ルヘキ措置ニ關シ協議スルコトトス

五、日本及獨伊兩國ハ米國ヲシテ米大陸以外ノ方面ニ容喙セシメサルト共ニ之ニ對シ兩者ノ政治的經濟的利益ヲ擁護スル爲相互協力ス又其ノ一方カ米國ト戰爭狀態ニ入ル危險アル場合ニハ兩者ハ執ルヘキ措置ニ關シ協議スルコトトス

日本及獨伊兩國ハ中南米ニ對スル施策ニ關シ緊密ニ協力

ス

備　考

第四、第五項ハ祕密了解トスヘキモノトス

別紙第二

日本及獨伊兩國ノ歐洲戰爭及支那事變ニ對スル
相互支持協力ニ關スル了解事項

一、日本及獨伊兩國ハ現在兩者カ夫々直面シ居ル支那事變及歐洲戰爭ノ解決ニ方リ何レモ英國カ其主要ナル敵性國ナルニ鑑ミ此見地ニ於テ左ノ如ク相互ニ支持協力ス

日本ハ

(イ)獨伊ノ希望スル東亞南洋方面所在物資ノ取得ニ關シ爲シ得ル限リ便宜ヲ供與ス

(ロ)南洋ヲ含ム東亞ニ於テ英國ニ對スル壓迫ヲ强化スルト共ニ獨伊ノ對英戰爭遂行ヲ容易ニスル爲爲シ得ル限リ協力ス

獨伊ハ

(イ)日本ノ希望スル機械類等ノ供給竝ニ技術ノ援助ニ關シ爲シ得ル限リ協力ス

(ロ)支那事變解決ノ爲協力ス

備　考

本了解ハ祕密トス

別紙第三

日獨伊提携强化ニ對處スル基礎要件

一、帝國ノ東亞新秩序建設ノ爲ノ生存圈ニ就テ

(イ)獨伊トノ交渉ニ於テ帝國ノ東亞新秩序建設ノ爲ノ生存圈トシテ考慮スヘキ範圍ハ

日滿支ヲ根幹トシ、舊獨領委任統治諸島、佛領印度及同太平洋島嶼、泰國、英領馬來、英領「ボルネオ」、蘭領東印度、「ビルマ」、濠洲、新西蘭竝ニ印度等トス

但シ交渉上我方ガ提示スル南洋地域ハビルマ以東、蘭印、ニューカレドニア以北トシ濠洲、新西蘭及印度ニ付テハ後記(ホ)(ヘ)我方ノ意向ヲ反映セシムルコトトス

(ロ)太平洋ニ於ケル英佛ノ舊獨領委任統治諸島ハ對米戰略上ノ必要ヨリ努メテ帝國ノ支配下ニ歸スル如ク處理ス

(ハ)蘭領東印度ハ獨立態勢ニアラシムルヲ目途トシ差當リ尠クモ我政治勢力下ニ置ク

右ニ關シ萬一獨逸ノ提案ト相觸ルルコトアル場合ニ於テモ蘭印所產資源ノ優先的供給、蘭印ニ於ケル獨逸人ノ既存經濟經營繼續ニ關スル保障其他全般ニ於ケル政治的折衝ニ依リ蘭印ニ於ケル帝國ノ政治的指導權ヲ認メシムルコトトス

(ニ)佛領印度支那ニ關シテモ(ハ)ニ同ジ

(ホ)濠洲及新西蘭ハ其ノ他ノ地域トハ其間幾分ノ逕庭ヲ存スルモ帝國ノ關心ヲ有スル所ナルコトニ差異ナク、從テ之カ更ニ東亞以外ノ國ノ領土或ハ管理ニ變更セラルルヲ欲セス

(ヘ)印度ニ對シテモ帝國カ關心ヲ有スルコト固ヨリナルカ、對「ソ」協力關係ト關連シ印度西部ニ於テハ考慮ノ餘地ヲ存ス

二、日獨伊三國ノ經濟協力ニ就テ

(イ)交易ニ關シ帝國ハ日滿支三國ノ農林水產物等ヲ供給スルノ外支那、佛印、蘭印等ノ特殊鑛產物及ゴム等ノ供給ニ付協力ヲ與フベク獨伊ハ帝國ノ必要トスル技術ノ援助及航空機、機械類化學製品類等ノ供給ヲ爲ス

（付　箋）

(ロ)右目的ノ爲夫々經濟協定、貿易協定及支拂協定ヲ締結ス

三、日獨伊三國ノ對「ソ」及對米協力ニ關スル帝國ノ態度ニ就テ

世界カ東亞、「ソ聯」、歐洲及米洲ノ四大分野ニ分ルルヲ豫見セラルル戰後ノ新態勢ニ於テ東亞ノ指導者ヲ以テ任スル帝國ハ歐洲ノ指導勢力タル獨伊ト密接ニ提携シ

(イ)「ソ」聯ヲ東西兩方面ヨリ牽制シ、且之ヲ日獨伊共通ノ立場ニ副フ如ク利導シテ其勢力圈ノ進出方向ヲ日獨伊三國ノ利害關係ニ直接影響少キ方面例ヘハ波斯灣ニ向フ方面ニ指向セシムル如ク努ムルト共ニ

(ロ)又米國ニ付テハ米洲圈ニ對シ力メテ平和ヲ維持スベキモ東亞及歐洲分野ノ政治的、經濟的提携ニ依リ所要ニ應シ米國ニ對シ壓迫ヲ指向シ得ルノ態勢ヲ構成シ以テ帝國ノ主張ヲ貫徹スルニ寄與セシムル如ク策ス

且又獨伊ハ現在南米ニ相當ノ移民ト經濟的地步トヲ有スルヲ以テ將來帝國ノ米國ニ對スル諸般ノ施策ニ之ヲ利用ス

四、日獨伊三國ノ對英協力ニ關スル帝國ノ態度ニ就テ

(イ)帝國ハ東亞新秩序建設ノ爲、南洋ヲ含ム東亞ニ於テ英

國ノ政治的權益ヲ排除スルノ企圖ヲ有ス
而シテ右帝國ノ企圖ハ英國ノ地位ヲ薄弱化スルモノニシテ現ニ支那ニ於ケル帝國ノ對英政策カ自ラ歐洲戰場ニ有效ニ影響シ居ルコト事實ノ示ス所ナリ
(ロ)帝國ハ更ニ獨伊ノ對英戰爭ニ一層協力スル爲獨逸ノ希望スル南洋ヲ含ム東亞所在資源ノ取得ニ對シテ協力ヲ惜マス、又東亞ニ於ケル英國權益ノ排除、示威及宣傳ニ依ル協力屬領及殖民地ノ獨立運動支援等獨伊ノ對英戰爭ニ關シ一層ノ協力ヲ爲ス
(ハ)帝國ハ(イ)項ノ企圖達成ノ爲對英武力行使ノ場合之カ發動ノ時機ハ(一)支那事變處理ノ進捗程度(二)戰爭準備進捗ノ程度(三)對米對「ソ」外交体制整備ニ依リ制約セラル
獨伊側ヨリ對英軍事的協力ヲ求メ來ル場合帝國ハ原則トシテ之ニ應スルモ其發動ノ時機ニ關シテハ前記制約ヲ考慮シ自主的ニ之ヲ決定スルモノトス

別紙第四

交渉方針要領

一、本提携强化具現ノ爲ニハ獨伊カ全力ヲ擧ケテ英國打倒ニ邁進シアル今ノ機會ヲ逸スヘカラス獨伊ノ戰勝確定後右折衝ヲ開始スルコトトナラハ其ノ效果ハ極メテ減少セラルルニ至ルヘキノミナラス南洋ニ關シテ相當ノ關心ヲ有スル獨逸ノ態度ニモ亦何等カノ變化ヲ來ス虞ナシトセサレハナリ
本件交渉ニ付テハ獨伊各別ニ行フモノトス、但獨伊側ヨリ三國間ノ交渉ヲ希望シ來ル場合ニハ之ヲ考慮ス
二、歐洲戰爭及支那事變ニ對スル相互支持協力關係ノ了解ハ獨伊ニ對スル提携强化ノ提議ノ際基本的了解ト同時ニ提案シ其ノ內容ニ付テノ討議ハ東京ニ於テ之ヲ行フコトトスルモ前記二了解ハ一体不可分トス
三、獨伊ヲシテ帝國ノ南洋ヲ含ム東亞ニ於ケル生存圈ヲ尊重セシムヘキ別紙第一(二)ノ交渉ニ於テハ南洋ヲ含ム東亞全般ニ付包括的ニ帝國ノ政治的指導權ヲ認メシムルコトヲ主眼トス但シ獨伊側ヨリ特定地區ニ何等留保的態度ニ出ツル場合ニハ別紙第三日獨伊提携强化ニ對處スル基礎要件ノ(一)ノ(ロ)項以下ヲ体シ右地區ニ付具体的折衝ヲ行ヒ之ヲ容認セシム
四、別紙第三日獨伊提携强化ニ對處スル基礎要件第四項(ハ)ニ

關シ獨伊側ヨリ對英軍事的協力ニ質問シ來タル場合ニ於テハ帝國トシテハ原則トシテ之ニ應スルノ用意アルモ武力發動ニ關シテハ諸種ノ制約アルヲ以テ其ノ發動時期（卽參戰時期）ハ帝國カ自主的ニ決定スヘキ旨ヲ以テシ獨伊側ヨリ右軍事的協力ヲ求メ來ル場合ニハ前記趣旨ヲ諒解セシムルト共ニ獨伊側ヲシテ帝國ノ對英武力發動ノ諸制約ヲ解除スルコトニ同調セシムル如クナスモノトス

（欄外記入）

訂正案

（付　箋）

相互經濟的活動ニ關シテハ帝國ハ特ニ支那及滿洲ニ於テ獨伊ノ優先的地位ヲ認メ其ノ技術及施設ヲ參加セシム

125　昭和15年8月1日　在独国来栖大使より松岡外務大臣宛（電報）

日本側より日独提携を打ち出すべきとのヘルフェリッヒ元訪日経済使節団長の内話について

ベルリン　8月1日後発
本　省　8月2日夜着

198

第九九六號（極祕、館長符號扱）*

往電第八八三號ニ關シ

其ノ後小谷ヲシテ更ニ「ヘルヘリッヒ」ト懇談セシメタル處「ヘ」ハ日本ノ友人トシテ直言スヘシトテ要領左ノ通リ內話セル趣ナリ當國一部ノ對本邦空氣ヲ示ス資料トシテ電報ス

一、日本側ハ東洋ニ於テ日本カ英佛米ヲ牽制セルコトカ獨ノ立場ヲ有利ナラシメタルコトヲ强調セラレ居ル模樣ナルカ右ハ事實ナルモ本年四月以後獨カ眞ニ國運ヲ睹（賭カ）シテ戰ヒ蘭白ヲ席巻シ佛ヲ潰滅セシメ英ニ大打擊ヲ與ヘタルコトカ南洋ヲ含ム東洋ニ於ケル日本ノ立場ヲ有利ナラシメタル程度トハ雲泥ノ相違ナリ又日本側ニ於テハ獨ニ對スル日本ノ貢獻ハ伊太利ノ夫レニ酷似スト論スル向アルモ兩者ノ間ニハ大ナル相違アリ卽チ自分カ滯日中繰返シ述ヘタル通リ獨伊間ニハ軍事同盟ヲ中心トシテ牢固タル約束アリタルニ反シ日獨間ニハ斯ル約束ナキノミナラス從來動モスレハ日本ハ英佛側ト妥協シテ獨ニ不親切ナル態度ニ出ツルニアラスヤトノ懸念サヘ起サシメ居タルト更ニ經濟的ニ言フモ伊太利ハ獨製品ノ對外輸出ニ協力セルハ勿論南米産物資ノ獨逸ヘノ輸入ニ付テモ危險ヲ冒シ總ユル便宜ヲ與ヘ其ノ數量ハ日本ヨリノ西比利亞經由輸入量トハ比較ニナラヌ程多量ニ上リタリ他方獨側ニ於テハ今次戰爭ノ當初ヨリ日本側ノ獨ニ對スル態度比較的冷淡ナリトシ物足ラス感シ居タルコトハ事實ナリ

三、從テ此ノ際日本側ヨリ提携ノ手ヲ打タルルコト然カルヘク其ノ際ハ客年八月ノ獨蘇不侵略協定カ日本側ニ與ヘタル不愉快ナル衝動日本カ過去三箇年來支那竝ニ其ノ背後勢力タル英佛米蘇ノ五箇國ヲ相手トシテ直接間接ノ爭鬪ヲ經續シ其ノ間經驗シタル困難ハ獨側ノ想像シ得ル以上ニ深刻ナルモノアリタルコト等ハ寧ロ端的ニ説明セラルル方宜シカルヘク之ト共ニ今次歐洲戰ニ於ケル獨ノ行動特ニ英佛ニ打撃ヲ與ヘタルコトハ支那事變ノ解決竝ニ南洋ニ對スル日本ノ要望達成ニ貢獻シツツアルコトハ何ト言ヒテモ動カシ難キヲ以テ此ノ點ハ充分「アプリシエート」セラルルコト然ルヘシ日本側ニ於テ獨側ハ付ケ上リテ日本ニ不當ノ對償ヲ要求スルヤモ知レスト危惧セラルル向アルヤモ知レサル處自分ノ確信スル所ニ依レハ右貢獻ハ日本側ノ米國牽制ト均シク unintentional ノ貢獻ナレハ獨側トシテ對償ヲ求ムヘキ筋合ニアラサルト共ニ「ヒットラー」モ之ヲ求ムルカ如キ人物ニアラス從テ獨側貢獻ニ對スル「アプリシエーシヨン」ノ意思表示ハ一文ノ損ナクシテ而モ話合ノ成功ヲ約スル重大ナル關鍵ト自分ハ考フル次第ナリ云々

126

昭和15年8月7日　在独国来栖大使より松岡外務大臣宛（電報）

松岡外相・オット大使会談内容に関し特に日本側が重視する事項を独国外務次官へ説明について

ベルリン　8月7日後発
本　　省　8月8日前着

第*一〇一九號（至急）

貴電第五〇七號（六日午前接到）ニ關シ

六日本使主催午餐會出席ノ「ワイゼツカ」次官ニ一日貴大臣「オツト」大使會談ニ關シ既ニ報告ニ接シタリヤト質ネ

タルニ然リトテ概要ヲ述ヘタルモ果シテ御趣旨カ充分ニ傳達サレ居ルヤ少シク疑問ナリシニ付七日同次官ヲ往訪詳細話ヲ聞キタル處「オット」ノ報告ハ冒頭貴電㈠前段ノ獨逸ノ考ヘ態度ヲ御尋ネニナリ我方ノ意嚮ヲ明カニサレタル點極ク簡單ニシテ㈡ノ蘇聯邦及米國ノ問題ハ全然ナク㈢ノ(イ)、(ロ)、(ハ)、ハ最モ詳細ニ述ヘ㈣ノ佛印問題ハ御話ノ趣旨ヲ詳シク傳ヘ居レリ依テ最モ重要ト認メタル前記㈠ノ點ハ貴電ノ趣旨ニ依リ篤ト説明シ其ノ他ノ諸點ニ付テモ爲念御趣旨ヲ申述ヘタル處「ワ」次官ハ何處ニ重點カ在ルヤ了解セリ何レ「リツペン」外相ニ充分傳達スヘシト述ヘタルニ付本使ヨリ外相モ最近歸伯セラレタル趣ニ付此ノ關係ニテ同外相カ更ニ説明ヲ希望セラルルナラハ何時ニテモ御會ヒスヘシト申シ置キタリ

127 日独協力問題に関する政府方針の回示方請訓

昭和15年8月13日　在独国来栖大使より 松岡外務大臣宛（電報）

ベルリン　8月13日後発
本　省　8月14日前着

第*一〇四八號（至急、極祕、館長符號扱）

十二日「スターマー」來訪懇談ノ際本使ヨリ「リ」外相ノ其ノ後ノ心境ヲ尋ネタルニ「ス」ハ同外相ハ戰後ノコトモ考ヘ日本トノ協力ヲ希望シ居ルコトニ變リナシトテ往電第八七一號末段ノ趣旨ヲ繰返シ去ル一日閣下ヨリ「オットー」大使ヘ御話ノ經緯モ能ク承知シ居リタリ依テ近日中「リ」外相ト一應懇談ヲ試ミルハ勿論何等特別ノ御訓令ニ依リタル次第ニアラサルコトトスヘキモ諸般ノ情勢今日ニ及ヒ外交通念上直ニ先方ハ總テ本使一個ノ私見トノミハ聞キ取ラサルヘク旁々會談中ノ心得トシテ往電第九九八號今後ノ日獨協力問題電稟ニ對シ大体ノ御意嚮ナリトモ至急御電示ヲ得置度シ

伊ヘ轉電セリ

128 南洋問題、対ソ・対米関係および日独関係等につき在本邦伊国大使と会談について

昭和15年8月19日　松岡外務大臣より 在伊国天羽大使宛（電報）

本　省　8月19日後10時0分発

第*三八五號（極祕、館長符號扱）

本大臣發獨宛電報第五〇七號ニ關シ

十七日午前本大臣在京伊國大使ノ來訪ヲ求メ會談去ル二（一カ）日「オット」大使ニ爲シタルト同様ノ趣旨卽㈠南洋問題㈡日蘇關係（獨「ソ」關係ト伊「ソ」關係ニ相違アルコトハ承知ナル旨附言ス）㈢日米關係（伊國系ノ米國市民モ相當多ク從テ伊太利ハ米國ニ對シ日本ヨリ以上ノ便宜ヲ有セラルルコトト信スト附言ス）ニ付質問ヲ發シ伊側ノ意見ヲ承知シ度キ旨ヲ述ヘ伊太利ハ日獨間ニ付テモ斡旋セラルル最良ノ地位ニ在リ今後トモ伊太利ニ「デイペンド」スルコト多カルヘシトノ趣旨ヲ述ヘタル處大使ハ自分カ日本ニ赴任スルニ際シ「チアノ」外相ハ特ニ日本ノ東亞ニ於ケル指導的立場ヲ認メ且日本ト協力セサルヘカラサル旨ヲ自分ニ話シタルカ御申出ノ趣旨ハ直ニ之ヲ本國政府ニ傳達スヘシト答ヘタリ

尙本會談ニ於テハ佛印ニ關スル懸案其他日獨間ノ懸案ニハ言及セス

米ニ轉電セリ獨「ソ」ニ轉電アリ度

129　昭和15年8月23日　在独国来栖大使より
松岡外務大臣宛（電報）

日独提携にイタリアの斡旋は不要である旨具申

ベルリン　8月23日前発
本　省　8月23日夜着

第*一〇九三號（極祕、館長符號扱）

㈠伊宛貴電第三八五號在京伊國大使ニ日獨間ノ斡旋云々ヲ申聞ケラレタルハ伊國操縱上特別ノ御深慮ニ出テタル次第カト思考スルモ抑々對支對蘭・佛印問題ニ關スル獨伊ノ地位カ實利實力ノ双方ヨリ見テ雲泥ノ相違アルハ言フ迄モナク（伊發往電第八三二號）戰局今後ノ動向及戰後ニ於テ獨伊ノ關係カ事實上果シテ對等タリ得ルヤモ頗ル疑ハシク現ニ伊國ノ參戰ニ關シテモ當國軍部方面等ニ於テ（一語不明）冷笑的蔭口ヲ耳ニスルカ如キ情勢ナルコトハ此ノ種ノ工作ノ上ニ於テモ充分御賢察ノ次第ナルヘシト思考ス

㈡日獨關係ニ付本使ノ常ニ最モ苦心シツツアル所ハ兎角思ヒ上リ易キ獨逸人ノ國民性及ヒ從來ノ所謂對英米依存ヲ對獨伊依存ニ置キ換ヘタルノミニテハ將來支那問題ノ處

理モ困難ナルヘキヲ考慮シ（戰前軍事經濟ノ双方ニ亘ル獨逸ノ對支活動ハ御承知ノ通リ）我カ國一部民論ノ傾向等ニ拘ラス當方ノ氣構ニ於テ飽迄日獨對等ヲ堅持シ居ル點ニシテ（往電第八七一號）日獨關係ハ目下双方腹ノ探リ合ヒヲ爲シ居ル姿ナルモ別段他國ノ斡旋ヲ必要トスル事態トハ思考スルヲ得ス蓋シ一方獨逸ハ目下頻リニ戰績ヲ擧ケ居ルモ假令英國制壓後ニ於テモ猶米蘇等ヲ控ヘ居ル關係上恐ラク我カ國トノ友好關係ヲ欲スル事情ヲ生スヘク他方我カ國ハ目下頻リニ英佛ノ（數字不明）ツツアルモ前回大戰後華府會議ニ於テ舐メタル苦キ經驗ニモ鑑ミ今日ヨリ適宜外交上ノ手當ヲ爲シ置ク必要ヲ有スル事情アルヘキヲ以テ右双方ノ事情ヲ充分認識シタル上ニテ兩國ノ提携ヲ考慮スヘキ筋合ニシテ一方他方ノ友誼ヲ「ベック」スルカ如キハ却テ禍根ヲ貽スヘシト信ス

㈢目下日獨間ニ横ハリ居ルハ主トシテ蘭・佛印ノ問題ナル處蘭印ニ關シテハ既ニ本年五月二十二日「オット」大使ヨリ有田大臣ニ申入ノ次第アリタルハ（貴電第二九五號）我國トシテ常ニ把握シ得ヘキ所ニシテ其ノ後戰局ノ目覺シキ發展等ニ依リ獨逸ノ心境ニ變化アリタリトスルモ元來獨逸ハ蘭本國ヲ占領シ居ルノミニテ現在ハ勿論戰後ニ於テモ容易ニ實力蘭印ニ及ホシ得ヘキ地位ニアラス此ノ點佛印ニ關シテモ大体同様ト思考セラレ現ニ獨逸カ蘭印ニ關シ往電第一〇八六號ノ如キ工夫ヲ凝ラシ又對佛休戰條約ニ於テ佛國植民地防衛ノ爲佛海軍力ノ一部保留ヲ認メタルカ如キハ此ノ間ノ消息ヲ物語ルモノト觀測セラレ實力ノ見地ヨリ我國トシテ蘭印ニ關シ先ツ念頭ニ置クヘキハ寧ロ英米（濠洲）等ナルヘキモ彼等トテ又此ノ際蘭・佛印ニ實力ヲ加フルカ如キコトナカルヘキヲ以テ我國トシテハ此ノ際先ツ蘭佛印ニ對シ着々公正ナル完成事實ヲ作リ行クヲ主眼トスヘキモノナリト思考ス

㈣貴電合第一七七三號ノ通リ蘭印側カ我方ノ要望ヲ容レタルハ一ノ顯著ナル事實ナルモ其ノ後米國ノ軍需物資禁輸体制强化等ノ新事態發生セルニモ鑑ミ此ノ際對蘭印經濟關係ヲ一層强化擴充セラルルト同時ニ成ルヘク速ニ右ニ關スル日蘭ノ合意ヲ發表シ且右合意ノ實施ヲ妨クルカ如キ第三國ノ行爲ハ之ヲ非友誼的ト看做ス旨ヲ聲明セラレ以テ他國ノ横槍ヲ抑ヘ時宜ニ依リテハ蘭印物資ノ輸入ニ「コンボイ」ヲ附シ以テ英海軍ノ干渉ヲ排除スル等ノ方

途ヲ講セラレ獨逸ノ希望及態度ニ依リテハ彼ノ必要トスル蘭印物資ノ本邦經由供給ヲ可能ナラシムルカ如キ實際的ノ措置ヲ講セラルルノ要アルヘシト信ス

伊、蘇、米、壽府へ轉電セリ

壽府ヨリ英ヘ轉電アリタシ

130　昭和15年8月23日　在独国来栖大使より松岡外務大臣宛（電報）

スターマー公使訪日の真意につきリッベントロップと会談予定について

ベルリン　8月23日後発
本　省　8月24日後着

第一一〇二號（館長符號扱）

二十日「スターマー」來訪シ今般「リ」外相ノ命ニ依リ約三週間滯在ノ豫定ヲ以テ東京へ急行スルコトトナリタリ實ハ在京獨大使館内部ノ關係モアリ云々ト述ヘ其ノ使命ニ關スル印象不明瞭ナルモノアリタルヲ以テ本使ハ寧ロ之ヲ利用シ本件ニ關スル「リ」外相ノ眞意ヲ質スノ名目ノ下ニ豫テ電報申上ケ置キタル同外相トノ會談ヲ行フニ決シ近日中ニ「ザルジユブルグ」ニ滯在中ノ「リ」外相ト會談ノ手配ヲ了セリ

尙「ス」ハ今般總領事ヨリ公使ニ昇格シ其ノ資格ニテ赴クモノナル由ニシテ妻同伴二十三日伯林發飛行機ニテ莫斯科へ向ヘリ

蘇へ轉電セリ

131　昭和15年8月25日　在独国来栖大使より松岡外務大臣宛（電報）

スターマー公使訪日の際は責任ある筋との接触を手配すべき旨具申

ベルリン　8月25日前発
本　省　8月25日後着

第*一一〇四號（館長符號扱）

「スターマー」渡日ノ件ニ關シ同人ハ御承知ノ通リ此ノ春「ゴータ」大公ノ隨員トシテ渡日シ居タリ外務陸海軍其ノ他ノ方面ニ知合有ル處折角赴日スルカラニハ責任アル適當ノ筋ト接觸スル様仕向ケ度ク各方面若手ノ無責任ナル連中ニ擔キ廻サレ見當違ノ認識ヲ抱イテ歸國スル様ノコトアリ

テハ今後ノ日獨關係上甚タ面白カラスト存シ爲念申上ク
（此ノ點當館陸海軍兩武官モ同感ニテ夫々電報スル筈）

132　昭和15年8月28日　在独国来栖大使より
松岡外務大臣宛（電報）

スターマー公使の訪日および日独協力問題に関するリッベントロップとの会談報告

ベルリン　8月28日前発
本　省　8月28日夜着

第一一二五號（極祕、館長符號扱）

[1]往電第一一〇四號ニ關シ
二十六日「ザルツブルグ」ニ於テ「リ」外相ト會見ス先ツ日獨協力ニ關スル一般問題ヲ論議シタルカ午餐（祕書官其ノ他數名陪席シ要談ニ適セス）ノ後引續キ會談ノ予定ナリシヲ以テ、蘭・佛印問題等ハ晝食後ニ讓ルコトトシ置キタル處食事中「ヒ」總統ヨリ電話ニテ「リ」ヲ招致シ來レル爲「リ」ハ急遽「ベルヒテスガーデン」ニ赴クコトトナリ食後ノ會談ハ取リ止メタルカ今囘ノ會談ニテ少クトモ「リ」自身ノ口ヨリ單（端カ）的且明瞭ニ戰後ニ於テモ日獨ノ協力ヲ欲スル旨ヲ述ヘ且本使ノ兩國協力ノ私案ニ對シ同外相ヨリ盛ニ意見交換ノ繼續ヲ希望シ從來ノ事態ヨリ多少發展ノ傾向ヲ示スニ至リタル次第ナリ會談要領左ノ通リ

㈠本使ヨリ先ツ八月一日閣下ト「オットー」大使トノ會談以來政府ヨリ何等別段ノ指圖ヲ受ケ居ラサルモ「スターマー」日本行等ノコトモアリ意見交換ノ爲來訪シタル次第ナリト述ヘタル處「リ」ハ「ス」ノ日本行ハ自分ノ發意ニ出ツルモノニシテ實ハ最近「オットー」ヨリ種々電報ノ次第アリ旁最近日本ノ國內体制モ重大ナル變化ヲ見ツツアル趣ニ鑑ミ一、二「オ」ヘ傳達シタキ所アルト共ニ「ス」ヲシテ親シク日本ノ近狀ヲ視察且日本各方面既知ノ要人トモ會見セシメ結果歸來後自分ニ報告方申付ケタル次第ナリト述ヘタリ

㈡[2]右ニ對シ本使ハ前囘モ申上ケタル通リ一部ニハ獨逸ハ英國制壓後ハ何等日本トノ緊密關係ヲ必要トセス爲ニ獨逸ノ對日態度變化シツツアリ云々ノ取沙汰モ耳ニシ居ル際「ス」ヲ我國ニ派遣セラレタルハ差當リ右取沙汰ノ事實ニアラサル證左カト考ヘラレ日獨兩國ノ爲本使ノ欣快トスル所ナリト述ヘタルニ對シ「リ」ハ例ニ依リ日獨防共

協定締結ノ經緯ヨリ說キ起シ日獨協力ニ關スル自分ノ方針ノ變ラサル所以ヲ述ヘ防共協定カ防共ヲ表看板トセル政治條約トシテ種々日獨双方ニ與ヘタル利益ヲ述ヘ最近獨カ佛ヲ屈服セシメ更ニ英ヲ攻メ立テ居ル結果トシテ日本ノ東亞ニ於ケル地位擴充ニモ資シ居ル次第ヲ述ヘ萬一逆ニ獨伊側カ英ニ破ルルカ如キコトアラハ日本ハ英米蘇等ノ聯合壓迫ニ依リ折角築キ上ケラレタル現在ノ地歩モ維持困難トナルニアラスヤト思考スト言ヘリ

(三)依テ本使ハ日獨防共協定以來ノ兩國關係カ兩國ノ執（孰カ）レニ多クノ利益ヲ與ヘタルヤ等ノ問題ハ種々論議ノ余地アリト思考スルモ前項貴意末段ノ點ハ前同大戰ニ於テ英佛側ニ參加セル日伊カ戰後ニ受ケタル取扱ニモ鑑ミ本使一個ノ私見トシテハ洵ニ同感ニ堪エサル所ナルカ此ノ際日本内外交政策ノ「テムポ」ヲ理解サルル爲ニハ(一)日本カ目下日支事變ヲ控エ居リ之カ處理ヲ國策ノ第一義トナシ居ルコト(二)我國政治外交上ノ地位カ動モスレハ英米ト相容レサルモノアルニ拘ラス我國ノ經濟關係カ多年ノ歷史ニ依リ英米ト深キ關係ヲ有シ居ルコト(三)我國ト獨逸トノ國内政治態勢カ相違シ居ルコト等ハ常ニ念頭ニ置カルヘキナリト思考スト述ヘ置キタリ

(四)[3]右ニ對シ「リ」ハ日本國內情勢ノ點ハ最近重大ナル變化ヲ見ツツアルヤニ思考セラレ又事變ノ處理ニ關シテモ日獨關係ノ强化ハ結局米國ヲシテ其ノ本來ノ勢力範圍タル米大陸ニ歸ヘラシムルコトトナリ夫レ丈ケ日支事變ノ解決ヲ容易ナラシムヘク又經濟關係ニ於テモ日獨提携ノ上日本カ毅然タル態度ヲ示サルルニ於テハ對米經濟關係ハ却ツテ好轉スヘキニアラスヤト述ヘ獨自身ノ經驗ニ依レハ獨カ協調外交ニノミ依リタル當時ハ對外經濟上種々困難逢着シ居リタルニ比シ對外强硬政策ニ出テタル今日事態ハ却テ好轉セルニアラスヤト述ヘタルニ付本使ハ近代國防上最モ重要ナル重工業、化學工業ノ既ニ完成シ居リタル獨逸ト是等產業確立ノ道程ニ在ル日本トハ其ノ（一字アキ）ニ於テモ自ラ事情ヲ異ニスルモノアルヘシト說述シ置キタリ

(五)次ニ戰後ニ於ケル獨ト諸外國トノ關係ニ言及シ「リ」ハ獨ハ目下死活ノ大鬪爭ヲ爲シ居ル次第ニシテ從テ此ノ際各國ノ對獨態度ハ獨トシテ戰後ノ外交ニ於テモ長ク忘ルルコトヲ得サルヘシト述ヘタルニ付本使ハ其ノ點我國モ

同様ニシテ我國カ殆ト全力ヲ傾倒シツツアル事變處理及新秩序確立ニ關シ我國ト協力スルト然ラサル諸國トニ對シテハ當然態度ヲ異ニセサルヲ得サル次第ニシテ此ノ點ヨリ見テ事變ノ當時多數ノ獨逸將校カ支那軍事顧問トシテ種々活動シタルコトアルハ御記憶ノ通リナルカ幸ヒ閣下ノ御就任後右事態ノ終止シタルハ兩國ノ爲ニ慶賀ニ堪ヘサル次第ナリト述ヘ今以テ重慶ノ爲時々蠢動シツツアル是等將軍連ノ行動ニ付婉曲ニ一本抉リ置キタリ

(六)[4]次テ本使ヨリ根本論ハ其ノ邊トシ此ノ際特ニ端的且卒直ニ承ハリ度キハ戰後ヲモ考ヘタル日獨關係ニ關スル貴見ニシテ本使トシテハ兩國ハ單ニ現在ノミナラス充分將來ヲモ考ヘ且協力ノ目標トシテ單ニ戰時ノミト考ヘス新秩序卽チ公正ナル平和ノ確立ニ關シテモ深ク慮ル要アリト考ヘ居リ右見地ヨリ今後兩國ノ協力ノ理由充分存スルヤニ思考シ居ル次第ナリト述ヘタルニ「リ」ハ米及戰後殘サルヘキ英ノ結合ト(「リ」ハ敢テ蘇聯邦ト言ハス)日獨トノ關係ニ鑑ミ自分モ右樣日獨協力ヲ希望スルモノナリト明言セリ

(七)依テ本使ヨリ既ニ日獨協力ノ意嚮ヲ有セラルル以上右ニ關シ何等具体的考案ヲ有セラルル次第ナラハ此ノ際承知シ置キ度シト述ヘタル處「リ」ハ前回ノ成?レル經緯ニモ鑑ミ今回ハ日本側ヨリ提案ヲ得タキ次第ニシテ實ハ本日御來訪ニ際シ何等カ日本政府ヨリ具体的提案等ニテモ之有ヘキヤト私ニ期待シ居リタル次第ナリト答ヘタリ

(八)依テ本使ハ目下日本ハ國内体制建直等重大ナル根本的政治問題ニ專念シ居ルコト御承知ノ通リニシテ從テ此ノ種外交上ノ具体的問題ノ決定ハ多少手間取ルニアラスヤト思考セラルルヲ以テ此ノ際先ツ大体閣下ノ御內意等ヲモ承ハリタル上ニ私案ヲ作リ政府ノ檢討ニ備ヘントシ居リタル次第ナリト前置キシ

[5]先ツ問題トナルヘキ軍事方面ニ付獨ノ對英作戰モ赫々タル戰果ヲ擧ケ居ル今日獨トシテ何等我國ノ對英軍事的行動ヲ期待セラルルカ如キコトハ萬無之カルヘク殊ニ獨側トシテハ右樣軍事行動カ戰局ヲ擴大且長引カシムルト共ニ遂ニハ米ヲ刺戟シ其ノ參戰ヲスラ促スカ如キコトナキヲ保セサルニ鑑ミ獨側トシテ寧ロ之ヲ避ケラルル次第ナルヘシト述ヘタル處「リ」ハ暫ク沈思ノ上其ノ點ハ全ク考慮ヲ要スル次第ナリト答ヘタリ

㈨續イテ「リ」ヨリ一般日獨協力申合セノ形体内容ニ關スル本使ノ腹案ヲ質セルニ付本使ハ字句條文問題ハ「ガウス」條約局長等ノ專門家ニ俟ツノ外ナキモ大体内容トシテハ日獨兩國ハ夫々南洋ヲ含ム東亞及歐洲大陸ニ於テ各々新秩序ノ確立ニ努力シツツアル所以ヲ理解尊重シ相互ニ之カ達成ニ付協力スルコトヲ約シ之カ具体的遂行ノ方法ニ付テハ各案件ニ付最モ有效ナル方法ヲ協議決定スルコトニ申合セタシト考ヘ居ル次第ナリト述ヘ置キタリ

㈩右ニ對シ「リ」ハ自分ニ於テモ二、三考フル所有之ニ付何レ來週伯林ニ歸リ更メテ意見ヲ交換スルコトトシタシト述ヘタルカ本使ハ時局ニ際シ、蘭・佛印ノ問題等ニ付テモ本使トシテ種々所見有之モ本來右ハ今後ノ日獨關係ニ對スル根本了解確立ヲ見ルニ於テハ別ニ問題ナキ次第ナルヘシト考ヘ居リ旁是等ニ關シテハ伯林ニテ更メテ會談ノ際申上クルコトトスヘシト述ヘ置キタリ

伊、蘇、米、壽府ヘ轉電セリ

壽府ヨリ英ヘ轉電アリタシ

133　昭和15年8月28日　在独国来栖大使より松岡外務大臣宛(電報)

欧州戦況の見通しに関するヒトラー側近の心境報告

ベルリン　8月28日前発

本　省　8月28日夜着

第*一一一八號(極祕、館長符號扱)

往電第一一一五號ニ關シ

二十日「ザルツブルグ」ヨリ自動車ニテ「ミユンヘン」ヘノ途中小憩ノ際偶然內閣書記官長格ノ「ランメルス」大臣(前日迄「ベルヒテスガーデン」ノ「ヒ」總統ノ許ニアリ一度「ミユンヘン」ニ歸リタルカ再ヒ總統ニ呼ハレ「ベ」ニ赴ク途中)ニ遭遇シタルカ昵懇ノ間柄ナルニ付種々談話ノ際本使ヨリ最近ノ戰爭ノ情勢如何ト問ヒタルニ「ラ」ハ戰爭カ果シテ今年中ニ終了スルヤ否ヤ明白ナル判定ヲ下スハ困難ニシテ而モ米國ハ盛ニ軍備ヲ擴張シツツアリト心配氣ナル面持ニテ答ヘ更ニ言葉ヲ次キテ米ノ軍擴ハ多分日本ニ向ケラレタルモノナルヘシト笑ヒ居タリ最近ニ於ケル當國輿論ノ心境判斷ノ資料トシテ何等御參考迄

伊、蘇、米、壽府へ轉電セリ
壽府ヨリ英へ轉電アリタシ

134 スターマー公使の訪日使命は日独政治協定の締結にありとの同公使との会談報告

昭和15年8月28日　在ソ連邦東郷大使より松岡外務大臣宛（電報）

モスクワ　8月28日後発
本　省　8月29日夜着

第一二〇一號（極祕）
獨逸無任所公使「シユターマー」ハ本使伯林在勤當時「リツベントロツプ」ノ使者トシテ屢來訪且先般「ゴータ」大公ト共ニ歸歐ノ途次當地ニ於テ種々話合ヒタル次第ナルカ本月二十四日訪日ノ途次ナリトテ來訪長時間ニ亘リ會談セル處其ノ使命ハ先ツ以テ日本政府ノ外交方針ヲ突止メ若シ日本ニ於テモ希望アルニ於テハ後述政治協定締結ニ資セントスルモノト認メラレタリ
尙本人談話中或點ハ其ノ私見ト斷リタルモ同人ノ地位ニ顧ミ大體「リ」ノ意見ヲ表示スルモノト認メラレタル處概要左ノ通リ
一、對英攻撃ハ天候ノ都合上遲延シタルモ今秋中ニハ終了シ得ル見込ナリ
一、戰爭ノ延期又ハ擴大ハ獨逸ノ好マサル所ナルカ右ニ關係アル蘇米兩國ノ動向ニ付テ觀ルモ先ツ蘇ハ獨ニ對シ楯突キ得ヘキ狀態ニアラス又獨モ遠キ將來ハイザ知ラス當分蘇聯トノ良好ナル關係ヲ希望スルモノニシテ兩國ノ關係ハ懸念ナシ從テ日蘇關係ニ付テモ獨逸トシテハ其ノ良好ナランコトヲ希望スルモノナリ
一、次ニ米ニ付其ノ參戰ハ先以テ不可能ト認メラルルモ萬一參戰ノ場合ニモ米國軍隊ノ歐洲派遣ハ不可能ニシテ主トシテ海軍ヲ以テ對抗スルノ外ナキ處斯ル場合ニハ獨逸トシテハ其ノ占領地域内ノ全造船所ヲ擧ケテ軍艦ヲ製造シ米海軍ニ對抗スルコトモ不可能ニアラス
一、戰後ニ於ケル列强間ノ分野ヲ定ムル必要上ヨリ見ルモ日獨間ニ於テモ政治的協定ヲ締結スルノ要アリ蘭印等ニ付テハ獨逸ハ政治的關心ヲ有スルモノニアラサルヲ以テ之ニ關スル話合ハ容易ナルヘシト思考ス但シ右協定締結ハ今次戰爭媾和成立前ナルヲ要スヘシ

獨へ轉電セリ

135　昭和15年8月31日　在独国来栖大使より 松岡外務大臣宛(電報)

スターマー公使は日独協力に関する申合せ案を持参して訪日の見通しについて

ベルリン　8月31日後発
本　省　8月31日夜着

*第一一四二號(極祕、館長符號扱)

往電第一一一五號ニ關シ

一、「リ」外相ハ來週伯林ニ於テ意見交換續行云々ト申シ居タルモ「スターマー」カ出發前「ガウス」條約局長ト相談セリト申シ居リタルコト及「リ」カ自分ニモ二、三考アリト云ヘル點等ニ鑑ミ「ス」ハ或ハ日獨協力申合ニ關スル大体ノ案ヲ具シテ渡日シ時宜ニ依リ之ヲ內示スルモノカト察セラレ「リ」トシテモ此ノ際ハ先ツ「ス」到着後ノ報告ヲ待ツ肚ナルヘシト存セラルルニ付本使トシテハ(一語不明)ノ情勢ニモ鑑ミ余リ齷齪セス今後ノ「リ」ヨリ希望アルニ應シ懇談續行ノコトト致スヘシ

二、二十六日會談ノ際「リ」ハ我國新体制ノ成行ヲ重視スルト共ニ頻リニ白鳥大使大嶋前大使ノ噂ヲ爲シ居タルカ「ス」ヲシテ親シク會見セシメタシト云ヘル各方面貴地ノ要人トハ主トシテ右兩氏ヲ指セルモノト思ハル

三、昨今獨人中ニハ對英戰爭ハ後四週間位ニテ終了スヘシト云フ者アル處空襲及潛水艦戰ニテ果シテ容易ニ英カ手ヲ擧クルヤ問題ニテ結局上陸作戰ノ成功ニ俟タサルヲ得サルヘク此ノ事タル仲々容易ノ業ニアラサルヘク往電第一一一八號「ラムネルス」ノ內話ハ必スシモ取越シ苦勞トノミハ思ハレス將又茲一、二ケ月中ニ獨軍カ英本土ヲ占領スルトスルモ結局今次戰争ニ依ル獨伊ノ覇業ハ歐洲大陸及亞佛利加ノ範圍ニ止マリ歐洲復興ノ大業ト對蘇對米ノ二大關係ヲ控フル獨トシテハ大筋ニ於テ少クトモ帝國トノ協力ヲ有利トスル狀態ニ置カルヘキコト大体間違無カルヘシ右御參考迄

伊、蘇、米、壽府へ轉電セリ
壽府ヨリ英へ轉電アリタシ

136

昭和15年9月4日　四相会議決定

「日獨伊樞軸强化ニ關スル件」

昭和十五年九月四日總理、陸、海、外四相會議決定
昭和十五年九月十九日連絡會議決定

日獨伊樞軸强化ニ關スル件

日獨伊三國ノ提携强化ノ氣運最近頗ル濃化シ此際三國間ニ取急キ開談ヲ要スル時機ニ達シタリト認メラルルニ付左記基本要綱ニ基キ差詰メ獨逸側ト折衝致度

要　綱

一、三國間ニ歐羅巴及亞細亞ニ於ケル新秩序建設ニ付凡有ル方法ヲ以テ相互ニ協力ヲ與フル爲原則的協定ヲ遂グ
二、右協力ノ最善ノ方法ニ關シ出來得ル限リ短期間ニ三國間ノ協議ヲ行フ
三、差當リ三國共同聲明トシテ前二項ノ趣旨ヲ内外ニ公表ス

説明書

獨逸政府ハ今般「スターマー」公使ヲ本邦ニ特派スルニ至レル處右ハ單ニ當方情勢ノ探査ヲ目的トスルヤモ知レサルモ同人ハ「リ」外相ニ特別信用アル人物ニモアリ此際我方トシテ一段踏込ンデ日獨伊樞軸强化ニ關シ話ヲ始ムルヲ適當トスベク差當リ別紙要綱一、二ノ如キ共同聲明ヲ發スルコト内外ノ情勢ニ顧ミ喫緊ナリト認ム右聲明ハ凡有ル方法ヲ以テ相互ノ新秩序ノ建設ニ協力スル趣旨ナルヲ以テ必要ノ場合皇國トシテ兵力ノ行使ヲモ決意セザルベカラズ尤モ英國ノ關スル限リ獨逸トシテ直チニ我方ノ武力協力ヲ必要トセザルヤモ測ラレズ、然ル場合ニハ主トシテ米國ヲ目標トスルコトトナルベク蘇聯ノ問題モ素ヨリ議ニ上ルベキ處何レノ途我方トシテ武力行使ノ決意ヲ爲スニ非ズンバ獨逸側トノ話合ハ不可能ナルベシ、而シテ右共同聲明ハ畢竟豫備的ノモノニシテ引續キ軍事協力ノ交渉ニモ入ルヲ適當トスベク要綱第二項ノ最善ノ方法ニ關シ協議ストハ結局軍事協力交渉ヲ意味ス

尚右交渉ハ別紙方針案ニ基キ處置セントスルモノナリ

軍事同盟交渉ニ關スル要綱

一、皇國ト獨伊トハ世界新秩序建設ニ對シ共通的立場ニ在ル

コトヲ確認シ各自ノ生存圏ノ確立及經論（綸カ）ニ對スル支持及對英、對蘇、對米政策ニ關スル協力ニ付キ相互ニ了解ヲ遂ク（別紙第一）

註　右基本的了解ニ基キ更ニ日獨伊間又ハ日獨、日伊間ニ所要ノ協定ヲ行フモノトス

二、現在日獨伊各國カ夫々直面シ居ル支那事變及歐洲戰爭ニ關スル相互支持協力ニ關シ右基本的了解ト共ニ速カニ了解ヲ遂ク（別紙第二）

三、前記(一)及(二)ノ交渉ハ別紙第三日獨伊提携强化ニ對處スル基礎要件ヲ體シ且別紙第四交渉方針要領ニ基キ行フ

四、以上ノ了解ハ必スシモ協定ノ形式ヲ執ルヲ要セサルモ獨伊ノ希望アルニ於テハ協定トスルヲ妨ケス

別紙第一

日獨伊提携强化ノ爲ノ基本トナルヘキ政治的了解事項

一、日本及獨伊兩國ハ現在其ノ實現ニ努力シツツアル世界ノ新秩序建設ニ關シ共通ノ立場ニ在ルコトヲ認識シ南洋ヲ含ム東亞ニ於ケル日本ノ生存圏竝歐洲及阿弗利加ニ於ケル獨伊ノ生存權ヲ相互ニ尊重シ右地域ニ於ケル新秩序建設ニ付凡有ル方法ヲ以テ協力ス

二、日本及獨伊兩國ハ相互ニ密接ナル經濟的協力ヲ行フ之カ爲各自ノ生存圏内ノ所在物資ノ優先的相互交易竝ニ技術ノ交換ヲ行フト共ニ夫々各自ノ生存圏内ニ於ケル相手國ノ經濟的活動ニ付好意的考量ヲ加フ

三、日本及獨伊兩國ハ「ソ」聯トノ平和ヲ維持シ且「ソ」聯ノ政策ヲ兩者共通ノ立場ニ副ハシムル如ク利導スルコトニ協力ス（尙獨伊ト交渉ノ際先方ニ希望アルコト判明シタルトキ、右ノ外更ニ日本又ハ獨伊ノ一方カ蘇聯ト戰爭狀態ニ入ル危險アル場合ニハ執ルヘキ措置ニ關シ協議スルコトニ付テモ了解ヲ遂クルコトトス）

四、日本及獨伊兩國ハ米國ヲシテ西半球及米國ノ領地以外ノ方面ニ容喙セシメサルト共ニ之ニ對シ兩者ノ政治的及經濟的利益ヲ擁護スル爲相互ニ協力シ又其ノ一方カ米國ト戰爭狀態ニ入ル場合ニハ他ノ一方ハ凡ユル方法ヲ以テ之ヲ援助ス

日本及獨伊兩國ハ中南米ニ對スル施策ニ關シ緊密ニ協力ス

備考

本了解ハ祕密トス

別紙第二

日本及獨伊兩國ノ歐洲戰爭及支那事變ニ對スル相互支持協力ニ關スル了解事項

一、日本及獨伊兩國ハ現在兩者カ夫々直面シツツアル支那事變及歐洲戰爭ノ解決ニ方リ左ノ如ク相互ニ支持協力ス

日本ハ

(イ)南洋ヲ含ム東亞所在資源及物資ノ取得ニツキ獨伊ノ希望ニ對シ爲シ得ル限リ便宜ヲ供與ス

(ロ)南洋ヲ含ム東亞ニ於ケル英國ノ勢力ニ對スル壓迫ヲ强化スルト共ニ獨伊ノ對英戰爭遂行ヲ容易ニスル爲爲シ得ル限リ協力ス

獨伊ハ

(イ)日本ノ希望スル機械類等ノ供給竝ニ技術ノ援助ニ關シ爲シ得ル限リ協力ス

(ロ)支那事變解決ノ爲爲シ得ル限リノ政治的及經濟的協力ヲ爲ス

備考

本了解ハ祕密トス

別紙第三

日獨伊提携强化ニ對處スル基礎要件

一、皇國ノ大東亞新秩序建設ノ爲ノ生存圈ニ就テ

(イ)獨伊トノ交渉ニ於テ皇國ノ大東亞新秩序建設ノ爲ノ生存圏トシテ考慮スヘキ範圍ハ日滿支ヲ根幹トシ、舊獨領委任統治諸島、佛領印度及同太平洋島嶼、泰國、英領馬來、英領「ボルネオ」、蘭領東印度、「ビルマ」、(濠州、新西蘭)竝ニ印度等トス但シ交渉上我方カ提示スル南洋地域ハ「ビルマ」以東蘭印、「ニユーカレドニア」以北トス尙印度ハ之ヲ一應「ソ」聯ノ生存圈内ニ置クヲ認ムルコトアルヘシ

(ロ)蘭領東印度ハ獨立態勢ニアラシムルヲ目途トスルモ差當リ我方ノ政治上經濟上ノ優越的地位ヲ認メシムルモノトス

右ニ關シ萬一獨逸ノ提案ト相觸ルルコトアル場合ニ於テモ蘭印所在物資及資源ノ優先的供給、蘭印ニ於ケル

獨逸人ノ既得經濟經營繼續ニ關スル保障其ノ他全般ニ於ケル政治的折衝ニ依リ蘭印ニ於ケル皇國ノ優越的地位ヲ認メシムルコトトス

(ハ)佛領印度支那ニ關シテモ(ロ)ニ同シ

二、日獨伊三國ノ經濟協力ニ就テ

(イ)交易ニ關シ皇國ハ日滿支三國ノ農林水產物等ヲ供給スルノ外支那、佛印、蘭印等ノ特殊鑛產物及「ゴム」等ノ供給ニ付協力ヲ與フヘク獨伊ハ皇國ノ必要トスル技術ノ援助及航空機、機械類化學製品類等ノ供給ヲ爲ス相互經濟的活動ニ關シテハ皇國ハ特ニ支那及滿洲ニ於テ事實上獨伊ノ爲優先的取扱ヲ爲シ其技術及施設ヲ參加セシム

(ロ)右目的ノ爲夫々經濟協定、貿易協定及支拂協定ヲ締結ス

三、日獨伊三國ノ對「ソ」及對米協力ニ關スル皇國ノ態度ニ就テ

世界カ東亞、「ソ」聯、歐洲及米洲ノ四大分野ニ分ルルヲ豫見セラルル戰後ノ新態勢ニ於テ東亞ノ指導者ヲ以テ任スル皇國ハ歐洲ノ指導勢力タル獨伊ト密接ニ提携シ

(イ)「ソ」聯ヲ東西兩方面ヨリ牽制シ、且之ヲ日獨伊共通ノ立場ニ副フ如ク利導シテ其勢力圏ノ進出方面ヲ日獨伊三國ノ利害關係ニ直接影響少キ方面例ヘハ波斯灣(場合ニ依リテハ印度方面ニ對スル「ソ」聯ノ進出ヲ認ムルコトアルヘシ)ニ向フ方面ニ向ハシムル如ク努ムルト共ニ

(ロ)又米國ニ對シテハ力メテ平和的手段ヲ以テスヘキモ東亞及歐洲分野ノ政治的、經濟的提携ニ依リ所要ニ應シ米國ニ對シ壓迫ヲ加ヘ得ルノ態勢ヲ構成シ以テ皇國ノ主張ヲ貫徹スルニ寄與セシメル如ク策ス

右施策ニ際シ努メテ「ソ」聯ヲ利導スルコトヲ考慮シ且又獨伊ハ現在南米ニ相當ノ移民ト經濟的地歩トヲ有スルヲ以テ將來皇國ノ米國ニ對スル諸般ノ施策ニ之ヲ利用ス

四、日獨伊三國ノ排英協力ニ關スル皇國ノ態度ニ就テ

(イ)皇國ハ東亞新秩序建設上、南洋ヲ含ム東亞ニ於テ英國ノ政治的及經濟的權益ヲ排除スル爲狀勢ニ應シ諸施策ヲ講ス

(右施策ハ英國ノ地位ヲ薄弱化スルモノニシテ現ニ支

那ニ於ケル皇國ノ對英政策カ自ラ歐洲戰場ニ有效ニ影響シ居ルコト事實ノ示ス所ナリ）

(ロ)皇國ハ更ニ獨伊ノ對英戰爭ニ一層協力スル爲南洋ヲ含ム東亞所在資源及物資ノ取得ニ付キ獨伊兩國ノ希望ニ對シテ協力ヲ惜マス、又東亞ニ於ケル英國權益ノ排除、對英示威及宣傳、英國ノ屬領及殖民地ノ獨立運動支援等獨伊ノ對英戰爭ニ關シ一層ノ協力ヲ爲ス

五、對英米武力行使ニ關シ皇國ハ左ノ諸項ニ依リ自主的ニ決定ス

(一)支那事變處理概ネ終了セル場合ニ於テハ內外諸般ノ情勢之ヲ許ス限リ好機ヲ補促（捉カ）シ武力ヲ行使ス

(二)支那事變ノ處理未タ終ラザル場合ニ於テハ原則トシテ開戰ニ至ラサル限度ニ於テ施策スルモ內外諸般ノ情勢特ニ有利ニ進展スルカ若クハ我準備ノ成否ニ拘ハラス國際情勢ノ推移最早猶餘ヲ許サスト認メラルル場合武力ヲ行使ス

(三)內外諸般ノ情勢トハ支那事變處理ノ情況ノ外歐洲情勢特ニ對「ソ」國交調整ノ狀況米國ノ我ニ對スル動向及我戰爭準備等ノ諸件ヲ指スモノトス

別紙第四

交渉方針要領

一、獨伊ヲシテ皇國ノ南洋ヲ含ム東亞ニ於ケル生存圈ヲ承認尊重セシムヘキ別紙第一(二)ノ交渉ニ於テハ南洋ヲ含ム東亞全般ニ付包括的ニ皇國ノ優越的地位ヲ認メシムルコトヲ主眼トス但獨伊側ヨリ特定地區ニ何等留保的態度ニ出ツル場合ニハ別紙第三日獨伊提携强化ニ對處スル基礎要件ノ(一)ノ(ロ)項以下ヲ体シ右地區ニ付具體的折衝ヲ行ヒ之ヲ容認セシム

二、獨伊側ヨリ對英米軍事的協力ニ關シ希望シ來タル場合ニ於テハ皇國トシテハ原則トシテ之ニ應スルノ用意アルモ我現狀ニ鑑ミ武力行使即チ參戰ニ關シテハ別紙第三日獨伊提携强化ニ對處スル基礎要件第四項（第五項カ）(ハ)ノ(一)(二)(三)ノ如ク考慮シ居ル點ヲ説明諒解セシムルト共ニ獨伊側ヲシテ皇國ノ對英米開戰ニ關スル內外諸般ノ情勢改善ニ關シ我ニ協力セシムルカ如クスルモノトス

137

昭和15年9月9・10日　松岡外務大臣／スターマー独国公使　会談

松岡外相・スターマー公使非公式会談要旨

昭和十五年九月九日(午後五　時―七　時)
十日(午後五時半―六時半)

松岡外務大臣「スターマー」非公式會談要旨

(駐日獨逸大使陪席)

一、獨逸は今次戰爭が世界戰爭に發展するを欲せず一日も速に之を終結せしむる事を望み而して特に米國の參加せざらん事を希望す

二、獨逸は此際對英本國戰爭に關し日本の軍事的援助を求めず

三、獨逸の日本に求むる所は日本が有ゆる方法に依りて米國を牽制し其の參戰を防止するの役割を演ずることに在り獨逸は現在の處米國は參戰せずと思惟するも而も萬これ無きを期せんとするものなり

四、獨逸は近き將來に於て獨米間に衝突起るべしと考ふる能はざるも、然れども日米の衝(衝カ)突乃至戰爭は何時かは不可避なる可し

五、獨逸は日獨間(勿論伊も含みて)に了解或は協定を成立せしめ何時にても危機の襲來に對して完全に且效果的に備ふること兩國にとり有利なりと信ず、斯くしてのみ＝若し防止し得とすれば＝米國が現在の戰爭に參加すること又は將來日本と事を構ふることを防止し得べし

六、日獨伊三國側の決意せる毅然たる態度―明快にして誤認せられざる底の態度の堅持と其の事實を米國を始め世界に知悉せしむる事によりてのみ强力且有效に米國を抑制し得、反之軟弱にして微温的なる態度を取り若くは聲明をなす如きは却つて侮蔑と危險を招くに止まる可し

七、獨逸は日本が能く現下の情勢を把握し以て西半球より來ることある可き危險(或は現に迫りつつあるやも知るべからず)の重大性と現實性とを自覺し以て米國始め他の列國をして揣摩臆測の餘地なからしむる如き日獨伊三國間の協定を締結することに依りて之を豫防する爲迅速に且決定的に行動せんことを望む

八、申す迄もなく獨(及伊)は米を大西洋に於て牽制せんが爲全力を盡す可く又日本に對し直に軍事的裝備例之飛行機、戰車及其の他の兵器竝若し日本に於て希望せらるるなら

ば之等に人員をも附して合理的に融通し得る限り供給するは勿論其の他の方法に依りても極力對日援助を惜まざる可し(松岡大臣は日本にして獨の希望する意味及方法によりて樞軸に參加するに於ては此等の事項は樞軸陸海混合委員會の如きものに委ねらる可きものなりと申述べたり)

九、獨逸は日本の大東亞に於ける政治的指導者たる事を認め之を尊重するは勿論にして此等の地域に於て獨逸の欲するところは經濟的性質のものなり日本の目的達成の爲獨は日本と協力するの準備あり、而して獨逸は當然日本が獨人の企業を容認庇護し又獨の現在及將來必要とする資材を此等の地方より獨をして取得せしむる爲日本の最善を盡されんことを期待す

十、先づ日獨伊三國間の約定を成立せしめ然る後直ちに蘇聯に接近するに然かず。日蘇親善に付獨は「正直なる仲買人」たるの用意あり而して兩國接近の途上に越ゆべからざる障害ありとは覺へず從て差したる困難なく解決し得べきかと思料す。英國側の宣傳に反し獨蘇關係は良好にして蘇聯は獨との約束を滿足に履行しつつあり

十一、樞軸國(日本を含む)は最悪の危險に備ふる爲徹底的用意あるべきは勿論なるも併し一面獨逸は日米間の衝突回避に有ゆる努力を吝まざるのみならず若し人力の能くし得る所ならば進んで兩國關係の改善にすらも盡力すべし

十二、獨逸は對英戰爭終結前に速かに且つ名實共に眞に樞軸に參加せんことを日本に求めんとするに當り米をも含むアングローサクソン王國とまでは言はざるも(註、畢竟するにアングローサクソン王國に對する鬪爭に發展せざるを得ざるべしとの意を仄かしたる反語なり)實は全大英帝國に對し一大鬪爭を行ひつつありと云ふ遠大なる觀點に立つものなり現在の戰爭は或は程なく終結するならんも右に云ふ一大鬪爭は何等かの形に於て今後幾十年尚繼續すべし(松岡大臣も此の事を强調せり)而して右遠大なる目的の達成せらるる迄三國は最も緊密に結盟し倶に共に相倚り相助くべきなり

十三、今回の商議に伊太利の參加す可き時期は獨逸外務大臣に於て考慮し日本外務大臣に通報す可し、獨政府は未だ伊太利と話合ひたる事なし、又スターマー若くは獨側の

何人も蘇聯官憲と本問題に付會談せる事なし

㈣、スターマーの言は直ちにリッペントロップ外務大臣よりの言葉と取られ差支なし

㈤、日本外務大臣も以上數點に付その所見を開陳するところありたるも本覺書には之を記錄せず

138　昭和15年9月19日　日独伊三国同盟条約の締結に関する御前会議の概要

日獨伊三國條約御前會議ニ關スル件

（松本條約局長覺）

一、日獨伊三國條約締結ニ關シ九月十四日四相會議ノ結果大體ノ方針決定ヲ見同夜獨逸大使館ニリッベントロップ外相ヨリ修正案ヲ電報シ來リタルヲ以テ右案ニ依リ至急政府ト大本營トノ連絡會議（御前會議）ヲ開催スルコトニ決定ヲ見タルヲ以テ松本條約局長ハ九月十六日午前總理官邸ニ稻田總務課長ヲ訪問シ打合セヲ遂ゲタル結果前二回ノ御前會議ノ例ニ倣ヒ別紙甲號ノ次第案ヲ作成シ又別紙乙號ノ如キ要綱案ヲ作成スルコトニ打合セタリ

二、御前會議ハ九月十九日午後三時ヨリ宮中ニ於テ開催セラレ左ノ各官出席セリ

參謀總長宮、軍令部總長宮、近衞總理大臣、松岡外務大臣、河田大藏大臣、星野企畫院總裁、原樞密院議長、澤田參謀次長、近藤軍令部次長

三、會議ハ近衞總理大臣ヨリ別紙丙號ノ通リノ挨拶アリ次デ松岡大臣ヨリ別紙丁號ノ通リ說明アリ質疑應答ノ後原案可決ノ後出席者議題ニ署名シ上奏御裁可ヲ經タリ午後六時半頃散會

甲　號

第三回御前會議次第案

一、出　御

二、內閣總理大臣、御許シヲ得タルニ依リ本日ノ會議ノ議事進行ニ當ル旨ヲ宣シ會議ノ趣旨ヲ說明シ且外務大臣議題ノ說明ニ當ル旨ヲ述ブ。

三、外務大臣ヨリ議題ヲ說明ス。

四、總理大臣ヨリ質疑ノアル向ハ之ヲ述ベラレ度キ旨ヲ述ブ。

五、右ニ依リ質疑應答。
六、參謀總長ヨリ意見ヲ開陳セラル。
七、軍令部總長ヨリ意見ヲ開陳セラル。
八、樞密院議長ヨリ意見ヲ開陳ス。
九、總理大臣ヨリ原案可決ト認ムル旨ヲ述ブ。
十、總理大臣、會議終了ヲ言上ス。
十一、入　御
十二、議題ニ參列者花押、續テ上奏手續ヲトル。

乙　號

日獨伊三國條約締結ニ關スル件（御前會議議題）

日獨伊樞軸强化ノ爲別紙要綱ニ依リ獨伊兩國政府ト交渉ヲ遂ゲ日獨伊三國間ニ條約ヲ締結スルコト

別　紙

要　綱

一、日本國ハ歐洲ニ於ケル新秩序建設ニ關シ獨逸國及伊太利國ノ指導的地位ヲ認メ且之ヲ尊重スルコト
二、獨逸國及伊太利國ハ大東亞ニ於ケル新秩序建設ニ關シ日本國ノ指導的地位ヲ認メ且之ヲ尊重スルコト
三、日本國、獨逸國及伊太利國ハ前記ノ趣旨ニ基ク努力ニ付相互ニ協力スルコト竝ニ右三國ノ中一國ガ現在ノ歐洲戰爭又ハ日支紛爭ニ參入シ居ラザル一國ニ依リテ（公然ト又ハ陰密ニ）攻撃セラレタル場合ニハ有ユル政治的、經濟的及軍事的方法ニ依リ相互ニ援助スベキコト
四、日本國、獨逸國及伊太利國ハ相互相倚リ現ニ變化シ又變化シツツアル世界情勢ニ適應スベキ世界新秩序ノ建設ニ依リテノミ平和ノ公正ニシテ恆久的ナル基礎ヲ造リ得ルモノナルコトヲ信シ其ノ實現ニ關スル各自ノ努力ヲ整調結合スルコト
五、日本國、獨逸國及伊太利國ハ前記各項カ日獨伊三國ノ各ト「ソヴィエト」聯邦トノ間ニ現存スル政治的狀態ニ如何ナル影響ヲモ及ホサルモノナルコトヲ確認スルコト

丙　號

日獨伊三國條約締結ニ關スル件

（近衛總理大臣御前會議席上ノ挨拶文案）

御許シヲ得タルニ依リマシテ本日ノ會議ノ議事進行ハ本大

臣ニ於テ之ニ當ルコトニ致シマス。

御承知ノ通リ支那事變ハ未ダ解決セザルニ當リ近來米國ノ我國ニ對スル態度ハ相當强硬ヲ加ヘテ居リマスガ米國ノ態度ガ硬化スルニ連レマシテ重慶政府其ノ他日本ニ敵意ヲ有スル各國政府ノ態度ニモ影響シ我國ノ國際的地位ハ益々困難トナリ前途誠ニ憂慮ニ堪ヘザル次第デアリマス。此ノ難局ヲ打開致シマス爲ニハ我國ノ國際的立場ヲ强化スルコトガ必要デアリマスガ其ノ方法ハ現在ノ環境ニ於テ我方ト利益ノ一致スル國家トノ提携ヲ强化スルコト以外ニハナイト思ヒマス。然ルニ獨伊ハ米國ノ參戰ヲ防止スルコトヲ希望シ我國ハ米國トノ危機回避ヲ希望スル點ニ於テ利害ノ一致ヲ見テ居ルノデアリマス。依テ政府ハ組閣以來鋭意此ノ方向ニ向ツテ努力ヲ續ケテ來タノデアリマスガ、最近ニ至リ遂ニ御手許ニ差上ゲマシタルガ如キ要綱ニ依リ我國ガ今次歐洲戰爭ニ參加スルコトナクシテ右兩國トノ提携ヲ强化シ得ルノ機運ニ達シ右ニ基キ兩國ト交渉ヲ遂ゲ度イト思ヒマス。而シテ本案件ハ固ヨリ平和ヲ目的トスルモノデアリマスガ最惡ノ事態ノ發生ヲモ覺悟スル必要ガアリマスノデ我國運ノ消長ニ關スル未曾有ノ重大案件ト申スベキデアリマス。依ツテ極メテ愼重ニ審議ヲ盡シ御決定ヲ仰ギ度イト考ヘマシタノデ本會議ノ開催ヲ奏請致シマシタ次第デアリマス。本案件ノ本日迄ノ經過竝ニ獨、伊兩國政府トノ間ニ締結セントスル條約要綱ニ付テハ外務大臣ヨリ詳細説明致サセ度イト思ヒマス。

丁號

日獨伊三國條約締結ニ關スル外務大臣説明案(御前會議)

甲、經過

本大臣ハ七月下旬、現内閣ガ成立致シマシテ以來、只今内閣總理大臣ノ申サレマシタ趣旨ニ基キ、獨伊トノ政治的提携ヲ强化シタイト思ヒマシタガ、當時、獨逸ハ佛蘭西ヲ席捲シ、英本國ノ如キモ、旬日ヲ出デズシテ、容易ニ征服シ得ルト云フヤウナ氣勢デゴザリマシテ、獨逸ニ於ケル、我國トノ提携熱ハ一般ニ極メテ低カツタノデアリマス。然シナガラ獨伊ハ、今英本國ヲ屈服サスコトガ出來マシテモ、其ノ後ニ於テ、英帝國全部ノ崩壞戰ハ事シカク容易デハゴザリマセヌ上ニ、更ニ米國ト英帝國ノ殘存勢力トガ結合シテ出來ルトコロノアングロ・サクソン王國又ハブロックトモ云フベキモノト今次ノ戰爭ニ依ツテ强大ヲ加ヘタルソ聯邦ト云フ二大勢力ト對抗シナケレバナラヌコトハ明瞭デアリマス。其ノ場合地理的ニ惠マレタ地位ヲ占メ且世界無比ノ國體ノ下ニ優秀ナル民族ヲ持ツ我國ノ力ハ偉大ナルモノガアリマスノミナラズ、現在ト雖モ或意味ニ於キマシテ皇國ハ實ニ世界ノ天秤ヲ左ニデモ右ニデモ上下サス丈ノ力ヲ持ツテ居ルト云フノガ不肖本大臣ノ抱ケル見透シト見解デアリマス。而シテ此ノ事位ハヒトラー總統及少クトモ其ノ周圍ノ者ダケハ認識シテ居ルデアラウト想像シマシタ、否ソノ容子ガ多少窺ハレタノデゴザリマス。彼等ハ當時ニ於テモ我國トノ提携ニ相當ノ熱意ヲ持ツテ居タヤウデアリマス。根本ニカヤウナル考ヲ持ツテ居リマシタガ故ニ私ハ諸般ノ情況上一應ハ急ギタイト云フ心持ノ中ニモ固ヨリ下手ニ出ル要モナク、又已ムヲ得ナケレバ英本國屈服後トナツテモカマワヌ、若シサウナツタナラバ、愈々以テ緩ツクリト構エヤウト決意シテ居ツタノデアリマス。何レニ致シマシテモ、當時焦ルト見ラレルヤウナ手ヲ我方カラ出シマスルコトハ外交上禁物デアツタノデゴザリマス。我ガ獨自ノ立場ヲ堅持シ、必ズシモ獨伊ト結ブノ要ナシ、若シソレガ我國ノ存立ト使命遂行上、必要又ハ便利デアルナラバ、米ト結ビ、或ハ英ヲ救フコトヲモ敢ヘテ辭セヌト云フ姿勢サヘ示シテカカラナケレバナラヌト信ジタノデアリマス。ソレカラ、何ヨリモ先ヅ獨伊始メ世界ニ向ツテ本件ニ關シ斥候戰ヲ始メナケレバナラナカツタノデアリマス。本大臣ハ就任前後ヨリ遲滯ナク之ヲ開始シ、少シク容子ガ知レマシタノデ、一歩ヲ進メ本大臣ハ八月一日オット大使ヲオ茶ニ招キテ、樞軸强化ガ我朝野ヲ通ジテノ傾向ナルハ貴大使モ御承知ノ通リデアルガ、ソレガ物ニナルニハマダマダ容易デハナイ、廟議モ未ダ具體的ニ確定シテハ居ナイト云フ趣旨ヲ告ゲマシタ上、支那事變ハ日本獨力ニテ其内片付クル考デアルカラ、別ニ獨逸ニ於テ意ヲ煩ハサレナイデヨロシイト申述ベマシテ、一應大使ノ仲介セントスル口吻ヲ押ヘ、我建國以來傳統タル八紘一宇ノ大理想ヲ實現セントスル決意ノ眞劍ナル事ト、先ヅ之ヲ大東亞共榮圈内ニ於テ試ミントスルモノナル旨ヲ說キ、次デ、タトヘ英本國ガ間モナク屈スルトモ、ソレハ大英帝國崩壞ノホンノ初マリナルニ止マリ、決シテ終ニアラザル所以ヲ申聞ケ(大使モ同様ノ事ヲ自ラ進ンデ申シテ居リマシタ)右二ツノ大局的觀點ヨリシテ、獨モ亦日本トノ提携ノ可否ヲ決スベキデアルト結論シ(一)大東亞圈ニ對スル前述ノ日本ノ理想實現ニ付獨逸ハ如何ナル態度ヲ執ルカ、如何ナル事ヲ以テ日本ヲ助ケ得ルカ又助ケル考ナルカ、又コノ圈内ニ於テ獨逸ハ何ヲ求ムルカ、(二)日ソ關係ニ就キ獨逸ハ如何ニ考フルカ、又何ヲナシ得ルカ、(三)日米關係ニ就キ如何ニ考フルカ又何ヲナシ得ルカトテ、以上三項ニ關スル本大臣ノ質問ヲ至急ヒトラー總統トリッペンツロップ外相ニ架電シテ、其返事ヲ得ラレタシト告ゲマシタ。右ニ對スル返事ハ容易ナラズトシテ、獨大使ハ澁ツテ居リマシテ、私モ亦容易ニソノ返事ハ來ナイデアラウト豫想シマシタトコロ、果シテ來マセンデシタ。私ハ態ト催促セズニ放ツテ置キマシタ。然ルニ、リッペンツロップ外相ハ其東洋問題ニ關スル懷刀デアルト言ハレテ居リマスル、ハインリッヒ・スターマー總領事ヲ公使ニ昇任セシメタ上、八月二十三日ベルリン出發、急遽モスコーヲ經テ、本邦ニ送ツタノデアリマス。同公使ハ九月七日朝東京ニ着キマシタノデアリマスガ、本大臣ハ別ニ急イデ會ヒタイ態度ハ示サナカツタノデアリマス。トコロガ九日先方ヨリ會見ヲ申出デマシタノデ、人目ヲ避クル爲同日私ノ私邸デ、同公使及オット大使ト會見致シマシタ。ソレカラ十日二度目ノ會見ヲ遂ゲ九月十一日三度目ノ會見ニ於テ一案ヲ得、更ニ獨逸本國政府ト本大臣トノ間ニモ意見ヲ交換シタル結果御手許ニ差上ゲマシタ要綱ノ如キモノニ大體落チツキマシタガ、此要綱ニ掲ゲラレテ居リマス各點及ビ八月一日オット大使ヲ經テベルリンニ電報セシメマシタ本大臣ノ質問各點ニ付キマシテハスターマーハ明確率直ニ其ノ見解ヲ述ベテ居リマシタ次第デ、此點ハ本大臣ニ於テモ滿足ト致シテ居ル次第デアリマス。依テ今後更ニ是ニ基イテ交渉ヲ進メ細部ニツキ妥結ニ達シタイト思ヒマス。

乙、要綱ノ説明

第一項ノ日本ハ歐洲ニ於ケル新秩序建設ニ對スル獨伊ノ指導的地位ヲ認メ且之ヲ尊重ストアリマスガ、當方デハ當初アフリカニ於ケル新秩序建設ヲ先方ガ持出スカト思ツタノデゴザリマスガ、先方ガ之ヲ持チ出サナカツタカラ、單ニ歐洲ニ於ケル新秩序建設ニ對スル地位承認ニ限ツタ次第デアリマス。

第二項ノ「大東亞ニ於ケル新秩序建設」ト云フ「大東亞」ノ意味ハ只今ノトコロ佛印、タイ國、ビルマ、海峽植民地、蘭印ヨリニューギニヤ、ニューカレドニヤ等ヲ含ムオセアニアノ島嶼ヲ含ム意味デアリマシテ、此ノコトハ此際ノ事デモゴザリマスシ、ソレニ東亞ノ形勢如何ト世界情勢ノ推移ニヨリ漸次其範圍ニ變更ノアリマスコトト豫想サレルコトデモゴザリマスノデ、先方ヘハ態ト大摑ミニ話シ、濠洲トニュージーランド及其以南ハ今ノ處這入ラヌガ、時ト共ニ自然範圍ハ擴ガルナラン、ト申聞ケ、印度ニハ言及ヲ避ケマシタ。先方モ別ニ細カクハ尋ネズシテ本大臣ノ所述ニ同意ノ意ヲ表シマシタ。

是ニ對シ獨逸ハ右區域ニ於ケル日本ノ政治的指導權ハ認ムルガ、經濟的ノ通商、企業、原料取得ト云フガ如キコトニ就テハ日本ニ於テモ出來得ル限リ便宜ヲ與ヘテ貰ヒタイト申シテ居ルノデアリマス。日本側モ亦同地域ノ經濟的開發ニハ大ニ獨伊ノ協力ヲ得ンコトヲ期待スルモノデアルト應酬シテ置キマシタ。

第三項ノ中「一國又ハ數國ニ依リ（公然若ハ陰密ニ）攻擊セラレタル場合云々」ノ一國ト申スノハ暗ニ米國ヲ主トシテ指シタノデアリマシテ、其ノ一國ニ依リ攻擊セラレタル場合ニハ自働的ニ參戰義務ガ發スル次第デアリマシテ、卽チ我國ハ獨伊ト米國ヲ對照（象カ）トスル軍事同盟ニ這入ルノデアリマス。「公然若ハ陰密ニ攻擊セラレタル場合」ノ「公然若ハ陰密ニ」ノ文句ハ先方デ入レテ來タノデアリマスガ、スターマー公使及オット大使ハ一應ハ之ヲ削除スルコトニ贊成シ、其事ヲリッペン外相ニ電報シタノデアリマスガ、マダ或ハ獨外相ガ之ヲ固執スルカモ知レヌト云フ餘地ハ殘ツテオリマス。其ノ解釋ハ相當困難デアリマシテ、特ニ陰密ニ攻擊セラルルトハ如何ナルコトデアルカ問ヒマシタ處、米國ガ今ノ程度ノ事ヲ爲シテルコトヲ意味スルノデハナイ。寧ロ日本ノ爲ヲ思ツテ考ヘタコトデ、例ヘバ英國ノ有スル太平洋ノ重要地點ヲ、英トノ祕密取極ニ依リテ使用シ、或ハ直ニ米國ガ艦隊ヲシンガポールニ入レル、ト云フガ如キ場合ヲ意味スルノデアルト答ヘマシタ。之ニ對シテ本大臣ヨリ、然ラバ獨伊ニ關シテハ如何、ト問ヒマシタニ對シ、先方ハ、タトヘバ歐洲戰場ニ近接セル地點、地中海ニ在ル英ノ有力ナル根據地ヲ米ヲシテ占據セシムルトカ云フヤウナル場合ヲ指スモノナルベシト答ヘマシタ。右ノ如ク攻擊ヲ二ツノ種類ニ區別スルニシロ、單ニ「攻擊」トスル場合ニシロ、米國又ハ其ノ他ノ第三國ノ或行動若クハ行動ノ連鎖ガ、果シテ本項ニ所謂攻擊ヲ構成スルモノト認ムベキヤ否ハ三國協議ニ依ツテノミ決定セラルルノデアリマス。爲念何等カノ形ニ於テソノ事ヲ明瞭ニシテ置カウト云フ話合ニシテアリマス。依ツテ孰レノ辭句トナストモ懸念ハナイト存ジマス。

第四項ニ就テハ別ニ説明スル必要ハナカラウカト存ジマスルガ、コレハ大體前文ニスル考デ話ヲ進メ先方モ略同意致シテ居リマス。我建國ノ御詔書ノ中ニアリマスル八紘一宇卽チ總テノ國民、民族ガ各々其所ヲ得ルト云フ大精神ヲモ取入レテ餘程辭句ヲ練ツタモノデ御座リマス。

第五項ハ本條約ガ蘇聯ニ向ケラレタルモノニ非ザルコトヲ規定シタモノデアリマスガ、實ハソ聯ハ獨伊對英佛戰ニハ參加シテ居ナイ建前トナツテ居ルノデ、或ハ第三項ノ所謂「一國」ニ相當スルモノデハアルマイカトノ疑惑ヲ生ズル虞モアリマスシ、旁々日獨伊ガ世界新秩序ヲ造ル上ニ於テ蘇聯ヲ敵ニ廻ス懸念ノナイコトヲ明カニシ、特ニ獨逸ト蘇聯トノ間ニポーランド始メ、歐洲ニ於ケル現在ノ取極又ハ見解若クハ或種ノ事態ヲ存セル、ソノ事實ニ些カモ影響スル所ノナイコトヲ明カニシテ、蘇聯ヲ安心サセ、之ニ依リ米蘇ノ接近ヲ防グノ目的ニ資シヤウトスル趣旨デアリマス。尙別ニ條約附屬文書ヲ作成致シマシテ、本條約成立後速ニ東京、伯林、羅馬ニ軍事及經濟ノ混合委員會ヲ結成シ、本條約ノ趣旨ニ基キ、實行ニ關スル詳細ナル取極ニ就テ研究セシメ、政府ニ提示ノ上政府ノ承認ヲ求メシムベキコトヲ規定シタイト思ヒマス。又獨伊兩國ガソ聯ヲシテ本件條約ノ趣旨ニ同調セシメ且我國トソ聯トノ國交調整ニ斡旋ノ勞ヲ執ルベキコト竝ニ獨逸ガ我方ニ對シ戰爭資材及技術竝要スレバ技術官其他ノ人員等ヲ供給シ、蘇聯其ノ他ヨリ石油ノ獲得ニ協力シ、又我方ヨリモ供給シ得ルモノナラバ、戰爭資材及食糧其ノ他生活必需品竝技術ヲ供給スル等ノ事ヲ約束スルコトニナラウト思ヒマスガ、形ハ一應ハ相互的ノ辭句トシナケレバナラヌコトト存ジマス。

更ニ此要綱ノ趣旨ニハ交渉ノ成行ニ依ツテハ、多少ノ變更ヲ見ルコトモアリマセウ、又字句ノ修正ヤ形式ノ變更モ御座イマセウト存ジマスガ、此邊ハ外交接衝上ノ手心ヲ加ヘルコトヲ御許シ戴キタイト存ジマス。但シ如何ナル場合ニモ右要綱ノ根本ノ趣旨ヲ變更スルヤウナコトハ致シマセヌ考デ御座イマスガ若シ萬ガ一ニモ根本趣旨ニ變更ヲ來サネバナラヌヤウナ場合ニ立到リマシタナラバ、改メテ必要ナ手續ヲ執リマスコトニ御含ミヲ願ヒマス。

丙、結言

今回ノ對獨交渉ノ基礎ハ平沼内閣時代ノ夫レト全ク異ツテ居リマス。卽チ獨逸側モ日本ノ歐洲戰爭參加ノ必要ナシト言明シテ居ル次第デアリマシテ、獨逸ハ米國ノ參戰ヲ、日本ハ日米衝突ヲ、回避スル事ヲ共通目的トシタノデアリマス。從テ皇國政府ガ從來採ツテ來マシタ不介入ノ方針ハ、將來本條約ニヨリ影響セラレルコトアルベシト云フ豫想付ニテ、一應ハ繼續セラレル次第デアリマス。

米國ハカナダトノ共同防衛ヲ決定スルヤ、間モナク、日米間ノ些細ナ問題ニ迄、殆ンド堪ヘ難イト思ヘルガ如キ態度ヲ以テ臨ンデ來マシタノデ、本大臣ハ已ムナク此程嚴肅ニ米大統領及國務長官ノ反省ヲ促シタヤウナ次第デアリマス。

最近ノ動キニ就キ洞察シマスルニ、米國ハ太平洋及ビ南洋方面ニ亘リテ、已ニ施シ若クハ現ニ施シツツアル軍事施設ニ加フルニ此ノ際飛躍的ニ且取急イデ濠洲、新西蘭、印度、ビルマ其ノ他ノ南方ニ於ケル英領ノ必要地點ニ、有力ナル軍事根據地ヲ獲得シ、以テ日本包圍ノ陣形ヲ整ヘントシテ居ルノデハアルマイカト、カナダトノ前述共同防衛ニ關スル協定成立ガ報ゼラレマシタル時、本大臣ハ已ニ想像シタノデゴザリマスガ、其ノ後間モナク果然英帝國及ビ濠洲政府ト米國トノ間ニ、協議進行中ノ旨ノ、可ナリ信ズルニ足ルト想ハルル、新聞報道サヘ傳ヘラルルニ至ツタノデアリマス。又段々ト支那事變ニテ日本ガ消耗戰ニ惱ンデ、國力ガ著シク減殺セラレタト見テ恫喝的言辭ヲ弄スルノデハアルマイカト想像セラルル廉モゴザリマスガ、ソノ理由ノ那邊ニ在ルニセヨ、日米國交ハ最早禮讓又ハ親善希求等ノ態度ヲ以テ改善スルノ餘地ハ殆ンドナイト思ハレマスノミナラズ、却ツテ惡化サス丈ノ事デハアルマイカト懸念セラルル有様ニナツテ參リマシタ。若シ幾分ニテモ之ヲ改善シ又ハ此ノ上ノ悪化ヲ防グ手段アリトスレバ唯毅然タル態度ヲ採ルト云フ事シカ、此ノ際ノ措置トシテハ、殘ツテ居ナイト存ジマス。苟モ然リトスレバ、ソノ毅然タル態度ヲ强ムル爲ニ一國ニテモ多クノ國ト堅ク提携シ、且ソノ事實ヲ一日ニテモ、速ニ中外ニ宣明周知セシムルコトニ依リテ、米國ニ對抗スル事ガ、外交上喫緊事デアルト信ズルノデアリマス。然シ本大臣ハカカル措置ノ反響乃至效果ヲ注視シツツ尙米トノ國交ヲ轉換スルノ機會ハ、之ヲ見逃サナイ用意ヲ常ニ怠ラナイ覺悟デゴザリマス、唯ソレニシテモ、一應ハ非常ナ堅イ決心ヲ以テ毅然對抗ノ態度ヲ、中外ニ向ツテ一點疑ヒヲ容ルル餘地ノナイマデニ、明確ニ示サナケレバナリマセヌ。此ノ點ハ本條約締結ニ伴フ最重要ナル點デアリマスカラ、最後ニ之ヲ反覆シテ置キマス。

139　昭和15年9月24日　松岡外務大臣より在独国来栖大使宛（電報）

日独伊三国同盟条約の締結決定につき通報

本省　9月24日後発

館長符號（極祕、大至急）

日獨伊樞軸强化ノ目的ニテ去ル九日以來本大臣ト「オット」大使及「スターマー」公使（七日來朝）ト話合ヲ遂ゲ來リタル處

一、八紘一宇ノ精神ニ則リ世界新秩序建設ヲ目的トシ大東亞ニ於テハ日本、歐洲ニ於テハ獨伊ノ指導的地位ヲ認メ且尊重シ互ニ協力スルコト

二、三國中ノ一國ガ現ニ歐洲戰爭又ハ日支紛爭ニ參入シ居ラザル一國ニヨリ攻擊ヲ受ケタルトキハ政治的、經濟的及軍事的ニ相互ニ援助スベキコト

ノ趣旨ノ三國條約ヲ締結スルニ決定シ既ニ責任國政府ヲ通ジ伊太利政府トモ協議濟ナルヲ以テ不日東京又ハ伯林（獨逸政府ハ伯林ヲ希望ス）ニテ調印ノ運ニ至ル見込ナリ

右絕對貴官限リノ御含迄

伊ニ轉電有度

140　昭和15年9月25日

日独伊三国同盟条約の案文承認に関する独側回答について

九月二十五日午前十一時獨逸大使館「ボルツエ」參事官松本條約局長ヲ來訪獨逸外務省ヨリ大使宛左ノ通來電アリタル旨ヲ述ベタリ

一、獨逸政府ハ條約「テキスト」（英文）ヲ承認ス

二、伊太利政府モ右「テキスト」ヲ承認ス可キコトヲ確信ス、獨逸外務省ハ伊太利外務省ヨリ在東京伊太利大使ガ松岡大臣ニ條約ヲ受諾スル旨正式ニ申入ルル様依頼セリ

三、(イ)獨逸政府ハ英語「テキスト」ニ假ニ署名スル事ニ同意ス

(ロ)右事實ハ絶對ニ極祕トス

(ハ)二週間位後陰密ノ裡ニ英文「テキスト」ヲ日本文、獨逸文、伊太利文ニスリカヘ署名ス

四、來栖大使ニ對スル全權委任狀ハ在京獨逸大使館ニ寄託シ其事實ヲ大使ヨリ獨逸外務省ニ電報ス（右ノ點ニ關シテハ條約局長ヨリ今回ノ如キ批准條項ナキ條約ニハ正式ノ全權御委任狀ハ下附セラレザルヲ以テ來栖大使ニ於テ條約締結方御裁可アリタル趣ヲ外務大臣ヨリ在京獨逸大使ニ通報方取計フ可シト述ベタルニ「ボ」參事官ハ右ニテ可ナリト答ヘタリ）

五、成ル可ク木曜日ニ署名ノ運ビト致度（松本條約局長ヨリ右ハ實際上不可能ナリト述ベタリ）

尚大使ノ希望トシテ總理大臣ノ「ステートメント」ノ案ハ來栖大使ニ電送獨逸外務大臣ニ提示セラレ打合サルル様致度、松岡大臣ガ伊太利大使ニ會見ノ際ハ例ノ三ツノ書翰ニハ絶對ニ言及セラレザル様希望ス（尚三書翰ハ大臣ヨリ大使宛ノ分ハ日本文ニ英譯ヲ附シ大使ヨリ大臣宛ノ分ハ獨逸文ニ英譯ヲ附スル事ニ申合セタリ）

141 日独伊三国同盟条約の調印手続きについて

昭和15年9月25日　松岡外務大臣より在独国来栖大使宛（電報）

本省　9月25日後10時発

第六五四號（大至急、館長符號）

往電第六四九號ニ關シ

英文「テキスト」妥結ニ達シタルニ依リ不取敢英文「テキスト」ニ貴地ニ於テ調印ノ上日獨伊三國文ヲ作成シ之トス、

リ、代フルコト（此點ハ絶對外部ニ漏サザルコト）ニ決定セルガ當方ニ於テハ明二十六日樞密院ノ審議ヲ了シ明日中或ハ明後二十七日午前中ニモ御裁可ヲ經ルノ運トナラバ明後二十七日中ニハ貴地ニ於テ本件條約ノ調印可能ナルベシ（大体伯林時間二十七日正午調印ノコトト予定シ在京大使館ト打合セ居レリ）

本件條約ノ如キ事前ニ御裁可ヲ經テ調印スル條約ニ對シテハ全權御委任狀ノ御下附ナク御裁可ヲ經タル上單ニ本大臣ヨリノ訓令ニ基キ調印スルヲ例トスルモ在京獨逸大使館ヨリノ希望モアリ日獨防共協定締結ノ際ニ於ケル先例ニ基キ御裁可アリ次第別電第六五五號（省略）ノ趣旨ニテ本大臣ヨリ貴使宛電報スルコトト致シタルニ依リ（尤モ別電ニ依リ日附ヲ空ケテ予メ其ノ寫ヲ用意シ置カレ度）右電報接受ノ上ハ其ノ寫ヲ先方ニ提示シテ調印セラルルコトト致度右予メ獨側ト打合セ置カレ度尚右電報寫ハ本大臣ヨリ在京獨大使ニ之ヲ送達シ同大使ヨリモ其ノ旨電報スルコトニ在京獨大使館ト打合濟

142　昭和15年9月26日

日独伊三国同盟条約締結に関する枢密院審査委員会の議事概要

日獨伊三國條約ニ關スル樞密院審查委員會議事概要

（松本條約局長手記）

昭和十五年九月二十六日午前十一時二十分開會

宮中東三ノ間ニ於テ

出席者

樞密院側　原樞密院議長

鈴木樞密院副議長（審查委員長）

欠席ノ金子顧問官及田中顧問官ヲ除キ全顧問官審查委員トシテ出席

政府側　近衛內閣總理大臣

松岡外務大臣

東條陸軍大臣

及川海軍大臣

河田大藏大臣

星野企畫院總裁

他ニ説明員トシテ

村瀬法制局長官、森山第三部長

松本條約局長

武藤軍務局長

阿部軍務局長

原口爲替局長、松隈銀行局長

辻監理局長

議事

一、委員長開會ヲ宣シ書記官ヲシテ條約案文ヲ朗讀セシム

二、近衞總理大臣別紙甲號ノ通挨拶ヲ述ブ

三、松岡外務大臣別紙乙號ノ通說明ス

四、席順ニ依リ質問ニ入ル

河合顧問官　本官ハ本案ノ趣旨ヲ完全ニ了解セリ本官トシテハ豫テヨリ日獨伊同盟ノ成立ヲ希望シ居リタルモノニシテ松岡大臣就任以來其ノ速ナル實現ヲ期待シ一部ニ松岡大臣ノ活動ヲ手緩シトスル論モ耳ニシタルガ今回遂ニ之ガ成立ヲ見タルハ欣快ニ堪エザル所ナリ只今ノ松岡大臣ノ說明ニ依レバ伊太利ノ態度ハ明ナラザル處此ノ點ヲ承リ度シ

松岡大臣　本件話合ハ先程モ述ベタル通リ日獨間ニ始メラレタルモノニシテ獨側ハ最初ヨリ伊太利ノ方ハ引受ケ居レリト申述ベ居リタリ昨日伊太利大使ハ本大臣ヲ訪問シテ伊太利ハ本件交渉ノ一切ヲ獨側ニ委任シ日獨間ニ纏リタル條約案ニ伊側ハ全幅的ノ贊意ヲ表スル旨本國政府ノ訓令ニ依リ申入レ來リタル次第ナリ

河合顧問官　附屬ノ交換文書ヲ一覽スルニ日獨間ノ關係ノミヲ述ベ居ル處伊太利ヨリモ同樣ノモノヲ取付クル必要ナキヤ

松岡大臣　實ハ我方トシテハ凡テ獨逸ニ重點ヲ置キ伊太利側ヲ附隨的ノモノト考ヘテ差支ナシト思考ス從テ交換文書ノ中ニ於テ獨逸外務大臣ガ伊太利ノ援助及協力ヲ必要トスル場合ニハ伊太利ハ勿論獨逸及日本ト同調スベキコトヲ絕對ニ信ズル旨ヲ揭ゲシムルニ止メタル次第ナリ

河合顧問官　條約第三條ハ最モ重要ト思考ス本官ハ日米開戰ヲ信ズルモノニ非ザルモ最惡ノ場合ヲ考慮シテ軍部大臣ハ何等敗ケヲ取ラザル丈ノ覺悟アリト信ズルガ之ニ就テ何等カ本官等ニ安心ヲ與フル樣御說明ヲ承リ度シ又蘇聯ガ日本ニ向テ事ヲ起サザルモノトモ限ラズ此ノ場合獨

逸ハ如何ナル態度ヲ執ルモノト考ヘラルルヤ

東條陸軍大臣　本大臣ハ主トシテ陸軍ノ見地ヨリ御回答ス最悪ノ事態ニ陥リタル際對米作戰ニ要スル陸軍ノ兵力ハ極一部分ヲ使用スルニ過ギズ其ノ點ハ御懸念ハ無用ト思考ス然シ乍ラ對米作戰ハ結局對蘇作戰ヲ考慮セザレバ完全ナリト云ヒ難シ依テ日蘇ノ國交調整ハ極メテ重要ナル問題ニシテ之ガ有效ニ完成スレバ軍事的準備ハ餘程樂ニナルモノト考ヘ得ル處蘇聯ノ性格上日本トシテ準備ヲ怠ル譯ニハ參ラズト思考ス尙支那事變ニ付テハ本條約ヲ有效ニ活用スルコトニ依リ最悪ノ事態發生前事變ノ解決ヲ圖リ度キ考ナリ

及川海軍大臣　現存艦隊ノ戰備ハ完成シ居レルヲ以テ決シテ米國ニ敗ケハ取ラザルモ戰爭ガ長期ニ亘ル場合ニハ米國ノ海軍充實計畫ノ實現ニ伴ヒ我方トシテモ充分ノ準備ヲ爲スノ要アリ此ノ點ニ付テハ海軍トシテモ萬全ノ策ヲ講ジ居ル次第ナリ

河合顧問官　本官ノ最モ心配スル所ハ物資ノ關係ナルガ一体長期戰トナリタル場合孰ノ位ノ間ハ差支ナキ御考ナリヤ

星野企畫院總裁　昨日御説明申上ゲタル通リ（企畫院總裁ハ其ノ前日樞密院定例參集ニ於テ物資動員計畫ニ付詳細ナル説明ヲ行ヘリ）數年前ヨリ我國ハ諸物資ノ自給自足ヲ覺悟シテ準備シ來レルガ二十一億ノ輸入ノ中十九億ハ英米ニ依存セル有樣ナルガ故ニ經濟上ノ壓迫强化ノ場合條約第三條發動ノ場合ヲ考ヘテ萬全ノ策ヲ講ズル必要アリ鐵ニ付テ云ヘバ本年ノ生産高ハ五百二十萬噸ノ見込ナルガ最悪ノ場合ニモ四百萬噸ハ生産シ得ル見込ナリ現在軍備竝ニ軍需ニ使用セルモノ百五十萬噸其ノ他ハ生産力擴充竝ニ民需官需ニ充當セルモノナルガ屑鐵ガ來ラザル場合又ハ鐵材ノ輸入ナキ場合ヲ考慮シテ生産力擴充ニ手加減ヲ加ヘ民需官需ヲ制限スレバ左程窮境ニハ立タザル見込ナリ非鐵金屬ニ付テハ鐵ノ樣ニハ參ラヌモ世界中ヨリ目下蒐集ニ務メ居ルヲ以テ之亦左程心配ハ要ラヌト思考ス最モ重大ナルハ石油ナルガ現在ハ多量ヲ米國ニ依存シ居リ殊ニ航空機用揮發油ハ殆ンド全部ヲ米國ヨリノ輸入ニ仰ギ居ル處國內ノ增産ヲ圖ルト共ニ米國以外ヨリ獲得スル方法ヲ講ゼザルベカラズ最近航空油ニ付テハ相當ノ「ストック」ヲ得タリ然レ共對米戰爭長期ニ亘ル場合

鐵其ノ他ノ金屬類ノ場合トハ異リ日滿支三國ノ中ノミニテハ自足出來ザルニ依リ出來得ル限リ速ニ蘭印又ハ北樺太等ヨリ石油獲得權ヲ確保スル必要アリ此ノ點ニ付テハ今回ノ獨逸側トノ話合ニ於テモ問題トナリタル點ナリ又目下蘭印ニ於テ平和裡ニ石油ヲ獲得スル交渉ガ行ハレ居ルモノト御了解願度シ

河合顧問官　昨日ノ御話ノ時ニモ石油ニ付テハ軍部ニ於テモ相當ノ準備アリト云フ意味ノコトヲ申サレタルガ軍部大臣ヨリモ御答辯願度シ

及川海軍大臣　海軍トシテハ相當長期ノ準備ヲ有ス又人造石油ニ付テモ目下施策中ナリ

東條陸軍大臣　陸軍ノ資材ニ付テモ相當ノ期間ハ堪エ得ル樣準備アリ非常ナル長期戰トナレバ航空機用、機械化部隊用ノ油ニ付テ考慮スル必要アリ

右ニテ一旦休會

午後一時十分再開

石井顧問官　第三條ニ依リ一國ガ攻撃セラルルトキハ直ニ參戰義務ヲ生ズルモノナリヤ何等カ此ノ點ニ付話合アリタルヤ

松岡外務大臣　交換文書中ニ「一締約國ガ條約第三條ノ意義ニ於テ攻撃セラレタリヤ否ヤハ三締約國間ノ協議ニ依リ決定セラルベキコト勿論トス」（在京獨逸大使來翰）トアルハ御質問ノ點ヲ明確ナラシムル爲本大臣ノ要求ニ依リ挿入シタルモノニシテ攻撃アリタルヤ否ヤニ付テ協議シ協議纒マレバ自働的ニ共同シテ戰ハザルベカラザル處何時如何ナル方法ニ依リ援助スルヤハ締約國各々自主的ニ決定シテ協議スルコトトナル次第ナリ

石井顧問官　條文中ニ「直ニ」ト云フ字句モナキニ依リ外務大臣ノ説明ハ自分モ同感ナリ尚第四條ノ混合專門委員會ハ通常同盟條約ニアル軍事專門家間ノ協議ト解シ居リタルガ先程ノ外務大臣ノ説明ニ依レバ經濟的ノ問題モ右委員會ニ於テ協議スルモノノ如キ處此ノ點ニ付御説明ヲ承リ度シ

松岡外務大臣　本件ハ最初ハ條約ノ附屬祕密議定書中ニ規定スル案ニナリ居リタリ同案ニ依レバ陸海軍ノ混合委員會ヲ東京ニ一、伯林又ハ羅馬ニ一ヲ設ケ其ノ他經濟委員會ヲ設クルコトトナリ居レリ然レ共祕密議定書ハ作成セザルコトトナリ此ノ點ハ條約成立後兩國間ニ協議シテ決

定致度キ處經濟問題ヲ扱フ委員會ハ必要ト思考スルニ依リ設置スルコトトナルベシト考ヘ居レリ

石井顧問官　本條約ニハ同盟條約ニ殆ンド必ズ存在スル單獨不媾和ニ關スル規定ナキ處右ハ何等カ特殊ノ思惑アリタル次第ナリヤ

松岡外務大臣　本件ハ一切話出ザリキ實ハ本大臣トシテハ先方ガ云ヒ出セバ之ヲ挿入スルモ差支ナシト思考シタルガ先方ガ之ニ觸レザル場合ニハ之ヲ設ケザル方可ナリト思ヒタリ何トナレバ本條約ハ本大臣ノ考ニテハ戰爭ヲ防止スルコトガ目的ニシテ戰爭スルコトガ目的ニアラザルニ依リ開戰ヲ豫想スル單獨不媾和ノ規定ヲ設ケザル方可ナリト思ヒタルコトガ一ノ理由ニシテ、他ノ理由ハ萬一戰爭ガ始マレバ此ノ點ハ戰爭初期ニ互ニ約束スレバ宜シト考ヘタルヲ以テ之ガ規定方ヲ申出ザリシ次第ナリ

石井顧問官　御意見御尤ト存ズ尚條約第一條ニ歐洲ニ於ケル新秩序ト云フコトガアル處何ヲ以テ歐洲ノ新秩序ト云フヤ判然タラシメザレバ日本ノ義務ガ判然タリ得ザルニ非ズヤ何カ此ノ點ニ付話合アリシヤ

松岡外務大臣　御尤ノ質問ト存ズルモ本大臣トシテハ新秩序ノ意義ハ前文ニテ充分現ハレ居レリト思考ス前文ハ當方ノ提案ニシテ獨逸側ハ一字ノ修正ヲモ申出ザリシモノナリ

有馬顧問官　本條約ニ依リ日米戰爭ヲ避ケ度キハ本官モ政府ト同感ナルガ日米ハ宿命的ニ戰ハザルベカラザルモノナラバ今日ガ最モ良キ時期ト考フ但シ最モ心配ナルハ石油ノ缺乏ナリ海軍大臣ハ相當ノ準備アリト云ハレタルガ日米開戰スレバ一年、二年デ終局ニ達スルモノトハ思ハレズ殊ニ今日ノ戰爭ニ於テハ極メテ多量ノ石油ヲ使用セザルベカラザル處人造石油等モ果シテ急場ノ間ニ合フモノナリヤ心配ニ堪エザル次第ナルニ付此ノ點重ネテ海軍大臣ヨリ御回答ヲ得度シ

及川海軍大臣　人造石油ハ未ダ着手シタル許リニテ仲々急場ノ間ニ合フトハ申サレズ依テ平和的手段ニ依テ蘭印又ハ北樺太ヨリ獲得スル他ナク之ガ成功スレバ相當有望ナリ從テ蘇聯トノ國交調整ハ此ノ點ヨリ云フモ重要ナリト存ズ又一方海軍トシテハ長期戰ニナレバ油ノ使ヒ延シモ考ヘザルヲ得ズ

有馬顧問官　**ハイ、オクタン**價ノ石油ハ充分間ニ合フ次第

ナリヤ
及川海軍大臣　ハイ、オクタン價ノ石油ハ近年海軍ニテモ専門ノ研究機關ヲ設ケ海軍獨自ノ方法ニテ製造シ居レリ又相當ノ準備モアル次第ナリ
窪田顧問官　條約第三條ノ文字上ヨリ見レバ現ニ歐洲戰爭又ハ日支紛爭ニ參入シ居ラザル一國ノ中ニハ蘇聯モ含マルルモノト考フルガ蘇聯トノ關係ハ如何ナルモノナリヤ獨逸ト蘇聯トハ何等カ話合アリタル次第ナリヤ
松岡外務大臣　其ノ疑問ヲ避クル爲第五條ヲ設ケタル次第ナリ尚本大臣ガ「スターマー」ニ對シテ蘇聯トノ間ニ何カ本條約ニ付話アリタルヤト訊ネタルニ對シ「スターマー」ハ否定的ノ囘答ヲ爲シ居リタルガ本大臣ノ想像スル所ニテハ「スターマー」ハ「モスコー」通過ノ際蘇側ト何等カ話ヲ爲シ居ルモノト考ヘ居レリ其ノ證據ト思ハルル一ノ事實アルカ「スターマー」ハ八月二十三日ニ伯林ヲ出發セル處同日「リッベントロープ」外相ハ來栖大使トノ會見ニ於テ何等本件ニ言及セザリシガ「スターマー」ハ二十四日ニ東郷大使ニ會見シタル際ニハ獨逸側ハ日本ト政治條約ヲ締結スル積ナル旨ヲ話シ居ルヲ以テ其ノ間「スターマー」ハ蘇聯當局ト何カ話ヲ爲セルモノト思考セラル
窪田顧問官　米蘇接近ノ噂モ聞ク處本條約ハ之ヲ促進スルコトトナル惧ナキヤ此ノ點ハ如何
松岡外務大臣　米蘇接近ニ付テハ外務省ニ於テモ各方面注意シテ眞相ノ把握ニ務メ居ル處今日迄確實ト認メラルル情報ニハ接シ居ラズ本大臣ハ未ダ具体的ノ何物モナシト考ヘ居レリ尚「スターマー」ハ日蘇ノ國交調整ノ成功ニ付テハ極メテ明白ニ其ノ可能性ヲ述ベ獨逸ノ斡旋ヲ申出タル次第ニシテ此ノ點ハ交換文書ニモ記載サレタル通ナリ
石塚顧問官　條約ノ條文トシテハ本官ニ於テ異存ナシ但シ獨逸トノ關係ニ付テハ過去ノ實績ニ照シ百「パーセント」信用ヲ置ク譯ニ行カズ防共協定及文化協定締結ノ際ニモ特殊ノ事項ニ付テハ兎モ角全面的ノ提携ハ不可ナリトノ議論アリキ此ノ點ハ政府ニ於テモ充分御留意相成テ條約實施ニ遺憾ナキヲ期セラレ度シ
清水顧問官　本條約ノ調印者ハ誰ナリヤ
松岡外務大臣「リッベントロープ」「チアノ」及來栖大使

ノ三名ナリ
清水顧問官　本條約ハ署名ト同時ニ實施セラルルコトトナリ居ル處之ハ憲法上差支ナシト思ハルルヤ
松岡外務大臣　斯クノ如キ條約ハ前例モ多々アリ調印前ニ樞密院ニ御諮詢相成リ御裁可アルモノナルニ依リ憲法上ノ問題ハ生ズル惧ナシ
清水顧問官　聞ク所ニ依レバ重慶ニハ未ダ獨逸人ノ技師ガ數名居ルト云フガ眞實ナリヤ
東條陸軍大臣　斯カル情報ハアルモ眞相不明ナリ
清水顧問官　我南洋委任統治地域ニ對シテモ何等カノ代償ヲ支拂フコトトナリ居ル處如何ナル譯ナリヤ
松岡外務大臣　此ノ點ニ付テハ獨逸側ハ目下委任統治トナリ居ル舊獨領ハ全部返還ヲ受クル建前トナリ居リ與國タル日本ノミガ之ヲ返還セザルコトヲ認ムルハ原則ノ問題トシテ受諾シ得ズ從テ代償ヲ得テ日本ニ讓渡シタル形式ヲ採リ度シト主張セリ最初ハ相當ナル代償 adequate ト云フ字句ナリシヲ本大臣ノ主張ニ依リ in a way ト云フコトニシタルモノニシテ先方ハ此ノ代償ハ全然「ノミナル」ノモノニテ可ナリ例ヘバ珈琲六袋ト云フ例モアリト云ヒ居リタル位ニテ極メテ輕キ意味ナリ
清水顧問官　本官ノ考ニテハ委任統治ハ今更獨逸ヨリ讓渡ヲ受クル必要ナキモノト思ハル
松岡外務大臣　自分ノ考フル所ニ於テハ立博士其ノ他有力ナル國際法學者ノ說ノ如ク領土ノ割讓ハナカリシモノト見ルノガ正シト思考ス從テ本大臣ハ三年以來「ヴェルサイユ」條約ヲ獨逸ガ實際上破棄シタル以上日本ノ委任統治ハ軍事占領ノ繼續ト見ルノガ正シク從テ獨逸ヨリ讓渡ヲ受ケテ事態ヲ明瞭ニスル必要アリト考ヘ居レリ
南顧問官　伊太利ハ本條約ニ何時承認ヲ與ヘタリヤ
松岡外務大臣　先程モ御答シタル通リ伊太利ハ二十五日ニ在京大使ヲ本大臣ノ許ニ派遣シテ同意ヲ表明シ來レリ其ノ前ニ「リッベントロープ」外相ガ羅馬ニ於テ伊太利側ノ同意ヲ取付ケタルモノナリ
南顧問官　然ラバ十九日ノ御前會議ノ際ニハ伊太利ハ同意スルモノトモセザルモノトモ不明ナリシニ本件ヲ御前會議ニ附シ御裁可ヲ仰ギタルハ時期頗ル尙早ニアラズヤ
松岡外務大臣　獨逸側ハ最初ヨリ伊太利ノ同意ヲ確實ニ得ラルルコトヲ繰返シ述べ居リタルノミナラズ御前會議ニ

テ審議シタルハ日獨間ニ一應纒リタル案ニ依リ日獨伊三國間ニ條約ヲ締結スル方針ヲ附議シタルモノナルニ依リ何等差支ナカリシモノト考フ

南顧問官　大東亞ノ範圍ニ付テハ明白ナルコトヲ決メ居ラザルニアラズヤ

松岡外務大臣　交渉ニ當リ隨時話ヲ爲シ記録ニ留メタリ

南顧問官　日英間ニ紛爭發生シタル場合ニ付特ニ交換文書アルハ如何ナル理由ナリヤ

松岡外務大臣　英國ハ既ニ歐洲戰爭ニ參戰シ居ルヲ以テ本條約第三條ノ場合ニ當嵌ラザルモ日本トシテハ日英戰爭ガ絶對ニナシトハ云ヒ得ザルニ依リ特ニ此ノ點ヲ獨逸側ノ好マザリシニ拘ラズ明確ニセシメタリ

南顧問官　本條約ハ日本ヨリ言出シタルモノナリヤ獨逸ヨリ言出シタルモノナリヤ

松岡外務大臣　獨逸ヨリ言出シタルモノナリ

南顧問官　獨逸ガ斯カル提議ヲ爲スニ至レルハ對英作戰ニ失敗シタル爲ニアラズヤ

松岡外務大臣　對英作戰ノ長引キタルコトモ一ノ理由ナルヤモ知レザルモ右ガ全部ニハ非ズ數十年ノ長キ眼デ見テ獨米ノ葛籐(藤カ)避ケ難シト見タル爲ナラント思ハル

南顧問官　本條約ニ依リ米國ヲ牽制スルコトハ結構ナルガ米獨提携ノ危險絶對ニナキヤ

松岡外務大臣　米獨提携ノ可能性モ絶對ニナシトハ思ハレズ然レ共日米關係ノ改善ニハ獨系米人ノ米國ニ於ケル勢力ヲ無視出來ザルニ依リ此ノ點ニ於テモ本條約ノ價値アリト思考ス

南顧問官　石油ノ問題ハ先程ノ各大臣ノ囘答ヲ承ルモ壁ヲ隔テテ物ヲ聞クガ如ク一寸モ安心出來ズ今少シ明瞭ナルコトヲ承リ安心セシメラレ度シ

企畫院總裁、陸海軍各大臣　先程モ御答シタル通リ陸海ハ相當貯藏アリ海外ヨリノ平和的獲得モ有望ナリト河合、有馬兩顧問官ニ對スル囘答ヲ繰返シ述ブ

南顧問官　一方ニ於テ日支事變ガ繼續シ一方ニ於テ日米戰爭ガ勃發セバ日本ノ財政ハ如何ナルヤ大藏大臣ニ承リ度シ

河田大藏大臣　財政ガ窮屈ニナルコトハ勿論ナリ結局國民ノ貯蓄ヲ増進シ政費節約ヲ圖ル他ナシ

南顧問官　次ニ日蘇關係ニ付承リ度シ萬一日米戰爭ガ起リ

タル場合蘇聯ハ恰モ歐洲戰爭前ニ英佛ト獨トヨリ引張凧トナリタルガ如ク日米兩國ヨリ提携ノ手ヲ差延スコトトナルベシト思ハル故ニ日米關係ヲ考フルニハ先ヅ蘇聯トノ國交調整ヲ行ヒテ後此ノ條約ノ交渉ヲ爲スコトハ出來ザリシモノナリヤ何故ニ蘇聯トノ交渉ヲ後廻シニシテ獨逸ノ言分ニノミ從フモノナリヤ

松岡外務大臣　蘇聯トノ國交調整ニ付テハ前内閣時代ニ中立條約ヲ提議セリ本大臣モ就任以來探リヲ入レテ見タルガ蘇側ハ前内閣ノ提議ヲ受諾スル條件トシテ「ポーツマス」條約ノ再検討、北樺太利權ノ回收等殆ンド拒否的ノ條件ヲ附シテ受諾ヲ回答シ來レルガ如キ有樣ナリ依テ本大臣ハ蘇聯トノ國交調整ハ獨逸ヲ利用スル他ナシトノ結論ニ達シ本條約ニ對スル獨逸側ノ提議ヲ受諾セル次第ナリ

南顧問官　米國ハ歐洲戰爭ニ參加セズト云フコトヲ「スターマー」ハ外務大臣ニ申シタト云フコトナルモ大統領選擧後ハ如何ナルコトニナルヤモ知レズ中立法ヲ改正シテ極力英國ヲ援助スルコトニナルヤモ圖ラレズ其ノ場合ハ米國ハ獨逸ヲ攻撃シタルモノトナルヤ否ヤ

松岡外務大臣　米國ノ措置ガ攻撃トナルヤ否ヤハ其ノ時ノ狀勢ニ依リ判斷スル他ナシ此ノ點ニ付テハ交渉中獨逸側ハ第三條ニ公然ト又ハ陰密ニ(openly or covertly)攻撃セラレタル云々ト云フコトニ致度シト申出タルニ對シ當方ヨリ陰密ニ攻撃スルトハ例ヘバ米國ガ英國ニ驅逐艦ヲ讓渡スルガ如キコトヲモ含マルル惧アルニ依リ斯カル字句ハ削除シタシト主張シタル際先方ハ右字句ハ寧ロ日本側ノ利益ノ爲ニ挿入スルモノニシテ例ヘバ米國艦隊ガ新嘉坡ニ入港シタト云フガ如キ場合ヲ陰密ニ攻撃シタルモノト云フベク驅逐艦讓渡ノ如キハ入ラズト説明シタル經緯モアリ

南顧問官　獨逸側トノ話合ノ際ニ蘇聯ヲシテ援蔣政策ヲ拋棄セシムル爲ニ盡力スルト云フコトニ付念ヲ押サレタリヤ

松岡外務大臣　此ノ點ハ本大臣トシテモ充分考慮シ居リ獨逸ヲシテ蘇聯ヲ通ジテ重慶ヲ和平ニ導カシムルコトヲ考ヘ居ルモノナルガ之ヲ過早ニ云ヒ出スコトハ獨側ニ脚下ヲ見ラレ百害アリテ一利ナキ次第ナレバ最初八月初旬ニ「オット」大使ニ會見ノ際先方ヨリ斯カル趣旨ノ事ヲ申

出シタル際モ日本ハ支那事變ハ獨力ニテ片附クル積リナリト申聞置キタル次第ナリ素ヨリ今後ハ本條約ヲ十二分ニ活用シテ日蘇國交調整、支那事變收拾ノ促進ヲ圖ル覺悟ナリ

奈良顧問官　質問ナシ

荒木顧問官ヨリ軍ノ素質、體力、健康狀態殊ニ肺結核ノ豫防等ニ付質問アリ陸海軍大臣ヨリ各同答ス

松井顧問官　質問ナシ

菅原顧問官　五ノ點ニ付質問致度シ㈠ハ外務大臣ハ先程祕密議定書ト云フコトヲ申サレタルガ祕密議定書ヲ作成スルト云フ議ガアリシヤ㈡ハ本條約ト日獨伊防共協定トノ關係如何㈢ハ本條約ハ三國條約ナルガ獨伊ノ關係ハ極メテ緊密ナルヲ以テ條約ノ解釋等ニ付紛議ヲ生ジタル場合常ニ二對一トナル惧ナキヤ㈣ハ伊太利トノ關係ニ付テハ何等文書ノ上ニ殘ス必要ナキヤ㈤ハ對米戰爭勃發シタル場合ノ軍事上ノ覺悟ニ付テハ先程說明アリタルモ最モ心配ナルハ財政上ノ問題ナリ此ノ點ハ大藏大臣ニ於テモ充分ナル覺悟アリト存ズルガ如何

松岡外務大臣　㈠交涉中ニ祕密議定書作成ノ議出タルモ祕密議定書ノ內容ハ日本側ノ要求ノミヲ入ルル片務的ノモノトナリ之ヲ完全ニスル爲ニハ時日ヲ必要トスルノミナラズ伊太利ノ同意ヲモ取付クル必要アリタルニ依リ祕密議定書ノ作成ヲ避ケ本大臣ト在京獨逸大使トノ間ニ文書ヲ交換シテ祕密議定書ニ代フルコトトナリタル次第ナリ㈡防共協定ハ其ノ儘存置ス日本トシテハ防共ト云フ大方針ハ蘇聯トノ關係如何ニ拘ラズ之ヲ堅持シ行カザルベカラズト思考ス㈢獨伊ノ關係ハ成程緊密ナルモ伊太利ノ日本ニ對スル感情ハ獨以上ノモノアルヲ以テ御心配無用ト思考ス㈣別ニ文書ヲ要セザルモノト考フ伊太利大使ハ極メテ明白ニ伊太利政府ノ同意ヲ申出來レリ

河田大藏大臣　菅原顧問官ノ御質問ノ第五點ニ付テハ極力國民ノ負擔增加ヲ防グ樣措置シ度キ所存ナリ

松浦顧問官　本條約ノ趣旨トスル所ハ日米關係ノ惡化ヲ防止スルニ在リ本官モ最モ之ヲ希望スル次第ナルガ不幸ニシテ最惡ノ場合ガ起リタル時ニ處スベキ準備ハ之ヲ充分整ヘ置カレ度シ

潮顧問官　最惡ノ場合ニ於ケル國內情勢食糧問題等ニ付質問アリ企畫院總裁ヨリ同答ス

林顧問官　條約ノ主眼トスル點ハ對米關係ナルガ對蘇關係ハ此ノ際最モ愼重ニ考慮スル必要アリト存ズ外務大臣ノ御説明ニ依レバ對蘇關係ニ付樂觀的ノ考ヲ有シ居ラルルヤノ印象ヲ得タルガ本官ノ有スル情報ニ依レバ日蘇間竝ニ獨蘇間ノ關係ノ將來ニ付相當惡キ材料モアリ例ヘバ昨年獨蘇不可侵條約ガ締結セラレタル際「スターリン」ガ共產黨員ニ與ヘタル訓示ノ內容ニ付自分ノ有スル確實ナル情報ニ依レバ「スターリン」ハ蘇聯ガ今度獨逸ト提携シタルハ西歐赤化ノ一ノ手段ナリ又之ニ依リ決シテ東進政策ヲ抛棄シタルモノニアラズ時期至ラバ積極的ニ出ル積リナリト述ベタル由ナルガ之等ノ點ニ付テハ外務大臣ハ如何御考ナリヤ

松岡外務大臣　日蘇國交調整ガ爾ク容易ナリトハ自分モ考ヘ居ラズ唯獨逸ハ蘇聯ニ對シテ相當ノ壓力ヲ加ヘ得ルコトハ之ヲ認メザルベカラズ自分ノ有スル確實ナル情報ニ依レバ昨年蘇聯ガ何故ニ英佛ヲ離レテ獨逸ト提携スルニ至レリヤト云フニ其ノ動機ノ最モ重要ナル一ハ「ヒトラー」ハ「スターリン」ニ對シテ若シ獨逸側ノ要求ガ容レラレザレバ獨逸ハ蘇聯ヲ攻擊スベシト申傳ヘタリト云フコトナリ之等ヨリ判斷シテ日蘇國交調整ニ獨逸ヲ斡旋セシムルコトハ相當有效ナリト考ヘ居レリ

深井顧問官　條約第三條ノ場合卽チ日米戰爭ノ場合ニ獨逸ハ如何ナル軍事上ノ援助ヲ日本ニ與ヘ得ルヤ

松岡外務大臣　右ハ交涉ノ際ニモ論議セラレタルガ獨逸ハ第三條ノ事態發生以前ニ於テモ新兵器等ヲ日本ニ供給スベシト申シ居リ又日米戰爭勃發ノ場合ニハ大西洋方面ニ於テ米國ヲ牽制スルコトニナリ居レリ

東條陸軍大臣　蘇聯トノ諒解ノ下ニ優秀ナル軍用器材ノ供給ヲ受クルコトガ最モ重要ナル援助ナリ

及川海軍大臣　大体陸軍ト同樣ナリ

深井顧問官　蘇聯ニ對スル關係ニ於テ獨逸ガ蘇聯ヲ牽制スルトハ如何ナル意味ナリヤ斯カル事ハ獨蘇不可侵條約ニ正面ヨリ反スルモノニアラズヤ

東條陸軍大臣　條約上ハ其ノ通ナルガ實際ノ軍事上ノ動キヨリ云ヘバ獨逸ハ蘇聯ヲ牽制シ得ルモノナリ現ニ獨逸ハ對英作戰ヲ行ヒツツアルモ其ノ陸軍ノ大部分ヲ機械化部隊ト共ニ國內ニ保有シ居リ之ガ軍事的ニハ蘇聯ヲ牽制シ居ル次第ナリ

深井顧問官　外務大臣ハ日獨間ノ相互信頼ト云フコトヲ申サレタルガ獨逸側ノ昨年ノ獨蘇不可侵條約締結ノ際ノ態度ハ不信ト云フノ外ナシ昨年九月阿部兼攝外相ガ本院ニ於テ外交經過ヲ説明シタル際當時ノ澤田外務次官ガ平沼内閣ニ於テ獨蘇協定ガ日獨防共協定ノ祕密協定ニ違反セル點ヲ指摘シテ獨逸ニ對シ抗議ヲ提出セル旨ヲ述ベタル處右抗議ノ結果ハ如何ナリ居ルヤ

松岡外務大臣　本大臣ノ聞ク所ニ依レバ右抗議ガ果シテ先方ニ通ジ居ルヤ否ヤ疑ハシク恐ラク獨逸側ヨリハ何等ノ回答ナカリシモノト思考ス

深井顧問官　對外關係ニハ感情ヲ交ヘルコトハ禁物ニシテ外交ハ飽ク迄現實的ニ行ハザルベカラズト思考スル處本條約ノ前文ニ萬邦ヲシテ各其ノ所ヲ得シムルトアルガ「ヒトラー」ノ常ニ云フ所ハ弱肉強食ハ自然ノ法則ナルカノ如キ感觸ヲ與フルガ獨逸側ハ果シテ此ノ前文ノ趣旨ヲ正當ニ理解シ居ルヤ

松岡外務大臣　我外交ノ使命ハ皇道ノ宣布ニ在リ利害得失ノミニ依リテ動クモノニアラズ弱肉強食ノ如キ思想ハ斷ジテ之ヲ排擊スベキモノト考フ

深井顧問官　日米戰爭ヲ不可避トスレバ此ノ際獨逸カ英米カ孰レカニ外交ノ重點ヲ置カザルベカラズト云フコトハ理解出來ルモ本條約締結ノ結果ハ或ハ日米戰爭ヲ早メルコトトナルヤモ知レズ總理大臣ハ最悪ノ場合ニ於ケル軍需品、一般物資ノ缺乏思想ノ悪化等ニ對處シテ之ヲ切拔ケ得ル自信アリヤ否ヤ覺悟ヲ承リ度シ

近衞總理大臣　本條約ノ根本ノ考ヘ方ハ元ヨリ日米ノ衝突ヲ回避スルニ在リ然レ共下手《シタ》ニ出レバ米國ヲツケ上ラセル丈ナルニ依リ毅然タル態度ヲ示ス必要アリト思考ス萬一最悪ノ事態ヲ生ジタル場合ニハ政府ハ外交内政ヲ通ジテ非常ナル覺悟ヲ以テ施策セザルベカラズト考ヘ居レリ先日本大臣ガ參内本件ヲ上奏致シタル際　天皇陛下ニ於カセラレテモ非常ナル御決心ヲ有シ遊バサルルコトヲ伺ヒ寔ニ恐懼感激ニ堪エズ本大臣トシテモ身命ヲ堵（賭カ）シテ本條約ノ遺憾ナキ運用ヲ期シ度シト考ヘ居レリ

二上顧問官　外交上、經濟上ニ付テハ大分質疑應答アリタルニ依リ自分ヨリハ條約其ノモノニ付疑問ノ點ヲ質シ度シ先形式ノ點ニ付テ茲ニ配布ノ書類ノ中何々ガ御諮詢ニナリ居ルヤ不明ナリ之等ノ文書ハ日本文ガ本文ナリヤ交

換文書ノ方モ內容ヨリ見レバ國際約束ト思ハルルガ之ニ付テハ御諮詢ナキ次第ナリヤ

松岡外務大臣　御諮詢ニ相成リ居ルハ條約案ノミニシテ他ハ參考ナリ條約ノ本文ハ日本文、獨逸文及伊太利文トナル筈ナルモ差當リ英文ノモノニ署名スルコトトナリ居レリ

松本條約局長　附屬ノ交換文書ハ條約ト同樣ノ效力ヲ有スル所謂交換公文トハ內容竝ニ形式(例へバ番號ヲ附ス)ニ於テ異リ居リ所謂國際約束トハ認メ難キモ條約ノ解釋及松岡大臣ト「オット」大使トノ意見ノ一致シタル點ヲ記載セルモノニシテ極メテ重要ナル文書ト認メテ參考トシテ上奏案ニ附屬セシメタル次第ナリ

二上顧問官　差當リ英文ニ署名スルト云フガ如キハ異例ニシテ斯カル手續ガ許サルルトハ思ハズ又交換文書ノ內容ハ國際約束ナルヲ以テ之亦御諮詢ノ客体トスベキモノト思考ス

原議長　之等形式ノ問題ニ付テハ後刻懇談會ヲ開催スルコトト致度シ

(審査委員會終了後政府側退席シ懇談會ヲ開キタル結果條約案文ノミヲ御諮詢ノ客体トスルコト竝ニ差當リ條約案日本文ノミヲ審議シ英文ニ署名シ後日日獨伊文トスリ代フル點ハ默過スルコトニ決定セル趣ナリ)

二上顧問官　條約第三條ニ歐洲戰爭又ハ日支紛爭ニ參入シ居ラザルトアルハ不正確ナル言現シ方ニテ歐洲戰爭又ハ日支紛爭ノ雙方ニ參入シ居ラザル一國ガ攻擊シタル場合ニハ第三條ガ發動スル樣ニモ取レル處其ノ點如何次ニ混合專門委員會トハ先程ノ外務大臣ノ說明ニ依レバ軍事ト經濟トノ混合ノ樣ニモ取レタルガ之ハ三國ノ混合ノ意味ニアラズヤ更ニ第五條ト第三條トヲ合セ考フルニ獨逸ハ蘇聯トノ間ニ不可侵條約ヲ有スルヲ以テ日本ガ蘇聯ヨリ攻擊ヲ受ケタル場合ニモ獨逸ハ蘇聯ヲ攻擊スルコト能ハズ之ニ反シテ獨逸ガ蘇聯ヨリ攻擊ヲ受ケタル場合ニハ日本ハ獨逸ヲ援助スル爲蘇聯ヲ攻擊セザルベカラズ從テ片務的ノ規定ナラズヤ

松岡外務大臣　二上顧問官ノ御質問ノ第一點ハ用語ノ問題ニテ實際ノ解釋上ハ疑義ヲ生ズル餘地ナシト思考ス第二點ハ勿論三國ノ混合委員會ノ意味ナリ第三條カ第五條ノ結果日本ニ片務的ナリトノ議論ハ本條ノ政治的意味ヲ沒

却シタルモノニシテ蘇聯ガ獨逸ヲ攻撃スルガ如キ場合ニハ獨蘇間ニ現存スル政治的狀態ハ重大ナル變革ヲ受クルモノニシテ斯カル場合ニ日本ノ處スル道ハ本條ノ規定ノ範圍外ナリト思考ス本條ノ趣旨ハ差當リ本條約ガ蘇聯ヲ目標トシ居ラザルコトヲ明示シタルモノナリ

眞野顧問官　質問ナシ

大島顧問官　大東亞ノ範圍ニ付テハ何等カ話合アリシヤ

松岡外務大臣　勿論話合アリシコトハ本日午前中說明シタル通ナリ

小幡顧問官　日本ガ日支事變ヲ解決シ居ラザル此ノ際ニ當テ歐洲戰爭ニ米國ガ參戰シタル場合ニ獨伊ヲ援助スル義務ヲ負フコトハ極メテ重大ナル義務ヲ負フモノナルニ反シ日米ガ開戰スルト云フ可能性ハ少シト思ハル依テ本條約ハ極メテ片務的ナルモノトナラザルヤ

松岡外務大臣　米國ガ歐洲戰爭ニ參加スルヤ否ヤ又日米戰爭ガ勃發スルヤ否ヤハ雙方五分五分ノ可能性アリト見テ差支ナシ依テ片務的ノモノトハ思考セズ

竹越顧問官　本條約締結ノ結果最惡ノ場合ヲ生ジタルトキ獨逸ハ如何ナル援助ヲ日本ニ與ヘ得ルヤ又日本海軍ガ獨伊ヲ援助スル場合ニハ如何ナル援助ヲ爲スヤ

松岡外務大臣　如何ナル援助ヲ與ヘ得ルヤ等ノ問題ハ混合委員會ニテ充分研究セザルベカラズ

鈴木審査委員長　本條約ノ成立ト否トニ拘ラズ日米戰爭ハ不可避ト考フルニ依リ米國海軍ノ擴張ヲ充分監視シテ之ニ相應スル準備ヲ怠ルベカラズ

及川海軍大臣　差當リ速戰卽決デ米國ニ當レバ充分勝算アリ將來ニ付テハ着々各般ノ擴張計畫ヲ目論ミ居ル次第ナリ

石井顧問官　交換文書ノ最後ノモノヲ見ルニ我委任統治下ノ南洋群島ハ依然日本ノ屬地トスルモ之ニ對シ代償ヲ支拂フベキ旨記載シアリ之ニ對スル松岡大臣ノ說明ニ依レバ「ヴェルサイユ」條約ハ既ニ消滅シタルモノナルニ依リ南洋群島ハ日本ハ今尙軍事占領ヲ繼續セルモノニシテ從テ日本ハ獨逸ヨリ代償ヲ支拂ヒテ之ヲ讓受クル必要アリトノコトナル處委任統治地域ハ「ヴェルサイユ」條約ニ依テ五大國ニ讓渡セラレタルモノヲ日本ガ獲得シタルモノト見ルベク既ニ日本ノ屬地ナリト解スルヲ以テ正シト自分ハ思考スルニ依リ獨逸大使ノ口頭宣言ニハ自分ハ

賛意ヲ表シ兼ヌ尤モ本問題ハ御諮詢外ノ問題ナルヲ以テ唯御參考迄ニ自分ノ意見ヲ述ブルニ止メ置キタシ

松岡外務大臣　立博士等有力ナル國際法學者ノ意見ハ委任統治ハ領土ノ讓渡ニ非ズト爲シ居レルガ故ニ法理論ヲ別トシテ實際政治ノ問題トシテハ一應獨逸ヨリ何等カノ方法ニテ割讓ヲ受クル方可ナリト云フコトガ自分ノ三年以來ノ考ナリ聞ク所ニ依レバ三年位前ニ日本海軍ヨリ在伯林ノ海軍武官ヲ通ジテ獨側ニ對シ一定ノ代償ノ下ニ割讓方申出タル趣ナリ

石井顧問官　本問題ニ付テハ立博士トモ意見ヲ交換シタルコトアリ立博士ノ意見モ委任統治ガ領土ノ割讓ニアラズト云フ丈デ獨逸ガ五大國ニ讓渡シタル點ニ付テハ爭ナキ樣思考ス從テ今更日本ガ獨逸ヨリ代償ヲ支拂ヒテ割讓ヲ受クルガ如キハ本官ノ同意シ難キ所ナリ

三土顧問官　今朝來ノ質疑應答ヲ聞イテ居レバ米國トノ戰爭トナリタル場合ノコトヲ主トシテ論議セラレ居ル樣ナルモ本條約締結後直ニ米國ノ我國ニ對スル經濟壓迫ハ一層加重セラルルモノト思考ス其ノ場合ニ於ケル我國民生活ノ問題ハ重大ナル問題ナリト思ハルル處之ニ付テハ充分ナル用意出來居レリヤ又日本人ハ兎角此ノ種ノ條約ガ出來ルト獨逸カブレトナリ反米運動等ヲ試ムルモノ出デ來ル惧アリ斯カル點ハ嚴ニ取締リ頂キタシ

星野企畫院總裁　國民生活ノ問題ハ政府トシテ最モ關心ヲ有シ居リ之ガ對策ニ付テハ萬遺憾ナキヲ期シタシ

近衛内閣總理大臣　排米運動ヲ取締ルコトハ極メテ同感ナレバ嚴重實施致シタシト存ズ

午後七時三十分政府側退場

別紙甲號

日獨伊三國條約締結ニ關スル件

（近衛總理大臣樞密院委員會席上ノ挨拶文案）

御承知ノ通リ支那事變ハ未ダ解決セザルニ當リ、近來米國ノ我國ニ對スル態度ハ相當强硬ヲ加ヘテ居リマスガ米國ノ態度ガ硬化スルニ連レマシテ重慶政府其ノ他日本ニ敵意ヲ有スル各國政府ノ態度ニモ影響シ我國ノ國際的地位ハ益々困難トナリ前途誠ニ憂慮ニ堪ヘザル次第デアリマス。此ノ難局ヲ打開致シマス爲ニハ我國ノ國際的立場ヲ强化スルコトガ必要デアリマスガ其ノ方法ハ現在ノ環境ニ於テ我方ト利益ノ一致スル國家トノ提携ヲ强化スルコト以外ニハナイト思ヒマス。然ルニ獨伊ハ米國ノ參戰ヲ防止スルコトヲ希望シ、我國ハ米國トノ危機回避ヲ希望スル點ニ於テ利害ノ一致ヲ見テ居ルノデアリマス。依テ政府ハ組閣以來鋭意此ノ方向ニ向ツテ努力ヲ續ケテ來タノデアリマスガ、最近ニ至リ遂ニ御手許ニ差上ゲマシタルガ如キ條約案ニ依リ我國ガ今次歐洲戰爭ニ參加スルコトナクシテ右兩國トノ提携ヲ强化シ得ルノ機運ニ達シマシタノデ右ニ基キ兩國ト條約締結方御裁可ヲ仰ギ度イト存ジテ居リマス。而シテ本案件ハ固ヨリ平和ヲ目的トスルモノデアリマスガ最惡ノ事態ノ發生ヲモ覺悟スル必要ガアリマスノデ我國運ノ消長ニ關スル未曾有ノ重大案件ト申スベキデアリマス。依ツテ極メテ愼重ニ審議ヲ盡シ御決定ヲ仰ギ度イト考ヘ居リマス次第デアリマス。本案件ノ本日迄ノ經過竝ニ獨、伊兩國トノ間ニ締結セントスル條約案ニ付キマシテハ之ヨリ外務大臣ヨリ詳細説明致シマス。

別紙乙號

日獨伊三國條約締結ニ關スル外務大臣説明案

甲、經過

本大臣ハ七月下旬、現內閣ガ成立致シマシテ以來、獨伊トノ政治的提携ヲ强化シタイト思ヒマシタガ、當時、獨逸ハ佛蘭西ヲ席捲シ、英本國ノ如キモ、旬日ヲ出デズシテ、容易ニ征服シ得ルト云フヤウナ氣勢デゴザリマシテ、獨逸ニ於ケル、我國トノ提携熱ハ一般ニ極メテ低カツタノデアリマス。然シナガラ獨伊ハ、今英本國ヲ屈服サスコトガ出來マシテモ、其ノ後ニ於テ、英帝國全部ノ崩壞戰ハ事シカク容易デハゴザリマセヌ上ニ、更ニ米國ト英帝國ノ殘存勢力トガ結合シテ出來ルトコロノアングロ・サクソン王國又ハブロックトモ云フベキモノト今次ノ戰爭ニ依ツテ强大ヲ加ヘタルソ聯邦ト云フ二大勢力ト對抗シナケレバナラヌコトハ明瞭デアリマス。其ノ場合地理的ニ惠マレタ地位ヲ占メ且世界無比ノ國體ノ下ニ優秀ナル民族ヲ持ツ我國ノ力ハ偉大ナルモノガアリマスノミナラズ、現在ト雖モ或意味ニ於キマシテ皇國ハ實ニ世界ノ天秤ヲ左ニデモ右ニデモ上下サス丈ノ力ヲ持ツテ居ルト云フノガ不肖本大臣ノ抱ケル見透シト見解デアリマス。ソウカト申シマシテモ總理大臣ノ云ハレタ様ニ日本國際情勢ハ極メテ困難ナノデアリマス。而シテ此ノ事位ハヒトラー總統及少クトモ其ノ周圍ノ者ダケハ認識シテ居ルデアラウト想像シマシタ、否ソノ容子ガ多少窺ハレタノデゴザリマス。彼等ハ當時ニ於テモ我國トノ提携ニ相當ノ熱意ヲ持ツテ居タヤウデアリマス。根本ニカヤウナル考ヲ持ツテ居リマシタガ故ニ私ハ諸般ノ情況上一應ハ急ギタイト云フ心持ノ中ニモ固ヨリ下手ニ出ル要モナク、又已ムヲ得ナケレバ英本國屈服後トナツテモカマワヌ、若シサウナツタナラバ、愈々以テ緩ツクリト構ヱヤウトト決意致シテ居ツタノデアリマス。何レニ致シマシテモ、當時焦ルト見ラレルヤウナ手ヲ我方カラ出シマスルコトハ外交上禁物デアツタノデゴザリマス。

我ガ獨自ノ立場ヲ堅持シ、必ズシモ獨伊ト結ブノ要ナシ、若シソレガ我國ノ存立ト使命遂行上、必要又ハ便利デアルナラバ、米ト結ビ、或ハ英ヲ救フコトヲモ敢ヘテ辭セヌト云フ姿勢サヘ示シテカカラナケレバナラヌト信ジタノデアリマス。ソレカラ、何ヨリモ先ヅ獨伊始メ世界ニ向ツテ本件ニ關シ斥候戰ヲ始メナケレバナラナカツタノデアリマス。本大臣ハ就任前後ヨリ遲滯ナク之ヲ開始シ、少シク容子ガ知レマシタノデ、一歩ヲ進メ本大臣ハ八月一日オット大使ヲ御茶ニ招キテ、樞軸强化ガ我朝野ヲ通ジテノ傾向ナルハ貴大使モ御承知ノ通リデアルガ、ソレガ物ニナルニハマダマダ容易デハナイ、廟議モ未ダ具体的ニ確定シテハ居ナイト云フ趣旨ヲ告ゲマシタ上、支那事變ハ日本獨力ニテ其内片付ケル考デアルカラ、別ニ獨逸ニ於テ意ヲ煩ハサレナイデヨロシイト申述ベマシテ、一應大使ノ仲介セントスル口吻ヲ押へ、我建國以來傳統タル八紘一宇ノ大理想ヲ實現セントスル決意ノ眞劍ナル事ト、先ヅ之ヲ大東亞共榮圈内ニ於テ試ミントスルモノナル旨ヲ說キ、次デ、タトへ英本國ガ間モナク屈スルトモ、ソレハ大英帝國崩壞ノホンノ初マリナルニ止マリ、決シテ終ニアラザル所以ヲ申聞ケ（大使モ同樣ノ事ヲ自ラ進ンデ申シテ居リマシタ）右二ツノ大局的觀點ヨリシテ、獨モ亦日本トノ提携ノ可否ヲ決スベキデアルト結論シ㈠大東亞圈ニ對スル前述ノ日本ノ理想實現ニ付獨逸ハ如何ナル態度ヲ執ルカ、如何ナル事ヲ以テ日本ヲ助ケ得ルカ又助ケル考ナルカ、又コノ圈内ニ於テ獨逸ハ何ヲ求ムルカ、㈡日ソ關係ニ就キ獨逸ハ如何ニ考フルカ、又何ヲナシ得ルカ、㈢日米關係ニ就キ如何ニ考フルカ又何ヲナシ得ルカトテ、以上三項ニ關スル本大臣ノ質問ヲ至急ヒトラー總統トリッペンツロップ外相ニ架電シテ、其返事ヲ得ラレタシト告ゲマシタ。其ノ際自分ハ大使ニ太平洋問題ノ重要性ヲ述べ日米ガ爭フカ否カニ人類ノ將來ガカカッテ居ルコトヲ説イタノデアリマス。オット大使ハ獨逸ハ米國ノ參戰ヲ希望セズ戰後ハ米國トノ關係改善ニ努メ度イト思フト申シテ居リマシタ。

右ニ對スル返事ハ容易ナラズトシテ、獨大使ハ澁ッテ居リマシテ、私モ亦容易ニソノ返事ハ來ナイデアラウト豫想シマシタトコロ、果シテ來マセンデシタ。（尙八月十七日在京伊太利大使ヲ招致致シマシテオットニ對スルト同樣ノ質問ヲ發シテ置キマシタ。）私ハ態ト催促セズニ放ッテ置キマシタ。然ルニ、リッペンツロップ外相ハ其東洋問題ニ關スル懷刀デアルト言ハレテ居リマスル、ハインリッヒ・スターマー總領事ヲ公使ニ昇任セシメタ上、八月二十三日ベルリン出發、急遽モスコーヲ經テ、本邦ニ送ッタノデアリマス。同公使ハ九月七日朝東京ニ着キマシタノデアリマスガ、本大臣ハ別ニ急イデ會ヒタイ態度ハ示サナカッタノデアリマス。トコロガ九日先方ヨリ會見ヲ申出デマシタノデ、人目ヲ避クル爲同日私ノ私邸デ、同公使及オット大使ト會見致シマシタ。ソレカラ十日二度目ノ會見ヲ遂ゲ九月十一日三度目ノ會見ニ於テ一案ヲ得、更ニ兩國間ニ意見ヲ交換シタル結果條約案ノ要綱ヲ作成致シマシテ九月十九日御前會議ヲ開イテ決定ヲ仰ギ爾後更ニ右要綱ニ基イテ交渉ヲ進メ今般條約案ノ妥結ニ達シタ次第デ御座イマス。

乙、條約案ノ説明

前文ニ付テハ別ニ御説明スル必要ハナカラウカト存ジマスルガ我建國ノ御詔書ノ中ニアリマスル八紘一宇、卽チ總テノ國民、民族ガ各其ノ所ヲ得ルト云フ大精神ニ基キ余程辭句ヲ練ッタモノデ御座イマス。

第一條ニ日本ハ歐洲ニ於ケル新秩序建設ニ對スル獨伊ノ指導的地位ヲ認メ且之ヲ尊重ストアリマスガ、當方デハ當初アフリカニ於ケル新秩序建設ヲ先方ガ持出スカト思ッタノデゴザリマスガ、先方ガ之ヲ持チ出サナカッタカラ、單ニ歐洲ニ於ケル新秩序建設ニ對スル地位承認ニ限ッタ次第デアリマス。

第二條ノ「大東亞ニ於ケル新秩序建設」ト云フ「大東亞」ノ意味ハ只今ノトコロ佛印、タイ國、ビルマ、海峽植民地、蘭印ヨリニユーギニヤ、ニユーカレドニヤ等ヲ含ムオセアニアノ島嶼ヲ含ム意味デアリマシテ、此ノコトハ此際ノ事デモゴザリマスシ、ソレニ東亞ノ形勢如何ト世界情勢ノ推移ニヨリ漸次其範圍ニ變更ノアリマスコトト豫想サレルコトデモゴザリマスノデ、先方ヘハ態ト大掴ミニ話シ、濠洲トニユージーランド及其以南ハ今ノ處這入ラヌガ、時ト共ニ自然範圍ハ擴ガルナラン、ト申聞ケ、印度ニハ言及ヲ避ケマシタ。先方モ別ニ細カクハ尋ネズシテ本大臣ノ所述ニ同意ノ意ヲ表シマシタ。

是ニ對シ獨逸ハ右區域ニ於ケル日本ノ政治的指導權ハ認ムルガ、經濟的ノ通商、企業、原料取得ト云フガ如キコトニ就テハ日本ニ於テモ出來得ル限リ便宜ヲ與ヘテ貰ヒタイト申シテ居ルノデアリマス。日本側モ亦同地域ノ經濟的開發ニハ大ニ獨伊ノ協力ヲ得ンコトヲ期待スルモノデアルト應酬シテ置キマシタ。

第三條ノ中「現ニ歐洲戰爭又ハ日支紛争ニ參入シ居ラザル一國ニ依リ攻撃セラレタルトキハ云々」ノ一國ト申スノハ暗ニ米國ヲ主トシテ指シタノデアリマシテ、其ノ一國ニ依リ攻撃セラレタル場合ニハ自働的ニ參戰義務ガ發スル次第デアリマシテ、則チ我國ハ獨伊ト米國ヲ對照（象カ）トスル軍事同盟ニ這入ルノデアリマス。又交換文書中ニ攻撃ヲ受ケタカドウカハ三國間デ協議シタ上デ決メルコトニナツテ居リ、參戰義務ガ發生シタカドウカハ自主的ニ決定スル樣ニナツテ居リマス。

第四條ハ本條約實施ノ爲日獨伊三國委員ヨリ成ル混合專門委員會ヲ遲滯ナク開催スベキ旨ヲ規定シテ居リマス。之等ノ委員會ハ本條約實施ノ軍事的、經濟的方法ヲ講究スル次第デアリマス。

第五條ハ本條約ガ蘇聯ニ向ケラレタルモノニ非ザルコトヲ規定シタモノデアリマス、ガ、實ハソ聯ハ獨伊對英佛戰ニハ參加シテ居ナイ建前トナツテ居ルノデ、或ハ第三條ノ所謂「一國」ニ相當スルモノデハアルマイカトノ疑惑ヲ生ズル虞モアリマスシ、旁々日獨伊ガ世界新秩序ヲ造ル上ニ於テ蘇聯ヲ敵ニ廻ス懸念ノナイコトヲ明カニシ、特ニ獨逸ト蘇聯トノ間ニポーランド始メ、歐洲ニ於ケル現在ノ取極又ハ見解若クハ或種ノ事態ヲ存セル、ソノ事實ニ些カモ影響スル所ノナイコトヲ明カニシテ、蘇聯ヲ安心サセ、之ニ依リ米蘇ノ接近ヲ防グノ目的ニ資シヤウトスル趣旨デアリマス。

丙、結言

今回ノ對獨交渉ノ基礎ハ平沼内閣時代ノ夫レト全ク異ツテ居リマス。卽チ獨逸側モ日本ノ歐洲戰爭參加ノ必要ナシト言明シテ居ル次第デアリマシテ、獨逸ハ米國ノ參戰ヲ、日本ハ日米衝突ヲ、回避スル事ヲ共通目的トシタノデアリマス。從テ皇國政府ガ從來採ツテ來マシタ不介入ノ方針ハ、將來本條約ニヨリ影響セラレルコトアルベシトモ云フ豫想付ニテ、一應ハ繼續セラレル次第デアリマス。

米國ハ「カナダ」トノ共同防衞ヲ決定スルヤ、間モナク、日米間ノ些細ナ問題ニ迄、殆ンド堪へ難イト思ヘルガ如キ態度ヲ以テ臨ンデ來マシタノデ、本大臣ハ已ムナク此程嚴肅ニ米大統領及國務長官ノ反省ヲ促シタヤウナ次第デアリマス。

最近ノ動キニ就キ洞察シマスルニ、米國ハ太平洋及ビ南洋方面ニ亘リテ、已ニ施シ若クハ現ニ施シツツアル軍事施設ニ加フルニ此ノ際飛躍的ニ且取急イデ濠洲、新西蘭、印度、ビルマ其ノ他ノ南方ニ於ケル英領ノ必要地點ニ、有力ナル軍事根據地ヲ獲得シ、以テ日本包圍ノ陣形ヲ整ヘントシテ居ルノデハアルマイカト、カナダトノ前述共同防衞ニ關スル協定成立ガ報ゼラレマシタル時、本大臣ハ已ニ想像シタノデゴザリマスガ、其後間モナク果然英帝國及ビ濠洲政府ト米國トノ間ニ、協議進行中ノ旨ノ、可ナリ信ズルニ足ルト想ハルル、新聞報道サヘ傳ヘラルルニ至ツタノデアリマス。又段々ト支那事變ニテ日本ガ消耗戰ニ惱ンデ、國力ガ著シク減殺セラレタト見テ恫喝的言辭ヲ弄スルノデハアルマイカト想像セラルル廉モゴザリマスガ、ソノ理由ノ那邊ニ在ルニセヨ、日米國交ハ最早禮譲又ハ親善希求等ノ態度ヲ以テ改善スルノ餘地ハ殆ンドナイト思ハレマスノミナラズ、却ツテ惡化サス丈ノ事デハアルマイカト懸念セラルル有樣ニナツテ參リマシタ。若シ幾分ニテモ之ヲ改善シ又ハ此ノ上ノ惡化ヲ防グ手段アリトスレバ唯毅然タル態度ヲ採ルト云フ事シカ、此ノ際ノ措置トシテハ、殘ツテ居ナイト存ジマス。苟モ然リトスレバ、ソノ毅然タル態度ヲ强ムル爲ニ一國ニテモ多クノ國ト堅ク提携シ、且ソノ事實ヲ一日ニテモ、速ニ中外ニ宣明周知セシムルコトニ依リテ、米國ニ對抗スル事ガ、外交上喫緊事デアルト信ズルノデアリマス。然シ本大臣ハカカル措置ノ反響乃至效果ヲ注視シツツ尚米トノ國交ヲ轉換スルノ機會ハ、之ヲ見逃サナイ用意ヲ常ニ怠ラナイ覺悟デゴザリマス、唯ソレニシテモ、一應ハ非常ナ堅イ決心ヲ以テ毅然對抗ノ態度ヲ、中外ニ向ツテ一點疑ヒヲ容ルル餘地ノナイマデニ、明確ニ示サナケレバナリマセヌ。此ノ點ハ本條約締結ニ伴フ最重要ナル點デアリマスカラ、最後ニ之ヲ反覆シテ置キマス。

143　昭和15年9月26日

日独伊三国同盟条約締結に関する枢密院本会議の議事概要

樞密院本會議議事概要

九月二十六日午後九時四十五分開會

宮中東溜ノ間ニ於テ

出席者

金子顧問官及田中顧問官ヲ除ク全顧問官出席

全閣僚出席

説明員ハ審査委員會ト同様

天皇陛下九時四十五分出御

原議長開會ヲ宣ス

鈴木副議長審査委員長トシテ委員會ノ經過ヲ報告シ本條約締結ニ伴フ政府ノ施策萬全ヲ期スルコト對英米關係ニ於テ無用ノ刺戟ヲ避クルコト等ノ希望ヲ附加シタル審査報告ヲ朗讀ス

石井顧問官

本案ニ贊成ナルモ近代ノ同盟ハ古代ノ同盟トハ異リ利害關係ノ結合ニ過ギザルモノナリ歴史ノ敎フル所ニ依レバ同盟國間ノ關係ハ頗ル難シキモノナリ殊ニ獨逸ハ最モ惡キ同盟國ニシテ獨逸ト同盟ヲ結ビタル國ハ凡テ不慮ノ災難ヲ被リ居レリ「ビスマルク」ハ嘗テ同盟ニハ常ニ騎馬武者ト駑馬トアリト云ヘリ事實獨逸ガ同盟國タル土、墺ヲ遇スルコト恰モ騎馬武者ガ駑馬ヲ操ルガ如ク彼等ノ獨立性ハ完全ニ失ハレタリ或ハ「ナチス」ハ帝制獨逸トハ異ルト云フ論ヲ爲スモノモアルナランモ「ヒトラー」モ國際條約ヲ以テ一片ノ紙片ト見居ルコトハ昨年八月日獨

間ニ防共協定アルニ拘ラズ獨蘇不可侵條約ヲ結ビタルコトニ依リテモ解ル通ナリ
次ニ伊太利ハ如何伊太利ハ「マキァベリー」ヲ生ミタル國ニシテ獨逸ト同盟ヲ結ンデ之ヲ無視シタル獨逸以上ノ强者ナリ今度此ノ獨伊兩國ト同盟ヲ結ブ次第ナルヲ以テ條約ノ運用ニ付テハ充分心セザルベカラズト思考ス然レ共今日ノ日獨伊ノ如ク利害關係ノ全ク一致セル國ハ古今東西ヲ通ジテ稀ニシテ此ノ三國ガ結合スルコトハ蓋シ自然ノ勢ト云フベク此ノ見地ヨリ本條約ノ締結ハ國策トシテ當ヲ得タルモノト思考ス唯之ガ運用ニハ充分注意スル必要アルベシ

議長贊否ヲ起立ニ問ヒ全顧問官起立滿場一致可決時ニ午後十時十分ナリ

144 日独伊三国同盟条約の締結に関し独伊の意見一致について

昭和15年9月26日　在独国来栖大使より松岡外務大臣宛(電報)

ベルリン　9月26日前発
本　省　9月26日夜着

第一二五一號(至急、館長符號扱)

往電第一二二三號ニ關シ

二十五日同一「ソース」ヨリ得タル情報左ノ通リ

(一)日獨伊樞軸強化問題ノ打合ニ於テハ獨伊間ニ完全ナル意見ノ一致ヲ見「リ」ハ滿足シテ歸獨セリ「ヒ」總統ハ「リ」外相ヲシテ本件ノ世界史的意義ニ付特ニ「ム」首相ノ注意ヲ喚起セシメタルカ「ム」ハ「リ」ヨリ話ノ進捗振ヲ聞キタル際事突然ナリシヲ以テ驚キタルモ暫ク默考ノ上直ニ之ニ同意セル趣ナリ

(二)西班牙トノ軍事同盟條約ニ關シテモ獨伊ノ意見一致シ二十六日「チアノ」來獨シ二十七日同條約ノ調印行ハルル筈ナリ右ハ西班牙ノ參戰ト關聯シ同國ハ遠カラス參戰スルコトトナルヘキモ獨伊ノ狙フ所ハ西ノ兵力ヨリモ西ノ樞軸接近カ獨伊對南米諸國トノ關係改善延テハ米ノ汎米戰線統一阻止ニ役立ツヘキ點ニ在ルヘシ尤モ獨トシテハ西トノ軍事同盟ハ西ノ參戰實現スル迄餘リ宣傳セサル方針ノ如シ

㈢日獨伊條約成立ノ際ノ對蘇關係ニ關スル打合ノ爲目下「シユーレンベルグ」大使歸獨中ナリ獨側ハ本件條約カ蘇聯トノ戰爭ヲ豫想スルモノニアラサルコトヲ特ニ强調スル樣國内新聞ヲ指導スル方針ナルカ他面牽制ノ意味ヲ以テ東方ニ兵力ヲ集中シ居レリ

㈣對英空襲ハ益々强化セラルル方針ニテ二十五日頃ヨリ使用スヘキ機數及爆彈ハ從來トハ比較ニナラヌ程ニテ英國民ノ「モラル」ニ與フル影響ハ想像以上ノモノアルヘシ

（冒頭往電通リ取扱ニ御注意アリタシ）

伊ヘ轉電セリ

145　昭和15年9月27日　在独国来栖大使より松岡外務大臣宛（電報）

日独伊三国同盟条約の調印完了報告

ベルリン　9月27日後発
本　省　9月28日前着

第一二五九號（大至急）

日獨伊三國條約二十七日午後一時三十分總統官邸ニ於テ本使「リッペントロップ」及「チアノ」両外相ニ於テ滞リナク調印ヲ了セリ

146　昭和15年9月27日　調印

日独伊三国同盟条約

付記一　昭和十五年九月二十七日付松岡外務大臣より在本邦オット独国大使宛公信条二機密第一三三号
日英間武力紛争発生時の独国の援助に関する日独交換公文往翰

二　昭和十五年九月二十七日付松岡外務大臣より在本邦オット独国大使宛公信条二機密第一三四号
南洋委任統治に関する日独交換公文往翰

三　昭和十五年九月二十七日付在本邦オット独国大使より松岡外務大臣宛公信G一〇〇号
条約の運用実施に関する日独交換公文来翰訳文

四　昭和十五年九月二十七日付松岡外務大臣より

在本邦オット独国大使宛公信条二機密第一三五号

右来翰内容を了承する日独交換公文往翰

日本國、獨逸國及伊太利國間三國條約

大日本帝國政府、獨逸國政府及伊太利國政府ハ萬邦ヲシテ各其ノ所ヲ得シムルヲ以テ恆久平和ノ先決要件ナリト認メタルニ依リ大東亞及歐洲ノ地域ニ於テ各其ノ地域ニ於ケル當該民族ノ共存共榮ノ實ヲ擧グルニ足ルベキ新秩序ヲ建設シ且之ヲ維持センコトヲ根本義ト爲シ右地域ニ於テ此ノ趣旨ニ據レル努力ニ付相互ニ提携シ且協力スルコトニ決意セリ而シテ三國政府ハ更ニ世界到ル所ニ於テ同様ノ努力ヲ爲サントスル諸國ニ對シ協力ヲ吝マザルモノニシテ斯クシテ世界平和ニ對スル三國終局ノ抱負ヲ實現センコトヲ欲ス依テ日本國政府、獨逸國政府及伊太利國政府ハ左ノ通協定セリ

第一條

日本國ハ獨逸國及伊太利國ノ歐洲ニ於ケル新秩序建設ニ關シ指導的地位ヲ認メ且之ヲ尊重ス

第二條

獨逸國及伊太利國ハ日本國ノ大東亞ニ於ケル新秩序建設ニ關シ指導的地位ヲ認メ且之ヲ尊重ス

第三條

日本國、獨逸國及伊太利國ハ前記ノ方針ニ基ク努力ニ付相互ニ協力スベキコトヲ約ス更ニ三締約國中何レカノ一國ガ現ニ歐洲戰爭又ハ日支紛爭ニ參入シ居ラザル一國ニ依テ攻撃セラレタルトキハ三國ハ有ラユル政治的、經濟的及軍事的方法ニ依リ相互ニ援助スベキコトヲ約ス

第四條

本條約實施ノ爲各日本國政府、獨逸國政府及伊太利國政府ニ依リ任命セラルベキ委員ヨリ成ル混合專門委員會ハ遅滯ナク開催セラルベキモノトス

第五條

日本國、獨逸國及伊太利國ハ前記諸條項ガ三締約國ノ各ト「ソヴィエト」聯邦トノ間ニ現存スル政治的狀態ニ何等ノ影響ヲモ及ボサザルモノナルコトヲ確認ス

第六條

本條約ハ署名ト同時ニ實施セラルベク、實施ノ日ヨリ十年

間有效トス

右期間滿了前適當ナル時期ニ於テ締約國中ノ一國ノ要求ニ基キ締約國ハ本條約ノ更新ニ關シ協議スベシ

右證據トシテ下名ハ各本國政府ヨリ正當ノ委任ヲ受ケ本條約ニ署名調印セリ

昭和十五年九月二十七日卽チ千九百四十年、「ファシスト」暦十八年九月二十七日「ベルリン」ニ於テ本書三通ヲ作成ス

來栖　三郎　〔印〕

Joachim von Ribbentrop〔印〕

Ciano　〔印〕

（付記一）

條二機密第一三三號

以書翰啓上致候陳者本大臣ハ日本國政府ハ獨逸國及伊太利國政府ト均シク現在ノ歐洲戰爭ガ其ノ範圍及規模ニ於テ能フ限リ制限セラレ且急速ニ終結センコトヲ熱望スル旨竝ニ日本國政府ニ於テモ右目的ニ對シ有ラユル努力ヲ惜マザルベキ旨ヲ通報スルノ光榮ヲ有シ候

然レドモ大東亞及其ノ他ノ地方ニ於ケル現狀ニ鑑ミ日本國政府ハ日英間ニ何等武力紛爭發生ノ危險ナキコトヲ現下ノ情勢ニ於テ確信スルコト能ハザル次第ニ有之從テ日本國政府ハ獨逸國政府ニ對シ右可能性ニ付注意ヲ喚起スルト共ニ日本國政府ハ右ノ如キ場合ニ獨逸國ガ其ノ有スル一切ノ手段ニ依リ日本國ヲ援助スル爲最善ヲ盡サルルコトヲ確信スル旨陳述スルモノニ有之候

本大臣ハ茲ニ閣下ニ向テ重テ敬意ヲ表シ候　敬具

昭和十五年九月二十七日

外務大臣　松岡　洋右

在京獨逸國大使

「ゲネラル、オット」閣下

編　注　本往翰の内容は同日付在本邦オット独国大使より松岡外務大臣宛公信G一〇〇一号により了承された。

（付記二）

條二機密第一三四號

以書翰啓上致候陳者本大臣ハ閣下ガ獨逸國政府ノ爲ニ爲サ

レタル左記口頭宣言ヲ確認セラレンコトヲ希望致候
「獨逸國政府ハ南洋ニ於テ現ニ日本國ノ委任統治下ニ在ル舊獨逸國殖民地ガ引續キ日本國ノ屬地タルコトニ同意スベク之ガ爲獨逸國ハ何等カノ代償ヲ受クルモノトス南洋ニ於ケル其ノ他ノ舊殖民地ニ關シテハ右殖民地ハ現歐洲戰爭ヲ終結スル平和ノ成立ト共ニ自働的ニ獨逸國ニ復歸スベシ然ル後獨逸國政府ハ出來得ル限リ日本國ニ有利ニ右殖民地ヲ有償ニテ處分スル目的ヲ以テ友好的精神ニ基キ日本國政府ト協議スルノ用意アリ」
本大臣ハ茲ニ閣下ニ向テ重テ敬意ヲ表シ候　敬具

昭和十五年九月二十七日

外務大臣　松岡　洋右

在京獨逸國大使
「ゲネラル、オットー」閣下

編注　本往翰の内容は同日付在本邦オット独国大使より松岡外務大臣宛公信G一〇〇二号により了承された。

（付記三）

在京獨逸國大使ヨリ外務大臣宛來翰

（G、一〇〇〇號）

（絶對極祕）

以書翰啓上致候陳者本月九日東京ニ於テ開始セラレタル吾人ノ會談ノ結果幸ニシテ三國條約ノ締結ニ到達セントスルニ當リ閣下ガ會談中終始最モ寛容ニシテ且友好的ナル精神ヲ以テ主要ナル役割ヲ果サレタルコトニ對シ閣下ニ向テ深甚ナル謝意ヲ表明スルコトハ「スターマー」公使及本使ノ最モ眞摯ナル希望ニ有之候

吾人ハ此ノ機會ニ於テ閣下ト吾人トノ會談ニ於テ反覆セラレタル若干ノ主要事項ニ付再ビ本書翰ニ於テ左記ノ通陳述セント欲スルモノニ有之候

獨逸國政府ハ締約國ハ夫々大東亞及歐洲ニ於ケル新秩序建設ニ指導的地位ヲ占ムルヲ任務トスル世界歴史ニ於ケル新ナル且決定的ナル段階ニ入ラントスルモノナルコトヲ確信ス

將來長期ニ亘リ締約國ノ利害關係ガ一致スベキ事實及締約國ノ絶對的相互信頼ハ條約ノ確乎タル基礎ヲ成スモノトス

獨逸國政府ハ條約實施ニ關スル技術的細目ハ困難ナク決定セラルベク條約實施中ニ發生スベキ有ラユル事態ヲ豫想スルハ條約ノ重要性ト一致セズ且實際上不可能ナルコトヲ確信ス右事態ハ發生スル毎ニ相互信頼及互助ノ精神ニ基キテノミ處理セラルベシ

條約第四條ニ規定セラレタル専門委員會ノ決定ハ夫々關係各國政府ノ承認ヲ經ルニ非ザレバ實施セラルルコトナカルベシ

一締約國ガ條約第三條ノ意義ニ於テ攻撃セラレタリヤ否ヤハ三締約國間ノ協議ニ依リ決定セラルベキコト勿論トス

條約ノ意圖スル所ニ反シ日本國ガ未ダ歐洲戰爭又ハ支那事變ニ參加シ居ラザル一國ニ依リ攻撃セラレタル場合ニハ獨逸國ハ日本國ニ全面的支持ヲ與ヘ且有ラユル軍事的及經濟的手段ヲ以テ日本國ヲ援助スベキコト當然ナリト思考ス

日本國ト「ソヴィエト」聯邦トノ關係ニ關シテハ獨逸國ハ其ノ力ノ及ブ限リ友好的了解ヲ增進スルニ努ムベク且何時ニテモ右目的ノ爲周旋ノ勞ヲ執ルベシ

獨逸國ハ日本國ヲシテ大東亞ニ於ケル新秩序ノ建設ヲ容易ナラシムルト共ニ如何ナル危局ニ對シテモ充分備フル所アラシムル爲自國ノ工業能力竝ニ其ノ他ノ技術的及物質的資源ヲ能フ限リ日本國ノ爲ニ使用スベシ更ニ獨逸國及日本國ハ有ラユル方法ニ依リ其ノ必要トスル原料品及鑛物(油ヲ含ム)ヲ獲得スル爲相互ニ援助スベキコトヲ約ス

獨逸國外務大臣ハ前記諸事項ニ關聯シ伊太利國ノ援助及協力ガ要請セラルルトキハ伊太利國ハ勿論獨逸國及日本國ト同調スベキコトヲ絶對ニ信ズルモノナリ

本使ハ右陳述ヲ特別代表者「スターマー」公使ニ依リ親シク齎サレ且本國政府ヨリ繰返シ本使ニ傳達セラレタル獨逸國外務大臣ノ見解トシテ閣下ニ提示スルモノニ有之候

本使ハ茲ニ閣下ニ向テ重テ敬意ヲ表シ候　敬具

千九百四十年九月二十七日東京ニ於テ

オット

大日本帝國外務大臣

松岡　洋右閣下

編注 本来翰の原文（独文）は省略。

（付記四）

條ニ機密第一三五號

以書翰啓上致候陳者本大臣ハ本日附貴翰第G一〇〇〇號ヲ受領スルノ光榮ヲ有スルト共ニ右貴翰ノ内容ヲ了承スルヲ欣幸トスルモノニ有之候

本大臣ハ茲ニ閣下ニ向テ重テ敬意ヲ表シ候　敬具

昭和十五年九月二十七日

外務大臣　松岡　洋右

在京獨逸國大使

「ゲネラル、オット」閣下

147　昭和15年9月27日
日独伊三国同盟条約の締結に関する詔書

付記　昭和十五年九月二十七日

右条約の締結に関する告諭

詔書

大義ヲ八紘ニ宣揚シ坤輿ヲ一宇タラシムルハ實ニ皇祖皇宗ノ大訓ニシテ朕ガ夙夜眷々措カザル所ナリ而シテ今ヤ世局ハ其ノ騷亂底止スル所ヲ知ラズ人類ノ蒙ルベキ禍患亦將ニ測ルベカラザルモノアラントス朕ハ禍亂ノ戡定平和ノ克復ノ一日モ速ナランコトニ軫念極メテ切ナリ乃チ政府ニ命ジテ帝國ト其ノ意圖ヲ同ジクスル獨伊兩國トノ提攜協力ヲ議セシメ茲ニ三國間ニ於ケル條約ノ成立ヲ見タルハ朕ノ深ク懌ブ所ナリ

惟フニ萬邦ヲシテ各々其ノ所ヲ得シメ兆民ヲシテ悉ク其ノ堵ニ安ンゼシムルハ曠古ノ大業ニシテ前途甚ダ遼遠ナリ爾臣民益々國體ノ觀念ヲ明徴ニシ深ク謀リ遠ク慮リ協心戮力非常ノ時局ヲ克服シ以テ天壤無窮ノ皇運ヲ扶翼セヨ

御名御璽

昭和十五年九月二十七日

内閣總理大臣公爵　近衞　文麿

陸軍大臣　東條　英機

外務大臣兼拓務大臣　松岡　洋右

文部大臣　橋田　邦彦

商工大臣臨時代理
大藏大臣　河田　烈
大藏大臣　河田　烈
内務大臣兼厚生大臣　安井　英二
司法大臣　風見　章
遞信大臣兼鐵道大臣　村田　省藏
農林大臣　石黒　忠篤
海軍大臣　及川古志郎
企畫院總裁　星野　直樹

（付記）

日獨伊三國條約締結ニ關スル「告諭」

日獨伊三國條約ノ締結ニ當リ、畏クモ　大詔ヲ渙發セラレ、帝國ノ嚮フ所ヲ明ニシ、國民ノ進ムベキ道ヲ示サセ給ヘリ。聖慮宏遠洵ニ恐懼感激ニ堪ヘザルナリ。

恭シク惟フニ世界ノ平和ヲ保持シ、大東亞ノ安定ヲ確立スルハ、我ガ肇國ノ精神ニ淵源シ、正ニ不動ノ國是タリ。昨秋歐洲戰爭ノ發生ヲ見、世界ノ騷亂益々擴大シ、底止スルトコロヲ知ラズ。是ニ於テカ速ニ禍亂ヲ戡定シ、平和克復ノ方途ヲ講ズルハ、現下喫緊ノ要務タリ。適々獨伊兩國ハ帝國ト志向ヲ同ジウスルモノアリ。因リテ帝國ハ之ト相提攜シ、夫々大東亞及歐洲ノ地域ニ於テ新秩序ヲ建設シ、進ンデ世界平和ノ克復ニ協力センコトヲ期シ、今般三國間ニ條約ノ締結ヲ見ルニ至レリ。

今ヤ帝國ハ愈々決意ヲ新ニシテ、大東亞ノ新秩序建設ニ邁進スルノ秋ナリ。然レドモ帝國ノ所信ヲ貫徹スルハ前途尚遼遠ニシテ、幾多ノ障碍ニ遭遇スルコトアルベキヲ覺悟セザルベカラズ。全國民ハ謹デ　聖旨ヲ奉體シ、非常時局ノ克服ノ爲益々國體ノ觀念ヲ明徴ニシ、協心戮力、如何ナル難關ヲモ突破シ、以テ　聖慮ヲ安ンジ奉ランコトヲ期セザルベカラズ。是レ本大臣ノ全國民ニ望ム所ナリ。

昭和十五年九月二十七日

内閣總理大臣公爵　近衛　文麿

148　日独伊三国同盟成立に対する米国政府の反応について

昭和15年9月27日　在米国堀内大使より松岡外務大臣宛（電報）

ワシントン　9月27日後発
本　省　9月28日夜着

第一五六一號

一、日獨伊三國條約成立ハ二十七日早朝當地ニ傳ハリ朝野ニ一大衝動ヲ與ヘ國務省邊ハ自若タル內ニモ事態ノ重大性ヲ痛感シ居ル旨「ラヂオ」放送サレタルカ同日ノ新聞會見ニ於テ大統領ハ本同盟ヲ豫想シ居タリヤトノ質問ニ答ヘ「イエスアンドノウ」ト濁シ（特情ニ「ノウ」トノミ答ヘタリトアルハ誤リ）「ハル」長官ハ本同盟ノ發表ハ過去數ケ年間日獨伊三國間ニ事實上存在セル關係ヲ世間ニ明カニシタルニ過キストテ本件ヲ「ミニマイズ」スルニ努メタリ

二、議會方面ニ於テハ「ウオーズウオース」（下院共和）「ビンソン」（下院海軍委員長）等ハ國務省筋同樣本件ヲ「ミニマイズ」シ居ルモ「オースチン」（上院共和黨副總務）ハ本同盟ハ吾人カ世界ノ自由主義政體ヲ存續スルニ必要ナル鬪爭ニ重大ナル役割ヲ有スルコトヲ示セリトシ「コマリー」（上院外交委員民主）ハ本同盟ハ世界ノ平和ト安全ヲ脅威ストシ居リ「ナイエ」（同共和孤立派）ハ米ノ極東政策ハ遂ニ日本ヲ驅ツテ獨伊ト握手セシメタリト云ヒ「クラーク」（上院孤立派）ハ右ハ米ノ戰爭不參加政策ニ何等ノ變更ヲ來サシムルモノニ非スト述ヘタル旨放送サレタリ

三、大統領ハ本日午前「スチムソン」陸軍「ノックス」海軍「ハル」國務長官ト各別ニ協議セルカ午後右ノ外「マーシヤル」參謀總長「スターク」軍令部長「ヌードセン」國防諮問委員會幹部ヲ交ヘ重大協議ヲ行フ趣傳ヘラレタリ尚「ロシアン」英大使モ大統領ニ面謁對英援助ノ增加及促進ニ付協議シタル旨報道セラレ居レリ

壽府ヘ轉電セリ

壽府ヨリ英、獨、伊ヘ轉電アリタシ

149

昭和15年9月(28)日　在米国堀内大使より松岡外務大臣宛（電報）

日独伊三国同盟成立に関するハル米国国務長官声明

ワシントン　発
本　省　9月28日前着

特情華府第五二號

「ハル」國務長官ハ二十七日日獨伊三國新條約成立ニ關スル「ステートメント」ヲ發表、新條約ハ結局既成事實ノ成文化ニ過キス而モ米國ノ政策ノ中ニハ既ニ對策カ綴リ込マレテ居ルト次ノ如ク言明シタ

日獨伊三國同盟條約ハ米國政府ノ見解ニヨレハ既ニ茲數年來ノ國際關係ヲ實質的ニ變ヘルモノテハナイ、新協定成立ノ宣言ハ久シイ以來カラ現存シ實效ヲ擧ケテ居タ日獨伊三國關係ヲ中外ニ闡明シタニ過キス米國政府ハ屢々コノ問題ニ關シ繰返シ注意ヲ喚起シテ來タノテアル而シテ斯ル協定ノ締結交渉カ進メラレツツアツタコトハ既ニヨク判ツテ居タシコノ事實ハ米國政府ノ政策決定ニ當ツテ充分考慮ノ中ニ取リ入レラレテ居タノテアル

尚「ハル」長官ハコレ以上具體的見解表明ヲ拒否シタカ二十七日午前ノ「ロシアン」英大使ト會談ニ關シテハ過般英國カラ租借シタ大西洋ノ空海軍基地ノ位置ニ關スルモノテ日獨伊協定ニ關スル話ハ出ナカツタト言明シタ

150　昭和15年9月28日　在独国来栖大使より松岡外務大臣宛(電報)

日独伊三国同盟条約調印式の状況報告

別　電　昭和十五年九月二十七日発在独国来栖大使より松岡外務大臣宛第一二六一号

右調印式における来栖大使挨拶文

ベルリン　9月28日前発
本　省　9月28日夜着

第一二六〇號(大至急)

二十七日日獨伊三國條約調印式ハ伊代表「チアノ」[(1)]外相一行ノ伯林飛來遅レタル爲定刻ヨリ約一時間遅レ午後一時(伯林時間)ヨリ總統官邸廣間ニ於テ獨軍部「ナチ」黨要人日伊大使館員內外新聞記者數百名列席ノ下ニ開催セラル總員着席後先ツ「リッペントロップ」外相ハ世界史ニ劃期的ナル條約調印ノ爲茲ニ參集ヲ求メタル旨ノ開會ノ辭ヲ述ヘタル後獨側ノ希望ニ基キ豫メ打合セ置キタル所ニ依リ日獨伊各國語ニテ條約「テキスト」ヲ朗讀セリ日本語「テキスト」ハ加瀨之ヲ朗讀セリ右ノ後直ニ「テキスト」ニ署名(各全權ノ署名ノミニテ肩書ナシ)ヲ開始シ本使ハ日本語ニ

テ署名シ一時十五分署名調印ヲ了セリ次テ「ヒットラー」總統臨場シ「リ」ニ代リ中央ニ着席其ノ右ニ「チ」及本使左ニ「リ」着席ス「リ」ハ立チテ一場ノ挨拶ヲ試ミ「チ」ニ代ル（獨伊ノ挨拶内容ハ獨外務省ヨリ駐日大使館ヲ通シ貴方へ傳達濟ノ筈）「チ」ニ續イテ本使別電第一二六一號ノ通日本語ノ挨拶ヲナシ調印式ヲ終了セリ

「ヒ」[2]總統ハ深キ感銘ヲ受ケタル面持ニテ本使及「チ」ト固キ握手ヲ交シ本使「チ」ト共ニ（「リ」外相同伴）別室ニ退キ本使ト會談中東亞ニ於ケル日本ノ嚴然タル指導的地位ハ獨伊ノ歐羅巴ニ於ケル地位ト同様ニテ之ヲ否認セントスルハ事實ニ忠實ナル所以ニアラス又自分ノ日本ニ對スル尊敬ハ幼時日露戰争ノ成果ヲ經驗シテ以來聊モ變ラサル旨ヲ述ヘタルカ本調印式ヲ通シ「ヒ」總統及「リ」外相ハ待望久シキ本條約ノ成立ニ滿面喜ヒニ溢レ居タルヲ認メタリ

尚式場ニ於テハ式ノ進捗狀況ヲ終始「ラヂオ」ニテ放送シ活動寫眞ハ代表ノ署名振迄仔細ニ撮影シ又總統官邸ノ外「ウイルヘルム」街及「ウンターデンリンデン」街ハ日獨伊三國旗ヲ打振ル民衆及堵列セル兵士ニテ埋メラレ本使等ノ通過ニ際シ熱烈ナル歡迎振ヲ示シタリ

（別電）

ベルリン　9月27日後発
本省　9月29日前着

第一二六一號

本日茲ニ友邦獨逸國及伊太利國トノ間ニ世界歴史上誠ニ意義深キ三國條約ノ調印ヲ見マシタルコトハ本使ノ衷心ヨリ欣快ニ堪ヘヌ所テアリマス吾等三國ハ其ノ傳統ニ於テモ將又國民性ニ於テモ幾多相似共通ノ點ヲ有スルト共ニ現ニ夫々大東亞及歐羅巴ニ於テ新秩序建設ノ爲ニ奮闘シテ居リマスル關係上既ニ相互ノ間ニ深キ理解ト同情トヲ有シ强靭ナル友情ノ絆ニ依テ結ハレテ居リマシタカ今回此ノ友情カ結晶シテ三國條約ノ成立トナリ目標ヲ同シウスル三國カ其ノ力ヲ併セ理想ニ邁進スルノ決意ヲ一層堅ムルニ至リマシタコトハ誠ニ劃期的一大事實テアリマシテ私ハ茲ニ日本帝國政府ヲ代表シ三國提携ノ將來ノ洋々タルモノアルヲ祝セントスルモノテアリマス此ノ條約ノ結局ノ目的トスル所ハ正義ヲ根幹トシタル不變且恆久ナル世界平和ノ確立ニアルノテアリマシテ素ヨリ我等三國ハ我等ト主張ヲ同フシ同様

ノ努力ヲ爲サントスル諸國ニ對シ協力ヲ惜マサルノミナラス日獨伊三國ト「ソヴイエト」聯邦トノ間ニ存スル現在ノ政治的地位ニ何等ノ影響ヲ及ホスモノテモアリマセン由來日本武士道ノ精神ハ劍ニ依ツテ象徴サレテ居リマスカ克ク劍ヲ用フル者ノ極意ハ劍ニ依テ濫リニ人ヲ殺サス却テ之ニ依テ人ヲ救フニアリマス私ハ本條約カ日獨伊三國ニ於ケル正義ノ闘士ノ手中ニ克ク活人ノ劍トナツテ世界平和ノ再建ニ寄與センコトヲ翹望シテ止マサルモノテアリマス

151　昭和15年9月28日　在米国堀内大使より松岡外務大臣宛（電報）

日独伊三国同盟成立に対する米側反応を踏まえたわが方外交方針の確立方具申

ワシントン　9月28日後発
本　　省　9月29日夜着

第一五六七號（極祕、至急）

一、[1]今次日獨伊三國條約ノ締結ハ米政府當局ニ於テ豫テ危惧シ之カ對策ヲ考慮シ居リタルコトトハ言ヘ其ノ成立ノ意外ニ早カリシコト及米國ヲモ明瞭ニ對象トシ居ルコト等ハ朝野ニ衝動ヲ與ヘ殊ニ一般民衆ニハ日本カ判然敵方ニ廻リタルコトノ重大性ヲ今更乍ラ痛感セシメ居ル處政府トシテハ差向キ今次條約ノ效果ヲ出來ル限リ「ミニマイズ」スルト共ニ共和黨又ハ孤立派ノ政府攻撃ニ備フル爲今次條約ハ過去數年間事實上存在セル關係ノ條約化ニ過キス右條約ノ成立ハ寧ロ政府ノ從來執リ來レル政策ノ誤ラサリシコトヲ實證スルモノナリトノ趣旨ニテ表面努メテ冷靜ヲ裝ヒ輿論ノ反響ヲ見詰メツツ今後ノ對策ヲ考究シ居ルモノト觀測セラル

二、今次條約ニ對スル米國輿論ノ反響ハ別電第一五六八號（見当ラズ）ニテ觀取セラルル通リ概シテ冷靜ナル態度ヲ持セント努メ居ルカ如ク其ノ主張ハ米ノ國防計畫擴充ヲ促進スルト同時ニ米ノ防衛第一線タル英ノ抗戰力強化ノ爲今後對英援助ヲ倍加促進スヘシト言フニ殆ト一致シ居ル處政府ニ於テモ米ノ軍備ノ現状及大統領選擧ヲ目前ニ控ヘ種々内政上機微ナル事情アルカ如キ此ノ際直ニ日獨伊三國ニ對シ眞正面ヨリ立向フカ如キ政策ニ出ツルコトハ萬ナカルヘク

英[2]米對日獨伊ノ抗爭ハ將來數年乃至數十年ニ亘ル長期戰

ニシテ今日一時的ニ不利ナル地位ニ立ツトモ究極ニ於テ勝利ヲ占ムルニ於テハ現在失フ所モ之ヲ必ス取返シ得ヘシトノ大局的目標ノ上ニ實際的政策ヲ樹立實施シ居ルモノト判斷セラレ此ノ見地ヨリ英カ目下ノ苦境ヲ切リ拔ケ得ル様所謂 sort of war ノ最大限度迄ノ援助ヲ促進スルト共ニ國内ニ於テハ國防總動員及産業ノ整備擴充ニ全力ヲ盡シ兩洋艦隊ノ完成及大陸軍ノ建設ニ精魂ヲ傾注スルモノト見テ誤ナカルヘシ

三、右カ米ノ根本外交ニ如何ニ現ハレ來ルヤハ俄ニ豫斷シ難キモ米カ我方ニ對シ今直ニ正面衝突ヲモ辭セサルカ如キ斷乎タル手段ニ出テ來ルコトハ先ツナキモノト認メ差支ナク米ハ一方ニ於テ從來執リ來レル行政的手段ニ依リ對日壓迫措置ヲ强化シ漸次重要軍需資材ノ對日禁輸（往電第一五六五號御參照）ノ擧ニ出テ來タルト共ニ條約第三條ノ適用ヲ避ケツツ（同條ニ言フ攻撃トハ如何ナル限度ノ行爲ヲ意味スルヤハ米ノ最モ知ラントスル點ニシテ對英援助ニ當リテハ勿論對支援助ニ當リテモ今後此ノ點ニ極メテ細心ノ注意ヲ拂フモノト存セラル）最大限ノ對支援助（英ノ緬甸「ルート」再開ヲ含ム此ノ點既ニ英ニ於テ同意濟トノ報モアリ）ヲ續行シ更ニ[3]現在大體ノ諒解ニ達シ居ルモノト見ラレ居ル太平洋ニ於ケル英屬領海空軍基地ノ利用ヲ策シ遠巻ナカラ對日壓迫圈ヲ礎キ上ケントスルノ方策ニ出テ來ルモノト考ヘラル

四、上述ノ通リ大體ノ考ヘ方トシテハ米ハ假令一時ノ不利ハ忍フトスルモ將來之ヲ取返シ得ルコトヲ目處トシ相當遠大ナル政策ヲ樹テ英米ノ提携ヲ緊密ニシ自國國防力ノ充實ニ邁進スヘキヲ以テ差向キ我方ノ大陸政策ニ對スル直接ノ妨害ハ案外輕微ナルヘシト判斷セラルルヲ以テ我方トシテモ右ニ對應スル透徹セル國策ヲ建テ一日モ速ニ支那事變ノ處理ヲ促進セラルルト共ニ對蘇國交ノ急速調整ヲ圖リ更ニ佛印及蘭印ニ對シ實質的進出ヲ遂ケ今後如何ナル事態トナルトモ拔カントシテ拔ク能ハサルカ如キ不動ノ地歩ヲ確立シ置カルルコト肝要ト存ス既ニ御考究濟ミノコトトハ存スルモ爲念申進ス

壽府ヘ轉電セリ

壽府ヨリ獨（英欠カ）、伊ヘ轉電アリタシ

英ヨリ蘇ヘ轉電アリタシ

紐育へ轉報セリ

152 昭和15年9月29日　在ニューヨーク井口（貞夫）総領事代理より松岡外務大臣宛（電報）

日独伊三国同盟成立に関する米国紙報道振り報告

ニューヨーク　9月29日前発
本　省　9月29日夜着

第六二四號

一、[1]日獨伊軍事同盟締結ノ趣ハ最近寧ロ西班牙ノ樞軸參加カ喧傳セラレ日本ノ參加ハ數日前上海電報ニ依リ傳ヘラレタルモ之ヲ以テ日本ノ對米牽制ノ「トライアル、バルーン」ナリト輕視シ居リタル際トテ斯ル同盟ノ成立ハ過去數年來豫測セラレタルコトナルヲ以テ別段驚愕ノ要ナク却テ對英援助ヲ强化シ從來ノ政策ニ變更ヲ見ルコトナシトノ華府官邊側説明ニモ拘ラス一般ハ多大ノ衝動ヲ受ケ居ルモノノ如ク諸新聞モ亦伊太利參戰當時ニ比シ更ニ「センセイショナル」ナ取扱ヲナシ本軍事同盟成立ニ依リ米國國防ノ安全ハ强大ナル脅威ノ下ニ晒サレ日米間ノ衝突不可避ナルカ如キ印象ヲ與ヘ居レリ

二、本同盟ノ本質ニ關シ或ハ右ハ對蘇牽制ノ目的ヲモ兼ヌルモノナリトシ蘇側ノ動搖ヲ傳ヘ居ル倫敦發電報ヲ掲ケ反宣傳ヲナシ居ルモノアルモ大部分ハ今次大戰カ結局長期戰トナルヘシトノ獨伊側想定ニ基キ日本ヲ利用シ米國ノ對英援助ノ限界ヲ制限セントシ又ハ樞軸側勝利ヲ見越セル日本カ米國ノ對極東政策ヲ制扼シ以テ其ノ南進政策ヲ實現セントスルヲ目途スルモノナリトシ

[2]本同盟ノ對米敵性ヲ何レモ是認シ一見締約國ノ受クル利益ハ獨伊側ニ偏頗ナルヲ以テ日本ハ獨逸ノ斡旋ニ依リ對蘇政治的諒解ノ成立ヲ保障セラレ居ルヘシト觀測シ居レリ

三、米國ノ三國同盟對策ニ關シ華府來電ハ

(イ)太平洋ニ於ケル英海軍基地ノ即時利用
(ロ)「ビルマ」公路經由大規模ノ對支軍事援助
(ハ)超弩級爆撃機其ノ他ノ對英讓渡等ノ手段ニ依リ對英支援助ノ決定的强化ヲ企ツルト共ニ對蘇政治的接近ヲ促進スヘシ

ト傳ヘ居ル處各紙社説ハ何レモ之ニ呼應シ米國トシテ從

來可能的範圍ニ於テ對日協力的態度ヲ持シ來レルニモ拘ラス(「タイムス」)獨伊ト提携スルニ至リ今ヤ世界ニ於ケル侵略國群ト平和的國家間ニ「シヨウダウン」ノ時來レルニ及ヒ米國ハ斯ル脅威ニ委縮且退却スルコトナク既定ノ方針ノ下ニ前進シ(「サイエンス、モニター」)對支援助ニ依リ日本ヲ對支戰爭ニ於テ消耗セシムルト共ニ[(3)]一切ノ問題ノ決定點タル英國勝利ノ爲對英援助ヲ强化スヘシ(各紙)ト强カリヲ竝ヘ猶太系「ポスト」ノ如キ對日通商關係斷絕ヲ主張シ居レリ

四、日本ノ獨伊樞軸參加ノ責任ニ關シ前掲「タイムス」カ協力的態度ヲ拒絕セルハ日本ナリト一應辯明シ他ニ言?シ居ルモノナキ處二十八日紐育「サン」所載論評ニ於テ「デイビッド、ローレンス」(著名ナル評論家ニシテ目下「ウイルキー」ヲ支持ス)ハ米國ノ積極的政策ハ日本國內ニ於ケル自由主義派ノ退却ヲ餘儀ナクセシメ遂ニ獨伊樞軸ニ驅リタル結果米國ハ獨リ日本ヲ降服セシメルコトモ出來ス又對英援助モ徹底化シ得サルノ矛盾ニ陷リタルハ全ク「ロ」政權ノ祕密的獨裁的外交ノ責任ナリト批判シ居レリ

獨、伊へ轉電セリ

米へ暗送セリ

~~~~~~~~~~~~~~~~~~~~~~~~~~~~~~

153 昭和15年9月30日 在ソ連邦東郷大使より松岡外務大臣宛(電報)

日独伊三国同盟成立に関するプラウダ紙社説報告

モスクワ 9月30日後発
本　省 10月1日前着

第一三二五號

三十日初メテ「プラウダ」ハ左記ノ社說ヲ揭載セリ

日獨伊協定ハ日獨伊對英米間ニ既ニ存在セル關係ヲ形式化セルモノニシテ本件ニ關シ蘇聯政府ハ公表前獨逸政府ヨリ通報ニ接シ居タルニ依リ何等突然ノ出來事ニアラス本協定ハ戰爭カ一層廣汎ナル新段階ニ入リタルヲ示ス之迄戰爭ハ西方ニ於テハ歐洲及北阿弗利加、東方ニ於テハ支那ニ局限セラレ兩者間ニ何等關聯ナカリシカ今ヤ此ノ狀態ハ終リ日本ハ歐洲不介入政策ヲ、獨伊ハ極東不介入政策ヲ放棄セリ右ハ曩ニ「モロトフ」ノ演說セル戰爭ノ激化及擴大ヲ實證セルモノナルカ英米ノ軍事協力及擴大ニ關スル最近ノ諸事
~~~~~~~~~~~~~~~~~~~~~~~~~~~~~~

實力本協定ノ出現ヲ促進セルハ疑ノ餘地ナシ

本協定ノ特異性ノ一ハ各締約國ノ勢力圏ヲ認メ他ノ國家特ニ英米側ヨリスル右勢力圏ノ侵害ニ對シ相互援助義務ヲ認メタルコトナリ右ニ依リ日本ハ大東亞圏ヲ、獨伊ハ歐洲ヲ得タルカ締約國カ斯ル勢力圏ノ分割ヲ實現シ得ルヤ否ヤハ一ニ交戰國ノ實力、戰爭推移ノ如何ニ懸ルヘシ

第二ノ特異性ハ蘇聯ニ關スル留保ナルカ右ハ締約國ニ於テ蘇聯ノ中立ヲ尊重セルコト竝獨蘇間及伊蘇間ニ存スル不侵略協定ノ效力及意義ヲ確認セルモノト解スヘキナリ

蘇聯ノ平和中立政策ハ今後モ不動不變ナルヘシ

獨伊英米ヘ轉電セリ

154　昭和15年9月30日

在独国来栖大使より
松岡外務大臣宛（電報）

日独伊三国同盟成立に際するドイツの対ソ措置振りにつきリッベントロップ内話について

ベルリン　9月30日後発
本　省　10月1日夜着

第一二七一號（極祕、館長符號扱）

條約調印前日ノ二十六日「リ」外相ト會談ノ際「リ」ハ三九年ニ莫斯科訪問ノ折「スターリン」ハ蘇聯邦ハ他國ノ爲火中ノ栗ヲ拾ハスト言ヒタルカ其ノ後少シモ變リ居ラス本件條約カ出來テモ蘇聯邦ハ益々「ニユトラル」ノ態度ヲ執リ行クヘシト述ヘ調印當日ノ二十七日「リ」主催晩餐ノ席上蘇聯邦ヘノ手配振ヲ質シタルニ「リ」ハ本件ニ關シテハ簡單ニ二十六日莫斯科ニ於テ「モロトフ」ニ内報シタル處「モ」ハ右「インフオアメーシヨン」ヲ多トシ居タリ獨側トシテハ一、二週間内ニ更ニ詳細蘇側ニ對シ説明シタキ所存ナリト述ヘ本使ヨリ「シユーレンベルグ」大使歸伯中ノ由ノ處同大使歸任ノ上説明ノコトトナル次第ナリヤト問ヘルニ或ハ左樣ニ成ルヤモ知レスト言ヒ居タリ次テ本使ヨリ米ノ反響ニ付何等承知セラルルヤト問ヘルニ「リ」ハ未タ入電無シ貴使ハ米國ノ事情ニ通シ居ラルル處如何ニ考フルヤト反問セルニ付米ハ衝動ヲ受クルニ相違ナキモ少シ時カ經テハ落着キ冷靜ニ考フル樣ニ成ラント述ヘタルニ「リ」ハ自分モ同樣ニ考ヘ居リ本條約ニ反對シテ騷ク米人ノ如何ナル種類ノ連中（暗ニ猶太人及親英分子ヲ指セリ）ナルカハ解リ居レリト述ヘ居タルモ兎ニ角米ノ反響ニ注意ヲ拂ヒ居

ルコトハ事實ナリ尚獨側ニ於テ結局米、蘇ニ對スル反響ヲ如何ニ見ルヤハ注意中ニテ追電ス
伊、蘇、米へ轉電セリ

155 昭和15年10月1日 在ハンガリー井上（益太郎）臨時代理公使より松岡外務大臣宛（電報）

日独伊三国同盟のハンガリーへの影響につき同国外相と会談について

ブダペスト 10月1日後発
本省 10月2日前着

第一七一號（極祕、館長符號扱）

往電第一七〇號ニ關シ

三十日外相ヲ往訪日獨伊同盟カ洪牙利ニ直接影響スル所アリヤ否ヤヲ質シタル所外相ハ總テ打明ケテ申上ケタシトテ實ハ二十八日「リッペン」ノ演説ノ正式「テキスト」ヲ入手スルヤ自分ハ直ニ在獨洪牙利公使ヲシテ獨外務次官ニ對シ此ノ際(イ)洪牙利トシテ右同盟ニ加入スルノ適否竝(ロ)若シ右加入ヲ適當トスルニ於テハ其ノ樣式ノ二點ヲ承知シ度キ旨申入レシメタル處外務次官ハ外相へ報告ノ上何分ノ回答ヲスヘキ旨答ヘタリ蓋シ斯ル措置ヲ執ラシメタル理由ハ洪牙利トシテハ一方ニ於テ無理ニ割込運動ヲ爲ス意嚮ナキト共ニ他方決シテ負擔ヲ囘避スル意嚮ナク卽チ獨側ニテ希望スルニ於テハ何時ニテモ之ニ應スルノ用意アルコトヲ知ラシメンカ爲ナリ同樣ノ申出ハ曾テ日獨伊防共協定成立ノ際ニモ爲シ其ノ結果一年後之ニ加入スルコトトナリ日獨伊軍事同盟成立ノ際モ同樣ノ申入レヲ爲シタル處後者ニ對シテ暫ク待ツ樣トノ獨側ノ囘答ニテ今日迄實現スルニ至ラサル次第ナリト說明シ次テ前記獨側へ申出テノ次第ハ日本政府へ取次カレタシト述ヘタリ就テハ右ニ御承知相成度シ尚外相ハ本件ハ現ニ日本政府限リノ極祕トセラレタキ旨述ヘ居タルニ付御含置請フ

156 昭和15年10月2日 在米国堀内大使より松岡外務大臣宛（電報）

日独伊三国同盟成立に対する米国内の反響報告

ワシントン 10月2日前発
本省 10月2日夜着

第一五八二號

往電第一五六七?號ニ關シ

今日迄新聞論調及「ラヂオ」評論等ニ現レタル日獨伊同盟ノ反響ヲ觀ルニ中ニハ感情論ニ走ルモノアルモ概ネ冷静ナル態度ヲ示シ多數説ハ英米結束ノ强化、對英援助ノ促進ヲ强調シ居ルモ對日態度ニ關シテハ意見別レ米現政府ノ對日强硬政策ヲ非難シ日米國交調整ヲ說ク者アルモ(往電第一五八〇號「ハワード」ノ意見「デヴィッド、ローレンス」ノ意見等)他方日本ニ對スル積極的對抗策ヲ主張スル者鮮カラス殊ニ二十九日紐育「ヘラルド、トリビユーン」ハ大西洋ハ當分安全ナルニ付先ツ日本ニ對處スヘシト論シ(往電第一五七二號)之ニ引續キ往電第一五七九?號「エリオット」少佐「ハーバード」大學內國防委員會聯盟祕書「スターリング」少將ノ卽時對日强硬措置採用等次第ニ現レツツアリ尤モ是等論者モ英屈服セハ萬事窮スヘキコトハ認メ當分英ノ持堪フルコトヲ論議ノ前提ト爲シ居リ或ハ英ノ抵抗持續中ニ日本ヲ片付クヘシト爲シ居レリ要スルニ米輿論カ歐洲情勢ヲ極東問題以上ニ重要視シ居ルコト英獨戰ノ歸趨見透シ難ク從テ今ノ所ハ艦隊ノ大部分ヲ太平洋ニ置クモ或ハ大西洋ニ廻航スル必要ヲ生スルヤモ知レストテ太平洋ヨリモ寧ロ大西洋ニ關心大ナルコト、新嘉坡ヲ目指ス軍事的地位强化ヲ論スルモ日米間ノ衝突ハ囘避ヲ希望シ居ルコト對英援助及對支援助ハ特ニ戰爭ニ至ラサル方法ニ依ルヘシト爲シ居ルコト等ハ大體一致シ居ル所ト觀テ差支ナカルヘシ

壽府ヘ轉電シ紐育ヘ暗送セリ

壽府ヨリ英、獨、伊ヘ轉電アリタシ

蘇ヘ轉電アリタシ

157　昭和15年10月3日　在米国堀内大使より松岡外務大臣宛(電報)

日独伊三国同盟成立後における米国の参戦可能性等に関する森島参事官と在米国独国代理大使との会談報告

ワシントン　10月3日後発
本　　省　10月4日後着

第一五九〇號(極祕)

三日森島獨代理大使ト會談ノ際

㈠同代理大使ハ三國條約ニ對スル米ノ對日反動ニ付尋ネタルニ付森島ヨリ同條約ハ米ニ對スル警告ト言フヘク對歐對極東兩方面ニ對シ米參戰ノ可能性ヲ阻止セルモノト言フヘシ米トシテハ日本ニ對シ道義的禁輸、條約廢棄、輸出許可制等採リ得ヘキ手段ハ既ニ之ヲ採リ居ル次第ナレハ此ノ上日本ヲ挑發スルカ如キ政策ハ採リ得サルヘク精々禁輸ノ範圍擴張、輸出許可制ノ强化等ニ止マルヘシト思考ス他方英米ノ協力緊密ヲ加フルハ當然ノ結果ナルヲ以テ太平洋方面ニ於ケル英米ノ動向ニハ充分注意スル旨答ヘ對獨關係ニ於ケル反動ニ付尋ネタルニ同代理大使ハ米ノ參戰ヲ防止スルノ效果アリトノ點ハ全然同感ナリ米カ參戰スルトセハ太平大西兩面ニ於テ事ヲ構スルコトナリ其ノ結果ハ却テ對英援助ヲ强化セントスル現在ノ方針ニ背致スルコトトナルヲ以テ參戰スルコトナキモノト思考スト答ヘタルモ尙米ノ態度ニ懸念ヲ抱ケルモノノ如ク上海始メ極東方面ニハ多數米人居住シ居ル處日本側ニテ是等米人ニ對シ挑發的ノ措置ニ出テ米ヲシテ已ムヲ得ス戰爭ニ引込ムカ如キ惧ナキヤト尋ネタリ右ニ對シ森島ヨリ日本政府トシテハ出先ニ對シ强ヒテ米人ヲ刺戟スルカ如キコトナキ様嚴重訓令シ居ルヲ以テ右ノ如キ懸念ナシト信ス又三國條約ハ防禦ニ外ナラサルヲ以テ米ニシテ其ノ對日態度ヲ改變シ來タルニ於テハ日本トシテモ國交調整ヲ考慮スルニ吝カナラサルヘシト述ヘタル處同代理大使ハ右日本ノ態度ハ甚タ賢明ト言フヘク獨トシテモ戰爭發生以來細心ノ注意ヲ以テ米ヲ激發スルカ如キコトナキ様措置シ來タリ居ル旨答ヘタリ

㈡次テ森島ヨリ獨ノ對英上陸作戰ニ言及シ最近新聞報道ニ依レハ上陸作戰ハ遷延シ戰局ハ埃及方面ニ移ルヤニ思考セラルル處如何ト尋ネタルニ代理大使ハ上陸作戰ハ制空權ヲ確得セサル限リ不可能ト認メラルル處最近英空軍ノ抵抗相當有力ナル上上陸作戰ノ事實上難事タルハ諾威「ダカール」ニ於ケル英軍ノ失敗ニ依リテモ明カナル所ニシテ私見ナルカ獨トシテハ上陸作戰ヲ唯一ノ方法ト認メ居ラス右以外ニモ英帝國ヲ崩壞ニ導キ得ヘキ手段アルヘク又元來「ヒットラー」ハ英本國ノ全面的壞滅ヲ期シ居ラス英ノ對歐覇權サヘ覆ヘルニ於テハ英ヲ歐洲ニ存續セシムルヲ以テ得策ト思考シ居ルハ累次ノ總統ノ言說ニ依リ御承知ノ通リニシテ自分一個トシテハ英ノ內閣更迭

ニ依リ對英和平ヲ實現スルヲ以テ獨ノ爲採ルヘキ措置ト考ヘ居ル旨答ヘタリ御參考迄
壽府ヘ轉電セリ
壽府ヨリ英、獨、伊ヘ轉電アリタシ

158　昭和15年10月3日　在米国堀内大使より松岡外務大臣宛（電報）

日独伊三国同盟の目的等に関する米国世論の啓発状況について

ワシントン　10月3日後発
本　　省　10月4日前着

第一五九一號（極祕）

[1]日獨伊同盟ノ米國ニ於ケル反響ハ屢次電報ノ通リナル處貴電合第?二七一三號御明示ノ如ク本條約ノ目的カ歐洲及大東亞ノ新秩序ノ確立ニ存シ日米關係ニ於テハ日本トシ國交調整ノ希望ヲ抛棄スルコトナク今後モ右調整ニ務ムルモノナルコトヲ米國朝野ニ徹底セシムルコトハ輿論ヲ善導シテ米側ノ對日壓迫策ヲ牽制シ延イテ日米ノ衝突ヲ避ケ我方ノ國防資材補給ノ道ヲ確保スル所以ナルヲ以テ本使ハ數日來當國言論界ノ有力者ト接觸シ前記趣旨ノ啓發ニ務メ居ル處幸ヒ事態ノ重大性ヲ認識シテ日米國交ノ調整ヲ眞面目ニ希望シ輿論指導ニ協力セントスル者鮮カラス

一、[2]Daond Lawrence（其ノ時評ハ多數新聞ニ掲載セラル）ハ從來數回日米親善論ヲ發表シ先般本使ト會談ノ際モ其ノ持論タル民間ノ日米問題研究委員會設置ノ腹案ヲ述ヘ恰モ同盟成立ノ當日其ノ趣旨ノ論文華府「イブニングスター」紙上ニ掲載セラレタルカ同盟發表ノ報ヲ聞キテ直ニ本使ヲ來訪シ本同盟ノ成立ニ依リ米國大衆ハ始メテ極東問題カ彼等ノ安危ニ懸ル重大問題ナルヲ自覺スルニ至リ今ヤ米國ノ參戰ト「ルーズベルト」ノ當選トハ共ニ確實トナリ此ノ儘ニテ推移セハ日米戰爭ハ避ケ難シトテ極メテ悲觀的感想ヲ洩シタルニ付本使ハ日米國交調整ノ絶望ニ非サル所以ヲ説キ昨年來米國側對日政策ノ誤レル諸點ヲ指摘シ置キタル處「ロ」ハ翌日ノ紙上ニ再ヒ評論ヲ掲ケ米國民ハ支那及蘭印ノ爲戰フノ用意アリヤト冒頭シ米政府ノ暫定拒否對日禁輸對支借款等ノ强硬政策ヲ批難シ政府及大統領ノ反省ヲ促セリ

二、[3]三十日「ロイハワード」ハ米側ノ極東問題委員設置論

（往電第一五八〇號）ヲ「ハワード」系各紙ニ發表スルニ當リ特ニ外交主筆「シムス」ヲシテ本使ヲ來訪セシメ「ハ」ハ二十八日「クリーブランド」ニ於ケル「ウエルス」次官ノ演說（紐育同盟電御參照）中日米交涉ノ餘地アル旨言明シタルコトヲ重視シ此ノ際日米双方ノ輿論ヲ鎭靜セシムル爲直ニ右委員任命方提唱スルモノナルコトヲ傳ヘ本使ノ所見ヲ求メタルニ付米側カ自發的ニ斯ル措置ヲ採ルコトハ有益ナルヘキヲ答フルト共ニ米側ノ對日强硬政策カ漸次事態ヲ惡化セシメタルコトヲ述ヘ置キタルカ「シムス」ハ翌一日ノ「ハワード」系新聞ニ本使トノ右會談ヲ發表スルト同時ニ「日本ト戰ハサルヘカラサルカ」ト題スル社說ヲ掲ケ日米國交調整ノ必要ヲ唱導セリ
紐育[4]「デイリーニユース」ハ本年七月以降對日妥協論ヲ毎週一回掲載シ居レルカ「ワーソン」?社長ハ三國同盟發表後記者ヲ派シ右方針ヲ續行スル旨ヲ告ケ特ニ本使ノ會見談ヲ求メタルニ付過日ノ貴大臣放送ノ趣旨ヲ述ヘ米カ歐洲戰爭ニ參加セサル限リ日米ノ衝突ヲ避ケ國交ヲ調整シ得ル餘地アリ此ノ重大時局ニ當リ遠大ナル政治的卓見ヲ必要トスルノ趣旨ヲ述ヘ置キタルカ右ハ二日同紙及華府「タイムス」、「ヘラルド」ニ掲載セラレタリ尙「パ」ハ「ウイルキー」ニ對日平和論ヲ唱ヘシムル様工作中ナル旨內報シ來レリ
四、?今回ノ同盟成立ニ關聯シ「ハワード」及「ハースト」系ノ新聞カ共ニ日米衝突ノ理由ナキヲ論シ輿論及國民ノ反省ヲ促シ居ルコトハ好都合ナルニ付今後モ充分聯絡ヲ保ツ積リナルカ（一語不明）有力者ノ動向ヲ示セリ以上ノ經緯不取敢

159　昭和15年10月3日　在ソ連邦東郷大使より松岡外務大臣宛（電報）

日独伊三国同盟に対するモロトフ外務人民委員の反応について

モスクワ　10月3日後発
本　　省　10月4日夜着

第一三三九號（極祕）

客月二十八日?在當地獨代理大使來訪三國同盟ニ關スル當地外交團一般ノ感想等ヲ尋ネタル後二十六日同人ヨリ「モロトフ」ニ對シ同盟成立ノ旨ヲ通報スルト共ニ右ハ戰爭煽動

者タル民主主義國ノ行動ニ依リ餘儀ナクセラレタルモノナル旨竝ニ防禦同盟ニ過キサルコトヲ説明セル處「モ」ハ獨カ蘇聯ト隣國關係ニアル日本トノ間ニ斯ル關係ヲ設定シタルコトニ付テハ蘇聯ハ鮮カラサル關心ヲ有スル次第ナルカ兎ニ角條文ニ付篤ト研究シタキ旨述ヘタル趣内話セリ然ル處一日往電第一三三四號會談ノ後三國同盟問題ニ觸レ「モロトフ」ハ外務省「スポークスマン」（カ）發表セラレサルモノニハ重要ナルモノナシト述ヘタル趣ナルカ右ハ未發表ノモノアルヲ意味スル次第ナリヤト問ヘルニ依リ本使ハ自分ノ受ケタル公報ニ依レハ祕密條項ナシトノコトナルニ依リ右ハ何等カノ間違ヒナルヘキ旨述フルト共ニ本使トシテハ右同盟條約カ防禦的ナルコト竝ニ蘇聯カ既ニ獨逸及伊太利トノ間ニ其ノ反對國家群ニ加入セサルコトヲ約シ居ルコトニ顧ミ本條約ハ蘇聯ノ外交政策ニ背馳スルコトナカルヘク又日蘇間國交調整ニモ障碍ヲ及ホスコトナカルヘキヲ信スル旨述ヘタル處「モ」ハ蘇聯トシテ本條約カ如何ニ實行セラルルヤヲ見タル上之ニ對スル蘇聯ノ態度ヲ決定スヘキ話合《（マヽ）》ニテ殊ニ日本ニ付テハ從來貴使トノ間ニ話合來リタル中立協定ニ關スル八月十四日附蘇聯側提案ニ對スル日本側ノ具體的意見ヲ承知スルコト必要ナリト述ヘタリ

右御參考迄

獨、伊ヘ轉電セリ

160　昭和15年10月3日　在英国重光大使より松岡外務大臣宛（電報）

日独伊三国同盟成立に対する英国内の反響報告

ロンドン　10月3日後発
本　　省　10月4日夜着

第一六四六號（至急）

當方[1]ニ於テハ日本カ獨伊ト同盟シタルハ結局英米政策ノ歸結ノ然ラシメタル所ナリトシテ英國側ニ反省ヲ促スト共ニ太平洋ニ事ヲ起スハ英國トシテ全般的ニ不利益ナルノミナラス米國ノ援助ヲ歐洲ニ受クル所以ニアラサルヲ説キテ英國側ヲシテ米國側ニ「ブレーキ」ヲ掛ケシムルコトヲ努メ更ニ英國ヲシテ今後モ益々東亞方面ヨリ事實上退却セシメ我方ノ地位ヲ築クニ便スル樣ニ心懸ケ精精各方面ノ聯絡ヲ利用シテ努力シ居ル處當方面ノ最近ノ模樣御參考迄左ノ通リ

一、新聞記事ハ政府筋ノ指導モアリ冷靜ノ取扱ナルカ論說ハ可ナリ露骨ニシテ尙一般人心ニ與ヘタル影響ハ强ク最近益々擡頭ヲ見ツツアリタル日本接近ノ現實派ハ腰ヲ折ラレ對日感情カ相當ノ程度迄惡化セルハ已ムヲ得サル所ニシテ今後ハ公ノ交涉ノ如キ先ツ行詰リ狀態ニ逢着スルモノ多キヲ免レス

二、官界ニ於テハ從來ノ聯盟思想派ヲ以テ滿タサレ居ル外務省ニ於テハ「バ」次官ニ於テ漸次極東部ヨリ反日的分子ヲ排斥シ漸ク主要人員ノ交迭ヲ了シタルカ日本ニ對スル所謂「アピーズメント」派タル「ハ」外相「バ」次官ハ一方省內ノ一般ヨリ他方政界ニ於ケル「チエムバレン」排斥組ヨリ攻擊ヲ受ケ緬甸道路問題ヲ以テ失敗ナリト非難セラレ日本トノ關係ハ相當機微ノ事情ニアリタル際ナリシヲ以テ三國同盟成立ニ依リ根本的ニ對日關係ノ檢當(討カ)ヲ爲スニ至レルモノノ如ク首腦部ハヨク現實ヲ察シ冷靜ニ利害ヲ判斷セント努メ居ルハ疑ナキモ日本カ獨伊ト政治經濟ニ亘リテモ廣汎ナル聯絡提携ノ關係ニ入リタル譯ナレハ準敵國トシテ取扱ハサルヘカラスト爲シ一般ハ勿論政府部內ノ空氣ハ相當著シキモノアリ

三、[2]佛國降服以來ハ米國トノ關係ヲ密接ニシテ戰局ヲ好轉セシメントスル政策ニハ英國政界ニ反對ナク右ハ「チヤーチル」ノ指導ノ下ニ急進シタルカ米國ヲシテ參戰セシムヘキヤ否ヤニ付テハ之亦理想ヲ主トスル一派ノ考ヘ方ト現實ヲ主トスル方ノ考ヘ方ト多大ノ差アリ(六語脫)的觀方及政界ニ對スル思想感情的ニ有利ナル影響ト究極ノ效果ニ重キヲ置クニ反シ後者ハ米國ノ陸空海武力、國內ノ情勢ニ鑑ミ若シ米國カ公然參戰スルニ於テハ米國自身ノ準備ニ迫ラレテ恐ラク英國ニ對スル實際的援助ハ著シク障害ヲ受クヘキニ付寧ロ參戰ナキ同盟國タルノ立場ヲ歡迎スト主張ス今囘ノ三國同盟ニ對シテモ同シク二樣ナ議論ハ引續キ行ハレ居リ理想派ノ主張ハ三國同盟ニ拘ラス米國ノ勢力ヲ參戰ニ導クヘシト爲シ米國ノ同種ノ主張ヲ爲ス者ニ刺戟ヲ與ヘ常ニ太平洋ニ事ヲ起シ日米衝突ニ依リ世界戰爭ヲ惹起セントスル極左方面ノ世界的宣傳ニ乘セラレ居リ右ハ今後モ感情論ト共ニ非常ニ危險ナルモノニシテ從來國際問題ニ付テ常ニ理想ニ走リ居リシ勞働黨ノ主流(極左方面ハ分離シ)カ政權ヲ得テ後ハ戰勝ノ目的ヨリ其ノ態度カ寧ロ實際的トナリ居ル點ハ現實派ノ考ヘ

方ニ力ヲ添ヘ居レリ
要スルニ英國ノ對日感情ノ悪化ハ殆ト極端ナル程度ニ及フヘキモ冷靜ナル國民性ナルニ依リ常ニ現實的ノ考ヘ方ニ傾クモノト觀ラル
米ヘ轉電セリ
米ヨリ獨、伊ヘ轉電アリタシ

161　昭和15年10月3日　在英国重光大使より松岡外務大臣宛（電報）

日独伊三国同盟成立による英国政府内の対日空気の悪化状況等に関する諜報報告

ロンドン　10月3日後発
本　　省　10月4日夜着

第一六四七號（至急）

諜報者[(1)]ヲシテ特ニ英國政府部内ノ空氣ヲ探ラシメタル其ノ報告左ノ通リ

一、政府部内ノ殆ト一致ノ意見ハ三國同盟ヲ以テ英國ノ難境ニ際シ英國ノ味方ニナリ得ヘキ米蘇兩國ヲ引離シ英國ヲ弧立ニ陥ルルコトヲ主タル目的トスルモノニシテ日本ノ政策ハ其ノ公ノ説明ニ拘ラス英國ニ敵意ヲ表スルモノト解セサルヲ得ストシテ甚タシク悪感ヲ表シ居リ日本ニ對スル「アピーズメント」派ノ政策ハ明カニ失敗セルコトヲ認メ居レリ

二、「ローシアン」大使ヨリノ報告ニ依レハ米國ハ寧ロ右同盟成立ニ依リ益々積極的態度ニ出ツヘク或ハ參戰ノ時期ヲ早メタリト見ラレ若シ「ルーズベルト」選擧ノ場合ハ確實ニ參戰スヘシトノコトナリ但シ當地「ケネデー」大使ハ英國海軍カ米國ノ前衞タルカ如ク米國ノ工業ハ英國ニ缺クヘカラサルモノナリ從テ米國ノ參戰ハ飽ク迄避クルヲ要スル旨直接大統領ニ進言セリ

三、[(2)]英國側モ米國ノ措置ヲ今更掣肘スルコト能ハス目下對策トシテ華府ニ於テ日本ニ對スル原料品輸出ヲ廣汎ナル範圍ニ亘リテ禁止スル案カ審議セラレ居リ（日獨伊カ經濟的ニ直ニ援助スルコトニ對抗スル爲）更ニ蘇聯及支那ニ對シ働キ掛ケントシツツアリ尤モ蘇聯ニ對シテハ英國トシテハ斷念シ居ルモ是等ハ皆米國ニ任セ居レリ

四、濠洲ノ華府代表「ケーシ」ハ英國外務省ニ永ク勤務シタル聯盟型ノ思想ヲ有シ華府ニ於ケル英米濠ノ話ニ關シテ

ハ遣リ過キタリト考ヘラレ居レルカ兎ニ角是迄日本問題ニ關シ英本國政府ニ對スル濠洲ノ壓力ハ相當强ク且日本トノ通商ヲ喪失スルヲ好マサル點ハ今日モ變ラサルモ今後如何ナル程度迄本國政府牽制作用ヲ爲シ得ルヤ疑問ナリ

米、蘇ヘ轉電セリ

蘇ヨリ獨、伊ヘ轉電アリタシ

162　昭和15年10月7日　松岡外務大臣より在米国堀内大使他宛

日独伊三国同盟条約の締結に関する在外公館長宛訓令

條一機密合第一二六七號

昭和拾五年拾月七日

外務大臣　松岡　洋右

在米國

特命全權大使　堀内　謙介殿

日獨伊三國條約締結ニ關シ訓令ノ件

今般日獨伊三國條約締結ニ際シ別紙ノ通本大臣訓令傳達ス

（別　紙）

今般日獨伊三國條約成立シ畏クモ詔書渙發セラレ茲ニ我國朝野ハ其ノ向フベキ方向確立セラレ一致團結獨伊ト相提携シテ大東亞共榮圈ノ確立惹キテハ世界新秩序ノ建設ニ邁進シ得ルコトトナレリ而シテ今後ノ國際情勢ニ對シ國民ハ異常ノ決意ヲ以テ之ニ對處スルノ要アルモノナル處特ニ今後本條約ヲ運用シテ平和裡ニ我ガ目的ヲ達シ聖旨ニ答ヘ奉ルノ大任ハ主トシテ我ガ外務省ニアルヲ以テ外務職員各位ハ一致團結滅私奉公ノ精神ヲ發揮シ一切ノ過去ヲ清算シ眞ニ全省一体トナリ以テ我ガ朝野ヲ通ジ率先シテ其ノ範ヲ示サンコトヲ期スル次第ナリ

尙ホ本件條約ノ運用ニ關シ左記ノ諸點誤解ナキ樣充分注意セラレタシ

一、條約ハ九月二十七日外務省公表ノ條文ノミニシテ祕密協定ナシ

二、第五條ハ政治的見地ヨリ本條約第三條ガ「ソ」聯ニ適用ナキコトヲ明ニシタルモノニシテ日蘇國交ノ調整ハ今後ニ於ケル重要ナル政策トシテ之ガ促進ヲ期ス

然レトモ他面共産主義ノ排除ハ日満支三國ノ普偏（遍カ）的共通政策ニシテ從來ノ方針ニ何等變更ナシ

三、條約文中ノ「大東亞」ナル字句ノ解釋ニ關シ無用ノ論議詮索ヲ爲サザルコト（概ネ日本ノ政治勢力ノ及ブ程度ニ解釋シ例ヘバ西比利亞、印度、濠洲、新西蘭、比律賓等ヲ含ムヤ否ヤニ付キテハ論議ヲ避クルコト）

四、本條約締結ニ依リ小乘的排英米運動ヲ實施セザルコト

編　注　本公信の宛先は、「各國大公使、各總領事、各領事」となっている。

163　昭和15年10月8日　松岡外務大臣　在本邦クレーギー英国大使　会談

日独伊三国同盟の成立等に関する松岡外相とクレーギー英国大使との会談記録

松岡大臣「クレーギー」英大使會談錄　（昭十五、十、八）

十月八日午前十時英國大使來訪一時間半ニ亘リ歡談ス

先方ヨリ日獨伊三國同盟條約ニ觸レタルニ付本大臣ハ左ノ通答ヘ置ケリ

「同盟條約ハ極メテ簡明ニ書キアリ其ノ意味ハ別ニ説明ヲ用ヰスシテ明ナリ(it speaks for itself)條約公表ノ夜本大臣カ國民ニ放送シタルモノノ內容ハ既ニ御承知ノコトト信スル處（同大使ハ「然リ」ト答フ）アレ以外別ニ補足スルコトモナシ唯「ハリファックス」外相ニ對シ「本條約ハ㈠此ノ上戰爭ノ舞臺ヲ擴大シ若クハ參戰國ヲ增スコトヲ避ケ出來ル丈ケ速ニ歐洲戰爭ノ終結ヲ見再ヒ列强カ圓卓ヲ圍ミテ今少シ冷靜ニ互ニ思ヒ遣リヲナシ懇談スルカ如キ雰圍氣ヲ招來シタシトノ趣旨ニ基キテ締結セラレタルモノナリ支那事變ニ付テモ同樣ニ考ヘ居ル譯ナリ㈡英米殊ニ米國ノ日本ニ對スル態度ニ鑑ミ本大臣而シテ日本ニ於ケル領袖達モ此ノ道ヲ歩ムヨリ外他ニ方途ナシト感シタルカ爲斯樣ナ擧ニ出テタル次第ナリ (Japan has no alternative or at least many of leaders felt so)」ト本大臣ノ言トシテ傳フルコトヲ求ム

右ハ貴大使ノ云フカ如ク假ニ百歩ヲ讓リテ日本カ今回同盟條約ヲ締結シタルコトヲ以テ誤レリトナスモ夫レハ英米殊ニ米國ノ態度カ之ヲ余儀ナクシタリト云ハサルヘカ

ラストノ意味ナリ尚本大臣ハ他ニ擇フヘキ道ナカリシト云フ丈ケニ非ス現ニ同條約前文ニ明記セル通リ實ニ我カ建國以來ノ傳統タル八紘一宇ノ大理念、大精神ノ下ニ締結セラレタルモノニシテ余カ常ニ述ヘ居ル通リ大和民族ハ究極スル所此ノ大理想ノ爲ニ飽迄戰ヒ拔キテ其ノ爲ヨシ滅亡スルトモ可ナリ何等人類ノ福祉ニ貢獻スル所ナクシテ僅ニ其ノ生存ヲ保タンヨリモ其ノ方カ勝レリトノ堅キ信念ヲ有スル次第ナリ兎ニモ角ニモ此ノ我國建國以來ノ大理念、大精神ニ今回獨伊ノ共鳴ヲ得タルカ故ニ一ニハ本條約ヲ締結シタルナリ」

尚英國大使カ獨逸人ハ實ニ「ブリユータル」ニシテ到底斯ル精神ニ眞ニ共鳴シ得サル國民ナリ云々ト論シタルニ對シ本大臣ハ獨逸人ヲ然ク悪ク見テハ居ラヌ「ゲーテ」「シルレル」「カント」「シヨペンハウエル」「ベートーベン」「ワグネル」等ヲ出シタル獨逸人種カ本質的ニ英國大使ノ云ハルル如キモノトハ思ヘス彼等ニ充分呼吸シ得ル空間又ハ「チャンス」ヲ與フルナラハ彼等モ又英國人同樣立派ナ國民トナルヘキコトヲ信ス(同大使カ余リニ英人ヲ稱揚シ獨人ヲ罵倒シタルニ付皮肉リタルモノナリ)日本トシテハ徹頭徹尾獨伊ノミナラス如何ナル國民又ハ民族ニテモ之ト闘争スルヨリモ寧ロ友好關係ヲ結ヒテ漸次我民族ノ大理念ニ感化セントスルモノナリ英人モ無用ノ戰ヲナスヨリモ獨伊ト和シ其ノ友邦トナリテ八紘一宇ノ精神ヲ地上ニ實現スル樣協力サルル方人類ノ爲幸福ナリト本大臣ハ信スルモノナリ

ト述ヘ

又英國大使ハ本同盟條約ヲ以テ日本ノ運命ヲ全然獨裁官タル「ヒットラー」ノ手中ニ委シタルモノナリト述ヘタルニ付本大臣ハ然ラスト答ヘタルニ同大使ハ例ヘハ例ノ獨逸人ノコト故無制限潜水艦襲撃ヲ行ヒ兼ネマジク若シ斯ル擧ニ出ツレハ米國ハ直ニ參戰スヘシ其ノ場合日本ハ嫌テモ應テモ參戰ヲ餘儀ナクセラルルニ非スヤト述ヘタルニ付本大臣ハ之ニ對シ

本條約ハ其ノ第三條ニ明記セル通リ防禦的ノモノニシテ他ヨリ襲撃セラレタル場合ニ限レリ而シテ第三條ニ所謂「攻擊」ヲ受ケタリヤ否ヤハ日本政府ハ自由ニ其ノ認定ヲ決シ得ヘシ固ヨリ同盟シタル以上其ノ場合日獨伊三國政府ノ間ニ協議ノ上然ルヤ否ヤヲ決定スヘキモ獨伊カ認定シタリト

テ日本カ之ヲ認メサルヘカラサル謂ナシ貴大使ハ日獨伊三國トモ夫々獨立國ナリト云フコトヲ明白ニ認識セラレサルヘカラス尙日本ノ運命ヲ何人又ハ何國ノ手ニモ委ヌルカ如キ惧レアルコトハ總テ避ケサルヘカラストノ主張ハ本大臣カ内閣參議タリシ時代ヨリ反覆シタル所ナルハ或ハ貴大使ニ於テモ洩レ聞キ居ラルルナラン斯樣ナコトヲ考フルモノハ日本ニ一人モアル筈ナシト答ヘ置ケリ(編注)

編　注　以下には援蔣ビルマルート再開問題に関する会談記録が存在するが、『日本外交文書　日中戦争』第1960文書と内容が重複するので省略。

事項編注

日独伊三国同盟の成立経緯については、『日本外交文書　日独伊三国同盟関係調書集』をあわせて参照ありたい。

三　日ソ中立条約

164　昭和15年4月28日　在ソ連邦東郷大使より有田外務大臣宛（電報）

日ソ国交調整交渉の開始前にわが方立場の限界につき政府見解の回示方請訓

モスクワ　4月28日後発
本　省　4月29日前着

第五五四號（極祕）

貴電第三一四號ニ關シ（日蘇交渉打開ニ關スル件）

本件申入ハ國境確定、漁業問題等ニ對スル先方ノ態度ヲ今少シ見極メタル上適當ノ時期ニ於テ行ヒタキ所存ナルカ對蔣援助ノ放棄、新支那政府トノ協力ヲ求ムル點ニ付テハ先方カ無條件ニ應諾スヘシトハ考ヘラレス場合ニ依リテハ相當突込ミタル問題ニ逢着スルヤモ測ラレス從テ日蘇國交調整ノ限界ニ關スル帝國政府ノ見解ヲ成ルヘク詳細ニ承知シ置クコト極メテ緊要ニ有之就テハ本使心得迄ニ右ニ關スル貴方御意嚮ナリトモ御内示ヲ得度シ

165　昭和15年5月12日

関係省会議で承認された日ソ中立協定案

（昭十五、五、十二）

關係省會議

大日本帝國政府
及
「ソヴィエト」社會主義共和國聯邦政府ハ

兩國間ノ平和關係ヲ確認シ且之ヲ益强固ナラシメントノ眞摯ナル希望ニ均シク促サレ

一般平和及安定ハ兩國ノ均シク顧念スル所ナルコトヲ確信シ左ノ通協定セリ

第一條

日本國政府及「ソヴィエト」社會主義共和國聯邦政府ハ千九百二十五年一月二十日署名セラレタル日本國「ソヴィエト」社會主義共和國聯邦間ノ關係ヲ律スル基本的法則ニ關スル條約ヲ兩國間關係ノ基礎トシテ玆ニ確認ス

第二條

締約國ノ一方ガ其ノ平和的態度ニ拘ラズ一又ハ二以上ノ第三國ヨリ攻撃ヲ受クル場合ハ他方ノ締約國ハ紛争ノ繼續中終始中立ヲ維持スベシ

第三條

本協定ハ署名ノ日ヨリ實施セラルヘク且五年間引續キ效力ヲ有スヘシ締約國ハ右期間滿了前適當ノ時期ニ於テ爾後ニ於ケル本協定ノ效力存續ニ付了解ヲ遂クヘシ

右證據トシテ下名ハ各本國政府ヨリ正當ノ委任ヲ受ケ本協定ニ署名調印セリ

昭和十五年　月　日卽チ千九百四十年　月　日ニ於テ本書二通ヲ作成ス

166　昭和15年6月10日　在ソ連邦東郷大使より有田外務大臣宛(電報)

ソ連側が国交調整交渉開始に前向きであることに鑑み日ソ諸懸案解決および相互不侵略条項等に対する方針回示方請訓

モスクワ　6月10日前発
本　省　6月10日後着

第七七四號(大至急、極祕、館長符號扱)

貴電第四二五號[1]及第四二六號ニ關シ(日蘇國交調整、日蘇政治條約ニ關スル件)

一、本件ニ關シテハ先ツ蘇側ノ一般的態度ヲ打診スルノ必要ヲ認メタルニ依リ本月一日以來滿蒙國境問題ニ付「モロトフ」ト會談ノ機會ヲ利用シ本使ニ於テハ兩國間ノ懸案ハ成ルヘク速ニ之ヲ解決スルト共ニ更ニ夫レ以上ノ問題ニ付テモ調整スヘキモノアレハ之ヲ調整シ兩國ノ關係ヲ安定スルコトヲ希望スルモノナリト切出シタル處「モ」ハ之ニ對シ同感ナリト述ヘ兩國ノ「インテレスト」ヲ持ツヘキ根本問題ヲ現下ノ國際情勢ニ關聯シテ審議スルコトニ付貴使トノ間ニ交渉ヲ行フニ同意スルモノナリト言ヒ更ニ一昨七日ノ會談ニ於テハ「モ」ハ國境問題ノ急速解決以上日蘇間ニハ歐洲ノ現狀且一般的政局ニ關シテ兩國共ニ「インテレスト」ヲ有シ話合スヘキ更ニ重大ナル問題アリト進ンテ先方ヨリ申述ヘタリ

之ニ依テ見ルニ蘇側ニ於テモ日蘇間ノ根本問題ニ付交渉開始ノ用意アル次第ハ略々明瞭ナルモ蘇聯邦現在ノ國際的地位ハ客年十一月拙電第一五一四號[2]□(一字不明)申ノ當時ニ比シ遙ニ有利ナルモノアルハ屢報ノ通リナレハ本件話合ニ際シテモ多大ノ代償ヲ拂ヒテ迄之ヲ纏メントスル氣持アリヤハ疑問ナル上先方ヨリ廣汎且各種ノ註文ヲ持出スコト

アルヘキハ想像ニ難カラス而モ右註文中ニハ我方ノ希望ニ「ミート」セサルモノモアルヘシト豫想セラル
二、他方本件交渉ハ愼重ヲ旨トスヘキ旨御來訓ノ次第アリ本使ニ於テモ極メテ同感ナルカ由來此ノ種ノ交渉ハ交渉ヲ開始セル後不成立ニ陷ルカ如キコトアルニ於テハ事態ノ悪化ヲ招ク惧大ニシテ交渉開始ノ上ハ大局的見地ニ立チ互讓ノ精神ヲ以テ急速妥結ヲ旨トシ第三國ノ宣傳ヲシテ乘スルノ餘地ナカラシムルコト肝要ナルハ申迄モナキ儀ナルニ付交渉ニ際シテハ枝葉末節ニ拘泥スルヲ避ケ能フ限リ妥協的態度ニ出ツルノ要アリト認ム
三、[3]本件交渉ニ際シ蘇聯邦ヲシテ支那問題ニ付テモ成ルヘク我方ニ有利ナル態度ニ轉向セシムル如ク持掛クルコトノ適切ナルハ勿論ノ儀ナルモ蘇聯邦ノ對蔣援助ハ從來ノ英米佛ニ比シ物質的ニハ寧ロ貧弱ニシテ此ノ點ハ最近ノ蘇聯邦新聞等ニモ特ニ記述セラレアルニ付(往電第七三五號御參照)正面ヨリ對蔣援助ノ中止ヲ申込ムニ於テハ前記ノ事態ヲ以テ抗辯シ來ルヘシトモ豫想セラルル次第ナリ依テ蘇聯邦ヲシテ對蔣援助ノ中止ヲ確約セシムルコトハ我國内消費用トシテ魅力アルコト素ヨリ本使トシテモ萬々承知シ居ルモ實際的ノ効果ヲ窺フ點ヨリスレハ之ヲ左迄重視スルノ必要ナキヤニ認メラレ本件交渉ニ際シテモ正面ヨリ切出スコトヲ避ケ例ヘハ中立協定ノ交渉ニ際シ第三國トノ戰爭狀態ニ際シ約サルルヘキ中立ヲ支那事變ニ引用スル等ノ方法ヲ執リ政治的諒解ノ成立ヲ大綱トシ右大綱ヲ以テ蔣政權ヲ失望セシムルト共ニ英米等ニ對スル大局的効果ヲ旨トシ施策スルコト賢明ナリト思考ス
四、[4]次ニ本件交渉ニ當リ竝行的ニ日蘇間諸懸案ニ關スル交渉ヲ促進セシムルハ言フ迄モナキモ諸懸案解決ヲ前提條件ト爲スカ如キコトアルニ於テハ右ハ本件交渉ノ主要意義ヲ沒却セシムルモノト認メサルヲ得ス尚又本件交渉ヲ英佛ノ對蔣政策轉換ト睨合セ考慮スルノ適切ナルハ首肯セラレサルニアラサルモ英佛現下ノ動搖セル情勢ニモ鑑ミ蘇聯邦トノ間ニ急速妥結ヲ旨トシ話合ヲ進ムルコトハ結局英佛ヲ誘導スルニ資スル所少カラサルヘシ
五、尙中立條約案ニ付我方案ニ缺クル所ノ相互ニ侵略ヲ爲ササルノ規定挿入方ニ關シテハ先方ヨリ之ヲ切望シ來ル場合御來示ノ理由ノミヲ以テ之ヲ拒否スルコトハ其ノ論據乏シキヤニ認メラルルノミナラス第三國トノ關係ヲ規定

シ乍ラ両國相互ノ關係ヲ明カニセサルコトハ特殊ノ奥意アルカノ如キ無用ノ疑惑ヲ惹起スヘキ懸念大ナルニ付蘇側ニ於テ熱望スル場合ニハ一九二五年十一(十二カ)月ノ蘇土中立條約ノ程度ハ應諾スルコト可然ト思考ス

六、最近歐洲戰局ノ進展ニ伴ヒ蘇聯邦ノ向背カ諸方面ニ及ホス影響ノ益々重大トナリ來レルコトハ明カニテ英佛伊何レモ新大使ヲ任命シ當地ニ於ケル外交的活動ヲ企圖シツツアリ従テ我方ニ於テモ蘇聯邦ノ地位ニ付適正ナル了解ヲ持スルコト肝要ナルト共ニ一旦交渉ヲ開始ノ上ハ荏苒時日ヲ空費スルコト禁物ナリト考ヘラル尚本電一、二記載ノ成行上四、五日中位ニハ更ニ話合ヲ進ムヘキコトトナルヘク豫想セラルル處其ノ際ニハ貴方ニ於テ特ニ重大ナル御異見ナキ限リ右ノ趣旨ヲ以テ話合ヲ繼續スルコトト致度シ就テハ何分ノ儀出來得ル限リ速ニ御回示相成度ク特ニ稟請ス

167

昭和15年6月10日　在ソ連邦東郷大使より有田外務大臣宛(電報)

日ソ国交調整交渉は早期に進展する可能性ありとの見通しについて

モスクワ　6月10日前発
本　省　6月10日夜着

第七七五號(極祕、館長符號扱)

貴電第四七八號ニ關シ

貴電第四二五號及第四二六號ノ件ニ關シテハ往電第七七四號ニ依リ御承知アリタキ處本九日滿蒙國境確定問題終結ノ際本使ノ問ニ對シ「モロトフ」ハ漁業長期條約ニ關スル蘇側回答ハ十一日ニハ可能ノ筈ナリト答ヘタルニ付右回答ニ接シタル上北樺太利權問題ニ言及シ一般的ニ先方ノ注意ヲ喚起スル所存ナルカ貴電第四二五號及第四二六號ノ問題ハ前記往電第七七四號ニ記載ノ通リ意外ニ早ク話合ヲ進ムヘキ羽目トナルヤモ測ラレサル次第ナリ

168

昭和15年6月19日　在ソ連邦東郷大使より有田外務大臣宛(電報)

相互不侵略条項を含まない軽度の政治協定案の対ソ提議は時機を逸している旨具申

第八二六號（至急、館長符號扱）

モスクワ　6月19日後発
本　省　6月20日前着

貴電第四八九號及第四九二號ニ關シ（日蘇國交調整ニ關スル件）[(1)]

一、急激ナル轉換ニ逢着セル歐洲情勢竝ニ少クトモ或程度之カ影響ヲ免レ得サル米國ノ動向ヲモ併セテ考察スレハ我方ノ多角外交ノ內容及運用ニ付テモ再檢討ヲ要スルモノ有之ヘク斯ル際日蘇間ニ輕度ノ政治的協定ヲ成立セシメントスルカ如キハ既ニ些カ時期遅レタリトノ批評モアルヘシ從テ本件協定ハ若干年限ニ於ケル日蘇兩國關係ヲ安定セシムル點ニ最モ意義アルヘキ處相互不侵略ニ關スル條項挿入ヲ避ケ主トシテ第三國トノ關係ヲ云々スルニ止メントスルニ於テハ現下ノ情勢竝ニ本件交渉ノ眞意義ニ副ハサルノ感大ナリ由來相互不侵略ニ關スル條項ハ消極的ノモノニシテ其ノ採用ハ毫モ蘇聯邦トノ關係ニ深入スルモノトハ斷シ難ク唯問題トナルヘキハ蘇土中立條約第二條後段ノ如キ規定ノミナルヘシ尙蘇側ニ於テモ種々註文アルヘキニ付テハ更ニ前述ノ事情ヲモ考慮ニ加ヘラレ研究置相成樣切望ニ堪ヘス

二、[(2)]他方獨逸ニ對シ我方提案ノ內容ヲ適當ノ時期ニ內報方御訓令ノ處獨蘇ノ關係ニ付テハ往電第八二三號ヲ以テ中進メタル通リニテ蘇聯邦ノ對獨警戒ハ大ナルモノアルモ獨ニ楯付キ得ヘキ情勢ニアラス又獨逸トシテハ非常ナル意氣込ヲ以テ歐洲ニ於ケル新秩序ノ建設ト蘇聯邦ヲモ包含スル經濟圈ノ設定ヲ目論ミ居ルモノナルニ依リ戰前ノ考ヘ方ヲ以テ將來ノ獨蘇關係ヲ考察セントスルハ時宜ニ適セサルモノアリ又我方トシテハ戰局進展ニ伴ヒ獨逸トノ間ニ種々打合ヲ遂クルノ必要（獨側ニテ日本側ノ對獨態度ニ付或程度ノ不滿ヲ有スルコトハ當地經由歸獨セル「ゴータ」大公「スターマー」「ヘルフエリヒ」其ノ他ノ方面ノ口吻ニ依リ看取セラル）到來スヘキニ付テハ本件內報ノ如キモ斯ル機會ノ一問題トシテ取扱フコト適當ナルヘシト認メラル然ルニ交渉ノ內容及成立ノ見込モ確實ナラサル際提案ノ內容ヲ通報シ且本件交渉カ獨ニ向ケラレタルモノニアラストノ趣旨ヲ以テ釋明スルカ如キハ却テ獨ニ對シ誤解ヲ與フルニ至ル惧モアリ本件申入ノ時期、方法、內容等ニ付テハ愼重ナル考慮ヲ要スルモノト思考

セラル

169　昭和15年6月22日　在ハルビン久保田(貫一郎)総領事より有田外務大臣宛(電報)

対日方針に関しソ連外務人民委員部が在本邦および在中国同国大使に宛てた電報要領

ハルビン　6月22日後発
本　省　6月22日夜着

第二〇四號

本官發滿宛電報

第一七三號

A情報

六月十四日莫斯科外務人民委員部發駐日、支蘇聯邦大使宛電報要領

今次滿蒙國境確定問題ニ關シ我方カ妥協ヲ爲セルハ日本カ蘇蒙側ノ根本主張ヲ容レタル爲ナルモ右ハ我方ニ於テ㈠西部國境ニ於ケル積極的行動ノ準備ニ必要ナルコト及㈡日本ノ今次對蘇譲歩ハ滿洲ノ安全ヲ圖リ支那及南洋方面ノ外國權益壓迫ヲ積極化セントノ企圖ニ出ツルモノナル處日本ヲシテ此ノ種ノ行動ニ出テシムルハ外國人ヲシテ日本ニ抗爭セシムルコトトナリ右ハ蘇支兩國ニ有利ナルコトヲ考慮シ協定ヲ締結セル次第ナリ

我方ハ日本ト個々ノ事務的問題ニ關シテハ審議スル用意ヲ有シ居リ若シ日本カ對蘇支壓迫ヲ緩和セハ我方モ滿洲國北部國境ノ壓迫ヲ緩和スル意嚮アルモ歐洲事變ノ推移ニ鑑ミ對支關係ニ於テ米國ハ極メテ重大意義ヲ有シ居リ我方ハ米國及支那トノ協力ニ依リテノミ極東ノ國境ヲ防衛シ得ルモノナルヲ以テ此ノ點ヨリ米蘇關係ヲ毀損セサル爲日蘇間ノ諸懸案全部ハ之ヲ審議シ得サル次第ニシテ日米衝突ヲ促進セシムルカ如キ協定ナラハ我方ハ一切ノ協定ヲ是認スヘキモ米國ヲシテ反蘇行動ヲ執ラシムルカ如キ協定ハ許容シ得サル所ニシテ我方ハ政治的意味ヲ有セサル第二義的問題ノ交渉ニ極限セサルヲ得サル狀態ナリ尙此ノ種對日問題ニ關スル我方政策ハ米國政府ト了解濟ナリ

大臣ヘ轉電セリ

170　昭和15年6月22日　在ソ連邦東郷大使より有田外務大臣宛(電報)

欧州情勢の進展に伴うソ連の立場強化に鑑み不侵略条項を回避しては交渉妥結困難である旨意見具申

モスクワ　6月22日前発
本　省　6月23日前着

第八四二號（館長符號扱）

貴電第五二三號ニ關シ（日蘇國交調整ニ關スル件）

最近歐洲情勢ノ進展ニ顧ミ蘇聯邦ノ地位强化セルハ從來屢次報告セル通リニテ客年十一月ノ當時ナラハ格別今日ニ及ヒテハ先方ノ鼻息强ク旁々本件協定モ聊カ時期ヲ失シタルヤノ嫌アルノミナラス（往電第八二六號御參照）御來示殊ニ不侵略條項其ノ儘ノ挿入モ避ケタキモノナルニ於テハ最近ノ國際情勢ニ適應セサルヘキノミナラス蘇聯邦側ヲ誘導スルノ確信ヲ得難キ次第ナリ殊ニ蘇聯邦現在ノ立場ハ長期漁業條約ニ關スル新提案ニ於テモ見ル如ク（往電第八四一號御參照）最近我方ニ對シ代償ヲ出シテ迄モ協調ヲ求ムル必要無ク國力推移ノ關係上寧ロ我方ニ於テ讓歩スヘキ筈ナリトサヘ考ヘ居ルコト明カニシテ右ハ從來當地要人ノ演説及新聞記事等ヨリモ推測シ得タル所ナリ兎ニ角先方態度ト貴方最後意見トノ間ニハ大ナル距離アリテ本件妥結不可能事ニ屬ストノコトナレハ速ニ是ヲ打切ルヲ可トスヘシ

他方往電第八二六號ヲ以テ申進シタル日蘇間政治的協定ノ本旨卽チ兩國關係ヲ一定期間中安定セシメントノ見地ヨリスレハ在蘇權益關係以外更ニ甚大ナル考慮ヲ要スルモノアルニ依リ本件話合ノ端緒成立セルニ乘シ引續キ政治的諒解ノ成立ニ努メ其ノ反對的作用トシテ支那事變處理及右權益問題ノ解決ニモ能フ限リ好影響ノ及フ樣取計フコト適切且必要ナリトノ見解成立シ得ヘシ

狀況右ノ如クナル處本使トシテハ從來ノ成行上本件ニ付近日中更ニ「モロトフ」ト何トカ話合ヲ爲ス必要ニ迫ラレ居ルニ付テハ現下ノ國際變局ニ對處スル大局的見地ニ立脚セラレ前記諸點ヲ併セ御考慮ノ上何分ノ儀大至急御回示相成樣致度シ

171　昭和15年7月4日　在ソ連邦東郷大使より有田外務大臣宛（電報）

モロトフ外務人民委員に対し日ソ中立協定案を提議について

モスクワ　7月4日前発
本　省　7月4日夜着

第八七九號（至急、館長符號扱）

貴電第五四〇號ニ關シ（日蘇國交調整ニ關スル件）[1]

一日午後九時本使「モロトフ」ヲ往訪先ツ「ベツサラビヤ」問題ニ付帝國カ蘇聯邦ノ希望ヲ容レ關係條約ヲ批准セサリシ點ニ言及セル後豫テ彼我間ニ話合ヲ行フコトトナリ居タル兩國間ノ根本問題ニ付本日其ノ一歩ヲ蹈出シタキ處夫レニ先立チ長期漁業條約ニ關スル蘇聯邦側囘答ニ付一言セサルヲ得ストテ右ニ關シテハ東京ヨリ詳細ナル訓令ニ接シ居ル次第ニハアラサルモ日本側ニ於テハ右囘答ニ大ナル不滿ヲ禁シ得サルコト明瞭ナルコト本使トシテハ蘇聯邦側提案ニシテ理由アルモノハ之迄ト雖之ヲ東京ニ取次キ妥結ヲ計ル樣努力シ來レルモ今囘ノ蘇側主張ニハ納得シ難キ點多數ナレハ蘇側提案ノ理由ハ在京「スメターニン」大使ヲシテ説明セシムルノ外ナカルヘキコトヲ說キタルニ對シ「モ」ハ莫斯科ヲ交涉地トスルコトカ實際的ニシテ然ラサレハ「ス」ヲ一時歸朝セシムルヲ要シ時間的ニ不便多シト述ヘタル後本日ハ十時ヨリ他ニ會見ノ約束アル處根本問題ニ話ヲ移スニ當リ充分ナル時間的餘裕ナシトノコトナラハ改メテ會談スルコトト致度キ旨申出テタリ依テ本使ハ前記交涉地ニ關スル先方主張ノ理由ナキコトヲ指摘シタル上翌日午後四時ニ再會ヲ約シ辭去セリ

二日約ニ依リ會見約三時間ニ亘リ「モロトフ」ト折衝セル[2]次第ナルカ（同會談ノ内容ハ今後ノ交涉ニ當リ重要ナル示唆ヲ含ムモノト認メラルルニ付其ノ要領ハ從來ニ比シ聊カ詳述スルコトトセリ右御含迄）先ツ本使ヨリ日蘇間ニハ諸種問題ノ山積シ居ル次第アルモ平和的解決ヲ不可能トスルモノニアラスト信スル處第三國中ニハ日蘇ノ衝突ヲ希望或ハ歡迎スル向アルカ如シ然ルニ是等ノ術策ニ陷リ兩國カ强力ヲ行使スルニ至ルコトカ如何ニ愚劣ナルカハ總明《(聰カ)》ナル貴下ニ於テモ充分了解セラルル所ト考フ更ニ又現下ノ歐洲戰爭ニ伴フ局面ノ紛糾ハ世界的動搖ヲ見ツツアル儀ナルニ依リ此ノ際兩國間ニ平和及友好ノ關係ヲ確認シ相互ニ領土權ヲ尊重シテ相侵サス又一方カ平和的態度ニ拘ラス第三國ヨリ攻撃ヲ受クル場合ニハ他方ハ右第三國ヲ援助セサルカ如キ關係ヲ設定スルニ於テハ日蘇兩國關係ヲ甚タ安定セシムヘシト信スル處右ニ付テ蘇聯邦政府ニテ同意ナリトノコト

ナレハ更ニ進ンテ具體的ニ提案スルノ用意アリト述ヘタリ

右[3]ニ對シ「モ」ハ兩國間ノ諸問題解決ハ相互的理解ニ基キ解決セラレサルモノナシトノ信念ニ同意ナルノミナラス右ノ如キ手段ニ依ル解決ヲ將來ニ亘リ更ニ期待スルモノナリ殊ニ一般ニ日蘇關係ヲ安定セシメ其ノ一方ヲ攻撃セントスル第三國ヲ援助セストノ了解ヲ目的トスル貴使ノ提議ハ日蘇兩國ノ利益ニ合致スル次第ナレハ苟モ思慮アリ且責任アル兩國人士ノ均シク歡迎スル所ナルハ想像ニ難カラスト述ヘタルニ依リ本使ハ貴下カ余ノ提議ニ贊成セラレ蘇政府ニ於テモ之ヲ歡ヒ迎フル旨言明セラレタルニ對シ滿足ノ意ヲ表スルモノナルカ茲ニ披露スヘキ提案ハ趣旨ニ於テ帝國政府ノ承知シ居ル所ナルモ字句其ノ他ハ自分限リノ考案モアルニ依リ右樣承知置キアリタシト斷リタル上(イ)兩締約國ハ一九二五年北京ニ於テ締結セラレタル基本條約カ兩國國交ノ基礎トシテ存續スルコトヲ確認スルコト尙右ノ結果トシテ兩國間ニ平和及友好ノ關係カ維持セラレ相互ニ領土權ノ尊重セラルヘキハ勿論ナルコト(ロ)締約國ノ一方カ此ノ平和的態度ニ拘ラス第三國ヨリ攻撃セラルル時ハ締約國ノ他方ハ右紛爭ノ繼續中中立ヲ維持スヘキコト(ハ)本協定ハ有效期間ヲ五年トスルコトニテ足ルモノト考フル次第ヲ述ヘ之ト共ニ申添ヘタキ二點アリトテ我方カ北洋漁業及北樺太利權ノ將來ニ關シ重大ナル關心ヲ有シ居ルコト殊ニ本件協定ノ成立ニ依ル日蘇關係ノ安定カ前記諸事業ノ經營ニ好影響ヲ齎スヘキハ帝國政府ノ深ク期待シ居ルコト其ノ第一點ニシテ第二點ハ現ニ三年來支那ニ於テ大規模ナル戰鬪行爲カ繼續中ナル處蘇側ニ於テモ右ノ事實ヲ認ムルト共ニ自發的ニ重慶政府ニ對スル援助ヲ打切ル旨ノ了解ヲ與ヘラルル樣希望スルモノナルカ右希望ハ支那ノ現狀ニ照シ必スシモ多キヲ求ムルモノニアラスト考フル旨附言セリ

右[4]ニ對シ「モ」ハ貴使ノ提案セラレタル中立協定案ニ付テハ蘇聯政府ニ於テ之ヲ審議スヘク各條項(殊ニ北京條約ノ內容ハ好ク承知セサルニ付現狀ニ照ラシ研究ノ要アリト附言セリ)且貴使ノ述ヘラレタル趣旨ハ蘇聯政府ニ於テモ肯定的態度ヲ以テ迎フルハ今ヨリ申上ケ差支ナシト述ヘ次テ漁業及利權ノ兩問題ニ關シテハ當業者カ誠意ヲ以テ法規ヲ遵守スルコトカ先決問題ナル上蘇側ノ漁業新提案ノ受諾ハ企業ノ正常ナル發展ニ寄與スル所鮮カラサルヘシト言ヒ更ニ同方面ニ於テ領海侵犯等蘇側ノ利益及權利ヲ毀損スルカ

如キ行動カ日本軍艦及漁業者ニ依リ差控ヘラルルニ至ラハ蘇側ノ取扱振ニモ自ラ變化ヲ生スルニ至ルヘシ他方支那ノ問題ニ關シテハ蘇政府ハ之ヲ「アクチユアル」ノ問題トシテ考ヘ居ラス支那ニ對スル蘇聯ノ援助ノ如キハ目下ノ所ニテハ根據ナシ尙萬一蘇聯カ重慶政府ヲ援助シ居ランニハ現在トハ異リタル狀態ニ陷リタルコトナラン殊ニ蘇聯ハ目下自國ノ國防其ノ他ニ專心シ居リ他國ニ武器等ヲ供給スルノ餘裕ナキ次第ナリト辯シタリ「モ」ハ更ニ語ヲ繼キテ歐洲戰爭ニ伴フ國際政局ノ變化ニ當リ日蘇兩國共關心ヲ有スヘキ新問題ニ直面スルコトトナリタル處英、佛、蘭等ノ近狀ニ鑑ミ南洋方面ニ於テ日本ハ軍事上及經濟上ノ問題ニ直面セル譯ナルカ國際間ニ大ナル役割ヲ演スル日蘇兩國カ相互ノ利益及權利ヲ考慮シ相互間ノ關係ヲ安定且强固ナラシメントスルハ變化シツツアル現狀ニ合致スル所以ナリト信スル旨述ヘタリ

依テ本使ハ中立協定案ニ對シ蘇政府カ肯定的態度ヲ表明セラレタルヲ多トスル旨答フルト共ニ北京條約ハ條約名ニモ揭ケアル通リ兩國間ノ基本的法則ヲ律スルモノトシテ帝國政府ノ夙ニ重視スル所ナルノミナラス同條約ハ曩ニ兩國關係ノ好轉ニ資シタル歷史ヲ持ツモノナレハ此ノ點ヨリ研究アリタキ旨希望シ次ニ漁業ニ關スル蘇側新提案ノ受諾カ事業經營ニ好影響アルヘシトノ言ニハ承服シ難ク東京ニ於テハ交涉ノ基礎ト爲スコトニサヘ難色アルヘシト想像シ居ル次第ナリト述ヘ軍艦及漁船ノ蘇領水域侵犯問題ニ關シテハ從來共帝國政府ニ於テ嚴ニ戒告シ居ル實情ナルカ本件協定ノ如キモノカ成立スルニ至ラハ一層取締ヲ嚴重ニスヘキコト疑問ノ餘地ナシト告ケタルニ「モ」ハ滿足ノ面持ニテ首肯シ居リタリ何レニセヨ漁業及利權ノ諸企業カ圓滿ニ遂行セラルルコトハ帝國政府ノ閑却シ難キ要望ナル點ハ蘇側ニ於テ充分留意スル必要アリト念ヲ押シタル上支那問題ニ移リ同問題カ蘇政府ニ取リ「アクチユアル」ノモノニアラストノ貴下ノ言明ヨリ推シ少クトモ軍側ニ於テハ蘇聯ニ援蔣行爲ナシトノ結論ニ達シ欣快ニ存スル處我方トシテハ蘇政府カ將來ニ對シテモ同樣ノ態度ニ出ツルコトヲ希望シ居ルモノナレハ中立協定案第二ノ趣旨ニモ顧ミ右意嚮ヲ我方ニ通報セラルルノ擧ニ出ツルコトトモナラハ最モ好都合ナリ

昨日話題トナリタル「ベツサラビア」問題ニ付テモ我方ニ於テハ當時蘇側ノ切ナル希望ヲ容レ文書ヲ以テ關係條約ヲ

批准セサルヘキ旨申入レタル前例モアリ蘇側ニ於テモ我方ノ希望ヲ容ルルコトヲ希望スル儀ナリト述ヘ現下ノ國際變局ノ歸結トシテ我方ノ南洋方面ニ對スル關心ノ增大セルハ當然ナルモ我方ニ於テハ同方面ニ付テモ軍事的紛争ノ發生ノ如キハ嚴ニ之ヲ避ケタキ意嚮ナリトノ説明ヲ加ヘ之ヲ要スルニ日蘇兩國關係ノ安定及强化カ世界的ニ重大ナル意義ヲ有スヘキハ貴見ノ通リナルカ夫レ丈ケニ本件ノ如キ話合ハ世間ノ興味ヲ惹キ且又爲ニスル宣傳ニモ利用セラレ勝ノコトナレハ交渉ヲ遷延セシムルコトナク急速妥結ノ方針ニテ進ムコト適當ナルニ依リ蘇政府ニ於テモ速ニ回答ノ運ヒニ至ランコトヲ希望スルモノナリト述ヘタリ

「モ」[(7)]ハ右本使ノ注意ヲ諒承スルト共ニ能フ限リ速ニ政府ノ回答ヲ齎スヘキ旨約シタル後本件交渉ノ左迄手間取ルモノトハ考ヘ居ラサル旨ノ感想ヲ告ケ更ニ本件協定成立ノ曉ニハ兩國關係好轉ノ一助トシテ蘇側ヨリモ註文スヘキコトナキニ非ス例ヘハ帝國軍人及軍人以外ノ一部人員ノ反蘇言動取締竝ニ在滿白系露人カ恩典的地位ヲ與ヘラレ居ルカ如キハ終止セラルヘキモノカト期待セラル他方漁業問題ニ關シ貴使ハ强キ反對意思ヲ表明セラレタルカ右ハ先般申上ケタル通リ蘇側希望ノ最少限度ヲ盛リタルニ過キサルコトナレハ日本政府モ此ノ點ヲ諒解セラルル様希望ニ堪ヘスト述ヘ更ニ又支那問題ニ關聯シ貴使ヨリ之ヲ提起セラレタルハ些カ意外トスル所ニテ支那ニ關スル限リ日本カ協定案第二ノ平和的態度ニ拘ラス攻撃セラレタルモノトハ考ヘラレス何レニセヨ自分ハ過去ニ於テ蘇聯カ支那ヲ全然援助シタルコトナシトハ言ハス蘇聯ハ曩ニ支那ノ非鐵金屬ヲ必要トシタルコトアリ此ノ關係上航空方面ノ武器及人員ヲ以テ一時援助ヲ行ヒタルコトアルモ今日トナリテハ新領土經營ノ必要モアリ軍事資材ノ如キ國內ノ需要多ク他ヲ顧ルノ氣持ナキハ先ニ述ヘタル通リト辯明シ日蘇關係ノ安定及强化カ兩國ニ幸スルコトニ付テハ多言ヲ要セス

右[(8)]實現ノ曉ニハ米國ノ如キモ一層注意深ク且眞面目ナル態度ヲ以テ日蘇兩國ニ接スルコトトナルヘシトノ所感ヲ加ヘ進ンテ獨蘇關係ニ言及シ昨秋以來根本的ニ改善ヲ見タル兩國關係ニ徵スルモ希望サヘアラハ日蘇關係トテ等シク改善セラルヘキハ當然ナリ本日貴下ノ提議セラレタル所ハ蘇側ニ於テモ其ノ意ノアル所ヲ汲ミテ審議スヘク貴使ノ述ヘラレタル各種ノ希望モ右審議ニ當リ充分考慮スヘシト答ヘタ

リ
依テ本使ハ蘇側漁業新提案ニ付テハ本使ノ言ハントスル所ハ既ニ之ヲ盡クシタルニ依リ蘇側主張ハ東京ニ於テ必要ナル説明ヲ加ヘシムルコト然ルヘシト述ヘタル上支那事變ニ關スル「モ」ノ見解ハ事變ノ發生及經過ヨリ見ルモ全然誤謬ニ他ナラスト反駁セル上此ノ席上斯ル言ヲ弄スルハ眞意如何ト突込ミタルニ「モ」ハ日本カ往年「ベッサラビア」問題ニ付蘇聯ニ與ヘラレタルカ如キコトハ此ノ際適當ナラスト述ヘタルニ依リ本使ハ「ベッサラビア」條約問題處理ニ關スル前例ハ好箇ノ資料ナリト認ムルニ付再考アリタキ旨ヲ述ヘ會談ヲ終了セリ

172 昭和15年7月4日 在ソ連邦東郷大使より 有田外務大臣宛(電報)

漁業問題に関するソ連側の強硬態度に鑑み漁業交渉は中立協定交渉と切り離して東京で行なうべき旨具申

モスクワ 7月4日前発
本 省 7月4日夜着

第八〇號(至急、館長符號扱)
往電第八七九號ニ關シ
一日及二日ノ會談ニ當リ本使ヨリ漁業條約ニ關スル蘇聯邦側新提案ノ不當ナルコトヲ非難セルニ對シ「モロトフ」ハ同案カ蘇聯邦側希望ノ最少限度ナル旨ヲ述ヘ其ノ主張ノ强硬ナルヲ示サントスル態度ニ出テタリ依テ本使ハ「モ」ニ對シ自分ニ於テハ蘇聯邦側新提案ヲ正當化スル理由ヲ發見シ得サルニ付會議地ヲ東京ニ定メ「スメターニン」ヲシテ蘇聯邦側主張ヲ説明セシムルノ外無キ旨ヲ述ヘ「モ」カ是カ爲ニハ「ス」ノ一時歸朝ヲ必要トシ二、三月ノ時間ヲ空費スルヲ恐ルト述ヘタルニ對シ本使ハ自説ヲ固辭シテ讓ラス漁業交渉ヲ中立協定問題ヨリ切離スニ努メタリ
前記蘇聯邦側ノ態度ニ鑑ミ漁業交渉妥結ノ爲ニハ本年末ヲ豫想シ置ク必要アルヘキ處蘇聯邦側ニ於テ强硬態度ヲ取ラントスル關係上中立協定ノ交渉ニ於テ先方ヨリ交換條件ノ意味合ニテ右新提案ノ受諾ヲ固執スルカ如キ破目ニ至ラハ我方ノ不利益甚タ大ナルモノアリト思考セラルル次第ナリ
就テハ交渉ノ成行上後日更ニ話合ヲ當地ニ持歸ルカ如キコトアリトスルモ今日ニ於テハ兎ニ角會議地ヲ東京ト定メ

「スメターニン」歸國ノコトアルニ於テハ漁業交渉ノ開始ヲ幾分遅延セシメ中立協定問題トノ竝行的展開ヲ避クルコト緊要ナリト認メラル
依テ漁業交渉ハ東京ヲ會議地ト爲スヘキ旨此ノ際大至急御決定相成是ニ基キ貴地又ハ當地ニ於テ蘇聯邦側ニ申入ルルコトト致度ク右ニ關シ御詮議ノ結果至急御回示相成度シ

173　昭和15年7月4日　在独国来栖大使より有田外務大臣宛（電報）

日ソ関係の改善を独側も希望していることに鑑み対ソ国交調整の促進方具申

ベルリン　7月4日後発
本　省　7月5日後着

第八三四號（極祕、館長符號扱）

貴電第三五三號ニ關シ

一、獨側カ努メテ對蘇關係ノ平靜ヲ計ルト同時ニ本使來任以來數次ニ亘リ「リ」外相ノ口ヨリ日蘇關係ノ改善ヲ希望シタルコトハ御承知ノ通リニシテ其ノ後ノ獨外務當局ノ口吻新聞ノ取扱振其ノ他ニ照シテモ右獨逸ノ態度ニ變化アリタリトハ認メ難ク從テ此ノ際ナラハ我方カ對蘇關係調整ニ一歩ヲ進メルコトニ對シ獨側ヨリ邪魔ノ入ル惧ハ萬無キ見込ナリ

二、唯獨蘇關係今後ノ見透シハ往電第八一五號ノ通リニシテ先ニナリ獨側ノ日蘇國交調整ニ對スル態度ニ變調ヲ來スコト無キヲ保セサルモ何レノ途東亞ニ於ケル帝國獨自ノ立場ヨリ對蘇關係調整ニ一歩ヲ進メラルルハ機宜ノ御措置ト認メラレ之カ實行ハ寧ロ早キニ如カスト存セラル

三、對蘇施策上特ニ御考慮ニ上リ居ルハ對米關係ト拜察セラレ所詮良キ影響ハ無カルヘキモ客月二十九日閣下「ラヂオ」放送程度ノ我國ノ主張ニ對シテスラ米國各方面ノ論評面白カラスト傳ヘラルルカ如キ有樣ニテハ日米國交改善ノ前途ハ甚タ遼遠ナルヘク一方對蘇御工作ノ潮時ニハ自ラ限リアリテ此ノ際遺憾乍ラ二兎ヲ追ヒ難キ實狀ト觀測セラルルノミナラス國際政局今日ノ如ク激變切迫セルニ鑑ミ米國トシテモ輕々ニ對日壓迫ヲ强化シ得サルヘシト思考セラルルニ付米國自ラ實行シツツアル善隣政策ト同一意義ナリトシ此ノ際日蘇國交調整ヲ進メラルルコト然ルヘシト存セラル

蘇ヘ転電セリ

174　昭和15年7月6日　在ソ連邦東郷大使より有田外務大臣宛（電報）

漁業交渉を中立協定交渉と切り離して東京で行なうべき理由について

モスクワ　7月6日後発
本　省　7月7日前着

第九〇〇號（絶對極祕、館長符號扱）

[1]貴電第五六三號及第五六四號ニ關シ

本使カ漁業ニ關スル交渉地ヲ東京ニ定ムルヲ可トスルハ本件交渉ノ難易ニ依リ云爲スル次第ニアラス此ノ際ニ於テハ本件交渉ハ政治協定ト切離スコト必要ナル處右ハ兩者ノ關聯ヲ避クルノ方法トシテ最モ適當ト認メタルニ依ルモノナリ殊ニ政治協定ノ交渉ニ當リ蘇側カ何等カ代償ヲ求メントスル氣配アルハ曩ニモ指摘セル通リ（往電第八四二號御參照）ニシテ蘇側カ其ノ意味合ニテ漁業問題ニ付强硬態度ヲ執ル場合之ヲ誠意ナシトシテ政治協定ノ交渉ヲ打切ルコトハ帝國國策ノ全局ヨリ見テ得策ナリヤハ愼重御考慮ノ要アルヘシ素ヨリ我方トシテハ被害カ漁業ニ及ハサル様努力スヘキハ當然ナルモ我方ニ於テ餘リニ漁業問題ニ焦リ先方ヲシテ突込マシムル間隙ヲ與フルカ如キハ好マシカラス尙又前掲政治協定ノ交渉ヲ打切リ而モ漁業條約ノ締結ヲ我方ニ有利ニ誘致スヘキ良策アルニ於テハ格別ナルカ兎ニ角今回御訓示ノ方法ハ蘇側ノ思フ壺ニ嵌ル行方ニテ本使トシテハ多大ノ失望ヲ禁シ得サル所ナリ

就中[2]貴電第五六三號ヲ以テ御來示ノ論據ハ既ニ本使ヨリ大部分述ヘ盡シ居リ假令重ネテ申入ヲ實行スルトスルモ蘇側カ急速再提案ヲナスヘシトハ想像セラレス結局ノ處藉スニ時日ヲ以テセサレハ本件ノ落着ハ困難ニテ現在トシテハ會議地ヲ東京トスヘキ旨申入レ政治協定交渉トハ切離スニ努メ以テ漁業交渉ヲ成ルヘク不利ナル立場ニ導カサル様施策スルヲ賢明ト認ムル議ナリ

尙又常ニ蘇政府首腦者ヲ直接相手トシテ本件交渉カ進行スヘシト考ヘラルルハ當ラス本件ニ付「モロトフ」ハ單ニ口火ヲ切ルコトトシタキ旨述ヘタルコトアリテ爾後ハ代理者ヲシテ交渉ニ當ラシムヘキ意嚮ナルハ明カニシテ内外多事ノ「モ」トシテハ當然ノコトト存セラル

事情右ノ如クナルニ付累次ノ往電ヲモ御參照ノ上再應御考慮相仰度ク重ネテ稟申ニ及フ次第ナリ

175　昭和15年7月19日　在ソ連邦東郷大使より有田外務大臣宛（電報）

中立協定案に対するソ連側回答の遅延理由について

モスクワ　7月19日前発
本　　省　7月19日前着

第九六七號（館長符號扱、大至急）

貴電第六〇〇號ニ關シ（日蘇政治協定ノ件）

本件回答ノ遅延ニ付テハ各種ノ理由想像セラレサルニアラサルモ蘇側カ我方ノ提議ニ安堵シ協定ノ締結自體ニハ重キヲ置カサルニ至レルモノトスルハ稍當ラサルノ感アリ蓋シ本月二日ノ會談報告ニテ御承知ノ通リ本使ヨリ提案前此ノ種協定ノ締結ニ同意ナリヤ否ヤヲ確メタルニ「モロトフ」ハ卽座ニ同意ヲ表シタルニ依リ話ヲ進メタル次第ナル等ニモ顧ミ蘇側ニテハ今以テ政治的協定ノ締結ハ之ヲ希望スト見ルヲ穩當トスヘシ但シ右協定ノ內容及協定締結ノ條件ニ付テハ從來電報ノ通リ相當ノ註文アリト豫想セラルルニ依リ本使ハ特ニ我原案ノ適當ナルコトヲ强調シ置キタルモ先方ハ右ニ關スル檢討ニハ若干ノ時日ヲ要スヘク特ニ我方ヨリ提議セル北京條約ノ確認ニ付テハ近來ノ國權恢復熱ニモ鑑ミ研究ヲ要スヘキモノアルヘク兎ニ角蘇側ニ取リテモ相當重要案件ナルヲ以テ之カ決定ニ半月位ノ餘裕ヲ見置クハ當然ナルヤニ思考セラレ其ノ間ノ督促ハ差控フルコトトシタル儀ナルカ恰モ先般來貴地政變說傳ハリタル爲蘇側ニ於テハ暫時態度ノ表明ヲ差控フルコトニ一層傾キ來レルモノト思考セラルル節アリ

事情右ノ如クナルニ依リ本件促進方ニ付テハ追テ卑見電報スルコトト致度シ

176　昭和15年7月19日　在ソ連邦東郷大使より有田外務大臣宛（電報）

米内内閣総辞職をめぐる日本の政治事情に関するソ連紙論調報告

モスクワ　7月19日後発
本　　省　7月20日後着

第九八二號
我內閣更迭ニ關シ十九日「プラウダ」赤星紙「クラスタイ・フロート」紙ハ略同趣旨ノ論文ヲ掲載セルカ要旨左ノ通リ
米內內閣辭職ノ眞因ハ外交問題ニ關スル米內、有田兩相對軍部ノ意見對立ハ既ニ第一次近衞內閣末期ニ暴露シ時ノ東條次官ハ所謂二正面作戰ヲ說キテ財界ノ攻擊ヲ受ケ退却セリ
支那事變ノ長期化ト共ニ財界ノ軍部ニ對スル不滿ハ本年初頭ニ於テ最高潮ニ達シ軍部ハ中立的米內內閣ノ出現ヲ以テ一應妥協スルニ至レリ
米內內閣ハ支那事變處理、歐洲戰爭不介入方針ヲ取リ來レルカ元來右政策ハ歐洲戰爭ノ長期化ヲ見越シ此ノ間ニ支那事變ヲ處理シ歐洲戰爭ノ本格的展開ニ備ヘントスルニ在リシ處歐洲戰爭ニ對スル右判斷ハ戰局ノ急展開ニ依リ現實ニ卽セサルコト明カトナリ軍部內ニハ對支戰爭繼續ト竝行シテ歐洲戰爭ニ介入スヘシトノ思想擡頭スルニ至リ
右[2]軍部ノ政策ハ米內內閣ヲ以テシテハ到底實現不可能ナリト爲スト共ニ南洋ヲ含ム東亞ノ新秩序ノ建設及新政治機構ヲ目的トスルニ至リ過般東京府會議員選擧ハ遂ニ單一政黨派ノ敗北ニ歸セルモ佛ノ屈服ニ依ル事態ノ緊迫ハ南進ノ好機ヲ逸スル危險ヲ齎ラスニ至レルヲ以テ茲ニ軍部ハ米內內閣ノ倒壞ヲ促進セル次第ナリ
新內閣ノ政綱ニ關シテハ東亞新秩序ノ建設、總動員法等カ何レモ近衞公提唱ノ下ニ行ハレ且公自身今回ノ新政治機構運動ノ指導者タルコトヲ思ヘハ新內閣カ其ノ內外政策ニ於テ完全ニ陸軍ノ意嚮ヲ反映スヘキハ疑ノ餘地ナシ

---

177 新内閣においても中立協定交渉を継続すべき旨意見具申

昭和15年7月23日　在ソ連邦東郷大使より松岡外務大臣宛（電報）

モスクワ　7月23日前発
本　省　7月23日夜着

第九九九號（館長符號扱、大至急）
東[1]亞新秩序ノ確立及支那事變急速處理ノ見地ヨリ蘇聯邦トノ間ニ政治協定締結スルノ緊要ナル旨客年秋詳細稟申ニ及ヒ（客年拙電第一五二四號）其ノ後モ各種ノ機會ニ於テ上申

セル處本年五月末ニ至リ日蘇間ニ中立條約締結交渉ヲ開始スヘキ旨ノ訓電ニ接シタリ本件交渉ニ關スル時機及内容ニ付テハ卑見上申セルモ兎ニ角本月二日「モロトフ」トノ間ニ正式話合ニ入リタル次第ニテ同日會談ノ模様ニ關シテハ拙電第八七九號ニテ御承知相成度シ、凡ソ此種交渉ニ付テハ之カ開始後不成立ニ陷ルカ如キコトアルニ於テハ却テ事態ノ悪化ヲ招ク虞アルコトハ當時上申ノ通リナル處本件交渉ノ内容及條件ニ付種々註文ヲ懷キ居ルモノト豫想セラルル蘇聯邦ヲ相手トスルモノナレハ其ノ前途ハ一概ニ平坦ナリトハ斷シ得サルモ我方トシテハ此際小利ヲ去リ大利ニ就クヲ旨トシ大局的見地ヨリ速ニ本件交渉ヲ成立ニ導ク様施策スルコト肝要ナリト思考ス

然[2]ル處茲兩三日ノ當國新聞ニ依レハ蘇側ニ於テハ新内閣ノ對蘇態度ニ對シ相當疑念ヲ懷キ居ルカ如キ節アリ右ハ猜疑心深キ蘇聯邦ノ常ナルモ現ニ往電第九八二號ノ如ク新陸相カ昭和十三年末發表セル二正面作戰論迄蒸返シ居ル次第ナルニ依リ蘇側ノ斯ル先入主ヲ拂拭シ本件交渉ヲ促進スル爲ニハ此際新内閣ニ於テモ日蘇國交ノ根本的調整ヲ希望スルモノナル旨明白ニセラルルコト極メテ緊要ナル處第三國ニ對スル帝國ノ地歩ヲ堅ムル關係ヨリスルモ本件交渉ノ成立ハ我對外政策上第一ノ緊要事ト思考スル儀ナルニ由リ御就任早々御多忙ノコトトハ存スルモ右ニ付急速御詮議相仰度シ尚結果何分ノ儀御回電ヲ請フ

178　昭和15年7月25日　在ソ連邦東郷大使より松岡外務大臣宛(電報)

中立協定交渉の促進をわが方からソ連側に働きかける必要性につき意見具申

モスクワ　7月25日後発
本　省　7月26日後着

第一〇〇九號(至急、館長符號扱、極祕)

歐洲戰局ノ歸趨ハ獨側ニ有利ニ展開スヘク我外交政策モ右情勢ヲ篤ト考慮ニ加フル要アルト共ニ政策ノ實施ニ關シテハ時機ヲ失セサルコト極メテ肝要ナルハ屢次稟申ノ通リニシテ且又獨蘇關係ハ「ヒツトラー」最近ノ演説竝ニ同國要人ノ談話等ニ徴スルモ依然緊密ニシテ日蘇關係ノ調整カ帝國ノ對獨關係調整又ハ强化ニ悪影響アルヘキ理由無ク兎ニ角日蘇間政治協定ノ締結ヲ以テ現下ノ國際政局ニ對處スル

我方第一ノ緊急事トスヘキハ拙電第九九號後段ニ於テ指摘セル通リナルノミナラス一日モ是カ遷延ヲ許ササル情勢ニ在ルハ明瞭ナリ

然ル處本問題ニ關スル蘇側最近ノ氣持ハ曩ニ往電第九六七號ヲ以テ申進メタル通リ我方政變ノ歸趨ヲ見送リタキ氣持アリシカ更ニ其ノ後電報ノ通リ新内閣ノ對蘇方針ヲ確メタル後ニ其ノ態度ヲ決定セントスルモノノ如ク認メラルルニ依リ本件交渉促進ノ爲ニハ時ヲ移サス拙電第九九九號ノ趣旨ニ依リ我方ヨリ働掛ケ以テ急速妥結ニ導クコト諸般ノ情勢ニ照ラシ極メテ緊要ナリト思考ス

同電補足旁々電報ス

---

179 昭和15年8月2日 在ソ連邦東郷大使より松岡外務大臣宛(電報)

モロトフの外交演説要旨

別 電 昭和十五年八月二日発在ソ連邦東郷大使より松岡外務大臣宛第一〇六一号

右外交演説中日ソ関係に関する部分

モスクワ 8月2日後発
本 省 8月2日夜着

第一〇六〇號

往電第一〇五九號ニ關シ

一日午後七時「モロトフ」ハ最高會議合同會議ニ於テ要旨左ノ如キ外交演説ヲ爲シタリ

第六回最高會議以來四箇月間ニ獨ノ優勢ナル攻撃ハ終ニ佛ヲモ屈服セシメタルカ未タ眞ニ和平成ルニ至ラス英ハ米ノ援助ヲ頼ミテ獨ノ和平提議ヲ退ケタルヲ以テ戰亂ハ益々擴大ノ惧アリ佛ハ戰備ノ不足ト蘇聯ニ對スル認識ノ不足等ニ依リ脆クモ破レタリ獨蘇關係ハ益々强固トナリ英佛ノ離間策モ效ナシ蓋シ兩者ノ友好關係ハ偶然ノ事情ニ依ルモノニアラスシテ双方ノ利害ニ依リテ結ハレ居レリ又伊トノ關係モ改善セラレ通商關係發達ノ可能性アリ蘇英關係ハ改善セラルルニ至ラス「ベツサラビヤ」及「バルト」三國ノ合併ハ之等諸地方ノ經濟、文化及安全ヲ强化スルト同時ニ蘇聯ヲ益々强大ナラシム芬蘭トノ關係ハ大體圓滿ニテ芬ハ「オーランド」ノ防備撤廢、蘇聯領事館(複數)ノ開設ニ應シタリ又諾威、瑞典、「ユーゴ」及希臘トノ關係モ正常ニ進ミ居レリ土耳古及依蘭トノ間ニハ別段ノ變化ナキモ之ヲ通シテ外國ノ飛行機「バクー」及「バツーム」ヲ偵察シタル事例ニ鑑ミ南部國境ニ對シテモ監視ヲ嚴ニスル要アリ（茲ニテ別電第一〇六一號日蘇關係ニ觸レタリ）米國トノ關係ハ良好ナラス殊ニ「バルト」三國ヨリ蘇聯國立銀行ノ購入セル金ヲ米國側ニテ抑留セル事件ニ付テハ嚴重抗議中ナリ支那トノ間ニハ不侵略條約ヨリ生ル友好關係アリ尚佛、白、蘭等ノ殲滅ノ結果植民地分割問題尖鋭化シ日本ノ外米ノ帝國主義モ觸手ヲ動カシ居レリ斯クテ歐洲戰爭ハ世界動亂ニ擴大スル兆候アル處蘇聯ハ益々國防ヲ强化シ動員體制ヲ以テ之ニ處シ總ユル事態ニ備フルコトヲ要ス

モスクワ　8月2日後発
本　省　8月2日夜着

（別　電）

第一〇六一號

日蘇關係ハ最近若干正常化セリ殊ニ六月九日滿蒙紛爭地國境確定成立セルカ本問題ハ解決延引シ日蘇及滿蒙間ノ國交調整ノ障碍ヲ爲シ居タルニモ鑑ミ特ニ意義アリ而シテ滿蒙委員會ハ近日中ニ現地作業ヲ開始スルコトトナレリ一般ニ日本政界ニハ蘇聯トノ國交改善ヲ望ム傾向認メラルル處右ハ利益ノ相互認識ト無意味ナル障碍ヲ除去スルコトニ依リ達成スルコトヲ得ヘシ日本新政府ノ政綱卽チ新政治體制中ニハ尚不明瞭ナル點多々アリ南進政策ノ如キ新聞ニ喧傳セラレ居リ政界モ亦歐洲ノ動キニ鑑ミ南進ニ傾キ居ルモノノ如キカ之ニ付テモ不明ノ點アルコト尚其ノ蘇聯ニ對スル態度ニ同シ

180　昭和15年8月3日　在ソ連邦東郷大使より　松岡外務大臣宛（電報）

モロトフの外交演説を踏まえ中立協定交渉促進のための方針回示方請訓

モスクワ　8月3日前発
本　省　8月3日後着

第一〇七六號（至急、極祕、館長符號扱）

往電第一〇六一號「モロトフ」ノ演說ヨリ見テ日蘇間政治協定問題ニ對スル蘇聯邦側ノ意嚮ハ往電第九六七號及第九九九號ヲ以テ申進メタル本使ノ觀側（測カ）ヲ裏書スルモノニシテ

本件協定ニ興味ヲ感シ居ルコトニハ變化ナキモ其ノ回答ヲ爲スニ先立チ我新内閣ノ對蘇方針ヲ知ラントスルニアリ尙右演説ニ依ルモ蘇聯邦側ニ於テハ本件協定ニ付相當ノ註文ヲ有スルコト之亦明カナルニ依リ（此ノ間ノ事情ハ漁業交渉ヲ本件ト切離スノ方策ニ出ツルヲ可トスル旨稟申セル本年七月初旬ノ往電第八八〇號等御參照ヲ請フ）交渉開始ノ後モ相當ノ紆餘曲折ハ豫期スル要アルヘキモ既ニ「モロトフ」ノ演説ニ依リ日蘇間ニ何等此ノ種ノ話合アリトノ示唆ヲ受ケタル向ニ於テハ直ニ之ヲ問題化シ爲ニ不測ノ障害ヲ見ストモ限ラレス兎ニ角此ノ際時日ヲ遷延スルコトハ面白カラスト存セラルルニ付貴方御方針ニ關シ概括的ノモノナリトモ至急御回示ヲ得度ク右重ネテ稟請ス

181 モロトフとの会談で中立協定案に対する回答を督促について

昭和15年8月5日　在ソ連邦東郷大使より松岡外務大臣宛（電報）

モスクワ　8月5日前発
本省　8月6日夜着

第一〇八六號（館長符號扱）

[1]貴電第六六一號ニ關シ

五日「モロトフ」ヲ往訪本使ヨリ七月二日會談ニ於ケル先方言明ヲ引用スルト共ニ遠カラス回答アル旨述ヘラレタルヲ以テ其ノ内ニモ御回答ニ接シ得ヘシト期待シ居タル次第ナルカ我方新内閣ニ於テハ日蘇兩國カ大局的見地ヨリ各自ノ生存權ヲ尊重シ東亞ニ於ケル平和ヲ保持スルコトヲ希望シ過般話合ノ中立協定ノ急速締結ヲ希望シ右提案ニ對スル蘇聯邦側ノ的確ナル回答ヲ承知シ度キ旨申越セリ本問題ハ既ニ一箇月ヲ經過シ居ルニモ鑑ミ本日ハ御回答ヲ得ヘシト期待スト述ヘタルニ「モ」ハ貴使ノ提案ニ付テハ蘇聯邦政府ハ公正的態度ヲ以テ之ヲ審議スヘキ旨述ヘ置キタルカ御承知ノ通リ政府ハ主トシテ蘇聯邦西部國境ニ關スル諸問題ニ忙殺セラレ審議遲延セルモ目下研究中ナレハ近ク具體的回答乃至提案ヲ爲スコトトナルヘシ自分ハ最高會議ニ於ケル外交演説中日本トノ關係ニ付テハ貴使ノ提案ニ直接觸レサリシモ之ニ考慮ヲ加ヘタル次第ナリ尙自分ハ右演説ニ於テ雙方カ國交改善ノ途上ニ横タハリ既ニ意義ヲ失ヘル若干ノ障碍ヲ除去スルノ要アルコトヲ認ムルニ於テハ雙方ノ利

益ノ互認ノ下ニ日蘇關係ノ改善ヲ實現シ得ヘシト述ヘタルカ

他[2]方日本新政府ノ政綱ハ當時吾人ニハ不明ナリシノミナラス對蘇政策モ不明瞭ナルモノアリシコト本問題ノ商議捗ラサリシ一因ナリト述ヘタルヲ以テ本使ハ貴下ノ演説殊ニ日本ニ關スル部分ハ大ナル興味ヲ以テ聽取セルカ新内閣ノ蘇聯ニ對スル態度ハ唯今本使ノ述ヘタル所ニ依リ充分ニ御了解ノコトナルヘシ尚物事ニハ凡ヘテ時機アルニ依リ此ノ際ニ於テ本協定ノ成立ヲ見ルニアラサレハ終ニ時機ヲ失フヲ恐ル貴下ハ前回會談ニ於テ本問題ハ餘リ手間取ラサルヘシト述ヘラレタル次第ナルニ依リ此ノ際成ルヘク速ニ話ヲ進ムルコト然ルヘク大體何時頃御回答ヲ得ヘキヤ承知致度シト述ヘタルニ「モ」ハ唯今日時ヲ明示シ得サルモ近日中ニ回答致スヘシトテ重ネテ日本新内閣ノ對蘇態度不明ナリシ爲本件審議遲レタルコトヲ述フルト共ニ貴使ノ言明ニ依リ新政府ノ方針モ承知セリ尚本件促進方ニ關スル貴使ノ御希望ハ蘇政府ニ於テハ充分考慮ニ加ヘ回答ヲ促進スル樣說クヘキ旨約セリ

182　昭和15年8月16日　在ソ連邦東郷大使より松岡外務大臣宛（電報）

中立協定案に対するソ連側回答につきモロトフと会談について

別　電　昭和十五年八月十六日発在ソ連邦東郷大使より松岡外務大臣宛第一一三九号

右回答

モスクワ　8月16日前発
本　省　8月16日後着

第一一三八號（館長符號扱）

十[1]四日午後九時求メニ依リ「モロトフ」ヲ往訪セル處「モ」ハ曩ニ貴使ヨリ申出ラレタル日蘇中立協定ニ付蘇政府ノ回答ヲ爲スヘキ處コト重大ナレハ書物トシテ用意セリト述ヘ客年八月ノ獨蘇不侵略協定ニ於テ當時兩國間ノ話合ノ成立ハ困難視サレタルニモ拘ラス急速妥結ヲ見タル例モアリ日蘇双方ニ於テ熱意ヲ有スルニ於テハ本協定モ成立セシメ得ヘシト語リ別電ノ如キ長文ノ書物（露文寫本十五日發滿洲經由歸朝ノ法眼官補ニ携行セシム）ヲ讀ミ上ケタリ依テ本使ハ本協定ニ對スル蘇政府ノ詳細ナル見解ヲ茲ニ承

知セルカ相互ノ見解一致セル點モアレハ喰違ヘル點モアリ或點ニ付テハ我方トシテハ不滿足ナリト言ハサルヲ得サルモ本日ハ成ルヘク論議ヲ差控ヘ貴方回答中不明瞭ノ點ニ付テ説明ヲ求ムルコトト致度トテ

㈠我方カ北京條約ヲ兩國今後ノ關係ノ基礎トシテ存續セシムヘキ旨提議セルカ如ク説述セラレタルモ斯ル解釋ハ正シカラス同條約ハ現ニ效力ヲ有シ居リ之カ存續ヲ云爲スヘキ筋合ニアラス又「ポーツマス」條約ヲ引用シテ滿洲ノ諸問題ニ迄觸レラレタルモ貴方ノ引用セラレタル條項ハ既ニ終了シタル事實トナレルモノニテ今日ニ於テハ論議ノ題目トナリ得サルモノナリ兩國ノ國交ヲ調整セントスル此ノ機ニ及ヒ「ポーツマス」條約違反云々ヲ持出サルルハ不可解ナリ蘇側ハ滿洲ニ付テ何カ求メントスルモノナリヤ今少シク明瞭ニセラレタシト述ヘタルニ「モ」[(2)]ハ日本側提案ノ北京條約ヲ兩國關係ノ基礎ト爲ス點ニ付テハ「ポ」條約カ滿洲ニ於ケル日本ノ行動ニ依リ完全ナル效力ヲ有セサルニ至レルコト竝ニ北京條約以來日蘇關係ニハ重大ナル變化アリタルコト等ヲ述ヘ要領ヲ得サリシヲ以テ本使ハ「ポ」條約中何レノ條項カ現ニ效力ヲ存スルヤハ明瞭ナリト釘ヲ打チタル上

㈡北樺太利權ニ付詳細ナル陳述アリタルモ右ハ殆ト總テ誤解ニ基クモノナリト言ハサルヲ得ス利權カ採掘探掘共ニ充分ノ成績ヲ擧ケ得サリシハ當業者ニ於テ氣力ナキカ又熱意ナキニ基因スルニアラス主トシテ勞働力ノ不足ニ基クモノニシテ右ハ蘇側ノ責ニ歸スヘキ事由ニ依ルモノナリ又勞働法規等ノ問題ニ付テハ蘇側ハ北京條約ニ於テ利權カ收益的經營ヲ可能ナラシムルコトヲ約セルヲ無視シ得サルヘシ利權事業カ兎角兩國紛爭ノ原因ヲ爲シ居ルコトニ付テハ遺憾乍ラ之ヲ認メサルヲ得サルモ冷靜ニ之ヲ檢討セハ原因ノ大部分ハ蘇側ニアルコトヲ認メラルルナラン蘇側トシテハ新經濟政策時代迄ニ許與セル利權ノ全部ヲ回收セル今日現存セル我利權ニ付テモ之ヲ清算セントスルモノナルヘキモ我方利權企業ヲ絶滅セシメントスルカ如キ態度ニ出テス寧ロ經營ヲ圓滑ナラシムルコト兩國關係改善ニ資スルモノナリト思考スル處貴見如何ト述ヘタルニ

「モ」[(3)]ハ北京條約以來日蘇双方ノ地位ニハ大ナル變化アリ殊ニ蘇聯邦ノ極東ニ於ケル變化見ルヘキモノアリ蘇側

ノ提議セル所ハ此ノ現狀ニ卽スルト共ニ兩國關係ノ正常化ニ資セントスルモノナリト言ヒ明答ヲ避ケタリ依テ本使ハ遺憾乍ラ貴下ノ述ヘラレタル所ハ兩國國交改善ノ趣旨ニ合致セス日本政府ニ於テモ大ナル不滿ヲ以テ向フヘシト述ヘタル上第三問トシテ

㈢貴方回答ニ依レハ我方提案ハ第一條第二項ニ付テハ二個ノ修正ヲ加ヘタル上之ヲ受諾スルノ外他ノ部分ニ付テハ同意ナル趣ナルカ右ノ外七月二日ノ會談ニ於テ支那問題ニ付「ベッサラビア」ノ先例ニ依リ蔣政權援助打切ノ通告方希望シ置キタルカ之ニ付テモ御同意ナルヤ否ヤ又中立協定ニ付蘇側ヨリ提案セラルル所ハ之ニテ盡サレ居ルヤト問ヒタルニ「モ」ハ書物ノ最後ニ述ヘタル通リ蘇側トシテハ本協定締結ニ依リ蘇側カ失フヘキ所ニ對シ日本カ如何ナル代償ヲ與フヘキヤ又少クトモ其ノ損失ヲ鮮カラシムル爲如何ナル措置ヲ執ルヘキヤニ付貴使ノ說明ヲ得度ク日本ノ態度如何ニ依リテ中立協定ト關聯スル諸問題解決セラルヘク日支關係ニ關スル話合卽チ蘇聯邦ノ對支軍事援助ニ於テモ話合出來得ヘシト考ヘ居レリト述ヘタルニ對シ本使[4]ハ貴下ノ回答ハ明瞭ヲ缺クハ遺憾ナリト前提シ蘇側ハ日本ノミカ絶大ナル利益ヲ享ケ蘇側ハ却テ損失ヲ蒙ルカ如ク斷シ居ルモ日蘇ノ如キ强國カ平和關係ヲ維持シ互ニ領土權ヲ尊重スルコトヲ約シ戰爭無カルヘキヲ明カニスルハ相互ニ利益ナルコト明白ナルノミナラス第三國ヨリ侵略ヲ受クル場合之ヲ援助セサルコトヲ約スルニ依リ受クル一般的利益モ双方殆ト匹敵スヘシ日蘇共ニ非交戰國ナル地位ニ付テハ同樣ニシテ日本カ南方ニ於テ積極的行動ニ出ツル場合北方ヲ固ムルノ利益ハ考ヘラレサルニ非サルモ日本カ支那佛印乃至蘭印ニ於テ望ムハ領土ニアラス日本ノ一般的利益ノ確立ニシテ相手國ニ於テ之ニ同意スルニ於テハ戰爭ヲ避ケ得ル次第ニテ此ノ點亦蘇聯邦ノ行動ト同樣ナリ尙若シ東亞ノミニ付テ考慮スルトセハ或ハ本協定ニ依リ日本ノ受クル利益ハヨリ大ナルヤモ知レサルモ歐洲、近東及米等トノ關係ヲモ考慮スルトキハ蘇聯邦カ本協定ニ依リ受クル利益大ニシテ此ノ點互ニ相匹敵スルモノト言ヒ得ヘシ貴下ハ極東ノミヲ見テ歐洲、近東及米トノ關係ヲ考慮セラレサリシニアラスヤト反問セサルヲ得スト述ヘタルニ

「モ」[5]ハ遺憾乍ラ貴使ノ所言ニハ同意シ得ス歐洲（東南歐洲ヲ含メ）及近東等ノ問題ニ付テハ獨蘇ノ關係ヲ想起セサルヘカラス之ハ御承知ノ通リ單ナル不侵略關係ニアラスシテ幾多ノ具體的問題卽チ波蘭「ベッサラビア」「ブコブイナ」「バルト」等ノ問題ノ解決ニ役立チ又勿論芬蘭問題ノ解決ニモ役立ツヘシ而シテ獨蘇ノ關係ハ日蘇中立協定ノ締結ニ依リ何等變化スル所無カルヘシ尙極東ニ於テモ蘇聯邦ハ非戰鬪國ナルカ日本ハ然ラス從テ日本ハ中立協約ニ依リ蘇聯邦ヨリハ更ニ大ナル利益ヲ受クルモノナルニ依リ蘇聯邦トシテハ日本ヨリ代償ヲ得ルニアラサレハ日本ノ提案ヲ受理シ得サル旨ヲ述ヘ蘇側ノ提案ヲ充分研究セラルレハ日本政府モ貴使モ蘇政府ノ意アル所ヲ了解セラルヘシト述ヘタリ仍テ本使ヨリ先方ノ說明等ニ付テハ更ニ考究スヘキモ日本ニ於テハ新聞等ニ依リ御承知ナランモ此ノ種政治協定ハ寧ロ蘇聯邦ニ對シ大ナル利益ヲ與フルト考フル向キ鮮カラス又自分トシテハ本協定ニ依リ日蘇ノ利益スル所ハ相等シトスルコト說明セル通リナルナレハ貴下ニ於テモ自分ノ述ヘタル所ニ付篤ト考慮ヲ加ヘラレタシ

尙[6]又貴下ノ說明ニ付テハ詳細研究ノ上更ニ質問スルコトアルヘシト述ヘタル處「モ」ハ獨蘇條約ハ双方ニ於テ利益ヲ互認シタル結果成立シタルモノナルカ結果ニ於テハ蘇聯邦ノ得ル所大ナリシハ勿論ナリ而シテ兩國關係ハ現ニ圓滿ニ發展シ居リ將來性ヲ備フ之ハ日蘇間ニモ望ミ得ヘキ所ナリト考フル處特ニ蘇聯邦ノ太平洋國タルコト竝ニ蘇聯邦ト他ノ太平洋ニ關心ヲ有スル諸國トノ關係ヲ考慮スル要アリト述ヘタリ依テ本使ハ蘇聯邦カ太平洋ニ關係アルコトハ了解シ得ルモ蘇聯邦艦隊ヨリ言ヘハ極東及西比利亞ヨリモ歐露ノ方重要ナリト言フモ誤ニアラサルヘシ又獨蘇關係カ其ノ後圓滿ニ運ハレ居ルコトハ充分認ムル所ナルカ兩國ノ關係モ第三國ヲ以テスル取引ニ依リテ寧ロ强固トナルモノニシテ日蘇間ニ在リテモ大局的見地ヨリスレハ双方ノ利益合致スル所鮮カラサルヘキハ注意スヘキコトナリ兎ニ角双方ニ於テ充分再考スルコト致度キ旨述ヘタルニ「モ」之ヲ首肯シ午前一時半辭去セリ

（別　電）

モスクワ　8月16日前発
本　省　8月16日後着

第一一三九號（館長符號扱）

[1]七月二日東郷大使ハ日本政府ノ名ニ於テ「モロトフ」人民委員ニ對シ蘇聯邦及日本國間ニ左ノ三條ヨリ成ル中立協定ノ締結ヲ提議セリ

㈠兩締約國ハ一九二五年ノ蘇聯邦日本國間基本條約カ兩國々交ノ基礎ヲ爲スモノナルコトヲ確認ス

兩締約國ハ平和及友好ノ關係ヲ維持シ相互ニ領土權ヲ尊重スヘキコトヲ聲明ス

㈡締約國ノ一方カ其ノ平和的態度ニ拘ラス第三國ヨリ攻撃セラルルトキハ締約國ノ他方ハ紛爭ノ繼續中中立ヲ維持スヘシ

㈢本協定ハ五年ノ有效期間ヲ有スヘシ

「ソヴィエト」政府ハ七月二日「モロトフ」人民委員ヨリ東郷大使ニ言明セル通リ此ノ際日本ノ利益ノミナラス蘇聯邦ノ利益モ考慮セラルルニ於テハ日本政府ノ提議セル蘇聯邦日本國間中立協定ノ思想ニ肯定的態度ヲ以テスヘキコトヲ確認ス

蘇政府ハ日本政府ノ提議セラレタル協定ハ其ノ内容ヨリ明カナル通リ中立條約ニ止ラス實質上不侵略竝ニ敵對「コアリシヨン」不參加條約ナルヘシトノ意味ヲ以テ了解ス同時ニ蘇政府ハ今猶解決ヲ見スシテ現ニ國交改善ノ重大ナル障礙トナリ又今後モ障礙トナルヘキ若干ノ重要問題ヲ調整スルコトハ兩國ノ爲殊ニ中立協定ノ爲必要ナルヘキ旨ヲ聲明スルノ要アリト認ム

[2]一、日本政府ハ東郷大使ノ提議セル協定案第一條ニ於テ兩國間今後ノ關係ノ基礎トシテ一九二五年ノ蘇聯邦日本國間基本條約ヲ存續セシムヘキコトヲ提議セリ

周知ノ通リ前記條約ハ「ポーツマス」條約ノ效力ヲ存續セシメ居レリ依テ同條約第三條第二《（一カ）》項モ效力ヲ存スヘキ處同條ニ曰ク（同條第一項一ノ條文ヲ掲ク）

又「ポーツマス」條約第三條追加約款ニ曰ク（追加約款第一ノ第一項及第三項全般ヲ記載ス）

斯クテ「ポーツマス」條約ニ從ヘハ日露兩國軍隊ハ少數ノ鐵道守備兵ノ外滿洲ニハ全ク存在スヘカラサルコトトナルヘシ

然ルニ日本ハ滿洲ニ五十萬ニ達スル自國軍隊ヲ入レ且滿

洲ノ領土ヲ完全ニ占領シ一方的行爲ヲ以テ「ポーツマス」條約前記二箇條ヲ侵犯セリ

右ノ外前記「ポーツマス」條約第三條ニ依レハ露西亞國及日本國ハ左ノコトヲ約シタリ（同條第一項ノ二ヲ揭ク）

(3)日本ハ右「ポーツマス」條約第三條ニ違反シテ滿洲ヲ占領シ滿洲ヲ支那ヨリ分離セシメ支那ノ滿洲ニ對スル主權ヲ停止セシムルカ如キ措置ヲ執リタリ

日本カ自ラ負ヘル義務ノ一方的放棄ニ依リ犯セル他ノ幾多ノ違反ハ別トスルモ前記日本ノ犯セル「ポーツマス」條約ノ重大ナル違反ハ同條約カ完全ナル效力ヲ有スルモノト看做シ得サルカ如キ全ク新シキ事態ヲ生セシメタリ

仍テ唯右ノ事態ニ關聯アル總テノ問題ヲ特ニ審議スルコトニ依リテノミ「ポーツマス」條約カ如何ナル範圍內ニ於テ效力ヲ保全シ得ヘキヤヲ決定シ得ヘシ

蘇聯邦日本國間基本條約ハ猶又他ノ或部分ニ於テ明カニ時代遲レトナリタルニ依リ中立協定ノ基礎トナリ得サルヘシ例ヘハ同條約第六條ニハ日本人ニ對スル利權ノ許與ヲ規定シ居レル處北樺太ニ於ケル是等利權ノ生存力無キコトハ過去ノ諸事實ニ見ル通リ現在ニテハ全ク明白トナレリ卽チ

(イ)[4]石炭利權當業者ハ既ニ一九二五年北樺太ニ於テ採鑛及採炭ノ爲「マーチ」、「ウラヂミロフカ」、「ドウエ」ノ三地區ヲ蘇政府ヨリ貸付ケラレタルモ事實上「ドウエ」鑛區ヲ經營セルノミ而モ之トテ一九三七年秋以來休業ノ狀態ナリ「マーチ」及「ウラヂミロフカ」ニ在ル他ノ二鑛區ハ放任ノ儘ニテ利權當業者ハ今日ニ至ル迄其ノ經營ニ着手スルニ至ラス斯クテ最近三年間ニ亘リ北樺太ニ於ケル石炭利權企業ハ全ク休業狀態ニアリ

(ロ)石油利權當業者ハ之ニ許與セラレタル地域ノ大部分ニ亘リ試掘、採油ノ何レノ作業ヲモ行ヒ居ラス石油ノ採取ハ「オハ」及「カタングリ」ノ兩鑛區ノミニ集中セラレ其ノ一九三九―四〇年度ニ於ケル採油量ハ僅ニ九萬四千噸ニ過キス而シテ諸般ノ資料ニ依リ判斷スルニ將來ニ於テモ利權企業ノ採油量ハ增加スルモノトハ考ヘラレス加之蘇政府ノ利權當業者ニ與ヘタル石油試掘權ハ當初一〇年ニシテ其ノ後五年延長セラレタルモノナルカ一九四一年十二月十四日期限滿了スヘキヲ考慮ニ入ルルトキハ石油利權亦今後發展ノ見込無カルヘシ

社會主義國家ノ勤勞的國民ノ利益ヲ基本トスル蘇聯邦ノ[5]現行ノ工場、勞働其ノ他ノ法規ハ利權當業者自ラ承認スルカ如ク彼等ノ事業カ蘇聯ノ總テノ國民經濟トハ異レル法規ニ基クモノナルニ依リ重荷タルノミナラス負擔ニ耐エサルモノナル事態ニ特ニ注意ヲ爲ス要アリ

上述セル所ニ依リ經濟的利益甚タ疑ハシキ在北樺太日本石油、石炭利權ハ利權當業者等ト關係蘇聯機關間ノミナラス兩國政府間ノ不斷ノ紛爭及摩擦ノ種トナリツツアルノミニテ之ハ日蘇兩國ノ爲ニナラサルコト明白ナリ依テ蘇聯政府ハ是等利權ノ生存力ナキニ鑑ミ利權當業者カ爲シタル投資ニ對シ公正ナル補償ヲ爲スコトヲ條件トシテ北樺太ニ於ケル石炭及石油ノ兩利權ヲ解消スヘキモノナリト認ム蘇聯政府ハ之ニ關聯シ日本政府カ或ル數量ノ石油ヲ失フヘキヲ考慮シ五年間普通ノ條件ニ依リ樺太產油ヲ供給スヘキコトヲ日本政府ニ保障シ得ヘシ日本政府ニ供給セラルヘキ石油年額ハ最近二年間ノ利權企業ニ於ケル平均年採油量ニ均シカルヘク卽チ約十萬噸トスヘシ

上述ノ理由ニ依リ蘇聯政府ハ本年七月二日東鄕大使提出[6]ノ協定案第一條第一項卽チ「ポーツマス」條約ヲ以テ日蘇關係ノ基礎ト爲ス北京條約ノ確認ヲ規定セル日本政府ノ提案ニ付テハ留保ヲ爲サスシテ之ヲ日蘇間ノ基礎トシテ受諾スルコトヲ得ス同時ニ蘇聯政府ハ前記日本案第一條二項ニ示サレタル日本政府ノ提議卽チ兩締約國ハ平和友好ノ關係ヲ維持シ相互ニ領土權ヲ尊重スヘシトノ點ニ付テハ全ク同意ナルコトヲ聲明ス

尙蘇聯政府ハ中立協定日本案第二條及第三條ニ示サレタル日本政府ノ提議ヲ受諾スルノ用意アリ

三、「ポーツマス」條約竝ニ一九二五年ノ條約ニハ共ニ重要ナル修正ヲ加フル要アリトノ事實ヲ認識スルコトハ現在ニテハ全ク當然ノコトトナレリ殊ニ極東ノ情勢ニ生シタル變更ヲ充分ニ考慮シ又日蘇關係正常化ヲ念トスルニ於テハ更ニ然ルヘシ

上述ノ外中立條約ノ締結ニ際シテハ更ニ重要ナル一ノ事情[7]ヲ考慮スルノ要アリ卽チ日蘇中立條約ハ日本ニ對シ最大ノ利益ヲ與ヘ其ノ南方ニ對シ積極的行動ヲ進展セシムル爲北方ニ於ケル日本ノ地位ヲ改善セシムルニ反シ蘇聯邦ハ僅カノ利益ヲ得ルノミニテ非交戰國タル蘇聯ニ執リテハ他ノ諸國トノ關係ニ於テ新タニ複雜ナル問題生スヘシ卽チ蘇聯邦

ハ日本ト中立條約ヲ締結スルコトニ依リ或程度ニ支那竝ニ太平洋及南洋ニ於テ重大ナル關心ヲ有スル諸國トノ關係ノ惡化ニ付危險ヲ負擔スヘク從テ蘇聯邦ハ重大ナル損失ヲ蒙ルコトアルヘク而モ右ハ經濟上ノ損失ノミニ止マラサルヘシ然ルニ日本政府ハ日蘇間ニ中立條約ノ締結ヲ提議スルニ當リ蘇ノ重大ナル利害ニ牴觸スル右ノ事情ニ考慮ヲ拂フ所無キ處蘇聯邦ノ平和政策ハ常ニ蘇聯ト隣接スル諸國ノ利害ヲモ考慮シ居レリ

仍テ蘇政府トシテハ日本トノ間ニ中立協定ヲ締結スルニ先立チ蘇聯邦カ日蘇間中立協定ノ締結ニ依リ蒙ルコトアルヘキ損失ヲ最少ナラシムル爲ノ措置ニ關シ日本政府カ如何ナル態度ヲ持スルヤニ付日本政府ヨリ説明ヲ得度シト考フル次第ナリ

一九四〇年八月十四日

183 昭和15年8月18日 在ソ連邦東郷大使より松岡外務大臣宛(電報)

中立協定案に対するソ連側回答への対処方針につき意見具申

モスクワ 8月18日前発
本省 8月18日後着

第一一五〇號(至急、極祕、館長符號扱)

往電第一一三八號[1]ニ關シ

蘇側今次ノ出方ハ大體往電第八四三號中ニ豫想セル通リ各種ノ注文ヲ持出シ來リタルト共ニ我方ノ南方政策喧傳セラルル際トテ中立協定ヲ高價ニ評價シ之ニ對スル代償ヲ得ントスルモノナリ即チ對案ノ前半ニ於テハ主トシテ我方カ北京條約ノ再確認ヲ求メタルニ乘シ「ポーツマス」條約ニ對スル所謂侵犯及北京條約ニ於ケル利權條項ヲ取上ケ兩條約共之ヲ現下ノ事態ニ副ハサル點アリトテ其ノ改定方ヲ申出テタルモノナルカ蘇側カ北樺太利權ニ付テハ近時頓ニ昂騰シツツアル國權回復ノ念ニ驅ラレ居ルコト明瞭ニシテ其ノ目的達成ノ底意ニハ相當根强キモノアリト觀測セラル尚又蘇側ニ於テハ不侵略規定及反對「コアリション」不參加條項ノ挿入ヲ希望スルヤモ知レス但シ蔣政權ニ對スル援助打切リニ付テハ或ハ文書ヲ以テシテハ困難ナルヘキモ何等カノ方法ニ依リ我方ニ滿足ヲ與ヘントノ氣持ハ看取セラレタリ次ニ蘇側ハ對案ノ後半ニ於テ中立協定ノ締結カ我方ヲ利

スルコト蘇側ニ比シ遙カニ大ナルノミナラス蘇聯ハ右締結ノ為英米支等トノ關係圓滑ヲ缺クニ至ルヘキニ付自己ノ損失ヲ最少限度ニ止ムル爲我方ヨリ所謂代償ノ提供ヲ求メントスルノ意嚮ヲ表示セルモ右代償ノ目的物トシテ何物ヲ考慮シ居ルヤハ言明ヲ避ケ居ル次第ナリ

右[2]蘇側ノ對案ニ付詳細ニ亘リ先方ノ意嚮ヲ質スニ於テハ蘇側ヲシテ期待ヲ强カラシムル惧モアリタルニ依リ餘リニ深入リスルヲ避ケ一應全般的ニ先方ノ主張ヲ反駁シ其ノ反省ヲ促スニ止メタル次第ニテ「モロトフ」ニ於テモ説明ニ當リ愼重ナル態度ヲ持シ居リタル爲充分其ノ包懷スル所ヲ突止メ得サリシ點鮮カラサリシ儀ナルカ是等ニ付テハ其ノ内適當ナル機會アラハ「モ」ニ對シ詳細ナル説明ヲ求ムル所存ナルカ成ルヘクハ其ノ以前ニ全般的外交施策進捗ノ關係ヨリシテ本件問題ヲ檢討セラレ大體ノ御意嚮ナリトモ御回示ニ接シ得レハ好都合ニ存セラル

尚本件ニ關スル方針御決定ニ際シ考慮スヘキモノノ一端トシテ左ノ通リ卑見上申ス

一、我方カ平明ニ不侵略條約ノ觀念ヨリ出發セスシテ劈頭北京條約ノ再確認ヲ求メタル結果國權回復ニ熱心ナル蘇側ニ對シ「ポーツマス」及北京兩條約改定ヲ持出スノ好機會ヲ與ヘタルノ嫌ヒアリ右ニ對シテハ我方提案第一(條?)ノ第一項卽チ北京條約ノ再確認ヲ削除シ第二項ノミニ止ムルコトトシ先方ノ兩條約改定ニ關スル企圖ヲ斷念セシムル樣説得ニ努ムルコト一方法ナルヘキモ既ニ我方ヨリ問題ヲ茲迄押進メタル關係モアリ更ニ蘇側ニ於テハ國權回復ヲ熱望スルモノナレハ本問題ハ何時カハ提起セラルヘキモノト觀ルヲ至當トスヘク旁々右ノ方法ハ一寸成功ノ見込無シト言ハサルヲ得ス

二、[3]本件蘇側ノ要求ハ前述ノ通リ猶空漠タル點モアリ其ノ全貌ヲ極メ難キ所モアリ更ニ又其ノ內ニハ幾分ノ駈引モ包含シ居ルモノト推量セラルルモ蘇側近來ノ遣口ハ其ノ一旦主張シタル所ハ容易ニ之ヲ飜ヘササルヲ例トスルニ依リ少クトモ或ル程度ノ實益ヲ與フルニ非レハ妥結困難ナリト認メラルルニ付此ノ點亦愼重考慮ノ要アリト存セラル

而シテ我方ニ於テ如何ナル條件ヲ以テスルモ本件ヲ取纏ムル必要アリヤハ主トシテ帝國カ大東亞政策遂行ノ爲第三國ト如何ナル程度ノ抗爭ヲ覺悟スヘキヤノ問題ト關聯

シ全般的國策ト睨合セ決定セラルヘキモノナル處蘇側トシテハ前記ノ通リ條件ヲ附シタルモ帝國トノ間ニ不侵略關係ヲ希望シ又第三國不援助ヲ約スルニ傾キ居ルコトハ之レ迄ノ交渉ニ依リ判明セル次第ナレハ我方ニ於テ支那事變ノ解決ニ充分ノ目處ヲ有シ且ツ南方發展ニ際シ米國トノ間ニ衝突ノ危險ナシ（此ノ點ニ付テハ米國カ鋭意努力中ナル軍備擴張完成後ノ對日態度ヲモ考慮ニ加フル必要アリ）トノ御見込ナルニ於テハ蘇聯トノ間ニハ特ニ協定スルコトモナク現在ノ通リ不脅威不侵略ノ態勢ヲ以テ進ムコト亦一方法ナリト考ヘラレサルニアラス但シ此ノ場合ニハ兩國間ノ懸案解決ハ甚タ困難トナリ北洋漁業及北樺太利權ニ對シ強度ノ壓迫カ加ハルニ至ルハ豫測ニ難カラサルノミナラス第三ニハ極東ヲ目標トスル米蘇接近ノ惧レモ充分ニ覺悟スヘキ必要アリ

三[4]、之ニ反シ帝國ニシテ南洋ニ對シ積極的態度ニ出テ已ムヲ得サル場合ニハ武力的行動モ致方無シトノ決意ヲ有セラルルニ於テハ獨カ客秋沿「バルト」諸國ニ有シタル政治的地歩ヲ放棄シ西歐及北歐ニ進出スルニ至レル故智ニ做（倣カ）ヒ小利ヲ去リ大利ニ就クノ方策ニ出テ本件政治協定ノ成立ヲ圖ルヘキハ帝國ノ大計上寧ロ必要事ト存セラル。

其ノ場合蘇側ニ於テ滿洲ノ駐兵量制限ニ付協定ヲ希望シ來ル場合ニハ極東蘇領ニ於ケル駐兵量制限ニ誘導スルコト然ルヘシ他方北樺太利權回收ニ關スル蘇側希望ノ大ナルヘキハ前述ノ通リニテ何ノ途大ナル事態ノ變化ナキ限リ右利權ノ滿足ナル經營ノ爲ニハ常ニ武力行使ノ覺悟ヲ持スル必要アル儀ナルニ付政府ノ負擔ト會社ノ實績ヨリ考査ヲ加ヘ此ノ際暫ク歴史的感情ヲ去リ實際ニ即スル方策ニ出ツルコトモ考究ノ餘地ナキニアラサルヘシ

更ニ又反對國家群不參加條項ノ如キハ中立條項ノ精神ヲ徹底セシムルニ於テハ當然ノ歸結ナルコト一般ニ首肯セラルル所ナルニ依リ此ノ點再審議ノ餘地アリト思考ス

184

昭和15年9月25日

日ソ国交調整方針に関する外務省内打合せ要旨

日蘇國交調整方針ニ關スル打合要旨

昭和十五年九月二十五日

出席者　建川大使、西公使、大橋次官、安東參事官

一、日「ソ」國交調整ニ關シ獨逸側ヲ仲介セシムルコトニ付
獨逸側ノ熱度及獨逸側ノ心附キ又ハ要望等大臣ヨリ「スターマー」ニ打診アリ度事
二、日支基本條約第三條案文ハ防共ヲ看板トシ居リ日「ソ」國交調整上障害トナルヲ以テ適當ニ變更スルコト
三、既存ノ日獨伊防共協定ハ形式上適當ナル廢棄措置ヲ講シ右「ソ」側ニ通告スルコト
同時ニ國內的防共措置ハ之ヲ强化スルコト

185

昭和15年10月3日

日ソ国交調整要綱案に関する外務・陸軍・海軍三省の意見交換記録

付　記　昭和十五年十月二日、外務省作成
「日蘇國交調整案ニ關スル說明」

日「ソ」國交調整要綱案ニ對スル意見交換記録

昭和十五年十月三日

出席者　外務省　成田歐一課長心得
柿坪事務官
陸　軍　高山中佐
二宮中佐
海　軍　芝《柴カ》　中佐

成田ヨリ三國同盟ノ運用ニ關シ三省幹部間ニ協議行ハレタル結果支那事變ノ處理ヲ促進スル事カ當面ノ急務ニシテ之カ爲ニハ至急日「ソ」國交ヲ調整スル必要アリト云フニ意見一致シ外務省ニ於テ日「ソ」國交調整案ヲ作成スル事トナリ東亜局長ヲ中心トシテ別添ノ如キ案《見当ラズ》(甲號)作成セラレタルヲ以テ右ニ關シ「ソ」聯關係事務當局間ノ意見ヲ交換シ度シト述べ逐條審議ニ入ル

第一、方針ニ付テハ格別ノ意見無シ

第二、要綱

一、ニ付、成田ヨリ(「ポ」條約及基本條約ヲ離ルル云々)トハ兩條約ヲ廢棄スルノ意ニ非ズシテ兩條約ノ思想ヲ離レ新ナル構想ノ下ニ國交調整ヲ行フノ趣旨ト解スへキナリト述フ

二、ニ付、高山中佐ノ日「ソ」國交調整ノ效果ヲ收ムル爲ニハ各ケノ政治的經濟時間《ママ》問題ニ關スル商議ノ如キハ後廻シトシ取敢エズ不侵略條約丈ヲ大急ギテ作上ケル

事必要ナリ之カ為ニハ三、ノ(イ)(ロ)(ハ)(ヘ)位ノ簡單ナモノトスル方可ナラン(ニ)ノ如キハ面倒臭キ議論ヲ惹起シテ條約ノ成立ヲ遅ラシムル惧アリ

成田、不侵略條約丈取敢エズ結ビ得レバ結構ナルカ「ソ」側ハ過般ノ中立條約交渉ノ際ノ如ク各種懸案ノ解決ニ關スル日本側ノ肚ヲ承知セザル限リ不侵略條約ノミノ先決ニハ同意セザルニ非スヤ、又(ニ)ニ付テハ日「ソ」間ニ原則的ニ意見一致シ居ルヲ以テ議論ノ生スル惧ナカルヘク殊ニ國境紛争ハ日「ソ」衝突ノ□(二字不明)ナルモノトシテ外國ニモ宣傳セラルルヲ以テ(ニ)ノ規定ハ日「ソ」間不和ノ重要原因ヲ除去スルコトトナリ國交調整セラレタリトノ印象ヲ強クスル效果アルヲ以テ存置スルヲ可トス

芝(柴カ)中佐、(ニ)ハ存置シテモ可ナルモ(ホ)ハ當然ノコトナレハ不必要ナリト思フ又本不侵略條約ノ結果兩國ノ接近カ行過キテ共産宣傳等行ハルル余地ヲ生シテハ不可ナル故條約中ニ宣傳禁止條項ヲ設クル必要アリト述フ

協議ノ結果不侵略條約ヲ取敢エス締結シ條約中ニ「政治經濟問題調整ノ為速ニ商議ヲ開始ス」ノ一項ヲ設ケテ右ニ基キ三、以下ノ各問題ニ付後ニ交渉スルコトトシ宣傳禁止ノ目的ヲ以テ六、ヲ不侵略條約ノ一項トシテ挿入シ(ニ)ハ存置スルコトトナル

三、ニ付高山中佐、(イ)ハ出來ル丈後廻シニ交渉スルコトトシ日本ガ南洋へ進出スル態勢カ定マレバ利權ヲ返却シ「ソ」聯ヨリ一定量ノ油ヲ買フト云フ事ニシテ良シト思フ(ロ)ノ北樺太買收云々ハ實現性乏シキ故當初ノ案通リトシタシ

成田、石油利權確保ノ必要性殊ニ燃料局ノ強キ希望ヲ述フ(ロ)ヲ當初ノ案ニ返スコトニ一同異議ナシ(ハ)(ニ)ニ付テハ異存無シ

四、ニ付、高山中佐、芝(柴カ)中佐、滿洲ハ別ニ承認ヲ頼ム必要無ク「ソ」聯ハ西歐ノ事態ニ付テハ日本カラ承認シテ貰フ必要無キヲ以テ本項ハ當方ヨリ提出セス先方ヨリ提案アリタル場合考慮スル程度トシテハ如何

成田、滿洲國ハ何人モ否定シ得ザル既成事實ナルモ「ソ」聯ノ行ヘル處ハ未ダ根底確立セザルヲ以テ日本ガ之ヲ認ムル事ニ意義アルヘシ

柴中佐、獨逸ガ認ムルナラバ意義アラン、獨逸カ認ム

ルコトヲ日本ガ斡旋スルナラ意味アラン

五、ニ付、高山中佐ハ「ソ」聯ハ援蔣中止ヲ聲明スル處迄行カザルベキヲ以テ寧ロ本項廢止ニ如カズトノ意見ヲ述ヘタルモ結局本項ハ七、ノ諒解事項中ニ加フル方可ナリト云フコトトナル

六、ハ前述ノ通不侵略條約中ノ一項トス

七、(イ)ニ付異見無シ、(ロ)ニ付テハ佛印、蘭印、又「アフガニスタン」波斯等ハ大東亞共榮圈及中央「アジア」地方ノ語ヲ用フル方妥當ナリトノ意見出ツ而シテ「ソ」聯ハ「アフガン」波斯ヘノ進出ニ付テハ日本ノミノ容認アルモ些シテ之ヲ多トセザルヘク、日獨伊三國ノ容認アレバ其ノ意義著シク重要トナル故本項ニ付テハ特ニ獨伊ノ協力ヲ求ムヘキナリトノ意見出ツ。(ハ)ハ日「ソ」間ノ諒解事項タリ得ス寧ロ方針ノ中ニ入ルヘキモノナルヲ以テ七、ノ一項目トシテハ之ヲ削除ス。尙前述ノ通五、ヲ七、ノ一項目トシテ挿入ス

八、ニ付テハ何ノ日實現ノ可能性生シ來ルヘキヤ甚タ漠然タルヲ以テ削除スルニ如カスト云フニ一致ス但シ高山中佐柴中佐ヨリ非武裝地帶設定（結局ハ局地的非武裝地帶設定ノ他實現困難ナルヘキモ）ニ付テハ當方ヨリ進ンテ提案シ國交調整ニ對スル誠意ヲ示スヘシトノ意見アリ

第三、措置要領

㈠ニ付、柴中佐、日獨ヲ日獨伊トシタシ、「スターマー」在京中彼ト話合ヲ遂クル必要アリ

㈡ニ付テモ日獨、ヲ日獨伊トス、日獨伊ノ勢力利用ニ付今少シク明確ニ定メ度シ

㈢ニ付、高山中佐、最短期間ニ手際能ク纒ラザル場合モ外部ニ對シ停頓又ハ決裂ノ印象ヲ與ヘザル事肝要ナリ

㈣ニ付、前顯第一段階トシテ不侵略條約ヲ結ビ第二段階トシテ各種問題ノ交渉ニ入ル趣旨ニ書改ムルコトトス

㈤ニ付異見無シ

㈥ニ付、共產黨ノ彈壓强化云々ノ言葉ハ强過ギルニ付「國内ニ於ケル共產主義ノ取締ハ日「ソ」國交調整トハ別々ノ問題トシテ之ヲ勵行スルコトトス」ノ程度ニ改ムルコト

尙防共協定廢棄問題ニ付テハ高山中佐、柴中佐共來年ノ自然消滅迄待ツコトニシテ又日支協定

案第三條防共駐兵ノ辭句修正問題ニ付テハ陸海軍共異存無ク過般ノ興亞院會議ニ於テハ本件ハ有耶無耶ニ終レルヲ以テ今一應問題ヲ取上ゲテ修正實施ヲ期シ度トノ意見開陳アリ

右意見交換ニ基キテ假ニ要綱案ヲ修正セルモノヲ別添(乙號)ス

(乙號)

日蘇國交調整要綱案(試案)

(昭和十五、十、四 外務省)

第一、方針

支那事變ノ速急終結ニ資シ對南方施策ヲ容易ナラシムルト共ニ差當リ北方ヨリ來ル脅威ヲ除キ以テ大東亞共榮圏ノ確立ヲ促進スル爲左記要領ニ依リ蘇聯トノ間ニ速ニ飛躍的國交調整ヲ行フ

第二、要綱

一、日蘇兩國ハ新條約ニ依リ新タナル地盤ノ上ニ(「ポーツマス」條約及基本條約ヲ離ルルノ意味)友好的關係ニ入ルモノトス

二、日蘇兩國ハ要旨次ノ如キ不侵略協定ヲ締結ス

(イ)兩締約國ハ相互ニ領土及主權ヲ尊重シ侵略ヲ爲サザル義務ヲ負フ

(ロ)締約國ノ一方ガ攻撃ヲ受ケタル場合ニハ中立ヲ維持ス

(ハ)互ニ締約國ノ一方ヲ敵對目標トスル國家群ニ參加セズ

(ニ)滿蘇及滿蒙國境ノ紛爭處理及國境確定ノ爲委員會ヲ設置ス

(ホ)相互ニ相手國ノ秩序及安寧ヲ危殆ナラシムルカ如キ行爲ヲ相手國竝支那及滿洲國領域內ニ於テ行ハサルモノトス

(ヘ)政治經濟問題調整ノ爲速ニ商議ヲ開始ス

(ト)條約ノ有效期間ハ十年トス

三、日蘇經濟關係ヲ新タナル立場ニ於テ左記ニヨリ調整再建ス

(イ)北樺太ニ於ケル石油及石炭ニ關スル利權及之等物資ノ本邦輸入ヲ確保スルニ努ムルモノトス

(ロ)蘇聯側ノ要望モ尊重シ他方日本人ノ北洋漁業ヲ安定

セシムル目的ヲ以テ新タナル地盤ノ上ニ漁業協定ヲ締結ス

(ハ)日本ハ支那及南洋ニ於テ蘇ノ希望スル資源ノ供給ニ付必要ナル措置ヲ講ス

(ニ)蘇聯ハ日本ト歐洲トノ通過貿易ニ付出來得ル限リノ便宜ヲ供與ス(料金及運輸量ニ關シ明白ニ規定スルコトヲ期待ス)

四、日滿ト蘇蒙ノ國境ニ非武裝地帶ヲ設定ス

五、日蘇間ニ左記諒解ノ成立ヲ期待ス

(イ)蘇聯ハ内蒙及北支三省ニ於ケル日本ノ傳統的關心ヲ承認シ、日本ハ外蒙古及新疆ニ關スル蘇聯ノ傳統的關心ヲ承認ス

(ロ)蘇聯ハ日本カ將來大東亞共榮圏内ノ南方ニ進出スルコトヲ容認スヘク日本ハ蘇聯カ中央「アヂア」地方ニ進出スルコトヲ容認ス

(ハ)蘇聯ハ援蔣的態度竝ニ所爲ヲ一擲シ中國共産黨ノ抗日性ヲ抑制ス、日本ハ中國共産黨カ西北三省(甘肅、陝西、寧夏)ヲ地盤トシテ存續スルコトヲ容認ス

第三、措置要領

㈠日蘇國交調整ニ付テハ事前日獨伊間ニ將來蘇聯ヲ如何ニ處置スベキヤ又如何ナル限度ニ於テ其ノ勢力竝ニ發展ヲ認ムベキヤ等ニ關シ隔意ナキ話合ヲ爲シ置クモノトス

㈡右話合ヲ含ミテ日獨伊共同シ或ハ日本單獨ニテ蘇聯ニ「アプローチ」ス、

何レノ場合ニ於テモ本交渉ニ於テハ獨伊ノ西方ヨリノ壓力ヲ有效ニ利用スベキモノトス

㈢本交渉ハ最短期間ニ終結セシムル目標ノ下ニ之ヲ開始スルモノトス短期間ノ妥結成ラザル場合モ停屯(頓カ)或ハ決裂ノ形式ヲ避クル事トス

㈣本交渉ニ當リテハ第一段トシテ不侵略協定ヲ妥結シ次イデ第二段トシテ政治經濟ニ關スル所要ノ調整ヲ考慮スルモノトス

㈤米蘇接近ヲ牽制スル爲萬全ノ措置ヲ講ズルモノトス

㈥國内ニ於ケル共産主義ノ取締ハ日蘇國交調整トハ別ケノ問題トシテ勵行スルモノトス

滿洲國及支那ニ於テモ右ニ準ス

（付記）

日蘇國交調整案ニ關スル説明　（昭和一五、一〇、二）

一、日蘇國交調整カ日本トシテ目下緊急ニ取上ケラルル要アルハ同案ニ方針ニ於テ明ニセラレ居ル通リ南方施策ニ對スル體制確立及右ニ關聯シ速ニ事變處理ヲ行ハンガ爲ニ外ナラス、從テ日蘇調整問題ソレ自身トシテ幾多重要且根本的ナル問題アルヘキモ不取敢ハ右目標ニ必要ナル限度ニ於テ日蘇調整ヲ考慮スルヲ以テ充分ナリト認ムルモノナリ。然リト雖モ從來日蘇兩國カ事實上互ニ假想敵國トシテ對立シ來レル現實ニ顧ミル時ハ日蘇對立ノ原因ヲナシタル諸問題ニ關シ相當根本的ナル考慮ト調整トヲナスニ非スンハ右ニ豫期スルカ如キ國交調整モ結局ニ於テ不可能ナリト謂ハサルヘカラス。本案ハ右兩面ノ考慮ニ基キ作成セラレタルモノナリ。

尙蘇聯問題ハ日本ニトリテモ將又獨逸ニトリテモ何時カ徹底的ニ解決セラルルヲ要スル問題ニシテ出來得レハ和平裡ニ、要スレハ武力ヲ用ヒテモ右目的ヲ達成セサルヲ得サルヘク其ノ時期ハ意外ニ近カルヘキモノト認ム。利權問題等ニ關シ一時大ナル讓歩ヲナスカ如キモ右ハヤガテ到來スヘキ徹底的解決ノ日ニ於テ全面的ニ我カ要望ノ達成セラルヘキコトヲ見透シ得ルカ爲ニ外ナラス。

二、日蘇國交調整ノ狙ヒカ前記ノ通リ急速ナル事變處理ニ關聯シ居ルノミナラス三國同盟締結後米國ノ蘇聯ニ對スル働キ掛カ急激ニ進行スヘキコトヲ豫期セラルル現狀ニ於テ右ニ先手ヲ打チ蘇聯ヲ三國同盟ノ陣營ニ引込ム要アルニ鑑ミ「時間」ノ要素ハ最モ考慮ヲ要スヘキ問題ナリ。徒ニ理想案ヲ提議シテ荏苒日ヲ送ランヨリハ多少ノ不滿ヲ忍ヒテモ一日モ速ニ本件交涉ヲ妥結セシムルコトヲ要ス。謂ハハ三國同盟成立後ノ外交追擊戰トシテ本件ヲ取上クル要アリ。

三、右ノ如キ判斷ノ下ニ國交調整ノ內容トシテ取上ケラルヘキ第一ハ不侵略協定ナリ。

イ、不侵略協定ノ內容ハ概ネ獨蘇不侵略協定ノ內容ヲ以テ標準トナシ得ヘシ。唯滿蘇及滿蒙國境問題ノ經緯ニ鑑ミ紛爭處理竝ニ國境確定ニ關スル委員會ノ設置ヲ一條項トナス要アリト認ム。

ロ、滿洲國ノ形式的承認ハ大シテ實益ナキカ如シト雖モ日支和平條件ニ於テ本件カ相當困難ナル問題タルヘキコトヲ睨ミ合セ殊ニ中國共產黨ニ對スル影響ヲ考慮シ本項目ヲ蘇聯ニ承認セシメ置クコト甚タ有益ナリト認ム。

ハ、內蒙及北支ニ關スル日本側關心ヲ蘇聯ヲシテ承認セシメ置クコトモ右ト同樣中國共產黨處理問題トモ關聯スルモノニシテ殊ニ日支和平條件ニ於テ右地域ニ於ケル駐兵ヲ實現セシムル爲ニモ必要、少クトモ有益ナリト認ムルモノナリ。

二、日蘇經濟關係ノ調整ソレ自体ハ我方ヨリ見レハ二義的意義ヲ有スルニ過キサルカ如キモ日蘇間ノ全面的調整カ考慮セラルル限リ所謂利權問題ハ當然其ノ俎上ニ上ラサルヲ得サルヘク、其ノ際唯從來ノ利權ヲ固執スルカ如キ態度ヲ以テ終始シ得サルヘキコト明カナリ。從テ萬一ノ場合ニハ是等利權ヲ敢テ拋棄スルモ辭セサルノ肚ヲ定メ他方今後ノ國防國家体制確立ニ必要ナル物資ノ獲得(殊ニ北樺太石油ノ獲得)ニ努ムルヲ要スヘク右觀點ニ於テ經濟協定ヲ考慮セルモノナリ。

四、蘇聯ノ援蔣行爲ハ「マティリアル」ニ評價セハ大シタモノニ非サルコト過去ノ實績ノ示ス通ニシテ日蘇間ニ全面的國交調整行ハルルコト自体重慶ニ對スル最モ深刻ナル打擊ヲ與フルモノト認ムルモノナルカ、唯日支和平ニ是非共必要ナル中國共產黨ノ處理、少クトモ其ノ抗日性ニ關スル理念的根據ヲ奪ヒ又或ル限度ニ於テ之ヲ抑制セシムルコトハ特ニ重要ト認ムルモノナリ。

五、日蘇國交調整ハ出來得ヘクンハ蘇聯ヲ日獨伊三國同盟ニ形式上加入セシメ得ストスルモ實質上右「ライン」ニ添ヒテ蘇聯ヲモ南進ノ「コース」ニ引入レ對英米外交ニ同調セシムルヲ可トス。而シテ蘇聯ノ近東及印度方面ニ對スル野心ヲ考慮セハ右ハ必スシモ不可能ニ非サルヘク右ヲ實現セシムルコト日蘇間ノ不戰、不侵略關係ヲ最モ實質的ニ設定スルモノナリト認ム。

〜〜〜〜〜〜〜〜〜〜

186　昭和15年10月13日　在独国来栖大使より松岡外務大臣宛(電報)

日独伊三国同盟成立後の独ソ関係に関する観測

ベルリン　10月13日後発
本　省　10月14日前着

第一三三二號

[1]最近ノ獨蘇關係ニ關スル觀察左ノ通リ

一、獨ハ日獨伊三國同盟關係ヲ基調トシテ東西ヨリ蘇聯邦ニ働キ掛ケ之ヲ日獨伊ノ世界政策實現ニ利用センコトヲ考慮シ居ルモノト認メラル、從テ獨トシテハ蘇聯邦ノ歐洲關與ヲ封スルノ軍事的措置ヲ取リツツモ(往電第一三三一八號)他面對蘇外交ハ益々活潑ニ動キ居ル感アリ現ニ今次「ブレンナー」會談ニ引續キ「リ」外相ハ「ザルツブルグ」ノ別莊ニ引籠リ居リタルカ其ノ間數日對蘇經濟交涉ノ主任者タル「リツター」大使及條約ノ專門家タル「ガウス」局長ヲ手許ニ呼寄セ密議ヲ凝ラシタル事實及最近暫ク「シユーレンブルグ」駐蘇大使モ歸獨シ居リタル事實(本十二日飛行機ニテ歸莫シタル筈)ハ此ノ意味ニ於テ注目ニ價スヘシ

二、[2]諸般ノ事情ヲ綜合スルニ獨カ蘇聯邦ニ求ムル所ハ西ニ獨伊ノ歐洲ニ於ケル東ニ日本ノ極東ニ於ケル指導的地位ヲ承認シ各地域ニ對スル干涉ヲ試ミサルコト換言スレハ第一ニ今次條約ニ依リテ設定セラレタル政治的狀態ヲ承認スルコト第二ニ日獨伊三國及英米ノ間ニ在リテ採ラントスル擒縱自在ノ政策ヲ放棄シ對樞軸親善態度ヲ明カナラシムルコト第三ニ出來得レハ日獨伊ノ世界政策ニ協力スルコトナリ從テ獨トシテハ差當リ定期的ノ對蘇經濟交涉ヲ續クルコト勿論ナルモ(「リツター」大使ノ參與シ居ルハ此ノ方面ノ問題ナルヘシ)更ニ前記政治的大目標達成ノ爲新タナル對蘇關係ノ開拓ヲ考慮シ居ルコト想像ニ難カラス現ニ「リ」外相ノ側近ニテ蘇聯邦ノ「ペルシヤ」方面ヘノ南進(往電第一三三八號)ヲ慫慂スルモノスラアル次第ナリ(當地同盟特派員モ最近同樣ノ情報ニ接シタル由)

三、斯ル事態ニ於テ獨伊カ近キ將來ニ於テ先ツ蘇聯邦トノ間ニ蘇聯邦ノ中亞方面ニ於ケル指導的地位ヲ承認スル政治的交涉ヲ纒メ上ケ大體成立ノ見透付キタル時ニ之ヲ日本ニ提示シテ其ノ了解ヲ求ムルカ如キコトアルヤモ計ラレスト思考ス

伊、蘇ヘ轉電セリ

187 昭和15年10月17日 在独国来栖大使より松岡外務大臣宛(電報)

在ソ連邦独国大使への訓令内容など独ソ関係につき独国外務次官と会談について

ベルリン　10月17日後発
本　省　10月18日前着

第一三四八號

十四日澤田大使紹介旁々「リ」外相ニ會ヒタル際蘇聯邦關係ニテ「シユーレンブルグ」大使ニ訓令ヲ與ヘ莫斯科ニ歸ラシメタリト述ヘ居タル點ニ付十七日「ワイツゼツカー」次官(「リ」伯林不在)ト會談ノ際尋ネ見タル處「ワ」ハ訓令ノ内容ハ最近ノ國際關係殊ニ維納裁定ニ依リ獨カ羅馬尼ニ保障ヲ與ヘタル事情ト共ニ獨カ一年前ヨリ執リ來レル對蘇友好政策ニ變リナキコトヲ説明シ蘇聯邦ノ「ダニユーヴ」委員會參加ニ異議ナキコトヲ囘示セシメ旁若干ノ通商經濟問題ノ交渉ヲ行ハシムルモノニシテ日本關係ニ付テハ今更メテ訓令スル迄ノコトナキ次第乍ラ同大使ノ心得迄獨ハ依然日蘇接近ヲ切望スル旨申聞ケ置ケリト述ヘ本使ヨリ三國條約成立ニ對スル蘇側ノ反響ニ付尋ネタルニ對シ條約調印前日在莫斯科代理大使ヲシテ「モロトフ」ニ同條約内容ヲ通報セシメタルハ事實ニテ其ノ時「モ」ハ用心深イ態度ヲ示シタルカ其ノ後條約ノ眞相判明スルニ連レ良ク理解シ來レル樣ニテ最近英米カ頻リニ策應シ蘇聯邦ニ働キ掛ケ居ルモ蘇聯邦ハ其ノ手ニ乘ラザルヘシト信スル旨語リタリ

188　昭和15年10月30日

建川大使がモロトフに提示した不侵略条約案

昭和十五年十月三十日建川大使ノ提案セル

不侵略條約案

大日本帝國政府及「ソヴィエト」社會主義共和國聯邦政府ハ兩國間ノ平和及友好ノ關係ヲ一層鞏固ナラシムルノ希望ニ促サレ左ノ通協定セリ

第一條

兩締約國ハ相互ニ其ノ領土權ヲ尊重シ他ノ一方ニ對シ單獨ニテ又ハ一若ハ二以上ノ第三國ト協同シテ一切ノ侵略行爲ヲ爲サザルコトヲ約ス

第二條

締約國ノ一方ガ一又ハ二以上ノ第三國ヨリ軍事行動ノ對象

トナル場合ニハ他ノ一方ハ如何ナル形式ニ於テモ右第三國ヲ支持セザルベシ

第三條

兩締約國政府ハ兩國政府ニ共通ナル利害ニ關スル問題ニ付情報ヲ交換シ又ハ協議スル爲將來相互ニ緊密ナル接觸ヲ維持スベシ

第四條

兩締約國ノ何レノ一方モ他ノ一方ニ直接又ハ間接ニ對抗スル如何ナル國家群ニモ參加セザルベシ

第五條

兩締約國間ニ何等カノ問題ニ關シ紛議又ハ紛争ヲ生ズルトキハ右紛議又ハ紛争ハ友好的意見ノ交換又ハ必要ナル場合ニハ紛争處理委員會ノ設置ニ依リ専ラ平和的ニ解決セラルベシ

第六條

本協定ハ署名ノ日ヨリ實施セラルベク且十年間效力ヲ有スベシ締約國ノ何レノ一方モ右期間ノ滿了一年前ニ本協定ノ廢棄通告ヲ爲サザルトキハ本協定ハ次ノ五年間自動的ニ效力延長セラルルモノト認メラルベシ

右證據トシテ下名ハ各其ノ本國政府ヨリ正當ノ委任ヲ受ケ本協定ニ署名セリ

昭和十五年　月　日即チ千九百四十年　月　日「モスコー」市ニ於テ日本語及露西亞語ヲ以テセル本書各二通ヲ作成ス

189 昭和15年11月6日 在独国来栖大使より 松岡外務大臣宛(電報)

ドイツは独伊の対ソ関係緊密化および日ソ関係の改善により英米勢力との対抗を意図しているとの観測について

ベルリン 11月6日後発
本　省 11月7日前着

第*一四一九號(極祕、館長符號扱)

在蘇大使(發?)閣下宛電報第一四一三號末段獨逸ノ側面的援助云々ニ關シ左記各項御參考迄

一、「リ」外相カ日獨兩國ハ相互ニ他方ノ强キヲ必要トストノ理念ニ基キ事前ヨリ常ニ日蘇關係ノ改善ヲ欲シタルハ屢次報告ノ通リニシテ其ノ點今以テ變ラス殊ニ三國條約締結後ハ對米牽制策トシテノ考慮ノ外自己ノ形勢ニモ鑑ミ一層希望ヲ強メタルモノノ如シ（日支事變ニ關シテハ流石ニ口外セサルモ略同様ノ希望ヲ有スルモノノ如ク「ヒ」總統カ條約調印式後本使ニ對シ日支事變カ日本ノ成功ヲ以テ速ニ終結センコトヲ祈ルト述ヘタルモ強テ一片ノ挨拶トノミ見ルヲ得サルヘシ）

二、蓋シ歐洲戰局カ最近大体冬越シノ体勢ヲ取ルニ至レル結果獨逸ハ一方軍事方面ニ於テハ飛行機潛水艦ニ依ル對英攻撃ノ手ヲ緩メサルト共ニ「エヂプト」制壓ヲ主タル目標トシテ伊太利ト共ニ東地中海方面ヘモ作戰ヲ進メ將來對西班牙工作ノ進展ト相俟チテ「スエズ」「ヂブラルタル」ノ二大關門ヲ扼シ地中海ノ英勢力ヲ袋ノ鼠タラシメントシ又他方外交方面ニ於テハ對佛關係調整對西班牙關係強化北歐及巴爾幹諸國ノ把握ヲ固ムル等ニ依リ政治經濟方面ニ亘リ着々歐洲大陸ノ新秩序建設ヲ進メントスルモノノ如ク且獨伊共ニ對蘇關係ヲ一層緊密ナラシメ我國ノ對蘇關係調整ト相俟チテ此處ニ歐亞兩新秩序ノ連結ヲ形成シ英米協同ノ勢力ニ對抗セントシツツアルモノナルカ如ク觀測セラル

三、從テ我國ニ於テ希望スル限リ獨逸ハ大体欣ンデ前記ノ側面援助ニ努力スヘシト觀測スル處此ノ點ニ關シ參考トナルヘキハ最近「リ」外相側近者ノ本使ニ對スル內話ニシテ右ニ依レハ三國條約成立後「リ」ハ最初獨伊ト蘇聯トノ間ニ何等カノ取極ヲ爲シ樞軸ト蘇聯トノ關係ヲ一層緊密ナラシムル腹案ナリシモ、最近ハ寧ロ日獨伊別々ニ對蘇取極ヲ爲スノ案ニ變シタルカ如ク尙之カ爲「リ」ハ「スターリン」ヲシテ同人及「チアノ」外相ヲ莫斯科ニ招待セシメ「モロトフ」ト鼎座會談ノ機會ヲ得ント欲シ居ルモノノ如シ

四、獨逸カ東部國境方面ニ約百萬ノ兵力ヲ配備シ且芬蘭ヨリ羅馬尼ニ至ル迄睨ヲ利カセ居ルハ事實ナルモ之ヲ以テ蘇獨關係險惡ト斷スルハ勿論當ラス殊ニ「リ」ハ依然對蘇和協論者ナルモノノ如ク今以テ本使ニ對シ昨年莫斯科訪問當時「スターリン」カ蘇ハ他國ノ爲ニ火中ノ栗ヲ拾ハス日本トハ國交調整ヲ希望ス云々ト語リタリト繰返シ物語ル有樣ニシテ又蘇側トシテモ各方面トモ大体ニ於テ形勢觀望ヲ有利トスル地位ニアル關係及帝政時代ヨリ苦手トシテ常ニ獨逸ニ一目置キ來レル習性ヨリモ進ンテ事ヲ

構フルノ意アリトモ見受ケラレス旁獨蘇關係ハ當分現狀程度ニテ保合フモノト觀測ス

伊、蘇、米ヘ轉電セリ

蘇ヨリ英ヘ轉電アリタシ

190　昭和15年11月17日　在ソ連邦建川（美次）大使より　松岡外務大臣宛（電報）

モロトフとヒトラー、リッベントロップとのベルリン会談の内容に関する情報について

モスクワ　11月17日前発
本　省　11月17日後着

第一四六三號（極祕）

昨年ノ「スターリン」「リッペン」會談以來今囘ノ「ヒトラー」「モロトフ」會談迄獨蘇間ノ重要交渉ニ通譯ヲ爲セル當地獨參事官「ヒルガー」ノ歸莫後宮川ニ語ル所左ノ通リ

一、日蘇關係ニ付「リ」ヨリ兩國關係ノ好轉ニ付從來ノ關心ヲ繰返シ交渉ノ現狀ヲ質問シタルニ對シ「モロトフ」ハ本使ヨリ提議ノ内容ヲ話シ蘇側ヨリ提起セル若干問題ニ付本使ヨリ日本政府ニ請訓中ナリト語レリ

二、今囘「モロトフ」ヲ伯林ニ招請シタル目的ハ國際關係ノ現段階ニ於テ蘇獨友好關係ノ不動ナルコトヲ「デモンストレート」スル爲又右關係强化ノ礎地ヲ作ラン爲ナリ

三、政治問題ニ付テハ獨側ヨリ羅馬尼進駐ニ付説明ヲ與ヘ海峽問題ニ付テハ土蘇兩國間ニ於テ話合フヘキモノナリトノ意見ヲ述ヘ獨ノ海軍力カ黑海ニ出現スルカ如キコトナキ點ニ付保障ヲ與ヘタリ

四、兩國經濟關係ニ付テハ本年二月協定ノ趣旨ニテ發展ヲ企圖スルコトトシ之ニ關スル交渉ヲ莫斯科ニ於テ續行スルコトトス

獨ヘ轉電セリ

191　昭和15年11月18日　在ソ連邦建川大使より　松岡外務大臣宛（電報）

モロトフより中立条約案および北樺太利権に関する議定書案提示について

別電甲　昭和十五年十一月十八日発在ソ連邦建川大使より松岡外務大臣宛第一四六八号

右条約案

乙　昭和十五年十一月十八日発在ソ連邦建川大使
より松岡外務大臣宛第一四六九号

右議定書案

モスクワ　11月18日後発
本　省　11月19日後着

第一四六七號（館長符號扱）

十八日「モロトフ」ノ求ニ依リ往訪シタルニ中立條約案（別電甲）及北樺太利權ニ關スル議定書案（別電乙）ヲ手交セリ會談要領追電ス

別電ト共ニ獨ニ轉電セリ

（別電甲）

モスクワ　11月18日後発
本　省　11月19日後着

第一四六八號（館長符號扱）

中立條約（「パクト」）案

蘇聯邦政府及日本國政府ハ兩國間ノ平和及友好關係ヲ鞏固ナラシムル希望ニ促サレ左ノ通リ協定セリ

第一條　兩締約國ハ平和及友好關係ヲ維持シ且相互ニ領土保全ヲ尊重スヘキコトヲ聲明ス

第二條　締約國ノ一方カ一又ハ二以上ノ第三國ヨリ軍事行動ノ對象トナル場合ニハ他ノ一方ハ全紛爭ノ期間中中立ヲ守ルヘシ

第三條　本中立條約ハ署名ノ日ヨリ直ニ實施セラルヘク且五年ノ間效力ヲ有スヘシ

締約國ノ何レノ一方モ右期限滿了ノ一年前ニ廢棄通告ヲ爲ササルトキハ本條約ハ次ノ五年間自動的ニ延長セラレタルモノト認メラルヘシ

第四條　本條約ハナルヘク短期間ニ批准セラルヘシ批准書ノ交換ハ、、、、、ニ於テ行ハルヘシ條約ハ署名後直ニ實施セラルヘシ

一九四〇年、、、、、露西亞語及日本語ヲ以テセル本書二通ヲ作成ス

（別電乙）

モスクワ　11月18日後発
本　省　11月19日後着

第一四六九號（館長符號扱）

議定書（「プロトコール」）案

本日蘇聯邦及日本國間ニ中立條約署名セラレタルニ關聯シ兩締約國ハ左ノ通リ協定セリ

一、北樺太ニ於ケル日本石油及石炭利權ハ解消（「リクーイデイルツア」）セラレ一九二九（一九二五カ）年十二月十四日莫斯科ニ於テ蘇聯邦及日本國間ニ締結セラレタル當該利權契約ハ廢棄セラル

前記利權ニ屬スル企業及財産ハ其ノ現在ノ狀況ニ於テ蘇聯邦ノ所有ニ歸スルモノトス

二、蘇政府ハ利權企業所有者ノ為シタル投資（「フロジエニヤ」）ニ對シ公平ナル代償ヲ右所有者ニ交付スルコトニ同意ス其ノ額ハ双方代表者ヨリ成ル委員會ニ於テ決定セラルヘシ

三、蘇政府ハ五年間ニ亘リ通常ノ商業條件ヲ以テ毎年十萬噸ノ範圍ニ於テ「サガレン」石油供給ヲ日本政府ニ保障スルコトニ同意ス

四、本議定書第一項ニ準據シ石油及石炭利權者ニ屬スル總テノ企業及財産ノ蘇聯邦ニ對スル引渡ハ本議定書署名ノ日ヨリ一箇月ノ期間内ニ行ハルヘキモノトス

五、本議定書ハ署名ノ日ヨリ實施セラルヘシ

---

192 昭和16年1月27日 在ソ連邦建川大使より松岡外務大臣宛（電報）

日ソ国交調整促進の必要性につき意見具申

モスクワ 1月27日前発
本 省 1月27日後着

第一〇一號（館長符號扱）

[1]日蘇國交調整ニ關スル意見具申

一、獨逸ハ三月頃ニハ希臘ヲ片附ケ五、六月ノ候英國ト決戰ヲ交フヘク有利ニ展開セハ秋迄ニハ歐洲方面ハ一應交戰行為終局ヲ遂クヘキヤニ豫測セラル

二、我カ國モ此ノ獨逸ノ戰果ト照應シ南方ニ軍事的進展ヲ試ミラルルモノト信ス大東亞ヲ制スルニハ新嘉坡ヲ攻略スルコト絶對必要ナルコトハ申迄モナキコトニテ蔣ニ對シ長期持久ニ決セラレタリトセハ相當兵力ヲ整頓抽出スルコトハ可能ナルヘク又英國ハ馬來半島ニ兵力及機械化兵器ノ増强ヲ頻リニ宣傳シ居ルモ主力ハ印度兵ト見ラルル

ニ付之カ攻略モ輸送上ノ問題サヘ解決セハ左程ノ難事トハ考ヘラレヌカ故ニ本使ノ任務以外ノコト乍ラ其ノ準備ニ最善ノ努力ヲ拂ハレンコトヲ祈願ス

三、斯ル一大決戦期ニ際シ蘇聯ハ隣接弱小國方面ニ進出シ漁夫ノ利ヲ占ムルコトアルヘキモ大體中立態度ヲ保持シ此ノ上トモ列強ノ疲弊困憊ニ陥ランコトヲ笑顔ヲ以テ傍観スルモノト判斷ス

四、從テ一見強ヒテ蘇聯ト國交調整ヲ試ムル必要ナキカ如キモ事實ハ決シテ然ラス政治、經濟、軍事上ノ見地上多大ノ利益アリ我カ南方作戰決行上ノ一基礎トモ考ヘ得ヘシ

イ[2]、之ニ依リ三國同盟ヲ一層强化スルト共ニ同盟側ト蘇聯ノ關係ヲ改善シ獨外相ノ提案實現ヲ援助ス

獨逸ハ我カ南京政府承認ト日蘇國交調整ニ關スル態度ニ關シ相當慊ラヌ氣持ヲ藏シ居ルモノト察セラルルカ南京問題ハ今更變更ノ餘地ナカルヘキカ故ニ蘇聯問題丈ケニテモ獨逸ノ希望ヲ充足スルコト同盟ノ强化ト善用ノ途タルヘシ

ロ、日蘇間ノ經濟問題ノ解決ヲ有利ニ導キ得ヘシ

漁業條約特別委員會ノ討議ニ直接影嚮(響カ)スヘク又現在問題トナリ居ル歐亞聯絡運賃問題ハ結局通商條約ノ締結ニ依リ不利ヲ免カルルノ外ナク又條約成立ニ依リ鐵滿俺等ノ國防資源ヲ得ヘキカ故ニ速カニ交渉再開ノ必要ヲ認ムル次第ナルカ該交渉ノ上ニモ有力ニ作用スヘキハ勿論ナリ

ハ、國交調整成立ストモ滿洲ノ警備ヲ輕減シ得ヘシトハ考ヘラレサルカ現在以上ニ增强スル必要ハ先ツ滅スルモノト推察シ得之レ即チ南方作戰ニ間接影嚮(響カ)ヲ與フルモノニテ此ノ一事丈ケニテモ今ノ場合調整ノ價値アルモノト考フ

ニ[3]、英蘇關係ハ行キ詰リ居ル様ナルモ米ハ荐リニ動キ蘇ヲ釣ラントシ蘇モ亦不即不離ノ態度ヲ持シ居ル際日蘇國交調整ノ成立ハ米ニ多大ノ失望ヲ與ヘ米蘇接近ヲ不可能ナラシム

五、國交調整上ノ難問ハ北樺太利權廢棄ニ存スルカ故ニ大島大使赴任ノ機會ニ獨逸ヲシテ無條件中立條約締結ヲ仲介セシムルコト一案ト存ス然シ假令獨逸之ニ應スルトシテモ蘇聯邦首腦者ノ現在ノ心理狀態ハ之ト直接關係アル國際情勢ノ重大ナル變化ナキ限リ之ヲ受ケ容レサルモノト

判斷ス從テ此ノ際奮發セラレ一路邁進セラルレハ一部ノ反對論者ノ如キ之ヲ壓倒シ得ヘク況ヤ四百ノ議員現政府ノ政策支持ニ結束セリト傳ヘラルルカ如キ國內情勢ナルニ於テハ左程ノ難事ナラスト思考ス

六、以上ハ從來本使ノ主張ト何等異ナルモノニ非サルカ大島大使近ク赴任ニ際シ重ネテ意見ヲ開陳シ貴大臣ノ御參考ニ供セント希フ次第ナリ

193 昭和16年2月8日 大本営政府連絡懇談会決定

「對獨伊「ソ」交涉案要綱」

對獨伊「ソ」交涉案要綱

一、「ソ」聯邦ヲシテ「リッペントロップ」外相腹案ヲ受諾セシメ右ニ依リ同國ヲシテ英打倒ニ付日獨伊ノ政策ニ同調セシムルト共ニ日「ソ」國交ノ調整ヲ期ス

二、日「ソ」國交調整條件ハ大体左記ニ依ル

㈠獨ノ仲介ニ依リ北樺太ヲ賣却セシム若シ「ソ」ガ右ニ不同意ノ際ハ左記ニ依ル

(イ)五年間計百五十萬噸ノ採油ニ關シ便宜ヲ供與セシム右採取後北樺太ニ於ケル油田炭田利權及試掘權ヲ有償還付ス

(ロ)右ニ引續キ爾後五年間計百五十萬噸ノ買油ヲ保障セシム

(ハ)前各項ヲ含ム新協定ヲ締結シ同時ニ舊利權協定ヲ廢棄ス

㈡帝國ハ「ソ」ノ新疆外蒙ニ於ケル地位ヲ了承シ「ソ」ハ帝國ノ北支蒙疆ニ於ケル地位ヲ了承ス

新疆外蒙ト「ソ」トノ關係ハ「ソ」支間ニ於テ極メシムルモノトス

㈢「ソ」ヲシテ援蔣行爲ヲ放棄セシム

㈣滿「ソ」外蒙間ニ速ニ國境劃定及紛爭處理委員會ヲ設置ス

㈤漁業交涉ハ建川提案(委員會案)ニ依リ妥結ニ導ク

㈥日獨通商ノ爲相當數量ノ貨物輸送ニ必要ナル配車ヲ爲シ且運賃ノ割引ヲ約セシム

三、帝國ハ大東亞共榮圈地帶ニ對シ政治的指導者ノ地位ヲ占メ秩序維持ノ責任ヲ負フ右地帶居住民族ハ獨立ヲ維持セシメ又ハ獨立セシムルヲ原則トスルモ現ニ英佛蘭葡等ノ

属領タル地方ニシテ獨立ノ能力ナキ民族ニ付テハ各其能力ニ應シ出來得ル限リノ自治ヲ許與シ我ニ於テ其ノ統治指導ノ責ニ任ズ、經濟的ニハ帝國ハ右地帶内ニ於ケル國防資源ニ付優先的地位ヲ留保スルモ其他ノ一般的通商企業ニ付テハ他ノ經濟圈ト相互的ニ門戸開放機會均等主義ヲ適用ス

四、世界ヲ大東亞圈、歐洲圈(「アフリカ」ヲ含ム)、米洲圈、蘇聯圈(印度、「イラン」ヲ含ム)ノ四大圈トシ(英國ニハ濠洲及「ニユージーランド」ヲ殘シ概ネ和蘭待遇トス)帝國ハ戰後ノ媾和會議ニ於テ之ガ實現ヲ主張ス

五、日本ハ極力米ノ參戰ヲ不可能ナラシムル趣旨ヲ以テスル行動施策ニ付獨逸當局トノ諒解ヲ遂ゲオクコトトス

(註)帝國ノ歐洲戰爭參加ニ關スル企圖行動竝ニ武力行使ニ付帝國ノ自主性ヲ拘束スル如キ約束ハ行ハザルモノトス

六、日本ガ歐洲戰爭ニ參加スル場合ニハ獨伊等味方諸國間單獨不媾和協定ヲ締結ス

七、獨伊特ニ獨ハ「ソ」ヲ牽制シ萬一「ソ」ガ日滿兩國ヲ攻擊スル如キ場合ニハ獨伊ハ「ソ」ヲ攻擊ス

八、獨ハ極力日ノ軍備充實ニ付援助シ日ハ獨ニ對シ原料及食料ノ供給ニ努ム尙獨ハ大東亞共榮圈地帶ノ開發及日本ノ平和的產業擴充ノ爲必要ナル發明機械技術及技術者ヲ迅速且豐富ニ供給ス

九、支トノ全面的和平促進ニ付更ニ獨ト懇談ヲ遂グ

十、松岡外相ハ渡歐ノ上獨伊「ソ」各國政府ト交涉シ前記要領ノ貫徹ニ努力シ要スレバ條約ヲ締結ス

三國條約ト「ソ」聯トノ關係ヲ律スル日獨伊對「ソ」取極ニ關スル「リッペントロップ」外相對「ソ」提案內容

一、「ソ」ハ戰爭防止平和ノ迅速囘復ノ意味ニ於テ三國條約ノ趣旨ニ同調スルノ意ヲ表明シ

二、「ソ」ハ歐亞ノ新秩序ニ付夫々獨伊日ノ指導的地位ヲ承認シ三國側ハ「ソ」ノ領土尊重ヲ約シ

三、三國及「ソ」ハ各々他方ヲ敵トスル國家ヲ援助シ又ハ斯ノ如キ國家群ニ加ハラザルコトヲ約ス

右ノ外將來ノ勢力範圍トシテ

日本ハ南洋、「ソ」ハ伊蘭、印度、獨ハ中央「アフリ

カ」、伊ハ北「アフリカ」ヲ容認スル旨ノ祕密了解ヲ
遂グ

編注 本文書は、昭和十六年二月三日大本営政府連絡懇談会での修正を経て、二月八日近衛首相、平沼内相、東条陸相、及川海相、杉山参謀総長、近藤軍令部次長の署名を取りつけたのち、二月十日に松岡外相が上奏し裁可を得たもの。

194 ドイツに対しソ連がブルガリアの分割等を要求との諜報について

昭和16年2月13日 在英国重光大使より松岡外務大臣宛(電報)

ロンドン 2月13日後発
本 省 2月14日夜着

第九七號

課報(十三日)

最近蘇聯ハ往電第九二號ノ條件ヲ獨逸ニ持出シタル形勢アリ卽チ獨逸カ勃牙利ノ西半ヲ占領スル代リニ蘇聯ニ黒海沿岸ノ東半ヲ要求シ黒海(間接ニ海峽)ニ對スル多年ノ要望ヲ達セントシツツアリ右ハ獨逸ノ南進ニ對シテ一方土耳古ヲ釘付ケニスル點ハ獨逸ノ歡迎スル所ナルモ他方間接ニ羅馬尼ノ黒海沿岸地帶ニ對スル蘇聯ノ希望ヲ表示スルモノニシテ此ノ點ニ付獨逸ハ懸念スヘシトナサレ居レリ何レニスルモ勃牙利ハ獨蘇ノ間ニ在リテ第二ノ波蘭トシテ取扱ハレントスル情報アリ注意ヲ要ス

195 欧州戦局および独ソ関係の現状等に関する観察報告

昭和16年2月15日 在独国来栖大使より松岡外務大臣宛(電報)

ベルリン 2月15日前発
本 省 2月15日後着

第一一九號(極祕)

時局ニ關スル觀察左ノ通リ

㈠「リビア」「アルバニア」ニ於ケル伊太利軍ノ敗退、米ノ對英援助强化ハ相俟ツテ英ノ東地中海近東ニ於ケル立場ヲ强メ獨ノ勝利ヲ喜ハサル他ノ諸邦ニ希望ヲ蘇ラセ戰

争全局ニ於テ英獨五分五分乃至英側ニ勝味アリトサヘ思ハシムルニ至リ獨國内ニ於テモ財界實業家方面ニハ戰争長引クニ連レ英屈服ノ至難獨經濟負擔加重等ヲ云々シ居ル者モアル模様ナリ此ノ間獨ノ戰争指導部ハ一方犧牲ノ最少限ヲ期スルト同時ニ獨空軍及潜水艦（現有數百二、三十隻每月製艦能力二十五隻位）ノ攻撃力ト一般國民經濟力ト英米一体トナレル抵抗力トノ競争ニ於テ時間ノ經過ハ獨ニ有利ナリヤ否ヤヲ考慮シ長期準備短期決戰ノ戰法ニ依リ成ルヘク速ニ英本土ノ死命ヲ制スルノ要アルヘク春ニ入ルト共ニ空襲及通商破壊ヲ强烈化シ英ノ空軍及食糧補給路ニ出來得ル限リノ打撃ヲ加ヘタル後事態ヲ見テ上陸作戰ニ出ツヘク（其ノ一歩手前ニ於テ英屈服ノ「チヤンス」ヲ取リ居ルコト言フ迄モナシ）右ハ必スシモ本年夏頃迄トハ限ラサルヘシ英本土攻略作戰成功又ハ右ニ及ハスシテ英本國屈服ノ場合ハ歐大陸地中海ニ關スル限リ勝負アリタルコトトナルヘク假令英海軍ノ一部カ屈服セス英屬領カ米ト合体シテ戰争ヲ續行スルトシテモ英本土内ニ人質ニ等シキ四千萬ノ國民ヲ殘シ軍需工業ノ八割以上ヲ押ヘラレタル英自体ハ近代戰遂行ノ能力ヲ缺クヘク米トシテモ斯カル場合何時迄歐洲戰ヲ引受クヘキヤ相當疑問ト云フヘシ

(二)戰争長引キノ形勢ニ連レ我方トシテ注意スヘキハ次ノ三方面ナリ先ツ

(イ)獨伊關係ニ付テハ從來「ヒ」總統ノ深キ慮ヨリ出來得ル限リ伊太利ノ要望及体面ヲ尊重シ其ノ作戰ニ一切容喙セサル態度ヲ執リ來レルモ伊軍ノ失敗續出英軍ノ活動ニ伴ヒ伊國内ニモ動搖ヲ來シ背ニ腹ハ代ヘラレス積極的ニ地中海作戰ニ協力スルニ至リ先般「ベルヒテスガーデン」ニ於ケル「ヒ」「ム」兩人ノ會談ハ全ク右ニ關スルモノニシテ斯クテ經濟的ハ素ヨリ軍事的ニモ伊太利ノ立場ハ從屬的トナル勢ハ免レサルヘシ啻兩國ノ盟邦關係ハ英勢力打倒ナル共通目的ノ外ニ「ヒ」「ム」兩人ノ深キ理解ニ根底ヲ有スルカ故ニ兩人ノ地位鞏固ナル限リ搖キナカルヘシ

(ロ)獨米關係ニ付テハ近來米ノ對英援助熱昂マルニ伴ヒ獨一般ハ多大ノ關心ヲ示シ居レルカ獨最高幹部ニ於テハ所詮米ハ歐大陸ニ於ケル獨英決戰ヲ左右スル力ナク其ノ對英援助モ戰争ヲ來年ニ持越ス場合ニ於テノミ眞劍

ノ問題タルヘシト多寡ヲ括リッツ大体ニ於テ對米關係ハ頬冠リ主義ニテ行キ居ル如シ

(ハ)獨蘇關係ニ付テハ獨カ相當兵力ヲ東向キニシ(我専門家ノ觀測ニ依レハ蘇聯邦百六十師團中六十師團ヲ獨ニ備ヘ獨二百三十八師團中百二十師團ヲ蘇ニ備ヘ居レリ)或ル迫力ヲ以テ蘇聯邦ニ臨ミ居ルコトハ注意スヘキ事實ニシテ獨トシテハ伊敗戰ニ依ル情勢ノ變化ニ拘ラス先般蘇聯邦カ獨逸ニ取リ相當有利ナル通商協定ニ應シタル點ヲ重視シ加フルニ從來巴爾幹近東方面ニ於テ伊太利ノ要望ヲ考慮スルノ要アリタルモノカ近來伊太利ノ迫力減退ニ連レ問題稍簡單トナリタル事情アリ旁近キ將來ニ於テ勃牙利、「ユーゴー」、土耳古殊ニ「モロトフ」訪問ノ際蘇側ヨリ持出シ「リ」外相カ不得要領ニアシラヒタル海峡問題ニ關シ蘇聯邦トノ間ニ何等カ手ヲ打ツコトモアリ得ヘシ

伊、蘇、米、土ヘ轉電セリ

大臣ヨリ滿ヘ轉電アリタシ

---

196 昭和16年2月25日 在独国大島大使より松岡外務大臣宛(電報)

日ソ国交調整に対するドイツの斡旋等につきリッベントロップと会談について

ベルリン　2月25日前発
本　　省　2月25日後着

第†一五九號

往電第一五七號ニ關シ

日獨協力ニ關シテハ何レ松岡外相獨逸來訪ノ際直接日本政府ノ意向説明アルヘキ旨前置シタル上隔意ナキ意見ノ交換ヲ行ヒタルカ右ノ中「リ」ヨリ日本ニ電報セサルコトヲ希望シ内話セル部分左ノ通ナル處右ハ貴大臣御來訪以前御耳ニ入レ置ク必要アリト認メ特ニ電報ス

一、本使ヨリ日「ソ」國交調整ニ關シ獨逸ハ如何程斡旋シ得ルヤト質問シタルニ、「リ」ハ先般「モロトフ」來獨ノ際「ソ」聯邦ト日獨伊樞軸トノ政治的提携ニ關シ提案シタルニ對シ「ソ」ヨリハ條件トシテ芬蘭ニ對スル新ナル權益ノ承認、「ソ」勃間政治協定締結ニ付テノ諒解ヲ求メタルカ、獨逸トシテハ芬蘭ニ現在以上「ソ」ノ勢力扶

植ヲ望マズ又「バルカン」ハ獨逸ノ生活圏ト認メ居ルヲ以テ之ニ應ゼズ唯「ソ」勃政治協定ノ問題ハ結局「ソ」聯邦勢力ノ「ダーダネルス」進出ヲ狙フモノナレハ獨逸トシテハ「モントルー」條約ノ修正ニ盡力スル用意アル旨述ベタルモ、「ソ」聯ハ之ニ滿足セス其ノ儘トナリ居ルコトヲ説明シタル後既ニ「バルカン」ノ情勢モ獨逸ニ有利ニ落着キタルコトナレハ日本側ニ於テ御希望ナラバ再ヒ斡旋ニ乘出スコトモ考慮スヘシト述ヘタリ、本使ヨリ更ニ日本カ將來南方問題解決ニ從事シ居ル際「ソ」聯邦武力ヲ以テ我ヲ脅スカ如キ場合ノ獨逸側ノ態度ニ付質問シタルニ「リ」ハ獨逸軍八十乃至百箇師團東方ニ配置シアリ右ノ如キ場合起ラハ獨逸トシテハ日本ヲシテ後顧ノ憂ナカ（ラ欠カ）シムルコトハ勿論ナリト答ヘタリ

二、「ソ」聯邦ノ對支援助問題ヨリ客年十一月ノ對重慶和平ニ關スル獨逸ノ斡旋ニ關聯シ重慶ノ對英米依存態度ニ言及セルニ依リ本使ヨリ日本ニ於テ希望スル場合獨逸ハ汪政權承認ニ何等カ支障アルヤヲ質シタルニ「リ」ハ自分トシテハ日本カ承認ヲ有利トセラルル場合ハ卽座ニ之ニ應シテ可ナルモ本件ハ「ヒ」總統ノ決濟ヲ要スル問題ナルヲ以テ夫レ迄ハ電報ヲ差控ヘラレタク又若シ日本更ニ蔣トノ妥結ヲ考慮セラルルナラバ現在ハソノ時機ニアラスト考フ獨逸ノ春季ニ於ケル軍事行動開始ノ模様ヲ見英米側ノ蔣ニ對スル迫力衰退ノ時ヲ狙ハルルコト有利ナルヘシト答ヘタリ

197　昭和16年2月25日　在独国大島大使より松岡外務大臣宛（電報）

日独伊三国同盟に対し日本は絶対忠実である旨リッベントロップへ強調について

ベルリン　2月25日前発
本　省　2月25日夜着

第一六〇號（至急）

往電第一五七號「リ」トノ會談ノ際本使ヨリ日獨關係殊ニ三國條約ニ付テハ種々ノ臆測行ハレ居リ英米ノ中傷的宣傳モアリ獨逸側ニ於テ多少ノ誤解存スルヤモ計ラレサルモ日本カ三國條約ニ絶對忠實ナルハ大詔渙發ニ依リテモ明カニシテ官民一致不動ノ決意ヲ以テ右條約ヲ我カ外交ノ基調トシテ國策ノ實現ニ邁進シ居ル旨强調セルニ「リ」之ヲ首肯

シ獨逸トシテモ日本トハ同シ船ニ乘リタル同志ノ氣持ニシテ「ヒ」總統ハ之ニ付テ最モ强キ信念ヲ有シアリ日本側ニ於テ獨逸ノ眞意ニ付誤解ナキコトヲ切望スル旨述ヘタリ御參考迄

獨、(伊カ)蘇、土、米ヘ轉電セリ

198 昭和16年2月26日 在独国大島大使より松岡外務大臣宛(電報)

シンガポール攻略問題に関しリッベントロップと会談について

ベルリン 2月26日前発
本 省 2月26日後着

第一七四號(絶對極祕)†

二十三日「リ」外相ト會見現下ノ東亞時局ニ及ヒタル際「リ」ハ大東亞共榮圏ハ劍ニ依ラサレハ之ヲ樹立シ得サルヘシ新嘉坡ハ右共榮圏確立ノ爲ノ要點ト思ハルルカ日本ハ之カ攻略ニ關シ如何考ヘラルルヤト問ヘルヲ以テ本使ハ日本ハ將來米カ獨ヲ攻撃シ兩國間ニ戰爭起ル場合素ヨリ三國條約ニ基キ獨側ヲ武力援助スヘシソノ場合米國及英國トハ戰爭トナリ新嘉坡攻略トナルヘク帝國トシテハカカル場合ニ備ヘ着々準備ヲ整ヘツツアルコトハ勿論ナリ然レトモ新嘉坡ハ最近益々防備ヲ固クシ居リ之ヲ攻略スルニハ充分ノ準備ヲ要シ又此ノ場合ニハ米ヲモ相手トスル用意ヲ要スルヲ以テ假令先ニ新嘉坡攻撃ヲ行ハントスル場合ニ於テモ我準備進捗ノ程度一般情勢特ニ歐洲戰局ヲモ考慮スル要アリ日本ニ於テモ之ヲ重大問題トシテ愼重ニ研究中ナリト答ヘ置キタリ

199 昭和16年3月2日 在独国大島大使より松岡外務大臣宛(電報)

信任狀捧呈後の会談におけるヒトラー総統の発言内容報告

ベルリン 3月2日後発
本 省 3月3日前着

第二〇八號†

一日[1]御信任狀捧呈後約一時間ニ亘リ「ヒ」總統ト會談(「リ」外相連席)先ツ本使ヨリ三國條約成立シ日獨兩國カ愈緊密ニ世界新秩序建設ニ協力シ得ルニ至レルコトハ欣快

ニ堪ヘス日本ハ上下一致三國同盟ヲ尊重シ居ル旨挨拶セルカ「ヒ」ハ三國同盟カ彼ノ年來ノ宿志ニシテ必ス之ニ忠實ナルヘキヲ述ヘタル後一般情勢ニ付率直ニ彼ノ所信ヲ披瀝セリ

「ヒ」總統ノ述ヘタル所詳細ニ左記ニ電報ス

一、歐洲一般外交情勢、對英戰爭準備ノ完成、獨逸國內ノ鞏固ナル經濟狀態等ニ關シテハサキニ「リ」外相ヨリ詳細御説明申上ケタル趣ナルカトテ極ク概略同趣旨ヲ述ヘタル外伊國ニ關シテハ同國軍隊カ「アビシニア」攻略ノ際土民軍ヲ相手トセル戰鬪ノ習慣ニ捉ハレ精鋭ナル機械化部隊ヲ有スル英軍トノ戰鬪方法ヲ誤リ今次失敗ヲ招ケルモノニシテ獨逸カ送リタル機械化兵團ニヨリ「アフリカ」ノ戰況モ變ルヘキコトヲ期待シ居ル旨ヲ語レリ

二、對英攻擊ニ關シテハ天候ノ關係上三月末ヨリ四月ニ亘リ實施セラルヘキ潛水艦戰ニヨリ大打擊ヲ與フル積リナル旨冒頭シ現在潛水艦ノ月建造能力十七ナルカ近ク二五ニ增加セラルヘク更ニ三〇以上ト致度キ積リナリ開戰以來昨年八月迄一ヶ年間ノ損害ハ二八隻ナリシカ其ノ攻擊方法ニ大改良ヲ加ヘタル結果ソノ後ノ損害ハ今日迄僅カ三隻ニスキス目下建造中ノ潛水艦ハ中型ニシテ近海カ海底ノ淺キコト潛水艦操縱性ヲ大ナラシムルコトニ留意セル爲ナルコトヲ述ヘ次テ空軍ニ關シ空中ヨリノ攻擊モ最大規模ニ行フ積リナルカ之モ天候ト關係スルコト大ナリ上陸策戰ニ關シテモ海上ノ狀況ニ依ルコト多シ對英作戰ハ最早 operative ノ問題ニアラスシテ taktisch ノ問題ニシテ天候氣象海上ノ狀況ニ左右セラルルコトヲ述ヘ上陸作戰ノ決意ハ之ヲ有スルモソノ時機ノ予定シ難キヲ説明シ[2]過去ノ先例ヲ引用シ自分(「ヒ」)トシテハ西方作戰終了後直チニ行フ予定ナリシモ一九三九年秋ハ雨天多ク次テ冬季ハ特ニ寒サ嚴シク獨逸カ賴ミトスル機械化部隊空軍ノ活動ニ不便ナリシ爲之ヲ春迄延期シ漸ク天候安定ノ見透ヲ有スルニ至レルニヨリ五月十日進軍ヲ開始セル次第ナリトシ又諾威作戰モ冬中「オストゼエ」ガ凍リ居リ漸ク四月七日ニ解氷シ水路出來タリトノ報告ニ接シ直ニ進擊ノ命令ヲ發シタル次第ナリト語レリ尙上陸作戰ニハ獨逸ノ有スル凡ユル海上艦艇ヲ動員スヘキカ何分ニモ獨逸海軍ハ一九三五年ヨリ各種艦艇ヲ建リ始メタルモノ故大海軍ヲ作ル能ハス兵力不足ナルハ眞ニ殘念ニシテ日本ノ如

ク大艦隊ヲ有セラルルハ羨望ニ堪ヘサル旨繰返ヘシ居リタリ何レニセヨ獨逸トシテハ英國カ完全ニ崩壞スル迄本戰爭ヲ繼續スル積リナルカ唯英國ハ世界ニ跨ル大國ナル故世界至ル所ニ於テ之ヲ叩ク要アリト述ヘタルニ「リ」外相言ヲハサミ實ハ先日大島大使ト會談ノ際自分モ新嘉坡攻略ニ關シ言及シ置キタリト述ヘタルニ依リ本使ヨリ日本トシテモ右ニ對スル凡ユル準備ハナシ居ルモ之カ實施ニ付テハ過日「リ」外相ニ申上ケタル通リナリトモ「リ」ニ話シタルコトヲ繰返ヘシ置キタリ

三、米國ニ付テハ「ヒ」ハ同國ハ金權政治ニシテ國民ノ「モーラル」低劣ナルヲ力說シ今回ノ戰爭ニヨリ自分ノ年來ノ信念タル戰爭ハ精神ノ優越ナル者勝利スルコトツクヅク体驗シタルカ現代ノ戰爭ニ於テ近代武器ノ精鋭ナルコトヲ要スルハ勿論ナルモ優秀ナル精神ナクシテハ結局戰爭ニ勝チ得ス自分ハ米國ニ對シ何等ノ恐怖ヲ有セサル旨述ヘタリ

四、「ソ」聯邦ニ對シテモ自分（「ヒ」）ハ何等心配セス唯「ソ」聯ハ何分狹イ國ニテ「スラブ」民族ニ對シテハ民族主義ヲ以テソノ他ノ國ニ對シテハ「ボルセビズム」ヲ以テ働キカケ次ニ「ブルガリヤ」ニモ凡ユル策動ヲナシタル旨述ベ自分ハ獨「ソ」間ノ條約ニハ何等信頼ヲ置キアラス自分カ東方ヘ配置シタル百個師團ノ兵力ニ信頼シアル旨述ヘタリ

五、[3]次テ日獨伊同盟ニ言及シ自分ハ一九〇四年日露戰爭當時ヨリ「スラブ」民族ニ反感ヲ有シ日本トノ提携ヲ考ヘ居タルカ元來自分ハ同盟ハ締結國間ニ領土的ニ何等ノ間隙ヲ生スル余地ナク長年間ニ亘リ手ヲツナキ行ケル國民間ニノミ締結セラルヘキナリトノ信念ニテ日獨伊ノ關係ハ正ニソノ通ナルノミナラス何レモソノ對象ヲ共同ニシ卽チ現實ニ於テハ英米次テ「ソ」聯邦ナリト述ヘ獨逸ハ東洋ニ關シテハ何等領土的野心ナクソノ植民地ニモ全然手ヲ觸ルル意向ナク又地中海ニ於ケル伊國勢力ハ飽ク迄之ヲ尊重シテ一切手ヲ觸レサル積リナリ自分トシテハ歐洲ヲ改造シ且「アフリカ」ニ植民地ヲ建設スルコトヲ以テ足レリトナシ居リ又日獨ノミカ武士道的民族（ゾルダーテン・フォルク）ナルカ故兩國ノ提携ハ百年否三百年ニモ亘リ不動ナルヘク自分ハ死スモ獨逸國民ニ遺言シテ日伊トハ爭ヲ生スルカ如キコトハ絕對ヤラセヌ積リナリト

述ヘタリ
六、最後ニ今次戰爭ニ於テハ既ニ我等勝テリト認メ居レルカ自分ハ神意カ自分ヲシテ今日ノ戰爭ヲ行ハシメ呉レタルコトヲ感謝シ居リ假リニ今回戰爭ヲ避ケ得タリトスルモ二、三年後又ハ十年後ニ必ズ發生シタルヘク從テ此ノ機會ニ目的ヲ達成スル迄ハ絶對ニ手ヲ引カサル旨强調セリ

200　昭和16年3月11日　松岡外務大臣より　在独国大島大使他宛（電報）

松岡外相の訪欧予定につき通報

本省　3月11日後9時発

合第五九九號

本大臣ハ三國條約成立ニ關シ獨伊兩國首腦者ト親シク慶祝ノ意ヲ交換シ且會談ヲ遂クル爲明十二日東京發「シベリア」經由ニテ兩國訪問ノ予定ナリ

編注　本電報の宛先は「至急情報」となっている。

201　昭和16年3月18日　在独国大島大使より　近衛（文麿）臨時外務大臣事務管理宛（電報）

対英攻撃の見通しおよびシンガポール攻略問題に関するレーダー独国海軍元帥との会談報告

ベルリン　3月18日前発
本　　省　3月18日後着

第†二七一號

十五日「レェダー」元帥招宴後行ヒタル會談中重要ナル事項左ノ通
一、英本土攻撃ニ關シテハ潜水艦戰ニハ充分自信ヲ有スルモ海上艦船ノ劣勢ナルコトハ寔ニ遺憾ニシテ獨逸ハ世界大戰當時ト異リ今回ハ北海ヨリ大西洋ニ亘リ海軍根據地ヲ有スルヲ以テ若シ大戰當時ノ如キ艦隊アラバ上陸作戰ハ易々タルモノト考フ如何ニ優秀ナル空軍ヲ以テスルモ艦隊ノ全任務ヲ補フ譯ニハ行カス英本土攻撃方法ニハ最モ苦心研究ヲ重ネタル次第ニシテ機械化一師團上陸セハ爾後英全本土ヲ攻略スルコトハ容易ナリト信スト述ヘタリ依テ本使ヨリ英國海軍ヲ地中海ニ押込ムル爲速ニ「ジブ

ラルタル」ヲ占領シテハ如何ト問ヘルニ對シ「レ」ハ何レハ之ハ行ハサルヘカラスト考フルモ何分ニモ西班牙ノ内政狀態特ニ經濟的困難ニ鑑ミ現在之ヲ行フヲ不利トスルヲ以テ先ツ第一ニ「シシリー」「パンテラリア」ノ線ヲ閉鎖スルコトトシ先般ノ「メラン」會談ニ於テ予ヨリ伊國海軍首腦部ニ申入レタル處伊國モ之ニ同意セリト答ヘタリ

三、又「レ」ハ我國ノ新嘉坡攻擊ヲ希望セルヲ以テ先般「リ」「ヒ」ニ答ヘタルト同一趣旨ノコトヲ述ヘ置キタリ

202　昭和16年3月27日　松岡外務大臣 リッベントロップ独国外務大臣 会談

松岡・リッベントロップ会談要領

松岡外務大臣「リ」外相會談記錄(要領)

昭和十六年三月二十七日午前十一時ヨリ

外相官邸ニ於テ

會談時間約一時間三十分

一、「リ」ハ先ヅ松岡大臣ガ遠路獨逸ヲ訪問セラレタルコトヲ謝シ次デ今回ノ戰爭ニ至レル經過ヲ敍シ今次ノ戰爭ガ獨ニトリテハ全ク强ヒラレタル戰爭ナルコトヲ述ブ、而シテ獨逸トシテハ戰爭發生以前ニ日獨伊三國同盟ノ成立ヲ企圖シ自分(「リ」)ハ全權ヲ持チテ六ケ月待チタルガ遂ニ日本側ノ態度決定セザリシニ依リ當時刻々ニ戰雲漲リ來レル歐洲ノ情勢上止ムナク蘇聯ト結ブニ至レル次第ヲ述ブ、

二、本次戰爭發生當時ニ於テハ波蘭ハ八十(?)箇師團、諸威ハ六箇師團、和蘭ハ十六(?)箇師團、白耳義ハ二十八(?)箇師團、佛國ハ百三十(?)箇師團、英國ハ七(?)箇師團ノ兵力ヲ擁シ居リ、模樣ニ依リテハ之等全部ヲ敵トスルノ可能性アリタルガ、幸ヒ先ヅ波蘭ヲ叩キ、諸威ヲ壓ヘ、更ニ西部戰場ニ於テ壓倒的勝利ヲ收メタル結果、之等全兵力ハ最早歐大陸ニハ存在セザルニ至レリ、

三、現在獨側兵力ハ二百四十箇師團、其ノ中百八十六箇師團ハ青年ノミヨリ成ル最精衞部隊ニシテ、二十四箇師團ハ完全ナル機械化部隊ナルノミナラズ其ノ他多數ノ獨立機械化旅團アリ、

四、潛水艦ハ現在不斷ニ海上ニアリテ對英攻擊ニ從事シ居ル隻數ハ六—七—八隻ニ過ギザルモ、四月ニ入レバ七〇—

八〇―九〇隻ガ斷エズ策戰行動ニ從事スベク、又戰艦モ（註、船名ハ云ハザリシモ、「グナイゼナウ」「シャルンホルスト」ヲ指スモノト認メラル）遠ク大西洋上ニ於テ活躍シ居レリ、

五、空軍ニ關シテモ絕對優勢ニシテ此ノ冬以來從來ノ飛行機ヨリモ一段ト進步セルモノ現ハレ、漸次新型機ヲ以テ置キカヘラレツツアリ、

六、英國本土ニ對スル攻擊ハ一切ノ準備備ヒ居レルモ、何時英國ガ屈服スルヤハ自分モ云ヘズ、二ケ月―三ケ月―四ケ月ノ中ニ屈服スルコトアリ得ベキガ、遲クモ今年中ニ完全ニ英國ガ叩キ伏セラルベキコト確實ナリ、

七、「バルカン」ハ既ニ安定セルガ、今後共三國條約ニ加入セシメ度キ國アリ、第一ニハ西班牙、次デ瑞典、土耳古ナリ、

八、蘇聯ニ付テハ曩ニ「モロトフ」來獨ノ際三國條約加入方ヲ交涉セルガ、後刻蘇聯ハ其ノ條件トシテ芬蘭ニ於ケル獨逸勢力圈ノ蘇聯ニ對スル讓渡、「ダーダネルス」ニ關シ土耳古ニ基地ヲ設クルコト、勃牙利トノ特殊關係設定等ノ要求ヲ出シ來レルニヨリ「ヒ」總統ハ明白ニ之ヲ拒否セリ、獨蘇關係ハ一言ニシテ云ヘバ「コレクト」ナルガ、蘇ノヤル事ニハ非友誼的ナルコト少ナカラズ、先般ノ蘇土共同聲明ノ如キモ其ノ一例ナリ、又「クリップス」英國大使ノ「モスコー」着任以來英國ノ策動モアリテ萬一ノ際ハ英ニツクカモ知レズトノ素振リヲ見セ來レリ（最近「クリップス」ハ「イーデン」トモ「アンカラ」ニテ會見シ居レリ）然レドモ今日ノ獨逸ハ蘇ガ獨ニ對シ何事カヲ試ミル場合ニハ數ケ月ヲ以テ蘇軍ヲ擊滅スルノ自信ヲ有ス、

九、米國ハ極力英國ヲ援助シ居レルガ、此ノ援助ナケレバ「チャーチル」ハ到底抵抗出來ザルベシ、米國ガ眞ニ參戰スルヤ否ヤハ尙不明ナリ、元來我々ガ三國條約ヲ締結セルハ米國ノ參戰ヲ阻止スルニアリタリ、而シテ今日極東ノ情勢ヲ見ルニ自分ハ日本ガ適當ノ時機ニ――出來得レバ成ルベク速カニ――新嘉坡ヲ攻擊スルコト有利ナリト認ム、何トナレバ若シ日本ガ新嘉坡ヲ占領スルニ至レバ、比律賓ハ何時ニテモ日本ニヨリ攻略セラルベシ、「ローズヴエルト」トシテハ比律賓ヲ失フハ對內「プレステイツヂ」ヲ失墜スルニヨリ之ヲ避ケザルヲ得ザルベ

ク、米國ノ參戰ヲ斷念セシムルニ至ルベシ、尚日本ガ南洋ノ大地域ヲ支配スルコトモ米國ノ參戰ヲ斷念セシムル一要素タルベシ、三國條約ハ米國ヲ對象トシテ作レル條約ナルモ日本ガ新嘉坡ヲ攻略スルハ本條約ノ目的トスル所ニ合致スルモノト思考ス、

(以上會談ノ途中「ヒ」總統ノ呼出シアリテ「リ」ハ中坐シ會談打切ラレタリ)

203 昭和16年3月27日　松岡外務大臣／ヒトラー総統　会談

松岡・ヒトラー会談要領

松岡外務大臣「ヒットラー」總統會談記錄(要領)

昭和十六年三月二十七日午后四時ヨリ
總統官邸ニ於テ
會談時間約二時間半

一、「ヒ」總統モ戰況竝ニ歐洲情勢ニ關シ「リ」外相ト大同小異ノ說明ヲ爲セルガ、特異ノ諸點左ノ如シ、

二、現在獨ハ對蘇兵力トシテ百五十箇師團ヲ配置アリ、而シテ歐大陸ニハ敵トスベキ兵力ナキニ依リ要スレバ全兵力ヲ蘇聯ニ向ケ得ル狀況ニアリ、蘇聯ノヤルコトハ結局共產主義ノ擴大ニシテ「バルチック」三國併合後ノ如キモ完全ナル暴壓政治ヲ行ヒ居リ、全知識階級ハ何處ニカ消失セリ、次ニ來ルベキ敵ハ米國及蘇聯ナリ、

三、米國ハ英國ニ對スル軍需品ノ供給ト自己ノ軍備擴張ニ熱中シアリ、而シテ更ニ參戰スルト云フガ如キ三ツノコトヲ行フハ中々困難ナリト認ム、蘇聯ハ何ヲヤルカ分ラズ、或ハ英國側陣營ニ入ルコトモ可能ナリ、自分ハ「スターリン」ガ斯クノ如キ賢明ナラザル政策ヲ採用スルモノトハ思考セザルモ、萬一斯ル事態發生セバ百五十箇師ノ獨軍ハ數ケ月ニシテ蘇軍ヲ擊滅スベシ、

四、自分ハ元來同盟ハ長年月ニ亘リ利害ノ扞格生ゼザル國家間ニノミ締結セラルベキナリトノ信念ヲ有シ、青年時代ヨリ日本トノ提携ヲ考ヘ來レリ、獨逸トシテハ戰後「アフリカ」ニ植民地ヲ建設スルコトヲ以テ足レリト爲シ居リ極東植民地ニ手ヲ觸ルル意志ナク從テ日本トハ長年月ニ亘リ提携シ行ケルモノト確信シ居レリ、

五、世界新秩序建設ニハ英國ヲ打倒スルコトオ互ニ必要ニシテ、而シテ前述ノ如ク米國ノ參戰ニハ困難アリ、蘇聯ニ

対シテハ前述ノ如ク獨逸ニ確信アリ、今次戰爭ハ既ニ獨逸勝利シ居レリ、從テ日本ガ立チテ新嘉坡ヲ叩ク絶好ノ機會ニシテ右ハ英國打倒ノ爲有效ナルノミナラズ東亞ニ於ケル新秩序建設ノ爲ニモ必要ナルベシ、大事業ヲ爲スニハ常ニ果敢(Wagnis)ヲ要スベク、日本ノ新嘉坡攻略ヲ希望ス、

（未完）

204

昭和16年4月1日　在独国大島大使より近衛臨時外務大臣事務管理宛（電報）

ユーゴスラビア政変におけるソ連の策動を痛罵し対ソ軍備増強をヒトラー言明について

ベルリン　4月1日前発
本　省　4月1日後着

第[†]三四二號

二十八日「ヒ」總統招宴ノ際「ヒ」ハ本使ニ對シ「ユーゴー」革命ノ背後ニ蘇聯邦ノ策動アリシヲ指摘シテ蘇聯邦ノ態度ヲ痛罵シ獨逸ハ現在百五十師團ヲ蘇聯邦ニ對シ配置シアリ若シ日本ヲ攻撃スルコトアラハ獨逸ハ武力ヲ以テ蘇聯邦ヲ攻撃スルコトヲ辭セスト述ヘタリ

本使ハ先般山莊ニテ會談ノ際獨逸師團百個トノ御話ナリシカ更ニ五十師團增加セラレタルヤト質問セルニ「ヒ」ハ然リ蘇聯カ獨逸ニ對シ種々意地惡キコトヲ爲スヲ以テソノ度毎ニ或ハ五師團或ハ四師團ヲ東方ニ增加セルモノニヨルモノニシテカクスルト不思議ニ蘇聯邦ハソノ態度ヲ改メ居レリト答ヘタリ

尙傍ニアリシ「リ」外相ハ後刻本使ニ對シ總統カ貴大使ニ對シカク明白ニ決心ヲ述ヘラレタルコトハ日本ニ對スル完全ナル保障(Garantie)ナリト述ヘタリ

右陸海軍大臣ノミニ極祕トシテ傳ヘラレタシ

205

昭和16年4月1日　在独国大島大使より近衛臨時外務大臣事務管理宛（電報）

ユーゴスラビア政変はバルカン問題解決の絶好の機会とのヒトラーおよびリッベントロップの発言について

ベルリン　4月1日発
本　省　4月1日着

第[†]三四三號

二十八日「ヒ」總統ト又三十日「リ」外相トノ會談ノ際兩人共本使ニ對シ「ユーゴー」革命ハ「バルカン」ノ不安ヲ根本的ニ解決スル絶好ノ機會到來セリト考ヘアル旨述ヘタリ

206　昭和16年4月5日　在独国大島大使より　近衛臨時外務大臣事務管理宛（電報）

日独伊混合委員会の結成にリッベントロップが熱意を表明について

ベルリン　4月5日後発
本　　省　4月6日後着

第三七八號（館長符號扱）

松岡大臣ヨリ

五日暇乞ヒ旁々「リ」外相ヲ往訪會談シ引續キ午餐ヲ共ニセルカ談話内容ハ特ニ取急キ電報ノ要ヲ認メサルニ付省略ス但シ混合委員會ニ關シテハ「リ」外相ニ於テモ熱意ヲ示シ居タルニ付本大臣ヨリ單ニ軍事ノミナラス經濟委員會ニ關シテモ充分援助方ヲ要請シ「リ」之ヲ快諾セリ尚今次獨伊首腦部トノ會見ノ印象ニ依レハ「ユーゴースラヴィア」希臘ノ問題ハ孰レモ困難無ク落著スヘキモ全然戰爭行爲無クシテ解決ヲ見ル事ハ可能性少シト認メ居ル模様ナリ

伊、蘇ヘ轉電セリ

蘇ヨリ英ヘ轉電アリタシ

207　昭和16年4月7日　在独国大島大使より　近衛臨時外務大臣事務管理宛（電報）

ユーゴスラビアに対する日本側の外交措置実施の可能性につきリッベントロップ打診について

ベルリン　4月7日後発
本　　省　4月8日夜着

第三八三號（館長符號扱、大至急）

松岡大臣ヘ

七日夕刻「リ」外相ノ求メニ應シ往訪セル處「リ」ハ貴大臣ノ御訪獨ニ依リ親シク御話致ス機會ヲ得タルヲ欣ヒ居ル旨述ヘタル上「リ」ハ全ク自分一己ノ思付ニシテ「ヒ」總統トモ相談シ居ラサル旨冒頭「ユーゴースラヴィア」カ三國條約ニ加入セル翌日「クーデター」ヲ行ヒ本條約ヲ蹂躙

スルノ暴擧ニ出テタルハ單ニ獨逸ニ對シテノミナラス本條約締盟國全部ニ對スル侮辱ナリト認ムル次第ニシテ獨トシテハ歐洲内部ノ事件ニ關シ日本ノ援助ヲ求ムルモノニアラサルコトハ勿論特ニ日本ハAD Referendum 附ニテ署名セラレ居ルコトナレハ獨伊等ト法律上ノ地位ヲ異ニセルコトハ了承シ居ルモ日本ニ於テ何等カノ外交上ノ措置ヲ採ルコト出來マジキヤ若シ松岡大臣在獨中ナレハ御相談シタシト考ヘタル次第ナルカ莫斯科御滯在中ニ付御意見御問合セ願ハレマジキヤト述ヘタルヲ以テ本使ヨリ「ユーゴースラヴイア」ニハ我カ使臣駐在セス東京ニハ「ユーゴー」使臣ナク名譽領事位アルヤモ知レサルモ如何ナル措置ヲ妥當トスルヤ研究ノ要アルヘキ旨ヲ答ヘタル上兎ニ角松岡大臣ヘ電報スヘキ旨述ヘ置ケリ

（欄外記入）

本使ハ之ニ對シ情報部長談等ニ於テ日本モ「ユーゴースラヴイア」ノ態度ヲ不都合ナリト認メ居リ獨伊ノ採リタル措置ハ當然ナリトノ趣旨ヲ聲明スル程度ニテ可ナリト存スルモ御意見折返シ御回電ヲ請フ

（欄外記入）

如何ナル措置ヲ希望シ居ルニヤ？

208　昭和16年4月9日　在ソ連邦建川大使より近衛臨時外務大臣事務管理宛（電報）

中立条約調印に備え全権委任状発出の手配準備方指示について

モスクワ　4月9日後発
本　省　4月9日夜着

第四二七號（大至急、極祕、館長符號扱）

松岡大臣ヨリ

場合ニ依レハ當地ニ於テ中立條約ニ署名スル運ヒトナルヤモ知レサルニ付其ノ際全權御委任狀ヲ必要トスルニ於テハ當方ヨリ電報次第本大臣及建川大使ニ對シ各別ニ遲滯ナク右ヲ發出シ得ル樣至急手配置キアリタシ

209　昭和16年4月10日　在ソ連邦建川大使より近衛臨時外務大臣事務管理宛（電報）

北樺太利権に関する附属議定書を除く中立条約案への調印をわが方提議について

モスクワ　4月10日前発
本　省　4月10日前着

第四三一號†

松岡大臣ヨリ

四月九日午後四時ヨリ七時半迄「モロトフ」總理ト懇談續行建川大使列席

前回會談ノ際本大臣ヨリ强硬ニ北樺太ノ讓渡ヲ主張シタルモ此ノ際之ヲ應諾スル見込ナキモノト観取シタルニ付本日ハ本大臣ヨリ簡單直截ニ不侵略條約案ヲ撤回シ先方提出ニ係ル中立條約案(北樺太利權ニ關スル附屬議定書ヲ除ク)ニ本大臣滯在中建川大使ト共ニ連署スル樣致度キ旨ヲ申入レタル處「モロトフ」氏ハ極力北樺太利權ノ處理ニ關スル附屬議定書ヲモ此ノ際成立セシムルコトノ必要ヲ縷説ス、結局十一日「レーニングラード」ヨリ歸リ午後四時再會スル迄ニ本大臣ノ申入レニ付審議再考センコトヲ求メ別レタリ

尙北支及內蒙古ノ日本勢力範圍內タルコトヲ認ムルニ對シ外蒙古及新疆ノ「ソ」聯勢力範圍タルコトヲ認ムル祕密議定書ヲ作リテモ好シト述ヘタルニ對シ「モ」ハ斯ル問題ヲ議スルトキハ暇取ルコトニモアリ右ハ後日ニ讓リテ可ナリト思フ旨ヲ答ヘタリ但シ右返答ハ極メテ輕キ意味ニテ何レノ途一應「スターリン」ニ伺ハサレハ全部ニ付確答出來サルコト明瞭ナリ

以上御含迄不取敢電報ス

210　昭和16年4月10日　在独国大島大使より近衛臨時外務大臣事務管理宛(電報)

ベルリンにおける日独伊混合委員会成立について

ベルリン　4月10日後発
本　省　4月11日夜着

第四〇一號(館長符號扱)

一、伯林ニ於ケル混合委員會ヲ速ニ公式ニ結成スルノ必要ナルコトニ關シ「リ」外相ト全然意見一致シ居リシカ最近ニ於ケル各種政治上ノ出來事ノ爲時期ヲ得ス遷延シ居リタルカ先般松岡大臣ヨリモ同樣ノ希望アリタル趣ニテ本日外務省ニ於テ「リ」外相伊太利大使及本使相會シ正式ニ一般委員會ヲ成立セシメ之ヲ公表スルコトトセリ

二、「リ」ハ本夕又ハ明朝巴爾幹戰場ニ赴キ約十日後歸伯ノ豫定ニシテ其後直ニ全委員ノ正式會合ヲ行フ筈ナリ尙混

合委員會獨逸側幹事トシテハ「リッター」大使之ニ當ルコトトナレリ

三、伊大使ノ言ニ依レハ羅馬ニ於テモ近ク混合委員會ヲ開クヘシト

四、東京ニ於テモ松岡大臣歸京後該委員會ヲ正式ニ結成セラルルヲ適當ト信ス

蘇、伊ヘ轉電セリ

蘇ヨリ大臣ヘ轉報アリタシ

211 昭和16年4月11日 在ソ連邦建川大使より近衛臨時外務大臣事務管理宛(電報)

モスクワ滞在中の条約成立がもたらす世界的効果に鑑み中立条約案の字句修正は松岡外相にて取り計らう意向について

モスクワ 4月11日後発
本省 4月12日前着

第[†]四三六號(極祕、外機密、館長符號)

松岡大臣ヨリ

往電第四二七號ニ關シ

本十一日會談ノ結果ニヨリテハ中立條約ノ成立ヲ見ルコトアルヘキ處本大臣當地滯在中ニ署名スルコト世界ニ對スル效果ヨリ見ルモ頗ル望マシキ儀ナルノミナラス過日本大臣ヨリ「モロトフ」ニ對シ此ノ際外交的「ブリッツクリーグ」ヲ決行シテハ如何ト言ヘルニ「モ」ハ言下ニ之ニ贊意ヲ表シタル次第モアリ且又條文モ極メテ簡單(客年往電第一四六八號(十月十八日提示蘇側中立條約案)ト略同一内容)ナルニ付「リダクション」ハ本大臣ニ於テ可然取計フ意向ナリ右御含置アリタシ

212 昭和16年4月12日 在ソ連邦建川大使より近衛臨時外務大臣事務管理宛(電報)

ソ連側作成の議定書案による北樺太利権問題の解決にモロトフが固執のため中立条約交渉打切りの意向表明について

別電一 昭和十六年四月十二日発在ソ連邦建川大使より近衛臨時外務大臣事務管理宛第四四三号
モロトフが提示した中立条約案第一条修正案

二 昭和十六年四月十二日発在ソ連邦建川大使よ

り近衛臨時外務大臣事務管理宛第四四四号

わが方が提示した北樺太利権問題解決に関する半公信案

モスクワ　4月12日前発
本　省　4月12日前着

第四四二號（大至急、極祕、館長符號扱）

往電[1]第四三一號ニ關シ

松岡大臣ヨリ

十一日午後四時ヨリ建川大使列席ニ時間餘懇談ヲ續行セルカ「モ」ハ第一條ヲ別電第四四三號ノ通リ修正シタル外全部客年十一月建川大使ニ手交セル中立條約案ノ儘ナル案文（北樺太利權處理ニ關スル議定書案モ元ノ通リナリ）ヲ本大臣ニ手交シ此ノ際北樺太利權問題ノ解決ヲ是非必要トスル所以ヲ前回會談ノ際ト同樣ニ縷々力說セリ之ニ對シ本大臣ハ外蒙及滿洲國ノ領土尊重ニ付實質的ニハ同感ナルモ日本トシテハ㈠滿洲國ハ同盟國ニアラサルニ付此ノ點ハ條約本文ニ入ルルトシテモ適當ナル修正ヲ要ス㈡又苟モ獨立國ナル以上條約本文ニ之ヲ入ルルコトハ滿洲國ノ自尊心モアルコトナレハ成ルヘク避クルカ宜シカラントノ趣旨ニテ寧ロ外蒙及滿洲國ニ對シテハ別ニ之ヲ聲明書ノ形式ト爲スコト然ルヘシト述ヘタル結果

右[2]ハ主トシテ「レダクシヨン」ノ問題ナルヲ以テ双方研究スヘシト云フコトニ落着キタリ次イテ本大臣ヨリ重ネテ前回既ニ縷說シタル通リ此ノ際中立條約丈ケヲ簡單ニ調印スルノ擧ニ出ツルコトカ日蘇國交調整ニ巨歩ヲ進メ軈テ北樺太問題處理ヲ有利ニ導ク雰圍氣ヲ釀成スヘク外交的「ブリツクリーグ」トシテ獨リ日蘇兩國民ノ感情ヲ改善スルノミナラス一般國際關係ニ對シ日蘇孰レヨリ之ヲ見ルモ外交的「マスターストローク」ナル所以（前回既ニ「モ」ハ同感ノ意ヲ表シ居レリ）ヲ簡單ニ繰返シ妥協案トシテ別電第四四四號ノ通リノ英文半公信案文ヲ手交說明シテ再考ヲ促シタル處「モ」ハ兎モ角右案文ニ付考慮ハ致スヘシトテ附屬議定書ニ關スル自說ヲ反覆シテ已マス

仍[3]テ本大臣ハ此ノ際本大臣ノ主張スル所ヲ容レラレサル以上折角ノ「ブリツクリーグ」モ遺憾乍ラ斷念ノ外ナシ此ノ上ハ現ニ懸案トナリ居ル通商協定及漁業本條約カ一日モ速ニ妥結ニ至ル樣配意アリタク右成立ハ軈テ政治的取極ヲ容易ナラシムル雰圍氣ヲ我國ニ於テ釀成スルニ至ルヘキ旨

ヲ説示シタル上「スターリン」氏ト面會シ更ニ閣下ト數回ニ亘リ長時間懇談ヲ遂ケ互ニ或程度迄相識ルニ至リ又短時日ナリシモ兎モ角最近ノ蘇聯國情ヲ知レルコトコソ延イテハ日蘇國交調整ニ向ツテノ蓋シ重要要素トナルヘキヲ思ヒ今回本大臣ノ蘇都立寄モ無意義ナラスト信スル旨ヲ述ヘアツサリト別レタリ尚出發前暇乞旁々「スターリン」ト會見スル筈ナリ爲念申添フ

（別電一）

モスクワ　4月12日前発
本　　省　4月12日前着

第四四三號（大至急、館長符號扱）

兩締約國ハ平和及友好ノ關係ヲ維持スルコト

領土ノ保全及不可侵竝ニ締約國ト同盟セル接壤國タル滿洲國及蒙古人民共和國ノ領土ノ保全及不可侵ヲ相互ニ尊重スルコトヲ約ス

（別電二）

モスクワ　4月12日前発
本　　省　4月12日前着

第四四四號（館長符號扱、極祕、大至急）

STRICTLY CONFIDENTIAL

My dear Mr. Molotoff:

In reference to the Pact of Neutrality signed to-day, I have the honour to state that I expect and hope that the Commercial Agreement and the Fishery Convention will be concluded very soon and that at the earliest opportunity, we, Your Excellency and myself, shall make endeavours, in the spirit of conciliation and mutual accomodation, to solve the question relating to the Concessions in Northern Saghalien under the contracts signed at Moscow on December 14, 1925, with a view to remove any and all questions which are not conductive to the maintenance of cordial relations between the two countries.

In the same spirit, I should also like to point out that it is well for the two countries and Manchoukuo and Outer Mongolia to find at the earliest date a way to instituting joint and or mixed commissions of the countries concerned with the object of settling the boundary questions and of handling disputes and incidents along the borders.

Very sincerely yours.

213　昭和16年4月12日　在ソ連邦建川大使より近衛臨時外務大臣事務管理宛（電報）

中立条約調印の合意成立につき大至急全権委任状の手配方指示について

モスクワ　4月12日後発
本　省　4月13日前着

第四四七號（館長符號扱、大至急、極祕）

中立條約此ノ際至急調印ノコトニ本十二日「スターリン」ト本大臣トノ間ニ合意成立セルニ付大至急往電第四二七號申進ノ御委任狀電報アリ度シ

「ス」モ本大臣自ラ當地ニテ調印方希望シ居ルニ付御委任狀ハ明十三日午後五時出發迄ニ是非間ニ合ス樣致度ク萬一間ニ合ハサル際ハ出發延期ノ外ナキモ右ハ成ルヘク避ケ度キ意嚮ナリ

214　昭和16年4月12日　在ソ連邦建川大使より近衛臨時外務大臣事務管理宛（電報）

松岡・スターリン会談にて日ソ中立条約に関し合意成立について

別　電　昭和十六年四月十二日発在ソ連邦建川大使より近衛臨時外務大臣事務管理宛第四四九号
北樺太利権問題の解決に関する半公信案の修正点

モスクワ　4月12日後発
本　省　4月13日前着

第四四八號（極祕、大至急、館長符號扱）

松岡大臣ヨリ

本十二日午後五時暇乞ヒ旁々「スターリン」ト會見（「モ」及建川大使列席）七時辭去セル處附屬議定書ヲ除キ此ノ際簡單ニ中立條約ニ調印スルコトニ合意成立セリ

往電第四四二號別電第四四三號中滿洲國及外蒙ニ關スル部分ハ之ヲ削除シ本大臣主張ノ通リ調印當日聲明トスルコトニ先方同意シタル處同別電第四四四號ニハ別電第四四九號ノ通リ極メテ少シ許リノ修正ヲ施スコトトセリ

（往電第四四七號冒頭ニ松岡大臣ヨリヲ挿入アリタシ）

（別　電）

モスクワ　4月12日後発
本　省　4月13日前着

第四四九號（大至急、館長符號扱）

修正ハ左ノ四點ナリ

㈠第一節中程ノ to solve ノ次ニ in a few months ノ四語ヲ挿入ス

㈡同シク其ノ直ク後ノ relating ノ次ニ liquidation of ノ二語ヲ挿入ス

卽チ to solve the question relating to liquidation of the Concessions 云々トナル

㈢第二節ノ for the two Countries ヲ for our two Countries ト修正ス

㈣其ノ次ノ and ヲ as well as ト修正ス

卽チ for our two Countries as well as Manchoukuo and 云々トナル

215　昭和16年4月12日　在ソ連邦建川大使より近衛臨時外務大臣事務管理宛（電報）

日ソ中立条約に関する合意成立は調印終了の公表まで極秘とすべき旨注意喚起

モスクワ　4月12日前発
本　省　4月13日前着

第四五〇號（大至急、極祕、館長符號扱）

松岡大臣ヨリ

往電第四四八號ノ件ハ調印終了公表迄ハ極祕ニ附スコトトシ從テ當地ニ於テモ新聞ニ對シテハ本十二日本大臣暇乞ノ爲「スターリン」ヲ往訪シ其ノ機會ニ於テ日蘇國交ニ對シ懇談ヲ遂ケタル旨ノミヲ公表シ置キタルニ付貴方ニ於テモ右ト同樣御措置アリタシ

216　昭和16年4月13日　在ソ連邦建川大使より近衛臨時外務大臣事務管理宛（電報）

日ソ中立条約の締結に関し在英米仏各国大使へ通報

モスクワ　4月13日後発
本　省　4月14日前着

第四六〇號（大至急、館長符號扱）

本使發英、米、佛宛電報

合第一六號

松岡大臣ヨリ

本大臣ハ七日莫斯科到着以來「モロトフ」ト三回「スターリン」ト一回會見シ往路ノ會談ニ引續キ日蘇國交調整ニ付懇談ヲ重ネタル結果蘇側ハ十二日遂ニ從來ノ主張タリシ北樺太利權解消ノ條件ヲ附帶セス單ニ中立條約ヲ締結スルコトニ同意シ此ノ際兩國國交改善ノ爲巨歩ヲ進ムルコトト成レリ

本電宛先　英、米、佛

本省ヘ轉電セリ

217　昭和16年4月13日　在ソ連邦建川大使より近衛臨時外務大臣事務管理宛（電報）

日ソ中立条約および声明書の概要に関しわが方主要関係国大使へ通報

モスクワ　4月13日後発
本　省　4月14日前着

第四六一號（大至急、館長符號扱）

本使發獨、伊、英、米、（佛欠カ）滿宛電報

合第一七號

大臣宛往電第四五八號ニ關シ

調印文書ハ（甲）中立條約及（乙）聲明書ノ二部ヨリ成リ居ル處

一、中立條約ハ日蘇兩國間ニ平和及友好關係ヲ維持シ且相互ニ他方締約國ノ領土保全及不可侵尊重ヲ約シ（第一條）締約國ノ一方カ一又ハ二以上ノ第三國ヨリノ軍事行動ノ對象トナル場合ニハ他方締約國ハ右紛爭ノ全期間中中立ヲ守ルヘキ旨（第二條）ヲ規定シ居リ批准ヲ俟テ實施セラルヘク有效期間五年ニシテ延長ヲ認ムルモノナリ

二、聲明書ハ中立條約ノ精神ニ基キ兩國間ノ平和及友好關係ヲ保障スル爲日蘇兩國ハ夫々外蒙共和國及滿洲國ノ領土保全及不可侵ヲ尊重スルコトヲ約スル旨嚴肅ニ聲明スルモノナリ

本電宛先、獨、伊、英、米、佛、滿

本省ヘ轉電セリ

218　昭和16年4月13日　在ソ連邦建川大使より近衛臨時外務大臣事務管理宛（電報）

日ソ中立条約調印完了報告

モスクワ　4月13日後発
本　省　4月13日夜着

第四六三號

十三日午後三時調印ヲ了シタリ

219　昭和16年4月13日　調印

日ソ中立条約

付記一　昭和十六年四月十三日付松岡外務大臣よりモロトフ外務人民委員宛半公信仮訳文

北樺太利権問題の解決に関する往信

二　昭和十六年四月十三日付モロトフ外務人民委員より松岡外務大臣宛半公信

右往信に対する返信および仮訳文

三　昭和十六年四月十三日

右条約調印に関する近衛首相談話

大日本帝國及「ソヴイエト」社會主義共和國聯邦間中立條約

大日本帝國天皇陛下及「ソヴイエト」社會主義共和國聯邦最高會議幹部會ハ兩國間ノ平和及友好ノ關係ヲ鞏固ナラシムルノ希望ニ促サレ中立條約ヲ締結スルコトニ決シ之ガ爲左ノ如ク其ノ全權委員ヲ任命セリ

大日本帝國天皇陛下

外務大臣從三位勳一等松岡洋右

「ソヴイエト」社會主義共和國聯邦駐箚特命全權大使陸軍中將從三位勳一等功四級建川美次

「ソヴイエト」社會主義共和國聯邦最高會議幹部會

「ソヴイエト」社會主義共和國聯邦人民委員會議議長兼外務人民委員「ヴヤチエスラウ、ミハイロヴイチ、モーロトフ」

右各全權委員ハ互ニ其ノ全權委任狀ヲ示シ之ガ良好妥當ナルヲ認メタル後左ノ如ク協定セリ

第一條

兩締約國ハ兩國間ニ平和及友好ノ關係ヲ維持シ且相互ニ他

方締約國ノ領土ノ保全及不可侵ヲ尊重スベキコトヲ約ス

第二條

締約國ノ一方ガ一又ハ二以上ノ第三國ヨリノ軍事行動ノ對象ト爲ル場合ニハ他方締約國ハ該紛爭ノ全期間中中立ヲ守ルベシ

第三條

本條約ハ兩締約國ニ於テ其ノ批准ヲ了シタル日ヨリ實施セラルベク且五年ノ期間效力ヲ有スベシ兩締約國ノ何レノ一方モ右期間滿了ノ一年前ニ本條約ノ廢棄ヲ通告セザルトキハ本條約ハ次ノ五年間自働的ニ延長セラレタルモノト認メラルベシ

第四條

本條約ハ成ルベク速ニ批准セラルベシ批准書ノ交換ハ東京ニ於テ成ルベク速ニ行ハルベシ

右證據トシテ各全權委員ハ日本語及露西亞語ヲ以テセル本條約二通ニ署名調印セリ

昭和十六年四月十三日卽チ千九百四十一年四月十三日「モスコー」ニ於テ之ヲ作成ス

松岡　洋右〔印〕

建川　美次〔印〕

B. Молотов〔印〕

聲明書

大日本帝國政府及「ソヴィエト」社會主義共和國聯邦政府ハ千九百四十一年四月十三日大日本帝國及「ソヴィエト」社會主義共和國聯邦間ニ締結セラレタル中立條約ノ精神ニ基キ兩國間ノ平和及友好ノ關係ヲ保障スル爲大日本帝國ガ蒙古人民共和國ノ領土ノ保全及不可侵ヲ尊重スルコトヲ約スル旨又「ソヴィエト」社會主義共和國聯邦ガ滿洲帝國ノ領土ノ保全及不可侵ヲ尊重スルコトヲ約スル旨嚴肅ニ聲明ス

昭和十六年四月十三日「モスコー」ニ於テ

大日本帝國政府ノ爲

松岡　洋右

建川　美次

「ソヴィエト」社會主義共和國聯邦政府ノ委任ニ依リ

B. Молотов

（付記一）

（往信假譯文）

嚴祕

拜啓陳者本日署名セラレタル中立條約ニ關聯シ予ハ通商協定及漁業條約ガ極メテ速ニ締結セラルベキコトヲ期待シ且希望スルモノナルコト竝ニ最モ速ナル機會ニ閣下及予ニ於テ兩國間ノ友好的關係ノ維持ニ資セザル有ラユル問題ヲ除去スル爲千九百二十五年十二月十四日「モスコー」ニ於テ署名セラレタル契約ニ基ク北樺太ニ於ケル利權ノ整理ニ關スル問題ヲ數月內ニ解決スル様和解及相互融通ノ精神ヲ以テ努力スベキコトヲ閣下ニ陳述スルノ光榮ヲ有シ候

同様ノ精神ヲ以テ予ハ又國境問題ヲ解決シ且國境ニ於ケル紛爭及事件ヲ處理スルノ目的ヲ以テ關係國ノ共同委員會及（又ハ）混合委員會ヲ最近ノ期日ニ於テ設定スル方途ヲ發見スルコトガ貴我兩國竝ニ滿洲國及外蒙古ニトリ適當ナルコトヲ指摘致度候　敬具

昭和十六年四月十三日「モスコー」ニ於テ

（付記二）

Strictly Confidential

Moscow, April 13th, 1941.

My dear Mr. Matsuoka,

I have the honour to acknowledge the receipt of your note of April 13th, 1941, which contains the following:

In reference to the Pact of Neutrality signed to-day, I have the honour to state that I expect and hope that the Commercial Agreement and the Fishery Convention will be concluded very soon and that at the earliest opportunity, we, Your Excellency and myself, shall make endeavours, in the spirit of conciliation and mutual accomodation, to solve in a few months the question relating to liquidation of the concessions in Northern Saghalien under the contracts signed at Moscow on December 14th, 1925, with a view to remove any and all questions which are not conductive to the maintenance of cordial relations between the two countries.

In the same spirit, I should also like to point out that it is well for our two countries as well as Manchoukuo and

Outer Mongolia to find at the earliest date a way to instituting joint and/or mixed commissions of the countries concerned with the object of settling the boundary questions and of handling disputes and incidents along the borders.

I take note of the above with satisfaction with which I am in agreement.

Yours very sincerely,

B. Молотов

（返信假譯文）

嚴祕

拜啓陳者千九百四十一年四月十三日附貴信ヲ以テ左記御申越相成敬承致候

「往信文挿入」

予ハ滿足ヲ以テ右ヲ了承シ且之ニ同意スルモノニ有之候　敬具

千九百四十一年四月十三日「モスコー」ニ於テ

（付記三）

近衛總理大臣談話

（昭和十六年四月十三日）

嚮ニ政府ハ日獨伊三國同盟條約ヲ締結致シ世界的戰亂ノ擴大ヲ防止シ右條約ヲ樞軸トシテ大東亞全局ノ平和ヲ確保セントスル不退轉ノ決意ヲ中外ニ表明シタノテアルカ、是カ為メニハ日蘇兩國カ永續的基礎ノ上ニ平和及友好ノ關係ヲ鞏固ナラシメ以テ上記同盟條約ノ精神ヲ擴充强化スルコトカ必要缺クヘカラサルコトハ云フ迄モナイ所テアル、政府ハ此ノ信念ニ基キ蘇聯邦トノ間ノ國交ヲ根本的ニ調整センカ為メ豫テヨリ交渉ヲ重ネツツアツタノテアルカ此ノ度松岡外相ノ莫斯科訪問ヲ機トシテ双方ノ話合急進展ヲ見、茲ニ松岡外相、建川大使及「モロトフ」外務人民委員間ニ四月十三日ヲ以テ別ニ發表致シタ如キ中立條約ノ調印行ハルルト共ニ別ニ兩國間ノ聲明ヲ以テ我方ハ蒙古人民共和國ノ、蘇聯邦ハ滿洲國ノ夫々領土保全竝ニ不可侵ヲ尊重シ以テ滿蘇滿蒙間國境ノ平靜化ヲ期スルコトト相成ツタノテアル

本條約カ日蘇國交上劃期的意義ヲ有スルコトハ勿論、世界平和ノ促進ニモ資スルトコロ大テアルト思フ尚本條約ヲ基

礎トシテ各種懸案カ急速ニ具體的解決ヲ見ルニ至ルヘキコトモ信シテ疑ハナイノテアル

220 昭和16年4月13日 在ソ連邦建川大使より近衛臨時外務大臣事務管理宛(電報)

日ソ中立条約は松岡外相の帰国を待たず直ちに批准すべきとの同外相見解

モスクワ 4月13日後発
本 省 4月14日前着

第四六四號(大至急、館長符號扱)

往電第四五一號ニ關シ

松岡大臣ヨリ

本條約ハ批准手續完了ト共ニ直ニ實施スルコトトナリ居ル處(蘇側ハ調印ト共ニ實施スルコトヲ强ク主張セルモ我方ニ於テ說得シタル次第ナリ)急速批准ハ獨リ蘇側ノ希望ナルノミナラス帝國トシテモ現下内外ノ情勢特ニ對重慶工作トノ關聯ニ於テ是非必要ナルニ鑑ミ本大臣ノ歸國ヲ待タス直ニ御批准ヲ仰カルル様致度シ

221 昭和16年4月13日 在ソ連邦建川大使より近衛臨時外務大臣事務管理宛(電報)

松岡外相のモスクワ出発時の状況報告

モスクワ 4月13日後発
本 省 4月14日前着

第四六七號(大至急)

松岡大臣一行ハ午後三時中立條約ノ調印後蘇側ノ招宴ニ臨ミ「スターリン」以下參列ノ下ニ祝杯ヲ擧ケテ歡談次テ官邸ニ於テ在留官民一同ノ送別會ヲ受ケタリ

「スターリン」ノ命ニ依リ列車出發一時間延期セラレ出發ニ當リテハ驛頭ニ「スターリン」現レ稀有ノ事トテ一同片唾ヲ呑ム「モロトフ」以下蘇側要人ニ加ヘ樞軸國大公使其ノ他ノ盛大ナル見送ヲ受ケ午後六時一〇分無事出發セリ

滿ヘ轉電アリタシ

獨、伊、英、土ヘ轉電セリ

222 昭和16年4月14日 松岡外務大臣より近衛臨時外務大臣事務管理宛(電報)

日ソ中立条約調印後のソ連側態度につき報告

キロ－フ　4月14日後発
本　省　4月14日後着

第九號

一、十三日調印式ノ模様ハ既ニ在蘇大使館ヨリ電報セルコトト思考スル處右ニハ特ニ「スターリン」以下ノ蘇側要人モ列席シ調印終了(午後三時)後用意ノ食阜(卓カ)ニ着キテ時餘ニ亘リ一同極メテ愉快ニ歡談シ和氣靄々タル日蘇交驩ヲ行ヒタルカ「ス」ノ提唱ニ依リ　天皇陛下、近衞總理及日本國民ノ爲ニ乾杯シタリ

二、右ノ爲「ス」ハ席上自ラ係官ニ電話シテ特別列車ノ一時間延期方命令シタルカ發車前思ヒ掛ケナクモ驛頭ニ現レ衆人環視ノ中ニ本大臣及隨員一行ニ念入リニ愛想ヲ振撒キ態々車內迄見送リタリ右ハ嘗テ前例ナキ所ニシテ痛ク一般ノ注意ヲ惹キタル模様ニ付爲念

三、調印式出席者日本側本大臣及建川大使ノ外坂本(阪カ)、加瀬、永井、藤井ノ各隨員西、宮川、齋藤及陸海軍武官蘇側「スターリン」「モロトフ」「ワジンスキー」「ロゾフスキー」其ノ他大勢ナリ

223　昭和16年4月14日　在ソ連邦建川大使より近衛臨時外務大臣事務管理宛(電報)

日ソ中立条約締結に関するプラウダ紙社説報告

352

モスクワ　4月14日後発
本　省　4月15日前着

第四七五號

(1)日蘇中立條約締結ニ關シ「プラウダ」ハ十四日附社說ニ於テ大要左ノ如ク論セリ

日露戰爭以後モ兩國ノ關係ハ常ニ相當ノ緊張ヲ示シ時ニハ軍事的衝突ニ及ヘルカ西比利亞出兵、張鼓峰事件及「ノモンハン」事件等ハ兩國カ正常關係ヲ去ルコト如何ニ遠カリシカヲ示スモノナリ若干ノ日本政治家ハ蘇聯ヲ積極政策ノ對象ト看做シ重大ナル誤謬ヲ犯セル處蘇聯ハ終始平和政策ニ忠實ナルモ其ノ利益ト相容レサル政策ノ强要ニ對シテハ默從セス

中立條約及聲明書ハ日蘇關係改善ノ偉大ナル一歩ヲ示ス歷史的重要性ヲ有ス右聲明書ニ依リ從來滿蒙間ノミナラス日蘇間ノ恆常的摩擦ノ因ヲナシタル各種ノ國境紛爭ハ其ノ跡ヲ斷ツニ至ルヘシ本條約カ第二次世界大戰カ益々擴大シ更

ニ新ナル國家カ戰爭ニ捲込マレントスルニ際シ調印セラルルハ其ノ意義ヲ一層大ナラシムルモノニシテ日蘇關係ノ正常化ハ蘇聯ノ一貫セル平和政策ノ爲ノ巨歩タルト同時ニ漁業條約、通商協定等日蘇間ノ諸懸案調整ノ途ヲ開クヘシ之(2)等諸問題カ其ノ重要性ニモ拘ハラス兎角停頓セルハ日蘇間ニ經濟問題ノ解決ノ前提タルヘキ政治的諒解カ缺如セルニ依ル今ヤ日蘇ノ政治的及經濟的相互關係發達ノ途上ニ在リタル一切ノ障害ハ除去セラレタルモノト言フヘシ

歴代ノ日本政府中ニハ時ニ依リ蘇聯トノ親善關係强化ヲ重視セサルモノアリシカ現政府就中近衛總理及松岡外相ハ日蘇間ノ平和及善隣關係カ兩國民ノ繁榮發達ノ重要前提ナルコトヲ理解ス

本條約ノ署名ニ依リ兩國ハ一定義務ヲ負ヘル處右ハ兩國ニ依リ完全ニ遂行セラルヘシ如何トナレハ兩國發展ノ途ハ先ツ兩國カ善隣タルコト各其ノ歴史的使命ノ遂行ヲ互ヒニ妨害セサルコト兩國間ニ仇敵感情ヲ生ムモノヲ除去スルコトヲ要求スルカ故ナリ吾人ハ條約成立ヲ祝シ右カ日蘇間ノ眞ノ平和及善隣關係ノ設定、偉大ナル兩國民ノ親交ニ資スヘキコトヲ確信ス

224

昭和16年4月14日　在米国野村(吉三郎)大使より近衛臨時外務大臣事務管理宛(電報)

日ソ中立条約の成立が米国世論を刺激せぬよう配慮方具申

ワシントン　4月14日後発
本　省　4月15日後着

第二二九號(機密、館長符號扱、大至急)

日蘇中立條約ノ成立ハ國家ノ爲誠ニ御同慶ニ勝ヘス本邦朝野ニ於テ慶祝セラレ居ルハ本使ニ於テモ良ク諒解スル所ナルカ日米關係ノ極メテ機微ナル折柄新聞論説等ノ取扱振ニ付テハ充分注意ノ要アルヘク米國側ニ於テハ往電第二二七號(編注)ノ通リ本使ニ於テ十四日早朝「ハル」長官ニ説明シ置キタル結果カ同日ノ同長官ノ新聞記者會見ニ於ケル意見及其ノ措辭極メテ穩健ナルノミナラス(特情御參照アリタシ)種々輿論ノ鎭靜ニ努力シ居ルヤニ認メラルルニ付テハ本邦側ニ於テモ新聞等ニテ右條約カ米國ヲ目ノ敵ニシ居ルヤノ如キ議論ヲ餘リ爲サス米國輿論ヲ刺戟セサルコト肝要カト存セラル就テハ此ノ點ニ付御配慮ヲ請フ右不取敢

編注 『日本外交文書 日米交渉―一九四一年―』上巻第12文書。

225 昭和16年4月15日 在伊国堀切(善兵衛)大使より近衛臨時外務大臣事務管理宛(電報)

日ソ中立条約締結をムッソリーニに伊国首相へ伝達について

ローマ 4月15日後発
本省 4月16日前着

第二一二號(極祕)

蘇發本使宛電報第七號ニ關シ

十五日午前十時本使「ムッソリニー」首相ヲ「ヴエネチヤ」宮ニ往訪(「チアノ」目下戰線ニ在リ)シ松岡大臣ノ訓令トシテ日蘇中立條約及共同聲明書ノ內容要領竝ニ中立條約成立迄ノ經緯ノ大要ヲ通報スルト共ニ同條約カ日獨伊三國ニ齎ラス利益ニ付適宜說明セル處「ム」ハ一々首肯シテ充分納得セル樣子ニテ先ツ右通報ニ對シ感謝ノ意ヲ表シタル後曩ニ松岡大臣ト會見ノ際日蘇問題、日支問題等ニ付懇談シ自分ヨリ右ノ解決ハ日本及獨伊ニ取リ利益アル旨述ヘタル關係モアリ今日ノ御通報ニハ別ニ驚カサルカ實ニ今次ノ日蘇中立條約ノ締結ハ日本及獨伊ニ取リテ利益アリ卽チ日本ノ利益ハ北方ニ於ケル日蘇ノ勢力範圍確定シ北方ニ對スル負擔除カレ英米人ノ勢力圏內ニ在ル南方ニ對シテ進出ノ自由ヲ獲得セルニ在リ又獨伊ノ利益ハ英米カ外交的ニ苦境ニ陷リタルニ在リト述ヘ其ノ間「ム」ハ終始滿足ノ樣子ニ見受ケラレタリ

獨、蘇ヘ轉電セリ

226 昭和16年4月15日 在英国重光大使より近衛臨時外務大臣事務管理宛(電報)

日ソ中立条約成立に対する英国官辺筋の反響報告

ロンドン 4月15日後発
本省 4月16日前着

第二六〇號(至急)

日蘇中立條約締結ニ關スル英國官邊側ノ反響ハ最初ハ獨蘇關係最近ノ現象ニ鑑ミ右ハ蘇聯ノ對獨關係ノ背後ヲ固メタルモノトシテ良好ナリシカ中頃(米國ノ反響傳ハリタル爲モ有リ)ヨリ右ハ蘇聯ノ日本ヲシテ南進セシメ直ニ英米ト

衝突セシメントスルノ策動ナリトシテ鮮カラス衝動ヲ受ケ更ニ三轉シテ獨蘇衝突モ急ニ期待出來サル情勢ヨリ右ハ何等祕密的諒解ヲ含ム東西ニ亘ル日獨蘇間默契有ルニ非スヤトノ懸念ヨリ多少ノ警戒氣分ニ出テツツアリ當方ハ必要ニ依リ本條約ハ三國「パクト」ノ補足ニシテ平和ヲ主眼トシ特ニ太平洋ノ平和ヲ維持シ東方ニ正義ト秩序トヲ樹立セントスル從來ノ政策ノ遂行ニ外ナラス日本ハ何國トモ事ヲ構ヘントスルモノニ非スト説明シ置ケリ

米、蘇ヘ轉電セリ

227　昭和16年4月16日　在独国大島大使より近衛臨時外務大臣事務管理宛（電報）

独ソ開戦の可能性に関するリッベントロップおよびスターマーとの会談報告

ベルリン　4月16日前発
本　　省　4月16日後着

第[†]四一三號（外機密、館長符號扱）

一、四月十日「リ」外相ト會見ノ際「リ」ハ最近ノ獨蘇關係ヲ語リ若シ蘇聯邦カ日本ヲ攻撃スルコトアラハ先般「ヒ」總統カ貴大使ニ述ヘラレタル如ク獨逸ハ直ニ武力ヲ以テ之ヲ討ツヘク此ノ點ハ充分御安心アリタシ（此ノ言明ハ日本ノ南進ヲ慫慂スル爲ノ言ノ如ク解セラレサルニアラサルモ本使着任以來數次「ヒ」總統及「リ」外相ト會談シタル印象ニ依レハ眞ニ其ノ覺悟アルモノノ如ク察セラル）又左ナクトモ蘇聯邦ノ出方如何ニ依リテハ獨逸ハ或ハ今年中ニモ蘇聯邦ニ對シ戰爭ヲ開始スルコトアルヘシト述ヘタルヲ以テ本使ハ獨逸トシテハ先ツ對英攻撃ヲ完了スルコトヲ第一義トシ然ル後兵ヲ廻ラシ蘇聯邦ニ向フヲ有利トセスヤト反問セルニ「リ」ハ對英攻撃ヲ第一義トスル根本方針ニハ何等ノ變化ナキモ最近「チヤーチル」ハ歐洲周知ノ如ク蘇聯邦ヲ自己ノ陣營ニ引入ルル爲非常ニ働キカケ居リ米國亦然リ之ニ對シ「スターリン」カ如何ナル態度ニ出ツルヤハ容易ニ測リ難キモ最近蘇聯邦カ次第ニ獨逸ヨリ離レツツアルハ事實ニシテ一方獨逸トシテハ先般モ申上ケシ如ク現在蘇聯邦攻撃ニ當ツヘキ充分ナル兵力ヲ有シ若シ戰爭ヲ開始セハ數ケ月ヲ以テ此ノ作戰ヲ終了シ得ル成算アリ從テ狀況ノ如何ニ依リテハ蘇聯邦ノ準備整ハサルニ先チ之ヲ撃破スルヲ有利ト

スト考ヘアリト答ヘタリ
又三月二十八日本使カ「ヒ」總統ト會談ノ際ニモ「ヒ」ハ今囘ノ戰役ニ於テ獨逸國防軍全部カ最近數年間ニ造リシ新兵器殊ニ世界最新式ノ飛行機ヲ以テ整備セラレアリシコトカ勝因ノ一ナリ斯ル新兵器モ數年後ニハ舊式トナルヲ免レス大國防軍ニ於テ絶エス之ヲ補充交換スルコトハ仲々容易ノ業ニアラスト述ヘタルコトモ「リ」ノ言ト照應セリ
此ノ獨逸ノ對蘇態度ノ歸趨ニ關シテハ將來益々「ヒ」「リ」トノ連絡ヲ密ニスルヲ要スヘク十四日更ニ「スターマー」ヲ招致シ本件ニ關シ會談セルカ要旨左ノ通
本使ヨリ「ス」ニ對シ實ハ十日「リ」外相ハ本年中ニモ對蘇作戰ヲ行フコトアリ得ヘシト述ヘタルカ蘇聯邦カ獨逸ヲ攻撃スルコトハ考ヘラレサルニ獨逸カ之ヲ行フ必要アリトセハ對英戰爭カ容易ニ終結シ難ク夫レカ爲ニ原料豐富ナル蘇聯邦ヲ征服シ持久戰ニ備フル趣旨ヨリノミ之ヲ理解シ得ルト認メラルルカ獨逸側ノ眞意如何ト質シタルニ「ス」ハ實ハ全ク口外ヲ禁セラレ居リ此ノ場限リノコトトセラレタキ旨冒頭シ貴大使ノ質問ハ無理カラヌコトト考フルモ現在ニ於ケル獨逸ノ實力ハ決シテ對英攻撃ヲ實施シ得サル狀況ニアラス獨逸カ對英攻撃ヲ第一義トシアルコトハ變リナク之ヲ續行スルコト勿論ナルモ潛水艦戰竝ニ空中攻撃ハ短時日ヲ以テ其ノ目的ヲ達シ得ルモノニアラス充分ノ效果ヲ發揮スル迄ニハ恐ラク四、五ケ月位ヲ要スヘク對英攻撃ニ充ツヘキ航空機ノ外獨逸ニハ對蘇作戰ニ使用スヘキ航空兵力ハ別ニ充分準備シアリ又陸軍ハ御承知ノ如ク昨冬以來「ヒ」總統カ一般ニハ無用ト思ハルル迄多數ニ召集セラレ二百四十師團餘ノ兵力アリ而モ對蘇攻撃ハ冬季之ヲ行フ能ハサルヲ以テ蘇聯邦ノ態度如何ニ依リテハ對英攻撃ト併行シテ速ニ蘇聯邦攻撃ヲ行フヲ有利トスル次第ナリト述ヘタリ依テ本使ヨリ然ラハ對蘇作戰行ハルルトセハ獨逸ハ右ヲ恰モ對英攻撃途上ニ於テ行ハレ居ル對希臘「ユーゴー」作戰ト同一性質ノモノト考ヘアルヤト問ヘルニ「ス」ハ規模ハ大トナルヘキモ其ノ性質ハ同一ナリト考ヘアリト答ヘタリ
二、獨逸カ何レノ日カ蘇聯邦ヲ處分スヘキコトハ當然ノ問題トシテ今日何人モ疑フ所ニアラサルモ之カ時機トシテハ
(一)先ツ英國ヲ打倒シ歐洲新秩序ノ礎ヲ築キタル後數年後

ニ蘇聯邦ヲ攻撃スルコト又ハ(二)對英攻撃完了後直ニ兵ヲ廻ラシテ蘇聯邦ヲ攻撃スルコトノ二カ一般ニ考ヘラレ居ル處「リッペン」「スターマー」等ノ言ニ依レハ對英攻撃ト併行シテ之ヲ行フコトモ相當ノ當然性アリト認メラル而シテ四月二日「オット」ト會談ノ際「オ」ハ全ク理論的問題ナルカ萬一獨蘇開戰ノ場合ニ於ケル日本ノ態度ニ付本使ノ所見ヲ求メタルコトアリ又三日「ワイゼッカー」モ亦本使ニ對シ同趣旨ノ質問ヲ爲シ更ニ九日「リ」側近者ト會談ノ際ニモ獨逸最近ノ傾向ハ蘇聯邦トノ開戰ノ方向ニ動キツツアル旨洩ラシタルコトアリ此等ハ何レモ前記判斷ヲ裏書スヘキ根據ナリト認メラル

尚本使ハ獨蘇開戰ノ場合日本ノ採ルヘキ態度ニ付テハ素ヨリ何等應答シ居ラス從テ獨逸カ何ヲ日本ニ期待スルヤニ關シテモ獨逸ノ意圖ヲ尋ネ居ラサルモ獨逸側ノ話振ヨリ察シ獨逸ハ對蘇作戰ニ關シ絶對ニ確信ヲ有シ日本カ直接對蘇戰ニ入ルコトヲ必スシモ希望シ居ラサルニアラスヤト感セラル

三、尚「リ」外相ハ十日會談ニ於テ本使ニ對シ本件ハ獨逸ニトリ極メテ重大ニシテ嚴祕ヲ要スル事項ナルニ付近衞總理ノミニ傳ヘ置カレタシト言ヘルヲ以テ本使ハ之ヲ陸海軍ニモ傳フル要アルヲ述ヘタルニ「リ」ハ之ニ同意スルト共ニ祕密ノ保持ニ付呉々モ懇請スル所アリタリ

本電ハ總理、陸海軍大臣、參謀總長、軍令部總長ノミニ傳フルニ止メ且此等ノ人々ニモ機密保持ニ萬遺漏ナキヲ期スル如ク特ニ御申添ヲ請フ

四、「リ」外相ノ仕來リトシテ在外大使ニ機密ヲ告ケアラサルヲ以テ本件ヲ何ノ程度ニ「オット」ニ告ケアルヤ不明ニシテ又「スターマー」「ワイゼッカー」ノ談等カ獨逸ニ洩ルルトキハ彼等カ「リ」ニ對シ苦シキ立場ニ立ツコトモアルヲ以テ本件ニ關シ已ムヲ得サル必要ニ依リ「オット」ト折衝セラルル場合ニ於テモ彼ノ言フコトヲ聽クニ止メ本電ノ內容ヲ告ケサル如ク注意セラレタシ

五、本件ハ事極メテ重大ニシテ帝國ノ將來ニ影響スル所至大ナルヲ以テ野村中將陸海軍武官トモ愼重審議中ニシテ改メテ意見ヲ具申セントス

228　昭和16年4月16日　在独国大島大使より近衛臨時外務大臣事務管理宛（電報）

独ソ開戦の場合に備えわが方対処方針の確立方意見具申

ベルリン　4月16日後発
本　省　4月18日前着

[†]第四一八號（外機密、館長符號）

往電第四一三號ニ關シ

野村中將、陸海軍武官等トモ協議シタル結果左ノ通リ意見具申ス

一、蘇聯邦ノ出方如何ニ依リテ獨逸カ之ヲ攻撃セントスル企圖ニ付テハ或ハ對英戰ニ行詰ヲ生シ先ツ蘇聯邦ヲ處理シ其ノ豊富ナル原料資源ヲ確保シ持久ノ態勢ヲ整ヘテ英國攻撃ヲ行ハントスルニアラスヤトノ判斷モ生スルコトアルヘキモ本使累次電報ノ如ク獨逸ハ其ノ對英攻撃ニ關シ潜水艦戰、空中戰、上陸作戰ニ關スル一切ノ準備ヲ完了シアルモノト認メ得ヘク先般親シク西方戰場ニ赴キ此等施設ヲ實視セル野村中將以下海軍視察團モ之ヲ確認セル所ニシテ公平ニ見テ獨逸ノ英國ニ對スル攻撃ハ米國ノ對英援助等ヲ考慮スルモ獨逸ノ成功ヲ以テ終止スト見ルヲ至當トスヘク獨逸カ對英攻撃ニ望ミヲ失ヒ或ハ其ノ攻撃カ長時日ヲ要スルカ爲對蘇戰ニ轉向スルモノトハ如何ニシテモ解シ得サル所ナリ

抑々獨蘇關係客冬以來急激ニ冷却化シ殊ニ獨逸ノ巴爾幹工作開始以來事毎ニ蘇聯邦カ之ヲ妨害シ爲ニ獨逸ハ蘇聯邦ノ不信ヲ憤リ居ルコト「ヒ」總統等ノ言ニ徴シ明カナリ

而シテ獨逸トシテ對英攻撃ト併行シテ對蘇作戰ヲ行フコトハ二正面作戰トナリ徒ニ戰局ヲ紛糾セシムルカ如ク考ヘラルルモ獨逸ハ本戰争開始以來ノ損害意外ニ少ク歷戰ノ經驗ヲ有シ且高度ニ機械化サレ居ル二百五十個師團ニ近キ陸軍ハ蘇聯邦軍ニ對シ壓倒的優勢ヲ持シ而モ此等ハ差當リ對英攻撃ニ殆ト使用スルノ要ナク加之蘇聯邦空軍中ニハ舊式機少カラサルニ反シ獨逸空軍ハ總數一萬ニ近ツキツツアリト推定セラルル新鋭機ヲ備ヘ居リ潜水艦ト共ニ對英攻撃ニ使用スヘキ航空部隊ヲ除クモ充分ナル優勢ヲ維持シツツ對蘇攻撃ニ當リ得ルモノト認メラル今ヤ對「ユーゴー」希臘戰ノ大勢決シ北「アフリカ」ニ於ケル獨逸軍ノ戰果ト共ニ國民ノ士氣ハ益々昂揚シ居リ斯ル軍事上政治上優越セル時機ヲ逸セサルト共ニ蘇聯邦ノ準

備未タ成ラサルニ先チ獨逸ノ宿命的國是タル對蘇戰ヲ斷行セントスルハ對蘇作戰カ冬季之ヲ行フコト能ハサル事實（一般ニ五月乃至十月ヲ最好適ナリト稱セラレアリ）竝ニ「ヒ」總統ノ爲人トヲ合セ考ヘ斯ノ如ク解シ得ル所ナリ又獨逸カ一昨年不可侵條約ヲ締結シ獨蘇ノ親善關係成立セル直後ヨリ蘇聯邦内部ノ諜報及謀略等ヲ實施シ始メタルハ本使前回在任ノ際軍首腦部ヨリ之ヲ確聞セル所ニシテ蘇聯邦内部ノ事情ニ付テモ具ニ研究シ其ノ弱點ニ付テ充分ノ確信ヲ有スルモノト認メテ誤ナカルヘシ

二、今次戰爭ニ於ケル「ヒ」總統ノ戰爭指導ハ一面大膽人ノ意表ニ出ツルト共ニ他面細心愼重ヲ極メ居ルコト多言ヲ要セサル所ニシテ對蘇戰ノ前途ニ關シテモ軍事的ニ將又政治的ニ十二分ノ成算ヲ見出セルモノナルヘク獨逸トシテハ開戰初頭ノ制空權確保ニ引續キ歐露大平原ニ於テ百師團餘ノ蘇軍ヲ捕捉殲滅シ次テ「ウクライナ」及「カウカサス」ノ地域ヲ其ノ支配下ニ收ムルコトヲ企圖シアルナラント想像セラル若シ獨逸軍カ蘇聯邦軍ヲ擊破シ得タル場合ニ於テ蘇聯邦國内カ如何ナル狀況ニ陷ルヘキヤ又「スターリン」政權ニ對シ如何ナル動搖ヲ與フヘキヤニ付テハ今日遽ニ豫斷シ難シト雖モ假令「ス」政權ニシテ存續スルモ其ノ勢力ノ弱化ハ言フ迄モナカルヘク蘇聯邦ノ我北邊ニ對スル壓力ノ減少ハ期シテ待ツヘキモノアリ又最惡ノ場合獨逸ニ取リ戰況意ノ如ク進捗セス獨蘇對立スル場合ニ於テモ我國ニ對スル蘇聯邦ノ壓力ハ自ラ減退スルニ至ルヘシ

尙獨蘇開戰ハ戰爭擴大ヲ欲スル英米ノ思フ壺ニシテ此等兩國ハ之ヲ喜ヒ迎ヘ蘇聯邦ヲ援助スルニ努ムヘキモ結局英國ハ勿論米國ニ於テモ大ナル實質的援助ヲ與ヘ得サルヘク獨蘇戰ノ歸趨ニハ殆ト影響ヲ及ホササルヘシト判斷セラル

三、獨蘇開戰ノ場合ニハ帝國本來ノ反共國策ニ鑑ミ獨逸ト呼應シテ蘇聯邦ヲ討ツヘシトノ論モ起ルコトアルヘキモ日蘇中立條約成立直後ナルニ加ヘ獨逸ハ對蘇戰ノ遂行ニ充分ノ自信ヲ有スルヲ以テ必スシモ我共同攻擊ヲ期待シアラサルヤニ思惟セラレ獨逸トシテハ我カ北滿ニ於ケル兵備ヲ嚴然トシテ維持シ蘇聯邦ヲシテ極東兵力ノ歐露轉移ヲ容易ナラシメサルカ如キ方途ニ出ツルヲ以テ滿足シ寧ロ帝國カ對英米牽制ノ意味ニ於テ南方ニ施策スルヲ希望

シ居ルヤニ察セラル帝國トシテ獨逸ノ糸ニ引ヅラルルノ要ナキハ勿論ノ儀ナルカ帝國自身ノ利益ヨリスルモ此ノ際焦リテ北方ニ手ヲ出スコトナク好適ノ時機ヲ選フコトトシ先ツ大東亞共榮圈確立ノ大道ニ邁進シ右ヲ阻害スル根本原因タル在極東英米勢力ノ據點新嘉坡ノ攻略ニ專念スルヲ妥當ト認ム日一日急速度ニ進展シツツアル現歐洲ノ情勢ニ於テ獨逸カ東地中海ヲ制覇シ「スエズ」及近東方面ニ勢力ヲ樹立スルニ於テハ英國地中海艦隊ハ否應ナシニ本國ニ歸還シ更ニ植民地保持ノ觀點ヨリ極東方面ニ其ノ勢力ヲ移動セシムル惧少シトセス今ヤ歐洲ニ於ケル英國ノ敗退ハ不可避トナリ且蘇聯邦ニ關シ帝國カ二重ノ保險ヲ確保セル現下ノ情勢ハ米國ノ對極東壓力ニモ大ナル影響ヲ及ホスモノニシテ假令獨蘇開戰ニ至ラサル場合ニ於テモ我施策ニ關シ絶好ノ機會ヲ與フルモノト云フヘク此ノ際速ニ前記方針ニ則ルカ如キ對策ヲ樹立シ獨伊トモ充分ノ了解ヲ遂ケタル上之カ實行ノ時機竝方法等ヲ決定セラルヘキ時機ニ到達シアルモノト信ス

本件ニ關シテハ機密保持ノ關係ヨリ本電及冒頭往電以外陸海軍武官ヨリハ電報セサルニ付其ノ旨陸海軍大臣ニ御傳ヘアリタシ冒頭往電ト共ニ機密保持ニ付萬遺漏ナキヲ期セラレ度ク重ネテ懇請ス

229 日ソ中立条約成立に対する満州国内の反応について

昭和16年4月18日　在満州国梅津（美治郎）大使より
近衛臨時外務大臣事務管理宛（電報）

新京　4月18日後発
本省　4月18日夜着

第二〇七號（極祕）

今次日蘇中立條約竝ニ聲明書ハ滿側官吏竝ニ民心ニ少ナカラサル影響ヲ與ヘタルモノノ如ク北方ノ脅威去リタリトナシ安堵ノ感ヲ抱クニ至リタリト認ムル者少ナカラス但シ一部要人間ニハ蘇聯ハ之ニ依リ日本ヲ南方ニ進出セシメ以テ日米開戰ニ導カントスル魂膽ニ出テタルモノニテ旁充分警戒ノ要アリトノ意嚮ヲ抱ク者アリ右不取敢

蘇、北大、滿大(南カ)、上海ニ轉電セリ

獨トシテハ多少快ヨカラサルモノアルヘシト內話セル由獨、蘇、土へ轉電セリ

230 昭和16年4月18日 在ブルガリア泉(顯藏)臨時代理公使より近衛臨時外務大臣事務管理宛(電報)

独ソ両軍の動静に関する諜報報告

ソフィア　4月18日後発
本　省　4月19日前着

第六四號

諜報[1]

一、蘇聯邦軍ハ最近西部各軍管區全體ニ亘リ祕密動員ヲ開始シ極東ニ在リタル數師團ハ既ニ「キエフ」「ハリコフ」「ヲデッサ」軍管區ニ到着シツツアリ

二、獨逸側ノ「ウクライナ」獨立運動ニ對スル謀略(獨立團援助、獨立部隊ノ編成工作等)モ多少積極化セル模様アリ對蘇獨軍モ緊張ノ色アルヲ認メラル

三、[2]「コンスタンツア」「ハルナ」「ブルガス」附近ニ獨軍ハ海岸砲ノ据付ヲナシ潛水艦モ少數乍ラ配置セラレタリ

四、在巴爾幹一蘇聯邦公使ハ獨カ最早英ヨリ攻擊セラルル憂ヒ消滅セル結果獨蘇協定ノ價値減少シ兩國ノ關係冷却セル現在今次日蘇協定成立セルハ蘇側ニトリ悅ハシキ反面

231 昭和16年4月19日 在伊国堀切大使より近衛臨時外務大臣事務管理宛(電報)

日ソ中立条約成立を踏まえ米国は日本と妥協すべきとのローマ法王の見解に関する情報報告

ローマ　4月19日後発
本　省　4月20日後着

第二三三號

往電第二一一號ニ關シ同出所ノ情報ニ依レハ「バチカン」側ハ駐米法皇廳使節ニ對シ米大統領ニ面接シ左ノ如キ法皇ノ意嚮ヲ傳達スヘキ旨訓令シタル趣ナリ

松岡大臣トノ會見ニ基ク法皇ノ印象ニ依レハ日蘇中立條約ハ日本ノ意圖スル所ニ向ケ蘇支關係ヲ變更セシムルモノニシテ日本ハ極東ニ於ケル地位ヲ其ノ意圖ノ如ク鞏固ニシタリ此ノ際日本ノ平和維持ノ意志ヲ强化セシムルコト肝要ニシテ右ニ付テモ米國ハ極東ニ於テ日本ト事ヲ構フルヨリハ

何等妥協的方策ニ出テ其ノ地位ヲ確保スルコト米ノ得策ナルヘシ特ニ對英援助ノ點ヨリ言フモ日本トノ紛争ヲ囘避スルヲ有利トスヘシ法皇廳側ニテハ日本蔣介石間和平ヲ全力ヲ以テ促進スル用意アリ支那外交使節ノ法皇廳派遣ノ如キモ之ヲ措キテ他ニ意味ナカルヘシ要スルニ米カ紛争ノ擴大ヲ囘避シ平和ヘノ貢獻ヲナサンコトヲ希望ス云々

獨、蘇、米ヘ轉電セリ

〰〰〰〰〰〰〰〰〰〰〰〰〰〰〰〰〰〰〰〰〰〰〰〰〰

232 昭和16年4月22日

「松岡外務大臣渡歐復命內奏」

付記 昭和十六年四月二十二日

帰京に際しての松岡外相談

松岡外務大臣渡歐復命內奏

昭和十六年四月二十二日

過般畏くも御許しを頂きまして渡歐の途に就きましたが、六週間に亘る旅行を終り大体當初の予定のとおり、本二十二日無事歸朝致しました。夜中をも憚らす參內し恐懼の至りに存じますが、不取敢今次旅行の概略を叡聞に達して置きたいと存じます。

三月十二日夜、卽ち泰佛印紛争調停成立の翌日、東京を出發致しまして、十七日滿州里より國際列車に便乘し、二十三日午後モスコーに到着致しました。一泊の上、二十四日の夜行にて獨逸に向い、二十六日夕伯林に到着、同地に四泊して、三十日午後更に伊太利に向い翌日夕羅馬着、二日間滯在後、三日朝羅馬を出發し四日午後再び伯林に歸り、五日夕同地を出發、七日正午頃モスコーに到着致しました。モスコーには一週間滯在し、その間レニングラードをも訪問致しましたが、十三日夕發の國際列車にて同地を出發し、二十日滿州里に到着、海拉爾まで汽車に由り、同地から陸軍差廻しの飛行機に搭乘、大連經由二十二日夕歸京致した次第であります。

以上が旅程の大要で御座います。

次に、稍々詳しくこの間の行動等に就て、御報告申上げ度いと存じます。

一、ソ連政府當局は、シベリヤ旅行その他に關し、頗る好意的態度を示しまして、私共一行のために、最高貴賓車及特別車輛を連結し、予めこれをモスコーから滿州里に廻送、待機せしめて呉れましたが、多數の警乗員及特圧《ママ》事務員を配屬せしめ、饗應、起居萬端に就き、所有便宜提供し歡待に努めました。

モスコー到着に當っては、外務次官以下の要人多勢出迎へ、私のためには特に迎賓館を宿舍に提供し、鋭意接待に努める所がありました。またその際獨伊大使始め三國同盟條約參加バルカン諸國公使等も出迎え致しました。

私は到着の翌日(三月二十四日)午後四時、クレムリン宮殿内の事務所にモロトフ首相兼外相を往訪し、ソ連政府に敬意を表するとともに、右の歡待を謝し、獨、伊訪問の歸途、再びモスコー立寄りの際、行うべき國交調整交渉の地均として、兩國國交改善の必要につき簡短に意見交換を試みました。同首相と約三十分會見の後、私の求めによりスターリン書記長も席に加わりまして、これと時余に亘り腹藏なく懇談を遂げました。

本會談は通譯を介した關係上、長時間とは申せませぬか、私からとも角捨石として、平素抱懷せる意見二、三を陳述し、歸途再び會見するまでに能く考量し置かんことを求めたるに、スターリン書記長も稍々動かされたる色あり、自らも日ソ國交の調整を必要且つ可能なりと考うる意味のことを答えました。もともとモスコーに立寄り、モロトフ首相及スターリン書記長を訪問したるは、㈠儀禮上通過に當り、敬意を表し歡待に對する謝意表示のため、㈡伯林において懇談を遂けたる後、歸途初めて訪問しては、彼の猜疑を招く虞あり、卽之を避けんがため、㈢早目に捨石的意見を述べ、國交調整問題の本交渉に入るに先ち、彼をして充分基礎的思索を行わしめんがためでありまして、特にスターリンを目指した次第であります。

私は同夜、予定どおりモスコーを出發致しました。

なおモスコー滯在中獨逸大使フオン・シユーレンベルク、伊太利大使ロッソーを始めとし樞軸國に加盟せるバルカン諸國公使及曾識の米國大使等とも會談し、得る所が亦少からさるものがありました。

三、蘇、獨國境マルキニア驛に到着致しましたのが、二十五日夜半でありまするが、驛頭には獨逸國防軍の一部隊が整列して、君が代を吹奏し、照明装置を施した驛構内には、寸分の隙なく日獨國旗を掲げ、スターマー大使以下の歡迎委員が出迎えて居りました。その後伯林に至るまでの全沿線兩側約半丁位の間隔に、兵士を配置すと言う如き大袈裟なる警備をなし、又各驛においては軍隊、各種の青少年、少女團体、一般民衆等の熱誠なる歡迎がありましたが、二十六日午後六時、伯林アンハルタア驛に到着の際は、リッベントロップ外相以下文武顯官等多數出迎え、歡迎も頗る大規模にて、盛觀實に目を奪うものが御座いました。私は驛頭において閲兵の上、リ外相と同乘し、隨員を從え自動車を連ねて、日獨國旗をもって蔽われたる目貫の市街を通り、政府提供の貴賓館シュロッス・ベルヒウに入りましたが、沿道は人垣と人出にて、當日の人出は三十萬をもって算せられました。今更ながら陛下の御稜威に感泣致した次第であります。翌二十七日朝よりリッベントロップ外相を始めとし、獨逸政府要人との接觸を開始し、滯在四日間に正式會談として、ヒットラー總統と一回(二時間半)、リ外相と三回、卽ち二十七、八、九の連日に亘って各二時間前後、何れも極めて率直なる懇談を遂げましたが、その間にヒ總統とは午餐(二十七日)を共にし、又リ外相とは午餐三回、晩餐二回及びその他の機會に、屢々親密に意見交換を行い、相互に頗る有意義なる結果を擧げたのであります。なお右の外ゲーリング總元帥、フンク經濟相その他諸大臣等とも會食乃至會談し、又爾余のナチス黨要人ゲッペルス、ヒムラア、ローゼンベルグ等及びカイテル、ブラウシュニッツ元帥等とも面識の間柄となりまして、茲に文武兩分野に亘り、現代獨逸の指導者殆んど全部と漏れなく接觸を了しました。

この一事は私が出發前言上致しました通り、今後皇國の外交政策遂行上、有形無形に多大の便宜乃至效果を齎すべきを確信致します。

獨逸官民の一行に對する歡待は、眞に至れり盡せりでありましたが、斯樣に、獨逸全國民が熱誠を披瀝して、歡迎の至情を傾けたる所以のものは、實に皇威の然らしむる所であると共に、又宇内の雄邦たる皇國の國際的地位の賜と申すべきでありまして、日、獨提携は茲に愈々固きを加え來ったかの觀を呈するに至りました。私は斯く觀取しつつ、三十日午後、伯林訪問を終りましたが、出發に際しても、到着の際と同樣に、極めて印象深い盛大なる見送りが御座いました。

三、三月三十一日早朝、獨、伊國境ブレンネロに到着し、此處で兩國の接伴委員が交代いたしまして、プーチ大使以下の伊國側委員の接伴にて、獨逸政府の提供したる貴賓車のまま、旅行を繼續し、夕刻(午後七時)チヤノ外相、セレーナ黨書記長多數要人に出迎えられ、羅馬東停車場に下車いたしました。同停車場は伊國皇室專用に係り、從來外國人にしてこれが使用を許されたるものはヒトラー總統のみの由でありますが、これは伊國側歡待の一例でありまして、仄聞いたしまするに、皇帝は私に對しましては、同總統訪伊の際の待遇を與えよとの過分なる御沙汰を下された趣でありまして、從て朝野の歡待は獨逸に優るとも劣らず、滯在の二日間は見るも麗はしき日、伊親善の繪巻さながらを展開し、感銘深いものが御座いました。

驛頭の閲兵その他は伯林と同様にて、又私の宿舍に當てられたる郊外のヴイラ・マタマにおいては接待も心からなるものがありました。殊にチアノ伯は愈々第一線より歸り來り、特に自己の友人として私を遇するの意をこめて、誠に細かき心遣(遣カ)いを示しました。

四月一日皇帝陛下に拜謁し、引續き隨員とともに御陪食に與りましたが、拜謁に際し皇帝は聖上陛下先年の伊太利御訪問に言及され、如何にもお懷かし氣の御容子にて、最近の御起居につき御下問が御座りました。その際、昨年春の伊國皇帝よりの御贈物に對する御禮御傳言を言上いたしましたことは當時政府に電報いたしたとおりであります。同日夕ムソリニー首相及チヤノ外相と會見、久闊を敍したる上、歐州戰局その他につき夫々時余懇談を交えました。時恰も北阿の形勢面白からず、伊太利は難局に逢着しておりましたにかかわらず、ムソリニー首相は八年前會見せる時と較べ、老けたる點以外は些したる變化なく、他の政府要人同様、存外落付を見せておりました。

ム首相及びチ外相とは午餐晩餐等をともにし、その機會に政府首腦部及びファシスト黨領袖等とも廣く接觸いたしました。なお滯在中、二日朝法皇ピオ十二世を訪問し、世界平和等の問題につき一時間余會談いたしましたが、法皇は談話中終始日本及び日本人に同情と信頼の意を示され、特に聖上陛下に自分の敬意と信頼とを言上方傳言がありました。又わが國民に對してもその隆昌發展を祈念しておられました。眞に世界の現狀を憂え、平和克復と赤化防止の事を深く顧念され、別るるに際し、平和のために私にも法皇とともに祈禱せんことを求められました次第であります。これに引續いて法皇廳國務長官マリヨーネ大僧正とも、時余にわたり談話いたしましたが、同大僧正は日支和平克復につき必要あらば何時にても援助したしと申出て、又日本におけるカトリック宗徒と布敎につき配意を請い、カトリック敎徒の常にその所屬國に忠誠なる所以を力說しました。

四、越えて四月三日朝熱烈なる民衆の歡呼に送られて、一行は羅馬を後に再び伯林に向いました。今回の伯林入りは非公式訪問でありまして、四日午後(二時四十五分)着、五日夕(五時三十分)出發まで、僅かに一日の滯在でありましたが、四日にヒ總統に暇乞い旁々會談時余に及び、五日リ外相と會食し、重ねて最後的意見の交換をいたしました。なおその間に、ナチス黨組織部長にして且實質上の勞働大臣たりし又獨逸における工場の基礎を築き、現に全國工場を指導せる、ドクトル・ライの案內にて郊外のボルジック軍需工場を參觀し、獨逸工業力の偉大さと、從業員、勞働者等の幸福にして健全なる生活及び活動振りの一端を窺いました。工場從業員、勞働者等、上下を通じて和氣靄々の裡に、自ら規律嚴守と高度の能率發揮の跡歷然たるものあるを觀取しました。又序をもつて予て氣にかかつておりました、石炭液化や人造ゴムの問題についても少し許り硏究して見ました。

五、歸途モスコー立寄の砌は、出來得るならば、此の際日、ソ國交調整に寄與したいと言う希望を持つて居りまして、實は往路ソ都訪問の折も、この下心を以てソ政府當局に對し前述のとおり伏線を張つて置いたのでありますが、恰も良しユーゴウスラヴィアの政變は遂に六日獨軍の進擊となり、(この事については實はリ外相は私に疾く極祕として打明けました)バルカンの形勢は俄然急迫し、ソ連邦も亦同方面の事態を切實なる關心をもつて注視し始めたのであります。この情勢の下に私は七日(午後四時)、九日(同)、十一日(同)の三回に亘つて、各々約三時間半、建川大使帶同、モロトフ首相と交渉を重ねました。

私は日ソ國交調整が、三十年來私の堅持する主張なることを説明し、(尤もこのことは十年來ソ側も承知しおり又私の外相就任後在本邦スメターニン大使を通じソ連當局に詳しく傳えあり)特に八年前ゼネヴアへの往路モスコーに立寄つた際の經緯を指摘し、日ソ兩國は須く相提携和協して亞細亞の運命を決し、もつて世界の平和に寄與すべきこと、竝兩國相爭うは不利にして、兩國は善隣友好の關係確立により相互に利益する所甚大なることを説明し、七日の會談において、先づ試に不可侵條約の無條件締結を提議したのであります。これに對してモロトフ首相は、獨ソ不可侵條約を引例し、失地恢復を伴はぬ不可侵條約締結は困難なりと稱し、中立條約ならば、ポーツマス條約等面倒なる問題はこの際これを引込め、單に北樺太利權の有償解消のみを條件として、應じ得べしと言い張り、結局彼我執《(孰カ)》れも、この際國交改善の巨歩を踏出すことに付ては意見一致しましたが、その形式卽ち不可侵條約とすべきや、中立條約を取るべきやに關して、合意を見ずして會見を終りました。次で九日の會議においては、私は熟考の結果この際はソ側に敬意を表して、不可侵條約提案を撤回する旨を述べ、モ提案に從い中立條約の卽時調印、但し無條件たることを、提案いたしました。卽ちモスコーにおいて中立條約に調印することが、日ソ國交調整上にも、將又世界に與うる反響の上からも、この際外交的マスターストロークなる點に着眼し、一氣呵成に條約を成立せしめ、外交的電擊戰を試みては如何かと慫慂したのであります。實は伯林において得たる印象によれば、この際不可侵條約は益々望み薄なりと感じたのであります。モはこれに對し、猶利權解消を條件とする說を固持して讓らず、私も斷乎讓らず、よつて早くも私は一應氣乘り薄の態度、少くとも別に未練のなき態度を取りましたところモ首相より十一日今一應會い度いと申出でましたので、十一日には既にその翌々日出發することでもあり、私といたしましては、唯暇乞のため訪問するものであるとの建前を旨とし、輕く彼の慫慂に乘り、再會を約しました。そして私は同夜レニングラード訪問の途に上りました。レニングラードは二十九年前、私が大使館書記官として在勤した所でありまして、これを一見し度いと私が思うことは、自然でもあると世間に見らるるを幸い、滞在の日延べの口實としたのでありまするが、實は、條約不成立の場合にも、猶且日ソ間に相當の話合のあつたことを、英米その他に思わしむる目的と余裕を多少取つて置けば、或は條約成立を見るやも知れぬとの思慮にも因つたものであります。

十一日歸莫し、午後モ首相を往訪いたしましたる際には、私からは款待を謝し、暇乞をなすの態度を持しましたのに、同首相は前回私の同意を與えました、滿州國領土の尊重及不可侵を意味する修正及日ソ領土不可侵に關する辭句を挿入した條約案竝北樺太利權解消に關する先方從來の主張を原案の儘とした附屬議定書を、説明の上私に交付しました。然し、私は附屬議定書について、再び强硬に自説を持して動かず、又滿蒙領土の尊重、不可侵に關してはこれを條約に織込むことには、實質上異議はないが、滿州國の獨立性と同國人の自尊心と言うこともあり、旁々聲明の形式となす方が宜しかろうと、輕く注意しました。なおこの際は、兎も角、迅速且簡單明快に中立條約のみを成立せしめ、然る後徐に懸案解決を計るべきであると、前二回同樣、熱心に反覆說示しましたがモは依然利權問題の同時處理を執拗に主張して已まず、話は容易に纒る氣配もありませんので、私はブリックリーグの演せられぬのを遺憾とし、重ねて暇を告け、あつさりと辭去いたしました。

右に際し、私は難關打開のため、一箇の妥協試案として、非公式交換文書案（英文）をモの手許に殘して參りました。

なおスターリン書記長にも、十三日出發迄に、能うべくんば、今回格外の好遇に對し、今一應重ねて謝意を述べ、暇乞をもなしたき旨モ首相に申入れておきましたところ、夜に入り俄にスより、翌十二日何時にても私の都合に依り面會すべき旨を申越しました。依て、同日午後五時、クレムリンに同氏を往訪（モ首相及び建川大使同席し）暇乞の辭を述べましたるに、先方より談を進め、結局十余分（通譯時間を除き）にして、ス自ら私の主張を殆ど全部容るることに卽決し、玆に全權御委任狀を奏請し、十三日午後三時スターリンその他要人列席の下に、クレムリンにおけるモ首相の事務室で、調印を完了した次第で御座ります。

さきにモ首相に手交しておきました、私の英文非公式交換文案につきましては、ス書記長自ら執筆して、「利権解消」云々と的確に我方を拘束する辭句を挿入しましたるに對し、私はこれを拒み、地圖につきモ首相に毎回繰返したるところを、簡明に説明して、强硬に北樺太をこの際日本に有償讓渡することが、一番の利權解消、日ソ國交調整の捷徑であり、これを讓るとも、尨大なるソ連に取りては實に大海の一滴ではないかと、熱心に反覆力説しましたが、スは「それは予の首を縊るものなり」と申し、頑として應ずるの色がなかつたので、私はこの上論爭するも甲斐なしと觀取し、「私は飽く迄讓渡が抜本的最善案なりと信じ、且つこれを主張して已まざるものなり、併も苟も貴下の物なる以上、貴下が徹頭徹尾これを讓らずと固執する以上は今のところ實際問題として、モ首相の提示せらるるラインで何か案を考うる外ない事を私と雖も認むるものなり、石油の噸數とかその他の細目は別なり」と申述べた上、私の交換文案にLiquidation ofの二字を挿入することと致しました。但し同交換文書においては、我方としては多年の懸案たる通商協定、漁業條約、滿ソ、滿蒙の國境確定、國境紛爭に關する共同委員會設置の件等の迅速解決を確約せしむることに成功したのであります。

スターリン書記長は私と近衛內閣とを信ずるが故に、本條約をあつさりと成立せしむることに同意し、私の所謂電擊外交を共に行わんとするのであると申しましたが、畢竟するに、本條約が斯く急速に成立した裏面には、實は着任以來、數カ月に亘る、建川大使の奮鬪と同大使人格の反映とが與つて大いに力あつたものと認めます。尤もバルカン問題を繞つて、最近獨ソの關係が頓に惡化し來りましたことが、スターリンをして、日ソ國交調整を急がしめた最大原因であることは、申す迄もありません。

なお特に御報告申上げたいと存じますことは、右の調印成立後スターリンが聖上陛下の萬歳を壽ぐために乾盃し、近衛首相と我國民のために祝盃を擧げ、私共と時余に亘り極めて愉快に打ち解けて歡談し、心から條約成立を喜んだ點であります。又次いで同夕六時發車の際、慣例を破り、思掛けなくも驛頭に見送りのため姿を現わし、人をして眞に驚倒せしめたことも實に意外なる出來事でありまして、空前あるいは絶後の事ならん乎と云われております。而してスターリン、モロトフ両人が車内に寄せました祝電乃至ソ連新聞の論調に徵しましても、今のところは、兎も角ソ連側において今次條約を衷心より歡迎し、これを基礎乃至發足點として、日ソ國交に眞摯改善を企圖せんことを欲しているものと見て大過あるまいかと思います。

（付　記）

松岡外務大臣談

昭和十六年四月二十二日

只今歸京しました、獨伊兩國訪問に約六週間を費やし其間兩國の首腦者等と幾回となく極めて有益な懇談を交へ個人的にも知合ひとなつた、西歐方面の情勢に關しては以前これはと思ふ疑はしい點も數多あつたか現地に於て親しく目擊した結果今度は前よりも自信を以つて物か言へると思ふ、百聞一見に如かすとの古諺の眞理を今更乍ら痛切に感する次第てある、斯うした收獲を得たことは帝國今後の外交を運用する上に尠からさる利益かあるものと信する、余は蘇聯邦のスターリン氏其他有名な巨頭等とも互に相知る中となりスターリン氏とは二回に亘つて相互に腹藏なく又和氣溢るる懇談を交はした、最近成立した日蘇中立條約に關する交渉の最後の段階に於て速に決斷を下したのは事實スターリン氏自身てあつたのてある、之は素より現下の如く迅速且つ驚異すへき變轉を來しつつある國際情勢に當面して列國の偉大なる指導者等か時としては自國の運命にも關する國務を如何に迅速に處理しつつあるかを示す一例に過きない、因循姑息は實に致命的てある。

我々も亦時代の重大問題を處理する爲には敏速に行動せねはならぬ、愼重審議することと狐疑逡巡することとを混同して考へてはならない、三國條約は日獨伊三國と蘇聯の關係に何等の悪影響を及ほすものてはなく日蘇中立條約及共同聲明も亦三國條約に毫末も悪影響を及ほすものてなく三國條約は依然として帝國外交方針の不動の基礎を爲すものてある、否反對に日蘇中立條約こそ或意味に於て三國條約を强化するものてある、日獨伊の三同盟國政府の間には勿論中立條約に關し聊も誤解とか危惧とか云ふものは初めから存在しない、獨伊兩國共に此條約の成立を心から歡迎して居る事實か他の何ものにも勝る好い證據てある、中立條約は日蘇兩國關係の改善を雄辯に物語るものてあつて三國條約と昨年の日華條約竝に過般の佛泰紛爭調停と共に世界の平和及善隣關係の實現を目指す帝國外交の源動力たる八紘一宇の精神を現はす好個の象徵てある。

終に臨み余の歐洲旅行か幾分でも國家の御役に立つたとすれは夫れは他の何ものよりも先つ第一に　御稜威に由るものてあり又日本帝國の有する實力に負ふものてある。

233

昭和16年4月22日　在ウィーン山路総領事より松岡外務大臣宛(電報)

独ソ開戦の可能性に関する情報

ウィーン　4月22日後発
本　省　4月22日夜着

第三二號(至急、極祕、館長符號扱)

一[1]、最近諸方面ヨリ獨蘇關係カ極メテ機微トナリツツアル旨耳ニシタル處(蘇ノ對日態度好轉モ獨蘇關係ノ惡化又ハ其ノ對獨恐怖ヲ反映セルモノト認メラル)十九日特別懇意ノ當市某要人ハ大要次ノ通リ內話セリ

(一)獨逸ハ或ハ對英戰爭ノ終了ヲ俟タス希臘ノ片附キタル後ノ適當ナル時期(早ケレハ五月頃)ニ於テ敢然蘇政權打倒ノ擧ニ出ツルコトアリ得ヘシ

(二)獨逸ハ對英戰中ト雖蘇聯ト戰ヒ得ル充分ノ軍力ヲ有ス殊ニ對英攻擊ハ當分專ラ飛行機及潛水艦ヲ以テシ上陸作戰ハ恐ラク行ハサルヘキニ於テオヤ

(三)獨逸ノ對蘇作戰ハ「ナポレオン」ノ失敗ニモ鑑ミ軍事的深入リヲ避ケ國境ニ蘇聯大軍ヲ引寄セタル上之ヲ擊破ノ機會ニ革命ニ依リテ內部的崩壞ヲ招來スルニアリ

(四)對蘇戰ハ大體六週間位ニテ終リ得ヘシ(當館諜者ハ最近軍部內ノ意見トシテ遲クモ七?箇月內ニハ蘇ヲ始末シ得ル旨語レルカ此ノ點ニ付テハ客年往信機密第一五〇號御參照アリタシ)

(五)日蘇中立ニ付テハ最初意外ニ感セルモ(他ニモ斯ル意嚮ヲ洩ス者鮮カラス)獨逸ハ獨力ニテ蘇ヲ片附ケ得ルノミナラス獨蘇開戰ノ場合米國參戰ノ可能性多キヲ以テ此ノ場合日本カ蘇ニ對シ中立ヲ維持シツツ英米就中米ノ力ヲ極東ニ惹キ附クル事寧ロ好都合ナルヘシ(本

官ハ日本ノ對蘇警備ハ今後モ決シテ輕減セサル旨述ヘ置キタリ）

二、[(2)]尚右ニ關シテハ客年往電第一一七號ノ外左記諸點注意ヲ要スヘシ

㈠獨領波蘭ニ於ケル對蘇警備强化ノ外獨人官吏ノ家族引揚ヲ命セルコト

㈡近來再ヒ「ウクライナ」白露特ニ「コザック」工作ニ力ヲ入レ居ルコト

㈢今ヤ「バルチック」海ヨリ黒海一帶ニ到ル對蘇國境ニ於ケル獨逸ノ戰略的地位頗ル有利トナレルノミナラス舊「バルト」諸國及芬蘭等ニ對スル獨ノ工作モ進ミ居ルコト

三、獨蘇ニ大勢力ノ衝突ハ今ヤ單ニ時機ノ問題ト成レル感アル處蘇側ニ於テハ鋭意軍備ノ新整備ヲ急ク一方共產主義凡（汎カ）「スラブ」主義對伊工作及經濟的利益附與等ノ手段ヲ以テ益々反獨的策動ヲ行ヒ事態ノ進展ニ依リテハ英、米、蘇合作ノ惧モ鮮カラサルヲ以テ獨側トシテハ諸情勢有利ニシテ殊ニ將兵ノ士氣頗ル昂レル好機ニ於テ先手ヲ打チテ蘇政權ヲ倒シ以テ政治的及經濟的地歩ヲ强固ニシ置クコト或ハ得策ナルヘシトノ論モ立チ得ヘシ

四、兎ニ角獨蘇關係ハ何時急轉ヲ見ルヤモ圖ラレサル形勢ニアルヲ以テ我方トシテハ其ノ動キニ對シ深甚ノ注意ヲ要スヘク尚具體的國策決定ニ際シテハ㈠獨カ英ヲ片附ケサル前ニ更ニ蘇ト戰フコトノ可否㈡獨蘇開戰ノ場合ニ於ケル我方ノ執ルヘキ態度竝ニ㈢蘇政權瓦解ノ場合少クトモ北樺太及沿海洲占領ノ準備等ノ諸點ニ付篤ト御考慮ノ要アルヘシト思考ス

234 日ソ中立条約成立による華僑の動揺状況について

昭和16年4月23日　在バタビア石沢(豊)総領事より
松岡外務大臣宛(電報)

バタビア　4月23日後発
本省　4月24日前着

第三二八號

貴電合第八八〇號ニ關シ（日蘇條約締結ニ關スル中共動向等查報方ノ件）

日蘇中立條約ヲ低評價セントスル當地支那紙ノ論調（往電第三〇〇號）ニ拘ラス當領一般華僑殊ニ富裕竝ニ有識階級

ハ非常ナル衝動ヲ受ケタルモノノ如ク今ヤ日本軍ノ來攻ヲ否定スル者無ク「バルカン」及地中海方面ニ於ケル戰局ノ樞軸側ニ有利ニ進展シツツ有リトノ報ヲ入レ其ノ時期ハ愈々切迫セリトノ觀測ノ下ニ動搖ノ徵顯著ナルモノ有リ當地國民黨支部中華會館其ノ他各方面有力華僑ノ內話ヲ綜合スルニ左ノ通リ

一、本條約成立ノ直接ノ原因ハ國共ノ軋轢ニ依ル蘇聯邦ノ對重慶援助ノ停止ト日本ノ南進氣運ノ緊迫ニ有リ從テ今後共產軍ノ勢力ハ益々增大シ之ニ反シ「ルート」ノ封鎖ニ依リ英米ノ實質的援助ヲ受ケ得サル重慶側ノ抗戰力ハ頓ニ低下シ日本ヲシテ大陸ニ於ケル兵力ヲ南方ニ差向クル餘力ヲ得セシムルコトトナレリ

二、然ルニ蘭印ノ對日態度ハ全然改善ノ可能性無ク例ヘ日本軍カ新嘉坡ヲ攻略スルコトアルモ同盟國側ノ最後ノ勝利ヲ妄信シ飽迄對日武力抗爭ノ擧ニ出ツヘキ處華僑トシテハ全然勝利無キ對日戰爭ニ協力スル意思無ク此ノ際蘭印側カ日本ノ要求ヲ容レ平和的妥協ノ態度ニ出ツルコト最モ望マシキ次第ナリ

三、萬一當領ニ戰禍ノ及フ場合華僑トシテハ日本軍ノ迫害ヨリモ更ニ恐ルヘキハ永年華僑ニ對シ反感ヲ有スル土人ノ暴動ニ依ル迫害ナリ

四、此ノ際各種抗日行動ヲ停止シ豫メ日本側ト聯絡ヲ行フコト最モ賢明ナルモ現在ノ如キ當領政府ノ嚴重ナル監視下ニ於テハ之カ實行ノ見込無ク右ハ富裕華僑現下ノ最大ノ惱ミナリ

235　昭和16年4月23日　在独国大島大使より松岡外務大臣宛（電報）

日ソ中立条約成立に対するドイツ言論界の反応について

ベルリン　4月23日後発
本　　省　4月24日後着

第四五一號

日蘇中立條約ニ關シテハ其ノ急速ナル成立ニ關シ獨逸操觚界トシテモ稍意外ノ感アリシト共ニ現下ノ獨蘇關係上獨逸トシテハ蘇聯邦ニ對スル威壓ヲ强化シタキ希望ヲ有シ居リタル爲成ルヘク當初冷カナル態度ヲ以テ之ヲ迎ヘ新聞等ニ於テモ殊更小サク之ヲ取扱ヒ居ルヤノ感ヲ與ヘタルカ其ノ

後本條約カ英米側ニ於テ相當ノ「センセーション」ヲ惹起シ且支那事變處理ニ對スル影響等明カトナルニ伴レ極東ニ於ケル帝國ノ地位ノ强化ハ延イテ獨逸ノ利益ニ合致スルモノナリトノ觀點ヨリ漸ク本條約ノ價値ヲ再認識シツツアルヤニ認メラル往電第四五〇號「メゲルレ」ノ論說ノ如キモ同人カ外務省內ニ籍ヲ有シ居ル特殊ノ新聞記者タル關係ニモ鑑ミ或ル程度獨官邊ノ意嚮ヲ反映シ居ルモノトモ言ヒ得ヘシ（尙獨新聞ハ蘇聯ニ關スル記事ハ一切之ヲ掲ケサルコトトナリ居リ論說モ亦掲載セス右ハ本條約ニ對スル獨ノ態度ヲ表明スルコトヲ甚タ困難ナラシメ居ルモノナルコトヲ併セ考慮スル要アルヘシ）

236　昭和16年4月24日

日ソ中立条約締結に関する枢密院審査委員会議事録

昭和十六年四月

日「ソ」中立條約樞密院審査委員會議事錄　條約局第一課

大日本帝國及「ソヴィエト」社會主義共和國聯邦間
中立條約ニ關スル樞密院審査委員會議事錄

昭和十六年四月二十四日午前十時五分開會
宮中東三ノ間ニ於テ

出席者

樞密院側　原樞密院議長
鈴木樞密院副議長（審査委員長）
金子顧問官ヲ除キ全顧問官審査委員トシテ出席

政府側　平沼內務大臣
松岡外務大臣
東條陸軍大臣
及川海軍大臣
柳川司法大臣
鈴木企畫院總裁
（近衛總理大臣病氣欠席）

他ニ說明員及隨員トシテ
法制局　村瀨法制局長官、森山第二部長、宮內參事官
外務省　大橋外務次官、山本東亞局長、松本條約局長

阪本歐亞局長、西村條約一課長、成田歐亞一課長、小川事務官、高野事務官

陸軍省　武藤軍務局長

海軍省　岡軍務局長、石川軍務二課長、柴中佐

議事概要

開會ニ先立チ原議長ヨリ松岡外務大臣ノ勞ヲ多トシ之ニ感謝スル旨竝ニ愼重且迅速ナル審議ヲ希望スル旨ヲ述ブ

一、鈴木審査委員長審議開始ノ旨ヲ述ブ

二、松岡外務大臣經過報告

只今原議長ヨリ御鄭重ナル御挨拶ヲ頂キ感謝ニ堪エズ本大臣ハ主トシテ本條約ノ締結經緯等ニ付御説明致スベク條約ノ内容等ニ付テハ條約局長ヨリ説明セシムルコトト致シ度

昨年七月前内閣時代我方ヨリ中立條約案ヲ提議シタルニ對シ「ソ」側ハ我方提案中ノ北京條約再確認ニ關スル規定ニ關シ「ポーツマス」條約及北京條約ハ過去ノモノニシテ其ノ再確認ハ新事態ニ適應セザルニ付之ヲ認メ難キノミナラズ當時ノ情勢ニ於テ中立條約ノ受益者ハ日本國ノミナルヲ以テ相當ノ代償ノ提供ナキ限リ中立條約ノ締結ニ應ジ難キ旨ヲ回答シ來レリ斯カル先方ノ言ヒ分ニテハ全ク問題ニナラズ暫ク樣子ヲ見ルコトトセルガ昨年十月建川大使着任ト共ニ今度ハ不侵略條約案ヲ提議セシメテ見タリ之ニ對シ「ソ」側ハ遂ニ對案トシテ中立條約案ヲ提出シ之ニ北樺太利權解消ニ關スル議定書案ヲ附屬セシメタルニ付彼我ノ意見一致セズ交渉ハ依然トシテ行惱ノ狀態ニ陷リタル次第ナリ

過般ノ獨伊訪問ニ際シ本大臣ハ「モスコー」ヲ素通リニスル譯ニモ行カズ「シベリア」鐵道旅行ニ對スル先方ノ好意ヲ謝スル爲往途ニ於テ「モスコー」ニ下車シ「モロトフ」外相ニ會フコトトシタル處元來人ニ會フコトヲ好マザル「スターリン」ヨリ會見ヲ求メ來レリ（先年國際聯盟總會出席ノ爲「モスコー」通過ノ際「スターリン」ニ直接會見シテ「ソ」聯ノ滿洲國承認ト引換ヘニ日「ソ」不侵略條約締結方ニ關シ交渉セント考ヘタルガ當時ハ遂ニ此ノ計畫ヲ果サザリシ經緯アリ）「モスコー」ニ於テハ「モロトフ」ニ會ヒテモ話ハ付カズ「スターリン」ニ直接會見セザレバ駄目ナリトノ話モ豫テ聞キ居リタルニ依リ且又「ソ」聯ノ猜疑心ヲ緩和スル必要アリト

モ考ヘテ「スターリン」ト會見スルコトトセリ尤モ會談ハ日「ソ」國交調整ノ必要性、「アジア」問題全般等ニ關スル一般的雜談ニ過ギズ「ソ」聯ノ對支援助ニモ一言觸レ置キタリ

「モスコー」ヲ出發シテ獨伊ヲ訪問シタル處「モロトフ」ガ伯林ヲ訪問シタル當時トハ情勢ガ變リ居ルニ驚キタリ「モロトフ」ガ伯林ヲ訪問シタル際「リッベントロップ」ヨリ「ソ」聯ノ三國條約締約國側ヘノ同調方ヲ求メタル當時トハ形勢一變シ獨ハ何時ニテモ「ソ」聯ヲ打ツ用意アリト云ヒ居リタリ右ハ「バルカン」ノ情勢ノ變化ニ基因スルモノナルベシ本大臣ハ獨ノ「バルカン」政策ガ餘リニ好調ヲ示シ居ルヲ見テ右ハ獨「ソ」間ニ相當ノ了解アルモノト豫想シ居リタルニ「リッベントロップ」ノ話ニ依レバ「モロトフ」ニ對シ殆ンド何等ノ「コミットメント」ヲ與ヘ居ラズ獨ハ「フィンランド」「ルーマニア」「ブルガリア」「トルコ」等何レニ關シテモ「ソ」聯ニ言質ヲ與ヘ居ラズト云フ(間接ノ情報ニ依ルモ右ハ略確實ナルガ如シ)獨ハ東「プロシア」ニ百四十萬ノ精鋭ヲ集結シテ東方ヲ睥睨シ居レルヲ以テ「ソ」聯トシテモ獨ヲ刺戟スルガ如キ行動ニハ出デザルベク目下ノ所「ソ」聯ヨリ積極的ニ手ヲ出サザル限リ獨「ソ」ノ衝突ハナカルベシト思ハル

叙上ノ如キ獨「ソ」關係ノ變化ヲ目擊シテ本大臣ハ日「ソ」間ノ話合ハ容易ニ纒ラザルベシト考ヘタリ「リッベントロップ」モ見込ナカルベシトノ意見ナリ尤モ「リッベントロップ」ニ對シテハ先方ヨリ話ニ乘ツテ來レバ勿論ヤルト申置キタリ「ムソリーニ」ニ對シテモ同樣ニ話置キタリ其處デ獨伊訪問ノ歸途再ビ「モスコー」ニ立寄リ正式ニ條約締結交渉ニ入リタル次第ナリ

四月七日午後「モロトフ」ト會見我方ハ建川大使提案ノ不侵略條約ヲ主張セルモ「ソ」側ハ中立條約及北樺太利權解消ヲ固執セリ本大臣ハ北樺太利權問題解決ノ唯一ノ方法ハ我國ノ北樺太買收ノ一途アルノミト應酬セルモ「モロトフ」ハ自說ヲ枉ゲズ七日ノ會談ヲ終レリ翌々九日第二回會談ニ於テ我方ハ情勢ノ變化ニ鑑ミ不侵略條約案ヲ撤回スル旨ヲ述ベ且附屬議定書ヲ除キ中立條約ノミニ署名シテ外交電擊戰ヲヤツテハ如何ト提議セルモ「モロトフ」之ニ應ゼズ十日ハ息拔ノ爲「レニングラード」

ヲ見物シ十一日「モロトフ」ト最後ノ會談ヲ行ヒタリ先方ハ北樺太利權解消ニ關スル議定書ヲ飽ク迄固執スルニ對シ本大臣ハ妥協案トシテ本件ハ「モロトフ」宛半公信ヲ以テ其ノ解決方ニ努力スル旨ヲ申入ルコトトシテハ如何ト提議シタルモ纏ラズ遂ニ「モロトフ」トノ三回ノ會談ハ不調ニ終レリ依テ本大臣ハ十三日午後「モスコー」出發ノ腹ヲ決メ先方ニ其ノ旨ヲ申傳ヘタル處十二日ノ午前ニテモ午後ニテモ本大臣ノ都合ノ良キ時間ニ「スターリン」ガ會見シ度キ旨ヲ申込ミ來レルニ付暇乞旁々十二日午後「スターリン」ト會見スルコトトセリ本大臣ヨリ電撃戰ヲ行フコトヲ得ザルハ甚ダ殘念ナルモ兩國間ノ個々ノ懸案ハ漸次解決シ度キ旨ヲ述ベタル處「スターリン」ハ本大臣ノ顔ヲ眺メ貴下ハ約束ヲシタラ守リサウダカラ電撃戰ヲ行フベシト答ヘタリ條約及聲明書ハ直ニ纏リタルガ半公信ノ方ハ附屬議定書ノ實質ヲ書翰中ニ書入ルルコトヲ要求セルヲ以テ拒絶シ結局 liquidation ノ字ヲ挿入スルコトニテ折合ヒタリ但シ右字句ハ解消ノ意ニモ取レルモ本大臣ノ意見タル北樺太ノ買收ヲ拋棄シタルモノニ非ズ斯クシテ「スターリン」トノ間ニ忽チノ中ニ交渉ノ妥結ヲ見タル次第ナリ

次ニ本條約ト三國條約トノ關係ニ付テハ先程申述ベタル通リ獨伊ノ主腦部トハ了解濟ナルヲ以テ何等問題ナカルベク唯「リッベントロップ」ハ見込ナシトノ意見ナリシ丈ニ驚キタルベシ兩者ノ條文ニ付テ檢討スルニ萬一獨「ソ」ガ衝突シタル場合我國ハ中立ヲ守ラザルベカラザルヤノ問題生ズベシ尤モ右ハ日「ソ」衝突ノ場合ノ獨逸ノ立場ト even ニシテ要スルニ現實ノ問題トナリタル際條約ヲ如何ニ運用スベキヤノ問題トナルベシ唯我國トシテハ三國條約ヲ無視スルガ如キ行動ニハ出デザルベシ此ノ點ニ關シテハ最初ヨリ「ソ」側ニ對シ本中立條約ノ締結ハ三國條約ヲ前提トスルモノナルコトヲ申聞ケ置キタリ要スルニ國際條約中ニハ之ヲ比較對照スレバ矛盾ダラケノモノ多ク要ハ其ノ運用ノ如何ニ在リト思考ス

尙「リッベントロップ」ハ「ソ」聯ガ赤イトカ黒イトカ云フコトハ問題ニナラズ何時カハ之ヲ叩キ付ケザレバ新秩序ハ建設シ得ズ又一旦手ヲ付ケレバ之ヲ徹底的ニ壞滅セシムル必要アリ若シ「ソ」聯ガ日本ヲ打ツ時ハ獨ハ必ズ後方ヨリ「ソ」聯ヲ攻撃スルコトヲ保障スベシト申シ

居リタリ
今回ノ獨伊訪問ニ當リテハ獨伊兩國ニ對シ何等ノ「コミットメント」ヲ爲シ居ラズ先ヅ人ヲ知ルコトガ三國條約ノ運用上絶對ニ必要ナリト信ジテ訪問シタル次第ナリ唯其ノ際大東亞圈内ニ於テハ日本ハ絶對ニ「イニシアティブ」ヲ執ルベキコトヲ明言シ置キタリ
三、松本條約局長 別紙ノ通説明ス
四、松岡外務大臣ヨリ二、三點附言致シ度シトテ左ノ通説明ヲ補足ス
「スターリン」ト會談ノ際先般「モロトフ」ガ伯林ヲ訪問シタル時「リッベントロップ」ヨリ三國同盟參加ヲ促サレタルモ「ソ」聯ハ現下ノ形勢ニ於テハ三國同盟ニ參加シテ日獨ヲ援助スル必要ヲ認メズ將來其ノ必要ヲ認メタル場合ニハ何時ニテモ參加スベシト申シ居リタルガ彼ノ性格上蓋シ信ズベキ言ナラン
「ソ」聯ニ於テ見聞シタル所ヲ綜合スレバ科學ノ進歩、諸工業ノ發達、教育施設ノ整備等實ニ驚異的ナルモノアリ赤ノ危險モサルコト乍ラ五年後ノ「ソ」聯ノ國力ノ充實ハ實ニ惧ルベキモノアルベシト感ジタリ
獨伊主脳部ト會談ノ結果兩國共英國ニ對シテ平和的ナル媾和ヲ爲ス意思ナキコトヲ確カメ得タリ「リッベントロップ」ハ遲ク共今年中ニハ英國ヲ屈服セシムベシ英本土上陸作戰ノ準備ハ整ヒ居リ「ヒトラー」總統ノ命令ヲ待ツノミナルガ「ヒトラー」總統ハ何人ニモ時期ヲ漏サズト申シ居リタリ獨空軍ハ從來ノ二倍、潛水艦ハ八倍ノ實力ヲ增加シタルガ如シ一方英國ノ防禦力ノ增大ヲ決シテ無視シ居ラザルモ尚之ヲ粉碎スル確信アルモノノ如シ
羅馬法王トノ會談ニ付世間ニ種々取沙汰セラレ居ルモ右ハ法王ヨリ會見ノ申込ヲ受ケ約一時間半ニ亙リ人類一般ノ平和ニ關シ論ジタル次第ニシテ法王ハ現在ノ歐洲大戰ニ付テハ今直ニ媾和ヲ齎シ得ルカト云ヘバ確信ナシト答ヘラレタリ
五、質疑應答ニ入ル(十一時五十分)
河合顧問官
只今松岡外務大臣ヨリ詳細ナル御説明アリテヨク了解セリ從前ノ經緯ハ別トシテ本件ハ目下帝國ノ外交上是非共打タネバナラヌ手ニシテ今回ノ外務大臣ノ訪「ソ」ニ依リ迅速ニ取運バレタルコトハ準備工作アリタルハ勿論ノ

儀乍ラ一ニ外務大臣ノ熱意ニヨリ「ソ」側ガ帝國ノ眞意ヲ了解シタルニ基クモノト信ジ深ク外務大臣ノ勞ニ感謝セザルヲ得ズ唯二三ノ點ニ付質問致シ度シ

㈠「リッベントロップ」ノ言ニ依レバ獨逸ハ「ソ」聯ヲ信ジ居ラザル様ナルガ「スターリン」ハ其ノ邊ノ事情ヲ知悉シテ本條約ノ締結ヲ早メタルニ非ズヤ獨伊ニ於テモ本條約成立ニ惡感情ハ有タズ又有タザル様措置セラレタル様ナルガ最近ノ「バルカン」情勢ニ於テハ如何ナル變化ヲ招來スルヤモ圖ラレズ其ノ場合中立條約ト三國條約ト何レニ重點ヲ置クヤニ付テハ只今三國條約ヲ主トスト申サレタルニ依リ安心致シタリ但シ「ソ」聯ハ直ニ極東ノ兵力ヲ減ズルコトナカランモ歐洲ノ事態ニ變化起ラバ本條約ヲ信頼シテ極東ノ兵力ヲ割クコトナキヲ保シ難カルベシ其ノ場合日獨關係ニ影響ヲ及ボス惧ナキヤ

㈡本條約ノ成立ニ伴ヒ共産主義ノ普及宣傳ガ强化セラルル懸念ナキヤ外務大臣ハ共産宣傳ニ關シテモ本件交渉ニ際シ言及セラレタルコトト察スル處其ノ時ノ先方ノ應答振ニ付承リ度シ兩國ノ友好關係ガ密ニナレバナル程其ノ心配ガ增大スレバナリ

㈢本中立條約ノ義務ハ支那事變ニ適用アリヤ「ソ」聯主脳部トノ會談ノ際ニ於ケル外務大臣ノ印象ヲ承リ度シ

㈣千九百三十七年八月ノ「ソ」支不侵略條約ニ牴觸セズヤ又「ソ」聯ガ重慶援助ヲ繼續スルコトハ本條約ノ違反ナルガ「ソ」聯ガ援助ヲ打切ルモノトモ思ハレズ且中國共産黨ヲ援助スルコトモ條約違反ナルガ之亦「ソ」聯ガ見殺シニスルトハ考ヘラレズ然ル場合政府ハ本條約ヲ廢棄セラルル考アリヤ

松岡外務大臣

御質問ノ第一點日獨關係ニ及ボス影響ニ關シテハ何等獨主脳部ト話シ居ラズ極東軍ノ移動ハ多少アルラシキモ大シタ數ニハ非ザルガ如シ第二點ニ付テハ「モロトフ」ニ對シ赤ノ宣傳ハ絶對ニ反對スト强ク申シ置キタルガ之ハ勿論意見ノ言ヒ放シナリ「リッベントロップ」ハ日獨防共協定ハ本年十一月二十四日ニテ有效期間滿了スルモ獨トシテハ協定ヲ延長シ度キ意向ナリト申シ居リタリ國內ニ於テハ勿論共産主義ノ撲滅ヲ從來ト異ラズ行フ積ナリ第三點ニ付テハ何カ效キ目ガアレバ兎モ角議論ヲスレバ

水掛論トナルヲ以テ止メタリ唯「ソ」聯ガ重慶ニsympathize スルコトハ英米ヲ援助スルコトトナルベシト強ク主張シ置キタリ第四點ニ付テハ「ソ」支不侵略條約ニハ言及セザリキ先方ニ於テ「ソ」支不侵略條約ノ存在ヲ知リ乍ラ本條約ヲ締結シタルモノナルヲ以テ今後ノ運用ニ俟ツ外ナシト信ズ外交ハ一歩一歩石ヲ打ツテ行ク積ナリ（第二點中防共協定延長ノコトハ本席上限リニ願度シト附言ス）

平沼内務大臣

共産主義斷壓ノ方針ハ從來ト何等變リナシ唯民間ノ言論ニ於テ不必要ニ「ソ」聯ヲ刺戟スルコトハ差控ヘシムル所存ナリ

以上ニテ一旦休憩午後一時半再開

東條陸軍大臣

陸軍ノ對「ソ」軍備トノ關係ニ付テ御説明致シ度シ本條約成立ニ依リ直ニ對「ソ」軍備ヲ遞減シ得ルモノトハ考ヘズ寧ロ周到ナル軍備ヲ充實スルコトニ依リ無言ノ威壓ヲ加フルコトガ本條約運用ヲ益々效果的ナラシムルモノト信ズ獨逸ニ於テモ獨「ソ」不侵略條約締結後ト雖モ對「ソ」國境ニ百ケ師團以上ノ兵力ヲ配置セリ尤モ本條約成立ニ依リ「ソ」聯ノ戰略的態勢ヲ變更セシムル樣利尊（導カ）スルノ要アルコトハ明ニシテ滿「ソ」國境紛爭ガ減少スレバソレ丈我方ノ軍備モ樂ニナル譯ナリ勿論思想戰ニ對シテハ嚴ニ備フル覺悟ナリ「ソ」聯極東軍ノ兵力移動ニ付テハ「シベリア」鐵道ノ旅客輸送停止ニ鑑ミ多少移動ノ事實アルコトハ認メラルルモ技術輸送ノ程度ニ止リ戰略輸送ニハ至ラザルモノト見ルベク猶其ノ動向ヲ注視シ居レリ又支那事變トノ關係ニ付テハ將來本條約ノ運用ニ依リ「ソ」聯ノ重慶援助ヲ打切ラシムル樣外交工作ニ期待シ居レリ情報ニ依レバ本條約ハ重慶ニ相當ノ影響ヲ與ヘタルモノノ如シ

河合顧問官

聲明書ニ依リ帝國ハ外蒙ノ獨立ヲ承認シタルモノナリヤ

松岡外務大臣

端的ニ云ヘバ承認トナルベシ我方ハ外蒙ニハ余リ觸レズ唯滿洲國ノ承認ニ付テハ明瞭ニ念ヲ押シ置キタリ

石井顧問官

本條約ノ成立ヲ衷心ヨリ悅ビ且重視スルモノニシテ滿腔

ノ賛意ヲ表スルモノナリ唯細キ點ナルガ二三質問致度シ
聲明書ノ内容自体ハ時局柄寔ニ結構ナルモ形式的ニハ日
「ソ」間ノ國際約束ナルヲ以テ御諮詢ニ相成テ然ルベシ
ト存ズルガ如何

松岡外務大臣
「ソ」側ニ於テハ最初條約中ニ斯カル規定ヲ挿入センコ
トヲ主張シタルガ滿洲國トノ了解ヲ取付クル暇モナカリ
シヲ以テ形式ヲ輕クスル意味ニテ聲明書ト爲シタリ御諮
詢ニハ相成リ居ルモノナリ

松本條約局長
先例通リノ扱ナリ

石井顧問官
前文中ノ「ソヴィエト」社會主義共和國聯邦最高會議幹
部會ハ從來見ザル所ナルガ如何ナルモノナリヤ

阪本歐亞局長
千九百三十六年ノ「ソ」聯憲法改正ニ依リ從來ノ中央執
行委員會ニ代リ最高機關ト定メラレタリ

石井顧問官
聲明書ノ署名者ノ肩書ガ異ルガ如何

阪本歐亞局長
起草委員會ニ於テ何レモ兩國ノ先例ニ據ルコトトシタル
次第ニシテ意味ハ全然同樣ナリ

石井顧問官
條約ノ名稱ヲ單ニ中立條約トシタルハ內容ニ一致セズ又
末文ニ本條約ニ通ニ署名調印セリトアルガ四通ニ非ズヤ

松岡外務大臣
條約ノ名稱ニ付テハ御說ノ通ナルモ「ソ」聯ハ中々理屈
ヲ云フ國ニシテ飽ク迄頑張リタルニ依リ先方ニ花ヲ持タ
シタリ

松本條約局長
末文ハ先例モアリ各二通卽チ四通ニ署名調印シタル意味
ナリ(松岡大臣ヨリ確カニ四通ニ署名調印セリト答フ)

石井顧問官
國境劃定セザレハ領土保全及不可侵ト云フモ無意味ナラ
ズヤ此ノ點ニ關シ先方ト話合タリヤ

松岡外務大臣
御說ノ通ナリ先方トモ良ク話合ヒタリ混合委員會ニ關シ
テハ「モロトフ」宛半公信ヲ御參照願度シ

石井顧問官

半公信ハ北樺太ヨリ一切手ヲ引クコトヲ意味スルヤ

松岡外務大臣

少々詭辯ナレドモ liquidation ハ北樺太ノ買収トモ取レル余地ヲ殘シテ挿入シタリ要ハ石油ヲ成ルベク多ク獲得スルニ在リト思考ス

石井顧問官

利權ノ liquidation ナルヲ以テ其ノ解釋ハ無理ナラズヤ

松岡外務大臣

御説ノ通ナリ捨石ノ積ナリ

有馬顧問官、窪田顧問官質問ナシ

石塚顧問官

本條約ノ成立ハ寔ニ時宜ニ適シタル措置ニシテ全幅的ニ贊成ナリ唯其ノ運用ニ付テハ充分留意セラレ度

清水顧問官

條約局長ニ伺ヒ度キガ本條約ハ三國條約第五條ト抵觸スルトノ解釋ナリヤ又ハ牴觸セズトノ解釋ナリヤ

松本條約局長

三國條約第五條ハ締約國ト「ソ」聯トノ關係ニ於テハ三國條約ノ規定ハ適用ナキ建前ナルコトヲ意味スルモノニシテ從テ本中立條約ノ締結ハ三國條約ニ牴觸セザルモノト解シ居レリ

清水顧問官

「ソ」聯ノ援蔣行爲ハ本條約第二條ニ牴觸セズヤ

松本條約局長

然リ牴觸ス

清水顧問官

防共協定ト中立條約トノ關係ハ併行的ト考ヘラルルヤ

松岡外務大臣

「ソ」側ハ本件ニ關シ何等言及セザリキ

然リ本件ニ關シテハ「リッベントロップ」トモ談合セリ

清水顧問官

「ソ」側ガ從來ノ主張ヲ抛棄シテ本條約締結ニ同意シタル理由如何又主ナル目的ハ何處ニ在リヤ

松岡外務大臣

質問ノ前段ニ對シテハ經緯ヲ述べテ説明後段ニ對シテハ左ノ通述ブ

主ナル目的ハ政治的出發點ヲ作リ上グルニ在リ英米側ノ

對「ソ」畫策ニ先手ヲ打ツ爲ナリ「モスコー」ニ於テ英米側ハ頻リニ工作爲シ居リタルガ彼等ト雖モ一應諦メタルナラン尤モ之ニ依リ最大ノ「シヨック」ヲ受ケタルモノハ重慶政府ナルベシ政府トシテハ本條約成立ヲ機トシテ全面和平ニ邁進スル考ナリ

南顧問官

帝國ノ爲衷心ヨリ慶賀ニ堪エズ外務大臣ニ深ク感謝スル次第ナリ本條約締結ノ急務ナルコトハ既ニ三國條約成立當時本官ノ指摘シタル所ナリ唯二三點質問アリ先ヅ第二條ノ「軍事行動ノ對象」トハ如何ナル意味ナリヤ

松本條約局長

從來ノ不侵略條約中立條約ニ付取調ベタル所ニ依レバ本字句ヲ用ヒタル例ハ「ソ」土中立條約及獨「ソ」不侵略條約ニアリ「攻擊」又ハ「侵略」ノ字句ハ意味必ズシモ明瞭ナラザルニ依リ本字句ヲ用ヒタルモノニシテ「軍事行動ノ對象」ト云ヘバ相當廣範圍ノ概念ナリト解ス

南顧問官

第二條ノ「中立」ハ所謂國際法上ノ中立ト解釋シテ宜シキヤ

松本條約局長

所謂國際法上ノ中立ハ戰時ニ限ルモ本條約ニ依ル中立義務ハ國際紛爭ノ場合ニモ發動スルモノナリ中立ノ範圍ハ最近ノ傾向ニ依レバ益々擴大セラレ居ルガ如シ

南顧問官

本條約ハ既ニ發生シ居ル事態ニモ適用アリト解スベキヤ

松岡外務大臣

援蔣行爲ハ明ニ本條約違反ナルモ水掛論トナル惧アルノミナラズ將來本條約ノ運用ニ依リ如何樣ニモナルト考ヘ交涉當時ニ於テハ敢ヘテ此ノ點ニ觸レザリキ

南顧問官

聲明書ニ依リ帝國ノ負ヒタル義務ヲ滿洲國ニモ負擔セシムル意向ナキヤ

松岡外務大臣

日滿間ノ關係ハ一德一心帝國ニ於テ外交指導權ヲ握ルヲ以テ其ノ必要ヲ認メズ

南顧問官

條約ハ締結ニ依リ成立スルヤ批准ニ依リテ成立スルヤ

阪本歐亞局長

「ソ」側ハ署名ト同時ニ發效セシムルコトヲ希望シ我方ハ國內手續上ノ理由ニテ批准條項ヲ附シタル當時ノ經緯ヲ說明ス

松本條約局長

成立ノ定義如何ニ依ルベシ

南顧問官

署名濟ノモノト雖モ批准前ハ條約案ニ過ギザルニ非ズヤ

松本條約局長

御說ノ通ナリ

南顧問官

然ラバ聲明書中ノ「……締結セラレタル中立條約ニ基キ……」トアルハ誤ニ非ズヤ

松本條約局長

聲明書ハ條約ト一體ヲ成スベキモノナレバ條約批准ト共ニ效力ヲ發生スベキヲ以テ矛盾ハ生ゼズ

南顧問官

半公信ノ意味ハ不可解ナリ

松岡外務大臣

言葉ガ足ラザリシヤモ知レズ我方ニ於テ北樺太ヲ買收シ度キ希望ハ未ダ抛棄シタルモノニ非ズ唯石油ハ凡ユル方法ニ依リ出來得ル限リ多量ニ取得スルコトガ急務ナリト考ヘ居レリ

南顧問官

北樺太利權ニ對スル「ソ」側ノ壓迫ハ本條約成立前ノコトナラズヤ本條約ノ運用ニ依リ之ヲ緩和シ得ザルモノナリヤ

松岡外務大臣

右ハ極メテ困難ナリ一方カラ云ヘバ困難ナル結果妥協ガ成立シタルナリ

南顧問官

一年間十萬噸ノ北樺太石油供給ハ先方ヨリ申出デタルモノナリヤ又期限付ナリヤ

松岡外務大臣

先方ヨリノ提案ニシテ期限ハ五年ナリ尤モ其ノ後モ供給セズト云フニ非ズ

南顧問官

萬一獨「ソ」間戰爭トナラバ如何念ノ爲明瞭ニ伺ヒ置キ度シ

松岡外務大臣
獨「ソ」不侵略條約ニモ反シ日「ソ」中立條約ノ締結目的ニモ矛盾ス然レ共帝國トシテハ斯カル場合ニ於テハ獨逸トノ間ニ充分意思ノ疏通ヲ圖リツツ善處スル考ナリ獨逸側ニ於テハ斯カル場合帝國ノ援助ハ不要ナリト申シ居レリ其ノ時ト場合ニ應ジ帝國獨自ノ見解ヲ以テ事ヲ決シ度シト考フ先程モ申述ベタル通日「ソ」戰爭ノ場合ニハ獨逸ハ絶對ニ背後ヲ衝クト「リッベントロップ」ハ言明シ居レリ

奈良顧問官、荒木顧問官、松井顧問官質問ナシ

菅原顧問官
本條約成立後ニ於ケル政府ノ思想對策如何特ニ教育方面ノ對策如何

平沼內務大臣
先程モ申述ベタル通部內ノ關係係官ニハ充分指令シアリ又教育方面ニハ本條約ガ成立シタル爲ニ特別ノ措置ハ取ラズ

松岡外務大臣
社會的、政治的共産主義ハ絶對ニ排撃スル旨「スターリン」及「モロトフ」ニ嚴重ニ申入レ置キタリ

松浦顧問官　質問ナシ

潮顧問官
從來非常ニ警戒セル丈ニ今度ハ如何ニモ親類交際デモスルガ如ク國民ハ考ヘザルヤ民心ノ指導ニ付テ充分御留意アリ度シ
尙半公信ノ意味ハ北樺太ヲ買收スルカ又ハ利權ヲ返還スルカ二者ノ中孰レカ一ノ方法アルノミト解シテ宜シキヤ

松岡外務大臣
結局歸スル所ハ手ヲ引クコトト存ズ

平沼內務大臣
御懸念ノ點ニ付テハ政府モ適當ノ手段ヲ講ズル所存ナリ

林顧問官
聲明書ガ中立條約ニ附屬スルト云フ解釋ニハ疑問アリ聲明書ノ內容ニ付テ云ヘバ實質ハ明ニ條約ナリ中立條約ノ御諮詢ノミニテハ不十分ナラズヤ

松本條約局長
聲明書ノ字句ノ不十分ナルコトハ認ムルモ內容ハ條約ト一體ヲ成スモノト云フ解釋ナリ實質形式共附屬文書トシ

テ扱テ可ナリト思考ス

林顧問官

兩者ヲ別々ニ讀ム場合其ノ關係ハ必ズシモ明瞭ナラズ

松本條約局長

聲明書ノ内容ヨリ見ルモ兩者ノ關聯アルコト明ナリ

松岡外務大臣

外蒙ノ「ステータス」ニ關シ成ルベク輕ク扱ハントシテ斯カル形式トナリタルモノナリ御諒承ヲ乞フ

石井顧問官ヨリモ依然トシテ疑問ヲ有スル旨ヲ述ブ

松本條約局長

聲明書ニハ批准條項ナキヲ以テ御批准ノ客体ト爲スコトヲ得ズ從テ附屬文書トシテ御裁可ヲ奏請シタル次第ニシテ從來ノ慣例通リナリ

深井顧問官

政府ニ於テモ複雜ナル現下ノ情勢下ニ於テ本條約ノ運用ニ付萬全ヲ期セラレ度シ

二上顧問官

liquidation ノ意味ハ水ニ流スト云フコトナリ北樺太利權ニ關スル軍部大臣ノ御意見ヲ承リ度シ又半公信ハ形式的ニ見ルモ返輸ニ同意ストアリ國際約束ニ非ズヤ

松岡外務大臣

形式ノ點ニ付テ御答ヘスベシ先方ハ正式ノ國際約束ニ近キ形式ヲ要求セルモ我方ノ主張ニ依リ斯カル半公信ト爲シタリ liquidation ノ解釋ハ同感ナリ又同意ストアルハ「期待シ且希望スル」コトニ對シ同意セルモノナリ

及川海軍大臣

外務大臣ノ出發前ニ政府部内ニ於テ話合ヒタル線ニ沿フモノナリ

二上顧問官

liquidation ノ代リニ adjustment ノ字句ヲ用ヒラレタナラバ良カリシナラン又半公信ガ國際約束ナリトノ本官ノ見解ハ依然變ラズ

尚外蒙ノ承認ハ相當ノ根據アリテノコトナリヤ爾ク簡單ニハ非ズト思考スルガ如何

松岡外務大臣

「ソ」蒙協定ニ對シ支那ハ强硬ナル抗議ヲ爲サザリシ事實アリ之ヲ前提トシタルナリ北支及蒙疆ヲ認メシメントセルモ事態ヲ紛糾セシムル惧アリタルニ依リ本問題ノ解

決ハ後日ニ讓ルノ已ムナキニ至レリ
二上顧問官
手續書類ノ印刷ハ調印本書到着前ニ行ハレタルモノト推察スル處本書到着後照合セラレタリヤ
松本條約局長
然リ
二上顧問官
第二條ノ「軍事行動ノ對象ト爲ル」ノ動詞ハ現在ナリヤ未來ナリヤ
松本條約局長
單純未來ナリ
二上顧問官
聲明書露文「テキスト」中ニ誤植アリ訂正セラレ度シ
眞野顧問官
質問ナシ
大島顧問官
日獨間ニ植民地ノ處分ニ付話合アリタルヤ
松岡外務大臣
獨逸ハ帝國ニ大東亞ノ指導權ヲ完全ニ認メタリ獨逸ニ對シテハ「アフリカ」及南米ヲ其ノ活動圏ト認ムル旨ヲ明言セリ又植民地ニ於ケル日獨經濟合作ニ付テモ話合ヒタリ
小幡顧問官
質問ナシ
竹越顧問官
對「ソ」交渉ニ付テハ先方ノ國柄ヲ見テ餘程用心深クヤラレ度シ
松岡外務大臣
「ノモンハン」事件ニ依リ「ソ」聯ハ大イニ帝國ヲ怖レ居レリ戰車ニ對スル體當リ式ノ戰ヒ方ニ恐怖ヲ感ジタルモノノ如シ「ノモンハン」事件ノ結果「ソ」聯ハ帝國ヲ見クビリ居レリトノ風說ハ謬リナルコトヲ今同ノ訪「ソ」ノ結果理解セリ此ノ點ハ特ニ申上ゲ置キ度シ
三土顧問官、伊澤顧問官
質問ナシ
以上ニテ質疑應答ヲ了リ政府側說明員退場ス(午後四時半)
(別　紙)

日「ソ」中立條約樞府審査委員會ニ於ケル

條約局長説明

中立條約及聲明書ノ內容ニ付キマシテ概略御説明申上ゲマス

一、本條約ハ簡單ナモノデ御座イマスガ本條約ノ性質ヲ明ニ致シマス爲ニ「ソヴィエト」聯邦ガ從來他國トノ間ニ締結シテ參リマシタ中立條約及不侵略條約ニ付キマシテ中立條約ト不侵略條約トノ大体ノ差異ヲ申上ゲ度イト存ジマス

(イ)一般的ニ申上ゲマスルト中立條約ハ相手國ガ第三國ト武力紛争ニ陷ツタ際中立ヲ守ルベキコト(卽チ中立條項)ヲ約束スルノガ主眼デアリマシテ消極的デアルノニ對シマシテ、不侵略條約ハ相互ニ相手國ニ對シ侵略ヲ爲サザルベキコト(卽チ不侵略條項)ヲ積極的ニ約束スルノガ主眼トナツテ居ルノデアリマス

(ロ)而シテ不侵略條約ニ於キマシテハ相互侵略セズトノ約束ノ外ニ相手國ガ第三國ト武力紛争ニ陷ツタ際右第三國ヲ援助セザルベキコト(卽チ不援助條項)ヲ約束シタモノガ多イノデアリマス「第三國ヲ援助セズ」トノ規定ハ「紛争中中立ヲ守ルベシ」ト爲ス中立條約ノ中立條項ヨリモ締約國ノ義務ヲ積極的ニ且明確ニ規定スルモノデアリマシテ中立條項ニ於キマシテハ中立義務ニ背反セザル範圍ノ第三國援助ハ可能ナル次第デアリマスノデ義務ノ範圍モ不援助條項ノ方ガ廣ク爲ツテ居リマス

(ハ)右ノ外不侵略條約ニハ締約國ノ一方ニ對シ敵對的性質ヲ有スル政治的又ハ經濟的聯合ニ參加セザル義務、締約國間紛争ノ平和的處理手續、內政不干渉、宣傳禁止等ニ關スル條項ヲ包含スルノヲ常ト致シマシテ條約ノ規定スル內容ガ中立條約ヨリモ廣汎デアリマス

併シ乍ラ今次成立致シマシタ日「ソ」中立條約ハ從來「ソ」聯ガ締結致シテ居リマスル所謂中立條約ト聊カ趣ヲ異ニ致シテ居リマスノデ其ノ特色ヲ申上ゲマスルト

(イ)第一ニ本條約第一條前段ニ於キマシテ「兩國間ニ平和友好ノ關係ヲ維持スベキ」旨特ニ規定シテ居リマスノハ從來「ソ」聯ノ締結致シテ居リマスル中立條約ニモ不侵略條約ニモナイ新例デ御座イマシテ特ニ意義ノ深イ點カト存ジマス

(ロ)第二ニ本條約第一條後段ニ於キマシテ「相互ニ他方締約國ノ領土ノ保全及不可侵ヲ尊重スベキコトヲ約ス」ト規定シテ居リマスルガ此ノ種ノ條項ハ千九百二十六年ノ「リスアニア」トノ不侵略條約第二條、千九百三十二年ノ佛蘭西トノ不侵略條約第一條、千九百三十三年ノ伊太利トノ修好、不侵略、中立條約第一條及最近ノ「ユーゴースラヴィア」トノ友好不侵略條約第一條等ノ如ク所謂不侵略條項ノ一部トシテ規定セラレテ居リマシテ而モ其ノ内容ハ相手國ノ領土ノ保全及不可侵ヲ尊重スル限リ相手國ニ對スル侵略ハアリ得ナイ筋合デアリマスルノデ實質的意義ニ至リマシテハ極メテ不侵略條項ニ近イモノデアリマス本條項ニ依リマシテ日「ソ」中立條約ハ不侵略條約ノ色彩ヲ加味シタモノト謂フコトガ出來ルト思ハレマス之ガ第二ノ特色デアリマス

(ハ)第三ニ蘇聯邦ノ締結致シマシタ中立條約及不侵略條約ヲ通ジマシテ中立義務又ハ不援助義務ハ原則トシテ締約國ノ一方ガ第三國ヨリ攻撃セラレ又ハ侵略セラレタル場合ニ發生スルモノトシテ居リマス。然ル處日蘇中立條約第二條ハ締約國ガ受動的立場ニ在ルベキ場合ニ限定スル表現ヲ回避シ殊更能動又ハ受動ノ觀念ヲ稀薄ナラシムル第三國ヨリノ軍事行動ノ對象ト爲ル場合ト云フ文字ヲ使用シ中立義務ノ發生スル場合ヲ著シク擴大シテ居リマス之ガ第三ノ特色デアリマス

之等三ツノ特色カラ見マスト本條約ハ單ナル中立條約ト申シマスルヨリモ友好中立條約又ハ中立不可侵條約トデモ申シタ方ガ適當カト存ジマス

二、次ニ聲明書ハ最初「ソ」側ニ於キマシテ本條約第一條中ニ規定スルコトヲ主張致シマシタニ對シ我方ノ修正意見通リ聲明書ト決定致シマシタ經緯ガアリマシテ本條約ト一体ヲ爲スベキ性質ノモノデアリマス其ノ內容ハ

兩國政府ハ本中立條約ノ精神ニ基キ兩國間ノ平和及友好關係保障ニ重大關係ノアリマスル滿洲國及蒙古人民共和國ノ領土保全及不可侵ニ關シテモ相互尊重ノ義務ヲ負フベキ旨ヲ聲明シ以テ本條約ノ效果ノ萬全ヲ期シテ居リマス

237 昭和16年4月24日

日ソ中立条約締結に関する枢密院本会議議事録

昭和十六年四月

日「ソ」中立條約樞密院本會議議事録

條約局第一課

樞密院本會議議事概要

昭和十六年四月二十四日午後五時五十五分開會

宮中東溜ノ間ニ於テ

出席者

樞密院側　原議長

鈴木副議長

金子顧問官ヲ除キ全顧問官

政府側　全閣僚出席（鈴木企畫院總裁）

説明員ハ審査委員會ト同様

天皇陛下午後五時五十五分出御

一、原議長開會ヲ宣ス

二、鈴木審査委員長別紙（見当ラズ）ノ通希望事項ヲ附シタル審査報告ヲ朗讀ス

三、石井顧問官左ノ通陳述ス

本條約ノ成立ハ正ニ帝國外交ノ成功ト云フベシ英米側ニ於テ「ソ」聯ニ働キ掛ケ帝國牽制ノ方策ニ出デタルニモ拘ラズ之ガ成功ヲ見ザルニ際シ帝國ガ「ソ」聯トノ間ニ斯カル政治條約ヲ締結シタルハ重慶ニ對スル壓力ヲ加ヘタルノミナラズ英米ニ對シテモ外交上ノ壓力ヲ增大シタル次第ナリ又一方獨伊ニ於テモ本條約ノ成立ヲ悅ビ居ルモノト信ズ三國條約締結ノ際議論アリシ如ク獨「ソ」間ニ不可侵條約存在スルニ反シ日「ソ」間ニハ此ノ種ノ條約ナシト云フ片手落ノ事態ガ今回是正セラレタル次第ナリ従テ三國條約ノ締約國ニ於テモ寔ニ慶賀スベキモノナリ

四、議長贊否ヲ起立ニ問ヒ他ノ二案件ト共ニ滿場一致可決セリ（六時十五分）

238 昭和16年4月24日　在ソ連邦建川大使より松岡外務大臣宛（電報）

日ソ中立条約成立によるソ連官憲および民衆の対日態度の変化について

モスクワ　4月24日後発
本　省　4月25日夜着

第五一五號（極祕）

中立條約成立後ノ蘇側官憲竝ニ民衆ノ對日態度ハ次第ニ好轉スヘキモノト豫想セラルルカ經過日淺ク例證トシテ擧クヘキモノモ無キ處一、二點氣付キタル所御參考迄左ノ通リ

一、蘇側トノ折衝ハ政治交渉タルト事務的案件タルトヲ問ハス先方態度ニ何等變化ヲ見ス

二、蘇側官憲ノ館員及在留民ニ對スル監視ハ幾分緩和セラレタルヤニ感スルモ所要人物ニ對スル尾行等ハ從前通リ

三、國內旅行ニ關シ從來相當嚴重ナル監視ヲ受ケ居タルニ館員ニ對シ「チタ」及「クリミヤ」方面旅行ノ便宜ヲ供與セリ

四、新聞ハ貴大臣ノ列車中ヨリノ謝電ハ全部掲載セルハ勿論ナルカ支那戰況ノ取扱振モ往電第四九三號ノ通リ變化ヲ見タリ

五、蘇民衆ノ對日態度ニハ從來ノ極度ノ警戒心ヨリ解放セラレタルカ如キ氣分ヲ察知シ得ル處蘇側官憲トシテハ右警戒心ノ弛緩ニ依ル日蘇人ノ接近ヲ警戒シ從來「ホテル」「レストラン」等ニテ日本(人)ト接觸アリタル婦女子ニ對スル取締一段ト強化セラレタル趣ナリ

浦潮、亞港、「オハ」ヘ轉電セリ

239　昭和16年4月28日　在満州国梅津大使より松岡外務大臣宛（電報）

日ソ中立条約成立に伴う在満中国共産党等の動向につき観測報告

新　京　4月28日後発
本　省　4月28日夜着

第二三二號

貴電合第八八〇號ニ關シ（日蘇條約締結ニ關スル中共動向）

日蘇中立條約成立ニ伴フ影響ニ關シテハ目下折角探査中ニシテ未タ確然タル判斷ヲ下スノ域ニ達セサルモ今日迄判明セル處不取敢御參考迄左ノ通

一、中共ノ動

(イ)在滿中共黨ノ動向

本年一月頃一齊ニ入蘇セル在滿中共黨幹部ハ昨今逐次歸滿シツツアルモ未タ活動上ニ特異ノ變化ヲ認メス今

後在滿中共黨ニ對スル蘇聯ノ積極的援助ハ或ハ多少遠慮勝チトナルニアラスヤト觀測スル者アリ

(ロ)在滿八路軍系ノ動向

未タ特異ノ動向ヲ認メサルモ國共關係ノ推移如何ニ依リテハ滿洲進出ヲ斷念スルニアラスヤトノ觀察アリ

(ハ)在支中共ノ動向

當地一部ノ觀察トシテハ中共ハ蘇聯依存困難トナル結果重慶側ニ對スル態度ヲ緩和スルニ至ルヘシトナシ從テ此ノ際中共ニ對シ何等カ懷柔等施策ノ可能性ヲ生スヘシト觀測スル者アリ

二、重慶側ノ態度

當地ニ於ケル觀察ハ概ネ重慶側ハ米國依存ヲ强化スヘキモ蘇聯邦ニ對シテモ妥協政策ヲ講シ且中共ニ對シテハ抗日戰線維持上妥協的態度ヲ續クルト共ニ半面ニ於テ中共ノ勢力擴大防止ニ努ムヘシトナシアリ

三、有力滿人ノ觀測

有力滿人ハ蘇聯邦ノ事實上滿洲國承認及國境平和ノ確立竝ニ支那事變終局促進豫測等ニ依リ本件條約ヲ歡迎シ居レリ重慶側及中共ニ關シテハ批判ハ避ケ居ルカ如ク未タ反響ヲ認メサルモ重慶政權ノ將來ヲ悲觀シ日本依存竝ニ南京政權信賴ノ念ヲ高メツツアル傾向アリ

四、滿人商人ノ動向

特ニ北滿地方滿人商人中ニハ曾テ彼等カ多大ノ利益ヲ收メタリシ對露貿易ヲ囘顧シ滿蘇通商條約締結ヲ希望シ居レリ

哈爾賓、北大、南大、上海、蘇ヘ轉電セリ

~~~~~~~~~~~~~~~~~~~~

240 昭和16年4月28日 在伊国堀切大使より松岡外務大臣宛(電報)

ローマにおける日独伊混合委員会の開催について

ローマ 4月28日後発
本省 4月29日前着

第二四六號(館長符號扱)

混合委員會一般委員會ハ二十八日午前十時半外務省ニ於テ開催セラレ「チアノ」外相開會ノ挨拶ヲ爲シ混合委員會議事規則ヲ制定シ經濟軍事兩委員會ノ議事日程ヲ夫々委員ニ於テ持寄リ事務當局ニ審議作成セシムヘキコトヲ提議シ本使ハ獨逸大使ト共ニ之ニ賛意ヲ表シ會議ヲ了セリ尙本委員
~~~~~~~~~~~~~~~~~~~~

會開會ニ關スル公表ハ明二十九日之ヲ爲スコトトナリ居レリ

241　昭和16年5月7日　在ソ連邦建川大使より松岡外務大臣宛（電報）

スターリンの人民委員会議議長就任およびモロトフの外務人民委員専任人事に関する現地の観察について

モスクワ　5月7日後発
本　省　5月8日前着

第五四九號

「スターリン」ノ人民委員會議議長就任及「モロトフ」ノ外務專任兼副議長就任ニ關シテハ時局柄各方面ニ多大ノ反響ヲ與フヘキ處右ニ關スル當地一般ノ觀察左ノ通リ

「スターリン」ハ現下國際世局ノ複雜多端ナルニ鑑ミ愈々自身政治表面ニ乘出シ名實共ニ國政ノ責任ヲ執ルコトニ決意シ「モロトフ」ヲシテ外政ニ專念セシムルコトトセルモノニシテ外政上獨伊等ノ獨裁者ニ倣ヒ場合ニ依リテハ自身直接國際折衝ノ表ニ立チ得ル準備トモ見ラレサルニアラス又内政上ヨリ見ルニ「ス」ハ今後トモ依然黨書記長ノ地位ヲ保持スヘク然スレハ黨ノ主班ニシテ總理ヲ兼ネタルハ「レイニン」アリシ後今回カ初メテノコトニシテ又總理ハ代々大露西亞人ナリシ點ニ鑑ミ「ジオジア」人タル「ス」トシテハ相當愼重ニ考慮シ居タルモノナルヘキモ最早自身乘出スモ差支ナシト信スルニ至リタルモノナルヘシ（今次世界大戰以來特ニ大露西亞人及大露西亞語主義ヲ鼓吹セルカ如キハ深謀遠慮ノ準備工作ナリシトモ見ルヘシ）

「モトロフ」ノ外務專任ニ付イテハ政務ノ多端ナリシコト勿論ナルヘキモ最近ノ獨蘇關係ニ鑑ミ今後ノ發展如何ニ依リテハ「ス」カ「モ」ヲ當面ノ責任者トシテアツサリ片付クル爲ノ一準備ナラスヤト推測セラレサルニアラス其ノ眞否ハ兎モ角トシ今回ノ副議長兼任カ平副議長トシテ遇セラレタル點又ハ過般同人妻カ黨ノ會議ニ於テ誹議セラレタル事實等ニモ關聯シ近來「モ」ノ地位ハ既ニ下坂ニアリト見ル者多ク將來同人ニ代ルヘキ者トシテ「ウイシンスキー」代理ノ名ヲ耳ニス

獨、伊、英、佛、土ヘ轉電セリ
滿、南京、米ヘ轉電アリタシ

242 昭和16年5月7日 在独国大島大使より 松岡外務大臣宛（電報）

ヒトラー演説にみるドイツの対米態度について

ベルリン　5月7日後発
本　省　5月8日後着

第四九六號（至急、館長符號扱）

[1]貴電第三七四號ニ關シ

不取敢御訓令ノ通リ「リ」外相ニ取次キ置キタルモ今後ノ御參考ニモト存シ率直ナル本使ノ卑見左ノ通リ申進ス

一、貴大臣ハ「ヒ」總統ノ演説カ米國ニ對シ抑遜シ居ルヤノ印象ヲ得ラレタル趣ナル處本使ノ觀ル所ヲ以テセハ「ヒ」ハ繰返ヘシ猶太的「デモクラシー」乃至ハ猶太金融財閥ヲ攻撃シ居ルノミナラス之ヲ總括スル意味ニ於テ更ニ明白ニ米國ヲ戰爭煽動者トシ露骨ニ攻撃ヲ加ヘ居レリ又本年一月三十日ノ總統演説ニ於テ米國ニシテ「コンボイ」ヲ附スルカ如キ場合ニハ直ニ潛水艦及航空機ニ依リ之ヲ撃滅スヘキコトヲ明言シアルコト周知ノ事實ニシテ獨ノ對米態度ハ徒ニ米ヲ刺戟挑發スルコトヲ愼ミアルモ言フヘキコトハ遠慮ナク言ヒ居ルモノニシテ米ニ對シ氣兼シ居ルカ如キ態度トハ全ク趣ヲ異ニシアルモノト信ス

二、[2]「ヒ」總統カ衷心ヨリ平和愛好者ナルコトハ事實ナリ然レトモ彼カ姑息ナル平和ヲ排シ眞ノ平和樹立ノ爲ニ必要トアラハ如何ナル戰爭ヲモ戰ヒ拔カントスル決意ヲ有シ居ルモノト言ハサルヘカラス卽チ彼ノ信念ハ大乘的平和ニアリテ之カ爲全獨逸民族ノ生死ヲ賭ケテ戰ヒ居ルカ故ニ若シ小乘的ナル平和論ヲナスカ如キコトアラハ彼ハ何等之ヲ顧ミサルヘキハ勿論結局眞意ヲ誤解セシムルコトトナルヘシ

三、「ヒ」總統ハ精神ノ人タルト共ニ一面實際的ナリ從テ獨逸ニ對スル言辭トシテハ抽象的ニ陥ラス簡明率直ニ具體的事實ヲ言明スルコト必要ナリト信ス

243 昭和16年5月9日 在ケーニヒスベルク杉原（千畝）総領事代理より 松岡外務大臣宛（電報）

東部国境付近における独軍の動向など独ソ関係に関する参考情報報告

ケーニヒスベルク　5月9日後発
本　　省　5月10日夜着

第八號

往電第六號ニ關シ[1]

最近一週間ニ聞込ミタル獨蘇關係判斷御參考事項

一、伯林當地間ニハ依然トシテ連日軍用列車約十列車北行ス車輛ハ大部分佛國鐵道ノモノ

二、當地軍人間ニハ目下東「プロシヤ」ニハ「リヤブリン」方面ニ劣ラサル大兵力集中シ獨蘇關係ハ六月ニ何等決定スヘシトナス

三、多數ノ隊付將校ハ五月末迄ニ地圖判讀ノ程度ノ露語修得方命セラレ目下當地「バルト」獨逸人竝ニ白系露人ハ教師トシテ引張リ凧ナリ

四、「ピラウ」港ニハ三萬噸級一隻其ノ他約十隻ノ汽船既ニ一箇月ニ亘リ繫留中

五、[2]獨軍戰車ハ數日前ヨリ對「リスアニア」各街道ノ國境線ヘ出動スルコトトナリ之ニ對シ蘇側モ同樣出動對峙ス

六、在伯林及當地「リスアニア」避難民ノ軍歷、官吏經歷竝ニ「カウナス」及「ウイルノ」以東道路ノ知識ニ付調査行ハレ在伯林「ウクライナ」人指導者「デヤットチエンコ」大佐「リユボフ」方面ヘ密派サル

七、蘇側ハ對「プロシヤ」國境ノ無人地帶ヲ擴大シ四月十五日三乃至五「キロ」內住民ノ撤退ヲ完了前線ニ亘リ緻密ナル展望哨網ヲ張リツツアリ

八、[3]獨國境ニ通スル「リスアニア」鐵道乘務員ハ全部奥地ヨリノ新人ト交替セリ

九、四月初以來「スモレンスク」「オリヨウル」方面(ニ於テ)追加召集行ハレツツアリ

一〇、「エイトヒネン」經由蘇聯邦穀物輸送ハ三月二十三日以來杜絶中ナリシ處八日突然同驛ヘ極メテ多量ノ「ミンスク」發穀物到着セリ

獨、蘇ニ轉電セリ

244　昭和16年5月9日　在ウィーン山路総領事より松岡外務大臣宛(電報)

ドイツは六月中の対ソ開戦を準備中との情報報告

ウィーン　5月9日後発
本　　省　5月10日夜着

第三九號（館長符號扱）

往電第三二號ニ關シ

其ノ後主トシテ軍部方面ヨリ出テタル諸情報ヲ綜合スルニ獨逸中央當局ニ於テハ長期戰ノ場合歐洲全體ニトリ必要ナル食糧其ノ他ノ物資確保ノ點ヨリシテ將又緊急作戰上有利ナル通路ヲ得ル點等ヨリ（一語不明）「ウクライナ」及「コウカサス」ヲ掌握スルノ要アリト認メ收穫期以前ノ六月中（特ニ其ノ後半）ニ蘇聯邦トノ紛爭ヲ惹起シ大體六週間乃至八週間位ニテ目的ヲ達シ得ル計畫ノ下ニ萬全ノ準備ヲ進メ居リ従テ對英上陸作戰ハ差當リ之レヲ差控フルコトトセル趣ナリ

245 昭和16年5月10日　在独国大島大使より　松岡外務大臣宛（電報）

スターリンの人民委員会議議長就任に対するリッベントロップの見解について

別電　昭和十六年五月十四日発在独国大島大使より松岡外務大臣宛第五〇七号

右就任に対する大島大使見解

ベルリン　5月10日後発
本　省　5月10日後着

第五〇六號

貴電第三七八號ニ關シ（「スターリン」ノ議長就任ニ關スル件）

八日「リ」ヲ往訪シ其ノ意見ヲ求メタルニ彼ハ種々情報ヲ入手シ居ルモ眞相ハ明カナラス唯「スターリン」カ黨及政府ノ權力ヲ一手ニ收メ國家ヲ强化セントセルモノナルハ明カナリト述ヘタリ依テ本使ヨリ目下ノ國際情勢或ハ獨蘇關係等ヨリ蘇聯邦カ急ニ斯クノ如キ處置ヲ必要トシタリト認ムルヤト質シタルニ此ノ點ハ明確ニ判斷シ得サル次第ナリト答ヘタリ當方觀察往電第五〇七號ノ通リ

本電別電ト共ニ蘇ヘ轉電セリ

（別　電）

ベルリン　5月14日後発
本　省　5月15日前着

第五〇七號

「スターリン」ノ人民委員議長就任ハ現下非常時局ニ當リ

「ス」ノ政、軍、黨三方面ニ對スル把握ヲ一大强化シ且國家機構ノ正常化ニ依ル機能ノ發揮ヲ目的トスルモノナルコト一般ニ觀察セラルル通リナル處今日急ニ之カ實現ヲ見タルハ多分ニ國際情勢殊ニ獨蘇關係ニ關聯アルモノト認メラル蓋シ獨逸カ戰爭遂行ノ必要上蘇聯邦ニ對シ一大要求ヲナスカ如キ場合アリトセハ蘇聯邦トシテモ重大ナル決意ヲナス要アルニ至ルヘク又ハ獨逸ニ對シ相當ノ讓歩ヲ餘儀ナクセラルル場合モアリ得ヘク之ニ對シ良ク國内ヲ統御スルニハ「スターリン」ノ名實共ニ一元的ナル指導ノ確立ヲ必要トスヘシ何レニスルモ蘇聯邦カ政策ノ重要ナル轉換ヲ爲スノ要アル場合ニ備ヘントスルモノト認メラル

246 スターリンの人民委員会議議長就任に対するブルガリア公使の観察について

昭和16年5月10日　在スイス三谷(隆信)公使より松岡外務大臣宛(電報)

ベルン　5月10日後発
本　省　5月11日前着

第四三號

貴電合第一〇〇〇號ニ關シ(獨蘇關係ニ關スル件)

今回「スターリン」ノ人民委員議長就任ヲ以テ國際關係愈々微妙トナリタル結果「スターリン」ヲシテ此ノ擧ニ出テシメタルモノナリトノ觀測當地ニモ專ラ行ハルル處當地勃牙利公使(同國前總理、外相)ハ本使ニ對シ蘇聯邦ハ樞軸國ノ壓迫ニ對處スル必要ヨリ先ツ日本トハ中立條約ヲ結ヒ「スターリン」カ松岡外相ヲ驛頭ニ見送ルカ如キ前例ナキ「ゼスチユアー」ヲ爲シテ國民ニモ新方針ヲ印象付ケルニ努ムルト共ニ對獨關係ニ於テモ巴爾幹方面ニモ最早手ヲ下スノ餘地ナキ今日獨伊ト協力シテ既得ノ諸權益ヲ保全スルノミナラスアハ良クハ南露邊境方面ニ新利益獲得ヲ計ル外ナシト考ヘ而シテ戰後新秩序參加ニ當リ對樞軸國關係上蘇聯邦ニ取リ最大ノ障碍ハ世界共產化ヲ使命トスル「コミンテルン」ナルヲ以テ同共產黨ノ首領タル「スターリン」カ同時ニ政府ノ首班トナリ從來蘇聯邦ノ常套手段タリシ「コミンテルン」ト蘇聯邦政府トノ使ヒ分ケヲ拋棄シ共產黨ヲシテ國際性ヲ離脱セシメ名義上モ蘇聯邦政府ト一體ヲナス黨派ト爲シ結局獨伊ニ於ケルト同樣ノ制度ト爲シ以テ樞軸側ノ「イデオロギー」上ノ意義ヲ先ツ豫メ封セントスルモ

ノニシテ樞軸ト協力政策ヲ執ル前提ナリトノ観察ヲ語レリ
御參考迄
蘇、伊、獨へ轉電セリ

247 昭和16年5月14日 在伊国堀切大使より 松岡外務大臣宛(電報)

日本の内政状況およびイタリアの軍事作戦等に関するムッソリーニとの会談報告

ローマ　5月14日前発
本　省　5月14日夜着

第二七一號(館長符號扱)
大島大使ヨリ
十二日堀切大使同道「ム」首相ヲ往訪シ約一時間ニ亘リ會談(「チ」外相同席)セルカ其ノ要旨左ノ通リ
一、「ム」ハ極メテ熱心ニ我内政狀態特ニ英米親善ヲ欲スル勢力ニ付質問セリ
二、「ム」ハ獨伊協同ノ完全ニ行ハレ居リ何等其ノ間間隙ノナキコト及戰局ノ前途ニ多大ノ希望ヲ有スルコトヲ力説セリ
三、「ム」ハ英國ノ勢力ヲ根底ヨリ覆スコトノ必要ナルコトヲ唱ヘ伊太利今後ノ作戰トシテハ船舶輸送ノ困難又沙漠ニ於ケル給水軍需補給ノ困難又「リビヤ」ヲ除ク外阿弗利加人カ伊太利ニ背ケルコト等種々ノ困難アルモ是非「スエズ」ヲ抑ヘル必要アリ之カ爲埃及ノ攻略ヲ企圖シアルコト又「クレタ」「サイプラス」等ヲ占領シ陸海空軍ヲ小亞細亞ニ派遣スルコトカ伊太利ノ目標ナルコト
四、米國ニ於テハ歐洲戰爭參加ニ關シ今日尚贊否兩論アルモ參戰論次第ニ勢力ヲ得ツツアリト認ムル旨等ヲ述ヘタリ
獨へ轉電セリ

248 昭和16年5月16日 在ソ連邦建川大使より 松岡外務大臣宛(電報)

ソ連の対独態度が急変しないかぎり独ソ全面戦争の可能性は低いとの観測について

モスクワ　5月16日後発
本　省　5月17日前着

第五九六號
獨[1]逸カ近ク蘇聯ヲ攻撃スルナラントハ單ナル浮説流言タル

ニ止ラス獨逸當局者就中軍部ニ於テ强ク唱道宣傳セラレアル爲事態甚タ急迫ノ感ヲ與ヘ居ル一方蘇聯ハ西境防備增强ノ總ユル手段ヲ講シ居ルカ如キモ表面案外平靜ニシテ特ニ差迫レル兆候トテモ見エス何レカ眞ナリヤ惑ハシムルモノアル處一昨日ノ「モロトフ」トノ會談ニ關聯シ玆ニ本使ノ所見ヲ開陳ス

一、獨逸ハ百四、五十師團蘇聯ハ百十師團内外ノ大軍ヲ國境ニ對峙セシメ居ルハ嚴タル事實ナリ獨逸ハ必要ニ際シ更ニ其ノ精鋭ナル遊動軍ヲ增加シ得ヘキカ故ニ蘇軍ニ比シ優勢ナリ且蘇軍ハ傳統的ニ獨軍ヲ恐怖シアルカ故ニ防勢持久的ニハ相當ノ力ヲ發揮シ得ヘキモ勝身ナシト考ヘ居ルコトハ容易ニ想像シ得

二、從テ蘇聯ハ相當ノ犧牲ヲ拂フトモ獨逸トノ衝突ハ避ケタキ方針ト推察シ得ヘク同時ニ此ノ軍事勢力不均衡ヲ癒?スル爲全力ヲ擧ケテ兵器裝備ノ改善增强幹部ノ大量養成等ニ努メ不足戰用資源ノ獲得ニ狂奔シアリ之蘇聯ノ對「バルカン」政策カ意外ニ消極ナルコト及鐵道輸送相當難況ニアルニ拘ラス獨逸ノ爲大量資源ヲ提供シ又ハ「トランヂツト」シ居ル所以ト見ルヘシ

三、[2]獨ノ軍勢ハ蘇軍ヲ擊破スルニ充分ナルヘシ然レトモ屢々傳ヘラルルカ如ク二箇月位ニテ作戰ヲ終結シ得ヘシト云フハ信シ難シ二箇月ニテ第一線ヲ擊破シ「ウクライナ」ノ占領位ハ實現シ得ヘキモ之ヲ以テ蘇聯ノ全軍ニ殲滅的打擊ヲ加ヘ屈服セシメ得ヘキニアラス兵用地理的見地ヨリスル多大ノ困難アルノミナラス蘇軍ハ決戰ヲ避ケ御手ノモノノ退避戰ヲ實行スヘク然ル際ハ獨逸ハ夥シキ戰用資材ヲ消耗シ而モ占領地域ハ大混亂ニ陷リ生產激減スヘク之ヲ現在ノ平和的交涉ニ依ル資源獲得ニ比シ果シテ優ルモノアリヤ

四、獨ハ既ニ巴爾幹作戰ヲ終結セシカ續イテ近東工作ヲ進メントスルニ當リ蘇聯ノ妨害ヲ封スル必要アリ更ニ全面戰ニ於テ持久ニ陷リ英米相手ニ戰ハサルヲ得サルニ至レル場合蘇聯ノ戰用資源食料資源及東洋ノ熱帶戰用資源ニ依存スル外ナカルヘク其ノ成否ハ死活ノ問題タリ故ニ將來必要迫ルニ際シテハ蘇聯ニ對シ石油穀類ノミナラス鐵鑛其ノ他ノ重工業資材ノ提供ヲ要求スルニ至ルヘク其ノ際蘇聯之ニ應セサルニ於テハ已ムナキ手段トシテ武力ニ訴フヘキモ先ツ示威手段ニ依リ目的ノ達成ヲ計ルヘク之獨

逸カ蘇聯國境ニ大軍ヲ展開シ居ル所以テアリ又蘇聯ノ態度次第何時ニテモ攻撃前進スヘシト聲ヲ大ニシ宣傳シ居ル所以ト見ルヘシ

五、以上ヲ綜合スルニ蘇聯カ現在ノ對獨態度ヲ急變セサル限リ獨蘇兩軍ノ衝突ハ生起セサルヘク一方「スターリン」ハ協調政策ヲ執ルヘク又執ルノ已ムナキ現況ナルカ故ニ最近時ニ於ケル獨蘇ノ全面的抗争ハ實現ノ可能性少キモノト判斷ス

六、世界戰的現狀ニ於テ獨蘇戰フ時ハ蘇聯ヲ英米陣ニ追込ムコトトナリ大局上我國ニ執リ不利益ナルカ故ニ成ルヘク之ヲ防止スル手段ヲ講スル要アルヘシ

獨、伊、英、佛、土へ轉電セリ

米、滿へ轉電アリタシ

249 昭和16年5月17日 在独国大島大使より松岡外務大臣宛（電報）

ドイツの対ソ要求をめぐり独ソ関係は重大な岐路にあるとの情報について

ベルリン　5月17日後発
本　省　5月18日後着

第五五六號

近來ノ獨蘇關係カ特ニ注意ヲ要スル事情ニ付テハ累次電報シアル處消息ニ通スル某公使館員ハ最近左ノ通リ加瀨へ内話セル趣ナリ

去ル四月中旬「シユーレンブルグ」大使一時歸朝ノ際「スターリン」ノ「ヒ」總統宛傳言ヲ齎セルカ其ノ要點ハ㈠蘇側ハ對獨物資ノ供給量ヲ更ニ三割増加スル用意アルコト㈡兩國ハ國境方面ヨリ互ニ軍隊ヲ後退シ空氣ノ緩和ヲ計ランコトヲ申出タルニアリ之ニ對シ總統ハ蘇聯邦カ全面的ニ獨逸ト協力スルヤ否ヤ態度決定ヲ求メ殊ニ蘇聯邦内一定地域ニ於ケル農業及鑛山業ノ獨逸側經營指導ト之ニ伴フ對獨供給ノ大增加等ヲ求メ四月末一時歸朝セル「デカノーゾフ」大使之ヲ「スターリン」ニ傳達シタルモノト認メラル右獨逸ノ對蘇聯邦要求ハ獨逸ノ指導下ニ歸スヘキ場合歐洲經濟圈ニ於ケル食糧燃料問題ノ重大性ニ顧ミルモ甚タ根本的ナルモノニシテ之ニ對スル蘇聯邦ノ出方如何ニ依リテハ獨逸ハ實力ヲ以テ右要求貫徹ヲモ計ルニアラスヤト思ハル獨逸

ハ現ニ舊波蘭領方面ノミニテモ約一五〇師團ノ兵力ヲ配置シ全面的ニ眞劍ナル準備ヲ進メツツアリ例ヘハ洪牙利ノ如キ周知ノ通リ「カルパトウクライナ」ニ於テ蘇聯邦ト國境ヲ接シ獨蘇關係ノ如何ハ直チニ國家ノ存亡ニ關スル國柄ナルカ先般獨逸側ヨリ洪牙利ニ對シ「ユーゴースラビヤ」作戰ニ際シ動員セル兵力ハ復員セス暫ク其ノ儘維持スヘキ旨要望セラレ居リ甚タ意味深長ナリ五月五日ノ「スターリン」「モロトフ」ノ更迭ハ勿論此ノ獨蘇關係ニ關聯スルモノニシテ「ス」ハ此ノ際最大限度ノ讓歩ヲ爲スヘク國内ノ説得ニ努力シツツアルモノノ如ク既ニ彼ハ内部ノ反對ヲ押切リ「ウクライナ」農業「コーカサス」石油業ノ獨逸側經營指導ニ對シ一部ノ同意ヲ表シタリトモ傳ヘラレ「クルチコフ」蘇聯邦外國貿易委員代理カ十一日發歸國セルコトモ本問題ニ關係アリトノ話サヘアリタリ獨蘇關係カ重大ナ岐路ニ立チ居ルコトハ事實ナリ云々

蘇ヘ轉電セリ

250　昭和16年5月22日　在独国大島大使より松岡外務大臣宛（電報）

独ソ開戦の可能性を考慮しわが方対処方針策定の上回示方請訓

ベルリン　5月22日前発
本　　省　5月22日夜着

第五八一號（館長符號扱）

獨蘇關係ニ付テハ累次報告セル所ニシテ現在猶ホ惡化説、蘇聯ノ大讓歩説相交錯シテ傳ヘラレアルモ獨逸軍ハ着々「ベッサラビア」ヨリ「バルチック」海ニ亘ル全線ニ於テ戰闘準備ヲ整ヘ居リ之カ示威運動ニアラサルコトハ疑ノ餘地ナシ「ヒ」總統從來ノ遣口ヲ觀察スルニ彼ハ獨逸ノ要求容レラレサル場合ニハ眞ニ干戈ニ訴フル準備ト決意トヲ以テ事ニ當リアリテ要求貫徹ノ爲兵力ヲ以テ相手ヲ脅スモ之ヲ容レラレサル場合ニ於テモ武力ヲ行使スル意思ナキ示威運動トハ大イニ趣ヲ異ニシアリ墺太利併合、致國事件解決ノ際ニ於ケル獨逸ノ戰爭準備ハ此ノ例ナリ又對波蘭戰ノ前ニモ愈々開戰ニ至ル迄獨逸ノ態度ヲ威壓ナリトスル觀察鮮ラサリシモ此ノ觀察ハ當ラサリキ素ヨリ現在ノ獨蘇關係カ必然開戰ニ至ルモノトハ豫斷シ得ス蘇聯ノ大讓歩ニ依リ平和裡ニ局ヲ結フ場合モアルヘシト雖帝國トシテハ準備ノ周到ヲ期スル爲寧ロ開戰ニ到ル場合ヲ考慮シ之ニ處スル我カ態度ヲ定ムルコト緊要ニシテ斯カル場合ニ應スル我カ大體ノ方針豫メ承知シ置キタシ

本電報陸海軍大臣、參謀總長、軍令部總長ニ示サレタシ

251 昭和16年5月28日 松岡外務大臣より 在独国大島大使宛（電報）

対ソ武力衝突の回避を希望する松岡外相のメッセージをリッベントロップへ伝達方訓令

本省 5月28日後6時発

第四五八號（館長符號扱）†

貴大使ハ本大臣ノ個人的「メツセージ」トシテ左ノ通リ至急「リ」外相ニ傳ヘラレ度

現下ノ我國ヲ廻ル國際形勢及我國内情勢ニ鑑ミ本大臣トシテハ獨逸政府カ此ノ際能フ限リ「ソ」聯トノ武力的衝突ヲ避ケラルル樣希望ス

右ハ寧ロ友人トシテ率直ニ申上クル次第ナレハ之ニ關シ御意見アラハ折返シ淡白ニ御垂示ヲ願度

252 昭和16年5月31日 松岡外務大臣より 在米国野村大使宛（電報）

日米妥協論の打消しに関する松岡外相談話

本省 5月31日後6時25分発

第二六一號

最近米國新聞中ニハ日本カ三國同盟ニ冷淡トナリツツアルヤノ臆測記事ヲ散見スル由ナルカ三國條約ハ我國策ノ基調ナル點ニ何等疑ナキ所ナリ自分トシテハ米國政府ノ責任當局者ニ於テ斯ル誤解アリトハ思ハサルカ若シアリトセハ右ハ大ナル誤解ニシテ又若シ言論界ニ斯ル誤傳カ流布セラレ居ルトセハ右ハ何等カ爲ニセントスル者ヨリ出テタル情報ニ基クモノトヨリ考ヘラレス此際此點ヲ明白ニ爲シ置クコトハ必スシモ無益ナラスト思考ス兎角此ノ機會ニ於テ左ノ諸點ヲ明カニ爲シ置カン

一、我國ノ國是ト我國ノ外交方針ハ夙ニ確立セラレ居ルモノニシテ其後今日ニ至ル迄何等ノ變更ヲ見居ラス

二、今更言フ迄モナク我國ノ外交ハ客年九月二十七日日獨伊同盟條約締結以來右ヲ樞軸トシテ運用セラレツツアルハ近衛首相及自分ノ屢次ノ言明ニ依ルモ將又其後ノ現實ナ

ル我國ノ動キニ顧ミルモ明白ニシテ此ノ點ニ於テ今日迄寸毫ノ變化ヲ來タシ居ラス
三、從テ同條約ノ下ニ於ケル帝國ノ義務ハ些少ナリトモ我國ニ於テ之ヲ避クルカ如キコトハ絶對ニアリ得ス
四、所謂南進政策ナルモノニ就テモ同様ニシテ最初ヨリ屢々聲明シ居ル如ク我國ノ政策ハ固ヨリ平和的ナリ唯將來國際情勢ノ推移ニシテ萬一帝國ノ右平和的政策ノ遂行ヲ不可能ナラシムルカ如キ場合ニ於テハ其時ニ至リ更ニ考慮ヲ加フルコトハ有リ得ヘシ

253　ヒトラーおよびリッベントロップと会談実施について

昭和16年6月4日　在独国大島大使より松岡外務大臣宛（電報）

ベルリン　6月4日後発
本　省　6月5日後着

第六三五號（館長符號扱、至急）

「リ」外相ノ求メニ依リ三日「ザルツブルグ」ニ飛行シ午後四時ヨリ五時半迄「フシプ」ニ於テ「リ」ト會見シ午後七時ヨリ八時迄「リ」ト共ニ「ヒ」總統ト會談シ更ニ四日午前十一時ヨリ一時間餘ニ亘リ「リ」ト會見セリ委細別電ス

254　独ソ戦は不可避である旨ヒトラーおよびリッベントロップ言明について

昭和16年6月4日　在独国大島大使より松岡外務大臣宛（電報）

ベルリン　6月4日後発
本　省　6月5日前着

第六三六號[†]

往電第六三五號ニ關シ（「ヒ」總統及「リ」外相トノ會談ノ件）

一、兩人トモ獨「ソ」戰爭カ恐ラク避ケ得サルヘキコトヲ告ケタリ

二、委細追電スヘキモ事重大ナル機密ニ屬スルヲ以テ本電差當リ貴大臣限リノ御含トセラレタシ

255　昭和16年6月5日　在独国大島大使より松岡外務大臣宛（電報）

独ソ開戦の可能性に関するリッベントロップとの会談要旨

ベルリン　6月5日前発
本　省　6月5日後着

第六三八號†

「リ」[1]外相ノ語レル處ノ要旨左ノ如シ

一、最近ニ至リ獨「ソ」關係ハ特ニ惡化シ戰爭トナル可能性甚タ增大セリ尤モ必ス戰爭ニナルヘシトハ言ヘヌ只前ニモ申上ケタル通リ一度戰端開始セラルレハ二三ヶ月ニテ作戰ヲ終結シ得ヘキ確信ヲ有ス之ニ關シテハ自分（「リ」）ガ「ポーランド」戰開始以來貴大使ニ申上タルコトハ盡クソノ通ニナリシ事實ニ鑑ミ自分ノ言ニ信ヲ置カレタシト述ヘタリ依テ本使ヨリ戰爭カ起ルトスレハ時機ハ何時頃トナルカト問ヘルニ對シ「リ」ハ何時戰爭カ開始セラルルカハ未定ナルモ若シ日本トシテ右ニ對シ準備ヲ爲サルル要アリトセハ一日モ速ニ之ヲ完成セラルルコトヲ御勸メシタシト答ヘタリ

二、獨「ソ」間ニ交渉カ行ハレアルトノ噂高キモ右ハ全ク事實ニ反ス獨逸ハ何等ノ交渉ヲモ行ヒ居ラス而シテ獨逸ノ東方ニ於ケル軍ノ配置ハ完了シアリ「ソ」聯モ亦獨「ソ」國境地方ニ兵ヲ集中シ兩軍對峙シアリ

三、次テ本使ヨリ獨逸カ對英攻撃ヲ第一義トナシアルニ此ノ際「ソ」聯ヲモ敵トスルハ考慮ヲ要スル問題ナリト存スルカ已ムヲ得サル事情アリヤト問ヒタルニ「リ」ハ「ソ」聯ノ獨逸ニ對スル態度ハ近來益非友誼的トナリ最近「ドナウ」河口ニ於テ國境紛爭アリ内心獨逸ノ失敗ヲ待チアルコト明ナリ獨逸トシテハ對英攻撃ニ充分ノ自信ヲ有スルモ萬一ノ場合ヲモ考慮スル要アリ今「ソ」聯ヲ叩キ置ケハ既ニ「ヨーロッパ」大陸ニ於テ制覇セル獨逸ハ愈以テ英米カ何トモ手ヲ付ケ得サル地位ヲ確保スヘシ即チ「ソ」聯ヲタタクコトハ對英攻撃ノ爲ニモ絶對必要ナリ

四、本使ヨリ「ソ」聯野戰軍カ擊滅セラレタル場合「スターリン」政權カ如何ニナルヤヲ質問セルニ「リ」ハ正直ノ所何トモ申上ケ得サルモ「ソ」聯カ最早政治的ニ大ナル役割ヲ演シ得サル狀態トナルヘキコトハ確ニシテ特ニ獨

逸トシテハ「ソ」聯ヲ分裂セシムル方針ニテ進ムヘシ「ソ」聯カカカル状態トナルコトハ極東ニ於ケル日本ノ地位ヲ强化スルモノナルコトヲ信シテ疑ハス

五、(2)本使ヨリ獨「ソ」戰爭ノ噂ト共ニ一面英獨妥協ノ噂ヲモ傳ヘラルルカ對英攻擊ニ關スル獨ノ企圖如何ト問ヘルニ對シ「リ」ハ獨ノ最終戰爭目標ハ依然トシテ英國ナリ今日ノ如ク獨ノ國力戰力充實シ居ル際英國ト曖昧ナル講和ヲ行フヘキ何等ノ必要ナシ對英攻擊ハ七月ヨリ大ニ激化シ從來英國カ隨時「コンボイ」ノ「コース」ヲ變更スルコトニヨリ獨ノ潛水艦攻擊ヲ逃レ居リタルカ之ハ大ニ困難トナルヘク空中攻擊モ益々强化スヘクソノ結果ニ俟チ英本土ヘ上陸スルコトモ無論企圖シアリ而シテ英國內ノ情勢ハ日ニ惡化シアリ「ワイナント」ノ歸米モ右實狀ヲ報告シ對英援助强化ヲ「ルーズベルト」ニ求ムル爲ナリトノ情報モアリ上陸作戰實施前或ハ英カ降伏ヲ求ムルコトモアリ得ヘシト考ヘアルカ然ラサル限リ秋迄ニハ敵前上陸ヲ行フコトトナルヘシト答ヘタリ

六、獨「ソ」戰爭ノ場合ノ米國ノ態度ニ付テハ米國ハ既ニ對英援助ニテ手一杯ノ今日「ソ」聯ニ對シ到底有效ナル援助ハナシ得サルモノト判斷シアリ又獨逸カ「ソ」聯ニ對シ壓倒的勝利ヲ得タル後ニハ英國ノ爲米ノ參戰スルコトヲモ諦メシムル效果アリト認メ居レリ

七、獨「ソ」戰爭ハ世界ノ情勢ニ甚大ナル變化ヲ齎スヘク實ニ大東亞新秩序建設ノ爲絕好ナル時機ト考ヘラル此ノ場合日本ノ採ラルヘキ態度ハ日本ノ御考ヘニ任スコト勿論ナルモ獨トシテハ若シ日本ニシテ準備ノ關係等ニテ南方進出困難ナリトセハ對「ソ」戰ニ協力セラルルコトヲ歡迎ス

八、東地中海作戰、アフリカ作戰、近東作戰ハ此際第二義的意義ヲ有スルニ過キスシテ規模ノ稍大ナル淸掃行爲ト認メ居レリ獨ノ主タル狙ヒハ飽迄英本土攻略ニシテ右ト關聯シ「ソ」聯問題カ其中心トナリ所謂力ノ分散ニ陷ラサルコトニ付テハ獨トシテモ十分注意シ居レリ

九、獨「ソ」戰爭開戰ニ付テハ種々ノ噂傳ハリアルモ之ニ關シテハ獨逸ニ於テモ「ヒ」總統又ニ、三ノ者以外知ラシアル者ナク獨逸トシテハ最モ重大ナル機密ニ屬スル事項ニシテ之ヲ豫メ御傳ヘスル所以ハ日本ニ至大ノ關係アルカ爲ナルヲ以テ此點特ニ御諒察ノ上機密ノ保持ニ付テハ

申ス迄モナキコトナカラ萬全ノ注意ヲ拂ハレタキコトヲ
「リ」ハ三日四日兩日ノ會談ニ於テ繰リ返シ居リタルヲ
以テ本使一身ノ責任ヲ以テ絶對ニ此事ナカラシムルコト
ヲ確言シ置キタリ尙「リ」ハ本件ハ重大ナル機密事項ナ
ル故「オット」ニモ電報セサル旨ヲ申シ居レリ
斯ル重大ナル獨逸首腦部ノ企圖カ日本側ニ漏洩スルカ如
キコトアリテハ不信ノ極ナルヲ以テ機密保持ニ付テ萬全
ヲ期セラレタシ
本電通リ陸海軍大臣、參謀總長、軍令部總長ノミヘオ傳ヘ
乞フ
陸海軍武官ニハ本電ヲ閲覧セシメ此内容ヲ再電セサルコト
トナシ置キタリ

256

昭和16年6月5日　在独国大島大使より松岡外務大臣宛（電報）

独ソ開戦の可能性に関するヒトラーとの会談要旨

ベルリン　6月5日前発
本　省　6月5日後着

第六三九號†

「ヒ」總統ト會談事項ノ要旨左ノ如シ
一、「ヒ」總統ハ先ツ今次ノ戰爭ニ於ケル必勝ノ確信ヲ述ヘ
獨逸國防軍ハ開戰以來ノ經驗教訓ニ依ル編成、裝備、戰
法、兵器等ニ逐次改良ヲ加ヘ殊ニ西方作戰終結以來十二
ケ月ニ亘レル準備ハ全ク完備セルコトヲ强調シ特ニ各級
指揮官ノ指揮能力竝兵ノ勇敢ナルコトニ多大ノ信頼ヲ寄
セアルコトヲ述ヘタル後獨逸軍ノ今日ニ至ル迄ノ損害カ
極メテ僅少ニシテ戰死者ノ數ハ平時ニ於ケル獨逸國内死
亡數ノ概ネ一割ニ過キス自分ハ勿論陣歿者及遺家族ニ深
甚ノ同情ヲ有スルモノナルモ獨逸カ將ニ完遂セントスル
大事業ノ前ニハ此ノ位ノ犧牲ハ不可避ノモノトイフヘク
今日此ノ犧牲ヲ拂ハサレハ五年十年ノ後我カ獨逸ハ之ニ
何十倍スル多大ノ犧牲ヲ拂ハサルヘカラサルヘキコトヲ
確ク信シアリト述ヘタリ
二、「クレタ」島ハ全ク空中ヨリノミ行ヒタル新シキ作戰ナ
ルカ之ニヨリ軍艦十八隻ヲ擊沈シ一萬二千ヲ捕虜トシ
「アレキサンドリア」ヲ連續爆擊シ得ルニ至レリト述ヘ
獨逸ハ必ス英國ヲ全滅ニ導クベキ固キ決意ヲ有スル旨ヲ
力說シ英ノ遣リ口ヲ見ルニ眞ニ狡猾ニシテ常ニ一方ト組

ミ他ヲ打ツ手ヲ用フ一九三五年「エチオピア」戰爭ニ當リ英國政府ハ自分ニ對シ英國ト組ンテ伊太利ヲ壓服スヘキコトヲ慫慂シ來リタルコトアリシカ自分ハ英國カ伊太利ヲ倒シタル後必ス獨逸ヲ倒シ來ルコトヲ察知シタルヲ以テ之ヲ拒否シ伊太利ト結ヒタリ自分ハ日獨伊三國カ今後モ愈固ク結フコトカ眞ニ三國ノ利益ナルコトヲ確信シアリ昨日「ムソリーニ」首相モ同一意見ヲ述ヘタリ

三、過日ノ「ルーズベルト」ノ演說ハ例ニ依リ毒舌ヲ振ヒアルモ何等新シキコトヲ述ヘ得サリシハ全ク極東ニ於ケル日本カ儼存シアル御蔭ナリト信シ日本ノ態度ニ感謝シアルコトヲ述ヘタリ

四、次テ獨「ソ」ノ關係ニ及ヒ今日之ヲ貴大使ニ申上クルハ本件カ日本ニトリテ關係極メテ大ナルヘキヲ以テ日本ニ對シ寢耳ニ水ノ感ヲ抱カシメサル爲ナリ獨「ソ」ノ關係ハ益々惡化シ獨「ソ」戰爭ハ恐ラク不可避ト考ヘアリ「ソ」聯ノ獨逸ニ對スル態度ハ外面友誼的ナルモ實際ハ常ニ全然反對ナリ特ニ「ユーゴー」カ三國同盟ニ加ハリシ際「クーデター」直前ニ不可侵條約ヲ締結シ又「ソ」聯參謀將校カ「ユ」國作戰ヲ直接援助シタルコト等ハ明カニ獨ニ對スル敵對行爲トシテ自分ハ斯ル「ソ」聯ノ態度ハ全然承服シ得ス自分ハ「ソ」聯ニ對シ讓歩スルコトハ常ニ絕對禁物ト信ス自分ハ相手ニ敵意アルヲ認ムレハ常ニ相手ヨリ先ニ刀ヲ拔ク男ナリト述ヘ最近「ドナウ」河口ニ於テ「ソ」羅兩軍間ニ紛爭アリタルカ獨逸軍カ近クニアリシヲ以テ直チニ之ヲ鎭壓シタルカ今後斯ル振舞ヲ獨逸軍ニ對シ爲スコトアラハ斷シテ容赦セサルヘシト述ヘタリ

五、「ヒ」ハ「ソ」軍ノ欠陷ヲ指摘シタル後對「ソ」攻擊ニハ「ルーマニア」芬蘭モ參加スヘク極メテ短期間ニ本作戰ヲ終結シ得ル確信アルコトヲ地圖ニ付テ大体ノ說明ヲ爲セリ

六、「ヒ」ハ又共產「ソ」聯ヲ除クコトハ自分ノ年來ノ信念ニシテ今日迄常ニ之ヲ忘レタルコトナク之ヲ實行スルコトハ全世界人類ニ對スル大ナル貢獻ト考ヘ居レリト述ヘタリ

七、獨「ソ」戰爭ニ際シ日本カ如何ナル態度ヲトラルルヤハ全ク日本ノ御自由ナリ從テ若シ日本カ獨逸ト事ヲ共ニセラルル場合ニ於テモ獨逸ノ對「ソ」宣戰布告ヨリ遲レテ

參戰セラルルモ御隨意ナリト述ヘタリ其ノ態度語調ヨリ見テ日本ニ條約上ノ義務ナキコトヲ要求スヘカラストスル考慮ヨリ出テタルモノノ如ク浦鹽ノ狀況「ソ」聯潜水艦ノ狀態「シベリア」事變ノ際日本ノ進入シタル地域等ヲ質問セルコトナドヨリ判斷シ日本ノ協調ハ素ヨリ之ヲ希望シアリト見受ケタリ

八、六月三日及四日ニ於ケル「ヒ」及「リ」トノ會談ノ結果得タル本使ノ印象左ノ如シ

(1)「ヒ」「リ」共ニ對「ソ」攻撃カ決定的ノモノトハ云ハス若干ノ余地ヲ存シテ語リタルモ「ム」首相トノ會見翌日急遽本使ノ來訪ヲ求メタル點竝ニ一國ノ元首タル「ヒ」カ明白ニ本電內容ノ如キコトヲ述ヘタル點等ヨリ見テ獨「ソ」開戰ハ今ヤ必至ナリト見ルカ至當ナルヘシ

(2)開戰ノ時機ニ付テハ「ヒ」及「リ」共ニ之ヲ明言セサリシモ本使ニ本電ノ如キ內容ヲ語リタル以上「ヒ」カ既ニ決心シアルコトハ疑フノ余地ナク「ヒ」從來ノ遣リ口ニ徵シ一度決心スル時ハ速ニ之カ實行ニ着手スルヲ以テ短時日ノ中ニ之ヲ決行スルモノト判斷セラル

(3)獨「ソ」間ノ交涉ヲ一切行ハサル所ヨリ見ルモ獨逸カ歐洲ニ於ケル不動ノ地位ヲ益々强化シ對英攻撃ノ實施ヲ容易ナラシムルト共ニ「ヒ」年來ノ信念タル共産運動「ソ」聯ノ打倒ヲ實施スルカ眞ノ目的ニシテ「ソ」聯ニ對シ或要求ヲ突キ付ケ「ソ」聯カ之ヲ承諾スレハ戰爭ニ訴ヘサルカ如キ生易シキ態度ニ非スト認ム

(4)獨逸カ開戰ノ名目ヲ如何ニスヘキヤハ明カナラスト雖モ目下一觸卽發ノ狀勢ニ在ル兩軍對峙ノ關係ニ於テ一局部ノ衝突ヲ捉ヘテ之ヲ全面戰ニ誘致セントスル考ヘノ如ク思ハル

九、本電ノ取扱竝機密保持ニ付テハ第六三八號電ト同樣ニ願度

257

昭和16年6月5日　在ルーマニア筒井(潔)公使より松岡外務大臣宛(電報)

ルーマニア政府は独ソ開戦に備え政府移転を準備中との情報報告

ブカレスト　6月5日後発
本　省　6月6日前着

第九五號（館長符號扱）

羅國ハ獨蘇開戰ノ場合ニ備ヘ諸般ノ準備ヲ急キ居ル處愈々開戰トナラハ「ブカレスト」ヲ開放都市トシテ大本營ノミナラス政府モ市外ニ移轉ノ豫定ニテ準備中トノ極祕ノ確報ヲ得タリ右時局ノ新現象ヲ示ス一例トシテ報告ス

尚政府移轉ト謂フモ遠方ニハアラスシテ市内トノ聯絡可能ナルヘキニ付往電第八四號(一)末段ノ三名以外本使等ハ總テ市内ニ殘リ若シ爆撃激シキ場合ハ一時郊外ニ避難ノ程度トスル豫定ニ付□□□（三字不明）

獨、蘇ヘ轉電セリ

258　昭和16年6月7日　在伊国堀切大使より松岡外務大臣宛（電報）

独ソ開戦の可能性に対する否定的な見通しなどにつきチアノ伊国外相と会談について

ローマ　6月7日前発
本　省　6月7日後着

第三五六號（館長符號扱）

六[(1)]日本使「チアノ」外相ヲ往訪

一、本使ヨリ「クレタ」戰勝ニ對シ祝意ヲ表シタル後本島攻擊ヲ大規模ニ實行スレハ英本國ノ攻略モ左シテ困難ナラサルヘシ少クトモ理論上獨伊ハ劣勢ナル海軍ヲ以テシテモ英本國ノ上陸作戰ヲ決行シテ勝利ヲ增シ得ヘシトノ論據ニ有力ナル證左ヲ與ヘタルモノト考フルカ高見如何ト問ヘルニ「チ」ハ成程理論上ハ其ノ通リナルヤモ知レサルモ實行ニ當リテハ右樣ニ簡單ニ參ラサルコトト信ス英本國ノ周圍ニ在ル海軍其ノ防禦設備空軍ノ相當ナル實力等ヨリ判斷セハ其ノ攻略ハ容易ナラスト述ヘ

二、次テ本使ハ「クレタ」ノ戰勝ハ近東ノ諸國民ニ深キ感銘ヲ與ヘタルモノト思ハルルニ依リ此ノ機ヲ逸セス敵ヲ追擊シテ「アレキサンドリヤ」「スエズ」等ニ向ツテ進擊スルハ絕好ノ機會ト信スルカ如何ト問ヘルニ「チ」ハ貴說ノ通リナリ依テ我等ハ今現ニ着々其ノ準備ニ移リツツアルモ何分初夏ニ入リタル際ナレハ今後南方熱帶ノ進擊ハ意ノ如ク進捗セサルヘシト答フ

三、[(2)]更ニ「シリヤ」「イラク」方面ヨリ英勢力ヲ驅逐シ其ノ石油資源ヲ獨伊ノ手ニ收ムルコト最モ可能ナルカ「バグダツド」ハ英軍ノ爲占領セラレタリト傳ヘラル獨伊ハ此

ノ方面ハ暫ク放任スル意ナリヤトノ本使ノ質問ニ對シ同方面ノ戰況ニ付テハ戰報ヲ手ニシ居ラサレハ唯今御答ヘスルヲ得スト答ヘ

四、又本使ヨリ獨蘇關係頗ル切迫セルヲ傳フル者アルカ最近何等カノ異常アリヤト問ヘルニ「チ」ハ兩國關係一時ノ如ク緊密ナラサルハ事實ナルカ蘇聯邦ハ其ノ實力ノ遙ニ獨英ニ及ハサルコトヲ熟知シ居ルヲ以テ戰爭ヲ避ケ出來得ル限リ協調的態度ニ出テ居ル次第ナレハ戰爭ニ至ルカ如キコトハ當分ナシト答ヘ

五、尚最近ノ「ルーズベルト」ノ演說ニ付テハ「ム」ハ彼ハ餘程注意シテ話シタル樣思ハルルカ要スルニ右演說カ今後如何ニ具體化シ來ルカハ全ク今後ノ事實ノ上ニ徵スルノ外ナシト考フル旨述ヘ

六、尚又最近ノ「ブレンネル」會見ニ付テハ「チ」ハ政治軍事ノ大局ニ關シ話合ヘル次第ニテ特ニ御知ラセスヘキ點アリト考ヘスト答ヘタル後「クロアチア」ノ三國條約加入問題ニ言及シ右議定書調印ハ來ル十五日「ヴエニス」ニ於テ行ハルル筈ナル旨述ヘタリ

獨、露ニ轉電セリ

259　昭和16年6月7日　在ソ連邦建川大使より松岡外務大臣宛（電報）

独ソ関係に関する在ソ連邦独国大使の見解について

モスクワ　6月7日後発
本　省　6月8日前着

第六六七號（館長符號扱）

本七日獨大使本使來訪「モロトフ」東京往訪ノ風說アルカ左樣ノ事實アリヤト尋ネタルニ付松岡大臣當地辭去ニ際シ「モ」ニ對シ若シ貴下カ東京來訪セラルレハ大イニ歡迎セント述ヘラレタリト記憶スルカ素ヨリ儀禮的ノ話ニ過キス先日東京ノ一新聞カ如何ニモ事實ラシク此ノ種記事ヲ掲ケタル爲風說傳ハリ居ルモノト思考スト答ヘ置ケリ次テ獨蘇問題ニ關シ色々「アラーミング」ノ情報ヲ敢テ問ヒ質セル處彼ノ答ノ要點左ノ通リ

一、自分ハ其ノコトニ關シ何等政府ヨリ聞ク所ナシ

二、獨逸ヨリ來ル多數獨逸人中ニモ其ノ言フ所槪ネ半々ニテ一半ハ戰爭必至ヲ主張シ開戰ノ日取リ迄眞シヤカニ豫言シ一半ハ左樣ノコトナカルヘシト述フ

三、蘇聯當局ハ其ノ間ノ消息ヲ我等ヨリモ却テ良ク關知シ居ルヘキ筈ナルカ彼攻撃豫想ノ何等ノ兆候ナキニアラスヤ
四、蘇聯ハ獨逸ノ要求ニ對シ概ネ聽從シ其ノ實行モ順調ナルカ故ニ獨逸カ之ヲ攻撃スル理由ハナキヤニ考フ
獨、伊ヘ轉電セリ

260 昭和16年6月14日　在伊国堀切大使より松岡外務大臣宛（電報）

独ソ開戦の場合わが方は当面中立的態度を維持すべき旨意見具申

ローマ　6月14日後発
本省　6月15日夜着

第三七七號（館長符號扱）

一、[1]米ノ對樞軸戰參加ノ大勢具體化ト共ニ歐洲戰爭長期化ノ傾向ハ益々顯著トナリツツアリ獨カ其ノ優勢ナル軍備ヲ以テシテモ重大ナル犠牲ヲ拂フコトナク一擧ニ英本土ヲ葬ムルコト困難ナルヘキ現狀ニ於テ長期戰ニ備ヘ食糧、資源問題ノ解決ニ苦慮シツツアルハ當然ナルカ右問題ノ解決ハ蘇聯ヲ置キテ考慮シ得サルハ當然ナリ

二、獨ノ對蘇戰備完了シ之カ決行如何ハ一ニ「ヒットラー」ノ決意ニ懸リ居ルカ如キ處獨カ「アングロサクソン」トノ爭覇ノ爲先ツ蘇聯ヲ撃ツヲ必要トスルヤ否ヤハ蘇聯ノ對獨態度如何ニ依ル所多大ニシテ蘇聯カ勝算ナキ獨トノ戰ヲ避ケ前述ノ獨伊ノ必要ヲ充足スルノ協調的態度ニ出ツルニ於テハ現下ノ情勢ニテ獨トシテ必スシモ之ト戰フヲ利トセサルヘシ

三、獨カ最近蘇聯ニ對シ明確ニ强度ノ協調ヲ要求シタルノ事實ハ聞カサルモ獨カ對蘇聯攻撃ヲ決心セハ獨トシテ無名ノ師ヲ起スコトハ不利ナルニ依リ一應此ノ擧ニ出ツヘク獨蘇關係ハ結局獨ノ要求內容ト之ニ對スル蘇聯ノ態度如何ニ依リ決定セラルルモノト思考ス

四、萬一對英本土攻略ニ先立チ蘇獨間ニ戰爭勃發スルカ如キ場合ノ帝國ノ態度ニ關シテハ既ニ充分御考究相成リ居ルモノト存セラルル處右ノ場合帝國カ直ニ之ニ呼應シテ對蘇攻撃ニ出ツルハ中立條約ノ「インキ」未タ乾カサルニ態度ヲ豹變スルノ國際不信義ヲ犯シ帝國ノ威信ヲ中外ニ失墜スルノミナラス極東蘇聯軍ノ西方移動ヲ不可能ナラシメ我方犠牲ヲ大ナラシムルノ不利アリ

獨[2]ノ對蘇優勢確實ナル以上暫ク中立的態度ヲ持シ蘇聯邦極東軍ノ西方移動ヲ俟チ東亞ノ安全確保上極東蘇領軍備ノ撤廢其ノ他諸般ノ要求ヲ蘇聯邦ニ提示シ之カ容レラレサルニ於テハ强力ヲ以テ北樺太沿海洲ノ要地占領ノ擧ニ出テ右地方カ英米ノ對蘇援助ノ基地タルヘキヲ阻止スルヲ可トスヘシ
右實行ニ當リテハ極東蘇聯邦ヲ帝國ノ指導下ニ獨立セシメテ大東亞共榮圈ノ一翼タラシムヘキコト勿論ナリ
五、獨ノ對蘇攻撃ハ必然ニ蘇聯邦ト英米トノ合從ヲ來シ英米ノ對蘇援助ハ勿論我方カ早キニ過キテ對蘇攻撃ニ出ツル場合ハ米ノ對樞軸戰爭參加ト共ニ我方トノ戰爭ヲ誘致スルニ至ルヘク之ニ對シ帝國カ經濟上及軍備上相當ノ準備アラハ兩面作戰ヲ敢行スルコト必スシモ避クルノ要ナキモ右不充分ナルニ於テハ斯ル事態ヲ誘致セシメサル樣工作ノ要アリ從テ我現下ノ措置トシテハ蘇、獨ヲシテ三國同盟ニ同調セシムヘク極力誘導シ支那事變ノ處理、對南洋政策ノ實質的强化ニ努力スルヲ可ナリト信ス
右御參考迄卑見申進ス
獨、蘇、土ヘ轉電セリ

---

261 昭和16年6月17日 在ソ連邦建川大使より松岡外務大臣宛（電報）

独ソ関係に関する在ソ連邦独国大使館員の説明について

モスクワ　6月17日後発
本　　省　6月17日夜着

第七〇八號（館長符號扱）

貴電[1]第六〇五號ニ關シ
去ル十三日本使「ヒルガー」ニ對シ本問題ニ付話合ヒタル際「ヒ」ハ當地大使館ニ關スル限リ全然知ル所ナシト述ヘタルカ御來示ニ依リ更ニ十六日宮川ヲシテ時餘ニ亘リ「ヒルガー」ニ突込マシメタルモ未タ斯ル模樣ナキモノト認メラル
宮川ヨリ獨蘇關係ニ關スル十三日ノ「タス」打消シ振リ（「テキスト」ハ同盟ニ依ラレ度シ）ニ徴シ蘇側トシテハ獨側ニ於テモ「レシプロケーチング」ノ打消ヲナスモノト期待シタルニアラスヤト尋ネタルニ「ヒルガー」ハ六月二十(五カ)五日「プラウダ」ニ例ノ記事（往電第六二六號「ウクライナ」租借説否定ノ件）掲載セラレタルニ、三日後ノ獨外務

省「プレス、コンフエレンス」ニ於テ右「プラウダ」記事ノ通リナルコトヲ確認セル次第ニテ獨側トシテハ夫レ以上ノ打消ノ必要ヲ認メサルモノト思考スト言ヘルニ依リ宮川ヨリ然ラハ此ノ瞬間ニモ斯ル事實ナシト言ハルル次第ナリヤト述ヘタルニ「ヒ」ハ大使モ自分モ何等承知セス當地ニ關スル限リ斯ルコトナキヲ確言スト述ヘ且十三日「タス」打消中ノ獨軍ノ東方乃至東北方國境方面ヘノ移動ハ巴爾幹作戰終了後ノ歸還兵ニテ獨蘇關係トハ關係ナシ云々トアル點ハ本國政府ノ訓令ニ依リ□□□(三字不明)與ヘタル説明ナルコトヲ仄カセリ

次[2]テ宮川ヨリ當地外交團ニ於テハ貴館ノ婦人連カ大部分歸國シ居ル點ヲ不思議ナルモノアリト言ヘルニ「ヒ」ハ右ハ主トシテ家庭ノ事情ニ依ル者多キカ館員中ニハ種々風説行ハルル爲歸リタル者モアルカ政府ヨリハ歸セトモ歸スナトモ指令ナシト答ヘタリ最後ニ宮川ヨリ同シ問題ニ付我方カ伯林ニ於テ受クル印象ト當地ニ於テ貴方ヨリ受クル印象トニ相違アルハ獨逸ノ盟友トシテ英國ノ極東海軍ヲ釘付トナシ又米ノ對獨參戰ヲ阻止スル等重大ナル役割ヲ果タシ居ル吾人トシテ甚タ物足ラナサヲ感スト述ヘタルニ「ヒ」ハ當地ニ關スル限リ前述ノ通リニテ御尋ネノ如キ訓令ニモ通報ニモ接シ居ラス國境方面軍隊集結ノコトハ實力以外ニ敬意ヲ表セサル狡猾ナル隣國ニ對スル萬一ノ措置ニテ牽制モ中途半端ニテハ效果ナキニアラスヤト語レリ

尚當地獨逸大使館ノ狀況ハ平常ニシテ引揚等ノ準備ヲ爲シ居ル模樣見受ケラレス又最近(一語不明)參事官ヲ「アフガン」ニ派遣シ「ルーブル」ヲ買集メ居ル等ニ徵シ當地獨大使館ニ關スル限リ本使等ヲ瞞キ居ルトモ考ヘラレサルナリ

262　昭和16年6月17日　在ソ連邦建川大使より松岡外務大臣宛(電報)

在ソ連邦伊国大使館員家族らの本国引揚げに関する情報について

モスクワ　6月17日前発
本　　省　6月17日前着

第七〇九號(館長符號扱)

往電第七〇八號ニ關シ

十六日宮川カ當地伊太利大使館情報官ニ付搜(?)リタル所ニ依レハ同大使館側ニ於テハ獨蘇開戰說餘リニ根强キニ付約一

週前本國政府ニ電照シタルモ未タニ何等回電ナキ次第ナルカ獨大使館員家族引揚ニ關シテハ昨十五日伊太利大使ノ質問ニ對シ獨大使ヨリ冒頭往電ノ「ヒ」ト同樣ノ説明ヲ爲シタル趣ニテ伊太利大使トシテモ館員婦人連ノ申出ニ對シ責任ヲ取レサル爲其ノ希望通リ今夜ノ汽車ニテ引揚ケシムルコトトセル旨內話セル趣ナリ

尙其ノ際右情報官ハ當地獨大使館カ本問題ニ關シ情報ヲ有セサルコト眞實ナルヘク暗號ノ燒却等ノ措置モ未タ着手セル形跡ナキ旨述ヘ居タル由ナリ

263 独ソ開戦時期および日本の対応方針等に関するリッベントロップとの会談報告

昭和16年6月17日　在独国大島大使より松岡外務大臣宛（電報）

ベルリン　6月17日後発
本　省　6月18日後着

[†]第七〇一號（絶對極祕、館長符號）

獨蘇關係ニ關スル「リ」外相トノ會談要旨左ノ通

一、「リ」ハ先日貴大使ニ申上ケタル通リ獨ハ蘇聯ニ對シ何等要求ヲ提出シタル事實ナク今後モ絶對ニ斯ル要求ヲ提出セサルヘシ世間ニハ種々情報流布セラレ居ルカ如キモ何レモ想像ニ基クモノニシテ獨トシテ現蘇聯ト何等折衝ヲ行フ意思ナシ

右ハ蘇聯ヲ全ク信用セサル獨トシテ當然ノ結論ニシテ獨ノ企圖ヲ了解セラルレハ自ラ明白ナリト思考スト答ヘタリ

二、次テ「リ」ハ日本ノ一部ニテハ獨蘇ノ和解ヲ希望セラルルヤモ知レサルモ獨ノ蘇聯ニ對スル企圖ハ「ヒ」總統ノ深謀遠慮ニ基クモノニシテ決シテ一時ノ思付ニアラス現戰爭ヲ最完全且迅速ニ終結セントスル大目的ニ發セルモノナリ又之カ有利ナルコトハ自分（「リ」）カ繰返シ貴大使ヘ申上ケタル通ニテ獨ハ必ス一、二ケ月ヲ以テ歐露ニ在ル蘇聯邦野戰軍ヲ殲滅スヘク此ノ點ニ付テハ獨逸ノ戰力ヲ絶對ニ信用セラレタキ旨述ヘタリ

三、尙「リ」ハ獨蘇開戰ノ場合日本ノ執ラルル態度ニ付何等カ貴政府ヨリ通報アリタリヤト問ヘルヲ以テ本使ハ本件ハ日本ニ取リテモ極メテ重大問題ナルカ故勿論我政府ニ於テモ愼重審議中ト存スルカ未タ何等ノ回訓ニ接セス私

見ニ依ルニ日本トシテハ從來支那及南方地域ニ對シ態勢ヲ整ヘ居ルヲ以テ獨蘇開戰ノ場合ニ應スル我態度決定ノ爲ニモ時日カ大ナル關係ヲ有スル次第ナルカ獨蘇開戰ストセハ其ノ時期ハ概ネ何日頃ト豫定セラルヘキヤ祕密ノ嚴守ニ付テハ本使全責任ヲ負フヘク御示シヲ願ヘジヤト述ヘタルニ「リ」ハ眞ニ機微ナル御質問ニテ自分ハ實ハ申上クル權限ヲ有セサルモ若シ日本側ニ於テ準備セラルル要アラハ遲クモ二週間以内ニ準備セラレタシト答ヘタリ次テ本使ヨリ大國獨逸カ無名ノ帥(師カ)ヲ起シタリトノ非難ヲ受クルコトアリテハ非常ニ不利ナルカ開戰ノ形式ハ如何ニセラルルヤト問ヘルニ「リ」ハ其ノ點ニ付テハ獨逸トシテ充分考慮シ居ルコトヲ信セラレタシト答ヘタリ

四、終リニ本使ヨリ獨蘇開戰ニ對シ帝國ノ執ルヘキ方針ニ付テハ前ニモ申上ケタル通リ本使ハ承知セサルモ參考トシテ獨ノ希望セラルル所ヲ伺ヒ置キタシト述ヘタルニ「リ」ハ自分一個ノ考ナルカ獨ノ對蘇戰開始ニ策應シ日本カ極東ニ於テ右策謀(作戰?)ニ協力セラルルコト望マシク日本ノ南方進出ニ付テハ獨ノ對英工作ト歩調ヲ合セ之ヲ爲スヘキ絶好ノ機會必ス到來スヘキコトヲ信スル旨述ヘタリ陸海軍ニモ傳ヘラレ度ク但シ祕密ノ保持ニ付テハ此ノ上トモ御注意ヲ請フ

---

264 昭和16年6月21日　在ルーマニア筒井公使より松岡外務大臣宛（電報）

ルーマニア政府より公使館の即日移転を要請について

ブカレスト　6月21日後発
本　　省　6月22日夜着

第一〇八號（館長符號扱）

二十一日外務省ヨリ「ブカレスト」北一八粁「サフチカ」村ニ用意セル家屋ニ卽日移轉方求メ來レリ（日獨伊三國公使ノミノ模樣）試ニ二十二日テハ如何ト言ヘルニ是非二十一日中ニ移ラレタシト言ヘルニ觀ルモ時局切迫ノ程度想像ニ難カラス依テ本使ハ御眞影ヲ奉シ同所ニ移ルモ電報ハ從來通リノ宛名トセラレタシ尚政府ハ同地又大本營ハ更ニ一五粁北「スナゴブ」ニ既ニ待機シ居ル模樣右軍事機密ニ付御取扱特ニ御注意請フ

獨ニ轉電セリ

四　独ソ開戦後の対独伊・対ソ関係

265　昭和16年6月22日　独ソ開戦に関する在本邦オット独国大使の口頭通告要旨

在京獨大使覺書假譯

（六月二十二日「オット」大使ヨリ松岡大臣ニ口頭通告セル要旨ヲ獨大使ヨリ送付アリタルモノ）

獨逸政府ノ訓令ニ基キ獨逸大使ハ六月二十二日午后七時日本國外務大臣ニ對シ口頭ヲ以テ左ノ通述ベタリ

獨逸政府ハ赤軍ガ獨逸國境ニ雲集スル脅威絶エズ增大スルニ際シ已ムナク右脅威ヲ總ユル武力手段ヲ盡シテ反撃スベキ必要ヲ見タリ獨逸政府ノ右決心ニ對シ決定的ナリシ獨政府ノ見解ハ獨逸外務大臣ガ六月二十二日早朝在伯林蘇聯大使ニ與ヘタル覺書ニ於テ示サレ居リ右覺書ハ次デ發表セラルベシ右覺書ハ之ヲ要譯スレバ左記ノ通リナリ

一、獨逸政府ハ一九三九年「ナシヨナル、ソシアリズム」ト「ボルシエヴイズム」トノ對立ヨリ生ズル重大ナル顧慮ヲ斥ケ蘇聯邦トノ了解ニ到達セントノ企テヲナシタリ一九三九年八月二十三日及ビ九月二十八日ノ條約ニ基キ獨逸政府ハ其ノ對蘇政策ノ根本的變更ヲ遂ケ爾來蘇聯邦ニ對シ友好的態度ヲ執リ來レリ右獨逸ノ好意アル政策ハ蘇聯邦ヲシテ大ナル外交ノ成功ヲ可能ナラシメタリ

獨逸政府ハ爾來獨「ソ」兩國民ハ其ノ政体ヲ相互ニ尊重シ對手ノ國内事項ニ干渉セズ良好ナル繼續的友隣關係ヲ執リ得ベシト認メタルハ故ナシトセズ然レドモ遺憾乍ラ右獨逸政府ノ見解ハ根本的ニ誤レルコト直ニ明トナレリ

二、「コミンテルン」ハ獨蘇條約締結サルルヤ直ニ其ノ對獨破壞工作ヲ再ビ開始シ蘇聯邦ノ公式代表機關ハ補助的地位ヲ執リタリ

大規模ニ「サボタージユ」「テロ」「戰爭」ハ準備セラレ「スパイ」ハ政治上、軍事上、經濟上活動セリ獨逸近隣ノ諸國及ビ獨逸軍ノ占領下ニ在ル地方ニ於テハ對獨指嗾工作ナサレ歐洲ニ於ケル秩序ヲ樹立セントスル獨逸ノ企圖ニ對スル反對工作行ハレタリ又「ベルグラード」ニ於ケル文書ノ押收ガ示スガ如ク蘇聯ノ參謀本部ヨリ反獨ノ爲武器ノ供給スラ提示サレタリ

獨逸トノ條約締結ニ對シ發セラレタル蘇聯邦ノ獨逸トノ協調工作ニ關スル聲明ハ斯テ意識的ナル僞瞞隱蔽工作ニ

シテ條約ノ締結自体蘇聯ニトリ有利ナル取極ヲ確保セントスル戰術ナルコト明カナリ

當時ノ蘇聯ノ根本方針ハ非共產主義諸國ヲ容易ニ破壞シ時到ラバ打倒シ得ン爲之等諸國ヲ弱メントスルコトニ在リタリ

三、外交及軍事上極メテ明確ニ條約締結ノ際發セラレタル其ノ利益範圍トナリタル國家ヲ「ボルセヴイキ」化又ハ併合セザルベシトノ聲明ニ反シ蘇聯政府ニトリ其ノ軍事力ヲ其ノ可能性アル所ニハ至ル所西方ニ押進メ「ボルセヴイキ」化ヲ歐洲ニ迄深ク押進メントスルコトガ深ク重要ナリシコト判明セリ蘇聯邦ノ「バルカン」芬蘭及ビ「ブコビナ」ニ至ル迄其ノ要求擴張セラレタル羅馬尼等ニ對スル進出ハ右ヲ明ニ示シ居レリ

蘇聯ニ屬セル其ノ利益範圍ノ占領及ビ「ボルセヴイキ」化ハ明ニ「モスコー」ニ於ケル合意ニ反ス尤モ獨逸政府ハ斯ノ如ク作ラレタル既成事實ニハ一應滿足シ居リタリ

四、獨逸ガ蘇聯邦ノ對羅馬尼進出ヲ契機トシテ發生シタル東南歐ノ危機ヲ一應一九四〇年八月三十日ノ「ウイーン」仲裁裁決ニ依リ鎭壓スルヤ蘇聯ハ異議ヲ唱ヘ各領域ニ亘リ大ナル軍事的準備ヲ開始セリ「リ」外相ノ「スターリン」トノ書翰ノ往復及ビ「モロトフ」氏ノ伯林ヘノ招待ニ現レタル獨逸ノ重ナル蘇聯トノ妥協ヘノ努力ガ獨逸ノ容認ヲ得ザル蘇聯邦ノ「ブルガリア」保障海峽地帶ニ於ケル蘇聯邦ノ陸海軍軍事基地ノ設置、芬蘭ノ完全ナル委棄等容認スベカラザル諸要求ヲ生ムニ到リ蘇聯邦ノ反獨政策ハ益々公然ト現ハレ來レリ

「ブルガリア」ノ占領ニ關スル警告、獨逸軍ノ進駐後「ブルガリア」ニ對シ發セラレタル直接非難ノ聲明等ハ一九四一年三月十一日土耳古ガ「バルカン」ニ於ケル戰爭ニ參加セル場合土耳古ニ與ヘラレタル背後ノ確保ト同樣極メテ明ニ蘇聯ノ反獨政策ヲ示スモノナリ

五、本年四月五日ノ蘇聯「ユーゴー」間友好條約ノ締結ト共ニ蘇聯邦ハ英國「ユーゴー」希臘ノ對獨共同戰線ニ背後ニ在リテ參加セルモノナリ同時ニ蘇聯邦ハ羅馬尼ヲ獨逸ヨリ轉向セシムル爲同國ニ接近セント試ミタリ獨逸軍ノ迅速ナル勝利ノ結果羅馬尼「ブルガリア」駐屯獨軍ニ對スル英蘇ノ攻擊計畫ハ失敗シタリ

六、右蘇聯ノ政策ハ東海ヨリ黑海ニ至ル長中線ニ亘ル赤軍ノ

益々増强セラルルニ掩護セラレ右措置ニ對シテ獨逸ハ後ニ至リ始メテ對抗手段ヲトリタルモノナリ右ノ狀況ヨリシテ本年初頭以來獨逸領域ニ對スル脅威ガ益々增大シ來リタリ最近ノ情報ニ依レバ右赤軍進擊ノ攻擊性ニ對スル疑ヒ全ク無クナリ極度ニ緊張セル軍事情勢明トナレリ加フルニ英國ヨリ來レル「クリップス」大使ノ英蘇間ノ一層緊密ナル政治的、軍事的共同工作ヲ目的トスル交涉ニ關スル情報在リ

之ヲ要スルニ獨逸政府ハ蘇聯邦政府ガ其ノ受諾セル諸義務ニ反シ㈠其ノ對獨及ビ對歐洲破壞ノ企テヲ繼續セルノミナラズ寧ロ强化セリ㈡其ノ外交政策ハ益々反獨的トナリタリ㈢其ノ全軍事力ヲ以テ獨逸國境ニ待機ノ姿勢ヲトリテ進擊シ居レリト聲明スルモノナリ斯テ蘇聯邦政府ハ獨逸トノ諸條約ヲ破リ正ニ其ノ生存ノ爲ノ鬪爭ヲ續ケツツアル獨逸ヲ背後ヨリ襲ヒカカラントシツツアリ

總統ハ依テ獨逸國防軍ニ對シ右脅威ヲ總ユル權力手段ヲ盡シテ反擊スベキ命令ヲ與ヘタリ

（歐亞局第二課）

266　昭和16年6月22日　在独国大島大使より松岡外務大臣宛（電報）

独ソ開戦にあたり直ちにドイツへの支持を表明すべき旨意見具申

ベルリン　6月22日後発
本　　省　6月22日夜着

第七四五號（極祕、大至急、館長符號扱）

獨蘇開戰ハ帝國ニ執リ北邊ノ脅威ヲ永遠ニ除去シ且支那事變ヲ解決スヘキ絕好ノ機會ナリ帝國ノ執ルヘキ態度ヲ速ニ御決定アリタシ特ニ帝國カ獨逸今回ノ行動ヲ支持スル旨ヲ第一着手トシテ直ニ少クモ獨逸政府ノミニ通告スルコト必要ナリト信ス又「ヒ」總統カ一大決意ヲ以テ蘇聯攻擊ヲ開始セルニ對シ萬一帝國カ先ツ形勢ヲ觀望シテ然ル後我態度ヲ定ムルカ如キ行動ニ出ツルカ如キコトアラハ帝國ノ威信ヲ損シ獨ノ信賴ヲ失フモノニシテ帝國カ直ニ軍事行動ヲ開始セサル場合ニ在リテモ將來之ヲ行フ決心ハ速ニ獨逸政府ニ通告スルコト極メテ必要ナリ右重ネテ意見稟請ス本使ノ獨逸政府ニ申入ルヘキ事項折返シ回訓ヲ請フ

陸海軍武官モ同意ナリ右陸海軍ヘモ傳ヘラレタシ

267　昭和16年6月22日

在ソ連邦建川大使より
松岡外務大臣宛（電報）

独ソ開戦に関する在ソ連邦独国大使との会談報告

モスクワ　6月22日後発
本　省　6月23日後着

第七三二號[†]

二十二日正午獨大使ト會談セリソノ要旨

一、二十一日夜政府ヨリソ聯政府宛通告文ヲ受領セリソノ要旨ハ國境ニ於ケルソ軍ノ狀態ハ之以上放任シ得サルニ付攻撃ヲ開始ストスルモノナリ

二、午前五時半「モロトフ」ニ通告セルニ「モ」ハ既ニ午前四時ヨリ攻撃ヲ受ケツツアリト語リ通告ニ對シテハ We are very sorry ト申セシノミナル由

三、從來伯林ニ於テソ大使トノ間ニ何等交渉アリシニヤトノ本使ノ質問ニ對シ「何物モナシ」ト答フ

四、貴使カ數年當地ニ在任サレ獨ソ國交ニ盡力セラレタルニ今日ニ至レルハ遺憾ニ感セラルルナラントノ本使ノ慰ニ對シ、獨大使ハ暗然タル面持ニテ「事實ソノ通ナリ四月十七日始メテソ聯攻撃ノ決意ヲ承知セリソ聯ハ積極的ニ獨乙ノ作戰ヲ妨ケ居ル次第ニモアラス戰爭ニ訴フル理由ナシト信シ屢々意見ヲ述ヘタルカ及ハス「ヒ」總統ニハ何等カ永遠ニ亘ル大目的存在スルモノナルヘク軍ノ首腦部ハ强硬ニ總統ヲ支持セリ」ト述フ

五、館員約二百名ノ外沿「バ」地方ノ領事等ヲ集ムレハ多數ノ人數トナルカ一先ツ「イラン」ニ行クコトニ「モロトフ」ニ依賴セリ浦鹽領事以下ハ日本ニ行カシムルコトトセリ

六、昨夜本國ヨリ大使館ノ利益保護ハ勃?國ニ依賴スヘク又「ルーマニア」公使ノ引揚ニ付盡力スヘシトノ最後電ヲ受領セル由

268　昭和16年6月23日

独ソ開戦に際して外務省が作成した情勢判断および対処方針文書

付　記　昭和十六年六月二十五日
右文書改訂版

獨蘇開戰ノ場合ニ於ケル國際情勢ノ判斷及對策

（昭一六、六、二三）

一、情勢判斷

(1)英米ハ蘇聯ニ對シ積極的ニ援助ヲ與フルコトトナリ英米蘇及支ノ連繫實現セラルルニ至ルヘシ但シ情況ニヨリ重慶ニ對スル援助ノ實質的弱化竝共產軍ノ後楯減勢ニ伴フ國共紛爭ノ激化等ハ重慶ヲシテ對日和平ヲ考慮セシムルノ公算無シトセス

(2)英米ハ蘇聯トノ連繫ト平行シ對日宥和政策ヲ實行シ日本ヲシテ三國同盟離脱ノ方策ヲ講スルニ至ルヘシ

米國ハ一面對英援助ヲ强化シ參戰ノ一途ヲ辿ルヘシト雖モ他面此ノ機會ニ獨英接近ニ協力スルニ至ルヘキコトモ豫想ニ難カラス

(3)蘇聯ニ關シテハ次ノ如キ事態ノ發生ヲ豫想セラル

(イ)西部戰線ニ於テハ敗戰ヲ免レス結局「シベリア」方面ニ遷都シ長期抗戰ヲ策スルニ至ルヘク蘇聯軍隊ノ東部方面ヘノ後退集中、空軍基地ノ擴充ハ英米トノ連繫ト相俟ツテ日本ヘノ重大恐威トナルノ虞アリ

(ロ)「スターリン」政權覆滅シ(A)國内ハ收拾スヘカラサル狀態ニ陷ルカ(B)新ニ統一セル親獨政權ノ樹立ヲ見ルカ(C)各地ニ幾多ノ獨立政權ノ成立スルニ至ルヘシ

(4)獨逸ハ擊蘇ト併行シテ英國打倒ニ全力ヲ傾倒スヘキモ或ハ英國ト相和スルニ至ル虞ナシトセス

(5)帝國ノ國内狀勢ハ次ノ如キ事態發生スルニ至ルヘシ

(イ)過般ノ中立條約ニ依リ一應中立的態度ヲ保持スヘキモ國内輿論トシテ北伐南進兩論沸騰スヘシ

(ロ)米英蘭印等ノ對日經濟封鎖ハ急速ニ强化セラルヘク殊ニ「シベリア」鐵道ノ完全閉鎖ニヨリ獨逸ヨリノ物資輸入杜絶シ本邦經濟ニ至大ノ影響ヲ與フルニ至ルヘシ

二、對　策

獨蘇開戰直後ハ一應靜觀ノ態度ヲ執リツツ左記方途ヲ講スルモノトス

(1)支那ニ關シテハ次ノ如ク措置ス

(イ)擊蘇南進兩略ニ備フル爲滿洲及佛印ニ陸軍兵力集中ヲ理由トシ汪政權ノ强化ノ具現緖ニ就キタルコト等ヲ標榜シ日華條約ノ規定ニ從ヒ直ニ在支戰線ノ收縮ヲ斷行ス（蒙疆ハ張家口迄、河北山東、中支三角地帶、海南島、廣東竝海岸線封鎖ニ止ム）

(ロ)汪政權ト協力シ速ニ重慶政權ヲ交戰團体トシテ認メ第三國關係完封ノ措置ヲ執ル

(2)米國ニ對シテハ從來ノ交渉ヲ其ノ儘續行スル態度ヲ以テ對處スルト共ニ英米ノ宥和政策ハ之ヲ巧ニ利用シ支那事變ノ處理ニ活用シ全面的和平促進ニ資ス

(3)樞軸中心ノ外交政策ハ依然之ヲ堅持ス從テ英米ノ宥和政策ヲ利用スルニ當リテモ米國カ參戰セハ日本モ直チニ參戰スルノ餘儀ナキニ立至ルヘキコトヲ明カニシ置クモノトス

(4)蘇聯ニ對シテハ國內混亂ニ陷ル場合ハ直ニ北樺太及沿海州ノ保障占領ヲ行ヒ引續キ爾余ノ工作ヲ爲スコトトシ又親獨新政權成立スルカ如キ場合ニハ次ノ要求ヲ提示シ之カ貫徹ヲ期スルモノトス右我方要求ノ容レラレサル場合ノ措置ハ別途考究スルモノトス

(イ)北樺太ノ買收

(ロ)沿海州ノ租借

(ハ)「バイカル」以東非武裝地帶設定

(ニ)援蔣政策ノ放棄

(5)佛印及泰ニ對シテハ漸次兵力ノ集中ヲ行ヒツツ飛行基地ノ供與等政治及軍事的要求ヲ爲シ我カ南進政策遂行ノ準備ヲ强化スルモノトス

蘭印ニ對シテモ我實力的準備ト併行シ從來ノ主張ヲ貫徹スル樣一層努力ス

（付　記）

獨蘇開戰ニ伴フ國際情勢ノ判斷及對策　（昭一六、六、二五）

一、情勢判斷

(1)英米ハ蘇聯ニ對シ積極的ニ援助ヲ與フルコトトナリ英米蘇及支ノ連繫實現セラルルニ至ルヘシ但シ情況ニヨリ重慶ニ對スル援助ノ實質的弱化竝共産軍ノ後楯減勢ニ伴フ國共紛爭ノ激化等ハ重慶ヲシテ對日和平ヲ考慮セシムルノ公算無シトセス

(2)英米ハ蘇聯トノ連繫ヲ密ナラシムルト共ニ獨蘇戰爭ノ推移ニ應シ對日宥和政策ヲ實行シ日本ヲシテ三國同盟離脱ノ方策ヲ講スルニ至ルヘシ

米國ハ一面對英援助ヲ强化シ參戰ノ一途ヲ辿ルヘシト雖モ他面獨蘇戰ノ終結急速ナルカ如キ場合此ノ機會ニ

獨英接近ニ協力スルニ至ルヘキコトモ豫想ニ難カラス
(3)蘇聯ニ關シテハ次ノ如キ事態ノ發生ヲ豫想セラル
(イ)西部戰線ニ於テハ蘇聯ノ敗戰免レス結局獨ハ比較的短期間内ニ「モスコー」ヲ初メトシ「ウクライナ」及歐露ノ礦工業地帯ノ大半ヲ其ノ勢力下ニ納ムルニ至ルヘク蘇聯ノ軍事的壞滅ニヨリ「スターリン」政權覆滅シ(A)國内ハ收拾スヘカラサル狀態ニ陷ルカ(B)新ニ統一セル親獨政權ノ樹立ヲ見ルカ(C)各地ニ幾多ノ獨立政權ノ成立スルニ至ルノ事態發生スヘシ
(ロ)蘇聯ノ歐露抛棄ト「シベリア」方面ヘノ遷都ニヨル長期抗戰ハ食糧及工業力ノ關係上極メテ困難ナルヘキモ戰爭狀況ノ推移如何ニヨリテハ蘇聯軍隊ヲ東部方面ヘ後退集結シ長期抗戰ヲ策スルニ至ルヘク右ノ場合英米トノ軍事其ノ他ニ於ケル連繫强化ト相俟ツテ日本ヘノ重大脅威トナルノ虞アリ
(4)獨逸ハ擊蘇ト併行シテ英國打倒ニ全力ヲ傾倒スヘキモ對蘇作戰豫期ノ如キ成功ヲ納ムル場合之ヲ背景トシテ或ハ英國ト相和スルノ策ニ出ル虞ナシトセス
(5)帝國ノ國内情勢ハ次ノ如キ事態發生スルニ至ルヘシ
(イ)過般ノ中立條約ニ依リ一應中立的態度ヲ保持スヘキモ國内輿論トシテ北伐南進兩論沸騰スヘシ
(ロ)英米蘭印等ノ對日經濟封鎖ハ引續キ逐次强化セラルヘク殊ニ「シベリア」鐵道ノ完全閉鎖ニヨリ獨逸ヨリノ物資輸入杜絶シ本邦經濟ニ至大ノ影響ヲ與フルニ至ルヘシ

二、對　策

獨蘇開戰直後ハ一應靜觀ノ態度ヲ執リツツ左記方途ヲ講スルモノトス
(1)國際情勢ノ急轉ニ對處シ急遽擊蘇南進兩略ノ態勢ヲ確立ス
(2)支那ニ對シテハ次ノ如ク措置ス
(イ)擊蘇南進兩略ニ備ヘ滿洲及佛印ニ陸軍兵力集中ヲ要スルノ新情勢ニ鑑ミ汪政權强化ノ具現緖ニ就キタルコト等ヲ標榜シ日華條約ノ規定ニ從ヒ直ニ在支戰線ノ收縮ヲ斷行ス
(ロ)汪政權ノ政治力ノ强化ニ全面的支援ヲ與フルコトトシ之カ爲條約ニ豫見セラレタル各般ノ調整ヲ速ニ實行スルモノトス

(ハ)汪政權ト協力シ直ニ重慶ヲ交戰團体トシテ承認スルノ措置ヲ講シ對重慶ノ内部的經濟封鎖ト相俟チ第三國ノ援蔣完封ノ措置ヲ講ス

(ニ)右諸施策ノ實行ト相俟チ對重慶和平攻勢ヲ活潑ニ展開シ殊ニ反共輿論ノ促進ニ依リ巧ニ國共分裂ヲ促進利導シ以テ全面和平ノ促進ニ努ムルモノトス

(3)蘇聯ニ對シテハ左ノ如ク措置ス

(イ)蘇聯ノ軍事的壞滅ニ依リ國内混亂ニ陷ル場合ハ自衞權ニ基キ直ニ北樺太及治《沿カ》海州ノ保障占領ヲ行ヒ引續キ爾余ノ工作ヲ爲スコトトシ又親獨新政權成立スル如キ場合ニハ概ネ次ノ要求ヲ提示シ之カ貫徹ヲ期スルモノトス右我方要求ノ容レラレサル場合ノ措置ハ別途考究スルモノトス

a、北樺太ノ買收

b、「アムール」右岸地域ノ租借

c、「バイカル」以東非武裝地帶設定

d、「カムチャッカ」ニ於ケル海、空軍基地ノ設定

e、經濟利權ノ獲得乃至根本的調整

f、援蔣行爲ノ抛棄

(ロ)獨蘇戰爭長期化シ現政府依然中央政府タル實權ヲ保有スル場合ハ日蘇中立條約ヲ直チニ侵犯スルコトナク極東蘇聯軍ノ動向ヲモ見定メ北方ニ集中セル我方武力的背景ノ下ニ概ネ左ノ要求事項貫徹ニ努ム

a、北樺太ノ買收

b、浦鹽ノ武裝解除

c、經濟利權ノ根本的調整

d、援蔣行爲ノ抛棄

e、極東ニ於ケル英米トノ軍事協力ノ禁止

情況ニ應シ中立條約ノ廢棄ヲ考慮スルモノトス

(4)對蘇施策ト相俟チ速ニ南進態勢ノ强化確立ヲ計ルモノトス

(イ)南佛印ニ對シテハ對蘇關係ノ如何ニ拘ラス卽時武力的進出(飛行基地ヲ含ム)ヲ爲スモノトス

(ロ)泰ニ對シテハ我方南佛印ニ於ケル武力的背景ヲ活用シ逐次我方トノ政治的經濟的及軍事的協力ノ强化ヲ計ルモノトス

(ハ)蘭印ニ對シテハ我實力的準備ト併行シ差當リ從來ノ主張貫徹ニ努ムルコトトシ其ノ武力的進出ハ獨蘇戰

ノ歸趨、英獨戰ノ推移及日米關係ヲ見定タル上之ヲ斷行スル如クス

(5)米國ニ對シテハ其ノ宥和政策ヲ巧ニ利用シ支那事變ノ全面的處理ニ活用スルト共ニ我南進擊蘇ノ新態勢ヲ背景トシツツ英獨戰今後ノ推移ニ應シ將來帝國ノ執ルコトアルヘキ世界平和再建ノ方策ニ同調セシムル樣右可能性ヲモ考慮シ之ニ對處スルモノトス

(6)樞軸中心ノ外交政策ハ依然之ヲ緊（堅カ）持ス從テ今後帝國ノ對外政策推進ニ當リ獨伊トノ連繫ヲ更ニ密ナラシムルト共ニ英米ノ利導ニ當リテモ米國參戰セハ日本モ直チニ參戰スルニ至ルヘキ決意ニ關シテハ常ニ之ヲ闡明ナラシメ置クモノトス

〰〰〰

269

昭和16年6月23日　在独国大島大使より
松岡外務大臣宛（電報）

独ソ開戦初日の戦況に関する情報報告

ベルリン　6月23日前発
本　　省　6月23日後着

第七五二號（館長符號扱）

二十二日夜「リ」側近者來訪本使ニ語リタル獨蘇開戰後ノ情況左ノ如シ

一、本日ノ戰鬪ノ結果ニ依レハ蘇軍ノ國境線ニ於ケル開進ハ未タ完了シアラサリシコト明白トナレリ

一、本日ノ戰鬪ニ於テ確實ニ敵機五百ヲ擊墜又ハ地上ニ於テ爆碎セリ

一、羅馬尼軍二十五師團ニ獨軍ヲ加ヘタルモノヲ「アンテネスコ」ヲシテ指揮セシメ「フインランド」軍十五師團ニ獨軍ヲ加ヘタルモノヲ「マンネルスハイム」ニ指揮セシメアリ羅、芬兩軍共ニ特ニ後者ノ志氣ハ著シク昂揚セラレアリ

之ヲ要スルニ作戰第一日ノ戰鬪ハ各方面順調ニ進捗シ戰爭ノ前途ニ益々確信ヲ與ヘタリ

〰〰〰

270

昭和16年6月23日　在ソ連邦建川大使より
松岡外務大臣宛（電報）

独ソ開戦直後のモスクワ市内の状況報告

モスクワ　6月23日後発
本　　省　6月24日前着

第七四二號†

開戰後ノ當地狀況左ノ如シ

一、「モロトフ」ノ放送直後ヨリ引續キ食料品及石油ノ賣店等ニ市民殺到長蛇ノ列ヲ見ル

二、市内各廣場ニ於テ「ラヂオ」ノ放送（防空ニ關スル注意各工場等ノ會合等）ニ耳ヲ傾クル市民ノ群ヲ見ルモ氣勢昂ラス

三、薄暮ト共ニ一部廣場ニ移動高射砲陣地ノ設ケラルルヲ見ル

四、各家屋共防護團出動夜間ノ燈火管制嚴重ナリ

271

独ソ開戦に際しソ連支持を掲げた蘭印紙論調報告

昭和16年6月24日　在バタビア石沢総領事より
　　　　　　　　　松岡外務大臣宛（電報）

バタビア　6月24日前発
本　　省　6月24日前着

第五三七號

獨蘇開戰ハ喜フヘキ晴（青カ）天ノ霹靂トシテ蘭印人ヲシテ有頂天タラシメ蘇聯及和蘭ハ現在迄國交斷絶關係ニ在ルヲ忘レテ蘇聯ニ聲援ヲ與ヘ二十三日各新聞紙モ一齊ニ論評ヲ加ヘ居ル處内容ハ何レモ左ノ通リ

卽チ「スターリン」カ吾人ト同樣ノ理想ヲ抱キ又平和ヲ目的トシテ獨逸ト戰ヒ居ルニアラストスルモ吾人ノ不倶戴天ノ敵獨逸ト戰ヒ居ル事實ハ蘇聯ヲシテ我同盟國タラシムルモノニシテ獨逸カ蘇聯トノ衝突ヨリ犧牲ヲ拂フ事大ナレハ大ナル程吾人ノ利益ナリ獨逸カ對蘇宣戰ヲ敢行セル原因ハ徹底的對英攻擊ヲ一時見合セ先ツ蘇聯内ノ石油及穀物ノ獲得ヲ目指シタルモノナルカ之カ爲獨逸カ精力ヲ消耗シ居ル間英國ハ益々軍備ヲ充實シ得ル事トナルヘク此ノ際蘇聯カ「デモクラシー」國ニ屬スルヤ否ヤハ考慮ノ要ナク「チヤーチル」ハ（二十二日夜ノ「ラジオ」放送）英國ヲ救フ爲ニハ惡魔ノ手ヲ握ルヲ辭セスト言ヒ居ルニアラスヤ云々

272

独ソ開戦に対してわが方は不介入を宣言し日中戦争処理に邁進すべき旨意見具申

昭和16年6月24日　在ハルビン久保田総領事より
　　　　　　　　　松岡外務大臣宛（電報）

ハルビン　6月24日後発
本　　省　6月24日夜着

第八六號（館長符號扱、大至急）

一、獨蘇開戰ヲ機ニ帝國モ對蘇開戰乃至ハ獨逸支持ノ聲明ヲ爲スヘシトノ論モ生シ得ヘキ處右ノ如キハ支那事變四周年ニシテ而モ尙未解決ノ今日更ニ南方ニ於テ英米ト北方ニ於テ蘇聯邦ト戰端ヲ開ク結果トナリ其ノ暴擧ナルヤ論ナシ帝國ハ此ノ際須ラク獨蘇戰不介入ノ宣言ヲ爲シ冷靜ニ支那事變處理ニ邁進スヘキナリ右ハ日蘇中立條約ハ勿論三國同盟ノ精神ニモ合致ス

一、此ノ機會ニ對蘇關係ニ於テハ各種懸案ヲ我方ニ有利ニ卽時解決シ又英米トハ南方問題ヲ解決方努力スル一方蘇聯邦、英、米ヲシテ重慶不援助ヲ約セシムル如クセハ支那事變處理ニ一大飛躍ヲ見ルコトトナルヘシ

一、斯クシテ獨蘇開戰ニアル國際情勢ヲ十二分ニ我方ニ利用シテ支那事變ヲ處理シ東亞共榮圈ヲ固メ國力ヲ涵養伸張シツツ徐ロニ時ノ至ルヲ待チ蘇聯邦ノ疲弊又ハ内訌等ノ好機ヲ窺ツテ一擊ヲ加ヘ以テ人類ノ禍根タル蘇聯邦ヲ崩壞セシメ共產主義ヲ絕滅スヘキモノト存ス

右僭越乍ラ卑見申進ス
滿ヘ轉電セリ

273　昭和16年6月24日　在独国大島大使より松岡外務大臣宛（電報）

独ソ戦況に関する情報報告

ベルリン　6月24日後発
本　　省　6月25日後着

第七五九號（館長符號扱）

本[(1)]二十四日午前「リ」外相側近者本使ヲ來訪シ「リ」外相ニ時々戰況報告ヲ依賴シ置キタル爲極祕トシテ作戰二日間ノ戰況ヲ左ノ如ク語レリ

一、二十三日（作戰第二日）夜迄ニ獨空軍カ空中及地上ニ於テ擊碎シタル敵機ノ數ハ二千餘機ニ上リ開戰當初第一線ニ在リシ蘇空軍ハ之ヲ完全ニ擊滅シ獨空軍ハ既ニ戰場ノ制空權ヲ獲得シ續イテ後方地區ニ對シ之カ擴張ヲ計リアリ右ノ結果伯林ハ本日ヨリ獨逸國防法規定ニ依ル空中危險區域ヨリ除外セラレタリ

二、蘇空軍ノ獨領ニ對スル爆擊ハ作戰第二日迄ニ「メーメ

ル」「チルジツト」「インステルブルグ」「オルテンスブルグ」ヲ各一回「ケーニヒスベルグ」ヲ三回爆撃セルカ東「プロシヤ」以外ニハ飛來セス又機數ハ「オルテンスブルグ」ニ對シ十五機來リタルモ其ノ他ハ二乃至三機カ潜入シ爆撃セルニ過キス其ノ被害モ合計死者約二十名ニシテ軍事上ノ損害皆無ナリ

三、蘇空軍ハ作戰第一日朝ニ於テ完全ニ急襲セラレタル爲其ノ大半ハ地上ニ於テ爆碎セラレ大ナル空中戰ハ實施セラレサリシモ作戰二日間ノ印象ニ依レハ蘇空軍ハ機種良好ナルモノヲ有スルモ一般ニ機械ノ取扱及操縱者ノ技倆低劣ナルコトハ豫想ヨリ遙カニ大ニシテ對波蘭戰ニ於ケルカ如キ成果ヲ收メ得ヘキ確信ヲ得タリ

四、(2)獨軍ハ地上ニ於テモ完全ニ敵ヲ急襲シ國境ニ在ル橋梁ニシテ敵ヨリ破壊セラレタルモノ只ノ一箇モナク國境ニ在ル兵營モ殆ト其ノ儘之ヲ占領シタル狀態ニシテ作戰二日間ノ印象ニ依レハ敵ハ露西亞人ノ缺點タル積極獨斷性ニ缺除セルコトヲ遺憾ナク暴露シ士氣不良ニシテ部隊ノ教育訓練却テ不完全ナルヲ確認セリ

五、獨軍ハ二十三日朝既ニ「レンベルグ」ヲ占領シ作戰第二日ノ夜ニ於テ各部隊ハ尠キハ四十乃至五十粁多キハ二百乃至二百五十粁モ深ク突入シ機械化兵團ニシテ既ニ敵ノ後方補給路ヲ蹂躪セルモノモアリ

特ニ沿「バルチツク」地方ニ於テハ「コブノ」以北ニ進出シ蘇軍二箇軍ヲ既ニ完全ニ壊滅セシメタリ

六、羅馬尼軍モ亦善ク戰ヒアリテ獨逸ハ大イニ滿足シアリ

七、今日迄ノ所「バルチツク」海ニ於ケル蘇海軍ハ極メテ消極的ニシテ獨逸ヨリ「ヘルシンキ」ニ至ル海路聯絡ハ素ヨリ危險ヲ伴フモ必要ナルモノハ尚之ヲ實施シアル程ナリ

八、之ヲ要スルニ開戰後二日間ニ於ケル戰果ハ豫期以上大ナルモノアルニ拘ラス獨軍ノ將來ノ作戰企圖ヲ祕匿スル爲暫ク之カ發表ヲ爲ササルモ恐ラク今週末ニハ吾人ノ豫想セサル大ナル戰果ヲ公表シ得ヘク獨逸統帥部ニ於テハ蘇野戰軍ノ撃滅ハ一箇月ヲ出テサル確信ヲ得タリ

本電陸海軍ニ傳ヘラレタシ

274 昭和16年6月24日 在独国大島大使より松岡外務大臣宛(電報)

独ソ戦に対する英米等の反応に関する情報報告

ベルリン　6月24日後発
本　省　6月25日後着

第七六〇號（館長符號扱）

往電第七五九號會談ノ際獨蘇開戰後獨逸政府ノ得タル諸情報ニ基ク政治情勢ニ關シ左ノ如ク語レリ

一、獨蘇戰ニ對スル英國ノ態度ハ今日迄ノ所當分獨軍ノ戰果ヲ觀察シ其ノ戰勝ノ程度ヲ見極メタル後之ニ對處スル方法ヲ確定セントシアルコト明カナリ蓋シ從來數度ノ戰役ニ始ヨリ手ヲ出シ獨逸ノ電擊戰ニ依リ失敗シタル體險（驗カ）ニ鑑ミ今回ハ先ツ精神的援助ヲ行ヒ急速ニ對蘇接近ノ具體的措置ヲ講スルコトハ甚タ危險ナリト考ヘ居ルカ爲ナリ

二、米國ニ於テハ蘇大使「ウーマンスキー」ハ終始國務次官「サムナー」ト聯絡シアルモ政治的ニハ未タ何等ノ成果ヲ收メ居ラストノ情報ニ接シアリ米國モ差當リハ獨蘇戰ノ經過ヲ見守ルヘク獨ノ戰績明カトナルニ從ヒ米國モ積極的援助ヲ爲ササルモノト判斷シアリ

三、「フランコ」將軍ヨリ「ヒ」總統ニ對シ西班牙義勇軍モ共産主義ニ對スル十字軍參加方申込ミ來レル處右ハ軍事的ニハ價値少キヲ以テ獨逸軍部ハ反對ナルモ獨逸政治家ハ南米諸邦ニ及ホス影響極メテ大ニシテ宣傳上價値アルヲ以テ之ヲ希望シアリ諾否未タ決定スルニ至ラス

四、瑞典ニ於テハ王及軍ハ對蘇參戰ヲ爲スヘシトノ意見ナルモ政府ハ尙民主主義的色彩濃厚ナル者多ク之ニ反對シアリ目下國內輿論ニ對立アリテ（一語不明）ニ重要ナル危機ニ立チアルモ漸次反蘇派ハ反「ナチ」派ヲ壓シアリ

275

昭和16年6月24日　在独国大島大使より松岡外務大臣宛（電報）

ドイツの対ソ処分構想に関する情報報告

ベルリン　6月24日後発
本　省　6月25日後着

第七六四號（館長符號扱）

往電第七五九號會談ノ際將來ニ於ケル蘇聯ノ處分ニ言及セリ其ノ要旨左ノ如シ（談話者ト「リ」トノ關係ニ鑑ミ信ヲ置キ得ヘシ）

一、蘇聯ノ處分ハ今後戰況ノ發展如何ニ依ルヘキモ獨逸カ飽迄「スターリン」政權ノ倒壞ニ邁進スルコトハ「ヒ」總

統不動ノ方針ニシテ蘇野戰軍ノ撃滅ニ依リ「ス」政權カ直ニ倒ルルヤ否ヤハ猶豫斷シ得サルモ之ハ問題ニアラス假令該政權存續スルコトアリトスルモ最早全ク無力化スルコトハ疑ナキ所ナリ

二、獨逸ハ「ウクライナ」白露沿「バルチック」「コーカサス」等成ルヘク多クノ小國ニ分立セシムル方針ニシテ軍事行動ト相俟テ是等ノ工作ヲ實施セラルル筈ナリ

三、尚對蘇戰ノ進捗ニ伴ヒ印度方面ニ對スル工作ヲ積極化シ印度ヲシテ反英行動ヲ激化セシムルコトトナルヘシ

276 昭和16年6月24日 在独国大島大使より 松岡外務大臣宛(電報)

ドイツと策応し極東ソ連領にて分解工作を行うべき旨具申

ベルリン　6月24日後発
本　省　6月25日後着

第七六五號(館長符號扱)

往電第七六四號ニ關シ

蘇獨戰爭ノ推移ニ伴ヒ帝國モ亦日滿兩國ノ將來ニ對スル安全ヲ確保スル爲極東蘇領ニ分解工作ヲ行フコト極メテ緊要ニシテ本件ノ實施ハ歐蘇ニ於ケル獨逸ノ工作ト策應スルヲ有利トスルヲ以テ帝國ハ極東ニ於テ至急之カ準備ニ着手スルト共ニ是等ニ關シ獨逸ト所要ノ協議ヲ遂クルコト最モ必要ナリ

又「シベリア」鐵道ハ戰爭ニ依リ一時混亂ニ陷ルヘキモナルヘク速ニ之カ恢復ヲ計ルコト必要ニシテ之ヲ獨逸ニ要求スルト共ニ帝國モ亦自力ヲ以テ一定區間分擔スル用意ヲ爲ササルヘカラス

277 昭和16年6月24日 在ルーマニア筒井公使より 松岡外務大臣宛(電報)

ドイツによるロシア新政権の樹立は確実との独ソ戦見通しについて

ブカレスト　6月24日後発
本　省　6月25日後着

第一一三號(至急、館長符號扱)

獨[1]蘇戰前途ニ關シ判斷意見左ノ通リ

(一)獨ハ必ス現在ノ蘇聯政權ヲ潰滅シ新政權ヲ樹立スヘシ若

シ經濟資源獲得ノミニテ滿足ナルヘシト判斷スル者アラハ誤リナリ近時戰爭ノ性格カ右ノ點ニ在ルコトヲ充分認識スルコトハ我方判斷ノ基礎タラサルヘカラス

右ハ過去ニ於テ支那事變、歐洲戰爭ノ性格ニ關シ我國内一部ニ正確ナル認識ヲ缺キ中途半端ノ講和可能性ヲ信シ爲ニ國策遂行上遺憾ノ點アリシニ鑑ミ特ニ重キヲ置ク要アルヘシ

(二)[2]當地各方面ノ豫想ヨリ綜合スルニ獨逸ハ北ハ「レニングラード」ヨリ中央ハ「ビテブスク」及「ミンスク」方面ヨリ何レモ莫斯科ニ進擊南ハ「ブレストリトウスク」及「ルボフ」方面ヨリ「キエフ」ヲ衝キ「ドニエプル」流域ヲ下リ「ドン」及「ボルガ」下流地方ニ進ミ「ウクライナ」及「コーカサス」ノ赤軍ヲ捕捉潰滅スヘク主要作戰ハ一、二箇月ニテ目鼻ツクヘク如何ニ遲クモ天候作戰ニ適セサルニ至ル十月初以前ニハ蘇聯政權沒落シ「ロシア」國及「ウクライナ」國ノ建設「バルチック」諸國ノ恢復ヲ看ルヘク赤色政權落目トナラハ國際民心ノ離反案外早カルヘシト謂ハレ(既ニ「ロシア」人方面ニ立チ居ル噂ニ依レハ「ロシア」新政權首腦ハ「ビスクブスキー」將軍「ウクライナ」國ハ「コロハイツキー」將軍ナルヘク前者ハ帝政時代師團長革命直後南露ニテ英佛ト協力其後伯林ニ移リ獨逸ト聯絡シ準備シ居タルモノ後者ハ前「ウクライナ」國頭目ニテ之モ伯林ニ居リシモノ)又當地獨逸側ハ將來「ロシア」新政權トノ協力ヲ準備シ居ルモノト思シキ種々ノ措置ヲ執リ居レリ(「ウクライナ」政治組織宣傳準備等ニ付テハ曩ニ電報セシ通リナル外羅國宣傳省ニ對シ今次征戰ハ「ボルシエビキ」相手ニシテ「ロシア」民衆ヲ敵視セサル樣注意方指令ヲ與ヘ又羅國警察カ當地始メ各地ニテ露人三千人ヲ開戰ト同時ニ逮捕セルニ對シテハ反蘇分子釋放方指令シタル等種々ノ事實材料アリ)

之[3]等新政權ハ歐洲新秩序内ニテ經濟政治軍事上ニ於テ獨逸ノ傘下ニ立ツハ勿論ニテ「ロシア」政權ハ印度洋方面進出ノ可能性モナシトセサルヘシ

(三)獨逸作戰ハ常ニ大掛リニシテ全力ヲ擧ケテ準備ノ上電擊的ニ實施セラルルニ付「ナポレオン」ノ失敗ハ「スピード」時代ノ今日ハ前例トハナラサルヘク勝敗ノ決ハ我國内一般ノ想像ヨリモ早カルヘク我國トシテハ若シ獨逸ヨ

リ事前ノ協議ナカリシモノトセハ立上リ迄ノ準備ニ多少時日ヲ要スルハ當然ナルヘキモ萬一暫ク形勢觀望ト云フ如キ三國條約精神ニ卽セサル態度ヲ執ルニ於テハ我方ノ協力ナクシテ右勝敗ノ決ヲ見ルヘク從テ獨逸「ロシア」新政權モ吾ニ對シ義理合ヲ感セサルヘク將來露獨トノ友好關係ノ礎ヲ置クト共ニ併セテ今日實力ヲ以テ北方不斷ノ脅威トナルヘキ地方ヲ我方ニ收メ置ク絶好ノ機會ヲ失フニ至ルヘシ南方問題モ然ルコト乍ラ吾ニ大海軍アリ英米ヨリ進ンテ大規模ノ攻擊作戰ハ採リ來ラサルヘキニ付差當リ今ハ北ヲ第一南ヲ第二トスヘキモノト存ス

尙我方實力發動以前ニ我態度ヲ推測セシメサルコト肝要ニテ不意ヲ襲ヒテ第一擊ヲシテ最大ノ效果ヲ持タシムルコト絶對必要ニ付所謂輿論ヲ起スト云フ考ハ禁物ト存ス

開戰第二日ニ於テ右樣判斷意見ヲ申シ述フルハ無謀ノ謗ハアルヘキモ何等御役ニ立チタキ微意御諒察請フ

獨、伊、土へ轉電セリ

278 昭和16年6月27日 在独国大島大使より松岡外務大臣宛(電報)

対ソ作戦に対する日本の協力をリッペントロップ独国外相希望について

ベルリン 6月27日前発
本　省 6月27日後着

第七八四號

往電第七八三號會談ノ際本使ヨリ「リ」ニ對シ帝國ノ執ルヘキ措置ニ付テハ未タ訓令ニ接シ居ラサルモ松岡大臣「オツト」會談ニ關スル來電アリタルカソノ中ニ松岡大臣カ日本ハ三國同盟ノ目的及精神ニ基キ行動スト言明セラレタルコトハ貴大臣モ御承知ナルヘシト言ヘルニ「リ」ハ「オツト」電ニ依リ既ニ之ヲ承知シ「ヒ」總統ニモ傳ヘアリト述ヘ次テ日本ニハ素ヨリ御都合モ有之ヘキモ自分ノ卒直ナル意見ヲ述フレハ速ニ日本カ新嘉坡ヲ攻略セラルレハ最モ幸ヒナルモ之ニハ準備及其ノ攻略ニモ時日ヲ要スヘキヲ以テ先ツソ聯ヲ片付ケテ行ク方針ニテ對ソ作戰ニ日本ノ協力ヲ希望スル次第ニシテ之ヲ松岡大臣ニ傳ヘラレタシト述ヘタリ

279　昭和16年6月27日　在独国大島大使より松岡外務大臣宛（電報）

対英攻撃の時期等に関するリッベントロップとの会談報告

ベルリン　6月27日前発
本　省　6月27日夜着

第†七八五號

一、往電第七八三號ノ會談ノ際本使ヨリ「リ」ニ對シ對英攻撃ニ付テハ從來貴大臣ヨリ英國カ無條件降伏ヲナサハ格別ナルモ妥協平和ハ絶對ニ之ヲ行ハサル旨オ話アリタルカソノ決意ハ變ラサルヤト問ヘルニ「ヒ」總統ハ將來モ必スコノ一線ヲ堅持スヘシト答ヘタルヲ以テ本使ヨリ更ニ今日迄ノ對ソ作戰經過ヲ見ルニ作戰ハ非常ニ順調ニ進展シ居ルカ如ク從テ對ソ戰ノ終結早キカ爲ニ對英作戰モ早ク決行セラルルコトナキヤト尋ネタルニ「リ」ハ潛水艦戰ハ近ク全力ヲ擧ケテ行フニ至ルヘク對英空中攻撃ハ之ヲ續行スルモ對ソ作戰進捗シ空中兵力轉用ノ自由ヲ得タル後本格的ニ行フ筈ナリ從テ決定的攻撃ハ潛水艦及空中攻撃成果ニ待ツヘキモノニシテ目下予斷シ得サルモ出來得ル限リ早ク之カ決行ニ努ムルハ獨乙トシテ當然企圖シアル所ナリト答ヘタリ依テ本使ヨリ素ヨリ對英決戰ノ時期等ハ獨乙トシテ重大ナル機密ナルヘキモ日本トシテモ將來ノ施策ニ關スルコト多キヲ以テナルヘク早ク内示セラレタシト申入レ置キタリ

二、獨乙カ米國參戰ノ準備未タ終了セサルニ先立チナルヘク速ニ對英決戰ヲ終ラント企圖シアルト察知シ得ヘク對ソ作戰ノ進捗ニ伴ヒ「ヒ」得意ノ急襲的ニ英國攻撃ヲ行フ場合モアルヘク帝國トシテハ之等ノ場合ヲ考ヘテ後レナラサル如ク準備腹案ハ今日ヨリ揃テ置カルルコト極メテ緊要ナリト信ス

本電陸海軍ニモ傳ヘラレタシ

280　昭和16年6月27日　在満州国梅津大使より松岡外務大臣宛（電報）

独ソ開戦に対する関東軍の態度について

新　京　6月27日後発
本　省　6月27日夜着

第三七八號（極祕、館長符號扱）

大橋次官ヘ好富ヨリ

一、今次獨蘇開戰ニ際シ關東軍トシテハ極メテ愼重ナル態度ヲ持シ苟モ蘇側ヲシテ我方態度ニ疑念ヲ挾マシムルカ如キ言動ハ嚴ニ之ヲ愼ミ對蘇懸案交渉ノ如キモ既定ノ方針ニ基キ互讓的友好的態度ヲ以テ之カ圓滿妥結ヲ圖リ以テ日支事變ノ解決ニ全力ヲ傾注スルノ方針ナル處(但關東軍ノ一部ヲ割キテ支那方面ニ出動セシムルハ獨蘇戰爭ノ見透付カサルヲ以テ今日絶對反對ナリ)(往電第二五四號參照)關東軍少壯軍人殊ニ現地部隊ノ者ハ今ヤ對蘇問題解決ノ好機到來セリト爲シ場合ニ依リテハ事端ヲ釀シテ對蘇攻撃ノ火蓋ヲ切ルヘシ等ノ强硬意見ヲ抱懷スル者相當多數ナリ

二、當地憲兵隊ニ入リタル情報ニ依レハ大本營内部ニ於ケル對蘇態度ハ昨夜來急激ニ主戰的動向ヲ示シ來レルモ軍ノ態度ヲ最終的ニ決定スルニハ猶三、四日ヲ要スヘシトノコトナリ

三、滿側ニテハ萬一日蘇開戰ノ場合ニ於ケル滿洲國ノ物資問題檢討ノ爲總務長官代理ヲ(總務長官自身ノ東上ハ注目ヲ惹クヲ以テ)一兩日中ニ上京セシムル趣ナリ以上御參考迄

---

281 昭和16年6月27日 在独国大島大使より松岡外務大臣宛(電報)

防共協定の精神に鑑み道義的見地よりわが国には独ソ戦に協力する責務ありとの意見具申

ベルリン 6月27日後発
本 省 6月28日前着

第七九二號(館長符號扱)

本二十七日洪牙利モ宣戰シ伊太利モ部隊ヲ東方戰場ニ送ルヘク今ヤ歐洲諸國ノ大部ハ直接戰爭ニ參加スルコトトナレリ右ニ對シテハ獨軍部ハ必スシモ之ヲ欲シ居ラサルカ如キモ(往電第七六〇號參照)「ヒ」總統カ開戰當日國民ニ與ヘタル檄及「ソ」聯政府ニ與ヘタル獨外務省黨(覺カ)書ニ依リテモ明カナルカ如ク今次戰爭ノ目的ノ一トシテ一切ノ世界文化ヲ「ボルセビズム」ノ危險ヨリ救フコトヲ掲ケアリ「ヒ」總統ニトリテハ右ハ決シテ單ナル口實ニアラス「ヒ」宿積ノ信念ナルヲ以テ歐洲群小諸國ヲ獨逸ノ所謂對「ボルセビズム」十字軍ニ參加セシメタルナラン

日滿兩國防衛竝ニ東亞共榮圏確立ノ爲帝國ハ無爲閑靜ヲ許サザルノミナラス帝國カ世界ニ率先シテ防共協定ヲ締結シタル精神ニ鑑ミ道義的見地ヨリ又本戰爭ニ協力スル責務アリト信ス

282　昭和16年6月27日　在ソ連邦建川大使より松岡外務大臣宛(電報)

独ソ戦に対する日本側態度をめぐるモロトフ外務人民委員との会談報告

モスクワ　6月27日後発
本　省　6月28日前着

第七七七號[†]

往電第七七六號會見ノ際「モ」ハ本使ニ對シ今次事變ニ對スル日本政府ノ態度ニ付尋ネタルニ依リ本使ハ何等本國政府ヨリ通報ニ接セサルカ松岡大臣ノ考ヘハ御判リノ通ニテ政府殊ニ大臣ハ當惑シ居ルニアラサルヤト思考ス大臣ハ日ソ獨伊ノ結合ヲ熱心ニ考ヘ居リタル次第ナレハ戰爭ハ同避シタキ考ヘナリシト思考ス然ルニ今回突如戰爭勃發シ一方ハ三國同盟ノ締約國ニシテ又他トハ中立條約ヲ有スル等複雜ナル情勢下ニアリ連日閣議ヲ開キ方針ノ決定ニ力メ居ル模様ナレハ或ハ數日中ニ「スメターニン」經由又ハ本使ヲ經テ意思表示アルニ非スヤト思考ス東京ノ困惑ハ事實ト思考ス何トナレハ希望セサリシコト突發シタレハナリト言ヘルニ「モ」ハ然ラハ獨乙ハ何等日本ニ内報セサリシ次第ナリヤト尋ネタルニ依リ本使ハ大臣ノ伯林ヲ出發シタルハ四月五日ノコトナルカ夫迄ニハ何等ノ話ナカリシコト確實ナリ

四月下旬ニ至リ獨側ヨリ大島大使ニ對シ夫レラシキ話アリタルモ素ヨリ公式ノ通告ニアラス吾人ハ之ヲ信セサリシナリ然ルニ風説ハ益々盛トナルハカリナルヲ以テ過般貴下ニ對シ御意見ヲ求メタル處右ハ單ナル風説ナリトノ御返事ナリシヲ以テ本使モ安心シ居タル次第ナリ日本政府ハ獨乙ノ決意ノ概略ヲ知リタリトセハ夫レハ戰爭開始數日前ノコトト思フ何トナレハ獨乙向ケ「クーリエ」ハ六月二十日東京ヲ出發シ我館員二名モ獨乙バルカンノ旅行ニ赴キ二十一日ニハ「イラン」ニ向ケ書記官一名官補一名ヲ出發セシメタル位ニテ事前ニ明確ナル内報ヲ受ケ居ラサルモノト思考ス松岡大臣ハ獨乙政府ニ對シカカルコトナキ様何等カノ意思

表示ヲ為シタルニアラスヤト推測スルモ別ニ政府ヨリ通報ニ接シタル次第ニアラスト述ヘタルニ「モ」ハ三國同盟ニハソ聯邦ニハ關係ナシトノ條項アリ日本ハソ聯ニ反對ナル義務ヲ負ヒタルモノニアラスト思考ス

我等ハ隣國ナレハ其ノ時々ノ利害ノミナラス永久ノ利害ヲモ考フヘキニシテオ互ニ兩國關係ヲ惡化セシムル如キ何等ノ「ステップ」モ採ラレサルコトヲ希望ス最近日ソ關係ハ好轉シ出シタルトコロナリト述ヘタルニヨリ本使ハ駐ソ大使トシテ又中立條約調印者ノ一人トシテ本使自身ハ日本政府カ中立條約ヲ遵守スルコトヲ期待スルモノナリ兩國ノ關係ヲ惡化スル如キ「ステップ」ヲ採ルヘカラストノ貴見ニハ全然同感ナリトテ利權勞働者送込問題ニ觸レカカル問題ヲ遷延シ感情ヲ刺戟スルハ不可ナリトテ入國査證ヲ(一六?六六〇)大至急發給スル樣取計ハレ度ト言ヘルニ「モ」ハ早ク回答スル樣取計フヘシト言ヘリ尚本使ヨリ戰爭勃發前ソ聯ハ英國ト同盟條約締結ヲ話合居リタル由ナルカ之亦風說ニ過キスト言ハルルヤト問ヘルニ「モ」ハ全然カカルコトナシ其レハ全クノ嘘ナリ交涉モシタルコトナシ尤モ戰爭後ハ別ニシテ今回交涉委員既ニ渡來シ交涉スルコトトナリ居レリト答ヘタリ

283 昭和16年6月27日 在ルーマニア筒井公使より松岡外務大臣宛(電報)

ボルシェビキ打倒を大義名分として対ソ開戦すべき旨具申

ブカレスト 6月27日後発
本省 6月28日後着

第一一八號(館長符號扱)

往電[1]第一一三號補足旁卑見左ノ通リ

(一)我國對蘇戰ノ大義名分トシテハ大東亞及歐洲ニ新秩序ヲ建設維持スル爲獨伊ト提携協力スルヲ根本國策トシ對蘇中立條約モ蘇聯ニモ右提携協力ニ參加ノ機會ヲ與ヘ右國策ヲ補强スル趣旨ナリシモ歐洲ニ於テ右同樣ノ態度ヲ示シ獨逸ニ對シ背信的行動ヲ續ケタルト同樣我國ニ對シテモ中立條約成立後モ依然トシテ我國及支那國民政府ニ敵對スル徒輩ニ對スル援助ヲ熄メサルニ付已ムナク背信的「ボルシユヴイキ」政權ヲ壞滅セントストノ趣旨ニテ堂々進ミ得ヘシト信ス

(二)[2]但シ開戰理由ヲ多數ゴタゴタ羅列スルコトハ却テ本旨不明瞭トナリ內外ニ面白カラサル影響アルヘキニ付內外一般國民ニ對スル宣傳的方面ニ於テハ誰ニモ解リ易キ簡單ナル標語ヲ一ツタケ掲ケ主トシテ其ノ一點張リトスルコト有效ナルヘク其ノ標語ハ「ボルシエヴイキ」打倒トスルコト適當ト存ス蓋シ「ボ」ナルモノハ何カシラ惡キモノナリトノ感想ハ「ロシア」ヲモ含ム世界各國民上下ヲ通シテ一般ニ行亘リ居ルヲ以テナリ「新秩序」ハ樞軸側ニハ通用スルモ世界的ニハ效果ナク米國等ニ於テハ却テ反對效果ヲ伴ヒ樞軸ヘノ敵愾心ヲ强化スヘシ歐洲ニ於テモ例ヘハ教會側カ「キリスト」教擁護ノ爲トカ所謂「インテリ」共カ西洋文明擁護ノ爲トカ云ヒ始メ居ル處日滿支側ト歐洲側トカ別々ノ標語トナラヌ樣最初ヨリ「ロシア」及「アングロサクソン」民衆ヲモ含ム全世界ニ共通ノ效果アル「ボ」打倒ヲ標語トスルコト適當ト存ス

尙[3]「ボ」打倒後ハ恐ラク日滿支露獨伊等ヲ連ネタル「ユウラジア」カ之ヲ取卷ク「アングロサクソン」勢力ト鬪ヒヲ續クルコトトナルヘキニ付「ロシア」滿洲ハ勿論「ロシア」國家ヲモ敵視セサル樣今ヨリ充分ノ注意ヲ拂フコト啻ニ將來是ト友好關係ヲ持ツ爲ノミナラス我國民ノ態度ヲ豫メ善道(導カ)シ置ク爲ニモ必要ナルヘク此ノ意味ニ於テハ「ソレン」ト謂フ言葉モ敵ト云フ意味ニハ餘リ使ハサルヲ可トセン(六月十二日當地獨逸公使館宣傳係ハ本使ニ獨カ對蘇戰ヲ決心スルニ當ツテハ獨カ「ボ」ヲ打倒スル場合ハ米國始メ世界各國ニ於テ對獨反感減少シ國論不一致ニ導ク效果ヲ期シ得ルコトモ理由ノ一ツナルヘシト內話セルコトアリ現在モ獨羅共ニ專ラ逐「ボ」戰爭ト云ヒ居ルコト既報ノ通リ)

獨、伊、土へ轉電セリ

284

昭和16年6月28日　在イラン市河(彦太郎)公使より松岡外務大臣宛(電報)

独ソ戦に対してわが方は中立を維持し対米宣戦の上南進すべき旨意見具申

テヘラン　6月28日後発
本　省　6月29日前着

第一三六號(館長符號扱)

獨[1]蘇戰爭ニ對處スヘキ我カ外交政策ニ關スル卑見左ノ通具

中ス
一、日蘇中立條約及三國同盟條約ノ孰レニ依ルモ獨蘇間ノ戰爭ニ對シテハ日本ハ中立ヲ維持スヘキ立場ニ在リ
二、然レ共英米カ蘇聯邦ヲ援助スヘキハ當然ニシテ殊ニ米ハ參戰ヲ避ケ現在ノ名義上中立ノ立場ヲ飽迄利用シ蘇聯ニ對シ援助ヲ送リ獨逸打倒ニ勢力ヲ集中スヘク其ノ際日本カ前記中立ノ立場ヲ固執スル時ハ獨逸ハ苦境ニ陷ルヘシ
三、從テ日本ハ獨逸ノ敗北卽チ樞軸側ノ敗退ヲ防カントスレハ終局ノ所必ス米國ト開戰セサルヲ得サルヘク斯テ初メテ米國ノ對蘇援助ヲ妨害スル事ヲ得ヘシ但シ其ノ際蘇聯ニ對シテハ飽迄條約ニ基キ中立關係ヲ維持スルヲ得策トスヘシ
四[2]、然ラハ蘇聯モ亦日本ニ關スル限リ後方攪亂ノ實力無キ今日中立條約ニ依リテ中立ヲ守ラサルヲ得サルヘシ
五、以上ノ如キ立場ニ在ル日本トシテハ出來得ル限リ對米宣戰ノ上速ニ南方ニ對シ電擊作戰ニ出ルヲ有利トスヘク其ノ爲ニハ支那ニ派遣セル兵力ハ僅ニ一部ヲ除ク外大部分ヲ佛印ヲ通シ南下セシメ海軍ト呼應シ一擧ニ目的ヲ達成スヘク從テ支那ニ對シテハ南京政府カ倒壞セサル丈ノ消極的手當ヲ爲スニ必要ナル要所ニ兵ヲ殘留セシメテ事實上ノ撤兵ヲ斷行スヘシ
六、其ノ際嚴ニ愼ムヘキハ西比利亞ヘノ出兵ニシテ若シ此ノ擧ニ出テンカ日本ハ兩面作戰ニ出テサルヲ得サルヘク力ヲ南方ニ專ラニスルコト能ハス結局二兎ヲ追フノ愚ヲ演シ往年西比利亞出兵ノ二ノ舞トナルヘシ
七[3]、若シ北樺太又ハ沿海州等ヲ獲得セントスルナラハ南方進出ノ上豐富ナル物資ヲ抑ヘタル後ナレハ一擧手一投足ノ勞ヲ以テ爲スコトヲ得ヘシ
八、但シ南方ニ進出スル口實ヲ作ル爲ニハ相手方カ到底之ヲ承認シ得サルカ如キ條件ヲ持出シテ最後ノ通牒ヲ突キ附ケルコト必要ナルヘシ
九、右ノ如キ方法ニ依ル時ハ條約論ヨリ云フモ何等苦情ノ出ル餘地ナク他方樞軸側ヘノ義理モ立チ從テ中外ニ帝國ノ立場ヲ正々堂々ト闡明シ得ヘク大義名分上ヨリ見テモ適當ナル措置ナルヘシ
一〇、唯右實行ニ當リテハ迅速ヲ貴フ從テ事茲ニ到リテハ右顧左眄セス勇ト斷トヲ必要トスルノミナリト信ス

285　昭和16年6月28日　在独国大島大使より松岡外務大臣宛（電報）

日本の早期参戦を独側希望につき速やかにわが方態度決定方具申

ベルリン　6月28日後発
本　省　6月29日後着

第†七九八號

一、本二十八日午後六時在大本營「リ」外相ヨリ本使ニ對シ直接電話ヲ以テ左ノ通リ申越セリ
昨二十七日大本營ニ到着シ「ヒ」總統ト會談セシカ對蘇作戰ハ予期以上有利迅速ニ進展シ殆ト制空權ヲ獲得シ既ニソ軍ノ一部ニハ崩壞ノ兆サヘ現ハレ在リテ極メテ短期ニ作戰ヲ終結スルコト確實ナリ從テ時期ヲ失スル惧アルヲ以テ日本ノ對ソ參戰ハ遠カラサルコトヲ希望ス
二、「リ」カ大本營到着早々右ノ如ク然モ電話ニテ申越シタルハ恐ラク「ヒ」ノ旨ヲ受ケタルモノト察セラル獨乙トシテハ本使ニ對シ四月十日狀況ニ依リソ聯ノ準備整ハサルニ先立チ之ヲ砲撃スルヲ有利ト考ヘ在ルコトヲ述ヘ（第四一三號）又六月三日ニハ「ヒ」總統態々山莊ニ本使ノ來訪ヲ求メ特ニ獨ソ戰ノ不可避ナルヘキコトヲ告ケタル（第六三九號）等對ソ作戰決意ハ早クヨリ日本ニ通報シアルニ拘ラス開戰後一週日ヲ經タル今日尙日本カソノ態度ヲ明ニセサルコトニ關シ奇異ノ感ヲ抱キ之ヲ催促シタルモノト察ス
事實ニ於テ連日日本ヨリ來タル諸情報竝歐洲新聞ノ記事ハ頻々タル日本ニ於ケル內閣ソノ他ノ會議ノミヲ報道シ讀者ヲシテ如何ニモ帝國政府優柔不斷ノ感ヲ抱カシメツツアリテ遠ク海外ニアルモノヲシテ帝國ノ前途ヲ思ヒ轉々深憂ニ堪ヘサラシム歐洲群小諸國サヘ夙ニソノ態度ヲ明ニセル今日三國同盟ノ主要國トシテ將亦昭和十一年世界ニ卒先シテ防共協定ヲ締結セル帝國カ今日尙ソノ態度ヲ明ニセサルコトハ帝國ノ名分及威信ノ爲誠ニ遺憾ニ堪ヘサル所ナリ內政上ノ困難アルハ本使モ之ヲ諒トスル所ニシテ貴大臣ノ苦衷又之ヲ察スルモ今ヤ既ニ論議ノ時代ニアラス要ハ勇斷ニアリ速カニ我態度ヲ決定セラレタシ

本電陸海軍ニ傳ヘラレタシ

286　昭和16年6月30日

対ソ軍事行動の即時決断を要請するリッベントロップの松岡外相宛申入れ文書

オット獨逸大使の松岡大臣に傳達せるリ外相申入

（昭一六、六、三〇）

一、獨蘇間の戰爭は單に局限せられたる個々の問題の解決を齎すに止まらすロシヤ問題全體の終局的解決を招來すへし

二、獨逸の軍事行動に依り蘇聯軍潰滅は比較的短時日の間に期待せられ右の結果獨逸の對英戰勝も亦不動の事實となるへし

若し獨逸か蘇聯の油田と穀物とを獲得せんか右に依り歐洲全體にとり充分の補給確保せらるる事となるへく其の結果は英國の封鎖も亦全く無意味となるへし尙其の際は東亞への陸路直接連絡も亦同様に恢復せらるへし

三、斯くて樞軸國の目的たる歐洲新秩序達成を可能ならしむる總ての前提條件備はることとなれり

四、日本にとりても亦現狀勢に依り唯一無二のチャンス與へられたる次第なり獨逸か歐洲の爲になしたると同様に日本は今や對蘇軍事行動に出つることにより其の企圖する東亞新秩序達成の諸條件を作り得へし東亞に於ける蘇聯の力を排除せは日本は其の希望通りに支那問題を解決することに付き最早何等の困難にも遭遇せさるへし

五、日本の利害關係の觀點よりすれは新嘉坡方面を含む南方進出の思想も亦現在及將來に亘り重要なる意義を有するものなり然れとも此の點に關しては日本は目下の所未た準備整ひ居らす且は又斯る進出の可能性は現在の戰爭段階に於ては未た與へられ居らさるに依り現在日本に提供せられ居る露西亞問題の全面的解決の機會を極東に於ても亦利用すること日本の緊急の利益なり斯くて南方進出の際の背後は安全となるへし

六、事件は急速に終熄すへきものと期待せらるるに鑑み日本は躊躇せす對蘇軍事行動を起す決定を行ふへきなり蘇聯邦か既に一敗地に塗れたる後日本か行動を起すことは日本の道義的竝に政治的地位を著しく害すへし

（欄外記入）

七、蘇聯邦の急速なる敗北（殊に日本か東方より蘇聯打倒に參加せる場合の）は米國をして完全に孤立し且世界の最

も有力なる結合に對立する英國側に立ちて參戦すること
の全然無意味なることを確信せしむる最上の手段なりと
考へらる

（欄外記入）

此の邊が「リ」の謀略的記述なり

287　昭和16年7月1日
ドイツ側に対し独ソ戦に対する日本の立場を説明したオーラル・ステートメント

Strictly Confidential

Oral Statement

Please convey the following to His Excellency Herrn von Ribbentrop:

I have duly noted Your Excellency's request made through Ambassador General Ott in Tokyo and Ambassador General Oshima in Berlin. I have taken particular care in studying the views set forth by Your Excellency in approaching the Japanese Government with the request.

In reply, I take pleasure in stating that Japan is preparing for all possible eventualities as regards the U.S.S.R. in order to join forces with Germany in actively combating the communist menace. Japan is keenly watching developments of conditions in Eastern Siberia in particular, determined as she is to destroy the communist system established there. It is, I believe, hardly necessary to add that the augmentation of military preparations, among other things, with an eye to realizing this object, together with the aim of restraining the Soviet Russia at the Far Eastern end in her struggle with Germany is steadfastly kept in the mind of the Japanese Government. At the same time, I beg to state that the Japanese Government have decided to obtain points d'appui in French Indo-China which will enable Japan further to strengthen her pressure upon Great Britain and the U.S.A., through diplomatic means if possible but failing it by resort to force even. In this connection, I would like to draw Your Excellency's attention to the fact that Japan has been keeping constant vigil in the Pacific including the South-Western Ocean with a view to restraining Great Britain and the U.S.A. She will continue to do so and intensify, when deemed necessary, measures calculated to check the moves on the part of the Anglo-Saxon Powers. I trust that Your Excellency is in full agreement with me that this really constitutes a vital contribution towards our common cause, indeed no less vital than Japan's intervention at this juncture in the German-Soviet war. Japan cannot and will not relax her efforts in the South which after all possesses a very important bearing upon the whole course of the war out of which I am most confident that Germany and Italy will soon emerge victoriously. I assure Your Excellency once again that the Japanese Government will not fail to act in accordance with the aims and spirit of the Tripartite Pact.

Tokyo, July 1st, 1941.

編注　本オーラル・ステートメントの内容は、七月二日、在本邦オット独国大使へ伝えられた。

288　昭和16年7月1日

ソ連側に対し独ソ戦に対する日本の立場を説明したオーラル・ステートメント

Strictly Confidential

Oral Statement

I take pleasure in informing Your Excellency that Japan necessarily feels deep concern with the German-Soviet war that has unfortunately broken out. To be frank, Japan finds herself in the most awkward position faced with the war between Germany and Italy, her allies, on one hand, and the U.S.S.R. on the other, with whom she has but recently begun to improve relations in sincere desire to promote and maintain good neighbourliness. Japan is, therefore, most anxious to see the termination of the hostilities at the earliest possible date, earnestly wishing that it may at least be confined to regions not immediately adjacent to the Far East where she possesses vital interests.

The Japanese Government take this opportunity to state that they do not at present feel compelled to modify their policy towards the U.S.S.R except to the extent of their natural desire not to give rise to misunderstandings to their allies. It is their sincere hope that they will be able to persue a course of policy carefully calculated at once to serve their own interests and to preserve the spirit of mutual trust among the allies, while maintaining good relations with the U.S.S.R. I need hardly add that their Excellencies, Messieurs Stalin and Molotoff, may rest assured that I will do my best but that future developments will largely decide if the Japanese Government can consistently abide by this policy.

Tokyo, July 1st, 1941.

編注　本オーラル・ステートメントの内容は、七月二日、在本邦スメターニンソ連邦大使へ伝えられた。

289　昭和16年7月1日　在フィンランド昌谷(忠)公使より松岡外務大臣宛(電報)

独ソ戦に対して採るべき立場につき意見具申

ヘルシンキ　7月1日後発
本　　　省　7月4日前着

第一六一號(館長符號扱)

今次[1]獨蘇開戰ニ際シ帝國ノ態度ハ全世界ノ注目關心ヲ集メ居ルモノト思考セラル殊ニ對露關係ニ於テ宿年本邦ニ囑望シ居リタル芬蘭ニ於テ然リトス現ニ往電(脱)當國外相及政務局長ト會談ノ際モ劈頭右ノ質問ヲ受ケタルカ諸外國ニ於テモ同様ナリト想像セラル申ス迄モナク本問題ハ我カ國策ノ根本ニ關シ廟議既ニ確立シ居ルモノト拜察セラルル處現下世界各國トモ我カ國ノ動向ニ付揣摩臆測ヲ逞フシツツアル状況ナルニ鑑ミ少クモ在外使臣ニ對シテハ其ノ心得迄ニ獨蘇戰爭ニ對スル帝國政府ノ方針大要御指示ヲ得ハ幸甚ト存ス尚僭越乍ラ卑見左ニ具申シ清鑑ヲ請フ

帝國現下ノ關心事ハ累次政府聲明ノ通リ支那事變處理ト共[2]ニ東亜新秩序ノ確立ヲ第一義トスルコト勿論ニシテ之カ爲ニ我國ハ世界ニ率先シ共產黨主義運動打倒ニ邁進シ居リ此ノ點今次獨蘇開戰ト其ノ趣旨ヲ一ニス然ルニ他面我國ハ更ニ實力ヲ貯ヘ置キ對支及英蘇援助ニ汲々タル米國ニ儼然睨ミヲ利カセ其ノ動向ヲ監視牽制シ以テ現戰爭ヲシテ世界戰爭ニ至ラシメサルノ使命ヲ有シ現ニ之アルカ爲ニ米國ノ參戰決意ヲ能ク制シ居ルモノト愚考セラル而シテ右ニ依リ帝國ハ既ニ實質上盟邦獨伊ト協同陣營ヲ張リ現歐洲戰爭ニ於ケル樞軸國ノ作戰ニ寄與シ居ルコト大ナリト思料セラル

[3]歐洲式國際的利己主義的理論ニ依レハ獨蘇開戰ニ乘シ日本ハ千載一遇ノ好機至レリトナシ直ニ立チテ沿海州ヲ占領シ進ンテ「バイカル」湖ニ進軍シ獅子ノ分前ニ與ルノ賢明ナルヲ説ク者アルヘシト雖右ハ支那事變及米國ノ動向ヲ度外視セル僻論ニシテ斯ル場合我國ハ腹背ニ敵ヲ受ケ東西南北ニ國力ヲ割クコトトナリ支那事變ノ處理ニ支障ヲ來ラシ二兎ヲ追フ者一兎ヲ得サルノ悔ヲ貽スニ至ルナキヤヲ惧ル

[4]如上我國ハ反共產協定ニ對シテハ本來同主義ニ基因シ發足シタル支那事變ノ處理ニ全力ヲ傾注シツツアリ又三國同盟ニ對シテハ米國牽制ニ依リ其ノ義務ヲ充分ニ履行シ居レリ仍テ此ノ際益國力ノ充實ヲ計リ國際間親善ヲ計ルト共ニ一旦萬已ムヲ得サルノ際ニハ決然立チテ所信ヲ貫徹スルノ用意アルヲ緊要トス獨蘇戰爭ハ早晩獨逸ノ必勝ニ終ルヘキハ豫想セラルル所ニシテ蘇聯邦ノ運命又知ルヘキノミ我對蘇政策遂行ハ自ラ容易ナルヘク漸次東歐形勢ノ推移ヲ見屆ケタル上適當ノ機會ヲ待ツコト賢明ノ策ナリト愚考ス

燕雀ノ微聲幸ヒ御叱責ヲ請フ

---

290 昭和16年7月2日 在満州国梅津大使より 松岡外務大臣宛（電報）

独ソ開戦後における満州方面の情勢報告

新京 7月2日後発
本省 7月2日夜着

第四〇三號（極祕、館長符號扱）

本使發英、米、南大宛電報

合第一四〇號

滿蘇時局情報

獨蘇開戰後ニ於ケル當方面ノ情勢左ノ通リ

一、蘇聯邦ハ從來極東赤軍ノ一部ヲ逐次西方ニ輸送シツツアリタルカ獨蘇開戰ト共ニ極東ニ對シ第一戰備（隨時作戰行動ヲ爲シ得ル體制）ヲ布キタルモノノ如ク目下飛行機增强、燈火管制實施、「トーチカ」ノ銃眼開口、大砲、高射砲「トラクター」ノ第一線進出、我方ニ對スル偵察竝ニ警備艇ニ依ル警備强化、「トーチカ」竝ニ野戰陣地構築開始、野營部隊機關砲大隊「ノモンハン」事件當時ト同程度ノ防禦體制ヲ執ルト共ニ對滿謀略工作ヲ强化セルモノノ如シ但シ未タ特ニ極東赤軍增强ノ形跡ヲ認メス

二、「ノモンハン」地區滿蒙國境確定現地作業ハ豫定通リ極メテ順調ニ進捗シ近ク妥結ヲ見ル豫定ナルカ外蒙側態度ハ友好的且妥協的ナリ

三、在哈爾賓蘇聯邦總領事館員家族五十九名竝ニ在滿洲里蘇聯邦領事館員家族竝ニ在留民家族七、八十名三日頃本國ニ引揚クルコトトナレリ

本電宛先、獨、伊、米（英ヵ）、北京、上海、南京

大臣ヘ轉電セリ

大臣ヨリ佛ヘ轉電アリ度シ

佛ヨリ獨、伊ヘ轉電アリタシ

291　昭和16年7月2日　在独国大島大使より松岡外務大臣宛（電報）

独ソ戦況を説明し日本の協力の必要性をリッベントロップ強調について

ベルリン　7月2日後発
本　省　7月3日後着

第†八二五號（極祕、館長符號）

昨一日在東「プロシア」大本營ニ飛行シ「リ」外相ト會見シ本二日午後伯林ニ歸來セリ會談要旨左ノ如シ

一、一日朝電話ニテ貴大使ニ御話申上ケタル如ク此ノ世界史的ノ重大事件ニ際シ自分（「リ」）ノ衷情ヲ松岡大臣ニ御傳ヘシ度キコト急ヲ要スル爲今朝「オット」大使ニ訓電シ即刻傳達セシメルコトト致シタル次第ニシテ電報ノミニテハ意ヲ盡サルヲ以テ大本營迄御出ヲ願ヒ直接貴大使ニ御話申上クル次第ナリ

二、獨逸ノ攻擊開始ヲ蘇聯、英米等ハ挑戰ナリト宣傳シアリ事實ヲ申上クレハ蘇聯ハ直ニ獨逸軍ニ向ヒテ攻擊ニハ出テサリシナランモ全力ヲ西方國境ニ集中シ先ツ芬蘭及羅馬尼ヲ攻擊スルモノト判斷セラレ又獨逸ノ對英攻擊ノ中

國ニ獨逸軍ニ對シ武力ヲ行使スル惧モアリシヲ以テ自衛上蘇聯ノ機先ヲ制シテ行ヒタル戰爭ニシテ決シテ無名ノ師ヲ起シタルニアラス蘇聯カ如何ニ戰爭準備ヲ整ヘアリタルカハ今迄ノ對蘇作戰經過又從來ノ戰爭ノ模樣ヲ御覽ニナレハ明瞭トナルヘシ

三、既ニ對蘇戰ヲ始メタル以上「ヒ」總統ハ世界ノ平和ト正義ヲ維持スル爲蘇聯内ニ「ボルシエビズム」ノ一個ノ細胞ヲモ殘ササル如ク全露西亞ヲ肅清スル固キ決意ヲ有ス一九三五年防共協定交渉以來共產蘇聯ノ存在ニ同一ノ關心ヲ示シアル日本ノ助力ヲ希望スルコトハ特ニ切實ナルモノアリ獨逸トシテハ歐露ニ於テ蘇聯ヲ多數ノ弱小國ニ分裂セシムヘク日本モ極東ニ於テ同樣ノ方法ヲ執ラルルヲ可ト信スルノミナラス又蘇聯擊滅後日獨兩國ハ速ニ西伯利鐵道ニ依ル聯絡ヲ恢復シ且空路ヲ設立スルコトヲ爲ササルヘカラス從テ以上ノコトヲ實行スル爲ニハ日本ノ協同ナクシテハ實現シ得サルナリ

四、對蘇戰ノ經過ハ一部ハ既ニ發表セルモ蘇軍中其ノ核心タルヘキ優良師團ノ大部分ハ既ニ之ヲ擊滅シ或ハ目下之ヲ包圍中ニシテ近ク之ヲ完全ニ擊滅スヘク戰車ハ殆ント其ノ大分ヲ鹵獲シ或ハ破壞シ飛行機ノ破壞數モ四、〇〇〇ヲ超エ最高統帥部ノ作戰指導及下級指揮官ノ戰鬪指揮モ驚クヘキ拙劣ニテ今後ノ兵站路ハ長クナルモ戰爭經過ハ寧ロ今迄ヨリモ一層迅速トナルヘシ

蘇軍モ世人ノ唱フル退避作戰ヲ最早ヤ行ヒ得サルヘク戰爭ハ極メテ短時日ニ片付クヘシ依テ本使ヨリ何時頃迄カカル御見込ナリヤト質問セル處「リ」ハ戰爭ノコト故明白ニハ申上ケ兼ヌルモ後六週間乃至八週間ニテ「ウラル」以西ノ蘇軍ヲ殲滅シ得ヘシト考ヘアリト答ヘタリ

五、「リ」ハ中立條約カ日本ノ參戰ヲ困難ナラシメアルニアラスヤト質シタルヲ以テ本使ハ帝國政府ノ方針ハ未タ存セサルモ中立條約ハ獨蘇兩國カ戰爭ヲ爲サス友好關係ニ在ルコトヲ前提トシ成立セルモノナレハ最早ヤ今日トナリテハ右條約ノ爲ニ日本カ參戰ヲ躊躇スルカ如キコトハアリ得スト信スト答ヘ置ケリ

六、尚本使ヨリ日本ノ態度ニ關シテハ既ニ貴大臣(「リ」)ニ御知ラセ置キタル如ク松岡外相ヨリ近ク決定ノ通知アリ獨逸側ニ於テハ早目ニ獨蘇戰ノコトヲ本使ニ御洩ラシ下サレタルコトトテ或ハ日本ノ態度決定遲シトノ感ヲ抱カル

ルヤモ知レサルモ獨逸ノ此ノ重大ナル企圖ヲ祕密ニスル爲最後的決定迄ニ事ヲ運ヒ得ス又日本トシテハ此ノ重大ナル情勢ノ變轉ニ際シ日本ノ當面スル南方問題、支那事變處理等一切ノ問題ヲ綜合シテ方針ヲ樹テサルヘカラサルヲ以テ若干ノ時日ヲ要スルコトハ當然ニシテ又獨逸カ戰勝スルコトハ貴大臣ノ好意ニ依リ送付セラルル戰況及之ニ基ク當方ノ研究ノ結果之ヲ疑フモノナク獨蘇戰ノ經過ヲ觀望シ居ル等ノコトハ絶對ニナキコトヲ信セラレ度シト述ヘ置ケリ

七、惟フニ「リ」カ今回貴大臣ニ「メッセージ」ヲ送リ更ニ本使ノ來訪ヲ求メタルハ同人カ當時國内ノ反對ヲ排シ率先シテ防共協定ヲ結ヒ更ニ三國同盟ノ締結ヲ行ヒ對日提携政策ヲ實行シ來レルニ拘ラス對蘇戰爭發生セル今日日本カ一ツモ彼ニ協力セサルカ如キコトトナリテハ「リ」ノ「ヒ」總統ニ對スル責任竝國民ニ對スル立場上苦境ニ陷ルコトアルヘキヲ慮リタルモノニシテ「リ」モ若干焦慮シ居ルヤニ認メラレタリ

292　昭和16年7月2日　在独国大島大使より松岡外務大臣宛（電報）

独ソ戦決着後の対英決戦遂行をリッベントロップ言明について

ベルリン　7月2日後発
本　省　7月3日後着

第八二六號（極祕、館長符號）[†]

往電第八二五號會見ノ際本使ヨリ對英決戰ノ時期ニ關シ質問セルニ「リ」外相ハ既ニ御話申上ケタル如ク潛水艦戰及一部ノ空中攻擊ハ續イテ實施シ居リ獨「ソ」戰カ片付カハ直ニ大規模ニ之ヲ實行ス卽チ獨逸ハ其ノ空軍ノ全力竝ニ獨逸國民ノ總力ヲ之ニ傾倒シ最後ノ勝利ヲ獲得スルコトニ努力致スヘク既ニ屢々申上ケタル通リ對英妥協ノ如キハ絶對ニ行フ意圖ナシト明言セリ

293　昭和16年7月3日　在ソ連邦建川大使より松岡外務大臣宛（電報）

独ソ開戦に伴う日ソ間の相互引揚げを考慮し外国人の出国査証制実施方具申

モスクワ　7月3日後発
本　省　7月4日前着

第八三九號（館長符號扱）

我方ニハ現在外國人ノ出國ニ對スル査證制ナキ處今後事態ノ推移ニ依リ日蘇兩國外交官其他交換引揚等ノ必要生スル場合ヲ考慮スル時今回ノ獨伊等ノ如ク引揚ケ蘇聯人ノ方カ多數ナルカ又ハ同數ノ場合ハ問題ナカルヘキモ蘇聯人ノ少ナキ場合ハ先方ヨリ同數主義ヲ主張スル等種々故障ナキヲ保セサルニ付此際ニ於ケル蘇聯人ノ本邦引揚ヲ監視シ必要アレハ我方在留者數ト睨合セ或ル程度調節スル様（在滿大使發閣下宛電報第四〇二號）此際至急外國人ニ對スル出國査證制ヲ設ケラルルコト機宜ノ處置ト存スルニ付右至急御考慮相煩度シ

294

昭和16年7月4日　在ソ連邦建川大使より松岡外務大臣宛（電報）

ソ連の敗色は濃厚との情勢判断報告

モスクワ　7月4日後発
本　省　7月5日後着

第八四八號[†]

獨ソ戰情勢判斷

一、ソ軍ハソノ戰闘力獨軍ニ劣ルヲ無視シ主力ヲ獨洪羅國境線近ク展開シ「ビエロストック」「レンベルグ」地域ニ於テハ特ニ凹角内ニ突入シ在リタルカ為獨軍航空部隊及機械部隊ノ急襲ヲ容易ナラシメタルコト今回ノ大敗戰ノ端緒ヲ為スモノナル處ソ軍カ何故ニカカル攻勢的決戰的配備ヲトリタルヤ解シ難キカ一昨年ノ獨波戰後獨乙ハ西方佛英軍ト決戰ヲ行フ要アリ深ク東方ヲ顧ミ得サルモノト為シ形勢變轉ニ應シ得ンカ為新國境方面ニ兵力ヲ進メテ陣地ヲ構築セルモノト推測ス昨夏以來獨軍ハ逐次兵力ヲ東方國境ニ集中シ本春ニハ既ニソ軍ニ比シ優勢トナリタルニ拘ハラスソ軍首脳部ハ其ノ配備ヲ持久戰的ニ變換スルヲ怠リ隨所ニ突破セラレ挽回シ難キ混亂ニ陷リタルモノト推測ス

二、獨軍ハ今ヤ中央「ミンスク」正面ニ於テハ被包圍部隊ノ處理ニ忙殺サレ居ルカ如キモ「バルチック」正面及「ウクライナ」正面ニ於テ急迫續行中ニシテ「レニングラード」ハ間モ無ク側背ノ脅威ヲ感スヘク「キエフ」正面ニ

於テハ獨軍ハ既ニ「ドニエストル」河ノ橋梁爆破中ト傳ヘラレ居ルヲ以テ此方面ノソ軍モ退却線ノ指導甚シク困難ニ陥ルヘキヲ予想セラル

三、中央正面ニ於テソ軍カ「スモレンスク」附近ノ新陣地ニ於テ有效ニ獨軍ヲ拒止シ得ヘキカハ一ニ後方ヨリ同陣地線ニ充テ得ヘキ兵力ト速度ニ關スヘク今ヤ全力ヲ擧ケテ對處中ナルヘキカ此ノ線ニ於テ破レンカ莫斯科ノ運命全ク迫レリト言フヘク又「バルチック」ヲ長驅中ノ獨軍及「カレリア」地峡攻略中ノ獨芬軍ハ「レニングラード」占領後ハ「ボルガ」河上流地域ヲ經テ直路「キーロフ」方面ニ前進シ次テ主力軍ノ「ボルガ」渡河ヲ容易ナラシムヘシト推測セラル

四、ソ聯政府國民トモ士氣沮喪ノ徴歴然タリ昨三日ノ「スターリン」ノ國民ニ訴ヘタル演説ノ如キモ鄭重ニシテ何等氣魄ノ見ルヘキナク既ニ生活資源ノ燒却ヲ慫慂セル等防戰ノ自信ヲ失ヒツツアルヲ曝露シ人民亦戰意ニ乏シク何等愛國的熱情ノ發露ナク應召兵ノ如キ大部分ハ支那苦力ニ劣ル服裝ヲ爲シ意氣消沈默默低頭互ニ語ル氣力ナク況ンヤ愛國軍歌ノ高唱モナク屠所ニ引カルル羊ノ感ナキ能ハス是露人特有ノ愚鈍性ニ依ル所多カルヘキモ亦以テ勝利ノ信念ヲ缺キ戰爭ニ對スル嫌惡恐怖ヲ表徴スルモノト言ヒ得ヘク敗戰色甚タ濃厚ニシテ莫斯科陥落ノ如キ今ヤ時機ノ問題タルノ感ナキ能ハス

295　昭和16年7月4日　在ソ連邦建川大使より松岡外務大臣宛(電報)

モスクワ所在のソ連政府部官庁が撤退開始との風説について

モスクワ　7月4日後発
本　省　7月5日前着

第†八五〇號

當地部官廳ハ撤退ヲ開始セル旨噂セラルル處外務部ニ於テハ數日前ヨリ各階段ニ木箱ヲ用意シアリ四日宮川ノ會見セル極東部長ノ如キハ甚タシク落付ヲ缺キ居タル趣ナリ

296　昭和16年7月4日　在ソ連邦建川大使より松岡外務大臣宛(電報)

ロシアに新政権が樹立された場合におけるス

ターリン政権との関係につき対処方針回示方

請訓

モスクワ　7月4日後発
本　省　7月5日後着

第八五四號†

一、此度御決定ノ國策(編注)ハ全ク同感ニシテ欣快ニ堪ヘス

二、ソ軍「スモレンスク」附近ニ於テ敗レンカ政府東遷ノ問題生スヘク一般ニ「スウェルドロフスク」ト稱セラレ居ルモ獨ノ最左翼軍及獨芬軍ノ戰果如何ニ依リテハ更ニ南方ニ之ヲ選ハサルヲ得サルニアラサルカ獨軍ハ急速ナル追擊ヲ續ケ九月末位迄ニ「ウラル」ノ線ニ到達シ茲ニ作戰一段落ヲ終結シ歐露ノ新建設ニ從事スヘク「スターリン」政府ニシテ「ウラル」ヲ固守シ得ル場合ニハ相當ノ威力ヲ有スヘキカ一度「オムスク」附近ニ移ランカ未開發貧弱ナル人的物的資源ヲ擁シ餘喘ヲ保ツニスキサルヘシ

三、我軍カ東部シベリアニ働キカケ得ルハ明春ノコト?ト推察セラルル處此度ノ決定國策ニテハ最後ノ時機迄「スターリン」政權トノ間ニ外交交渉ヲ續ケラルル御考ナルヤニ拜セラルル處豫想セラルルカ如ク獨カ歐露ニ政權ヲ樹立スルトスレハ寧ロ之ト交渉シテ極東露領問題ノ解決ヲ計ルカ然ラストスルモ勝手ニ辭柄ヲ設ケテ行動スルコトモ難ナキコトト想像セラレ敗戰無援ノ「スターリン」政權ノ如キ齒牙ニ懸ケサルヲ可トスルヤニ考ヘラル

四、ソ政府カ如何ナル狀態ニテ東方ニ移ルヤハ想像シ難キカ米大使ノ如キハ混亂狀態ニ陷リ置去リヲ喰ヒハセヌカト其點許リヲ憂慮シアリ本使ハ其ノ時ノ狀況ニヨリ同行スルヤ當地ニ留マルヘキヤヲ決スル考ナルカ若シ貴大臣ニ於テ將來ノ爲萬難ヲ排シテモ「スターリン」政府ニ隨行スル必要アリト認メラルルニ於テハ豫メ用意ヲ要スヘキニ付御回訓相成度シ

五、本意見ハ稍過早ノ感ナキ能ハサルモ獨軍既ニ「ベレジナ」河ヲ渡河前進中ナリト報シ形勢ノ變轉測リ難キニ付申上クル次第ナリ

編　注　昭和十六年七月二日付御前会議決定「情勢の推移に伴う帝国国策要綱」(『日本外交文書　日米交渉—一九四一年—』上巻第86文書)。

297

昭和16年7月5日　在独国大島大使より　松岡外務大臣宛(電報)

在本邦ポーランド大使館の引揚げ実施を独側要請について

ベルリン　7月5日後発
本　　省　7月7日前着

第八四五號

往電第八四四號「ウエアマン」加瀬會見ノ際「ウエ」ハ加瀬ニ對シ日本ニハ今猶波蘭大使館アリ和蘭ハ日本側ニ色々御都合アルコトト存スルヲ以テ敢テ問題ニハ致ササルモ波蘭ノ方ハ是非共引揚ケラレタシト懇談的ニ申出タル趣ナルカ右ハ尤ノ次第ニテ特ニ獨蘇開戰ノ結果ニモ鑑ミナルヘク速ニ御措置相成度シ

298

昭和16年7月8日　在ソ連邦建川大使より　松岡外務大臣宛(電報)

独ソ戦につき在ソ連邦スタインハート米国大使と意見交換について

モスクワ　7月8日後発
本　　省　7月9日前着

第八七七號(館長符號扱)

本八日「スタインハート」ト會談セシカ彼ハ「ヒツトラー」此ノ度ノ蘇聯攻撃ハ全戰爭失敗ノ端緒ヲナスモノニシテ戰ニ勝ツモ軈テハ持久戰ニ陷リ東西ニ確タル戰果ヲ得ルコトナク其ノ間米ノ援助ニ依リ立直ル英ニ破ル所トナルヘキヲ力說シタル上松岡大臣ニハ此ノ際三國同盟ヨリ脫退スル意圖アリヤト問ヘルヲ以テ何等知ル所ナキカ將來ノコトハ知ラス今直ニ脫退等ハ國家的名譽上出來モスマイト答ヘタリ次テ本使ヨリ獨蘇戰テ日米ノ關係カ大ニ緩和スヘシト申セルニ日米戰爭ハ今ヤ免レタリ日獨連絡斷タレタル今□(一字不明)其ノ惧ハナクナレリト大ニ滿悦ノ表情ヲ爲シタリ次テ彼ノ求メニ應シ本使一流ノ獨逸ノ對蘇作戰豫想ヲ一クサリ說キ聞カセ冬季前ニ獨軍「ウラル」ト蘇「イラン」國境ニ達セハ事實蘇聯ハ崩壞ノ外ナシトノ意見ヲ彼ハ傾聽セリ何等御參考迄ニ

299

昭和16年7月10日　松岡外務大臣より
在独国大島大使宛（電報）

諸般の情勢により在本邦ポーランド大使館の引揚げ実施は保留中である旨オット大使へ通報について

本　省　7月10日後5時30分発

第六二六號（館長符號扱）

貴電第八四五號ニ關シ

當方ニ於テモ在京波蘭大使館ノ引揚方手配中ナリシモ本大臣ニ於テ諸般ノ狀勢ヲ考慮シ暫ク時期ヲ待ツ事適當ト認メ之ガ卽行ヲ差控ヘ居ル次第ニテ右ニ付テハ八日本大臣ヨリ「オット」大使ニモ通報ズミナリ

300

昭和16年7月12日　松岡外務大臣
在本邦スメターニンソ連邦大使　会談

日ソ中立条約の有効性をめぐる松岡外相とスメターニン大使との会談要旨

松岡大臣「スメタニン」「ソ」聯大使會談要旨

昭和十六年七月十二日自午後四時至同五時四十五分

於千駄谷大臣私邸

先方「ザブローヂン」二等書記官帯同

當方　加瀨祕書官同席　野口通譯官通譯ス

獨「ソ」戰ト日本ノ對「ソ」態度ニ關スル件

（七月十日「スメタニン」大使ヨリ會見方申出アリタルモ大臣ハ翌十一日午後二時ニ會ハルヘキ旨竝ニ急用ナラハ次官ト會見セラレ度キ旨回答セルニ問題重要ナレハ直接大臣ニ申上度シト申越セリ、七月十一日大臣ハ病氣ニテ會談出來ス十二日ニ至リ先方ハ已ムヲ得サレハ次官ト御會ヒシ度シト申出テ同日一時會見ノ打合セ出來タルモ急ニ之ヲ變更シ午後四時ヨリ大臣自ラ私邸ニ於テ「ス」大使ヲ引見スルコトトセラル）

「スメタニン」大使　御病氣中ヲ押シテ御會ヒ下サレ感謝ニ堪ヘス實ハ先般來大臣閣下カ英米大使等ニ「日「ソ」中立條約ハ法律的效力ヲ有セス日本ハ之ヲ履行スルノ義務ナシ」ト申サレタル由ニテ自分ハ最近ハ之ニ付「クレーギー」大使ヨリ聞及ヒタルカ誠ニ意外ノ感ニ打タレタ

リ依テ其ノ眞否ヲ直接伺ヒ度ク早速御會ヒ下サル様御願ヒシタル次第ナルカ本日迄其ノ機ヲ得サリシハ遺憾ナリ自分竝ニ「ソ」政府ハ日「ソ」中立條約ハ條文コソ短カケレ其ノ規定スルトコロハ明確ニシテ兩國ノ負擔セル義務ニハ何等例外ナキ譯ナリ

大臣　正シク其ノ通リニシテ自分ハ「クレーギー」大使ニ對シ現戰爭ニハ中立條約ハ適用ナシト言ヘリ之ニ對スル自分ノ態度ハ當初ヨリ一貫シテ居リ「スターリン」「モロトフ」モヨク了解シ居ル筈ナリ

「ス」大使　「ソ」政府ニ於テハ日本カ中立條約ヲ侵ストセハ夫ハ何等根據ナキコトニシテ且怪シカラヌコトナリト考ヘ居レリ

自分ハ「クレーギー」大使ヨリ閣下ノ談ナルモノヲ聞キ驚愕シタル次第ナルカ先ツ政府ニ報告スルニ先チ大臣閣下ノ御說明ヲ得テ確メ度シト考フ

大臣　貴使ハ意外ナリト言ハレルモ自分ニトリテハ貴使ノ言ハ一層意外ナリ自分ハ獨「ソ」戰開始直後ノ貴使トノ會談ノ內容ノ要點ト七月二日ノ口頭陳述ノ大略ヲ話シタル迄ニテ日本ノ立場ハ右兩度ノ會見ニ於テ自分ノ述ヘタルトコロト何等喰ヒ違ヒナシ自分ハ又「グルー」大使ニ對シテモ自分自身ノ意向トシテハ只今ノトコロ日本ハ中立條約ニモ亦三國同盟ニモ拘束サレス日本獨自ノ政策ニ依リ現下ノ政局ニ處シ行クツモリナリ只幾度モ述ヘタル通リ三國同盟ハ我カ國外交ノ基調ナレハ日本トシテハ其ノ目的及精神ハ守ル必要アリ之ニ付テハ既ニ前二囘ノ會談ニ於テ貴大使ニモ御話シセリ「ソ」獨戰爭ノ如キハ中立條約交渉當時互ニ豫想セサリシトコロニシテ「スターリン」、「モロトフ」兩氏モ全ク之ヲ考慮ニ入レ居ラレサリシコトハ明瞭ナリ此ノ點ニ付テハ自分ハ「モスコー」ヨリ歸着後直ニ政府ニモ報告シ、又四月二十二日ノ國民ニ對スル挨拶ニ於テモ明瞭ニ述ヘアリ之ニ付テハ既ニ貴使ヨリ貴國政府ニ御報告濟ト考ヘラルル處今日迄貴方ヨリ何等苦情ノ申出モナカリシヲ以テ自分トシテハ「ス」「モ」兩氏ト自分トノ話ニ誤解ナカリシヲ欣快ナリト考ヘ居タル次第ナリ

「ス」大使　自分ハ英大使竝ニ米大使館員ヨリ聞込メル貴大臣ノ御話ナルモノカ眞實ナリヤ否ヲ「ハッキリ」伺ヒ度シ

大臣　自分ハ日「ソ」中立條約ハ現戰爭ニハ適用ナキモノナリト考フ此ノ點ニ付テハ「ス」「モ」兩氏ニ於テモ當時誤解ナカリシ譯ニテ日本カ外交ノ基調タル三國同盟ニ牴觸スルカ如キ約束ヲセハ「ダブルクローズ」スルコトトナルヘシ

「ス」大使　前二回ノ會談ニ於テ閣下ハ、中立、同盟兩條約共互ニ獨立シ影響スルトコロナシト言ハレタルカ本日ハ「日本ハ其ノ何レニモ拘束サレル《(スカ)》」ト言ハレタリ右ニハ如何ナル差異アリヤ誤解ナキ樣御說明アリ度シ

大臣　何等喰ヒ違ヒナシ二十四日會談ノ記錄モアレハ之ヲ御見セスルモヨシ併シテ二十四日ノ會談ニテヨク了解濟ト思ハレタルニ付七月二日ノ口頭陳述ニハワザト中立條約ニ觸レサリシ次第ナリ

今茲ニ講論スルモ限リナカルヘク要ハ現下ノ局面ニ直面シ實際問題トシテ之ヲ如何ニ處理スヘキカニ在リ

獨逸人ハ法律的ナルカ三國同盟條約ノ如キ日本ニ參戰ノ義務アリトモ解釋セラレサルニアラサルヘキモ獨逸ハ未タニ之ヲ求ムルコトナク、又將來モ求ムルコトナシト自分ハ考ヘ居ル次第ナリ故ニ貴國ニ對シテモ對英米關係等ニ付細心ノ注意ヲ爲シ日本ヲシテ七月二日自分ノ述ヘタルカ如キ政策ヲ遂行スルコトヲ容易ナラシムル樣協力アランコトヲ希望ス

實ハ新聞ノ報スルトコロニ依レハ「ソ」政府ハ「カムチヤトカ」等ニ於テ米國ニ軍事基地ヲ與フル交渉ヲ爲シ居ル趣ニテ又別ノ機密ノ報道ニ依レハ英國ノ將校連カ西伯利ヘ派遣セラルルトカ傳ヘラレ居リ斯カル報道ハ我方ヲ刺戟シテ誠ニ困ツタモノナリ

「ス」大使　前回閣下ハ自分ニ對シ風說ニ耳ヲ藉ササル樣勸告セラレタルカ閣下ニ於カレテモ斯カル報道ヲ信セス公ノ報道ニ依ラレンコトヲ希望ス

大臣　カカルコトニ付テハ打消サルレハ打消ス丈ケ我國民ハ猜疑ノ念ヲ深クス又之ニハ多少ノ眞實性モアルナラン

「ス」大使　率直ニ問ハン、中立條約ハ效力ヲ有スルヤ又本日日本政府ハ三國同盟ニモ中立條約ニモ拘束セラレサル政策ト言ハレタルハ此ノ二ツノ條約ヲ破棄スルコトヲ意味スルヤ

大臣　兩條約共ニ有效ナリ只目下ノトコロ今次戰爭ニ關スル限リ中立條約ハ適用セラレスト言フニ在リ英米大使ニ

話シタルトコロハ簡單ニテ貴使トノ話以上ニ出ツル筈ナシ本日述ヘタルトコロハ重要ナレハ祕書官ヲシテ書キ止メシメ爲念送付スヘシ

（以上）

（七月十三日夜野口通譯官ヨリ「ザブローヂン」書記官ニ對シ別添書物及四月二十二日ノ談話ヲ收録セル松岡大臣演説集一部ヲ交付ス）

（別　添）

一、日「ソ」中立條約ハ本條約締結當時ノ事情ニ鑑ミ獨「ソ」戰爭ニハ適用ナキモ勿論有效ナリ即チ日本ハ三國同盟ノ目的及精神ヲ尊重スヘク其範圍内ニ於テ之ト牴觸セサル限リ有效ナリトノ謂ナリ又「ソ」聯カ我同盟國以外ノ國ト戰爭スル際ハ無條件ニ有效ナリ

二、獨蘇戰爭ニ關シ今日迄ノ所獨伊孰レヨリモ三國條約ニ基キ日本ノ參戰ヲ要求シ來リ居ラス本大臣限リノ豫想トシテ將來モ同條約ニ依リ參加ノ申入ヲナシ來ラスト想フ

三、要之本戰爭ニ關スル限リ現在ハ日本ハ日「ソ」中立條約ニモ日獨伊三國條約ニモ拘束セラレス自由ノ立場ニ於テ獨自ノ政策ヲ決定シ得ル立場ニアリト本大臣ハ信スルモノナリ

301　昭和16年7月16日　在独国大島大使より松岡外務大臣宛（電報）

三国同盟に基づくわが方態度の明確化をヒトラー希望について

ベルリン　7月16日後発
本　省　7月17日前着

第九〇六號[†]

（十四日夜「ケーニヒスベルグ」ニ於テ）

本十四日朝大本營ニ飛行シ先ツ「リ」外相ト次テ「ヒ」總統ト會見シ兩者ヲ通シ五時間ニ亘リ卒直ニ意見ヲ交換セリ特ニ「ヒ」總統ハ貴大臣御承知ノ如ク精神的ノ人ナレハ獨乙ノ利益ノミヨリスル日本ノ協力ヲ强要スル氣配ナキモ米蘇カ長キ將來ニ亘リ日獨共同ノ敵タルノ信念ヨリ三國同盟ヲ基礎トスル日本ノ明確ナル態度ヲ希望シ帝國ノ態度特ニ日米交渉繼續ニ關シ多大ノ不滿ヲ有シアルコトヲ確認セリ是レ「ヒ」カ精神的ニ高ク日本ヲ買ヒアルニ依ル爲ナルヘ

ク現状ニテ進マハ三國同盟ハ必ス骨抜キトナルヘク現欧洲戰争終結後帝國カ如何ニ本同盟ヲ利用セントスルモ無效ナルコト疑ヲ容レス本使ハ獨乙ヨリ脅カサレアリトハ思ハス又獨乙ノ鼻息ヲ窺ヒアラス若シ帝國政府ニシテ三國同盟ノ效果ヲ從屬的トセラルルナラハ兎モ角之ヲ我外交ノ基調トセラルルナラハ我執ルヘキ態度ニ關シ大ナル反省ヲ要スヘク之ハ決シテ誇張ノ言ニアラス本使カ全責任ヲ以テ具申スル所ニシテ之ヲ信用セラレタシ

302 昭和16年7月18日

在独国大島大使より
豊田(貞次郎)外務大臣宛(電報)

ヒトラーおよびリッベントロップと会談について

別電一 昭和十六年七月十八日発在独国大島大使より豊田外務大臣宛第九二〇号
松岡外相メッセージに対するリッベントロップ見解

二 昭和十六年七月十八日発在独国大島大使より豊田外務大臣宛第九二一号
独ソ戦への協力および日米交渉の中止を求めるリッベントロップ発言

三 昭和十六年七月十八日発在独国大島大使より豊田外務大臣宛第九二二号
独軍部内の不満を伝えるリッベントロップ発言

四 昭和十六年七月十九日発在独国大島大使より豊田外務大臣宛第九二三号
英独妥協説に対するリッベントロップ見解

五 昭和十六年七月十九日発在独国大島大使より豊田外務大臣宛第九二四号
独ソ戦況および対米関係等に関するヒトラー発言

ベルリン 7月18日後発
本省 7月20日前着

第九一八號†

往電第八九九號ニ關シ(大島大使東部戰線視察ノ件)
十四日大本營ニ於テ「リ」外相トハ晝食ヲ共ニシ約三時間次テ「ヒ」總統ト約二時間半ニ亘リ會談セリ詳細別電第九二〇號、九二一號、九二二號、九二三號、九二四號ノ通

（別電一）

ベルリン　7月18日後発
本　省　7月19日後着

第九二〇号†

貴電第六三七號ニ關シ(「リ」外相宛松岡大臣「メッセージ」)

十四日「リ」ト會談ノ際貴大臣ノ「メッセージ」(編注)獨譯ヲ手交セル處「リ」ハ左記二點ヲ指摘セリ

(一)第四項末段貴大臣カ蘇聯ノ處分問題ニ關シ全然同意見ナリトノ點ニ關シ實ハ自分(「リ」)ハ松岡外相ニ獨蘇ノ關係惡化シ何時戰ニナルヤモ知レスト云フコトヲ申上ケタリ(之ハ會談記録ヲ調ヘタルモ確カナリ)一國ノ外務大臣カ之丈ノコトヲ申上ケレハ戰爭カ確實ニ起ルヘシト推察セラルルモノト信シ居リタルニ莫斯科ニ於テ中立條約ニ調印セラレタリ自分(「リ」)ハ此ノ條約ノ爲日本カ對蘇戰ニ參加スルヲ困難ナラシメ居ルニ非スヤト考ヘ居ル旨述ヘタルニ依リ本使ハ中立條約カ參戰ヲ困難ナラシメ居ルモノトハ考ヘ居ラス勿論之ヲ欲セサルモノカ此ノ條約ヲ引用シ大國ノ面目上「インキ」ノ乾カサル内ニ之ヲ破棄スルワケニハ行カスト主張セルモノアルヘキカ之ハ大シテ問題ニナラス日本カ現在ノ態度ニアルハ之ニ依リ同盟ノ義務ヲ遂行スルコトカ日獨兩國ノ爲有利ナリト思考シアルニ依ルヘシト答ヘ置キタリ

(二)次テ「リ」ハ貴大臣「メッセージ」第五項ニ關シ自分(「リ」)ハ先般伯林會議ノ際松岡大臣ニ對シ若シ日獨伊三國カ堅キ結合ヲナシ居レハ米國ノ參戰ハ實現セサルヘシトノ意見ヲ申シ上ケタルコトヲ記憶シ居レリ然レ共日本カ米國ト交渉ヲ開始スルコトトモナレハ米國ハ恐ラク日本ハ何等カ弱點ヲ有シアルモノト思ヒ大西洋ニ一層强ク進出スルコトハ當然ニシテ實ハ自分(「リ」)ハ米ノ「アイスランド」占領ノ如キモ卒直ニ申上クレハ日米交渉カ禍ヲ爲シ居ルニアラスヤト考ヘアル次第ナリト述ヘタルヲ以テ本使ハ御承知ノ如ク本使ハ日米交渉ニ付テハ何等帝國政府ヨリ通知ヲ受ケ居ラス貴大臣ノ好意ニ依リ「オットー」大使ノ電報ヲ拜見シ知リ居ル以外何等日本ノ對米外交ヲ承知シ居ラサルヲ以テ説明致ス立場ニアラサルモ唯タ松岡外相ハ本使ニ對シ三國條約ニ違反スルコトハ一切

爲サスト申シ來リ居ルヲ以テ之ヲ信シ居レリト應酬シ置キタリ

編注 本メッセージは見当らない。

（別電二）

ベルリン　7月18日後発
本　省　7月20日前着

第†九二一號

一、獨蘇戰爭

對蘇作戰カ予想以上ニ進捗シ居ルハ明日ヨリノ戰線視察ニ依リ貴使モ了解セラルヘシト信スルカ之カ終結時期ハ近シト認メアリ獨逸カ本作戰ヲ獨力ニテ遂行スルノ決意ヲ有スルハ度々申上ケタル通リナルモ蘇聯ノ處分ハ日本ニ取リテモ極メテ有利ナルヘキニ依リ自分（「リ」）トシテハ日本カ自發的ニ之ニ參加セラルルコトヲ衷心ヨリ希望ス蘇聯ノ處分トハ蘇聯ヲシテ永久ニ再起不能ナラシムルコトヲ主眼トスルカ同時ニ戰時中成ルヘク速ニ歐亞ノ鐵道連絡ヲ完備シ且日獨共同航空路ヲ開設スルコト必要ナル處右ハ日本ノ協力ニ俟タサレバ不可能ナリ日本ノ南進ニ付テモ自分ハ大ナル期待ヲ有スルコト勿論ナルカ新嘉坡攻撃ノ如キハ急速實現方困難ナルヘク此ノ際北方ニ進出セラルルコト希望ニ堪ヘス右ハ直接獨ノ作戰ニ對スル援助ヲ求ムルノ意ニアラス將來ヲ慮リ日獨ノ協力ニ依リ蘇聯ヲ都合好ク處分スルノ見地ヨリ申上クルナリ

二、日米交涉

三國同盟締結ノ當初ニ於テ日本政府カ本同盟ノ目的ハ米國ノ參戰ヲ抑止スルニアリ若シ米ニシテ參戰スルニ於テハ日本ハ之ヲ容赦セストノ儼然タル態度ヲ示サレタルハ自分（「リ」）ノ大イニ感謝スル所ナリキ然ルニ其ノ後突如日米交涉ノ問題起リ今猶繼續中ノ如キ處米カ今日斯ル交涉ヲ行フ意圖ハ一ハ以テ日本內部ヲ攪亂スルト共ニ二ニハ之ニ依リ米國民ニ太平洋ニ關スル安全感ヲ與ヘ國內ノ參戰反對分子ヲ說得セントスルノ點ニ在リト考フ「アイスランド」占領ノ如キ侵略的行動ハ米國カ太平洋ニ安全ヲ感スルニ伴ヒ其ノ大西洋進出ハ益々積極的トナリ米獨戰爭ハ必至トナルヘク結局日本モ參戰ノ已ムナキニ至ルヘキカ自分（「リ」）ハ斯ル事態發生ヲ避クル爲ニハ日本カ

速カニ日米交渉ヲ中止シ米國ニ對シ儼然タル態度ヲ示サルルコトカ米ノ參戰ヲ困難ナラシムル唯一ノ途ナリト信ス

（別電三）

ベルリン　7月18日後発
本　省　7月19日後着

第九二二號†

往電第九二一號ニ關シ

最後ニ「リ」ハ之ハ外務大臣トシテニハアラス全ク友人トシテ申上クル次第ナルカト前提シ自分（「リ」）ハ世界ノ新秩序建設途上日獨兩軍ノ戰友關係（Waffen Bruderschaft）ヲ特ニ重要視スル處若シ日本軍カ蘇軍カ獨逸軍ニ依リ殆ト殲滅セラレタルカ如キ時始メテ軍事行動ヲ起ス如キコトアラハ右ハ獨逸軍部ニ極メテ悪シキ印象ヲ與ヘ日本軍ノ眞意ヲ疑ヒ其ノ感情ヲ害スルコトトナルヲ惧ル獨逸ハ決シテ日本軍ヲ蘇軍ト同一視スル次第ニハアラサルモ波蘭戰爭當時ノ蘇聯邦カ一兵モ損セスシテ東波蘭ヲ占領シタル卑怯ナル遣方ニ付獨逸軍カ著シク憤慨シ居タルハ御承知ノ通リナリト述ヘタリ

右「リ」ノ言ヲ忖度スルニ蘇聯ヲ對象トスル日獨陸軍間ノ協力ハ一九三五年以來寧ロ政治關係以上ニ進ミタルニ鑑ミ獨逸軍部トシテハ對蘇戰ニ於ケル日本ノ參加ハ殆ト常識ト考ヘ居タルモノナルヘク夫レニモ拘ラス日本カ今日迄對蘇戰ニ對シ明瞭ナル態度ヲ示ササリシニ對シテハ獨逸軍部內ニ相當ノ不滿アルモノノ樣察セラル又或ハ右ノ如キ事情カ「リ」外相ニ對スル軍部ノ憤懣トナリテ現ハレ居ルヘシト認メラレタリ

（別電四）

ベルリン　7月19日後発
本　省　7月20日前着

第九二三號（館長符號扱）

貴電第六三〇號ニ關シ（英獨和平説ニ關スル件）

一、十四日會談ノ際又々英獨和平ノ話ヲ持出シタルニ「リ」ハ度々貴大使ニ申上ケタル如ク獨逸ハ今日迄直接ニモ間接ニモ平和交渉ニ關シ英國ニ話掛ケタルコト絶對ニナシ貴大使ノ述ヘラレタル?訓令ニ於ケル英獨和平仲介説ノ如キハ本大臣ノ全ク知ラサル所ニシテ如何ナル理由ニテ斯カル噂カ出ツルヤ調ヘタルコトナキモ此等ノ噂米國ニ於テ行ハレ居ルトスレハ三國同盟ヨリ日本ヲ離サントスル試ニ非スヤト考ヘラル對蘇戰爭カ大體片付キタル際ハ全空軍ヲ擧ケテ英國ヲ攻擊シ其ノ成果ニ基キ上陸作戰ヲ行フコトハ獨逸既定ノ方針ニシテ若シ日本ニシテ獨逸ヲ信セラルレハ此等ニ關シ世界ノ噂ニ耳ヲ藉サレサルコトヲ希望スト述ヘタリ

二、本件ニ關スル本使ノ所見左ノ如シ

(イ)英獨妥協說ハ從來トモ單ナル臆測トシテハ當地ニ於テモ耳ニシ居ル所ニシテ殊ニ獨蘇戰ノ開始ニ依リ斯カル說ノ流布セラルルコトハ當然豫期セラレタル所ナリ當方トシテモ萬一ニモ斯カルコトナキヤニ付テハ不斷ノ注意ヲ拂ヒ居リ流說ニモセヨ何等耳ニセル際ハ充分檢討ヲナシ居ル次第ナルカ今日迄ノ處斯カル說ヲ裏書スヘキ何等ノ根據ナシ

(ロ)英米側ニ於テ特ニ斯カル流說カ行ハレ居ルハ英米ノ謀略的宣傳ナリト判斷ス卽チ英國トシテハ獨ノ戰意喪失乃至弱化ヲ强調スルコトニ依リ第三國ヲ英國側ニ引付クルコト殊ニ三國條約弱化及獨佛離間ヲ企圖シアルモノト認メラレ米國トシテハ特ニ對日牽制ニ利用シアルモノト認メラル

(ハ)獨首腦部ノ言明ハ別トシ客觀的ニ現歐洲ノ情勢ヲ判斷スルモ獨カ進ンテ妥協的平和ヲ企圖スヘキ根據モ證據モナキコト繰返シ電報セル通リナリ假ニ獨逸ニ關係アル者ノ一部カ英獨妥協ノ策動ヲ行フコトアルモ現在ニ於テ之カ成功ヲ見ル可能性ナシト認メラル

伊、米ヘ轉電セリ

(別電五)

ベルリン　7月19日前発
本　省　7月20日前着

第九二四號†

「ヒ」總統談話要領左ノ通リ(「リ」外相同席)

一、(「ヒ」ハ地圖ニ依リ自ラ詳細ニ作戰進捗ノ狀況ヲ說明シ)對蘇作戰ハ予想以上ニ進捗シ恐ラク八月中遲クトモ九月初迄ニハ歐露ヲ平定シ得ル確信ヲ有ス

二、對蘇戰爭ハ獨逸ニ取對英戰爭遂行上不可避ノ必要ナリシ

カ其ノ理由ハ

㈠空軍ノ關係上蘇聯邦ヲ處理シタル後ニアラサレハ英國攻撃ニ全力ヲ集中シ能ハサルコト

㈡益々進捗スル蘇聯邦ノ戰備ニ鑑ミ背後ヲ安全ニスル必要ニ迫ラレタルコト

ニアリ事實蘇聯邦ノ戰備充實ハ予想以上ニテ例ヘハ航空基地大規模ノ軍事工業ノ施設ノ如キ戰爭ニ依リ始メテ明カトナレリ自分（「ヒ」）ハ斯ル大軍備ノ完成ニ先立チ絶好ノ時機ニ對蘇戰爭ヲ開始シ得タルハ全ク神ノ啓示ニ依ルモノト信シ甚タ滿足シ居レリ

三、蘇軍ノ抵抗ハ頑强ニシテ從テ其ノ損害亦大ナルカ獨逸軍ノ損害ハ甚タ少ク今日迄戰死者一萬四千ニ過キス

四、蘇聯邦ノ處分ニ關シテハ戰爭ノ進捗ト相俟チ之ヲ數個ノ農民共和國ニ分チ組織シタシト考ヘ居リ共産主義ハ根底ヨリ之ヲ破壞シ露國内ニ一ノ細胞ヲモ止メシメサル心算ナリ自分（「ヒ」）ノ此ノ考カ全歐洲ニ徹底シタル結果羅馬尼、芬蘭、「スロバキア」及洪牙利ノ參戰トナリ又佛、丁抹、和蘭、白耳義及西班牙等ハ義勇軍ヲ送リツツアリ茲ニ眞ニ「ボルシエビズム」ニ對スル十字軍ノ結成ヲ見タル次第ナリ「スターリン」ハ何レカニ逃避スヘキモ自分（「ヒ」）ハ彼ヲ亡ホス迄ハ何處迄モ追及スヘク若シ機械化兵團ニシテ及ハサル時ハ空軍ヲ以テ追及スヘシ

（尙蘇聯邦ヲ小農民共和國ニ分ツ話ノ際「リ」外相カ極東ニモ斯ル共和國カ出現スヘシト言ヘルニ對シ「ヒ」ハ言下ニ之ヲ否定シ斯ル國ハ自力ニテハ成立セス之ニ外部ヨリ力ヲ加ヘ支柱ヲ與フル要アリト述ヘタリ右ハ日本ノ進出ヲ意味シアルモノト認ム）

五、次テ日獨關係ニ言及シ自分（「ヒ」）ハ日獨兩國ノ提携ハ世界新秩序建設ノ爲是非共必要ナリト思考シ居レリ何トナレハ日獨二國ノミカ眞ニ利害關係ノ抵觸ナク而モ兩國ハ歐亞ニ跨ル二國ヲ對象トシテ有シ居レハナリ卽チ蘇聯邦及米國ナリ此ノ二國ハ歐羅巴弱ケレハ歐羅巴ニ、亞細亞弱ケレハ亞細亞ニ出テ來ル國家ナリ別ノ言葉ヲ以テ言ヘハ日本弱ケレハ獨逸ハヨリ多クノ負擔ヲ負ヒ獨逸弱ケレハ日本ハ米蘇ヲ背負フコトトナルヘシ此ノ自分ノ考ヘハ決シテ目前ノ事ヲ考ヘ居ルニアラス長キ將來ニ亘ツテノ問題トシテ考ヘ居レリ是レ自分カ一九三五年以來日獨提携ヲ終始目論見タル所以ニシテ決シテ一時ノ考ニアラス

又此ノ度ノ戰ニ於テモ自分ハ他國ノ援ケヲ借リテ獨逸ノ流ス血ヲ節約セントスルカ如キ考毛頭ナシ唯歐亞ニ跨ル大國ヲ處理シテ日獨兩國ノ將來ノ爲有利ナル事態ヲ作ランカ爲日本ノ協力ヲ希望スルコトハ勿論ナリ

六、米國ニ關シテハ「アイスランド」ノ占領ニ付テハ自分（「ヒ」）ハ極度ニ憤慨シ居レルカ目下對蘇戰爭遂行中ナレハ暫ク隱忍シアリ米國カ極東及歐洲ノ兩方面ニ進出セントスル考ヲ有スルコトハ蘇聯邦ト同樣ニシテ實ハ自分（「ヒ」）ハ米國カ萬一ニモ參戰セハ此ノ機會ニ叩キ上ケル心算ニテ參戰セサルモ數年後ニハ叩上ケル要アリト確信シ居レリ

日本モ何卒此ノ自分ノ考ヲ承知セラレ米國ニ對シテハ之カ日本ノ敵國タルコトヲ充分考慮セラレタシ而シテ自分ハ米ニ對シテハ强キ態度ヲ示スコト最モ必要ナリト確信シ居レリ兎角交渉ナルモノハ種々害ヲ及ホスモノニシテ實ハ今回對蘇作戰開始ニ當リ六月初旬自分ハ蘇聯邦ニ對シ交渉ヲ行ハントスル考ヲ有シアリ交渉題目ハ蘇軍ノ撤退ナリシカ考慮ノ結果交渉ヲ行ヘハ引延ハサルル惧アリ引延ハサルレハ其ノ間種々ノ弊害ヲ生ス而モ假ニ蘇聯邦カ獨逸ノ要求ヲ容レ例ヘハ二、三百「キロ」撤退スルコトアリトセハ今日機械化兵團ノ發達セル時代ニ於テハ二、三百「キロ」ノ如キハ何等意義ナキモ獨逸トシテ攻撃ヲ躊躇セサルヲ得サルコトトナルヘキヲ惧レ自分ハ一切ノ交渉ヲ行ハス直ニ實力ヲ行使スル決意ヲ爲シタリ凡ソ大事ヲ爲スニハ決意カ肝要ニシテ若シ日露戰爭當時獨逸カ露國乃至佛國ヲ叩キ置キタランニハ歐洲戰爭モ發生シ居ラサリシナルヘシト考フルモノナルカ當時ノ獨逸政府ハ近視眼的觀點ヨリ露國等ヲ操リ一時ヲ糊塗セルカ爲却テ大ナル破局ヲ來セルモノナリ

（右「ヒ」ノ言ハ明白ニハ日米交渉ニ觸レ居ラサルモ彼ノ肚カ日米交渉ノ不可ヲ本使ニ暗示セントスルニ在リタルコトハ明カニシテ彼ハ日米交渉ニ付テハ非常ニ不滿ヲ有シ居ルコト觀取セラレタリ）

七、本會談ニ於テ本使ハ特ニ帝國政府ノ態度カ表面如何樣ニ見ラルルニセヨ三國條約ノ精神ニハ絶對ニ動搖ヲ生スルカ如キコトナキコト信セラレタキ旨强調シ置キタリ

303　昭和16年7月19日　在独国大島大使より豊田外務大臣宛（電報）

ヒトラーおよびリッベントロップとの会談を踏まえ速やかにわが方態度を明確にすべき旨具申

ベルリン　7月19日前発
本　省　7月19日後着

第九二五號[†]

既ニ第九二二號及第九二四號ヲ以テ申述ヘタル通リ「ヒ」「リ」兩人トノ會談ニ於テ本使ノ最モ深ク得タル印象ハ獨逸ハ今日絶大ナル力ヲ有シ世界問題處理ノ上ニ於テ他力ヲ借リントノ意毫モナキモ米蘇ノ如ク歐亞ニ同シク關心ヲ有スル大國ヲ處理スル爲ニハ長キニ亘リテ日本ノ協力ヲ必要トスルトノ考方相當深キモノアル點ナリ殊ニ「ヒ」總統ノ如キ精神的ノ人物ハ日本ノ精神力ニ對シ多大ノ敬意ヲ拂ヒ世界新秩序建設上日本人ノ協力ヲ甚タ重視シ居ルモノト認メラル

他方ニ於テ「ヒ」總統（「リ」ハ勿論）ハ其ノ人柄上直接言及セサルモ獨蘇開戰以來ノ日本ノ態度ニ付多大ノ不滿ヲ有スト觀取セラレタリ從テ若シ日本カ今後引續キ今日ノ如キ態度ヲ執ル時ハ總統モ遂ニハ日本ニ見限リヲ付ケ三國同盟ハ全ク其ノ精神ヲ喪失スルノ惧極メテ大ナリト判斷ス帝國カ獨伊ノ意嚮ニ引摺ラルル要ナキコトハ言フヲ俟タサルモ帝國カ其ノ外交ノ基調ヲ依然三國同盟ニ置カントセラルルナラハ速ニ我態度ヲ明確ナラシムルヲ要ス

〜〜〜〜〜〜〜〜〜〜

304　昭和16年7月21日　在満州国梅津大使より豊田外務大臣宛（電報）

北満方面の軍事的緊迫に伴うソ連の対日措置につき観測報告

新　京　7月21日後発
本　省　7月22日前着

第四七三號（極祕、館長符號扱、至急）

阪本歐亞局長へ花輪參事官ヨリ（本電大使閲覽濟）

當地方面ノ現況ニ關シ左記申進ム

㈠獨蘇開戰直後ハ一般民心ハ寧ロ不思議ナル程平靜ナリシモ其ノ後日本帝國ノ態度ハ依然トシテ鮮明ヲ缺ク一方滿洲ニ於テハ相當大規模ノ軍需輸送モ開始セラレ居リ特ニ牡丹江、海拉爾方面ニテハ防空壕、土嚢ノ築造等頻リニ行ハレ他方軍事輸送ノ强化ニ伴ヒ兩國列車回數削除（急行ノ廢止等）旅行制限等モ實施セラレ是等ニ伴フ民心ノ内部的動搖ハ之ヲ避ケ難ク日本婦女子ノ引揚ケ準備モ弗々行ハレ居ル模樣ナリ

㈡是等ノ動キハ當然間髪ヲ容レス蘇聯側ニ傳ハリ蘇側ヲシテ左記ノ内何レカニ出ツルノ餘儀無キニ至ラシムヘシ

(イ)蘇聯ハ卽日戰備ヲ强化シ場合ニ依リテハ蘇側ヲシテ何ノ道日本側ヨリ强襲ヲ受クルモノナラハ當方ヨリ機先ヲ制スヘシトノ決意ヲ爲サシメ武力衝突ノ危險無シトセサルヘシ

(ロ)或ハ我方ノ前顯諸般ノ措置ニ關聯シ蘇側ハ駐蘇大使又ハ外務大臣ニ對シ直接ニ日本ノ對蘇眞意ヲ直截簡明ニ質問シ來ルヘシ

㈢如上事項ニ關シテハ充分ナル御考慮ヲ拂ハレ適切ナル對策御準備ノコトトハ存スルモ本省當局乃至駐蘇大使ニ於テ蘇側トノ折衝上ノ御參考迄申進ス

尙獨伊側質問ニ對スル應酬振リニ付テモ當方含ミ迄東京ノ御方針至急御回報相煩度シ本電軍側ト連絡濟

蘇へ轉電相成度シ

---

305 昭和16年7月31日 豊田外務大臣より在独国大島大使宛（電報）

独ソ開戦後におけるドイツ側の対日要望に対する政府方針について

本省　7月31日後9時30分発

第七〇八號（館長符號）

獨蘇戰爭開始後獨逸側ノ帝國ニ對スル要望竝ニ對處スヘキ帝國ノ態度ニ關スル累次ノ貴見ニ關シ陸海軍側トモ協議ノ上帝國政府ノ方針及見解多少重複ノ嫌アルモ貴使心得迄ニ左ノ通電報ス右ニ依リ此ノ上トモ御善處相成度

一、七月二日御前會議ニ於テ決定セラレタル國策ノ大綱ハ往電合第一三九〇號ニ依リ御承知ノ通ニシテ政府ハ右方針ニ基キ着々之カ具體化ニ邁進シツツアリ

二、支那事變ハ旣ニ四年ニ亘レル處帝國ノ全般的態勢特ニ軍事的態勢ハ從來事變解決ニ主力ヲ注キ來レル關係上南北兩方面ノ新事態ニ對處スル爲ニハ從來ノ準備ニ加フルニ更ニ全面的戰爭態勢ノ完整ヲ必要トス

右帝國ノ實情ハ獨側ニ於テモ充分認識スルノ要アリ旣ニ在京大使等ハ之ヲ認識シ居レルカ如キモ獨本國ニ於テハ

尙不充分ナルヤニ認メラル

三、英米ヲ主體トスル第三國ト帝國トノ通商經濟關係ハ益々壓縮ノ度ヲ强メ永ク之ヲ保續シ得サル現況ニ鑑ミ帝國トシテハ自存上南方資源ヲ確保スルノ措置ヲ講スルト共ニ最近着々進行中ナル英米支蘭ノ對日包圍戰線ノ結成鞏化ニ對抗スル自衞措置ヲ速ニ講スルコト必要ニシテ之カ爲今般不取敢南部佛印ニ軍事基地ノ獲得及軍隊ノ進駐ヲ行フコトトセル次第ナリ

右措置ハ旁々英米就中米ヲ太平洋ニ强度ニ牽制スルノ效果ヲ發揮シ獨逸ノ眞意圖ニモ策應シタルモノト信ス現ニ最近日米關係急角度ニ惡化ノ傾向ニ在ルコトハ右效果ヲ實證スルモノト云フヘシ

四、獨蘇開戰カ帝國ニ執リ北方問題解決ノ好機會ヲ與フルハ勿論ニシテ帝國ハ目下之ニ對應スルノ準備ヲ進メツツアリ我方トシテハ之カ準備ト睨ミ合セツツ好機ヲ捉ヘントスル次第ニシテ右ハ帝國ノ當面セル實情ニ鑑ミ當然ト云フヘク從テ獨蘇戰ノ推移急激ナル場合帝國ノ策應カ時間的ニ整齊タリ得サルハ已ムヲ得サル所ナリ

五、日米交渉ニ關シ獨側ニ於テ何等不滿アリトノコトナルモ帝國ハ本交渉ニ於テ米國ノ參戰阻止ト支那事變解決トヲ主目的トシテ努力シ來リ結果ニ於テハ米國ヲシテ帝國ノ決意ノ深サヲ了解セシメ米ノ對獨戰線（ママ）ヲ牽制スル等其ノ動向ニ至大ノ影響ヲ與ヘタル事實ハ否ムヘカラス

右ニ關スル帝國ノ眞意ハ相互信頼ノ基礎ニ立チテ始メテ了解シ得ヘク右ハ宛モ獨蘇戰カ獨ノ戰爭指導上ノ必要ヨリシテ日本ノ希望セサル時機ニ勃發シ其ノ結果帝國ハ支那事變ノ外新ナル緊急事態ニ對處スル爲南北兩面ニ亘リ非常準備ヲ强要セラルルノ不利ヲ招キタルモ極力獨ニ協力セント努力シ居ル點ニモ鑑ミ獨側ニ於テ了解シ得ヘキ所ト思考ス

六、抑モ日獨協力ノ方式ハ三國條約ノ根本精神ヲ實現スル爲兩國夫々ノ受持範域ニ於テ自强ノ方途ヲ講シツツ相互ニ策應スルニ在リテ行動ノ劃一整齊ノミカ協力ノ全部ニ非ス換言スレハ相互ニ信頼シツツ兩國共同ノ終極目標ニ向ヒ離合集散虛實ノ動キヲナスヘキコトニ在リト云フヘシ而シテ帝國ノ執ルヘキ諸施策ノ根本ハ三國條約ノ終極目的達成ニ在リ而モ右方針ノ確乎不動ナルハ大詔換發（渙カ）ヲ見タルコトニ依リテモ明白ナルヘク帝國ハ右目的達成ノ爲

巨歩ヲ進メツツアル次第ニシテ現下ノ情勢ニ於テ過早ニ輕擧スヘキニ非スト信ス

伊ニ轉電アリタシ

米ニ轉電セリ

編注　本文書は、国立国会図書館憲政資料室所蔵「憲政資料」中の「天羽英二関係文書」より採録。

306 昭和16年8月4日　大本営政府連絡会議決定

「對「ソ」外交交渉要綱」

對「ソ」外交交渉要綱

昭和十六年八月四日連絡會議決定

一、差當リ左記案件ニ付對「ソ」折衝ヲ行フ但帝國將來ノ企圖ニ拘束ヲ與ヘサル樣留意ス

1、極東危險水域ノ撤廢乃至ハ右水域ノ帝國ニ及ホス損害ノ除去

2、東亞ニ於ケル「ソ」領ニ付第三國ニ對スル割讓、賣却、租借、軍事的據點提供等ヲ爲ササルコト

3、「ソ」聯邦ト第三國トノ軍事同盟ノ適用範圍ヲ東亞ニ及ホササルコト及第三國トノ間ニ帝國ヲ目標トスル同盟等ヲ締結セサルコト

4、援蔣行爲ノ中止及中國共產黨ニ對スル抗日指令及援助ノ中止

5、北樺太利權事業ノ完全稼行確保

6、滿「ソ」抑留人員及物件交換

7、「ノモンハン」地方國境確定作業ハ從來通繼續ス滿「ソ」、滿蒙間全般的國境ニ關スル交渉ハ之ヲ見合ハス

(註)(イ)以上ノ中特ニ2、3、及5、ニ重點ヲ置ク

(ロ)「ソ」側ニ於テ中立條約ヲ嚴守シ又極東ニ於テ脅威ヲ與ヘサル限リ帝國ハ日「ソ」中立條約ノ義務ヲ守ルヘキ旨ヲ明ニス

二、前項外交交渉ノ經過、我對「ソ」武力的準備進捗ノ度、獨「ソ」戰ノ推移及國際情勢竝ニ其後ノ我方企圖トノ連繫ヲ考慮シツツ左記案件ノ一部又ハ全部ニ付交渉ス

1、漁業條約(從來ノ交渉經緯ヲ離レ我方當初ノ主張ヲ貫徹スルヲ目的トス)

2、北樺太買收又ハ割讓

3、「カムチャッカ」地方ノ帝國ヘノ租借、割譲等
4、黒龍江以東ノ「ソ」領ノ帝國ヘノ租借割譲又ハ非武装地帯化等
5、其ノ他ノ極東「ソ」領ノ非武装地帯化等
三、交渉方針
1、北方問題ノ解決ハ大東亞共榮圏確立ノ國策完遂ニ資スル爲北方ヨリノ脅威ヲ芟除シ且北方資源ヲ確保スルヲ目標トス右目標ハ先ツ外交ニ依リテ之ヲ達成スルニ努ム可ク武力ニ依ル解決ハ既定ノ國策ニ從ヒ形勢我方ニトリ有利ナル場合ニノミ行フヘキモノトス
2、「ソ」聯邦ニ對スル外交交渉ハ直ニ之ヲ開始シ日「ソ」間ノ正常ナル國交關係ヲ阻害スル如キ、又大東亞共榮圏確立ノ妨害トナル如キ一切ノ事情及原因ノ排除ヲ要求ス
之カ爲ニハ帝國トシテハ日「ソ」中立條約上ノ義務ノ履行ヲ明言スル事トス
3、對「ソ」外交交渉ヲ行フニ當リテハ獨逸ニ對シ帝國ノ立場及役割ヲ腹藏無ク説明シ置クコトトス尙獨「ソ」カ休戰スル場合獨逸ノ對「ソ」要求カ極東ニ關スル事項(例ヘハ西比利鐵道、浦潮港)ニ及ブ惧アルヲ以テ此ノ點ニモ留意シテ對獨話合ヲ行フコトトス
4、如何ナル變局ニモ對處シ得ル樣至急對「ソ」武力的準備ヲ整フルモ偶發的事件ニ依リテ對「ソ」戰ノ開始ニ至ルコトヲ嚴ニ戒メ既定ノ國策ニ從ヒ内外ノ情勢我方ニ有利トナルニ非レハ「ソ」聯ニ對スル武力ノ行使ヲ行ハス

~~~~~~~~~~~~~~~~

307　日ソ中立条約の遵守をわが方が明言した豊田外相とスメターニン大使との会談録

昭和16年8月5日　豊田外務大臣／在本邦スメターニンソ連邦大使　会談

豊田外務大臣「スメタニン」大使會談錄

昭和十六年八月五日午後五、〇〇—六、〇〇
於外務大臣官邸
阪本歐亞局長、「ザブローヂン」書記官同席
野口通譯官通譯ス

（當方ヨリ申込）

日「ソ」國交問題ニ關スル件
~~~~~~~~~~~~~~~~

豊田大臣（阪本局長及「スメタニン」大使ト暫ク英語ヲ以テ雜談セラレタル後別紙ノ通リ申入レラル）

「スメタニン」　只今ノ御言明ニ對シ若干氣附キノ點ヲ申シ上ケ度シ自分ハ何ヨリモ先ニ貴大臣カ日本政府ニ於テハ日「ソ」中立條約ヲ誠實ニ遵守シ又本條約ヨリ生スル義務ヲ履行セラルル旨ヲ言明セラレタルハ甚タ欣快トスルトコロナルコトヲ申上ク殊ニ前回會談ニ於テ貴大臣ニモ申上ケタル通リ本問題ハ「ソ」側ニハ「ハッキリ」セサリシ次第ニテ就中松岡前大臣ノ述ヘラレタルトコロハ曖昧ナリシヲ以テ誠ニ困惑シ居タル矢先ニテモアリ本日斯カル言明ヲ得タルコトハ一層欣快ト存ス之ニテ「ソ」政府ノ疑惑ヲ抱キ居タル點ニ付明白ニシテ確タル御回答ヲ得タルコトトナレリ

前回會談ニ於テ自分ハ本問題ニ關スル「ソ」政府ノ見解ヲ示シ置キタルカ本日貴大臣ハ特ニ之ヲ引用セラレタルニモ鑑ミ前回述ヘタルトコロヲ再ヒ茲ニ述フルコトトスヘシ

卽チ「ソ」政府ハ本年四月十三日署名セラレ兩國政府ノ批准ヲ經タル日「ソ」中立條約カ完全ニ效力ヲ有ストノ見解ヲ維持ス併シテ「ソ」政府ハ獨ノ對「ソ」攻擊ハ右中立條約ニ基キ日「ソ」間ニ生シタル關係ニモ又本條約ニ基キ相互ニ負擔セル義務ニモ毫モ影響スルトコロナク現在モ效力ヲ有ストノ見解ヲ保持ス

大臣　條約論ニナレハ又種々ノ解釋モ生スヘキトコロ自分ノ只今言明セルトコロハ日本政府ハ中立條約ヲ遵守ストコフニ在リ

「ス」　貴大臣ハ本日ノ御言明ニ於テ如何ナル場合ヲ以テ日本政府カ中立條約ノ侵犯ト看做サルルヤニ付數個ノ例ヲ示サレタルカ此ノ御說明ハ始メテ承リタルコトニテモアリ又之ハ中立條約ニ關係ノアルコトニテモアレハ更ニ充分檢討セサルヘカラス

貴大臣ハ援蔣問題ニ關シ言及セラレ之ヲ環ル風說ヲ持出サレタルカ自分ハ斯カル風說ノ存スルコトモ又「ソ」政府ト蔣トノ間ニ如何ナル關係カアルヤニ付テモ承知シ居ラス何トナレハ自分ハ何ヨリモ日「ソ」兩國關係ノ調整ニ專念シ居レハナリ

貴大臣ハ又日「ソ」間ニ存スル繫爭問題ニモ言及セラレ之ヲ調整スルノ要アリト述ヘラレタルカ之ハ全ク同感ナ

リ自分トシテハ全力ヲ盡シテ之カ解決ニ當ルコトト致シ度シ只之ニ付テハ二ツノ點ニ付御注意ヲ申上ケ度シ卽チ

㈠北樺太ニ於ケル石油、石炭兩利權企業ハ「ソ」聯地方官憲ノ强キ壓迫ニ因リ殆ト活動力ヲ阻止セラレ休業狀態ニ在リト述ヘラレタルカ之ニ關シ自分ノ知レルトコロヲ述フレハ特ニ最近二ケ月ニ於テハ「ソ」側ハ利權企業側ノ要望ハ殆ト一切容レ來レリ例ヘハ多數ノ勞働者ノ送込ヲ許シ又勞働者及所要物資ノ査證ヲモ發給セリ

㈡坂井組合ノコトニモ言及セラレタルカ之ハ大イニ意外ニ感シタリ何トナレハ四年前自分カ着任セル際本問題ハ既ニ解決セラレ居リ其後四年間ヲ通シ日本側ハ曾テ本問題ヲ持出サレタルコトナカリシニ拘ラス本日突然之ニ觸レラレタルコトハ誠ニ意外ナリ

危險水域設定問題ニ付テハ二本ノ書面（實ハ一本ニテ後ノ分ハ訂正ノ意味ナリ）ヲ差上ケ居リ又自分モ前回述ヘタルトコロニ依リ何故ニ「ソ」聯カ斯カル措置ニ出テタルヤ御了解アリタルモノト思考スルモ本問題ニ關シ何等御希望ノ點モアラハ喜ンテ承リ出來得ル限リノコトハ致スヘシ累ネテ言ハン「ソ」聯ノ措置ハ獨逸或ハ伊國軍艦カ突如「ソ」聯極東沿岸ヲ攻撃スルコトアリ得ヘキニ依リ只々之ニ對處セントスルノミ

最後ニ述ヘン、自分ハ兩國ノ友好關係ヲ持續セシメントス熱望スルモノニテ此ノ點貴大臣ト全ク同感ナリ日本帝國及「ソ」聯邦カ中立條約ニ基キテ相互關係ヲ持續シ本條約ヨリ生スル一切ノ相互的利益及義務ヲ遵守スルコトハ兩國友好關係今後ノ發展及强化ノ前提タルヘシト思考ス貴大臣ノ望マルルトコロモ亦茲ニ在リト承リ自分ハ又之ニ全力ヲ擧ケテ協力スヘシ斯クテ日「ソ」關係ハ友好ノ一途ヲ辿ラン

大臣　貴大使カヨク本大臣ノ申入ヲ了解セラレ心ヨリ協力ヲ約サレ益々日「ソ」親善ノ實ヲ擧ケサルヘカラスト述ヘラレタルコトニ對シ感謝ス

尙本日ノ申入ハ速ニ政府ニ傳達セラレ速ニ回答セラルル樣取計ハレ度シ

尙又一言致シ度キハ本日ノ會談ハ種々ノ關係モアリ絕對ニ他ニ漏レヌ樣、卽チ兩國間限リノ話トナサレ度シ

「ス」大使　貴大臣ノ御話ハ克ク了解セリ此ノ話ハ他ニ漏

ルルコトナカルヘシ凡テ政府ニ傳達シ回答方取計フヘシ

大臣　先程述ヘタル蔣介石ノ問題ニ付テハ貴大使ハ御存知ナシト述ヘラレタルカ假令風說ニモセヨ之ハ我方ヲ刺戟シ誠ニ遺憾ナリ今迄ニ斯カル事實ナシトノコトナレハ結構ニテ今後モ亦ナカランコトヲ望ム

「ス」大使　累ネテ言ハン自分ハ如何ナル風說モ又如何ナル事實卽チ如何ナル交渉カ「ソ」政府ト蔣政權ノ間ニ行ハレ居ルヤニ付テモ全ク承知シ居ラス只々日「ソ」關係ニ專念シ他ヲ顧ル暇ナキ狀態ナリ御申出ノ點ハ政府ニ傳フヘシ

大臣（阪本局長ヲ顧ミテ）

何カ局長ヨリ申サルルコトナキヤ

阪本局長　北樺太利權ニ關スル問題ノ細目ニ付テ貴大使カ何等說明ヲ欲サルルナラハ「ジューコフ」參事官又ハ其他ノ館員ヲ自分ノ許ヘ差遣ハサレ度シ

「ス」大使　自分ハ此ノ問題ハ克ク承知シ居レリ何カ新ナル問題アルニ於テハ阪本局長ノ許ヘ館員ヲ差向クヘシ

阪本局長　別段新シキ問題ト言フニアラス

大臣　此際親善關係ノ增進ヲ阻害スルカ如キコトハ凡テ調整スルコトト致度キ意ナリ

「ス」大使　至極同感ナリ未解決ノ繫爭問題ニ付テモ全力ヲ盡シテ協力シ之カ解決ヲ計ルコトト致シ度シ

終ニ本日ノ御話ハ極メテ率直且明快ナリシコトハ誠ニ自分ノ欣幸トスルコトナル點ヲ特ニ申上ケタシ斯カル會談振リハ對話者相互ノ理解ヲ深カラシメ話合ヒノ進行ヲ扶クヘシ今後モ斯カル會談ヲ續ケ度ク貴我間ニテ話合フコトハ諸問題ヲ解決スル上ニ於テ有效ナリト思考ス

以　上

（別　紙）

豐田大臣ヨリ「スメタニン」大使ヘノ申入案

過日本大臣就任挨拶ノ際ニハ時間モナク日「ソ」關係ニ付立入テ御話スルコト能ハザリシガ偶々貴大使ヨリモ日「ソ」中立條約ニ關スル本大臣ノ見解ヲ質サレ本大臣モ充分硏究スベキ旨申上置タル處本日ハ此等ノ問題ニ付些カオ話申上ゲ度ト存ジ御來駕ヲ乞ヒタル次第ナリ

獨「ソ」戰爭ト日「ソ」中立條約トノ關係、或ハ三國條約ト日「ソ」中立條約トノ關係等ニ付法律論ヲ始ムレバ種々ナル意見出デ來ルベク松岡前大臣ヨリモ見解ヲ披瀝セラレタル由ナルガ本大臣ハ八釜敷キ法律論ハ兎モ角トシ、率直ニ日本ハ日「ソ」中立條約ノ各條項ノ義務ヲ誠實ニ履行スル意向ナルコトヲ茲ニ言明致シ度シ尤之ガ爲ニハ「ソ」側ニ於テ中立條約ヲ嚴守セラルルコトハ勿論同條約ノ根本精神ニ反スルカ如キコト例ヘハ東亞ニ於テ「ソ」聯邦ガ日本ヲ刺戟シ又ハ之ニ脅威ヲ與フル如キ行爲ヲ行ハレザルベキコトハ當然ノコトトシテ當方ノ期待スル所ナリ

右ノ點ニ付今少シク詳細ニ御説明致サンニ元來帝國ノ外交ハ三國條約ヲ以テ根本義ト爲シ居ルモノニシテ日「ソ」中立條約ノ如キモ三國條約ノ目的トスル所ヲ更ニ擴充スル爲締結セラレタルモノナリ然ルニ兩條約ニ於ケル帝國ノ相手方タル獨逸及「ソ」聯邦ガ相戰フニ至レルコトハ帝國ノ立場ヲ著シク困難且機微ナラシメタル處日本政府トシテハ飽迄日「ソ」兩國間ノ友好關係ヲ持續センコトヲ切望シ居リ又獨「ソ」戰爭ニ關シテモ中立條約ヲ遵守スル意向ナルガ「ソ」聯邦側ニ於テモ之ニ相對應スル態度ヲ持セラレ日本ガ右ノ如キ態度ヲ持續スルコトヲ困難ナラシメザル樣要望セザルヲ得ズ卽チ㈠東亞ニ於ケル「ソ」聯邦領土ヲ第三國ニ割讓、賣却又ハ租借シ或ハ此處ニ軍事的據點ヲ提供スルガ如キコト㈡「ソ」聯邦ト第三國トノ軍事同盟ノ適用範圍ヲ東亞ニ及ボスコト及第三國トノ間ニ帝國ヲ目標トスル同盟等ヲ締結スルコトノ如キハ直ニ我國ニ脅威ヲ與ヘ中立條約存立ノ根底ヲ覆スコトトナリ我方トシテハ絶對ニ默過スル能ハザル所ナリ右ニ付テハ本大臣ハ「ソ」側ガ現ニ斯クノ如キコトヲ企圖シ居ラルルモノトハ信ゼザルモ萬一將來右樣ノコトガ發生スルニ於テハ日本トシテモ現在ノ態度ニ再考ヲ加ヘザルヲ得ザルノ立場ニ置カルヘキニ付此等ノ點ニ付「ソ」聯政府ノ確タル保障（アシアランス）ヲ與ヘラレンコトヲ要望ス

又「ソ」聯邦政府ノ蔣介石政權ニ對スル援助ノ如キモ日本ニトリテハ頗ル重要ナル問題ナルガ本件ニ關シテハ昨年「モロトフ」人民委員ヨリ東鄉大使ニ對シ「ソ」聯邦ノ援蔣ノ如キハ現在ノ問題トシテハ根據無キ事ナル旨ヲ言明セラレタルガ勿論現在ニ於テモ同樣ト信ズ但シ最近或ハ「ソ」支共同戰線ヲ張ル爲密約成立セリトカ共產黨ニ對スル援助强化セラレタリ等種々ノ風說アリ痛ク我方ノ感情ヲ刺戟シ居レルカ兎ニ角蔣政權ヲ直接又ハ間接ニ援助セラル

ルガ如キハ今後共絶對ニ行ハレザル旨約束セラレン事ヲ希望ス

尚日「ソ」兩國間ノ懸案ニシテ兩國間ノ絶エザル紛擾ノ因トナリ居ル如キ案件モ同ジ見地ヨリ速ニ解決スルヲ要ス例ヘバ北樺太石油石炭利權事業ノ如キ之ニシテ兩利權共「ソ」聯官憲ノ苛酷ナル取締及不當ナル壓迫ノ爲日「ソ」基本條約ニ依リテ保障セラレタル「收益的經營」ガ不可能ナルハ勿論近時ニ於テハ生産的事業ハ殆ド停頓狀態ニ陥リ殊ニ阪(坂カ)井組合ノ利權ノ如キハ擅ニ「ソ」側ニ回收セラルルニ至レリ此ノ如キハ決シテ日「ソ」間ノ正常ナル國交關係ノ持續ニ資スル所以ニ非ズ就テハ我利權事業ノ完全且圓滿ナル稼行ヲ可能ナラシムル様「ソ」聯邦政府ノ協力方ヲ要請ス

尚過日モ御話申上タル極東「ソ」領ニ危險水域設定ノ件ニ關シテハ最近大使館ヨリ兩回ニ亘リ文書ニ依ル御回答ニ接シタルガ猶我方トシテハ首肯シ得ザル點アルヲ以テ本件ニ關シテモ何レ別途再ビ申入ルル事ト致スベシ

要スルニ本大臣ニ於テハ「ソ」側ガ中立條約ノ精神ニ戻ルガ如キ行動及措置ハ絶對ニ之ヲ避ケラルルハ勿論兩國友好關係ノ維持及促進ノ障害トナルヘキ事柄ノ除去調整ニ協力セラレムコトヲ熱望スルモノナリ

以上本大臣ノ申述ベタルコトニ付テハ貴大使ヨリ「ソ」聯政府ニ御傳達相成リ成ルベク速ニ右ニ對スル回答ヲ本大臣ニ示サレンコトヲ御願ス

---

308 昭和16年8月6日 豊田外務大臣／在本邦オット独国大使 会談

豊田・スメターニン会談の内容をめぐる豊田外相とオット大使との会談要旨

八月六日午前九時—九時五十分豊田大臣「オット」獨大使會談要旨

（於外務大臣官邸）

「オット」獨大使ハ本日ハ一般情勢ニ關スル情報交換ノ爲來訪セル旨前提シ獨蘇戰爭對英戰爭等ニ就キ説明ノ後

「オット」大使　昨日貴大臣「スメタニン」蘇大使トノ會談ニツキ承リ度

豊田大臣　蘇側ノ宣言セル危險水域問題ト北樺太ノ石油問題ニツキ會談シタリ日本ニトリ石油ハ極メテ重要ナル問

題ナル處從來蘇側ガ日本側ノ採掘ニツキ妨害セリ右ニ關シ交渉セルモノナリ

「オット」大使　蘇聯ノ態度ハ日本ノ動員ニヨリ影響セラレ居ルモノト思考セラルル處其他ノ政治問題ニツキ話ハナカリシヤ

豊田大臣　ナシ

「オット」大使　本日ノ新聞ニヨレバ米國ガ蘇聯ニ武器ヲ供給スル事トナリタル由ナルガ米國ガ浦潮經由對「ソ」武器供給ヲナス場合日本ハ從來松岡前大臣ヨリ繰返シ説明セラレタル立場卽チ浦潮經由ノ武器輸送ハ日本ノ容認シ得ザル所ニシテ日本ハ之ヲ防遏スル義務アリトノ立場ヲ依然固守セラルルモノナリヤ昨日ノ貴大臣ト「スメタニン」トノ會談ニ於テ右ノ點ニハ觸レラレザリシヤ

豊田大臣　危險水域ノ問題ハ一部御質問ノ點ニ關係アル處昨日ノ會談ニテハ觸レズ自分ハ就任以來日尚淺キニ付本問題ニ就テハ今後検討スル事ト致度

「オット」大使　巷間傳ヘラルル噂ニヨレバ日本ガ「バイカル」湖附近迄ノ割讓等ニツキ蘇聯トノ間ニ何等カノ交渉ヲ開始セル趣ナリ自分ハ之ハ信ズルモノニ非ザルモ右ノ噂ヲ如何ニ考ヘラルルヤ

豊田大臣　全ク根據ナキ噂ニシテ予ハ噂ノ存在ヲモ知ラズ

「オット」大使　米國ノ對日經濟壓迫問題及一般的ニ日米關係ニ關スル貴見如何

豊田大臣　日米關係ニツキテハ目下兩國共興奮狀態ニアル故之ガ鎭靜ヲマツ事必要ト思考ス

「オット」大使　カカル輿論ノ鎭靜ハ可能ナリヤ

豊田大臣　米國人ノ性質ヨリ見ルモ時ヲ待ツ事必要ナリ

「オット」大使　駐日波蘭大使館ハ未ダ閉鎖セラレズ波蘭大使ガ日本ニ於テ活動ヲナシ居ルハ最近蘇波間ニ對獨條約締結セラレタルニ鑑ミ獨逸ニトリ實ニ忍ギ《(ビカ)》難キ事ナルヲ以テカネテ自分ヨリ貴大臣ニ申入レタルカ如ク可及的速ニ之ガ閉鎖ノ手續ヲトラレ度

豊田大臣　本問題ニツキテハ調査研究ノ上決定スベシ

～～～～～～～～～～

309

昭和16年8月6日　大本営政府連絡会議決定

「日「ソ」間ノ現勢ニ對シ帝國ノ採ルヘキ措置ニ關スル件」

（欄外記入）

日「ソ」間ノ現勢ニ對シ帝國ノ採ルヘキ措置
ニ關スル件

昭和十六年八月六日

大本營政府連絡會議決定案

一、對「ソ」警戒防衛ニ遺憾ナカラシムルト共ニ嚴ニ刺戟的行動ヲ戒メ且紛争生起スルモ日「ソ」開戰ニ至ラサル如ク努メテ之ヲ局部的ニ防止スルモノトス

二、「ソ」側ノ眞面目ナル進攻ニ對シテハ防衛上機ヲ失セス之ニ應戰ス

三、右二件ニ伴フ帝國ノ態度ニ關シテハ速ニ廟議ヲ以テ決セラル

說　明

一、軍ハ目下「情勢ノ推移ニ伴フ帝國國策要綱」ニ基キ密カニ對「ソ」武力的準備ヲ進メツツアル所七月下旬以來日滿間ニ於ケル動員輸送ハ逐次頻繁ヲ加ヘ概ネ九月上旬迄繼續セラルヘシ然シテ今次軍動員ハ特ニ之カ企圖祕匿ニ關シ軍官民ヲ通シ萬般ノ處置ヲ講シアルモ到底大規模ナル軍ノ動員竝集中輸送ハ祕匿シ得サル實情ニ在リ

二、帝國陸海軍トシテハ萬全ヲ盡シテ「ソ」側ヲ刺戟スルカ如キ行動ヲ嚴ニ戒シメアルトコロナルモ「ソ」側カ我進攻避ケ難シト誤認シ機先ヲ制シテ攻勢ヲ取ル虞レモ無シトセス特ニ「ソ」側カ依然極東ニ優勢ナル航空兵力ヲ保有シアル現狀ハ我ノ最モ警戒ヲ要スル點ナリトス

萬一「ソ」側ノ眞面目ナル進攻ヲ受クルカ如キ事態カ急遽發生セル場合應戰反擊ノ時機ヲ失スルニ於テハ近代戰特ニ航空戰ノ特質ニ鑑ミ恰モ獨「ソ」戰ニ於ケル「ソ」側ノ如キ徹底的打擊ヲ蒙ルヘキハ明カニシテ此點輕視ヲ許ササル所ナリ

固ヨリ軍ハ此ノ如キ「ソ」側ノ挑戰ニ對シ帝國又ハ滿洲國領內ニ於テ之ヲ擊破シテ防衛任務ヲ完遂スルノ準備ニ遺憾ナキヲ期シアルモ「ソ」側ノ本格的空中攻擊ニ對シテハ軍本然ノ防衛任務ト飛行場竝航空諸施設ヲ破碎スルヲ必要トスル航空戰ノ特色トニ鑑ミ已ムヲ得ス航空兵力ヲ以テ領土外ニ進攻スルコトアルヲ豫期セサルヘカラス

三、應戰ニ伴フ帝國ノ態度ニ關シテハ速ニ廟議ヲ以テ決定セラルヘキハ敢ヘテ多言ヲ要セサル所ナリ

（欄外記入）
6/8 聯絡會議決定　豊田（印）

310　昭和16年8月9日　在独国大島大使より豊田外務大臣宛（電報）

在本邦ポーランド大使館の引揚げに関する独側要請の実現につき配慮方具申

ベルリン　8月9日前発
本　省　8月9日夜着

第一〇〇九號（館長符號扱）

貴電第六二六號ニ關シ（在京波蘭大使館引揚ノ件）

七日「ウエイアマン」ハ往訪ノ加瀬ニ對シ其ノ後倫敦ニ於テ蘇波同盟成立ノコトアリ東京ニ於ケル波蘭大使館ノ存在ハ益々工合悪クナリタルニ付「オツト」大使ヨリ重ネテ新外相ニ申入シメタルモ未タ回答ヲ得ス獨側トシテハ殆ト日本政府ノ眞意ヲ了解スルニ苦シミ居リ殊ニ汪政權ノ承認後獨逸外務省内ニ於ケル日本係官ハ他ノ部局ニ對スル手前甚タ苦シキ立場ニアル次第モアルニ付新外相御就任ヲ機會ニ是非共本件實現方御配慮ヲ得度シト述ヘ居タル趣ナリ

右獨側ノ希望ハ甚タ無理カラヌ所ニシテ目下ノ形勢ニ於テ在京波蘭大使館ノ存在ハ單ニ宣傳上ヨリ見ルモ日獨双方ニ取リ有害無益ト認メラルルニ付此ノ際區々タル情誼乃至法律論ニ捉ハルルコトナク獨側申出通リ措置セラルルコト然可シ右ハ汪政權承認ニ對シ獨側ノ示シタル好意ニ鑑ミテモ當然ト存セラル又若シ有力ナル反對理由アラハ獨側ニ對シ篤ト之ヲ説明納得セシムルノ要アルヘシ右何分ノ儀御回電アリタシ

311　昭和16年8月12日　在ソ連邦建川大使より豊田外務大臣宛（電報）

対ソ交渉の開始時期および開催場所につき意見具申

モスクワ　8月12日後発
本　省　8月13日前着

第一〇五六號（至急、館長符號扱）

貴電[1]第八〇六號ニ關シ

御訓令ノ次第ハ諒承セルモ右執行前ニ左ノ通リ卑見申進ス

一、本件ノ如キ重大ナル交渉ハ之レヲ一元的ニ行フコト適當ニシテ申入事項ノ輕重乃至ハ交渉全般ニ對スル我方ノ意氣込ミ等ヲ詳知セサル本使カ當地ニ於テ容喙スルニ至ラハ勢ヒ先方ノ各種質問ニ對シ其ノ歩調ノ合致セサル箇所ヲ生シ容易ニ蘇側ノ乘スル所トナラサルヤヲ保シ難シ依テ本件ニ付テハ先ツ以テ「スメターニン」ニ囘答ヲ督促セラルルコト順序ニシテ此ノ間性急ニ本使ノ出馬スルコトハ如何ニモ我方ニ於テ焦慮シ居ルカ如キ感ヲ蘇側ニ與ヘ却テ面白カラサル結果ヲ招來スルモノト認ム

二、[2]他方蘇政府ノ現狀ハ獨ノ電擊作戰失敗ニ歸シタリトナシ英米トノ連結モ成リ聊カ自信ヲ囘復シツツアル恰好ニテ俄カニ我方ニ對シ叩頭セントスル氣持ニ在リトハ考ヘラレス斯ル際ニ我方カ態度ヲ明カニシテ蘇側ニ安堵ノ思ヒヲ爲サシメ之ヲ輕クアシラハシムルハ必スシモ策ノ得タルモノトハ認メ難シ現在ノ情勢下ニ於テハ寧ロ無言ノ威壓ヲ加ヘ置キ蘇政府カ一層ノ窮境ニ立ツ際例ヘハ政府カ莫斯科落チヲ爲シタル直後位ニ今少シ高壓的ニ出ツルコト賢明ナリト存ス

三、[3]蘇政府從來ノ遣口ニ徵スルニ斯種交涉ハ常ニ自己ノ膝元ニテ進メントスル傾向ニ在リ本使カ囘答督促ニ出カクレハ渡リニ船トハカリニ交涉ヲ當地ニ移スコト必定ナル處本使ノ心境ハ前述ノ如ク時期尚早ト考ヘ居ルニ加ヘ帝國政府ノ決意ノ程モ存シ居ラス本件交涉ヲ引受クル確信ヲ持チ難キ次第ナレハ此ノ際ハ尙藉スニ時日ヲ以テシ本件打合等ノ爲本使ニ一時歸朝ヲ命セラルル方適當ナリト思考ス

---

312 昭和16年8月13日

豊田外務大臣
在本邦スメターニンソ連邦大使 会談

日ソ中立条約の効力確認および北樺太利権問題等をめぐる豊田外相とスメターニン大使との会談録

豊田大臣「スメタニン」大使會談錄

昭和十六年八月十三日午後三、三〇—五、〇〇
於外務大臣官邸

阪本歐亞局長、「ジューコフ」參事官同席
野口通譯官通譯ス

（先方ヨリ申込）

日「ソ」關係ニ關スル件

「スメタニン」 八月五日貴大臣ヨリ御申入アリタルトコロニ對シ「ソ」政府ノ囘答ヲ爲スヘシ

「ソ」政府ハ八月五日貴大臣ノ爲サレタル言明卽チ日本

政府ハ日「ソ」中立條約ニ基キ「ソ」聯トノ關係ヲ維持スヘシトノ言明ヲ非常ナル滿足ヲ以テ了承セリ日本政府ノ此ノ態度ハ「ソ」政府ノ執リツツアル態度ト合致ス「ソ」政府ハ日「ソ」中立條約ハ完全ニ效力ヲ保有ストノ六月二十五日《(七カ)》ノ言明ヲ累ネテ確認ス

貴大臣ノ提起セラレタル北樺太石油、石炭兩利權ニ關スル問題ニ付テハ「ソ」政府ハ本問題ハ本年四月十三日松岡前外務大臣ト「モロトフ」外務人民委員トノ間ニ交換セラレタル書翰竝ニ五月三十一日建川大使ヲ經テ「モロトフ」人民委員ニ交付セラレタル松岡前大臣ノ書翰ニ基キテ解決セラルヘキモノナリト思料ス

「ソ」聯ト支那トノ相互關係殊ニ對支援助ノ問題ニ關シテ言ヘハ御承知ノ通リ日「ソ」中立條約ハ第三國トノ關係ヲ律シ居ラス故ニ「ソ」政府ハ日本政府ヨリ提起セラレタル本問題ヲ審議スヘキ根據ヲ認メ得サルト共ニ「ソ」側ヨリモ日本ニ對シ支那問題又ハ獨、伊トノ問題ヲ提起シ得サルヘキモノナリトノ見解ヲ有シ居レリ之ト同時ニ「ソ」政府ハ一九四〇年七月二日「モロトフ」外務人民委員カ東郷大使ニ對シ爲シタル『本問題ハ「ソ」聯邦ニトリテハ重大ナラス何トナレハ「ソ」聯ハ自國ノ國防ニ忙殺セラレ居レハナリ』トノ言明ヲ茲ニ確認ス「ソ」聯カ獨逸ニ對スル防禦戰爭ニ全力ヲ擧ケ居ル今日ニ於テハ尙更ナリト言フヲ得ヘシ

日本政府カ「ソ」聯ト第三國トノ間ニ締結セラレタル軍事同盟カ東亞ニ及フコト竝ニ「ソ」聯カ今後日本ヲ目標トスル軍事同盟ヲ第三國ト締結スルコトニ付有セラルル危惧ノ念ニ付テハ「ソ」政府ハ日本政府ニ對シ嚴ニ中立條約ヲ維持シ又今後モ之ヲ遵守スヘキコトヲ言明シ得ヘク貴大臣カ豫想セラレタルカ如キ事態ノ發生セサルヘキハ自明ノ理ナリ

英「ソ」協定ニ付テハ「ソ」政府ハ本年七月十五日「モロトフ」ヨリ建川大使ニ對シ『英「ソ」協定ハ獨逸ノミヲ考慮ニ入レ居ルモノニテ日本ニ影響ヲ與フルモノニ非ス』ト言明シタルコトヲ想起致度シ

尙貴大臣カ述ヘラレタル「ソ」聯極東領土ノ第三國ニ對スル租貸、讓步《(渡カ)》又ハ軍事基地ノ提供ニ付テハ「ソ」政府ハ斯カル事實ナク又今後モ決シテナカルヘキ旨言明スルノ要アリト認ム之等ノ風說ハ敵性國ノ宣傳ニ源ヲ發スル

モノニシテ日本ニ疑惑ヲ起サシメ且日「ソ」關係ヲ害ハンコトヲ目的トスルモノナリ同時ニ「ソ」政府ハ近來滿洲國方面ニ於テ日本カ大仕掛ノ軍事的準備ヲ爲シツツアルコトニ付日本政府ノ説明ヲ求メ度キトコロ斯クノ如キ事態ハ日「ソ」中立條約ニ基キ兩國ノ友好善隣關係ヲ維持スヘシトセラレタル貴大臣ノ前回會談ニ於ケル御言明ニモ則セサルモノト言ハサルヘカラス

「ソ」政府ハ日「ソ」兩國カ相互理解竝ニ利益ノ相互的認識ニ立脚セハ善隣友好關係ノ增進スヘキ充分ナル素地アルヘキコトヲ確信シ居リ斯クテ兩國ノ政治的、經濟的關係ハ發達シ兩國ヲ利益スヘシ

豐田大臣　貴大使ノ御説明ハ注意深ク拜聽セリ

先ツ第一ニ日本カ中立條約ニ基キテ行動スヘシト述ヘタルトコロニ對シ「ソ」側ニ於テモ充分ニ中立條約ヲ遵守スヘシトノ七月二十五日ノ言明ヲ引用セラレ之ヲ累ネテ確認セラレタルコトヲ了承セリ

次ニ北樺太石油石炭利權ノ問題ニ關シテハ只今「モロトフ」、松岡兩氏ノ會談竝ニ建川大使ノ書翰ニ付テ御話シアリ私自身トシテモ本問題ノ解決ニ付テハ考慮ヲ爲シ居レルトコロ事態ハ其ノ後豫期セサル變化ヲ生シ本問題ノ解決ニ付テハ之ヲ充分考慮スルノ要アルニ至レリ詳細ナル點ニ付テハ追テ御相談致度シト考ヘ居レリ只現有ノ利權ヲ充分活用スルコトヲ日本カ要求スルコトハ當然ニシテ貴國政府カ之ニ協力セラルルコトモ亦當然ナリト思考ス而シテ北樺太石油石炭兩利權ノ現狀及活用等ニ付テハ歐亞局長ト貴方參事官トノ間ニ打合セセシムルコト致度シ

次ニ貴國政府ニ於テハ第三國トノ軍事同盟ヲ東亞ニ及ホシ戰局ヲ東亞ニ波及セシムルカ如キコトナキコト又日本ヲ目標トスル同盟ヲ造ラサルコトニ關シ貴國政府カ中立條約ヲ嚴守シ今後モ之ヲ守ルノミナラス本大臣ノ豫想トシテ述ヘタルカ如キ事態ノ生セサルヘキコトヲ言明セラレタル點ハ充分了承セリ

尚英「ソ」協定ハ單ニ獨逸ニ向ケラレタルモノナリトノ七月十五日ノ建川大使ニ對スル「モロトフ」人民委員ノ言明ニ付注意ヲ喚起セラレタル點ヲ了承スルト共ニ「ソ」政府カ第三國ニ對シ極東ニ於テ領土ヲ租貸、讓渡シ軍事基地ヲ提供スルカ如キコトハ過去ニ於テモナク又

今後モナカルヘシトノ御言明ハ充分ナル満足ヲ以テ了承セリ
次ニ最近日本カ滿洲國ニ於テ爲シツツアル軍事上ノ準備ニ付説明ヲ求メラレタルカ之ニ付テハ兎ニ角隣國ニ於テ稀有ノ大戰行ハレ居ル場合之カ波及ヲ阻止スル爲必要ナル措置ヲ講スルコトハ勿論又共同防禦上ノ義務ヲ有スル日本トシテハ滿洲國ノ治安維持ノ見地ヨリスルモ之ニ對處スルノ措置ニ出テサルヲ得サル次第ナリト述ヘ得ヘシ
又先刻御話シノ如ク日「ソ」間ニ猜疑心ヲ釀成セシメン爲ノ宣傳乃至第三國側ノ策動モアリ得ヘシトノ點ニ付テハ日本政府モ一應ノ考慮ヲ爲スヘシ斯カル次第ニテ若干兵力ノ動員ハ事實ナルカ繰返シ申述ヘタル通リ帝國ハ中立條約ヲ嚴守シ貴國トノ善隣關係ヲ維持增進シ度キ意向ナルコトヲ繰返シ言明ス
最後ニ支那トノ問題卽チ援蔣ノ問題ナルカ之ハ法律論ヨリモ寧ロ精神ニ於テ御話シタル次第ニテ若シ「ソ」側ニ於テ蔣介石ヲ援助シツツアル事實アリトセハ之カ中止ヲ望ム旨述ヘタル迄ナリ
尙又新聞其他ノ傳フルトコロニ依リ「ソ」聯ハ浦潮ヲ通シ米國其他ヨリ武器ヲ輸入シ居ルコト承知シ居ルトコロ之ニ付テハ松岡前大臣ヨリ貴大使ニ申述ヘタル通リ何トシテモ三國同盟カ現在日本外交ノ基調ヲ爲シ居ル關係上此ノ輸入量カ今後增加セハ日本政府ヲ極メテ機微ナル地位ニ立タシムヘキニ付此ノ點ニ付テハ友好善隣ノ精神ニ從ヒ帝國カ今後斯カル立場ニ置カルルカ如キコトナキ樣御考慮アリ度シ

「スメタニン」　二ツ許リ質問アリ

㈠貴大臣ハ事態變化セルヲ以テ利權問題ノ解決ニハ別個ノ考慮拂ハレサルヘカラスト述ヘラレタルカ利權問題ニ付松岡、「モロトフ」兩氏間往復書翰ニ依リ出來居タル話合ハ消滅セリト爲サルルヤ將又有效ナリトセラルルヤ

㈡貴大臣カ最近ノ日本及滿洲ニ於ケル軍事上ノ準備ニ付述ヘラレタルトコロハ『右ハ「ソ」聯ニ向ケラレタルモノニ非ス』ト解シ差支ヘナキヤ

豊田大臣　御質問ニ答フヘシ

㈠利權問題ハ御承知ノ通リ最近資金凍結令等ニ依リ日本ノ貿易ハ著シク制約セラレ從テ石油ノ問題等ハ帝國ニ

トリテハ重要ナル問題トナレリ之事情變化セリトノ一ノ説明ナリ然モ此ノ事情ハ松岡、「モロトフ」會見後ニ起レル新シキモノナレハ私モ利權問題ニ付テハ充分研究シ其ノ内根本的ニ解決シ度シト考ヘ居リ別ニ御相談スルコトトナルヘシ

(二)ノ點ハ貴大使ノ御話通リナリ

「スメタニン」　本日ノ會談ニ於テ貴大臣ヨリ累ネテ日本政府カ中立條約ヲ遵守シ今後モ守ラルルコトヲ承リタルハ欣快ナリ

利權問題ニ付テハ貴大臣ニ於テ詳細御研究ノ上後日御話シアルヘキ旨了承セリ

又最近日本ノ行ヒツツアル軍事的準備カ決シテ「ソ」聯ニ向ケラレタルモノニ非ストノ貴大臣ノ言明ハ大ナル滿足ヲ以テ拜聽セリ

自分ハ貴大臣ト共ニ日「ソ」間ニハ善隣友好關係ヲ增進セシムヘキ一切ノ根據アルコトヲ確信ス

阪本局長　大臣ノ命ニ依リ一ノ事實問題ヲ申上度先日ノ會談ニ於テ大臣ヨリ阪(坂カ)井組合ノ利權ニ言及セラレタルニ貴大使ハ四年前着任前本件ハ既ニ解決濟ミニテ其ノ後曾テ日本側ヨリ本件ニ觸レタルコトナシト述ヘラレタリ實ハ其點ニ付將來誤解ナキ樣事實丈ケヲ述ヘタシ今ヨリ約二年半前ノ一九三九年末亞港ノ「ソ」側機關紙「ソヴィエトスキー・サハリン」紙ニ阪(坂カ)井組合利權ノ對照タル「アグネヴォ」炭坑カ「ソ」側企業ニ依リテ經營セラレ居レル旨ノ記事アリタルニ依リ日本側ハ「モスクワ」ニ於テ文書及ヒ口頭ヲ以テ「ソ」側ノ右利權不法回收ニ嚴重抗議シ「ソ」側モ亦之ニ回答ヲ爲シタルコトアリ實際上本利權ヲ環リテ斯カル經緯アリタル次第ニテ日本側ハ從來ノ抗議ヲ今モ尙維持シ居レリ之ハ將來問題トナルコトアルヘキヲ以テ事實トシテ申上ケ置クヘシ

「スメタニン」　阪本局長ノ述ヘラレタル事實ニ付テハ自分ハ承知シ居ラス又何時斯カルコトアリタルヤモ知ラス取調ヘタル上ニテ御返事スルコトト致度シ

尙右會談終了後野口通譯官ヨリ「ジューコフ」參事官ニ對シ電話ニテ豊田大臣ハ本日ノ會談ハ他ニ漏レサル樣希望セラレ居ルニ付其旨「スメタニン」大使ニ傳達セラレ度ト述ヘタルニ同參事官ハ之ヲ了承セリ

以上

313　昭和16年8月19日　在ソ連邦建川大使より豊田外務大臣宛（電報）

モスクワにて資源分配に関する英米ソ三国会議開催予定につき対ソ申入れ事項の回示方請訓

モスクワ　8月19日後発
本　省　8月19日夜着

第一〇七八號（至急、館長符號扱）

現下ノ複雜ナル國際情勢下ニ於テ帝國カ日蘇中立條約ヲ守ル爲ニハ蘇側ニ於テモ之ニ相應スル態度ニ出スヘキコトニ付テハ前大臣及貴大臣ヨリ既ニ詳細蘇聯政府ニ通シアルモ資源分配ニ關シ近ク當地ニ開催セラルヘキ英、米、蘇三國會議ノ開會前貴地又ハ當地ニ於テ更ニ蘇聯邦政府ノ注意ヲ喚起シ置クコト必要ナリト存スルニ付御同意ノ上ハ右大至急御詮議相成リ當地ニテ申入ヲ爲ス場合ニハ申入事項ニ付詳細御回電相成度シ

314　昭和16年8月24日　在独国大島大使より豊田外務大臣宛（電報）

ドイツ大本営にてリッベントロップと会談について

ベルリン　8月24日後発
本　省　8月25日前着

第[†]一〇六三號（館長符號扱）

二十三日「リ」外相ノ求ニ應シ大本營ニ飛行シ「リ」ト午餐ヲ緒ニシ約四時間會談セリ尚「リ」ハ「カイテル」元帥トモ約一時間ニ亘リ會談セリ會談内容別電ス

315　昭和16年8月25日　在独国大島大使より豊田外務大臣宛（電報）

独ソ戦の見通しおよび米国参戦の可能性等をめぐるリッベントロップとの会談報告

ベルリン　8月25日発
本　省　着

第[†]一〇六四號（極祕、館長符號）

往電第一〇六三號ニ關シ

「リ」外相ノ語レル所左ノ通リ

一、「リ」ハ獨「ソ」開戰以來將ニ二ケ月ニ及ヒ獨「ソ」戰局ノ前途竝ニ其ノ間ニ於ケル世界情勢ニモ種々ノ變化ヲ

生シタルヲ以テ之ヲ同盟國タル貴國政府ニ傳ヘ且貴國政府ノ御考ヲ承ルコトハ兩國共同上極メテ必要ナリト考ヘ來訪ヲ願ヒタル次第ニシテ獨「ソ」戰ノ經過竝其ノ將來ノ推移ニ付テハ特ニ貴國ノ知ラントセラルル所ナルヘシト存シ詳細ハ後刻「カイテル」元帥ニ其ノ說明ヲ依賴シ置ケリト冒頭シ「リ」自身先ツ概略ノ戰況說明ヲ爲セルカ對「ソ」作戰カ今年冬期ニ及フ旨ヲ述ヘタルヲ以テ（別電第一〇六五號（見当ラズ）參照）本使ヨリ七月二十七日「ヒ」總統トノ會見ノ際「ヒ」ハ八、九月上旬迄ニハ終了スヘシト述ヘラレタルカ豫定ヨリ遲レ居ルヤニ認メラルルカ如何ト問ヘルニ對シ「リ」ハ何分「ソ」聯邦軍カ豫定以上ノ量ヲ有シ仲々頑强ニ抵抗スル爲永引キタルコトハ事實ナリ然レ共「ヒ」總統ノ主義ハ情勢ノ變化ニ應シ實際的ノ對策ヲ實行スルニ在リテ對「ソ」戰ニ付テモ一般ノ情勢ヨリ判斷シ必スシモ大ナル損害ヲ賭シテ急ク必要ナキト共ニ對英攻擊ノ條件トシテ是非共「ソ」野戰軍ノ殲滅ノ目的ハ之ヲ達成セサルヘカラスト考ヘアル爲時日ヲ豫想スル次第ナルカ冬期前ニ於テ「ソ」聯野戰軍ノ大部ヲ擊滅シ且ツ其ノ主要軍需工業地帶ヲ占領シ事實上「ソ」聯邦ヲシテ無害ノモノタラシムルコトハ必ス本年中ニ實現スヘク又確實ナル成算アリト述ヘタリ

三、本使ヨリ「スターリン」政權ノ前途ニ關シ質問セルニ對シ「リ」ハ今ノ所何トモ云ヒ得ス又獨逸トシテハ決シテ「ス」政權ノ崩壞カ容易ニ起ルカ如キコトヲ前提トシテ作戰ヲ爲シ居ルニ非サルカ自分トシテハ莫斯科カ指揮通？信ノ中心ニシテ又「ソ」聯邦カ之ニ代ルヘキ地點ヲ充分準備シアリトハ認メラレサルニ付若シ「ス」カ莫斯科ヲ放棄スルカ如キ事態トモナレハ「ス」ハ著シク統制力ヲ失フヘク又一面之カ「ス」カ容易ニ莫斯科ヲ去リ得サル理由ナリト認メアリ殊ニ此ノ冬ハ非占領地域ニ於テハ寒氣ト飢餓ノ爲何十萬ノ人カ死スコトトモナルヘク如何ナル暴動カ起ルヤモ知レス「ス」政權カ存立スル場合ニ於テモ其ノ實勢力ハ殆ント失ハルヘシト答ヘタリ、「スターリン」退却ニ際シ一切ヲ破壞スヘキ旨命令セルモ現在迄ノ迅速ナル作戰經過ノ爲「ソ」軍ニハ勿論此ノ餘裕ナク例ヘハ「ニコラエフ」ニ於ケル軍艦ノ如キモ僅カニ其ノ進水臺ノ木材ヲ燒キタルニ過キス又同地ニ於テ銅、錫、生護謨ノ多量ヲ鹵獲シ全「ソ」聯邦ノ六一%ノ鋼鐵ヲ供

給スル「クルオイログ」製鋼場ノ如キモ曾テ獨逸ノ供給セル製鋼設備ヲ殆ト完全ニ獨逸軍之ヲ占領シテ「ウクライナ」ノ穀物ノ如キモ焼却ヲ免カレ大部ヲ入手セル次第ニシテ「ゲーリング」ハ既ニ「ウクライナ」ニ赴キ經濟建設ヲ主宰シアル程ニシテ今年ハ獨逸カ豐作ナル上ニ「ウクライナ」ノ食糧資源ヲ利用シ聯合國ノミナラス歐洲全般ニ充分ナル食料ヲ供給シ得ヘク此ノ冬ハ歐洲カ飢餓ニ瀕シ獨逸ハ手ヲ燒クヘシト云フカ如キ英米ノ宣傳ハ全ク虚構ナリ

三、占領地ノ治安ハ「ヒムラー」之ニ當リ居ルカ「パルチザン」等ノ憂無ク次期作戰終了セハ占領部隊ヲ殘シ獨逸軍ノ大部ハ本國ニ引揚クヘシ

四、獨逸ハ對英攻擊ノ爲既ニ其ノ勢力下ニ在ル歐洲諸國ノ軍需工場ヲ利用シ居ルカ今次獨「ソ」戰爭ノ結果「ソ」聯邦軍需工業ノ大部ヲモ利用シ得ル成算立チタリ之ハ開戰前全ク豫期セサリシコトニシテ意外ノ儲ト云ハサルヘカラス

五、本使ヨリ獨佛關係ニ付種々噂アルカ如何ト問ヘルニ對シ「リ」ハ所謂惡化ノ噂ハ全ク根據ナキモ素々獨逸トシテハ佛ヲ歐洲ノ一國トシテ殘スコトニハ決メ居ルモ佛カ一歩ヲ讓レハ獨逸ハ之ニ一歩ヲ報ユルノ方針ニシテ佛ヲ對英作戰ニ協力セシムルコトニハ努ムルモ特ニ親善關係ヲ結フカ如キ考ハ之ヲ有セス又佛海軍ヲ利用スル如キ意嚮ハ全然ナシト答ヘタリ

六、土耳古トノ關係ニ付テハ漸次英國ニ對スル信賴ヲ失ヒ最近獨「ソ」戰ノ進展ニ伴ヒ獨逸ニ靡キ來タレルカ依然トシテ用心深ク目下ノ所三國條約ニ加入セシムル見込付カス先日モ在獨土大使ヲ招致シ昨年十一月「モロトフ」ノ海峽方面ニ對スル野望ヲ獨逸カ抑ヘタルコト等話シ大ニ說得シ置キタルカ更ニ近ク「パーペン」ヲ呼ヒ返ヘシ事情ヲ明ニスル豫定ナリ

七、「アフリカ」、小「アジア」方面ハ獨逸トシテハ支作戰場ト認メアルモ更ニ此ノ方面ニ於ケル作戰ヲ進捗セシムル豫定ニシテ在阿弗利加軍「ロンメル」中將ニハ更ニ獨逸軍部隊ヲ增加セリ

八、先般ノ「チヤーチル」「ルーズベルト」會談ニ關シ確實ナリト思ハルル情報ニ依レハ「チ」ハ盛ニ米國ノ參戰ヲ要望シタルカ「ル」ハ之ニ同意セス抽象的ナル八ケ條ノ

聲明ニ終リタリ對「ソ」戦後米國内ニハ參戦ニ對スル反對氣運ハ益々强マリツツアリ元來「ル」外交政策ハ一貫シテ「ブラフ」政策ニシテ英「ソ」支等ニ武器ノ供給ヲ宣傳シツツアルモ事實ハ宣傳ト異ルノミナラ（ス欠カ）米國自身カ參戦スル爲ニハ大ナル準備ヲ爲ササルヘカラサルモ此亦進捗シ居ラス三國同盟カシツカリ手ヲ組ミ居レハ米國ハ決シテ參戦出來スト見居レリ（「リ」ハ日本カ對「ソ」戦ヲ開始スルモ米國カ起ツカ如キコトナク傳ヘラルルカ如ク米カ來年ニ至ラハ參戦シ得ヘシトノ観測當ラスト見居レリ）

九、本會談ノ際「リ」ハ頻リニ帝國ノ執ルヘキ方策ニ關シ質問シタルヲ以テ本使ハ帝國ノ政策ハ御前會議ニ依リ決セラルヘキモノニシテ從テ具體的ニハ本使モ承知シ居ラサル旨應答シ貴電第七〇五號、第七四〇號等ニ基キ帝國ハ政府國民共ニ英米「ソ」支等ノ包圍圏カ益々强化セラレツツアルコトヲ認識シ居リ四年懸リノ支那事變ニ依リ各種ノ困難アルモ鋭意全面戦争ノ準備ヲ整ヘ居レリ決シテ現歐洲戦争ヲ傍観シ居ルニ在ラス飽ク迄三國條約ヲ基礎トスルコトニ付テハ日本ニ於テハ稀ナル大詔スラ煥（渙カ）發セラレタル次第ナレハ十二分ニ日本ヲ信セラレタキ旨力説シ置ケリ

尚特ニ日本ノ米國ニ對スル態度ニ付テハ大ナル懸念ヲ有スルカ如キ印象ヲ得タルヲ以テ此ノ點ニ付英米側ヨリ出ル宣傳ニ迷ハサルルコトナク既ニ松岡前外相カ累次言明セル通リ日本ハ米國ノ參戦ヲ阻止スル爲ニハ凡ユル方法ヲ盡スヘキコトヲ信セラレタシト述ヘ置キタリ

本電陸海軍ニ傳ヘラレタシ

316 独ソ戦況に関するカイテル元帥の説明報告

昭和16年8月25日　在独国大島大使より豊田外務大臣宛（電報）

ベルリン　8月25日発
本　省　着

第†一〇六六號

八月二十三日大本營ニ於テ「カイテル」元帥自ラ本使ニ對シ獨蘇戦況ニ關シ左ノ如キ説明ヲ爲セリ

一、蘇軍ノ損害及殘存部隊ノ現況

蘇軍ノ損害ハ死傷捕虜ヲ合シ五百萬乃至六百萬ト見積リ

居ルモ捕虜百二十五萬ハ正確ニシテ死者ノ數ハ其ノ二倍以上ニ達スヘキヲ以テ全損害五百萬ヲ下ルコトナシ
開戦以來戰場ニ現ハレタル蘇軍總兵力ハ二百六十二(師)團ナルカ既ニ其ノ大部ヲ壞滅シ現在殘レル蘇軍兵力ハ約六十師團ニ相當スルモ修正部隊多ク裝備著シク低下其ノ戰力ハ約三分ノ一ニ減シアリト認メ居レリ
外ニ更ニ編成シタル師團四十アルモ右ハ開戰後十日乃至十四日ヨリ召集ヲ始メ若干週間ノ豫備教育ヲ受ケタル十六歳乃至四十六歳ノ者ヨリ成リ軍服ヲ着用セス帶革ヲ締メタルノミナルモノ多シ又殆ト砲兵ヲ有セス歩兵部隊ハ機關銃二乃至三ヲ有スルニ過キス特ニ幹部ハ甚タシク不足シアリテ軍曹カ大隊長少尉准尉カ聯隊長トナリアルモノヲ認ム
蘇聯邦壯丁數ヨリ推算シ尚十師團内外ヲ編成シ得ル可能性ナキニアラサルモ兵員資源モ亦既ニ甚シク飽和點ニ達シアリト判斷セラル飛行機ハ練習機等ヲ除キ戰場ニ於テ使用ニ耐フルモノ千乃至二千ヲ有スルカ如キモ目下毎日平均百機宛ヲ撃墜又ハ破壞シアルカ故ニ最早ヤ殆ト問題トナラス

蘇聯邦軍ハ戰車師團及獨立部隊ヲ合シ約五十ヲ有セシカ其ノ大部ヲ失ヒ殘リハ歩兵師團ノ火力ヲ補フ為最近少數宛ヲ歩兵師團ニ分屬使用シアリ、「ゲ、ペ、ウ」師團ハ之ヲ尚使用セス莫斯科ニ於テ掌握シアリ又女子大隊ノ出現セルモノアリ
之ヲ要スルニ蘇軍殘存戰力ハ數ニ於テ相當豐富ノ如ク見ユルモ最早ヤ核心師團皆無トナリ全ク統一力ヲ缺キ且裝備甚シク不良トナレルヲ以テ今後ノ作戰ハ愈々容易トナレリ

三、獨逸軍ノ損害

獨逸軍ノ損害ハ戰死傷者行方不明者一切ヲ合シ最近迄ニ二十萬強ナリ戰死者ノ數ハ現在約四萬ニ昇リ居ルナランモ正確ナル數ハ八月十六日調三萬五千ナリ
獨逸軍ノ損害ハ森林戰ニ於テ砲兵火力及戰車ノ威力ヲ充分ニ發揮シ得サリシ為比較的多シ戰車ハ波蘭戰以來ノ體驗ニ基キ現地修理班ヲ完備セルヲ以テ元來敵火ニ依ル損害少キ上ニ機械ノ故障ハ迅速ニ現地ニ於テ修理シアルカ故ニ戰車師團ハ平均約七十五%ノ戰力ヲ保有シ居リ之ヲ補フ為今日迄ニ補充セル戰車數ハ獨逸一ケ年分ノ製造高

ニ過キス

三、現在ノ戰況

(イ)南部軍集團

「オデッサ」ハ目下之ヲ完全ニ包圍シアリ元來同地ハ要塞ナルカ故ニ力攻ヲ避ケ重砲ヲ展開シ要塞攻擊ノ要領ニ依リ攻擊中ナリ「ドネプロ、ペトロフスク」ノ敵ノ僑(橋カ)頭堡ハ野戰築城ナルモ相當堅固ナルヲ以テ之亦充分ナル砲兵ヲ展開シ攻擊中ナリ「ド」ヨリ「キエフ」ニ至ル「ドネプル」左岸ハ敵ノ微弱ナル新募部隊ニ依リ占領セラレ居リ「キエフ」ハ市街戰ニ依ル損害ヲ避クル爲目下砲兵力ニ依リ建築物破壞中ニシテ然ル後歩兵攻擊ニ移ル筈ナリ

「ウクライナ」方面ハ急ニ戰局進展シ既ニ「ブジヨンヌイ」軍ノ大部ハ之ヲ殲滅スルヲ得タリ又作戰カ迅速ナリシ爲穀物其ノ他殆ト破壞セラレ居ラス軍集團ハ續イテ「ドネプル」ヲ渡河シ「ハリコフ」及「ドンバス」方面ニ前進スル豫定ナルモ装甲師團ハ連續使用セル爲若干ノ休養整頓ヲ要スヘシ

(ロ)中部(軍欠カ)集團

「スモレンスク」東方地區ニ達シタル軍集團ハ兩翼集團トノ聯繫上概ネ該線ニ停止シアリテ有力ナル兵團ヲ南部軍集團方面及装甲兵團ノ若干ヲ北部軍集團方面ニ轉用セリ前者ハ「コルステン」北方地區ニ在ル有力ナル蘇軍ノ兵團ノ退却ヲ擁シ「ゴメル」東南方地區ニ於テ之ヲ捕捉殲滅スル筈ナリ、後者ハ既ニ「レーニングラード」東南方地區ニ達シ北部軍集團ノ戰鬪ニ參加シツツアリ

(ハ)北部軍集團

「ノヴゴロド」北方「チユーダウ」附近ニ於テ既ニ莫斯科「レーニングラード」鐵道ヲ遮斷シアリ「レーニングラード」ノ防禦戰ハ「ネヴア」河ニ沿ヒ其ノ西方ヨリ芬蘭灣ニ亘ル線ニシテ獨逸軍ハ要塞攻擊ノ要領ニ依リ工兵竝砲兵ノ展開ヲ終リ既ニ攻擊開始中ニシテ近ク之ヲ占領シ得ヘシ、傍受セル通信ニ依レハ「ヴオロシロフ」元帥ハ既ニ「レーニングラード」ヨリ逃避セリ、「エストニア」ニ於テハ「レヴアール」占領ヲ殘スノミナルカ之ニ對シテモ力攻ヲ避ケ先ツ主トシテ各種重砲ニ依リ之ヲ砲擊中ナリ北部兵團カ「ス」鐵道北

方ニ向ヒ作戦シアルカ爲蘇軍ハ「コルム」方面ヨリ軍集團側面ニ對シ大逆襲ヲ行ヒシカ之ヲ撃退シ其ノ側面ハ安全ナリ

(ニ)芬蘭軍方面

芬蘭軍ハ獨逸軍ト共同シ「ラドガ」湖西方地區及「ネガ」湖西方地區ニ進出シアルカ近ク「ムルマンスク」方面戦況ノ進捗ヲ計ル爲「ナルヴイツク」防禦ニ勇名ヲ馳セシ「デイトル」將軍ノ兵團ヲ諾威ヨリ海路該方面ニ輸送スル筈ナリ

四、獨逸軍ノ企圖

各軍集團ノ狀況上述ノ如クナルヲ以テ目下此等兵團ノ主力ヲ第二期作戦ノ戦線上ニ整頓中ニシテ近ク本作戦ヲ開始スル豫定ナリ、而シテ第二期作戦ハ「ドンバス」莫斯科附近一帶竝ニ「レーニングラード」工業地帶ヲ占領スルト共ニ蘇軍殘存野戦車(軍カ)ノ捕捉殲滅ヲ目標トスルモノニシテ之カ爲十月下旬又ハ十一月上旬迄作戦ヲ繼續スル豫定ナリ高架索地方ヲ占領スル企圖ナルカ該方面ハ冬季作戦ヲ許スヲ以テ狀況ニ依リテハ十二月ニ入ルヤモ知レス而シテ「ウラル」迄有力ナル部隊ヲ進ムル必要アリヤ或ハ氣象狀態上之ヲ許スヤハ第二期作戦ノ成果竝ニ集結時期ニ關スルヲ以テ未タ豫言シ難シ然レ共獨逸軍統帥部トシテハ十月末頃迄ノ第二期作戦ヲ以テ蘇野戦軍ノ殆ト全部ヲ殲滅シ且蘇聯邦大部ノ軍需工業地帶ヲ占領スヘキヲ以テ最早ヤ蘇軍再起ノ餘地ナク所要ノ占領部隊ノ外大部ハ獨逸國内ニ引揚クルヲ得ヘシト考ヘ居レリ

五、其ノ他

(イ)蘇軍統帥ハ極メテ拙劣ニシテ指揮官ノ指揮戦術能力ハ不良ナリ、然レ共一般ニ攻撃精神旺盛ニシテ西歐諸國軍ニ於テ嘗テ見サルカ如キ戦利ヲ無視シ全ク人命ヲ顧慮セサル逆襲ヲ到ル所ニ於テ行ヒツツアリ又工場勞働者或ハ女子ニ到ル迄戦場ニ驅出アル狀況ニシテ其ノ量多キ爲之カ處理ハ容易ナラス獨逸軍ハ之ニ對シ努メテ火器ノ效力ヲ利用シ無益ノ損害ヲ避ケツツアリ

(ロ)開戦以來蘇軍ノ殲滅ヲ第一義トシアル爲蘇軍ノ小部隊ニ對シテスラモ正面攻撃ヲ避ケ完全包圍ヲ行フコトトシアリ

(ハ)舊要塞又ハ大市街等ニ對シテハ無益ノ損害ヲ避クル爲之ヲ力攻スルコトナク要塞攻撃ノ方法ヲ準用シアリ

(ニ)従テ時日ノ遷延ヲ來セルモ著シク自己ノ損害ヲ減少シ戰果ヲ大ナラシメタリ實ハ獨逸軍ニ於テモ戰前斯ノ如キ大戰果ヲ豫想セサリシ次第ナリ
(ホ)戰線長大ナル爲戰場ノ天候區々ニシテ全作戰ノ指揮ニハ豫期セサル困難アリタリ北部方面ハ概ネ天候良好ニシテ中部方面之ニ續キ南部方面ハ開戰以來豪雨ニ惱マサレ作戰ニ大ナル困難ヲ感セシカ最近ニ至リ天候恢復セル爲漸ク作戰進捗ヲ見タリ
(ヘ)直距離二千粁ヲ越ユル戰線ニ於ケル作戰ニ於テ狀況ノ變化ニ應スル重點形成ニハ一般部隊ノ移動ニ依ルコト困難ナリシモ優勢ナル空軍並機械化兵團ヲ使用シ容易ニ之ヲ實施シ得タリ
(ト)開戰以來ノ迅速ナル作戰ニハ素ヨリ機械化兵團ノ貢獻鮮カラサリシモ結局ハ步兵行軍力ニシテ之ニ負フ所多大ナリシヲ感セリ
(チ)開戰前ヨリノ準備ニ依リ蘇聯邦鐵道ノ軌隔ノ改造迅速ニ行ハレタルコトハ著シク迅速ナル作戰ヲ容易ニシ現在既ニ「スモレンスク」「プスコフ」ノ線迄改造終了セリ
(リ)蘇軍ハ今日迄細菌及毒瓦斯ヲ全然使用シアラス將來モ使用セサルモノト判斷シアリ
本電帝國陸軍ノ參考ニモ資シ得ヘシト考ヘラルルヲ以テ稍詳細ニ電報セリ
本電陸海軍ニ傳ヘラレ度シ

317　昭和16年8月29日　在独国大島大使より豊田外務大臣宛（電報）

ヒトラー・ムッソリーニ会談の内容等に関する情報報告

ベルリン　8月29日前発
本　省　8月29日夜着

第一〇八一號（館長符號扱）
二十八日確實ナル某獨人カ本使ニ語レル所左ノ如シ
一、「ムッソリニー」ハ二十五日「ウクライナ」ニ來タリ「ヒ」總統ト共ニ四日間ニ亘リ戰線視察ヲ行ヒタリ主タル會談内容ハ對蘇戰ニ關スルモノト共ニ今後行ハルヘキ近東及阿弗利加ニ對スル獨伊ノ共同作戰ニ關シ協議セルモノナリト認メラル

本日豫定ヲ終了シ歸伊スヘシ

二、「イラン」ハ本日英蘇ニ屈服セルカ右ハ當然ノコトニシテ英蘇側武力ヲ行使セサルヲ得サルニ至レルコト而シテ一日ニテモ「イラン」カ抵抗スルコトニテ獨トシテハ滿足シアリ獨トシテハ近東事態ニ對シ消極的ナル關心ヲ有スルニ過キサルモ英國勢力打倒ノ一方トシテ放置スル能ハス

三、土耳古ノ態度ハ依然曖昧ナリ「パーペン」ハ樂觀的見透ナルモ自分ハ平和手段ニ依ル解決可能ナリトハ認ムルモ公算ハ少シト判斷シ居リ數週間ノ内ニハ何レカニ決定セラルヘシ獨ノ土ニ對スル主タル要求内容ハ勿論軍隊通過ナリ「リスト」軍ハ既ニ軍集團ニ强化セラレ勃土國境ニ待機シアリ

伊、土へ轉電セリ

318　昭和16年9月4日　在独国大島大使より豊田外務大臣宛（電報）

日米交渉の帰趨に関して三国同盟を堅持し対米妥協をすべきではない旨意見具申

ベルリン　9月4日前発
本　省　9月4日夜着

第一一〇〇號（館長符號扱）

日米交渉[1]ノ經緯ニ付テハ何等ノ通報ニ接シ居ラサル爲本使ハ之ニ關シ識ル所ナキモ英米等ノ通信「ラジオ」ハ頻リニ右ニ關スル報道ヲ爲シ居リ現在全世界ノ關心之ニ向ケラレアル狀態ニシテ之カ歸趨ハ帝國ノ將來ニ甚大ノ關係ヲ有スルヲ以テ茲ニ重ネテ意見ヲ具申ス

一、先般來帝國ノ佛印進駐ノ成功ヲ謳歌シ當國新聞ハ引續キ英米等ノ對日包圍政策ヲ論シ右ニ關スル帝國新聞ノ强硬論說ヲ傳ヘ居リタル處「チヤーチル」ノ威嚇的演說ニ依リ日米交渉ノ事實公ニセラルルト共ニ今回更ニ近衞總理ノ「ロ」大統領ニ對スル「メッセーヂ」ノ件報道セラルルニ及ヒ獨逸朝野カ恰モ帝國ハ英米ノ恐喝ニ屈セルヤノ印象ヲ受ケタルコト蔽フヘクモアラス本使モ既ニ數回之ニ關シ「リ」外相ノ質問ヲ受ケタル程ナリ
米國カ最近ニ至リ對日包圍策ト共ニ反樞軸政策特ニ反獨的態度ヲ露骨ニシ來レルコトハ「ロ」大統領カ樞軸國ヲ敵國呼バハリシ居ルコトニ於テモ明カナリ斯ル情勢ニ於

テ帝國トシテ執ルヘキ態度ハ飽迄三國條約ノ精神ヲ堅持シ獨伊ト共ニ世界新秩序建設ニ邁進スルカ然ラスンハ三國條約ヲ棄テテ英米陣營ニ趨リ英米トノ親善ヲ求ムルカノ二ノ途カ殘サレ居ルノミニシテ樞軸及英米ノ兩陣營間ヲ泳キ廻リテ一時ノ平安ヲ求メントスルカハ事實上ニ於テ不可能ナリト謂フノ外ナク其ノ結果ハ帝國ノ信威ヲ中外ニ失スルハ勿論大東亞共榮圏ノ建設ヲ斷念セサルヘカラサルノミナラス戰後ニ於ケル國際的孤立ヲ招來シ將來東亞ニ於テ帝國獨リ英米ト角逐スルカ或ハ英米ニ屈服スルカノ運命ニ立到ルヘキコト明カナリト信ス

二、[2]帝國政府ニ於テハ假令日米交渉ヲ行ヒ妥協ノ成立ヲ見ルモ獨逸トシテハ現在帝國ヲ英米ノ陣營ニ追ヒ遣ルコトハ不利ナルヲ以テ好ンテ日獨關係ヲ惡化セシムルカ如キコトナシト判斷セラレ居ラルルヤニ認メラルル處獨逸今日ノ外交ハ「ヒ」總統ノ人格ノ影響ヲ受ケ居ルコト寔ニ大ナルモノアリ帝國カ一度ニ三國條約ヲ締結シ乍ラ大事ノ瀬戸際ニ至リ之ヲ裏切リタリトノ印象ヲ與ヘ又獨逸ニ要望シ其ノ盡力ニ依リ列國ヲシテ汪政權ヲ承認セシメ乍ラ米ノ仲介ニ依リ蔣ト和スルカ如キニ於テハ三國條約ハ事實上廢棄セラレタルモ同樣トナリ蘇聯邦處理ニ關シ將又蘭印、佛印等ノ處分ニ關シ到底獨ノ友好ナル協力ヲ期待シ得サルハ勿論情勢如何ニ依リテハ其ノ妨害行爲スラモ豫期セサルヲ得サルヘク更ニ獨ノ對支外交ト雖如何樣ニ變化スルヤモ計ラレサルコトニ付充分留意セラルルノ要アリト存ス歐洲ヨリ近東、亞弗利加ニ跨リテ覇權ヲ確立スヘキコト時間ノ問題トナリ居ル獨逸ト今ニ至リテ手ヲ切ルコトノ蒙ル不利益ハ假ニ利害ノ打算ヨリスルモ一時的ナル日米妥協ヲ以テ到底償ヒ得サルコト疑ナシト信ス(帝國ニ於テ政策ノ大綱ヲ決定シ積極的ニ獨伊トノ協調ヲ行フニ於テハ獨ノ力ヲ我ニ有利ニ利用シ得ルニ止ラス或ル程度ハ我カ企圖ニ協調セシムルコトモ可能ナルヘキコトハ繰返シ本使ノ申進セル通リナリ)

三、[3]帝國政府ニ於テハ獨蘇戰ノ延引ニ依リ獨ノ地位ハ不利トナリ對英決戰モ或ハ不可能ニ非スヤトセラレ更ニ米國ノ參戰ヲモ考慮シ今次戰爭ハ概ネ長期持久戰ニ陷ルヘク全ク獨トノ聯絡ヲ絶タレタル今日トナリテハ米ト妥協スルノ他ナシトノ論モ或ハ起リ居ルニ非スヤト思考セラルル處開戰以來二年間ノ戰績ヲ精細ニ檢討セラルレハ幾度カ一般ノ豫想ヲ裏切リ獨ノ企圖カ成功セル事實明カニシテ殊ニ將來ニ關シテハ素ヨリ變化ヲ豫期セサルヘカラサルモ公平ニ見テ對蘇戰ハ冬季以前ニ目的ノ大部ヲ貫徹スヘク時機遷延スル場合ニ於テモ對英決戰ハ之ヲ敢行スヘク之等ニ關シテハ帝國政府モ相當ノ信ヲ置カレンコトヲ望ム（歐洲戰爭ノ推移カ帝國ノ企圖ニ大ナル關係アルハ申ス迄モナキコトナルヲ以テ之ニ關シテハ當方ニ於テハ獨側情報ヲ更ニ陸海軍武官トモ共同研究シテ見透シニ愼重ヲ期シ居ル次第ニシテ勿論本使ハ之ニ對シ依然責任ヲ負フヘク政府ニ於テ所見ヲ異ニセラルル點或ハ疑ハシキ點アラハ腹藏ナク其ノ都度申越サレタク當方ニテハ之ヲ充分査覈スヘク歐洲戰爭ニ關スル確タル見透シナクシテ我カ外交ヲ實施スルカ如キコトナキ樣御互ニ努力致度シ）[4]四年餘リニ亘ル支那事變ニ依リ蒙リタル創痍ニ依リ帝國ノ當面スル事態ハ洵ニ苦シキモノナルコトハ本使ト雖重々了解スル所ナリト雖三國條約ヲ結ヒテ世界新秩序ノ建設ヲ誓約シタル以上今暫ク獨指導者ノ言ニ將又獨ノ國力ニ信頼シ帝國亦大國タルノ矜持ト自信トヲ以テ現下ノ難局ニ處スルコトヲ得サルヘキヤ況ンヤ英米ノ對日妥協策ハ假裝（想カ）敵國ヲ各個ニ擊破セントスル術策タルコト疑ヲ容レサルニ於テヲヤ明治維新、日清、日露兩役當時ト今日トハ素ヨリ時代ヲ異ニスト雖國際難局ニ於テ勇斷事ニ處スルノ緊要ナルコトニハ渝リナカルヘク滿洲事變以來ノ帝國外交カ動搖常ナク確乎タル方針ヲ缺キ以テ今日ノ事態ヲ招來シタルコトヲ最早ヤ繰返スヘキニアラス日米ノ妥協ニ依リ支那事變ヲ解決スルコトヲ得ハ一時ノ妥協ヲ享有シ得ルヤモ知レサルモ外列國ノ輕侮ヲ受ケテ國際孤立ニ陷リ內國民ノ希望ヲ失ハシメ國民精神ヲ萎靡セシムルコトトモナラハ其ノ害測リ知ルヘカラスト認ム興隆カ衰亡カノ岐路ニ立テル帝國ノ運命ヲ惟ヒ深憂已ムナシ敢ヘテ率直ニ所信ヲ披瀝シ貴大臣ノ御努力ヲ切望ス

319

昭和16年9月4日　在伊国堀切大使より豊田外務大臣宛（電報）

ヒトラーおよびムッソリーニの東部戦線視察状況に関する情報報告

ローマ　9月4日後発
本　省　9月5日前着

第五六一號(館長符號扱)

三日安東ヲシテ「チアノ」ノ病氣快癒祝旁々「アンフーゾ」ト會見セシメタルカ安東ヨリ過日ノ「ムツソリニ」「ヒツトラ」會見ニ於ケル東部戰線視察ノ印象如何ト訊ネタルニ對シ「ア」ハ自分ハ「ウクライナ」戰線ニ三日留マリタルノミナルカ同地方ハ極メテ好都合ニ運ヒ居リ獨伊軍ノ士氣共ニ振ヒ其ノ協力ハ完全ニ行ハレ全線ヲ通シ蘇軍ノ抵抗モ猛烈ナルカ勝利ハ確實ナリ蘇軍ノ飛行機ハ既ニ八〇〇〇ヲ失ハレ殘ル所ハ二、三〇〇〇ナリト推定セラレ居ルモ飛行機ノ素質低下著シキモノアリ目下「ハリコフ」ニ向ヒ進軍シツツアル獨軍ハ恐ラク今週ニハ「コーカサス」ニ達スルモノト思考ス「ボルガ」附近ハ歐露ニ於ケル蘇聯ノ最後ノ抵抗線ナルヘキモ夫ニ達スル迄ニ蘇軍ハ非常ナル損害ヲ蒙リ殆ト其ノ抵抗力ハ問題トナラサルヘシト語リ更ニ政治問題ニ付種々兩雄ノ間ニ會談セラレタル模樣ナルカ其ノ主要點ハ何ナリヤトノ問ニ對シ其ノ公表中ニモアル通リ最後ノ勝利迄戰フコトヲ話シタルコトニシテ「ボルシエビキ」ヲ打倒シ「アングロサクソン」ノ勢力ヲ歐洲ヨリ驅逐スル意味合ニ於テ一般政治問題ニ付テモ話合ヒタリト答ヘ恰モ新秩序建設ノ歐洲關係國會議開催サルヘシ等ノ風說アル處之ニ付何等語リタル所アリヤト訊ネタルニ對シ右樣ノコトハ聞カス第一其ノ必要ハナカルヘシト言ヘリ其ノ際「ア」ハ日本ノ狀況ヲ尋ネタルニ依リ安東ハ可然答ヘ置キタル趣ナリ

獨ヘ轉電セリ

320 昭和16年9月15日 在ソ連邦建川大使より豊田外務大臣宛(電報)

対ソ交渉は独ソ戦の帰趨を見極めた上で実施すべき旨意見具申

モスクワ 9月15日後発
本 省 9月16日前着

第一一四五號(館長符號扱)

日蘇交渉ニ關スル意見具申[1]

一、前内閣ノ執ラレタル日蘇交渉方針カ今次ノ獨蘇戰ニ依リ再檢討ヲ要スヘキハ勿論ニシテ併モ新方針カ獨蘇戰局ト密接ナル關係ヲ有シ其ノ施策ノ緩急ハ其ノ推移ニ依ルヘキハ多言ヲ要セス

二、蘇聯邦ハ開戦當初帝國ヲ刺戟セサランコトニ意ヲ用ヒタルカ如キモ爾來英米トノ合縦ニ成功シ一方帝國カ諸般ノ事情ヨリ簡單ニ中立ヲ破棄シ得サルモノト判斷シ居ルカ如キヲ以テ既ニ劇甚ナル痛手ヲ蒙ムレルトモ莫斯科ノ線ヲ固守シ冬營トナルカ如キ場合利權及漁業問題ニ關シ容易ニ帝國政府ノ意思ニ追從スル態度ヲ見ルモノトハ考ヘ得ス

三、(2)之ニ反シ「キエフ」「レニングラード」ノ陥落ニ次キ「ハリコフ」莫斯科ヲモ失フコトトナレハ「コーカサス」ノ保持モ困難トナリ僅ニ「ウラル」ノ工業地帯「アルタイ」地方ノ農業ヲ擁シ「ヴオルガ」河ノ線ヲ固守スル外ナカルヘク其ノ際蘇政權ハ物資的ニ云ヘハ人的資源ニ於テ「コーカサス」ヲ含ム一億九千萬ノ内一億四千萬ヲ失フコトトナリ其ノ他生産工場ノ八十五%其ノ産額ニ於テ鑛鐵六十七%石炭六十六%石油八十五%ヲ失フコトトナリ國民ハ精神的ニ挫折シ政權ノ輿望地ヲ拂フニ至リ帝國ニ對スル蘇政府ノ態度ハ前項ノ場合ト大イニ趣ヲ異ニスヘキハ疑ナカルヘシ

四、(3)此ノ際北樺太若クハ其ノ利權ノ割譲要求ノ如キハ平和的交渉ヲ以テシテハ到底見込ナク然リトテ利權解消案ハ最早問題トナラサルヘキニ付何等カノ辭柄ヲ設ケテ蘇聯カ前項ノ狀態ニ陷ルヲ待ツヲ可トスヘク漁業ニ至リテハ彼カ從來涵養セル極東事態ノ變化ヲ逆用シ本春來ノ交渉ヲ廢棄シ新タニ無競賣及留三十二錢五厘ヲ主張シ應セサルニ於テハ彼ノ落膽困窮ヲ俟ツモ遲シトセサルナリ

五、要之本使ノ意見ハ對蘇交渉ヲ此ノ時機ニ於テ行フヲ不利トナスニ存ス過般貴大臣ハ東京蘇聯大使ニ對シ利權根本的解決ノ意思ヲ表明セラレアルニ付研究案ニテモ御通報ヲ得ルコトト期待セシニ今日ニ至ルモ其ノ事ナキニ由リ敢テ卑見ヲ開陳セシ所以ナリ利權漁業共御成案アラハ御回示相成度其ノ上ニテ更ニ意見申上度

321　昭和16年9月20日　豊田外務大臣、天羽外務次官／在本邦オット独国大使　会談

三国同盟条約の適用に関する対米申入れ等をめぐる豊田外相、天羽次官とオット大使との会談記録

天羽次官「オット」獨大使會談ノ件

九月二十日獨逸大使次官ヲ來訪會談ス(正午―午后一時三十分、大臣後刻參加セラル)(一六、九、二〇)

大使　淺間丸ノ件ニ付御盡力ノ段感謝ス

先日外務大臣ニ會見ノ際大臣ハ今回ノ日米會談ハ七月十四日野村大使宛訓令案ニ從ヒ交渉ヲ繼續シ居レリトノコトナルガ他ヨリ(引續キ會談中次官ノ問ニ對シ伊太利大使ト答フ)ノ聞込ニヨレバ大臣ハ右案文ニ變更ヲ加ヘタルモノニ付交渉セラレ居レリトノコトナルガ何レノ方ヲ信ズベキヤ

次官　大臣ト貴大使トノ會談ニ付テハ詳細承知セザルガ右何レノ方モ眞ナリト思フ卽チ野村大使宛訓令ノ趣意ニ依ルガ語句ニ於テハ變リ居ルモノナルベシ

大使　米國側ハ右ノ提案ニ對シ意思表示ヲナシタルヤ

次官　右案ハ大臣ヨリモ御話アリタルコトト思フガ米國側ニハ提示セザリシモノナリ、交渉ハ貴大使ガ大臣ニ御會ヒセラレタル以來進捗シ居ラズ、其ノ後事態ニハ何等ノ變化ナシ

大使　三國條約ニ付テハ右野村大使宛訓令ニ從ヒ交渉セラレ居ルヤ

次官　三國條約ニ付テハ未ダ何等觸レ居ラズ

大使　三國條約ニ觸レズシテ米國ハ滿足スルヤ

次官　日本ハ三國條約ニ付話スルコトハ急ガズ、日本ノ急ギ居ルモノハ外ノ點ナリ

大使　尤モナルガ我々ハ三國條約ニ對シテ如何ニ話サレルカニ付興味ヲ有スルモノナリ

次官　御尤モ千萬ナルガ三國條約ノ關係ニハ何等影響ヲ及ボスコトナシ

大使　近衞、「ローズヴェルト」會談ハ如何ナリシヤ

次官　所謂近衞、「ローズヴェルト」會談ノ風說ニ付キテハ前回ニ說明セシガ其ノ後事態ニ變化ナシ

大使　伯林ヨリノ電報ニヨレバ西班牙ノ新聞ハ近衞「ローズヴェルト」會談ニ決定セルコト竝ニ近衞首相ハ右會談ニ於テ日本ハ支那ニ於テ或種ノ權利ヲ放棄シ更ニ三國同盟ノ廢棄ヲスル用意アルコトヲ通告スル旨報道セラレ居ル由ナルガ如何

次官　西班牙ナレバ英米邊リノ宣傳ナルベシ右ノ如ク日本バカリガ損ヲスル樣デハ戰爭ニ負ケタル場合ト同樣ナル

ベシ
大使　先日大臣ニ御伺ヒセシ米國側ニ對スル申入ノ件ニ付テハ何等承リ得ルヤ
次官　右ニ付テハ大臣ヨリ御答ヘスルコトトナリ居レリ
（此ノ時大臣入室セラレ「オット」大使ニ對シ）
大臣　實ハ昨日來訪ヲ促シテ御話スル筈ナリシガ昨日ハ其ノ寸暇ナク、本日御話シ度ツモリナリ
（トテ別紙《見当ラズ》ノ通讀上ゲラレ高橋事務官獨語ニ通譯ス）
大使　大臣ハ獨逸國政府ノ申出ニ關聯シ米國政府ヘ何等カノ聲明ヲナサルル御意向ナリヤ
大臣　然リ、折角ノ御申出ナルニ依リ前記帝國政府ノ回答ノ趣旨ニ從ヒ先方ヘ聲明ヲ與フル所存ナリ
大使　何時頃行ハルル御意向ナリヤ
大臣　極ク最近ノ機會ニ之ヲ行フ所存ナリ
次イデ
一、會談中ニ於テ「オット」大使ハ
「日本政府ハ「ローズヴェルト」ガ現在以上ニ樞軸國ニ對シ攻撃ヲ續ケルナラバソレハ必然的ニ獨伊及米間ノ戰爭狀態ニ導クモノト觀察スル、ソシテコレハ三國條約ニ豫見セラレタル戰爭原因ヲ惹起シ日本ノ對米卽時參戰ヲ招來スルデアラウ」
ノ言句ヲ以テ米國ニ申入レラレンコトヲ希望シ
二、大臣、次官ヨリ交々
1、右ノ言句ハ
A、「ローズヴェルト」ガ樞軸國ニ對シ攻擊ヲナシ居ルト斷定スルコト
B、日本ハ米獨戰爭トナラバ卽時參戰スルコトノ意味ナル爲誤解ヲ生ズル惧アリ
2、松岡前外務大臣ハ日本ハ米獨戰爭ノ時ハ卽時(Simultaneously)ニ參戰スト云ヒシガ右ハ條約上ノ解釋ト云フヨリモ政策上ニ出デタリ、若シ條約上卽時參戰ノ義務アリトセバ日本ハ伊希戰爭ニ關聯シ卽時參戰シ又ハ獨蘇戰爭ニ關聯シ或ハ卽時參戰ヲ餘儀ナクセラレタルナルベシ
3、日本ノ米國ニ對スル申入ハ要スルニ米國ノ參戰ヲ防止スル目的ニ出ルモノニシテ云ハバ條約上ノ義務ニ出デタルト云フヨリモ政策上ヨリ來リタルモノナリ、而シテ現在ノ狀態ニ於テハ過去一年間ノ如ク卽時參戰ヲ

高調スルヨリモ他ニ適當ナル現ハシ方ガ考慮シ得ザル
ヤニ考フ
等ヲ話ス
三、大使ヨリ日本ノ米國ニ對スル申入ノ語句ヲ承知シタキ旨述べ大臣ハ右語句ニ付テハ研究スル必要アルガ御知ラセスベシト答ヘラレタリ

322 昭和16年9月22日 在ソ連邦建川大使より豊田外務大臣宛(電報)

米国による戦用資材の対ソ供給問題等に関しスタインハート大使と会談について

モスクワ　9月22日後発
本　省　9月23日後着

第一一六九號(極祕、館長符號扱)

二十二日米大使來訪懇談セルカ參考トナルヘキ點[1]

一、日米會談ニ關シ彼ハ順調ニ進捗シ居ル模様ナリト語レルニ付日米戰爭ハ囘避シ得ル見込アリヤトノ本使ノ問ヒニ對シ充分アリト答フ又彼ハ例ニ依リ日本軍ノ滿洲ヘノ增兵、佛印ヲ越エテノ南進意嚮ノ有無等ヲ尋ネタルヲ以テ前者ニ付テハ增兵セルハ事實ナルコト後者ニ付テハ日米會談ノ問題タルヘク本使ハ何等知ル所ナキカ日本ハ相當多忙ナレハ必要トセサル地域ニ行動スルカ如キコトナカルヘキ旨ヲ答ヘ置ケリ

二、「ビーバーブルック」ハ未タ莫斯科ニ到着セサル由又「ハリマン」一行ハ戰用資材供給丈ケノ任務ヲ有スル特別使節ナルカ故「スタインハート」ハ之ニ加ハルコトナク其ノ任務遂行ヲ依賴スル丈ケナル趣ナリ

三、米資材ノ浦潮通過ニ關スル日本政府ノ抗議ハ形式的ノモノニ過キストカ油船四隻到着セルノミニテ其ノ他ノ資材ハ未タ何等浦潮ニ到着セストカ申シ居リタリ[2]

四、米國カ蘇聯邦ニ戰用資材兵器等ヲ供給ストモ所謂焼石ニ水ニ過キサルニヤト誘導ヲ試ミタル處彼ハ獨逸國力困憊ノ兆逐次表ハレ來レリトカ黨ト軍部ノ間乖離軋轢アリトカ航空機ノ活動力ノ顯著ナル衰退等希望的觀察ヲ縷々述ヘタリ

323 昭和16年9月26日 天羽外務次官 在本邦オット独国大使 会談

三国同盟条約に関する対米申入れ問題および日米交渉の進捗状況等をめぐる天羽次官とオット大使との会談記録

天羽次官「オット」獨逸大使會談ノ件　（一六、九、二七）

九月二十六日「オット」大使次官ヲ來訪會談ス（午后四時三十分ヨリ約四十分）

一、大使ハ九月二十七日宴會ニ於ケル祝辭ノ文句ニ付更ニ打合セ方希望シ結局阪本歐亞局長ト話合フコトトス

二、三國條約ニ關シ米國ニ申入ノ件

次官　先日大臣ヨリ御約束セシ本件ニ付左ノ趣旨ニテ米國側ニ申入ルルコトニ決定セリ（編注）（別紙朗讀、要求ニヨリ英文ヲ手交ス）

大使　何時米國側ニ申入レラルルヤ

次官　先日大臣ハ貴使ノ問ニ對シナルベク早キ機會ニ於テト答ヘラレタル樣記憶ス

大使　獨逸側トシテハ成ル可ク早ク申入レラレンコトヲ希望ス、何トナレバ戰爭ノ現狀ニ於テハ時間ヲ考ニ入レルコト必要ナリ、實ハ此ノ申入ハ米國ノ參戰ヲ躊躇セシムルニ最モ效果アルベキガ現下ノ情勢ニ鑑ミレバ出來ルダケ早ク申入レラルルコト希望ニ堪ヘズ

次官　大臣ニ御傳ヘスベシ

大使　右申入ノ文句ハ閣議ニテ決定セシヤ

次官　大臣ハ閣僚ニ話サレシヤ否ヤハ知ラザルガ當然外務大臣ニ於テ決定スベキモノナリ

大使　政府ノ決定ト看做シテ差支ナキヤ

次官　然リ、尙念ノ爲ニ繰返シ置クガ先程申セシ如ク必ズシモ此ノ文句ノ其ノ儘ヲ申入ルルト云フニ非ズ、此ノ趣意ニテ申入ルルトノコトナリ、從ッテ其ノ時ト場合ニ應ジ用語ニ變更ヲ加フルコトアルベシ

大使　願クバ此ノ趣意ヲ大臣ノ公式ノ挨拶（明日ノ宴會ノ挨拶ノ意味ラシ）ニ入レラルルコト出來ザルヤ

次官　無論此ノ趣意ハ念頭ニ置キ居レリ、唯之ハ米國ニ對スル警告ナリ

三、日米交渉

大使　日米交涉ニ付テハ巷間種々ノ風說アリ、近衞總理ハ「ローズヴェルト」大統領ニ第二ノ「メッセーヂ」ヲ發セラレタリトノコトナルガ眞ナリヤ

次官　例ノ「バルセロナ」ノ放送ニテ眞ニ非ズ

大使　交渉ハ進捗シ居ルヤ

次官　先日オ目ニカカリシ時トハ變リナシ

大使　交渉ハ東京及華府ノ双方ニ於テ行ハレ居レリト聞ケルガ然ルヤ

次官　ズット以前ニ御質問アリシ時ニハ華府ト答ヘシガ今ハ必ズシモ華府ニ限リ居ラズ

大使　二人限ノ打開話ナルガ、自分ハ只今交渉ハ停頓シ其ノ將來ニ對シテ悲觀的ナルカノ印象ヲ受ケ居レリ、大体自分ハ米國ハ支那ヨリ全面的撤兵ヲ要求シ又支那ニ於ケル機會均等、門戸(開カ)解放主義ヲ絶對ニ要求シ支那ニ於テハ徹底的ニ問題ノ解決ヲ計ラントスルニ反シ日本ハ左程ニ徹底的ニ決定スルコトヲ好マザルベク此ノ一事ニテモ仲々問題ハ面倒ナルベシト考ヘラル、實ハ世間ニ於テハ可成リ日米交渉ニ反對アルモノノ如ク自分ハ本國政府ニハ報告セザリシモ近衛公暗殺未遂事件アリタルヤニモ聞ケリ、又三國條約紀念ノ催ニ付テモ日本ノ諸團体及諸方面ヨリ出來ルダケ盛大ニヤレトノ激勵アリタリ之等ノ反面ニハ或ハ寓意アリヤニモ思ハル

次官　交渉ノ内容ニハ觸ルルコトヲ欲セザルモ御説ノ如ク問題ノ中ニハ容易ナラザルモノアリ又何事ニ付キテモ外交問題ニ於テハ贊成ト反對トアルハ免レズ只所謂近衛公暗殺未遂事件ノ如キハ賣名ノ徒ノ兒戯ニ類スルモノナリ、流言蜚語ハ多キモ根據ナキモノ多シ迷ハサレサルコト必要ナリ

四、對蘇關係

大使　「ソ」聯ノ機械水雷浮流、危險區域設定等ニ對スル最近ノ狀態ハ如何ナリ居ルヤ

次官　引續キ抗議シ居ルガ未ダ滿足ナル解決ヲ見ズ

大使　樺太ノ石油利權ニ付交渉シ居ルトノコトナルガ如何

次官　日本ハ出來ル丈ケ多ク石油ヲ得ントスルガ故ニ樺太石油問題ニハ重キヲ置ケルガ石油ノ利權其ノモノニ付テハ今ノ處交渉シ居ラズ

大使　獨逸ハ日本ガ滿洲ニ於テ「ソ」聯ニ壓迫ヲ加ヘルコトヲ希望シ居レルガ最近日本ハ滿洲ニ在ル兵力ヲ減ジツツアリトノコトナルガ如何ナル理由ニ依ルヤ

次官　動員ニ付テハ自分等モ全然知ラザルガ左様ノコト
アリトハ考ヘズ

五、歐洲戰局、「ソ」獨戰況、土耳古竝ニ「バルカン」方面ノ形勢等ニ付意見交換

編注　別紙は見当らない。別紙英文の内容は、『日本外交文書　日米交渉―一九四一年―』下巻第272文書別電を参照。

324

昭和16年10月1日　在伊国堀切大使より豊田外務大臣宛（電報）

日米交渉に対するイタリア側の不信感等に関する安東参事官と伊国外務省担当官との会談報告

ローマ　10月1日後発
本　省　10月2日前着

第六三〇號（極祕、館長符號扱）

往電[1]第六二七號ニ關シ

本一日安東「アレキサンドリニイ」ト會見ノ際「ア」ヨリ三國協定ハ伊國民ニ取リ單ニ締約各國ノ國家的利益追求ノ結合タルニ止マラス更ニ高キ理想ノ標識トナリ居ル事ハ國民ノ日常生活ニモ表現セラレ居ル所ニシテ伊政府トシテハ右協定ニ對スル信頼カ常ニ國民ノ間ニ保タレン事ヲ希望シ居ル次第ナルカ最近國民ノ一部ニ日本ノ態度ニ關シ疑惑ヲ抱キ始ムル者アルニ至リ今後共國民ノ輿論指導ニ一層ノ努力ヲ要スヘキヲ思ハシムルモノアリ他面外交關係ニ於テモ日米交渉ノ内容等不明ニ屬シ日本問題主任官タル本官ニ對スル政府輿論ノ質問ニ對シテモ返答ニ窮スル狀態ニアル事ハ輿論指導ノ爲頗ル遺憾ナリ自分ハ日本ノ立場ヲ相當理解シ居ル積リニテ日本ノ態度ハ樞軸ヨリノ離反ヲ意味スルモノニ非サル事ヲ説明シ居ルモ此ノ點ニ關シ更ニ日本ノ明快ナル態度ヲ知ル事ヲ得ハ幸甚ナリト云ヘルニ付安東ヨリ最近ノ日米交渉ノ内容ニ關シテハ我大使ト雖何等知ル所ナシ但[2]シ吾々トシテ日本ノ三國協定ヲ基調トスル根本政策ニ何等變更アルモノニ非サル事ハ確信シ居ル次第ニシテ日米交渉モ右「ライン」ヨリ行ハレ居ルモノタル事ハ信シテ疑ハス假令何等話合カ成立スルトシテモ之カ樞軸ニ取リ害ヲ及ホスカ如キモノトハ考ヘラレスト前提シ更ニ個人的印象トシテ日米ノ關係ニ付テハ日本ノ從來ノ經濟構成ヨリ見ルモ

日本ノ經濟界等ニ日米ノ平常關係維持ヲ希望スル者相當多キハ當然ニシテ斯ル者ヲシテ結局國際政局上ヨリ日米ノ平常經濟關係ノ囘復カ困難ニシテ飽迄日本ハ大東亞共榮圈ノ確立ノ政策ニ邁進スルヲ要スヘキモノナル事ヲ自覺セシムル爲ニモ一應平和的手段ヲ盡シ米國トノ話合ヲ試ミル事内政上必要ナルヘシ右ハ國家カ一大行動ヲ斷行セントスルカ如キ場合特ニ國内ノ一致ヲ得ル爲必要ナル政治現象ナリト考フ他方日本ハ過去四年ニ亘リ支那事變解決ノ爲殆ト其ノ全勢力ヲ集中シ來リ更ニ北或ハ南ニ軍事行動ヲ起ス必要アル場合ニハ當然全面戰爭ヲ覺悟シテ準備ヲ進メサルヘカラス若シ之カ準備ナクシテ輕卒ナル行動ニ出ツルニ於テハ貴官カ嘗テ本官ニ言ハレシ如ク伊太利カ準備完カラスシテ過早ニ戰爭ニ突入セルト同様ノ困難ニ當面スルニ至ル虞アル譯ニテ帝國政府ノ現在ノ態度ハ右ノ點ヨリモ觀察スルコト必要ナルヘシト對應セル處「ア」ハ自分モ同様ノ見地ニ立チテ同様ノ説明ヲ要路ノ者ニナシ居リ日本ノ態度ニ對シテハ信用シ居レリト述ヘ居タル趣ナリ

獨ヘ轉電セリ

325　昭和16年10月1日　在独国大島大使より豊田外務大臣宛（電報）

ドイツ国内における対日感情の悪化状況について

ベルリン　10月1日後発
本　省　10月2日後着

第一一九八號（館長符號扱）

今囘三國條約一週年記念ニ際シ「リ」外相ハ特ニ大本營ヨリ來伯セルヲ以テ本使モ數度會談シ且ツ此ノ機會ヲ利用シ本使ノミナラス館員モ獨朝野各方面ノ人々ト接觸會談セルニ付之等ヲ綜合シ獨最近ノ對日空氣ノ一班（斑カ）ヲ報告ス

一、「リ」ハ帝國政府カ「オツト」大使ニ日米交渉ノ内容ノ通告ヲ拒絶セルコトヲ述フルト共ニ米カ日米交渉ニ關シ英ト緊密ニ聯絡シ居ル旨ノ確實ナル情報ヲ有スルコトヲ語リ元來日本ノ立場ニ理解ヲ有スル「リ」モ日本ノ態度ニ關シ多大ノ不滿ヲ洩セリ

二、「ワイスゼツカー」以下外務省員其ノ他一般カ日本ノ態度ニ慊焉タラサルモノアルコトハ彼等ノ本使及館員ニ對スル言動ニ依リ明カニ窺ヒ知ラレ我ニ好意ヲ有スル日本關係者ハ何レモ此ノ空氣ヲ心配シ居レリ又「オツト」大

使ノ來電ノ如キモ結論ハ出シ居ラサルモ相當露骨ナル不滿ト悲觀的見解ヲ傳ヘ居ルモノノ如シ尤モ新聞記者會見等外部ニ對スル關係ニ於テハ日米交渉ハ獨モ承知シテ居ルトノ建前ニテ日獨離反ノ兆ナキコトヲ辯護スルニ努メ居レリ

三、第三國外交官、新聞記者等モ日本ノ態度ニハ多大ノ關心ヲ示シ或ル意味ニ於テハ歐洲戰局ノ推移ヲ判斷スル一ノ「バロメーター」ノ如ク見做シアリ而シテ其ノ多數ハ日本ハ支那事變ノ疲弊ヨリ參戰ヲ回避シ歐洲戰局ニ付テモ悲觀的判斷ヲ有スルモノナリトノ印象ヲ受ケ居ルカ如シ

四、之ヲ要スルニ獨ハ第三國ノ離間工作ニ備ヘテ對日感情ニ何等變化ナキカ如ク裝ヒアリト雖獨朝野一般ノ對日感情カ次第ニ惡化シツツアルコトハ蔽フヘクモアラサル事實ナリ日本カ獨ニ無斷ニテ米ト行動スルカ如キ水臭キ態度ヲ執ル以上獨亦日本ニ無斷ニテ如何ナル措置ヲ執ルヤモ御承知アリタシ

陸海軍ヘモ御傳ヘアリタシ

伊ヘ轉電セリ

326　昭和16年10月2日　天羽外務次官　在本邦オット独国大使　会談

日米交渉の進捗状況等をめぐる天羽次官とオット大使との会談記録

天羽次官「オット」獨逸大使會談ノ件

（一六、一〇、二）

十月二日「オット」大使次官ヲ來訪會談ス（午后二時十五分―三時）

大使ヨリ過日ノ三國條約記念ノ催、宴會ノコトニ付謝意ヲ述ベ大臣ニ傳達方申出ヅ（次官ヨリ成功ヲ祝シタルニ大使ハ挨拶ス）

一、三國條約ニ關シ米國ニ申入ノ件

大使　先日本件ニ關スル會談ニ付米國ハ今ヤ中立法ヲ改正シテ參戰ニ急ギ又新聞報道ニ依レバ米國ハ太平洋ニ於テモ（次官ヨリ反問シタルニ新聞報ニヨリシモノニテ公報ニ接セズト答フ）護送制度ヲ實行シオル由ニテ只今ハ米國ニ申入ルル最良ノ時期ナリト思考ス、先日自分ハ「出來ルダケ速ニ」米國ニ申入方御願ヒセシガ大臣ニ於テハ如何取計ラハレタルヤ

次官　先日御話セシ如ク大臣ハ「最近ノ機會ニ」申入ルル意向ナルガ内外ノ情勢ニ鑑ミ最モ有效ナル時ニ實行セントシ居ラルル次第ナリ、實ハ今朝伺フコト出來ザリシガ既ニ申入レラレタリヤ否ヤハ承知セザルガ早速伺ヒ置クベシ

大使　大臣ニ伺ハレタル上若シ何等カ措置ヲ取ラレタルナラバ至急御知ラセ願ヒタク又未ダ措置ヲ取ラレザルナラバ出來ルダケ早ク御願ヒシタク、措置ヲ取ラレタル上ハ出來ルダケ早ク御知ラセ願ヒタシ

都合ニヨリテ自分ハ他ノ政治問題モアリ明日邊大臣ニ御目ニカカリ度ク考ヘ居レリ

二、日米交渉

大使　本件ニ付テハ矢張リ種々ノ噂ヲ聞クガ度々御迷惑ヲカケ相濟マザルモ自分ノ立場上本國政府ニ報告ノ關係ヨリモ率直ニオ伺ヒスルコトヲ許サレ度ク卽チ

(1)日本ハ二日程前米國ノ回答ニ接シタリトノコトナルガ眞ナリヤ

(2)政府ハ本問題ニ付「ステートメント」ヲ出スコトトナリ居レリトノコトナルガ眞ナリヤ

次官　先日御目ニカカリシ以來交渉ハ進捗シ居ラズ又政府ノ一部ニ於テハ此ノ際「ステートメント」ヲ出スコト可然トノ意見ヲ有セシモノアル由ナルガ未ダ決定シタリトハ聞カズ

大使　政府ガ既ニ「ステートメント」ヲ出サントスルコト自体日米間ニ何等カノ妥協成レリトノコトガ推察セラルルガ、他方本問題ハ左程ニ樂觀視得ズトノ噂ヲ聞ク處

(1)果シテ何等妥協成立セルヤ

(2)若シ然ラザレバ將來ノ見透ニ付貴官ハ樂觀的ナリヤ悲觀的ナリヤ

次官　日米間ニ何等妥結シタルモノアリトハ思ハズ又只今ノ處將來ノ見透ニ付斷言スルコトハ困難ナリ

大使　既ニ交渉ガ始マリテヨリ三月ニ近キモ米國ヨリ何等ノ意思表示ナシトハ大國ニ對スル態度ニ非ザルヤニ思考ス

次官　從來往復アリタルモ之ハ双方ノ意向ヲ明白ニセンガ爲ノ交渉ニシテ日本トシテハ只今ハ米國ヨリノ確乎タル意思表示ヲ待チ居ル次第ナリ尤モ既ニ大分時ヲ經

タルガ、此ノ間米大統領ノ母堂ノ死去モアリ華府ヲ留守ニシタルコトモ亦同答遷延ノ一理由タルベシ
大使　自分自身ハ日米間ニ於テ果シテ協定ニ達シ得ルヤ否ヤ疑問トスルガ自分ノ聞ク所ニヨレバ米國ハ支那ノ問題ニ對シ永久的且根本的ノ解決ヲ計ラントスルニ反シ、日本ハ經濟的ノ小問題ニ付一時ノ解決ヲ計ラントスルモノノ如ク、更ニ米國ニ於テハ日本ハ小康ヲ得ルコトニ依リ國力ノ恢復ヲ計ラントスルモノト疑ヒ居ルナルベク、又米國ハ日本ガ佛印ニ發動シ支那ニ駐兵スルコトヲ好マザル事情モアリ妥協ハ仲々困難ナルヤニ考フ、果シテ交渉成立ノ見込アリヤ
次官　從來ノ經緯ニ鑑ミレバ兩者ノ間ニハ仲々面倒ナル問題少カラズ
大使　近衛「ローズヴェルト」洋上會談其ノ後ノ發展如何
次官　何等變化ナシ
三、在本邦「ポーランド」大使ニ關スル件
大使ヨリノ質問ニ對シ次官ハ「ポーランド」大使ノ特權廢止ニ付テハ政府ノ手續殆ンド完了セントシツツアルガ故ニ其ノ内同大使ニ通告スベキ旨内話シタルガ「オット」大使ハ右通告アリ次第自分（「オット」）ニ知ラセラレ度旨申入レ次官承諾ス
四、「クレーギー」ノ歸國ニ關スル件
大使「クレーギー」ハ急ニ歸國スルコトトナリタルガ更ニ歸國ヲ延シタル由ナルガ途中上海ニ於テ「ダフ、クーパー」ト會談スルトノ報道アルガ右歸國ハ如何ナル理由ニ基クモノナルベキヤ
次官「ク」大使ハ着任以來四年ニ亘ルモ休暇ヲ取ラザリシ故此ノ機會ニ賜暇ヲ申出米國迄行クコトニナリタルヤニ聞ケリ、「ダフ、クーパー」トノ會見ニ付テハ公報ナキガ貴使ハ確報ヲ受ケタリヤ
大使「ダフ、クーパー」トノ會見ニ付テハ確報ナキモ、此ノ重大ナル時ニ急ニ離任スルハ特殊ノ意味アルベシト考フ
次官　如何ニ解釋セラルルヤ
大使「ク」大使ハ米國政府ニ對シ日本ニ於ケル內情ヲ話スコトトナルベク恐ラクハ米國政府ニ對シ日本ノ對外活動ヲ制限スル趣意ニテ話ヲスルコトト思ハル、自

分ハ同大使トハ多年ノ交際アリ其ノ性格モ知リ居ルガ萬事苛酷 Harsh ナル氣味アレバナリ

五、日蘇關係

大使　莫斯科ニ於ケル三國會議ニ付報告ニ接シタルヤ

次官　公報ニ接セズ

大使　茲ニ日本ノ注意ヲ促シタキハ英米ノ蘇聯ニ對スル援助ナルガ、今ヤ「アルハンゲルスク」ハ利用出來ズ「コーカサス」方面モ獨逸ノ進出ニ依リ阻害セラルベク、結局浦潮經由ノ外ナキコトニテ此ノ點ハ日本ニ於テ常ニ監視ヲ願度次第ナリ

次官　御趣意ハ良クワカレリ

六、戰況

（「レニングラード」、南蘇、獨佛關係等）

327　昭和16年10月4日　天羽外務次官　在本邦ローマーポーランド大使　会談

在本邦ポーランド大使館の廃止に関する天羽次官と同国大使との会談記録

付　記　昭和十六年十月四日付、外務省より在本邦ポーランド大使館宛口上書

右廃止通告

天羽次官「ポーランド」大使會談ノ件　（一六、一〇、六）

十月四日「ポーランド」大使來訪次官會談ス（午後六時十五分―同四十五分、先方希望シ偶々當方ヨリモ招致ノ理由アリタリ）

大使　二、三日來面會方希望シ居タルカ本日貴方ヨリ御呼出アリ來訪シタルカ實ハ只今新聞記者ヨリ聞ク所ニヨレハ日本政府ハ本使ノ特權ヲ認メサルコトニ決定シタリトノコトナルカ右ハ事實ナリヤ

次官　始メテ御目ニカカリ此ノ如キ苦痛ナル義務ヲ果ササルヲ得サル立場ニ置カレタルハ殘念ナリ、殊ニ御承知ノ如ク日本國及日本國民ハ「ポーランド」國及「ポーランド」國民ニ對シ常ニ渝ラサル友好關係ヲ續ケ「ポーランド」國モ亦建國以來我國ニ對シ極メテ友好的態度ヲ示シ兩國民モ亦甚タ親善關係ヲ持續シタリ、「ポーランド」建國ニ關スル「ポーランド」ノ書籍ニ於テモ「ポーランド」ノ建國ト日露戰爭トノ關係ヲ說キ日本ニ對スル親愛

ヲ示シ居レリ、我國民ノ感情ハ日波關係ノ如何ニヨリ渝ルモノニ非ス、唯戰爭ニヨリ生ミ出サレタル異常ナル狀態ヨリ兩國ノ關係カ異常ナル狀態ニ置カルルハ止ムヲ得サルモノナリ、凡ソ戰爭ハ悲慘ナリ、戰爭ハ幾多ノ悲慘ナル事象ヲ起シタルカ此ノ戰爭ハ又我外務大臣ヲシテ最モ悲慘ナル役割ヲナササルヲ得サル運命ニ置キタリ外務大臣止ムヲ得サル差支アリ余カ其ノ代リニ貴大使ニ對シ御傳ヘスル次第ナリ(別（編注）紙通告文ヲ讀上ク)

尙貴大使及大使館員ハ今日以後外交使節及外交官トシテノ地位ト特權ヲ失ヒ大使館ハ其ノ職務ヲ終リタル事トナレルカ殘務整理ニ一定ノ時日ヲ必要トセラル可ク又過去ニ於ケル日波間友好關係ヲ考慮シ十月一杯ヲ限リ貴大使及貴大使館員ニ對シテ帝國政府ノ禮讓トシテ事實上從來ト略同樣ノ特權及恩典(公式ノ儀典ヲ除ク)ヲ認ムル方針ナリ但シ右ハ飽迄禮讓ノ問題ナルコトニ御留意アリ度詳細ハ儀典課長ヨリ御聽取願度

大使　右新聞記者ヨリノ聞込ハヨモヤ事實ニハ非ルヘシト思ヒシカ事實ナル事ヲ知リテ驚キタリ、「ポーランド」國民ハ御說明ノ如ク終始日本國民ニ對シ親愛ノ念ヲ有シ未タ嘗テ其ノ友好關係ニ渝リタルコトナシ此ノ戰爭カ始リテ以來「ポーランド」政府及國民ハ日本國政府及國民ニ對シ何等ノ怨ミモ示サス何等ノ危害モ加ヘ居ラス、然ルニ突如此ノ通告ニ接セルハ了解ニ苦シム所ナリ

次官　先程申セシ如ク今回日本政府カ此ノ決定ヲナシタルハ專ラ現下ノ事態ニ依ルモノナリ故ニ若シ將來現下ノ事態カ變更セラルルコトアラハ亦無論再考セラルヘキモノナリ

大使「ポーランド」ガ他國ノ占領下ニアリテ既ニ二年ヲ經過セリ然ルニ此ノ二年間日本ハ本使ニ對シ何等ノ措置モ取ラズ、今ニ至リ此ノ如キ通告ニ接セシガ今日ノ狀態ヲ二年前ト比較スルニ戰爭ノ狀態ハ寧ロ「ポーランド」ニ對シ有利ナリ、然ルニ日本政府ガ此ノ時期ヲ特ニ選ビシハ某大國ノ壓迫ニ出デタルモノト考ヘラル

次官　理論上ヨリ云ヘバ日本政府ハ二年前「ポーランド」ノ全域ガ他國ノ占領下ニアリテ主權ヲ行使シ得ザルニ至リシ時ニ實行シ得タリシモ、然シ戰爭ノ狀態ハ如何ニ變化スルヤモ計ラレズ「ポーランド」モ亦其ノ中ニ恢復シ得ラルルヤモ豫測シ得ザルト、出來ルダケ「ポーラン

ド」ニ對シ好意ヲ示ス積ニテ遷延ヲ重ネ來レル次第ナリ、決シテ大國ノ壓迫ニ依ルモノニ非ズ
大使　屢々延期セラレタルコトハ了解スルガ、然シ御説明ノ理由ハ薄弱ナリ
次官　率直ニ云ヘバ「ポーランド」ノ主權、領土人民等所謂國家構成ノ要素ニ疑ヲ生ジタルニ由ル
大使　右様ノ御解釋ナレバ仕方ナシ、直チニ「ポーランド」政府ニ報告スベシ、唯先程申セシ如ク「ポーランド」ト日本トノ關係ニ鑑ミ最モ遺憾ニ堪ヘズ「ポーランド」國民ノ對日感情ニ及ボス影響ニ付テハ更ニ寒心ニ堪ヘザルモノアリ、尚只今日本政府ガ措置ヲ取リタル以上ハ滿洲國亦同様ノ措置ニ出ルコトト思ハルルガ現在滿洲國ニハ千五百人ノ「ポーランド」人アリ内地ニ於テモ三百人ノ「ポーランド」人アリ此等ノ「ポーランド」人ハ無籍者トシテ保護者ナキ狀態ニ在ルガ實ハ先頃「ヴィシー」政府ニ於テ同様ノ措置ヲ取リタル際「ポーランド」ノ赤十字社代表者ヲシテ便宜「ポーランド」國民ノ利益ヲ保護スルモノト認メタル事實アリ、日本政府ニ於テ何等考慮シ得ベキヤ

次官　前述ノ如ク日本國政府及國民ハ貴國民ニ對シテハ終始同情的ナルガ故ニ出來ルダケ便宜ヲ計ルコトトスベシ、尚「ポーランド」赤十字社代表ハ日本ニ居ラルルヤ
大使　上海ニ在リ
次官　「ポーランド」ノ場合ト同様ニ論ズル譯ニハ行カザルモ滿洲國ニハ多數ノ白系露人アリ、何レモ相當ニ愉快ニ生活シ居レリ、「ポーランド」人ノ場合モ差程ノ心配ヲセラルル必要ナカルベシ
大使　白系露人ノ場合モ團体ガアッテ之ヲ保護シ居レリ
次官　自分自身トシテモ個人的ニハ「ポーランド」人中ニ多數ノ知己ヲ有シ日本ニ於テハ「パテック」「モチツキー」兩大使壽府ニ於テハ「ベック」前外相、「コマルニスキー」公使又阿片會議ニテハ貴大使ノ令妹トモ知遇ヲ得非常ニ愉快ニ交際ヒタリ、今日ノ通告ハ最モ苦痛トスル所ナリ
大使　自分モ非常ニ殘念ニ思フ何レハ住ミ良キ所ニ行クコトトスベシ

編注　別紙は見当らない。本文書付記を参照。

（付　記）

口上書

帝國外務省ハ在京波蘭國大使館ニ對シ帝國政府ハ現下ノ事態ニ鑑ミ在波蘭國帝國大使館ヲ廢止スルト同時ニ今日以後在京波蘭國大使及同大使館員竝在大阪及横濱波蘭國名譽領事ノ地位ヲ認メス同大使館ノ職務ハ終了セルモノト認ムル旨通告スルノ光榮ヲ有ス

328　在本邦交戦国大使館による報道記事類の頒布禁止問題等に関する天羽次官とオット大使との会談記録

昭和16年10月6日　天羽外務次官／在本邦オット独国大使　会談

天羽次官、「オット」大使會談ノ件

（一六、一〇、八）

十月六日「オット」大使次官ヲ來訪會談ス（午後二時三十分―午後三時二十分）

一、波蘭問題

次官ヨリ波蘭大使ノ特權否認ニ付通告シタルニ深謝スベキ旨竝ニ大臣ニ右傳達方申出ヅ

二、對米通告ニ關スル件

大使　一昨日ノ米國ヨリノ來電ニヨレバ「ローズヴエルト」大統領ハ愈々中立法改廢ノ爲關係議員ト開談スルコトトナリ居ル由ナルガ屢々申上ゲシ如ク日本ノ米國ニ對スル申入コソ米國ノ參戰ヲ防止スル有力ナル武器ナル故至急御取計ヒ願度シ

次官　大臣モ其ノ邊ノ事情ハ良ク呑込ミ居リ最モ有效ナル時ニ申入レントシ居ルガ恐クハ一兩日ノ中ニ實行セラルベキヤニ思ハル

三、日米交通再開問題

大使　新聞ニ依レバ在米井口參事官、西山財務官ハ船舶及郵便再開ノ爲米國政府ト交渉ヲ開始シタリトノコトナリシガ右ハ事實ナリヤ又所謂日米交渉ノ一部ナリヤ

又日米ノ交渉ハ其ノ後如何ニナリシヤ

次官　右新聞記事ハ見ザリシガ日本ハ只今米國ニ於テ船待チシ居ル日本人約二千名ヲ歸國セシメン爲ニ船舶ヲ派遣セントシ米國ニ對シ交渉方訓令シ置ケルガ其ノ交

渉ノ結果ニ付テハ未ダ報告ナシ、之ハ所謂日米交渉トハ別ノ問題ナリ、所謂日米交渉ハ其ノ後別ニ變ラズ

四、在京交戰國大使館ノ「ブレチン」類頒布差止ニ關スル件

大使　本問題ハ屢々問題トナリシガ自分ハ常ニ反對シ來レリ、松岡大臣、大橋次官モ獨逸大使館ノ「ブレチン」類頒布ヲ禁止セントセシガ自分ハ獨逸大使トシテハ絶体（對カ）ニ承認セザル旨申入レ日本政府ニ於テハ再考シ呉レタリ、然ルニ今回圖ラズモ「ブレチン」頒布禁止ノ回章ニ接シ驚キタリ、之ハ絶体（對カ）ニ承認シ得ズ實ハ右ハ獨逸大使館ノ情報ニ關スル唯一ノ仕事ニシテ痛切ニ其ノ必要ヲ感シ居ルモノナリ、獨逸ノ場合ハ英國トハ異ル、獨逸ハ日本トハ同盟國ナリ又英國ハ「ロイター」ヲ有シ米國ハ「A、P」、「U、P」、「I、N、S」ヲ以テ多數ノ通信ヲ日本ニ送リ居レリ米國ハ交戰國ニ非ルモ英國同様ノ宣傳ヲナシ居ルハ御承知ノ通ナリ、交戰國大使館ヲ取締リ、米國大使館ニ對シテ手ヲ觸レザルハ片手落ナリ尚通信ノ狀態ヲ見ルニ「ロイター」ハ余リ多カラザルモA、P及U、Pハ可ナリニ多シ、加フルニ英字新聞「ジヤパンタイムス、アンド、アドヴァタイザー」「ジヤパン、クロニクル」「ニユースウィークリー」等アリテ常ニ反獨的書振ヲナシ居レリ、之等ニ對シテハ獨逸大使館ノ「ブレチン」ノ發行ニヨリテ對抗シ居レリ、支那事變以來獨逸ノ通信、新聞ハ擧ツテ日本ニ加勢シタリ、之等ノ事情ニ鑑ミ自分トシテハ自發的ニ頒布ヲ差控フルコトハ出來ズ仍ツテ此ノ回章ノ末段ハ獨逸大使館ニ限リ削除セラレタシ

次官　我々ハ支那事變ニ對スル獨逸新聞ノ書振ヲ多トス又我々ハ獨逸トハ特殊ノ關係アルコトハ十分ニ念頭ニ置キ居レリ、左リナガラ我々ハ先ヅ以テ日本ガスベテノ點ニ於テ獨立國タランコトヲ期スルモノナリ、日本ガ獨立性ヲ維持スル爲ニハスベテノモノヲ犧牲ニセザルヲ得ズ然ルニ情報關係ニ於テハ日本ノ國內ニ於テハ外國ノ宣傳ガ盛ニシテ全ク日本ハ外國宣傳ノ「フィールド」トナリ居レリ、往年聯合ト電通トガ合併シ同盟通信ヲ形成シタルノモ亦通信ノ獨立性ヲ得ンガ爲ナリ獨逸、伊太利ノ「ブレチン」ニハ例ヘ有害ノモノナシトスルモ敵性ノ英國及蘇聯ノ如キニハ必ズシモ同一ノモノヲ期待シ得ザルモノアルベシ、サリナガラ日本政

府トシテハ外國ノ大使館ニ對シ差別的取扱ヲナスコトヲ得ズ仍テ玆ニ一様ニ同様ノ措置ヲ取リタル次第ナルガ必ズヤ貴使ハ日本ガ情報ノ獨立ヲ保持センガ爲ノ努力ニ對シテハ十分ニ同情スベシ又右ガ必ズシモ獨逸ヲ不利益ノ狀態ニ置カントスルモノニ非ズ日本ニ於テハ外國ノ宣傳ヲ禁止スルモ日本ノ當該官憲ハ其ノ手ニテ適宜輿論ヲ指導スル積ナリ

玆ニ獨逸ニ對スル手加減ガアルベク十分獨逸ニ對シテハ適當ナル考慮ガ拂ハルベシ、從ツテ貴館ニ於テハ引續キ「ブレチン」ヲ情報局及外務省ニ送付シ呉レレバ當該官憲ニ於テ之ヲ材料トシテ適宜新聞及輿論ヲ指導スル積ナリ仍ツテ貴館ニ於テハ此ノ點ヲ考慮シテ適當ノ措置ヲ取ラルルコトニ致シタシ

尙通信ノコトナルガ右貴使ノ擧ゲラレタル諸通信ハI、N、Sヲ除キテハ何レモ同盟ト連絡スルモノナルガ同盟ニ於テハ適宜取捨シ獨逸ニ對シテハ可成リニ好意ヲ示シ居ルヤニ聞ク、I、N、Sハ讀賣ト連絡スルモ之亦反英ナル上ニ讀賣ノ採用スル分量モ甚ダ少キヤニ聞ク、就テハ貴使ハ同盟ト十分連絡スルコトガ必要ナリ、換言スレバ貴館ニ於テ宣傳スル代リニ日本官憲ニ於テ獨逸側ニ便宜ヲ計ルコトトナルベシ

大使　然ラバ右日本側ノ取扱振ハ書物ニテ保障シ呉ルルヤ

次官　斯様ノ問題ヲ書物ニテ表ハスコト自身既ニ宣傳ノ趣意ニ合ハス此ノ如キ問題ハ宜ロシク以心傳心ニテ指導スル方効果的ナリ、書物ニテ保障スルガ如キハ唯形式ニ捉ハレ却ツテ効果上ラザルベシ

大使　自分ハ同盟ノ「ニュース」取扱振ニ對シテハ甚ダ不滿ニテ屢々古野氏松本氏等ニ注意シタルモ何時モ部下ガ仲々云フコトヲ聽カズトノ挨拶ナリ、最近ノ數例ヲ御覽ニ入ルベシ(十月一日「アンカラ」發「アンテネスク」ニ關スル件其ノ他)「ニュース・ウイークリー」ハ申スニ及バズ「アドヴァタイザー」等モ亦反獨記事多シ右ニ付テハ宜ロシク指導セラレタシ

次官　公平ニ見テ自分ハ日本ノ諸新聞ハ獨逸ニ有利ニ報道シ居ルヤニ思ハル、獨蘇戰爭勃發ノ場合ノ記事ト今日ノ同戰爭ノ狀態トヲ思ヒ合スレバ思半バニ過グルモノアラン、「ニュース・ウイークリー」ニ付テハ自分

ハ殆ンド知識ナキガ同盟及「アドヴァタイザー」ニ對スル不平ハ意外ニ思フ、尚關係官廳ニモ注意シ置クベシ

大使　輿論ノ指導ニ付テハ情報局ト連絡ヲ計ル必要アルガ仲々思フ様ニ行カズ伊藤總裁トハ久シク會見シ得ザル狀態ナルニ付何トカ有效ナル打合セヲ願度

次官　伊藤總裁トノ會見方打合セスベシ、其ノ場合忌憚ナク意見ヲ交換スレバ可ナリ

大使　其迄ハ「ブレチン」ノ頒布ヲ自發的ニ差控ヘズトモ可ナリヤ

次官　其ハ困ル、外務省ノ同章ハ變更スルヲ得ズ、從ツテ若シ頒布スレバ郵便當局ニ於テ差押ヘルコトアルベシ

尚御參考迄ニ附言スルガ自分ガ伊太利在勤ノ際伊太利外務省ヨリ同章ニテ館員ノ旅行區域ノ制限ヲ通知シ來リタルガ右ハ同盟國タル日本モ他ノ諸國モ同一ノ文句ナリシモ實ハ實際ノ適用振ニ於テハ國ニ依リ異ルモノアリシヤニ思ハル、貴使ノ云ハルル日本國民ノ輿論ノ指導ハ日本政府ニ委ス方最モ賢策ナリト思フ

329　昭和16年10月7日　在独国大島大使より豊田外務大臣宛（電報）

モスクワ包囲戦開始に関する情報報告

ベルリン　10月7日後発
本　省　10月8日夜着

第一二二四號（館長符號扱、至急）

東[1]方ニ於ケル新作戰ニ關シ七日「リ」外相側近者ノ本使ニ語ル處左ノ通リ

一、過日總統演說中大ナル作戰アルヲ暗示シタルハ莫斯科包圍戰ニシテ本作戰ハ今次對蘇戰爭ノ殆ト結末トモ稱スヘキモノナルヲ以テ獨逸軍ニ於テハ以前ヨリ極祕裡ニ之ニ對スル準備ヲ進メ居リ實ハ「キエフ」大包圍戰後ハ狀況ヲ利用シ獨逸ノ主攻擊カ此ノ方面ニアルヲ裝ヒ蘇軍ノ關心ヲ「ウクライナ」「ドネツベツケン」方面ニ集メタルニ蘇聯ハ「チモシエンコ」軍ヨリ大兵力（確實ナル數ハ不明ナルモ約三十師團ト稱ス）ヲ割キ「ドネツ」方面ニ增援シタルヲ以テ其ノ虛ニ乘シ獨逸軍ハ速ニ莫斯科包圍ニ着手セシ次第ナリ

二、「ウクライナ」方面ニ於テハ數日前「マリウポル」ヲ占

領シ續イテ東方ニ對スル作戰ヲ準備シアルモ實ハ大本營發表ノ如キ活潑ナル行動ハ控ユル筈ナリ

三、莫斯科包圍戰ニハ東方前線ニ在ル三軍集團ノ主力之ニ參加シアリテ「ルンドステット」南部軍集團ハ莫斯科東南方地區ニ向ヒ前進中ニシテ「ボック」中部軍集團モ從來ノ防禦ノ態勢ヨリ既ニ攻擊前進ニ移リ「レープ」北部軍集團ハ「レニングラード」包圍ニ必要ナル最少限ノ兵力ヲ殘置シ莫斯科東北地區ニ向ヒ前進ヲ續行シツツアリ

四、裝甲兵團ノ全部ハ此ノ包圍戰ニ參加シ莫斯科東南方地區ニ於テハ其ノ先頭ハ「ツラ」「カルガ」ノ線ノ南方地區(該線ハ未タ占領シアラス)ニ達シ莫斯科西方地區ニ於テハ「ウイヤスマ」ニ達シ又莫斯科西北方地區ニ於テハ其ノ先頭「カリニン」ニ達シ包圍翼ヲ延伸スル爲其ノ兵力ヲ東進セシメツツアル情況ナリ

五、[2]莫斯科ニ對スル聯絡ヲ遮斷スル爲其南方ニ通スル三主要鐵道幹線及莫斯科ヨリ東方ニ通スル諸鐵道ハ數日來猛烈ナル爆擊ヲ加ヘツツアリテ四日ニハ之カ爲三千八百ノ爆擊機ヲ使用セル程ナリ

六、獨逸軍包圍行動ヲ祕匿スル爲從來ノ如ク發表ヲ差控ヘルコトニナリ居ルモ數日中ニハ一通リノ包圍ヲ終リ爾後逐次包圍線ヲ短縮スルコトトナルヘシ

七、獨逸軍ハ東方戰場ニ於ケル作戰指導ノ主眼ヲ蘇野戰軍ノ殲滅ニ置キ其ノ退避作戰ヲ封スルニ努メシカ今日迄ノ莫斯科包圍戰ノ經過ヨリ見テ此ノ目的ヲ達シ冬期前ニ事實上對蘇戰ノ結末ヲ着ケル確信ヲ得本作戰ヲ終ラハ「コーカサス」ノ攻略ヲ除キ警察的軍事行動ニ移ルコトトナリ空軍及陸軍ノ大部ハ之ヲ引揚ケ得ルコトトナルヘシ

八、莫斯科包圍作戰開始以來獨逸軍ノ遭遇セル蘇軍ノ素質及裝備著シク不良トナリ戰鬪能力非常ニ低下セルコトヲ確認セリ從テ莫斯科包圍戰ハ迅速ニ進捗スルモノト判斷シ居レリ

陸海軍ニ傳ヘラレタシ

伊ニ轉電セリ

330　昭和16年10月8日　豊田外務大臣より在独国大島大使宛（電報）

日米交渉の意図および三国同盟に関する政府の立場について

本省　10月8日後9時40分発

第八七三號（館長符號）

往電第七〇八號ニ關シ

一、日米交渉ハ右往電ノ事情ニ依リ第二次近衛内閣ノ時ニ開始セラレタルモノナルカ佛印進駐ノ爲中斷セラレタリ抑々佛印ノ進駐ハ日支事變ノ解決ヲ促進シ英米包圍攻撃ニ對抗スル爲ニ共同防衛ト資源確保ヲ目的トスル自衛的措置ナルカ英米ハ日本ニ對シ經濟斷交ニ等シキ壓迫ノ手段ヲ採リ日米關係ハ極度ニ惡化シ又我カ國内ノ經濟狀態ニ由々シキ影響ヲ與ヘタリ他方歐洲戰爭ハ長期戰ノ態勢ヲ採ルニ至リタルモノノ如ク獨蘇方面ニ於テハ獨逸ノ豫期ニ反シテ膠著狀態トナリ蘇聯ハ今ヤ英米ノ陣營ニ投シテ我方ハ之ニ備フル必要ヲ生シ又歐亞ノ交通杜絶シテ獨伊ト我國トノ連絡ハ當分困難トナリ南方ニ於テハ英米蘭支ノ包圍陣形强化セラレタルカ日支事變ノ解決ハ未タ左シタル進捗ヲ見ス此ノ情勢下ニ在リテ帝國カ速カニ日支事變ヲ完遂シ大東亞共榮圈ヲ確立シ兼ネテ將來ニ備フル國力ノ涵養ヲ計ルニハ外交交渉ニ依リテ日米關係打開ノ途ヲ講スル必要アリ

二、三國條約締結ノ當時ハ米トハ親善關係ヲ持續シツツ之ニ依テ日支事變ノ解決ヲ促進シ蘇聯ヲ日獨伊ノ陣營ニ引キ入レ獨逸ハ日蘇間ヲ斡旋シ（「スターマー」ハ獨逸ハ「正直ナル仲買人」トナリテ日蘇ノ親善ヲ計ルト云ヒ又「オット」ヨリハ日蘇ノ諒解ニ盡力スヘキ旨ノ來翰アリ）日本ハ南洋ノ物資ヲ獨伊ニ保障シ獨伊ハ日本ニ對シ機械、技術ヲ保障スルコト等ヲ豫想シタリシモ爾來形勢ノ急變ニ依リテ事豫想ニ反スルニ至リタルカ只日米關係ノミカ當時ノ豫想通リニ處理シ得ル狀態ヲ持續シ居レリ即チ當時獨逸ハ日米間ノ衝突回避ニ凡ユル努力ヲ惜マサルノミナラス若シ人力ノ能ク爲シ得ル所ナラハ進ンテ兩國關係ノ改善ニスラモ盡力スヘシト證言シ（松岡「スターマー」會談）又日獨兩國ハ米國ノ參戰ヲ防止スル必要ヲ痛感シタル次第ナリ

三、日獨伊三國條約ノ目的カ歐洲戰爭ノ擴大ヲ防止シテ米國ノ參戰ヲ牽制スルト共ニ世界平和ヲ確立セントスルニ在ルハ當時ノ詔書及内閣告諭ニ依リテモ明白ナルカ今ヤ戰爭ハ歐洲一帶ニ擴大シテ只太平洋カ禍亂ノ外ニ在ル狀態ナルヲ以テ此ノ兩國ニ於テ兩國間ノ紛爭原因ヲ探究シ太

平洋ノ平和確立ヲ考案スルハ三國條約ノ精神ニモ合致スルモノトス

四、此ノ見解ニ基キ前内閣ニ於テ始メラレタル日米交渉ハ今日ニ於テモ尙其ノ必要ヲ認ムル處佛印進駐ニ關聯シテ日米間ニ話合アリシ機會ニ日米ノ間ニ於テ交渉再開ノ機運動キ八月末近衛首相及「ローズベルト」大統領間ノ「メッセージ」交換トナリタル次第ナリ爾來兩國政府間ニ交渉開始ノ爲ノ基礎條件ニ付意見ヲ交換シ最後ハ本月四日米國ヨリノ表示アリ目下之ニ付檢討中ナルカ我國ハ三國條約トノ關係ハ動カサスシテ支那事變ノ完遂（近衛三原則竝ニ日支基本條約ニ基キ和平解決ヲ計リ又米國ノ勢力ヲ利用シテ蔣政權ノ終熄ヲ企圖ス）、大東亞共榮圈ノ確立（物資獲得）、歐洲戰争ノ不擴大、太平洋地域平和確立ヲ計リ米國ノ參戰ヲ防ク目的ノ下ニ交渉ヲ進メ居ル次第ナルカ前途尙曲折ヲ豫想セラル

右貴官限御含

伊ニ轉電アリタシ

米ニ轉電セリ

編注　本文書は、国立国会図書館憲政資料室所蔵「憲政資料」中の「天羽英二関係文書」より採録。

331　昭和16年10月8日　在独国大島大使より豊田外務大臣宛（電報）

独軍によるモスクワ攻略を見据え遅疑逡巡することなくわが方対策決定方具申

ベルリン　10月8日後発
本　省　10月9日夜着

第一二二九號（館長符號扱）

往電第一二二四號ノ獨蘇戰況ニ付テハ本日陸海軍武官トモ協同シ本使東部戰線視察當時ノ印象其ノ他ノ諸情報ト照合シテ充分ノ研究考査ヲ加ヘタルニ莫斯科包圍戰ノ極メテ迅速且ツ有效ニ開始セラレ此ノ分ニテ進メハ莫斯科及其ノ附近ニアル蘇軍處理モ遠カラサルヘク嚴冬期ニ入ル前ニ東部戰線ハ一段落トナルモノト觀測セラル英米方面ニ於テハ獨逸ハ莫斯科奪取後蘇聯ニ對シ平和提議ヲ爲スヘシトノ宣傳ヲ行ヒ居ルカ如キモ往電第九二四號「ヒ」總統ノ本使ニ對スル言明ヨリスルモ斯ルコトハ全然問題ニナラス獨トシテ

ハ今後主力ヲ對英攻撃ニ注ク一方共產政權打倒ニ到ル迄對蘇追究ノ手ヲ弛メサルヘキコト明カナリ右形勢ハ獨蘇戰線膠着獨ノ戰力消耗等ニ關スル英米側ノ宣傳ヲ粉碎スルモノニシテ帝國トシテ深甚ノ注意ヲ要スル所ナルヘシ莫斯科攻略カ「ス」政權ニ對シ重大ナル打撃トナルヘキハ言ヲ俟タス之カ極東ニ於ケル影響頗ル大ナルモノアルヘシ帝國トシテハ右諸般ノ形勢ヲ洞察シ遲疑逡巡スルコトナク對策ヲ決定セラルルコト極メテ緊要ナリト信シ茲ニ卑見ヲ申進ス

本電陸海軍ニ傳ヘラレタシ

332 日米交渉への不信感等に関する伊国紙主筆の見解について

昭和16年10月9日　在伊国堀切大使より豊田外務大臣宛(電報)

ローマ　10月9日後発
本省　10月10日夜着

第六四五號(極祕、館長符號扱)

八日本使「ガイダ」[1]ト會見其ノ忌憚無キ意見ヲ質シタルニ「ガ」ノ言左ノ通リ

一、日米交渉ハ吾人ニ日本ノ政策ハ獨自ノモノニシテ樞軸側ト協調スルモノニ非ストノ感ヲ抱カセタリ他面本交渉ハ日本カ英米ニ對シ參戰スル能ハストノ印象ヲ與フルモノニシテ極東ニ對スル安心ヲ抱カシメ其ノ結果ハ米ノ參戰ヲ助成スルモノナリ自分ハ日本ハ今日參戰スヘキナリト考フル處假令日本ニ於テ之ヲ欲セストモ米牽制上日本ハ恰モ參戰スルカ如キ態度ヲ執ルコト必要ナリト信ス「ルーズヴエルト」大統領カ米ノ參戰ヲ欲シ居ルハ今更言フ迄モナキコトナルカ其ノ意圖スル處ハ先ツ獨伊ヲ叩キ然ル後日本ヲ叩カントスルニ在ルハ日本ニ於テモ周知ノコトト存スルモ日本若シ參戰セス今次大戰カ英側ノ勝利トナルニ於テハ戰後必ス英米協力シテ日本ニ當ルヘク又獨伊勝利ノ場合ニハ獨ハ支那ニ幾多ノ經濟的利害關係ヲ有スルヲ以テ戰後其ノ獨自ノ經濟政策ニ依リ日本ニ當リ或ハ英米ト協力シ日本ヲ經濟的ニ壓迫スルコトナキニシモ非サルヘシ然ルニ若シ今日日本參戰スルニ於テハ必勝確實ニシテ日本ハ東亞ニ於テ其ノ欲スル所ヲ獲得スヘキヲ以テ今ニシテ日本立タサレハ孰レカ勝ツモ日本ノ蒙ルヘキ損失ハ大ナリト信ス

二、[2]日本ハ蘇聯邦ノ運命既ニ決定シ居ル今日蘇聯邦ト戰フテ多少トモ犧牲ヲ拂フヨリ寧ロ英ト戰ヒテ英ノ刻下ノ重大問題タル輸送路ヲ潜水艦ヲ以テ脅セハ足ルヘシ斯クスルニ於テハ米ハ英ノ勝利ニ對スル確信ヲ失ヒテ遂ニ起タサルヘク又英ハ其ノ輸送困難ヲ加ヘテ遂ニ屈服シ戰爭ハ六箇月位ニテ終了スヘシ

三、對蘇戰ノ一段落後獨逸ハ英帝國撃破ノ目的ヲ以テ其ノ兵力ノ一部ヲ「イラン」方面ニ向ケ印度ヲ脅威スヘク又他ノ一部ハ土耳古ヲ經テ「シリヤ」「パレスタイン」埃及ヲ脅カスコトトナルト思考ス

四、最近伊國内ノ經濟統制益々嚴重トナリアルカ右ハ主トシテ物資缺乏セル希臘「クロアチア」「モンテネグロ」方面ニ配給ヲ爲ササルヘカラサルカ爲ニシテ今日以上峻嚴トハナラサルヘシ當然一部ニ不平ヲ唱フル者アルヘキモ國民一般ハ時局ヲ認識シ居レハ國内ニ不安有リトハ思ハレス尙伊國トシテハ全體的勝利ヲ得ル迄換言セハ英カ屈服スル迄ハ戰爭ヲ繼續スル方針ニテ米ニ付テハ妥協ヲ許ササル建前ヲ執リ居ルモノナリ云々

以上ノ中ニハ固ヨリ英海軍ノ重壓ヲ受ケ之カ排除ニ苦慮シツツアル伊太利ノ主觀的見解及希望ヲ示スモノアルモ何等御參考迄

獨、米ヘ轉電セリ

---

333 昭和16年10月10日 在ソ連邦建川大使より豊田外務大臣宛(電報)

独ソ間の休戦講和実現は当面困難との観測について

モスクワ 10月10日後発
本 省 10月11日前着

第一二一〇號(館長符號扱)

貴電[1]第九〇九號ニ關シ(獨蘇休戰問題)

一、先ツ休戰ヲ假想スルニ獨逸ハ降伏國ニ對スル態度ヲ以テ臨ミ其ノ條件ハ嚴酷ナルヘク「ウクライナ」、白露、舊「バルチック」三國ハ素ヨリ高架索ヲモ其ノ勢力下ニ收メ而モ「ボリシエウイツキ」撃滅ノ看板モアリ現政權主腦者ノ追放、「フアツシヨ」性格政權ノ樹立等ヲモ提議スヘシト考ヘラルルカ故ニ蘇側トシテハ此ノ際降伏的休戰ニ入レハ共産社會主義國家ノ覆滅ヲ强ヒラルル結果ヲ

招來スヘシ

二、蘇軍ハ大敗ヲ喫シタリトハ言ヘ「ヴォルガ」ノ大障碍ニ依リ敗残軍ヲ收容シ得ヘク「ウラル」及「オビ」河流域ノ工業農産力及英米ヨリノ援助兵器ニ依リ建直シヲ計リ依然一存在タルヲ失ハサルヘシ

(2)明春ニ至リ更ニ獨軍ノ攻撃ヲ受クレハ逐次東方ニ退却シ我國之ヲ傍觀セハ遂ニハ極東軍ト密ニ聯絡シ得ル地域ニ迄退避スルコトナキヲ保セス斯シテ自己勢力ヲ最後迄保存シ獨對英米戰ノ結果ヲ傍觀スヘク過酷ノ條件ヲ甘受シ直ニ自滅ニ陥ル途ヲ採ルモノトハ想像シ難シ

三、獨逸トシテハ蘇聯邦ノ降伏的和議ニ依リ作戰目的ヲ完遂シ得ンコトハ大イニ歡迎スヘキモ蘇聯邦カ戰爭繼續意思ヲ棄テサル際進ンテ平和ヲ提議セハ條件ノ緩和「ボリシエヴイキー」ノ殘存ニ結果スル惧レアルカ故之ヲ敢テスヘシトハ考ヘラレス兵力ヲ他ニ轉用シ全戰局ノ好轉ヲ計ルコトハ當然豫想セラルルカ對英攻撃ハ冬季ハ問題トナラス

(3)地中海北岸ニ沿ヒ埃及ニ進撃シ英軍活躍ノ根據ヲ衝クト共ニ東部地中海ノ制海權ヲ確保シ對近東及中東作戰ヲ容易ナラシムルニ力ムヘキカ地形輸送力等ノ關係ヨリ彼我共ニ大兵團ノ運用不可能ナル爲機械化師團補用歩兵師團二十箇師位ノ増遣ニテ事足リ赤軍大部撃滅以後ニ於テハ夫レ位ノ兵力ノ抽出轉用ハイト容易ノコトナルヘク之アルカ爲ニ戰果ノ全カラサル時期ニ自ラ休戰ヲ提議スル必要アリトハ到底考ヘラレス明春ヲ期シ更ニ赤軍ニ殲滅的打撃ヲ加ヘ高架索ヲ料理シ埃及方面ト策應シ「イラン」「イラク」作戰ヲ進ムルモノト想像ス

「ウラル」ニ據ル蘇軍ハ獨軍ノ攻撃ヲ受クレハ決戰ヲ避ケ逐次後方ニ退却シ

(4)果シナキコトナレハ獨逸ハ相當ノ處テ見切リヲ着クヘシト一應ハ考ヘラルルモ「ウラル」ヲ撤退セル蘇軍ハ著シク微力化サルヘク此ノ間獨逸ハ永久ニ確保スル地域以外ノ占領地ニ「ファツショ」性格ノ政權ヲ樹立シ安定ヲ計ルモノト推測ス目下ノ處現政權ニ反對的ノ勢力又ハ團體ハ之ヲ認メ得サルモ國民ハ蘇軍ノ無能脆弱ニ愛想ヲ盡カシ又先年革命動亂ニ關シ心根不滅ノ恨ヲ藏スル者多數存スヘケレハ新政權問題ハ我南京政府樹立ニ比シ特ニ且熱烈ナル反共産的性格ノモノヲ作リ得ヘシト

四、[5]叙上ノ見當ヨリ現在行ハレツツアル「チモシエンコ」軍ニ對スル獨軍ノ攻撃大成功ヲ收ムトスルモ未タ以テ戰局ノ一段落タルニ足ラス休戰仲介者タル適格性ヲ有スル有力國家ノ存在セサル現況竝ニ蘇聯邦政權者ノ執拗人道無視自己保存性的性格モアリ休戰引續キ講和ニ入ルモノト判斷シ難シ當地ニ於テモ休戰ノ噂現ハレツツアルモ何等カ爲ニスル者ノ策動カ好奇的願望的想像ニ外ナラサルヘシ然レトモ「ヒットラー」ノ行爲ニハ往々端倪スヘカラサルモノアルカ故ニ何時如何ナル奇手ヲ弄スルヤ(一字不明)□リ難ク嚴ニ監視スル要アルヘシ

334　昭和16年10月11日　在独国大島大使より豊田外務大臣宛(電報)

欧州戦局の進展に鑑み三国同盟に基づく確固たる政府方針の決定方具申

ベルリン　10月11日後発
本　　省　10月12日前着

第一二三七號(館長符號扱)

歐[1]洲戰局ノ歸趨及之ニ對スル我カ對策ニ關シテハ既ニ累次申進ノ次第アル處最近ノ戰局ノ進展ニ鑑ミ野村中將陸海軍武官トモ協議ノ上重ネテ左ニ申進ス

一、獨蘇戰爭ハ蘇軍カ豫想ヨリ遙ニ大ナル武器ヲ有シ且全國民ヲ驅立テ頑强ニ抵抗シタル爲獨軍モ之ニ對シ無理ナル攻撃ヲ行ハス理詰ノ戰法ヲ以テ其ノ殲滅ヲ計リタルカ故ニ時日カ獨軍ノ豫定以上ニ掛リタルハ否定スヘカラサルモ他面其ノ結果蘇軍ハ勿論蘇聯全部ニ與ヘタル打撃ハ一層甚大ニシテ僅少ノ損害ヲ以テ今回ノ大作戰開始前迄既ニ五百萬ノ蘇軍ヲ殲滅シ(中捕虜二百五十萬)今ヤ往電第一二二四號莫斯科大包圍戰ヲ展開中ナルカ最近ノ「ウイヤスマ」「ブリヤンスク」ニ於ケル包圍ニ依リ僅ニ殘存セル「チモシエンコ」軍ニ更ニ大打撃ヲ與フヘキヲ以テ莫斯科ノ運命ハ最早盡キタルモノト言フヘク斯クテ獨逸ハ其ノ計畫通リ嚴冬期前ニ蘇軍ニ殲滅的打撃ヲ與ヘ蘇聯ノ資源ノ大部分ヲ押ヘテ而シテ再起不能ノ狀態ニ陷ラシムルヲ得ヘク之ヲ以テ對蘇戰ヲ終結セリト爲ス能ハサルモ東方作戰ハ右莫斯科戰ノ成功ヲ以テ一段落ト爲シ其ノ主力ヲ西方ニ移シテ次期作戰ニ備フルヲ得ヘキコト疑ナキ所ナリ

二[2]、今次戰爭ニ於ケル獨ノ主目的カ英國打倒ニアルコト言ヲ待タス今日ト雖モ其ノ根本方針ニ毫モ變化ナキハ「ヒ」總統及「リ」外相ノ累次ノ本使ニ對スル言明ニ徴シテモ明カナリ而シテ英國攻撃ノ爲ニハ獨ハ先ツ空襲及潛水艦戰ヲ强化スヘキモ英ノ抗戰意識旺盛ナル今日之ノミヲ以テ英ヲ屈伏セシムルヲ得ス結局上陸作戰實施ノ要アルモノト認メラル獨カ飽迄上陸作戰敢行ノ企圖ヲ有スルコトハ「ヒ」總統初メ獨首腦部トノ數次ノ會見ニ依リ本使ノ確信スル所ニシテ其ノ時期ハ天候等ノ關係上明春以降ト觀測セラル其ノ成否ノ點ニ至リテハ英側ニ於テハ之カ失敗ヲ確信シ居ルカ如キモ獨ノ之ニ對スル準備ハ往電第一一七七號ノ通リ現在既ニ大規模ナル上今後羅馬尼等ノ軍需工業ノ協力ニ依リ益々之ヲ完成スルヲ得ヘク加之優秀ナル統帥及兵ノ素質ヲ考慮スレハ其ノ成功ノ公算ハ極メテ大ナルモノト判斷セサルヲ得ス此ノ點ハ獨軍カ萬人ノ不可能ト認メタル諸威作戰「マジノ」線突破等ニ成功シタル事例ヲ見レハ蓋シ思ヒ半ニ過クルモノアリト言フヘク獨側トシテハ目下絶大ノ自信ノ下ニ悠々時期ノ至ルヲ待チツツアル狀態ナリ

三、右上陸作戰ニ先立チ獨ハ今冬中「コーカサス」作戰ニ引續キ近東及埃及攻略ヲ實施スヘキモ獨トシテハ飽迄之ヲ支作戰トシ同方面ニ於ケル英兵力ノ劣勢ニ鑑ミ（獨ハ近東兵力七十五萬ト言フカ如キ英側ノ宣傳ヲ大「ブラフ」ト認メ全然問題トナシ居ラス）大軍ヲ動カスノ要ナシト認メ居リ從テ主力ハ依然之ヲ上陸作戰ニ集中スルモノト觀測セラル

尙對英妥協ノ如キ獨ノ全然考慮シ居ラサル所ナルハ累次往電ノ通リニシテ英ノ無條件降服ナキ限リ結局武力ニ依リ之ヲ屈伏セシムルノ外ナシトハ「ヒ」總統以下ノ固ク決意シ居ル所ナリ

四[3]、獨カ英本國ヲ征服シタル場合英ノ皇室政府及海軍カ海外屬領ニ逃避シ米ト協力シテ抵抗ヲ繼續スルノ可能性ハ理論上ハ之ヲ認ムヘキモ上陸作戰ノ成功カ英帝國ニ與フル物心兩方面ノ打撃及世界ニ與フル精神的影響ハ想像以上ニ大ナルモノアルヘク夫レニモ拘ラス英ノ主腦部及海軍カ海外ニ逃避シ四千萬ノ國民ヲ見殺シトシテ（獨カ占領地住民救濟ノ義務ナキ旨度々聲明シ居ルハ御承知ノ通リ）勝利ノ望ナキ抵抗ヲ繼續シ得ヘキヤ多大ノ疑問ナキ

能ハス本使トシテハ斯カル公算ハ殆トナキモノト判斷シ居リ尤モ右形勢ニハ米國カ參戰シ居ルト否トニ依リ多少ノ差ハアルヘキモ第一ニ米カ來春早々獨ト正式的交戰關係ニ立ツノ可能性カ極メテ乏シカルヘク第二ニ英本國ヲ抑ヘタル後ノ獨カ歐露北阿弗利加及近東ヲ加ヘタル大經濟圈ニ於テ着々歐洲新秩序ノ建設ヲ實現スル場合米トシテモ之ニ對シ如何トモ手ヲ着ケ得サルヘク他面獨ヨリモ米ヲ攻撃シ得サルコトヲ考慮スレハ假令米カ參戰シ居ル場合ニ於テモ獨米ノ間ニハ遠カラス妥協平和ノ途ヲ生スヘク獨米ノ對立ハ將來ニ亘リ繼續スヘキモ獨ノ英本土攻略後モ戰爭狀態カ長期間存續スルノ公算ハ極メテ少キモノト判斷ス尙英米側ニ於テハ長期戰ノ場合ニ於ケル獨占領地ノ治安攪亂ニ多大ノ希望ヲ存シ居ルカ如キモ此ノ點ハ現在既ニ殆ト問題トナラサルニ鑑ミ英本國征服後ニ於ケル狀態ノ如キハ獨ニ執リ何等心配ノ種トナラサルコト言ヲ俟タス

五[4]、今次戰爭ニ於テ獨ハ第一ニ全世界ニ亘ル英帝國ノ打倒ヲ企圖シ居リ其ノ爲ニ特ニ日本ノ協力ヲ必要トスル次第ナルカ日本ノ態度如何ニ依リテハ獨トシテモ已ムヲ得ス歐洲ヨリ英國ヲ驅逐スルノミヲ以テ滿足シ之ト平和ヲ結フノ可能性ハ考慮シ置カサルヘカラス又獨米ノ間ニ於テモ米ノ歐洲ニ對スル進出ハ之ヲ制限スルモ極東ニ對シテハ「フリーハンド」ヲ認ムルト云フカ如キ「ライン」ニ於テ話合成立スルコトモアリ得ヘク此ノ場合帝國カ英米ノ勢力ヲ一手ニ引受ケ甚タ苦境ニ陥ルコトトナルヘキハ言ヲ俟タス

他方帝國自體ノ將來ヲ考慮スレハ帝國カ四(年?)ニ亘ル支那事變ノ創痍ヲ速ニ醫スルカ爲ニハ南方ノ資源及市場ノ確保ヲ絶對ニ必要トスルコト明カニシテ三國條約締結ノ大目的ハ實ニ此ノ點ニ存シ今ヤ歐洲ニ於ケル獨伊ノ成功ト呼應シテ之ヲ敢行スルヤ否ヤハ眞ニ帝國千年ノ運命ノ岐點ト云フヘシ

然ルニ最近ノ帝國ノ政策ヲ觀ルニ歐洲戰局ニ關スル英米側ノ宣傳ニ乘セラレ且目前ノ經濟的困難ニ拘泥シテ左顧右眄スルノ風アルハ深憂ニ堪ヘス斯クテハ歐洲ニ於ケル獨伊ノ勝利モ何等帝國ヲ益スルコトナク却テ逆ノ結果ヲ生スルノ惧アルコト上述ノ通リナリ

六[5]、斯カル形勢ニ鑑ミ帝國トシテハ此ノ際三國條約ノ本義ニ

立還リ歐洲戰局ニ對スル確固タル見透ヲ定メテ東亞共榮圏建設ニ關スル具體的施策ヲ決定シ之カ實現ニ邁進セサルヘカラス其ノ爲ニハ往電第一二二九號申進ノ通リ莫斯科陥落等ニ依ル蘇聯動搖ノ機會ヲ利用シ北方脅威ヲ除クト共ニ南方ニ對シテハ獨ノ對英上陸戰ト呼應シ進出シ得ル様來春迄ノ間ニ凡ユル必要ノ據點ヲ抑ヘ準備ヲ整ヘ置クノ要アルヘク同時ニ我方ノ企圖ヲ豫メ獨ニ通報シテ之カ協力ニ依リ大東亞處分ニ關スル我カ自由ヲ確保シ置クコト極メテ肝要ナリト思考ス右ハ上述ノ通リ永キニ亘ル帝國ノ將來ニ關スル所ナルニ鑑ミ不敏ヲ顧ミス重複ヲ厭ハス茲ニ本使ノ卑見ヲ申進スル次第ナリ

陸海軍ニ傳ヘラレタシ

伊、佛、土ニ轉電セリ

335 昭和16年10月15日 在伊国堀切大使より 豊田外務大臣宛(電報)

日米交渉に対する伊国民の不信感および対ソ参戦の必要性等に関するパウリッチ前訪日使節団長の見解について

第六六四號(極祕、館長符號扱)

ローマ 10月15日後発
本省 10月16日前着

十[1]四日本使前訪日使節團長「パウリッチ」大使ト會見其ノ所見ヲ質シタル所左ノ通リ

一、日米交渉ニ付伊國民ノ印象ヲ率直ニ言ヘハ獨伊カ對蘇戰ヲ行ハハ日本亦之ニ參加スヘキモノト考ヘ居タル伊國人ヲシテ了解ニ苦シマシムル所ナリ一部ニ於テハ米ハ日本ニ對シ其ノ北進及南進ヲ封スル爲滿洲及支那ニ於テ自由行動ヲ許容セリト云フモノアリ右ニ對シ伊國人ヲシテ二様ノ憂慮ヲ抱カシムル其ノ一ハ現在ノ問題ニシテ之ニ依リ獨伊ハ日本ノ支持ヲ失フコトトナルヘク他ノ一ハ將來ノ問題ニシテ歐洲ノ今次戰争終結後英米カ今ヤ歐洲ニ於テ爲シ居ルト同様ノコトヲ極東ニ於テ爲スコトナキヤト日本ノ爲ニモ患フル點ナリ

二、私見ヲ申セハ日本ハ此ノ際速ニ蘇聯邦ヲ討ツヘキナリ蘇聯邦ノ崩壊近キ今日日本カ國家的禍根タル浦潮ヲ攻略シ尚日本ニ執リ重要ナル北樺太其ノ他ノ問題ヲ處理スルコトハ最モ時宜ヲ得タルコトト考フ日本ノ對蘇戰參加ハ米

ノ參戰ヲ來サス米國内ニハ反共氣運濃厚ナレハ尙更ノコトナリ米ハ今日未タ戰爭ヲ實行スル域ニ達シ居ラス其ノ强硬ナル言辭及脅嚇ハ「ブラフ」ニ過キサルナリ斯クシテ蘇聯邦崩壞後ハ日本ト獨伊ハ陸路接觸シ得ルコトトナルヘク右ハ日本ニ執リテ必要物資輸入上重要ナリ尤モ蘇聯邦ハ「ゲリラ」戰法ヲ取ル惧アリ右陸路交通ハ仲々容易ナラサルヘキモ斯カル「ゲリラ」戰ハ蘇聯邦敗北後ノ軍需資源ノ喪失及英米ノ對蘇援助難等ノ爲之ヲ抑フルコトハ左程迄困難ナラサルヘシ

三、[2]日本ノ南進政策ハ右二、ニ次テ來ルヘキ問題ナルカ良ク機ヲ得又時期ヲ逸セス實行スルコト必要ナラン若シ餘リニ遲ルレハ徒ニ英米ニ對シ準備ノ時間ヲ與ヘテ策ヲ得タルモノニアラス

四、獨蘇戰終了後聯合軍ノ進ムヘキ方向ニ付テハ私見トシテハ英本國ヲ攻撃スルヨリ寧ロ近東地中海、埃及方面ニ軍ヲ進メ之等諸地方ヨリ英勢力ヲ驅逐スルヲ可ナリト確信ス「ヒツトラー」ハ本國ヲ攻略セハ英帝國ヲ全面的ニ屈服セシメ得ヘシトノ意嚮ヲ堅持シ居ルモノノ如ク餘リニ英本國攻略ニ心ヲ奪ハレ居ルヤニ察セラルル處自分ハ近東、地中海、埃及等ニ於テ英軍ヲ攻撃スレハ英ハ其ノ帝國ノ主要點ヲ失フコトトナリ英カ其ノ本國ヲ失ヒテ屈服スルヨリモ一層早ク屈服スヘシト確信シ居レリ從テ自分トシテハ此ノ際一、土耳古（二語不明）ヲ爲スコト二、近東、地中海、埃及ニ對シ軍事行動ヲ起スコト三、近東ノ石油ヲ獲得スルコト等ノ重要性ヲ伯林政府ヲシテ納得セシムルコト肝要ト存ス斯シテ日本ト獨伊カ海陸兩方面ニ於テ接觸シ得ルコトトナレハ米ト雖其ノ勢力ニ應シ得サルニ至ルヘシ

獨ヘ轉電セリ

336　昭和16年10月16日　在独国大島大使より豊田外務大臣宛（電報）

欧州戦況とドイツの対外関係に関する情報報告

ベルリン　10月16日後発
本　省　10月17日後着

第一二五〇號（館長符號扱）

十六日[1]「リ」外相側近者カ本使ニ語ル所左ノ通リ

一、獨軍ハ莫斯科戰終結後冬季中「コーカサス」攻略ニ進ム

ヘキハ勿論ニシテ更ニ引續キ近東作戰（「シリヤ」「イラク」「イラン」方面）ヲ行ヒ東地中海ノ英國勢力ヲ驅逐スヘキモ阿弗利加作戰ハ西地中海ノ英勢力ノ大ナルニ鑑ミ右ノ後ニ之ヲ實施スルコトトナルヘシ

二、對蘇戰局ノ好轉ニ伴ヒ土耳古ノ態度ハ漸次獨ニ傾キ來リ殊ニ元來親獨的ナル同軍部ハ益々積極的ニ獨ニ接近ヲ始メタリ先日成立セル獨土通商條約ニ引續キ近日中ニ獨ノ斡旋ニ依リ伊土間ニモ通商條約締結セラルヘキ處元來伊程土耳古ニ於テ不人氣ナル國無カリシニ鑑ミ右ハ獨外交ノ大成功ト稱スヘシ對土工作ノ目標ハ之ヲ三國條約ニ參加セシムルニ在ル處右カ早急ニ實現セサル場合ニ於テモ勃牙利ノ場合ト同樣軍隊通過ヲ要求スルコトトナルヘク土モ結局之ヲ承諾スルモノト認メラル

三、(2)阿弗利加作戰實施ノ爲ニハ西地中海ニ於ケル英國勢力ノ驅逐ヲ必要トシ之カ爲ニハ先ツ佛及西班牙ヲ完全ニ抱キ込ムノ要アリ佛トノ交渉ハ順調ニ進行中ニシテ獨ハ最近在「ヴイシー」總領事「クルーグ、フオン、ニツダ」ヲ公使ニ任命セシカ之ニ對シ在伯林佛大使館ニハ近ク「スカピニー」カ外交特別代表トシテ駐在スルコトトナルヘク此處ニ一種ノ外交關係樹立セラルル事トナルヘシ平和條約ノ基本ニ關シテハ話合概ネ成立シ俘虜ノ釋放占領軍費輕減ノ外「コルシカ」「サボイ」「ニイス」及北阿弗利加植民地ヲ佛ニ殘ス（更ニ英ノ植民地ノ一部ヲ佛ニ與フル筈）コトトナリ「ムツソリニ」モ之ヲ承諾セルカ「チユニス」ニ關シテハ伊モ容易ニ斷念セス未定ノ狀態ナリ「ヴイシー」ニ於テハ「ダルラン」以下何レモ獨ノ勝利ヲ確信シ居ル爲對佛工作ハ甚タ樂ト成レルカ獨佛關係調整セラルレハ西班牙ノ態度ニモ大ナル好影響アルヘシ唯「ウエイガン」ニ對シテハ獨ハ依然之ヲ信用セス其ノ爲「フンチンガー」カ阿弗利加ニ赴キ「ウ」ノ自發的辭職方工作中ニシテ右ハ恐ラク成功スヘク其ノ時ハ「フ」或ハ「デンツ」カ後任トナルヘシ

四、獨ハ蘇ノ壞滅後英國内ニ和平論擡頭スルコトアルヘシト認メ居リ目下英米ノ輿論攪亂ノ爲謀略的手段トシテ殊更ニ和平説ヲ流布シ居ルモ獨ノ眞意カ絶對ニ妥協平和ニアラサルハ御承知ノ通リナリ

五、「ヒ」總統ハ國民カ戰勝ニ馴レ驕慢ニ流ルルヲ戒シムル爲萬全ノ注意ヲ拂ヒツツアリ殊ニ占領地ノ行政ニ付テハ

民心ヲ得ルヲ主眼トシ能フ限リ寛大ニ之ヲ行フヘキ旨指令シ又對教會政策ニ付テモ之カ緩和ヲ命シタルカ右ハ「バチカン」ニ大ナル好印象ヲ與ヘタリ

337　昭和16年10月29日　在独国大島大使より東郷外務大臣宛（電報）

独ソ開戦後の情勢判断および外交政策に関する意見具申の要旨摘録

ベルリン　10月29日後発
本　　省　10月30日夜着

第一二七六號（館長符號扱）

[1]情勢判斷竝ニ我外交施策ニ關シテハ累次ノ拙電ニ依リ卑見ヲ稟申シアルモ更ニ簡單ニ要旨ヲ摘錄シ貴大臣ノ參考ニ資セントス

一、獨蘇戰ハ豫想以上ノ時日ヲ費シタリト雖獨逸ハ蘇聯野戰軍ノ殲滅ヲ略完成シ且歐露ノ重要資源工業地帯ヲ確保シ其ノ效果ヲ最少限ニ見積ルモ獨逸ハ歐洲新秩序建設ニ重要ナル礎石ヲ築キタルノミナラス將來殆ト全勢力ヲ擧ケテ英國打倒ニ專心シ得ル態勢ヲ確立セリ

二、對英上陸作戰カ實行不可能ナリトセハ歐洲戰ハ長期戰トナル見込多キモ本使ハ獨逸ニシテ一度之ヲ決行セハ成功ノ公算甚タ大ナリト信ス固ヨリ獨逸ハ之カ實施ニ愼重ヲ期シ先ツ英ヲ疲弊セシムヘク凡ユル手段ヲ盡スヘシト雖最後ニハ之カ決行ヲ企圖シアルコト明カニシテ來年中ニハ實現ヲ見ルヘシ又現在英ノ抗戰意識ハ旺盛ナリト雖將來情勢急迫スルニ從ヒ或ハ獨逸ノ上陸作戰實施以前ニ屈服スルコト絶無トハ言ヒ難シ

[2]三、米カ今日事實上參戰ノ狀態ニアルコトハ論ナキモ公然タル參戰ヲ躊躇シアルハ一ニ米ノ戰爭準備カ完成セサルコトニアリト言ヒ得ヘシ從テ米トシテハ一面英蘇ヲ援助シテ戰爭ノ長期化ヲ策スルト共ニ他方日本ヲ牽制シテ以テ着々戰備ヲ整ヘツツアル次第ニシテ時日ノ餘裕ハ米ヲ利スルノミナリ斯ル觀點ヨリシテ日米交渉ハ害アリテ益ナシ況ンヤ獨逸（ニ對シ?）其ノ內容ヲ祕シテ三國條約ノ主タル對象タル米ト話合ヲ行フカ如キハ重大ナル不信行爲ニシテ政治的ニモ償ヒ得サル損失ヲ招クヘシ交渉開始後半年ニ及ヒ猶之ニ執着スル如キコトアラハ世界ニ帝國ノ弱點ヲ示スノミニシテ直ニ之ヲ打切ルヘキモノナリト認ム

四、米參戰ノ場合ニ於ケル參戰義務ニ關シテハ七月二日國策要綱ノ內容ニ對シ數次本使ヨリ質問ヲ爲シ居ルニ拘ラス今日迄本省ヨリ何等ノ回電ニ接セスコノ點ヲ明白ニセサレハ到底獨逸ト突込ミタル話合ヲ爲スコト不可能ニシテ從テ又歐洲ニ於ケル獨逸ノ勝利ヲ我ニ有利ニ活用スルコトモ不可能トナリ遂ニ□(一字不明)三國條約ハ全ク骨拔キトナルヘシ御考慮ヲ望ム

五、東亞新秩序ノ建設ハ自力ニ依ルコト必要ニシテ速□□(二字不明)成□□□(三字不明)造リ發言權ヲ確保シ置ク要アリ然レトモ世界情勢□(一字不明)變□□□□(四字不明)スル要アルコトモ勿論ニシテ大英帝國ノ倒壞ナル歷史的轉換期ヲ逸シテハ其ノ機ハ再來セサルヘシ南方ニ重要資源地域ヲ確保スヘキ好機ハ眼前ニアリ少クトモ之カ斷行ヲ決意シ東西相呼應シテ相互ニ其ノ力ヲ利用スヘク獨逸トノ協議ニ入ルヘキ最後ノ段階ニ達シアリト認ム

支那事變ノ解決ハ帝國ノ爲極メテ必要ナルモ右モ亦世界政策的規模ニ於テノミ之ヲ實現シ得ルモノナリト信ス

六[3]、蘇聯ニ對シテハ條約上我ニ出兵ノ義務ナク獨又其ノ作戰ニ協力スルコトヲ要望シアラサルモ日滿兩國自存自衛ノ見地ヨリ蘇軍動搖ノ好機ヲ把ヘ北邊ノ脅威ヲ永遠ニ排除スルノ決意ヲ要スヘシ

七、帝國國策ノ基調カ三國同盟ニ存シ又歐洲戰ノ勝利カ獨伊側ニアリト判斷セハ帝國ノ執ルヘキ途ハ自ラ明カニシテ帝國カ現在ノ危局ヲ打開シ大東亞共榮圈ヲ完成センカ爲ニハ一貫セル方策ヲ確立シ我カ施策ヲ終始之ニ順應セシムルコト最モ緊要ニシテ若シ夫レ戰局ノ前途ニ確タル見透ヲ缺キ日和見的態度ヲ執ルカ如キコトアラハ悔ヲ千歳ニ遺スヘシ

338

昭和16年10月30日　東郷外務大臣／在本邦オット独国大使　会談

防共協定延長問題および欧州戦況に関する東郷外相とオット大使との会談録

東鄕大臣「オット」獨大使會談錄

大臣新任ノ接見ノ機會ニ於テ十月三十日午後
四時二十分ヨリ五時迄　於官邸

東鄕大臣　此ノ前御話ノ「ゾルゲ」及「クラウゼン」兩氏ノ件ニ就テハ司法當局ト連絡スル樣命ジ置キタリ

對米措置ニ就テハ調査方命ジ置ケルモ本大臣ハ極メテ多忙ナリシ爲其ノ結果ヲ聞クニ到リ居ラザルモ成ル可ク早ク御返事ヲスル事ト致度

防共協定期間延長ノ件ニ就テハ延長交渉開始ニ付關係方面ノ同意ヲ取付ケタリ唯防共協定ノ祕密附屬協定廢止ノ場合三國條約第五條トノ關係ニ付研究シ度シト考フル處此ノ機會ニ獨側ノ見解又貴大使ノ御意見ヲ承リ得レバ幸甚ナリ

「オット」大使　本使ノ見解ニヨレバ防共協定ハ三國條約ニ依リ何等影響ヲ受クルモノニ非ズト信ズ

大臣　此ノ問題ニ付テハ後ノ機會ニ御話シヲスル事ト致度、本大臣ガ此ノ機會ニ於テ歐洲戰爭ハ此ノ冬如何相成リ又來春ハ如何ニ發展シテ行ク可キヤニ關スル見透等承リ度

「オ」　獨逸ノ軍事的意圖ニ就テハ自分ノ窺知シ得ザル所ナルモ自分ノ個人的見解及一部既ニ訓令ニヨリ豊田前大臣ニ申上ゲタル所ヲ述ブル事ト致度

「チモシェンコ」軍ニ對シ大攻擊ヲ開始スルニ當リテ獨逸ガ採リ居リタル立場ハ軍事的行動ノ困難ヲ加フベキ季節到來ノ前「ロシヤ」軍ノ大部分ヲ擊滅セントスルニ在リタリ卽チ獨逸ハ其ノ主力ヲ他方ニ轉用ノ爲引キ揚ゲ一部ノ軍ヲ殘置シ比較的少數ノ兵力ヲ以テ蘇軍ノ殘存勢力ニ對スル掃蕩工作ヲ續ケ得ベシト豫期シ居リタルモノナリ

右ノ獨側見解ニ關連シ獨逸ハ帝國政府ニ對シ對蘇戰ヲ決定セラレ度キ旨申入レタルモノニシテ現在ノ軍事的狀勢ハ右ノ見解ノ當リ居タルヲ確證スルモノナリ目下莫斯科到達ニツキ若干ノ困難アル模樣ノ如キモ之ハ貴大臣ヨク御承知ノ通リ目下ノ天候ニヨルモノト思考ス次ノ寒期到來前獨逸軍ノ進擊ハ進捗シ本年中ニ莫斯科ノ陷落乃至包圍實現スベシ

南方戰線ハ冬期戰鬪ヲ行フニ付困難比較的少ク「コーカサス」ニ對スル軍事行動進メラルル事トナルベシ今後獨逸ノ主力ガ何ノ方面ニ用ヒラルルヤニ就テハ素ヨリ本使ノ知リ得ザル所ナルモ地中海「スエズ」攻略開始セラルル可能性大ナリ目下伊太利軍ハ比較的安靜ノ狀態ニアルモ今後ノ地中海戰ニハ伊軍大イニ參加スル事トナリ獨空軍ハ島嶼ニ設ケラレタル基地ヨリ本作戰ニ參加スル事トナルベシ右ニ關聯シ土耳古問題重大ナルモ本使ノ個人的

見解ニ従ヘバ土ハ獨ノ利益ノ爲ニ可能ナル限リ中立ヲ守ル事トナルベキヲ以テ獨ニトリ有害ナル事ナシ

英本土ニ對スル上陸作戰ヲ企圖シ居ルヤ否ヤニ就テハ本使ノ云ヒ得ザル所ナルモ東部戰線ヨリ引上ゲタル大部ノ空軍ヲ活用シテ空中戰封鎖戰ヲ激化スル事トナルベシ

獨逸ノ戰時經濟情況ハ蘇聯ニ於テ獲得セル原料ニヨリ良好化スル事トナルベシ尤モ右原料ヲ利用シ得ルマデニハ若干ノ時間ヲ要スベキモ獨逸ハ可及的速ニ歐露ノ清掃工作ヲ遂グベシ要之獨逸ハ本年中ニ於テ目下蘇聯ニ對シ用ヒツツアル軍ノ主力ヲ他ニ轉用シ得ルニ到ル可ク今後ノ獨軍進擊方向ハ地中海ナルベシ

右ノ關係ニ於テ注目スベキハ蘇聯ハ目下西方ニ失ヘル飛行機ヲ補塡スル爲東方ヨリ移シツツアル事ニテ本使ノ聞キタル所ニ依レバ東方ニ有シ居タル二千五百臺ノ內目下千五百臺ヲ殘シ居ルノミニテ內千臺モ其ノ內西方ニ送ラルル事トナル模様ナリ本使ハ以前本國政府ヨリ受ケタル日本ノ强キ對蘇態度（殊ニ滿蘇國境ニ於ケル）コソ全情勢ヲ好轉セシムベシ云々ノ訓令ヲ想起スルモノナリ

大臣　或程度ノ兵力ガ極東ヨリ歐露ニ移サレタル事及將來モ送ラルルデアラウ事ハ本大臣モ承知スル所ナリ滿蘇國境及滿、外蒙國境ニ關シテハ我ガ關東軍ハ毅然タル態度ヲ採リ居ルニ付此點ハ御承知置願度尙御伺ヒ致度キハ獨軍ガ今後地中海「スエズ」方面ヘ進出スル場合對「イラン」「イラク」作戰ハ如何相成ルヤ又獨軍「イラク」ニ進出スルトセバ土ニ中立ヲ維持セシムル方獨逸ニトリ有利ナルヤ否ヤ

對英上陸ヲ決行セズ封鎖戰ニヨリ英國ヲ屈服セシメ得ルヤ又屈服セシメ得ル場合其ノ時機ハ何時頃トナルベキヤニ付貴使ノ御考ヘヲ伺ヒ度

「オ」地中海作戰ガ對「イラン」「イラク」作戰ト連關シテ行ハルルヤ否ヤハ軍事的ニハ言ヒ難キ所ナリ獨軍ノ「クリミヤ」半島進出ハ南「コーカサス」作戰ノ根本ヲ作ル事トナルベシ抑々東地中海ニ對スル作戰開始セラルル場合ニ於テハ自分ノ信ズル所ニ依レバ作戰行動ハ阿弗利加ノミナラズ獨逸ニトリ可能ナル總ユル方向ヨリ行ハルル事トナルベシ

封鎖戰ニヨリ何時英國ヲ屈服セシメ得ベキヤハ回答極メテ困難ナル問題ナルモ對英封鎖ハ輸送船ノ到來ヲ困難ナ

ラシムルヲ目的トシ右ノ目的ハ對英空襲ノ激化就中港灣ニ對スル爆擊ニヨリ封鎖ヲ破リテ到達シタル船舶ヨリノ荷卸シヲ妨ゲ此處ニ二段ニ達成セラルル事トナルベシ英國ノ船腹ハ本年中ニハ英國必要物資ノ補給ヲ不可能トスベシ

英本土ニ對スル戰ハ本使ノ見解ニ從ヘバ英帝國ノ他ノ部分ニ對スル攻擊ト相俟テ其ノ效果ヲ奏スルモノト言フベク地中海ニ於ケル獨逸ノ攻擊奏效センカ英本土封鎖ノ效果ヲ助クルノミナラズ英帝國ノ他ノ部分例ヘバ極東ニ於ケル其ノ基地モ同様ノ損害ヲ蒙ルニ到リ對英戰ハ全体トシテ其ノ效果ヲ高ムル事トナルベシ

大臣　歐洲戰局ノ推移ニ關スル貴使ノ御話ハ極メテ興味アリ

本大臣ハ軍當局ヨリモ報告ヲ受ケ居ルモ今後共戰局ノ推移ニ關シ御報知相成度

「オ」　之ヲ約スト共ニ一部ニ英ノ歐洲大陸上陸說流布セラレ居ルモ其ノ笑止ナル點述ブレバ

大臣　全クナリ

トテ本會見ヲ終レリ

339　昭和16年10月30日　東郷外務大臣／在本邦インデリ伊国大使　会談

防共協定延長問題等に関する東郷外相と在本邦インデリ伊国大使との会談要領

十月三十日東郷大臣伊太利大使會談要領

（昭一六、一〇、三一　歐二）

一、東郷大臣ヨリ先日貴方ヨリ歐亞局長ニ申出アリタル防共協定ノ期限延長問題ニ關シ帝國政府ニ於テモ五ケ年ノ延長ヲ爲スコトニ付テハ主義上何等異存ナク右實現ニ關スル交渉開始ノ用意アリ細目ニ付テハ歐亞局長ヲシテ交渉ニ當ラシムル旨述ベタルニ對シ「インデリ」大使ハ本問題ハ先ヅ原署名國タル日獨伊三國ニヨル洪、羅、滿ノ加入國ニ對スル本協定延長ニ加入方ノ勸誘及第二ニ議定書ニ對スル署名ノ二段階ニ分レ居ル處總テノ手續ヲ十一月二十五日前ニ終了セシメザルベカラザル爲出來得ル限リ急グ要アル旨ヲ述ベタリ

二、次デ伊太利大使ヨリ日米交渉ニ關シ本國政府ニ報告ノ要アルニ付何等カノ情報ヲ得タキ旨述ベ大臣ヨリ日米交渉ノ現段階ニ付テ云ヘバ交渉ハ斷絶セラレタリト云フニ非

ズ、未解決ノ問題アル為コレヲ如何ニスベキカノ処理方法ヲ我方トシテ研究中ナルモノニシテ交渉ニ對スル日本ノ態度トシテ何等決定セルモノナシト回答セラレタリ

340

昭和16年11月1日　在独国大島大使より東郷外務大臣宛（電報）

悪天候によりモスクワ包囲戦は停滞も戦局全体は甚だ楽観すべき状況との情報報告

ベルリン　11月1日後発
本　省　11月3日前着

第一二八四號（館長符號扱）

三十一日獨蘇戰況ニ付確實ナル某獨人ノ館員ニ對スル内話左ノ通リ

一、十月半過ヨリ東方戰場ノ天候ハ最悪ニシテ降雨、降雪多キニ加ヘ温度零度附近ナル為一面泥濘ト化シ「タンク」等機械化兵器ノ活動不可能ナルノミナラス補給部隊ノ移動モ難澁ヲ極メアリ但シ二、三日前ヨリ漸ク寒サ强クナリ地面ハ凍リ始メタルニ依リ作戰モ進捗ヲ見ルモノト豫想シアリ

二、莫斯科包圍戰ハ右事情ノ為大ナル進捗ヲ見ス約二週間ノ餘裕カ蘇聯邦側ニ戰線整備ノ機會ヲ與ヘタルコトハ否定シ得サルモ左リトテ蘇側ノ抵抗力カ急ニ増大スルコトモアリ得ス十一月初旬陷落ヲ豫定セルモノカ一、二週間延ヒタルタケニテ戰局全體ハ甚タ樂觀スヘキ狀態ナリ

三、南方ニ於テモ悪天候ト闘ヒツツ徐々ニ前進シアリ「ロストフ」ノ陷落ハ二、三日中ニ發表シ得ヘク「ウオロシロフクラード」之ニ次キ「ドン」河迄ノ全面的進出近ク完了スヘシ

四、「クリム」ノ蘇戰線ハ全ク崩壊シ獨軍ハ一ハ「セバストポール」方面ニ一ハ「ケルチユ」方面ニ向ヒ進擊中ナリ之カ掃蕩モ遠カラス終了スル豫定ナルカ唯「セバストポール」ハ「オデッサ」同様ニ力攻ヲ避ケ相當期間ニ亘リ攻圍スルコトトナルヘシ

五、「レニングラード」ノ包圍戰ハ依然續行中ナルカ蘇側ハ一部軍隊ヲ「ラドガ」湖ヲ越エテ脱出セシメントシアル為此ノ部隊捕捉ノ目的ニテ同湖東方ニ向ヒ作戰進行中ナリ

六、「ハリコフ」及「オデッサ」ニ於ケル蘇聯ノ敷設地雷ハ

實ニ猛烈ニシテ（「キエフ」ノ一部ニ於テモ然リ）占領數日後モ猶續々爆發シツツアリ其ノ爲蘇側ハ「ハリコフ」ニテ市街戰行ハレ居ルカ如ク宣傳シアルモ右ハ嘘ニシテ獨軍ハ既ニ同地ヨリ二十粁モ前進シアリ

伊、土、佛ヘ轉電セリ

341　昭和16年11月5日

阪本（瑞男）欧亜局長
在本邦オット独国大使　会談

防共協定延長問題に関する阪本欧亜局長とオット大使との会談録

歐亞局長「オット」大使會談録

十一月五日午後「オット」大使歐亞局長ヲ來訪シ昨日次官及貴局長ニ防共協定延長議定書案ヲ差上ゲ置キタル處本日更ニ本國政府ヨリ訓令アリ本件延長方ニ關シ既ニ日獨伊三國間ニ主義上ノ同意ヲ見タルニ付此ノ際第一段ノ措置トシテ新京、「ブダペスト」及「マドリッド」ニ於テ三國使臣共同ニテ滿洲國、洪牙利及西班牙政府ニ對シ日獨伊三國間ニ成立セル右主義上ノ同意ヲ通告シ且本件議定書ニ加入方勸誘スル事ト致度帝國政府ヨリモ夫々出先ニ御訓令ヲ願度且又第二段ノ措置トシテ調印ノ時期及形式等ニ就テハ追テ獨逸使臣單獨ニテ申入ルル事ト致度旨申越シタルニ付帝國政府ノ御同意ヲ得度ト述ベタリ右ニ對シ局長ヨリ第一段ノ點ニ付テハ異議ナキニ付早速訓令方取計フヘキモ第二段ノ點ニ付テハ尠クトモ滿洲國ニ關スル限リハ日滿兩國ノ特殊關係ニモ鑑ミ帝國使臣ヨリ申入ルル事絶對ニ必要ナリト答ヘ「オ」大使ハ之ニ首肯シ本國政府ニ報告スベキ旨約シタリ

342　昭和16年11月6日

東郷外務大臣
在本邦オット独国大使　会談

日米交渉の進捗状況および来栖大使の米国派遣に関する東郷外相とオット大使との会談録

東郷外務大臣「オット」獨大使會談録

十一月六日午后五時五十分ヨリ六時二十分迄

於外務省

「オット」大使　本日ハ日米交渉及來栖大使ノ派遣ニ關シ御伺ヒ致度ト考ヘ參上セル次第ナリ

東郷大臣　本大臣ハ日米交渉ヲ繼續スル事ヲ現在ノ狀勢上

必要ト考ヘ其ノ趣旨ニテ大体政府ノ決定ヲ見タル次第ナリ唯交渉ノ條件等ニ付テハ従來ノ經過等ニツキテモ検討ヲ要スル所アリ又詳細ニ付テハ未タ決定ヲ見居ラサル點モアル次第ナリ日米双方ノ主張ニハ懸隔アリテ本大臣自身トシテハ其ノ成行ニ付樂觀シ居ルモノニ非ス元來本大臣ハ本問題ニ付テハ今少シク時日經過ノ後貴方ニ御話シ致度ト考ヘ居タル次第ニシテ玆ニ唯本大臣ノ氣持タケヲ申上クレハ本交渉ノ前途ニ關シ帝國カ獨伊トノ連繫ヲ益々密ニスル事必要トナルニ非スヤトノ想像ヲ有スルモノナリ

「オ」 先般オ願致シ置キタル帝國政府ノ對米警告申入レノ件ハ今同ノ來栖大使ニ對スル御訓令中ニ含マレ居ルモノナリヤ

右對米警告ハ日米交渉ニハ直接立入ル事トハナラス

「ル」 米大統領ノ危險ナル行動ヲ阻クル事トナルヘキ性質ノモノナリ

大臣 本件ニ付テハ其ノ後調査ヲナサシメタルカ前外相ヨリ米側ニ對シ何等措置カ取ラレ居ラサル事判明セリ其ノ理由ハ本大臣ニハ分ラサルモ本大臣ハ米側ニ警告ヲ與ヘラレ度シトノ獨側希望ハ先般ノ御話ニヨリ充分承知セリ

本件ハ日米間ノ一般關係上ヨリモ篤ト考フル必要アル問題ナル處帝國カ毅然タル態度ヲ採ル場合ニ於テハ御希望ノ形ニ於テ對米申入レヲナスヨリモ結果ニ於テハ寧ロ强キ場合モアリ得ル事トナルノテアッテ單ナル對米申入レハ現在ノ狀況ニ於テ何レタケノ效果ヲ米政府ニ對シ及スカハ疑問ト云フヘク本件申入レヲ今直ク實行スル事ハ全ク疑問ト考フルモノナリ來栖大使ハ急據出發セル爲本大臣ハ二時間位極メテ大体ノ所ヲ話セルニ止リ詳細ノ話ヲスル時間ナカリシ次第ニシテ本件申入レニ付テモ同大使ニ對シ話ス所迄ニハ立到リ居ラス本件ニ付テモ後日詳細ニオ話ヲスル機會アリト考フ

「オ」 唯今貴大臣ハ日本ノ毅然タル態度カ米國ニ對シテモ大ナル效果アリト述ヘラレタルカ來栖大使ノ使命モ亦毅然タルモノナリヤ

大臣 來栖大使ノ使命ノミナラス帝國政府ノ態度ハ毅然タルモノナリ帝國ノ讓歩ニハ限度アリテ此ノ限度ヲ超ユル事ハ本大臣トシテハ全然容認スルヲ得ス唯此ノ限度ノ詳細ニ付テハオ話スル事ヲ得ス

「オ」貴大臣ノ唯今ノ御話ヲ感謝ス本使カ今後本國政府ニ更ニ報告シ得ル點アルヘキヲ希望ス

大臣　本大臣モ將來御話ヲスル機會ヲ得度シト考フ

343　昭和16年11月6日　在ソ連邦建川大使より東郷外務大臣宛（電報）

気比丸事件に対し強硬態度をもってソ連に臨むべき旨意見具申

クイビシェフ　11月6日後発
本　　省　11月7日後着

第一二五七號（至急、館長符號扱）

今[1]六日朝ノ倫敦放送ハ氣比丸爆沈ニ關シ「スメターニン」ヲ招致抗議セラレタル趣ヲ傳ヘ居ルニ關シ所見ヲ具申ス

蘇聯邦ノ極東水域危險區域設定問題ニ付テハ帝國政府ハ去ル九月十八日以來數次ノ抗議ヲナシ九月二十二日ノ蘇側囘答ニ依リ一時打切リノ感ヲ呈シ朝鮮帆船ノ爆沈ニ對スル賠償要求モ有耶無耶ニ葬ラレタルハ遺憾ノ次第ナリ本件交渉ニ付本使ハ何等ノ協議ニ接シタルコトモナク事後通報ニ接シタルニ過キサルカ元來蘇側ニ對シ危險區域ノ撤廢ヲ表看板トシテ要求スルハ無理ノ次第ニテ然モ終リニハ損害賠償ニ重點ヲ置ケルヤノ交渉モアリ撤廢セハ損害ノ問題モ生セサル譯ニテ全般ヨリ見テ交渉ノ適切ナラサルヲ痛感セシムルモノアリ斯ノ如キ不結果ニ終レルハ蘇聯邦ハ多分應スルナラン位ノ安價ノ見積リニ出發シ應セサルニ際スル措置ニ關シ確タル研究モ肚モナカリシニ依ルモノト愚考ス

今[2]回ハ多數邦人生命ニ關スル重大事件發生セルモノナルニ付蘇側カ九月二十二日囘答ニ於テ機雷流失ノ場合無害トナル處置ヲ講シアリト明記セル點ニ重點ヲ置キ賠償ト將來ノ保障ヲ強硬ニ主張シ蘇聯邦カ前記ノ機雷ト斷定シ得ストカ不可抗力ト逃ケヲ張リ誠意ヲ示ササルニ於テハ口先丈テ無ク迅速ニ現實ニ報復ノ手段ヲ講スル肚構ヘヲ爲サルルコト必要ト認ム從來トモ機雷被害ノ問題ハ法律上ノ議論ヲ上下シ滿足ナル解決ヲ得ルノ困難ナルハ世界周知ノ事實ナル上相手カ蘇聯邦トアリテハ尋常ノ手段ニテ其ノ非ヲ認メシムルコト困難ナリ依テ北樺太ノ在留民ヲ引揚ケ保障占領ノ準備ヲナストカ本使ヲ召還シ中立條約破棄ノ前提ト見セ掛クルカ如キ方法ヲ考慮スルノ要アリト存ス蘇聯邦ハ戰敗ノ困窮ヲ覆フ爲殊更ニ虚勢ヲ張ル傾向（明七日モ當地ニテ觀兵

式等例年ノ行事ヲ行フ）顯著ナレハ我方ノ抗議ニ對シ堅白異同ノ辯ヲ弄スルモノト想像セラルルカ故ニ我方ニ於テ此ノ程度ノ報復手段ヲモ敢行シ難キ狀況ナルニ於テハ寧ロアツサリト先方ニ抗議スルニ止メ從來ノ如キ不結果ヲ招カサル樣措置セラルルコト切望ニ堪ヘス

344 昭和16年11月8日 在独国大島大使より東郷外務大臣宛（電報）

悪天候による独ソ戦線の停滞状況に関する情報報告

ベルリン　11月8日後発
本　省　11月9日後着

第一二九八號（館長符號扱）

八日確實ナル某獨人ノ館員ニ對スル內話左ノ通

一、蘇聯邦ハ「カリーニン」以北ヲ除キ依然天候甚タ惡ク夜ハ凍ルモ晝間ハ解ケテ莫斯科附近「ウクライナ」、「クリム」何レノ戰線ニ於テモ困難ヲ極メアリ「ロストフ」ニハ既ニ戰鬪部隊ハ市內ニ突入シアルモ後續部隊續カサル爲同市ノ陷落ニ至ラス「ケルチユ」前面ニ於テモ泥濘ノ爲進撃停滯シ居レリ

二、莫斯科正面「カリーニン」ヨリ「ツラ」ニ至ル線ニハ今迄ノ如何ナル戰線ヨリモ密集セル獨軍有力部隊配置セラレ最後ノ突撃ヲ準備シアルモ何分右樣ノ次第ニテ如何トモ爲シ得ス蘇側ハ極東ヨリノ新鋭部隊約十箇師團ノ外十五師團、國?民軍二〇萬位ヲ有シアルカ如キモ獨ハ素質及裝備ニ於テハ勿論兵數ニ於テモ右ニ優ルモノヲ整ヘアリ一且（旦カ）天候同復セハ急激ニ作戰ノ進捗ヲ見ルヘキコトヲ確信シ居レリ

三、蘇聯邦ハ「スターリン」ノ演說ニモ窺ハルル如ク英ニ對シ渡佛上陸作戰ヲ要求セルカ素ヨリ英國軍部ハ相手ニセス結局空軍ニ依リ獨逸國內ヲ攪亂スルコトヲ約セリ七日夜ノ伯林ヲ含ム全獨ニ對スル空襲モ其ノ一ツノ現レニテ飛來セル英機全部ニテ百二七（別ニ蘇聯機一〇機カ東普魯西ニ飛來セリ）各地ニ分レ爆彈ヲ播撒ケリ伯林ニハ五機宛ニ囘計一〇機飛來セルモ死者三名ニテ被害ハ勿論問題トナラス要スルニ各地ノ地名ヲ擧ケテ英空軍ノ活躍ヲ宣傳スル目的以外軍事的價値ナシ然レトモ斯カル趣旨ニ依ル空襲ナレハ今後モ連夜行ハルルヘシ

伊、土へ轉電セリ

345　昭和16年11月13日　在独国大島大使より東郷外務大臣宛（電報）

独側の希望により防共協定の延長および参加国増加については発表当日まで極秘とすべき旨注意喚起

ベルリン　11月13日後発
本　　省　11月14日前着

第一三二〇號（館長符號扱）

貴電第九四二號ニ關シ（防共協定延長ノ件）

獨側ニ於テハ本協定延長及多數國ノ參加ヲ十一月二十五日當日迄極祕トシ突然ノ發表ニ依ル宣傳的效果ヲ窺ヒ居ルモノト認メラルル處現協定ノ期限滿了ハ周知ノ事實ナリトスルモ我方又ハ支那側ヨリ事前ニ洩ルルコトカアリテハ（冒頭貴電ハ南京ニモ轉電セラレ居レリ）不體裁ナルニ付御如才無キ儀トハ存スルモ充分御注意相成樣致度シ

346　昭和16年11月14日　在独国大島大使より東郷外務大臣宛（電報）

バルカン諸国等による防共協定への参加表明について

ベルリン　11月14日後発
本　　省　11月15日前着

第一三二六號（至急、館長符號扱）

貴電第九四一號ニ關シ（防共協定效力延長新議定書加入ノ件）

十四日獨逸側ヨリ聞ク所ニ依レハ羅、勃、「スロバキア」及「クロアチア」ノ諸國ハ既ニ獨逸ノ申入ニ對シ欣然參加ノ意思ヲ表明シ近ク共同加入ノ運ヒトナルヘク芬蘭ノ回答ハ茲二、三日中ニ豫期セラレ丁抹ニ付テハ芬蘭カ參加ヲ受諾シタル後ニ始メテ申入ヲ爲ス手筈トナリ居ル趣ナリ

尙往電第一三一四號ニ付御回電アリタシ

347　昭和16年11月22日　東郷外務大臣／在本邦オット独国大使　会談

日米交渉における日本の対米態度等に関する

東郷外相とオット大使との会談録

東郷大臣「オット」獨大使會談録

十一月二十二日　於外務省　十二時ヨリ一時迄

「オット」大使　本日ハ其ノ後ノ日米交渉ニ關シ何等カ本國政府ニ報告シ得ル點ナキヤ御伺ヒスル爲參上セリ獨外務省「スポークスマン」ハ日米交渉ハ三國條約ノ基礎ノ上ニ行ハレツツアル旨述ベ居レル處唯本交渉ニ關スル噂ハ世界ニ擴ガリ居リ三國條約ガ本交渉ニヨリ影響サルルヽ懸念モアルニ付御話ヲ伺ヒ嚴祕ニ本國政府ニ報告致度キ次第ナリ

東郷大臣　此ノ前申上ゲタル如ク日本ハ毅然タル態度ヲ以テ交渉ニ當リ居ルモノニテ此ノ點ハ議會ニ於ケル本大臣ノ演説ニヨリテモ御分リノ通ナリ交渉ノ内容ニ就テハ議會ニ於テ質問アリタルモ交渉進行中ナリトノ理由テ拒リタリ故ニ本大臣ノ御話シスル點ハ貴大使ト本國政府限リノ御含ミトシテ置カレ度

米國ハ四月以來國際政治ニ關スル其ノ理念ヨリ出發シテ極東ノ事態ヲモ律シ依テ日本ヲモ拘束セントシ居リ今尚其ノ理念ニ固着シ居リ此ノ前申上ケタ通リ交渉ハ非常ニ困難ナリト申上ケテ差支ヘナシ唯其ノ見透シニ付テハ何等申上ケ得ス三國條約ノ問題ニ關シテハ米側ニ於テ種々ノ希望アルヤニ察セラルルモ本問題ニ付テハ日本トシテハ三國條約ノ現存シ居ル事實ハ變更シ得ストノ立前ヲ持シ居リ此ノ點ハ米側ニ對シテ明白ニ言明セル事アリ米側ニ於テハ不滿ノ色アル事ハ事實ト認メラルルモ唯日本ノ言分ニ對シテ米側ハ如何ナル具体的要求ヲ有スルカヲ明示シ居ラス

日本ハ總テノ問題ニ付毅然タル態度ヲ以テ進ム事ニ決心シ居ルニ付左樣御承知相成度

尚米國ノ理念トハ「スティムソン」原則及「ロ」米大統領「チ」英首相ノ洋上會談ノ後發表サレタル諸談話等ニ現ハレ居ルモノト大体了解サレテ差支ヘナカルヘク唯米ハ支那ニ於ケル日本ノ行動ヲ明ラカニハ侵略ト云ヒ居ラス

「オ」　御話ハ勿論本使限リノ含ミトシ本國政府ニ報告スヘシ尚日本ノ新聞中ニハ豫算總會ニ於ケル中島代議士ノ質問ニ對シ貴大臣ハ日本ノ三國條約ニ對スル最終的態度ハ日米交渉ノ結果ニヨリ決定スヘシト答ヘラレタル由及同

條約第三條ト日米交渉ノ關係ニツキテモ應答アリタルヤニ聞キ居ル處其ノ眞相ヲ御伺ヒ致度

大臣　其ノ所謂新聞ノ報道ハ事實ニ非ス中島代議士ノ質問ハ曖昧ナリシノミナラス其ノ動機モ不明ナリシモ右質問ニ對シ本大臣ハ日米交渉ノ成行キニ就テハ明ニ見透ヲ付ケ得ル所ニ達シ居ラス故ニ前途ニ付假定ヲ設ケテ論スル事ハ避ケ度シト返答セリ右ノ點ヲ明白ナラシムル爲御希望ナルニ於テハ速記録存在セハ之ヲ取寄セ差上クヘシ又日米交渉ト三國條約第三條トノ關係ニ就テハ本大臣ハ今其ノ法理的解釋ヲナス必要ナシト答ヘ置キタルモノナリ

「オ」東條首相カ日本ノ外交ノ三原則ニツキ述ヘラレタルカ其ノ最後ノ「歐洲戰爭ノ東亞ヘノ蔓延ヲ防ク爲日本ハ極度ノ努力ヲナス云々」ノ點ハ日本カ米國ニ對シ歐洲戰ニ參加セサルヘキ旨警告セルモノト解釋シテ差支ヘナキヤ

大臣　東條首相ノ演說ハ總理ノ手許ニ於テ作製サレタルモノニシテ本大臣ハ今アノ演說ノ內容ヲ詳細解釋スル地位ニハナキモ其ノ意味ハ戰爭カ極東ニ及フ事ヲ帝國ハ極力防止シ度シトノ趣旨ト解セラレテ差支ナク貴大使唯今御話ノ如キ意味ヲ有スルモノニ非スト解ス兩問題ハ或ル意味テ關連ヲ有スルモ同一ニ非スト考フルヲ適當トスヘシ

「オ」本使ハ第三條ハ相互ノ軍事的協力ヲ規定シ居ルニ付前述ノ如ク解釋セルモノナリ

大臣　米國カ參戰セサルハ結構ナルモ右ハ必シモ樂觀ヲ許ササル事態トナリ居レリ其點ニ付テハ帝國政府トシテモ苦心ヲ拂ヒ居ルハ事實ナルモ東條首相ノ三原則ノ意味カ米ヲシテ參戰セシメサル點ニアリト解スルハ狹キニ失ス右ハ前カラノ論旨ヲ受ケ戰爭ノ災禍カ東亞ニ及ハサル樣ニトノ意味ニ解釋セラレ度米國カ常ニ平和的ニト事ヲ論スル次第ナルカ然ラハ其ノ行動モ平和的ナルヲ要ストノ意味ト解釋シテ差支ヘナキモノト考フ

「オ」氣比丸問題ニ關シ其ノ後蘇側ノ回答接到セリヤ

大臣　中間的ノモノ接到セリ一部分滿足ナル點アルモ總テ滿足スルニ足ルモノニ非ス唯蘇大使トノ會談中議會ニ出席スル時間到來セル爲話ヲ中斷セルニ付今明日右話ヲ繼續スル事トナリ居レルニ付其ノ上ニテ御話申上ケ度

「オ」二十一日ノ日日新聞ニ依レハ米ハ「ペテロパウルスク」ヲ通シ援蘇物資ヲ送リ居ル由ナルモ其ノ事實ヲ承知

シ居ラルルヤ本問題ハ獨逸ノ戰爭遂行上極メテ重大ナルモノニテ今尙此ノ種輸送カ行ハルル事可能ナリヤ日本カ斯ル蘇支持ニ對シ如何ナル態度ヲ採ラルルヤハ獨側ノ關心ヲ有スル所ナリ

大臣　米ノ援蘇狀況ニ付テハ完全ニ之ヲ知ル事不可能ナリ本大臣ハ右新聞ノ標題ノミ見タルモ若干大袈裟過クルトノ急持《（ママ）》ヲ持チタリ

獨逸カ本問題ニ付重大關心ヲ有セラルル事ハヨク了解スル所ナルニ依リ事實取調ノ上貴方ニ御通知スヘシ

「オ」感謝ス

348　昭和16年11月25日　調印

防共協定の効力延長に関する議定書

付　記　昭和十六年十一月二十五日付

日独防共協定の秘密附属協定廃止に関する日独秘密交換公文往翰

議定書

大日本帝國政府、「ドイツ」國政府及「イタリア」王國政府竝ニ「ハンガリー」王國政府、滿洲帝國政府及「スペイン」國政府ハ

共產「インターナショナル」ノ活動ニ對スル防衞ノ爲右諸國政府ガ締結シタル協定ノ最モ效果アリシコトヲ認メ

且右諸國ノ一致セル利害ガ又更ニ右共同ノ敵ニ對スル其ノ緊密ナル協力ヲ要求スルコトヲ確信シ

該協定ノ有效期間ヲ延長スルコトニ決シ此ノ目的ノ爲左ノ諸規定ヲ協定セリ

第一條

千九百三十六年十一月二十五日ノ協定及附屬議定書竝ニ千九百三十七年十一月六日ノ議定書ヨリ成リ且「ハンガリー」國ガ千九百三十九年二月二十四日ノ議定書ニ依リ、滿洲國ガ千九百三十九年二月二十四日ノ議定書ニ依リ及「スペイン」國ガ千九百三十九年三月二十七日ノ議定書ニ依リ參加シタル共產「インターナショナル」ニ對スル協定ハ千九百四十一年十一月二十五日ヨリ五年間延長セラルベシ

第二條

共產「インターナショナル」ニ對スル協定ノ原署名國トシテノ大日本帝國政府、「ドイツ」國政府及「イタリア」王

國政府ノ勸誘ニ依リ右協定ニ參加セントスル諸國ハ其ノ參加宣言ヲ文書ヲ以テ「ドイツ」國政府ニ通達スベク「ドイツ」國政府ハ之ガ受領ヲ他ノ締約國政府ニ通報スベシ右參加ハ「ドイツ」國政府ガ參加宣言ヲ受領シタル日ヨリ效力ヲ生ズベシ

第三條

本議定書ハ日本文、「ドイツ」文及「イタリア」文ヲ以テ作成セラレ其ノ各本文ヲ以テ正文トス本議定書ハ署名ノ日ヨリ實施セラルベシ

締約國ハ第一條ニ規定スル五年ノ期間滿了前適當ノ時期ニ於テ爾後ニ於ケル其ノ協力ノ態樣ニ付了解ヲ遂グベシ

右證據トシテ下名ハ各本國政府ヨリ正當ノ委任ヲ受ケ本議定書ニ署名調印セリ

昭和十六年十一月二十五日卽チ千九百四十一年、「ファシスト」曆二十年十一月二十五日「ベルリン」ニ於テ本書六通ヲ作成ス

大　島　浩　印

リッベントロップ　印

チ　ア　ー　ノ　印

バールドッシイ、ラースロー　印

呂　宜　文　印

セラーノ、スニェール　印

（付　記）

共産「インターナショナル」ニ對スル協定ノ祕密附屬協定ノ廢止ニ關スル日獨間祕密交換公文

（往翰）

以書翰啓上致候陳者本日共產「インターナショナル」ニ對スル協定ノ效力延長ニ關スル議定書ニ署名スルニ當リ本使ハ本國政府ノ訓令ニ依リ日本國政府ト「ドイツ」國政府トハ左ノ點ニ關シ完全ニ意見一致セル旨閣下ニ通告スルノ光榮ヲ有シ候

千九百三十六年十一月二十五日日本國政府「ドイツ」國政府間ニ締結セラレタル共產「インターナショナル」ニ對スル協定ノ祕密附屬協定及其ノ附錄竝ニ了解事項ハ祕密附屬協定第三條ノ規定ニ拘ラズ千九百四十一年十一月二十五日ヲ以テ廢止セラルルモノトス

本使ハ閣下ニ於テ前記ノ見解ニ對スル「ドイツ」國政府ノ

合意ヲ確認セラレンコトヲ要請致候
本使ハ茲ニ重テ閣下ニ向テ敬意ヲ表シ候　敬具
昭和十六年（千九百四十一年）十一月　日「ベルリン」ニ於テ

編注　本付記には、日付および発受信者は記されていない。なお、本往翰に対する来翰によりドイツは、日独防共協定の秘密附属協定廃止に合意した。

349　昭和16年11月29日　在新京好富（正臣）総領事より東郷外務大臣宛（電報）

独ソ和平工作の必要性につき意見具申

別　電　昭和十六年十一月三十日発在新京好富総領事より東郷外務大臣宛第六九号
ソ連の極東兵力および工業力事情

新　京　11月29日後発
本　省　11月29日夜着

第六八號（大至急、館長符號扱）

一、[(1)]帝國ノ對英米關係最悪ノ事態トナルノ際蘇ハ別電事情ニ依リ我方ニ向ツテ積極的ニ出ツルコトハ先ツ無之キモノト認ムルモ獨蘇戰カ永續スルニ於テハ獨ノ對英攻撃カ夫丈ケ牽制セラレ且蘇ハ益々英米陣營ニ深入リシ遂ニ爲ニ日蘇間ニ事端ヲ釀スニ至ルノ可能性大ナルヲ以テ帝國ハ速ニ獨蘇和平ヲ策スルコト緊要ト思考ス

二、右獨蘇和平工作ハ獨ニ於テ之ヲ受諾スルノ可能性アリ蓋シ

(イ)獨カ對蘇戰ヲ斷行セルハ明年夏全力ヲ擧ケテ對英攻撃ヲ爲スニ當リ蘇ヨリ背後ヲ突カレサル爲今夏ヲ期シテ蘇ノ軍力ニ一大痛撃ヲ加ヘ置クニ在リタル處右目的ハ今日既ニ完全ニ達成シタルコト

(ロ)獨蘇戰ハ結局長期戰ニナルヘキハ明瞭ニシテ適當ノ時期ニ和平ヲ爲スニ非スンハ獨ハ益々深味ニ陷込ミ遂ニ對英攻撃ニ全力ヲ傾注スル能ハサル事態トナルノ虞アルコト

ノ理由ニ依リ獨トシテモ相當寛大ナル條件ヲ以テスルモ對蘇和平ニ應スルヲ利益トスヘシ

三、他方蘇トシテモ對獨長期抗戰ハ之ヲ爲シ得ヘキモ

(イ)獨ヲ屈服セシムルコトハ先ツ困難ナルコト

(ロ)政府ハ敗戰ニ依リ國民ノ信頼ヲ失ヒ假令革命以來ノ徹底セル政治教育ニ依リ民心ハ尚政府ヲ支持シ居ルカ如キモ今後戰爭カ永續シ國民ノ困難カ増大スルニ於テハ「スターリン」政權ノ基礎漸次安定ヲ缺キ遂ニ共產制度ノ破滅ヲ見ルニ至ルノ可能性增大スヘキコト

(ハ)[2]蘇トシテハ英米トノ間ニ單獨不媾和ヲ約束シ居ルヘキモ英米ノ對蘇援助ハ極メテ不充分ニシテ「スターリン」自身ニ於テモ不滿ヲ洩ラシタル程ナルヲ以テ今後殆ント獨力ニ依リ對獨抗戰ヲ續クルノ外ナカルヘク結局ニ於テ英米ノ利益ノ爲國ヲ焦土ト化シ革命ノ精華ヲ盡ク破壞スルノ結果トナルヘキコト

等ノ理由ニ依リ「スターリン」トシテモ其ノ面目ヲ保持スルニ於テハ從來ノ行懸リヲ一擲シテ獨ト和ヲ結フヲ利益トスヘシ

嘗テ「タレーラン」ハ「ナポレオン」ノ「ワーテルロ」敗戰後佛國ヲシテ聯合國側ニ立タシメ以テ對佛媾和條件ヲ緩和セシメタルカ今次戰爭ニ於テモ「ペタン」元帥ハ却テ獨伊側ニ立チテ對佛媾和條件ヲ緩和スルノ策ヲ執リツツアリ蘇モ亦右故智ニ倣ヒテ寧ロ樞軸側ニ立チ以テ對蘇媾和條件ヲ緩和セシムルノ策アリ

四、從テ帝國トシテハ莫斯科陷落ノ時期ニ於テ獨蘇間ニ仲介シ獨ヲシテ例ヘハ舊蘇領全部ヲ變(返カ)還スル等ノ極メテ寛大ナル條件ヲ提出セシメ以テ獨蘇和平ニ導ク様施策スヘシ

五、帝國ノ右和平仲介カ萬一失敗ストモ世界平和ヲ顧念シタルモノナルヲ以テ之ニ依リ毫モ帝國ノ權威ヲ失墜スルモノニ非ス萬一之ニ成功センカ

(イ)獨ハ明年夏大規模ノ對英攻擊ニ着手シ得ヘキコト

(ロ)蘇カ之レ以上英米陣營ニ深入リシ日蘇間ニ事端ヲ釀スニ至ルノ危險ヲ除去シ得ヘキコト

(ハ)出來得レハ此ノ機會ニ蘇ヲ樞軸陣營ニ引入レ蘇ヲシテ石油ヲ帝國ニ供給セシメ得ヘキコト

等ノ極メテ大ナル利益アリ

六、今ヤ帝國興亡ノ竿(關カ)頭ニ立チテ右獨蘇和平工作ハ我ニ殘サレタル外交上ノ唯一ノ手ナリト思考セラル既ニ充分御研究濟ノコトト存スルモ重大時局ニ鑑ミ卑見申進ス

(別　電)

新京 11月30日後発
本省 11月30日夜着

第六九號(極祕、館長符號扱、大至急)

一、獨蘇開戰以來蘇聯極東兵力ノ西送サレタルモノ十一月末迄ニ左ノ通リト觀測セラル

總兵力二〇―三〇萬人

內譯

狙擊兵一四個師團

戰車一四〇〇(七旅團)

飛行機一四〇〇(七師團)

從テ極東現在兵力左ノ通リ觀測セラル

總兵力七五―八〇萬人

內譯

狙擊兵一九―二〇師團

戰車一一〇〇―一三〇〇

飛行機一四〇〇

二、獨蘇戰ニ依リ蘇聯ノ工業力ハ約三十%ニ低下セルモノノ如ク右工業力ヲ以テスレハ兵力七〇師團ヲ維持シ得ルニ過キスト見ラル然ル處現在歐露ニハ約七〇個師團別ニ「コーカサス」ニ約一〇個師團合計八〇個師團ヲ有スルヲ以テ既ニ蘇聯現在ノ工業力ノ維持シ得ル限度ヲ超過セリト見ラレ居レリ

三、從テ帝國ノ南進ニ當リテハ蘇ハ「コミンテルン」等ヲ通シ種々滿洲國ニ策動シ來タルコトハアリ得ヘキモ積極的ニ軍事行動ヲ起シ來タルノ可能性ハ極メテ少ク萬一事端勃發スルコトアリトスルモ精々張鼓峰事件程度ノモノト觀測セラル

四、滿洲ノ治安ハ滿人ノ人心把握猶不充分ニシテ理想的トハ言ヒ得サルモ帝國ノ南進ニ當リ滿洲國ノ治安ヲ考慮スルノ必要ハ全クナク假令萬一、一、二事件アリトスルモ小數ノ兵力ヲ以テ充分ニ治安ヲ維持シ得ヘシ

五、之ヲ要スルニ滿洲國及蘇聯ノ情勢ハ帝國ノ南進ヲ躊躇セシムヘキ何等ノ理由原因ヲ有セサル次第ナリ

~~~~~~~~~~~~~~~~~~~~~~~~

350

昭和16年11月29日　在独国大島大使より東郷外務大臣宛(電報)

モスクワ近郊におけるソ連軍の抵抗状況など欧州戦況に関する情報報告
~~~~~~~~~~~~~~~~~~~~~~~~

ベルリン　11月29日後発
本　　省　11月29日夜着

第一三八四號（館長符號扱）

二十七日確實ナル某獨人ノ館員ニ語ル所左ノ通リ[1]

一、莫斯科附近ハ北方ニ於テ同市ヨリ約二十五粁ノ點ニ達シアリ南方ニ於テモ「リヤスマ」附近迄進出シアルモ蘇側ハ極東軍八箇師團（他ニ二箇師團アルモノノ如シ）ヲ混ヘ相當頑強ニ抵抗シアリ思フ様ニ簡單ニハ行カサルモ其ノ陥落カ時間ノ問題ナルコトニハ變リナシ「クールスク」「ロストフ」附近ニ於テモ仲々勇敢ニ反撃シ來リ居レリ

二、北阿戰線ハ昨日迄ノ處豫期以上ノ戰果ヲ擧ケ略危機ハ切拔ケタリト認メアリ卽チ裝甲師團三ノ內一ハ完全ニ殲滅シ他ノ一モ大部分ヲ叩キ殘リノ一ハ背後ヲ迂回シ潛入シ來レルカ後方ヲ遮斷シ目下包圍シアリテ其ノ擊滅モ時間ノ問題ナリ其ノ他歩兵師團四モ獨伊軍ノ陣地ニ引掛リテ大打撃ヲ受ケ潰走セリ「ソルム」ハ一部ニ英軍侵入セルカ同市ノ主要部ハ獨伊側カ抑ヘ居リ「バルヂヤ」モ陥落シアラス目下同地方ニハ砂漠風吹キアリテ偵察困難ナル爲以上ノ反撃ノ全部ナリヤ尚後方ニ第二第三ノ準備兵カアリヤ否ヤ確認シ得サル爲獨モ控目ニ發表スルノ態度ヲ執リ居ル次第ナルカ若シ右カ全部ナリトセハ獨伊側ハ完全ナル勝利ヲ揚言シ得ル譯ナリ今回ノ成功ハ伊軍側カ獨軍ト少シモ變リナク勇敢ニ戰ヒタル爲ニテ右ハ「ムッソリーニ」ノ申出ニ基キ「ロンメル」カ全獨伊軍ヲ指揮セル結果ト云フヘク伊軍モ指揮統帥サヘ良ケレハ立派ナ軍隊ナルコトヲ實證セリ

三、伯林會談ニ付テハ英カ大イニ憤激シアルコトヨリ見テ充分其ノ效果ヲ擧ケタルモノト言フヘク其ノ他ニハ特ニ纒リタル話モナカリシカ主ナルモノ左ノ如シ[2]

(イ)「スニエル」ヨリ正式ニ「フランコ」カ「ヒ」總統ト會談シタキ希望ヲ申出來レリ「ヒ」「フ」ノ會談ハ昨年夏行ハレタルモ其ノ結果ハ兩者共失望ヲ感シタルノミニテ爾來殆ト冷キ關係ニアリタルカ今回此ノ申出アリタル譯ニテ獨西關係進展上期待スルコト大ナリ

(ロ)芬蘭ハ差當リ對蘇戰ヲ繼續スヘキモ「レニングラード」陥落セハ事實上戰爭ヲ終止スルコトニ獨側了解ヲ與ヘタリ

(ハ)伊ヨリハ「アルバニア」方面ノ國境擴張ニ關シ希望的

申出アリタル位ニテ巴爾幹諸國モ何レモ新國境ニ關スル自己ノ希望ヲ開陳シ獨側ハ唯聞キ置キタルノミナリ

伊へ轉電セリ

351 昭和16年11月29日 在独国大島大使より東郷外務大臣宛（電報）

ヒトラーの日米交渉への関心および対米強硬決意について

ベルリン 11月29日後発

本 省 11月30日前着

第一三八八號（館長符號扱、至急）

二十七日「ヒ」總統ト「リ」外相トノ面談ハ多數ノ外國外務大臣居リシ爲一通リノ挨拶ニテ殆ト立入リタル話モ爲ササリシカ二十八日更ニ求メニ依リ「ヒ」ヲ往訪約四十分會談「リ」外相同席セリ

一、冒頭「ヒ」ヨリ日米交渉ニ關シ確報ナキヤヲ訊ネタルニ依リ本使ヨリ當方ニハ何等通報ナキ旨斷リ貴電第九八一號ノ趣旨ヲ敷衍シ説明セルニ「ヒ」ハ歐洲戰ハ既ニ獨ノ勝利確定シ居リ米カ如何ナル態度ニ出ツルモ之ヲ左右シ得ルモノニ非ス自分ハ米カ「モンロー」主義ニ立返リテ歐洲及亞細亞ノ問題ニ干渉セサルニ至ル迄ハ米ハ日獨共同ノ敵ニシテ米トノ對立ハ不可避ナリト確信スルモノニシテ米ノ挑戰的態度益々增大シツツアルハ獨トシテモ大イニ考慮シアル次第ナリ日本モ右事實ニ基キ將來ノ爲對米妥協ヲ爲ササル方得策ナリト思考スル旨述ヘタリ

二、次テ「ヒ」ハ日「タイ」關係、蘭印ノ狀況、英米ノ企圖等東亞方面ノ情勢ニ付質問セルカ本使ハ之亦通報ニ接シ居ラサル旨述ヘ且ツ貴電合第二三八七號ノ趣旨ヲモ考慮シ常識的ノ説明ヲ爲シ置クニ留メタルカ「ヒ」ハ「ルーズヴェルト」ノ爲スコトハ悉ク「ブラフ」ニシテ之ニ誤ラレサルコト必要ナリト述ヘ居リタリ

三、歐洲ノ戰況ニ關シ「ヒ」ハ對蘇戰カ大ナル結果ヲ收メタルコト之ニ依リ軍事的經濟的ニ其ノ地位ヲ强化セラレ英國及其ノ勢力地帶ニ對スル攻擊ノ成功ニ付益々確信ヲ大ニセルコトヲ力説セリ

四、本會談ニ於テ本使ノ受ケタル明瞭ナル印象ニ依レハ「ヒ」ハ日米會談ニ關シ多大ノ關心ヲ有スルト共ニ米ニ對シ餘程强硬ナル決意ヲ有シ居リ萬一日米關係ニ紛爭發

生スルカ如キ場合ニ於テハ全力ヲ擧ケテ日本ヲ支持スル意嚮ナルコトヲ確認セリ

352　昭和16年11月29日　在独国大島大使より東郷外務大臣宛(電報)

防共協定延長に際して開催されたベルリン会議にて独首脳部と会談について

ベルリン　11月29日後発
本　省　11月30日夜着

第一三八九號(館長符號扱)

一、防共協定延長ヲ機會ニ行ハレタル伯林會議ハ本二十八日ヲ以テ終了セリ本會合ハ獨カ歐洲列國ノ反共合一戰線結成ニ止マラス歐洲大陸カ獨指導ノ下ニ既ニ安定セルコトヲ英米ニ對シ示威セントセルモノニシテ十五《(二五カ)》日ノ調印式ヨリ三日間ニ亘リ「ヒ」總統「ゲーリング」「リッペントロップ」等ノ招宴アリ其ノ間各國代表ト獨主腦トノ間ニ單獨ニ會談行ハレタリ時日ノ餘裕ナカリシニ拘ラス各國首相外相等來伯セルハ獨カ事實上歐洲ノ指導權ヲ把握セルモノト認メ得ヘク又對内的ニハ獨民心ノ昂揚ニ鮮カラサル效果アリシモノト云フヘシ

二、本會議ヲ通シ本使モ「ヒ」總統、「ゲーリング」、「リッペントロップ」、「レーダー」、「ローゼンベルグ」等政府、軍、黨ノ主腦部ト會談スルノ機ヲ得タルカ各人トモ今次戰爭ノ將來ニ關シ確固タル自信ヲ有シ如何ナル事アラウトモ英ノ屈服潰滅ニ至ル迄ハ戰ヒ拔カントスルノ決意ニ滿チアルコトヲ確認セリ

三、尙各人ノ本使ニ對スル質問ハ必ス日米交渉ニ關係セルモノニシテ獨一般カ如何ニ本件ニ關シ多大ノ關心ヲ有シアルヤニ關シ露骨ニ表現セハ疑惑ヲ抱キ居ルヲ認メタリ「ゲーリング」ノ如キハ談笑ノ間獨米戰爭起ラハ眞ニ日本ハ參戰スルヤトノ問ヲ爲シタル如キ又「レーダー」元帥カ「日米間現在ノ海軍勢力ヨリ觀テ米ハ決シテ恐ルルニ足ラス米ノ政策ハ一ニ脅シニ過キス」ト述ヘタル如キハ其ノ例ニシテ我方トシテモ注意ヲ要スト考フ

353　昭和16年11月30日　東郷外務大臣
在本邦オット独国大使　会談

独ソ戦況および日米交渉に関する東郷外相とオット大使との会談録

東郷大臣「オット」獨大使會談録

十一月三十日午前十一時ヨリ十二時迄　於官邸

「オット」大使　本日ハ先般防共協定期間延長ノ際ニナサレタル「リ」外相ノ演説ノ「テキスト」ヲ貴大臣ニ差上ゲ且獨蘇戰況其他ニ關スル御説明ヲナスト共ニ政府ノ訓令ニヨリ日米交渉ノ其ノ後ニ就キ御話ヲ承リ度參上セリ

尚本夕ノ御招待感謝ニ堪エザル處獨逸ハ國民政府ノ成立ニ對シ獨逸トシテ寄與シ得タルヲ喜ブモノナリ

東郷大臣　獨外相ノ演説ハ大要之ヲ承知致シ居レルガコノ「テキスト」ニ就キ更ニ詳細拜見スベシ獨逸ガ世界ノ大國トシテ率先滿洲國及中華民國ヲ承認セラレ他國之ニ從ヒ兩國ヲ承認スルノ端緒トナリタル事ニ對シ本大臣ハ帝國ノ外相トシテ深ク感謝スル次第ナリ

一、獨蘇戰況其他

「オ」　持參ノ地圖ヲ示シ戰況ヲ説明ス「レニングラード」方面ニテハ「ラドガ」湖方面ヨリ蘇軍進出ヲ圖リ居ルモ全部失敗ニ歸シ居レリ莫斯科ハ南北ヨリ包圍ノ體形ニ進出シ居リ南部ハ「ロストフ」ノ陷落後ハ獨軍ノ進出ニ對シ大ナル困難ナカルベシ「クリミヤ」半島ニ於テハ「セヴァストポリ」僅カニ殘リ居リ蘇艦隊ハ脱出ヲ試ミ居ルモ土ハ海峽通過ヲ許容セザルベシ

北阿ニ於テモ英軍ノ進撃開始以來其ノ宣傳ハ大袈裟ニ行ハレタルモ獨伊軍ハヨク反撃シ居レリ

十一月二十日迄ノ獨蘇戰ニ於ケル獨軍戰果ハ

捕虜三百七十九萬二千六百「タンク」二萬二千五百

砲二萬七千四百五十二　飛行機一萬五千八百七十七

ヲ繫(撃カ)破ス

六月二十一日ヨリ十一月二十一日迄撃破セル英軍飛行機

一千五百五十五

六月二十一日ヨリ十一月二十一日迄英側商船撃沈噸數二百五十四萬三千八百噸

大臣　最近ノ獨軍作戰ノ進捗狀況ハ本大臣ニ於テ興味ト欣快ノ念ヲ以テ觀察シ來レルガ唯今ノ御話ヲ聞キ誠ニ結構ナリト考フル次第ナリ獨軍ノ作戰ハ莫斯科包圍ノ形勢ニ進ミ居ル事ハ承知シ居タルモ本冬中莫斯科ハ包圍ノ儘ト考フベキヤ或ハ近ク何週間カノ内ニ陷落スルモノト豫期

シ得ベキヤ
「オ」　豫期ハ極メテ困難ナルモ獨軍ハ二、三週間ノ内ニ其ノ目的ヲ達成スルモノト考フ卽チ獨軍ハ莫斯科ヲ包圍シ實際上ハ陷落セルト同樣ニナルモノト考フ蘇政府自身モ狀勢ヲ悲觀的ニ觀測シ居レリ
大臣　莫斯科ノ陷落ト否トニ拘ラス作戰上同樣ノ結果トナルベキ點ハ承知セルモ其ノ國民ノ士氣ニ與フル影響ハ兩者ノ間ニ大ナル間隔アリト考フ他方帝國ハ蘇領ヲ通ジテ獨逸トノ間ニ連繫ノ成立スベキヲ希望シ居ル次第ニシテ莫斯科陷落セザルニ於テハ日本ノ希望達成モ自然困難ヲ加フルワケナリ然モ日本ガ此際東方ヨリ蘇聯ヲ攻擊スベキ狀況ニナキ事モ御承知ノ通ナルガ本大臣トシテハ莫斯科ガ成ル可ク早ク陷落スルヲ希望スルモノナリ
「オ」　獨逸ノ目的ハ莫斯科陷落ニアリ其ノ成否ノ「ロシヤ」人及全世界ニ重大ナル心裡的影響アルハ貴大臣ノ言ハレル如ク明ナリ獨逸ノ有スル力ニ鑑ミ右ハ可能ナルベク「ヒ」總統ハ全手段ヲ盡シテ此ノ目的達成ニ努メントスルモノト思考セラル
右ノ關係ニ於テ獨逸ノ武官ガ參謀本部ニ報告セシ如ク極東赤軍ガ西方ニ移駐シ居ル事實ハ看過シ得ズ
大臣　極東赤軍ノ一部西方ニ移駐セル事實ハ承知シ居レリ我ガ關東軍ガ絕エズ蘇側ニ重壓ヲ加ヘ居ル點ニハ何等變更ナキ事ニ御承知願度
莫斯科陷落シ「ス」政權弱體化セル場合蘇側ヨリ獨逸ニ對シ講和ヲ申出ル可能性アリヤ此ノ點ニ關シ貴使ノ個人的氣持ダケニテモ思付トシテ御伺ヒ致度
「オ」　右ニ關聯シ先般「パーペン」大使ノ談話新聞ニ發表セラレタル處對英和平及對蘇和平ノ問題共ニ獨逸政府ヨリ「デマンティー」セラレタリ
蘇トノ和平ニ關シ獨逸ハ「ボルシェヴィズム」トノ平和ナシト繰返シ言明シ居リ何等和平ノ徵候ナシ
唯自分個人ノ見解トシテ若シ「ス」政權ニ代リ例ヘバ「チモシェンコ」等ノ將軍立チ「ボルシェヴィズム」ノ立場ヲ去ルニ於テハ獨ハ蘇側ノ和平提示ヲ檢討スル事アリ得ベシト考フ（「オ」ハ此ノ項ハ嚴祕トシ記錄ニ留メラレザル樣希望セリ）
三、日米交涉
「オ」　日米交涉ノ其ノ後ノ經過ニ關シ御伺ヒ致度新聞ニハ

米ノ對日文書手交米ノ英、支、蘭、濠諸國トノ會談等盛ニ報道セラレ居レリ先般貴大臣ガ將來更ニ日獨關係ヲ强化スル必要ヲ見ルベシト暗示セラレタルカ其ノ必要ヲ見ル場合獨逸ガ日本ヨリ正式ニ報告ヲ受ケヌ事ニ依リ日獨關係ニ或種ノ冷却ノ雰圍氣生ジタリト考ヘラルル事ヲ避クル爲ニモ本國政府ニ報告致度次第ナリ

大臣　日米交渉ニ就テハ既ニ三度許リ御話セルモ其ノ大体ノ成行キハ本大臣ガ第一回貴使トノ會談ノ際申上ゲタル所トシテ唯今貴使ノ引用セラレタル通リ日米兩國ノ意見ニハ間隔多ク成立ノ希望尠ク其ノ結果日獨兩國ノ協力關係ヲ更ニ緊密ニスル必要到來スベシト述ベタル豫想ニ略々近ツキ來レリ帝國ハ日米交渉ニ就キ毅然タル態度ヲ持シ來リ其ノ結果米國ノ對獨壓迫ニ對スル警告トナリタル事モ此ノ前貴使ニ御話セル通ナリ

帝國トシテハ右ニ述ベタル如キ態度ヲ一貫シテ日米交渉ニ當リ來リタル次第ナルガ二十六日米側ヨリ新シキ提案アリタリ其ノ提案中ニハ日米兩國ノ意見ノ間隔尠カラズ支那問題ノ如キモ其ノ一例ナルガ最大ノ難點ハ米側ヨリ其ノ從來問題トシ居タル三國條約ノ問題ニツキ之ヲ骨抜トスル案ヲ提出シ來レル點ナリ日本ガ英米蘇其ノ他ノ國々ト不侵略條約ヲ締結スル事ヲモ申出デ三國條約ノ實行ヲ不可能トスル案ヲモ申出來リタルモノナリ

斯ノ如ク從來日本ガ三國條約ヲ堅持セル爲三國條約ニ關スル米側提案ハ日米交渉成立ノ最大困難ナル問題トナリ居レル次第ナリ

右米側提案ニ對スル帝國ノ措置ニ就テハ愼重ナル手續ヲトル必要アル關係上之ニ對スル決定的方策ニ就テハ未ダ申上ゲル譯ニハ行カザルモ自分トシテハ米側ノ提案ヲ受諾スル事ハ出來ズト考ヘ居ル次第ナリ兎ニ角帝國ハ日米交渉ノ中絶ヲ賭シテモ三國條約ニ忠實ナル態度ヲ採リ來レル次第ナルガ日米交渉不成立ノ際ハ帝國ハ貴國及伊太利ニ對シ三國條約ニツキ同様忠實ナル態度ヲ期待シテ可ナリト考ヘ居ル次第ナリ

「オ」本使ノ伯林ヨリ得居レル印象ニ依レバ獨逸ハ日獨何レカガ米トノ戰爭ニ入レル場合他ノ國ハ當然依テ生ズル責任ヲ負擔スルモノト考ヘ居レリ

尙英米側現在ノ狀勢ニ鑑ミ日本ヲ攻擊セントノ意圖アリトハ考ヘラレズ其ノ不可侵條約ノ申出ノ如キハ英米ノ自

衛手段ナリト考フ

大臣　米ノ兵力ハ既ニ南太平洋ニ相當移動シ居リ先方ヨリ日本ヲ攻撃スル事ナシトハ必ズシモ斷ジ得ズ英米側ニ於テハ蘇聯ヲモ誘ヒ日本トノ間ニ戰爭ニ訴ヘザル約束ヲナサシメ歐洲戰爭ニ日本ヲ參加セシメザル事ヲ目的トナシ居レルモノト考ヘラル

今貴使ノ云ハレタル日本ガ萬一米トノ戰爭ニ入ル場合ハ他ノ條約當事國ハ責任ヲ負擔スルトハ戰爭ニ參加シ運命ヲ共ニストノ御趣旨ト解スルモノニテコノ伯林ノ意向ハ當然ノ事ト思フモ貴使ヨリ今伺ヒ得欣快ニ思フ次第ナリ

「オ」　本問題ニ就テハ三國條約ノ解釋問題、擴張問題アリ今一應伯林ト連絡スル事然ルベク右ハ本使個人ノ見解ト了解セラレ度

大臣　本問題ニ就テハ更ニ詳細御話ヲスル機會アリト考フ

編注　本会談後、十一月三十日発東郷外務大臣より在独国大島大使宛電報第九八五号(『日本外交文書　日米交渉―一九四一年―』下巻第425文書)により、独国側に対して日米交渉決裂と対英米戦争発生の可能性が大なることを内報するとともに、三国同盟に基づく独伊の即時参戦を勧説すべき旨の訓令が発出された。

なお、昭和十六年の日米交渉については、『日本外交文書　日米交渉―一九四一年―』上・下巻をあわせて参照ありたい。

354　昭和16年12月2日　在独国大島大使より東郷外務大臣宛(電報)

対米戦争即時参加問題および単独不講和宣言案に関しリッベントロップ等と会談について

ベルリン　12月2日後発

本　　省　12月3日後着

第一四〇五號(極祕、館長符號)

往電第一四〇一號ニ關シ

一、一日午后七時求ニ依リ再ビ「リ」外相ヲ往訪シタルニ(「ガウス」同席)「リ」ハ「ヒ」總統トハ其ノ所在地ノ關係上遺憾乍ラ本日遂ニ連絡着カス明日中ニハ連絡シ得ヘシト思フモ或ハ明後日トナルヤモ知レス獨側トシテモ日本側ノオ急ギハ充分了解スルニ付全力ヲ擧ケテ連絡方

努ムヘシト述ヘタリ

二、其ノ際「ガウス」ヨリ對米戰爭卽刻參加ノ問題ニ關シ右義務ハ勿論相互的ノモノト解シテ可ナリヤト問ヘルニ付本使之ヲ肯定シオキタリ、又單獨不媾和宣言案ニ付テハ日獨、日伊各別ニ行フハ餘リニ法律的ニ過キ政治的效果尠キ惧アルニ付日獨伊一本トスルヲ可トスト考フト述ヘタルカ「リ」ハ未タ總統ノ決濟ヲ經サルヲ以テ日本ニ電報セサル樣願度シト賴ミ居リタルニ付承知シ置カレタシ

三、「ヒ」總統トハ未タ連絡着カサルコト前述ノ通ナルカ連絡可能トナリ次第何レ本使ニ於テ直接面會ノ上御訓令ノ次第申入ルヘシ

〈参考〉

「所謂防共協定強化問題（三國同盟問題）ノ顚末」

「防共協定を中心とした日独関係座談会記録」

「所謂防共協定强化問題(三國同盟問題)ノ顚末」

有田前外務大臣手記

所謂防共協定强化問題(三國同盟問題)ノ顚末

總務局政務課長

序

本書ハ所謂防共協定强化問題ニ關スル有田前外務大臣ノ手記ヲ拜借シ、之ヲ書寫セルモノナリ、右手記ハ大臣自ラソノ表紙ニ書イテ居ラルル如ク「昭和十六年筆ヲ起シ十八年完了」セラレタルモノナルカ、『　』内ノ部分ハ終戰後極東軍事裁判ニヨリ明ニセラレタルトコロ等ヲモ參酌シ加筆セラレタルモノナリ

昭和二十三年八月

昭和十三年九月初旬ニ外務省外交顧問ニナツタ時防共協定强化問題ニツイテ日獨兩國間ニ非公式ナガラ或ル程度具体的ニ話合ガ初メラレテヰルコトヲ知ツタ

事務當局ノ說明ニヨルト同年五月初メ陸海外三省事務當局ニ於テハ日獨伊三國間政治的提携關係ノ强化ハ支那事變ノ迅速有利ナル處理上資スルトコロアルヘシトノ見地カラ各別ニ之レガ研究ヲ始メ其結果トシテ七月十九日ノ五相會議デハ「獨逸ニ對シテハ防共協定ノ精神ヲ擴充シテ之レヲ對蘇軍事同盟ニ導キ伊太利ニ對シテハ主トシテ對英牽制ニ利用シ得ル如ク祕密協定ヲ締結ス」

トノ方針ヲ決定シタ、ソコデ八月十二日ニ宇垣外務大臣カラ外務事務當局ノ立案ニ係ル日獨相互援助條約案要綱及日伊中立及協議條約案要綱ヲ五相會議ニ提出シタトコロ板垣陸軍大臣ハ獨逸側デハ日獨伊三國ヲ一本ノ條約デ結ブ案ヲ考慮シテ居ルトノ情報カ有ルカラ本件審議ハ之レヲ他日ニ讓リ度イト提議シ一先ツ審議ハ延期セラレタ

ソウシテ居ル内ニ八月二十五日ニ宇垣外務大臣ハ獨逸側カラ軍部ノ意嚮ヲ聞キニ來テ居ルト云フ案ヲ外務省ニ持ツテ來ラレ至急回答ノ要カ有ルカラ明日迄ニ之レニ對スル外務省ノ意見ヲ知リ度イトノコトデアツタ、其ノ獨逸側ノ案ナルモノハ(イ)締約國ガ第三國ト外交上ノ困難ヲ生シタ場合ニハ各締約國ハ執ルヘキ協同動作ニ關シ直チニ評議ヲ行フ(ロ)締約國ガ第三國ヨリ脅威ヲ受ケタ場合ニハ右脅威ヲ排除スルタメ他ノ締約國ハ凡ユル政治的且ツ外交的ノ支援ヲ行フ義務アルコト(ハ)締約國ガ第三國ヨリ攻撃ヲ受ケタル場合ニハ他ノ締約國ハ之レニ對シ武力援助ヲ行フ義務アルコトノ三ケ條ヨリ成ルモノテアル、外務事務當局ハ同日深更ニ至ルマテ研究審議ノ末獨逸側ノ案ニ對シテハ前文ヲ附シテ協定ガ防共協定ノ延長ニ過キサルコトヲ明カニスルコト及ビ本文ニツイテモ二三ケ處ノ修正ヲ施スニ於テハ差當リ軍部限リノ意見トシテ獨逸側ニ回答スルモ差支ナカルヘシトノ結論ニ到達シタ依テ宇垣外務大臣ハ外務省ノ意見ヲ持ツテ翌八月二十六日ノ五相會議ニ臨ミ右五相會議デハ審議ノ結果(イ)本件獨逸案ナルモノハ正式ノ外交經路ニヨツテ帝國政府ニ達シタモノテ無イカラ外務大臣トシテハ之レヲ單ナル情報ニ過ギザルモノトシテ聽キ置クコト(ロ)本件ハ速カニ在獨帝國大使ヲ通シ政府ノ正式交渉ニ移ス樣陸海軍側ニ於テ措置スルコト(ハ)本件提案ノ趣旨ニハ一定ノ條件附ナラハ陸海軍トシテノ同意ヲ内示シ差支ナキモ案文ノ作製、ニ當ツテハ愼重研究ノ上相當ノ變更ヲナスコトヲ要ス(ニ)本件協定ハ飽ク迄防共協定ノ延長ニシテ右趣旨ヲ逸脱スヘカラス等ノ諒解ノ下ニ獨逸側提案ニ對シ外務省側意見ニ基キタル或種ノ修正ヲ加ヘ五相會議決定トシテ之レヲ採擇シタ、ソウシテ此趣旨ハ宇垣外務大臣ヨリ内奏セラレ又出先陸海軍武官ニ對シテハ陸海軍次官ヨリ軍部ノ内意トシテ以上ノコトガ電報セラレタ筈デ又三十一日外務大臣カラモ東郷大使ニ電報セラレタ(堀内外務次官ガ宇垣外務大臣ヨリ聞キ得タルトコロ及十一月末ノ五相會議ニ於テ當時獨逸ヨリ歸朝シタル笠原少將ヨリ直接聽取シタルトコロ等ヲ綜合スルニ元來日獨伊三國同

盟ノ話ハ獨逸側ノ發意ニ基クモノデハナクシテ實ハ大島武官ヨリ「リッペントロップ」外相ニ最初申出テタモノトノコトデアル卽チ十三年一、二月ノ交伯林ニ於テ日獨防共協定强化ノ話ヲ大島「リッペントロップ」間ニシテ居タ際大島武官ノ方カラ三國同盟ノ考方（必ズシモ防共協定ノ延長ト云ヒ得ナイ）ヲ持出シタトコロガ「リッペン」ハ數日ノ猶予ヲ乞ヒ「ヒトラー」ニ相談ノ上ニテ大島ノ考方ニ同意ヲ表明シ其後其ノ考方ノ基礎ノ上ニ双方案ヲ練タル結果七月ニ入リテ獨逸側提案トシテ公ニ日本側ニ示サレタモノノ由デアル如此當初ハ獨逸側ノ案ト思ハレテ居タモノモ實ハ日本側ノ「イニシアチーブ」ニ基クモノデアツタノデアルガ大島ガ一武官トシテ單獨ニ如此重大ナル示唆ヲ獨逸側ニシタモノデアロウカソレトモ中央陸軍部ノ許可ヲ得或ハ其ノ指圖ニヨツテ爲サレタモノデアロウカ何レニシテモ此事ハ其後本件ヲ廻リテ幾多ノ紛糾ヲ生シタ其ノ不可解ノ事象ヲ解釋スルニツキ有力ナル材料ト云フベキデアロウ）八月二十六日ノ五相會議決定ガアツテカラ外務省當局ハ獨逸側カラ正式提案ノアツタ場合ニ處スルタメ日本政府案ノ作成ニ取リ掛リ略々成案ヲ得タノデ陸、海ノ事務當局ニ連絡シテ間モナク第一回ノ協議會ヲ開イタノデアツタガ軍部當局デハ外務省作成ノ案ハ重大ナ誤解ニ基イテ立案セラレタモノトナシ以來外務省側カラノ督促ニ拘ラズ協議會ヲ開コウトシナカツタ（重大ナ誤解トハ何？對象トシテ英佛ヲ含ムカ否カノ點ナラン）

以上ノ内或ル部分ハ自分ガ外交顧問就任後間モナク聞キ得タルトコロデアツタ、當時自分ハ大島武官ガ軍部ノ内意（八月二十六日ノ決定）ヲ聞クト同時ニ政府ノ訓令ヲ待タナイテ獨逸側ニ對シテ交渉ヲ開始スルヤウナコトハナカロウカト心配シタ、ソレニハ自分トシテ相當ノ理由モアツタ政府案ノ確定前ニ假令五相會議決定トハ云ヘ尙充分ノ推敲ヲ要スル未熟ナ案ニ基イテ交渉ヲ開始スルコトハ非常ナ誤解ノ基ヲ作リ後日取リ返シノツカヌコトトナツテハ大變ダト思ツタカラ同僚佐藤顧問ヲ通シテ宇垣外務大臣ニ進言シ陸軍大臣カラ大島武官ニ正式訓令アルマデ交渉ハ進メルナト云フコトヲ電報セシメヨウトシタ然シ結局陸軍大臣カラハ此點ニツイテハ何等電示セラレナカツタコトヲ後日ニ至ツテ承知シタノデアツタ

九月下旬外交顧問ヲ辭シタガ十月末ニ外務大臣ニ就任スルコトニナツタノデ予テ心配ニナツテ居タ本件其後ノ經過ヲ眞ツ

先キニ事務當局ニ聞イテ見タノテアツタソノ云フトコロニヨレバ外務側カラノ督促ニ拘ラス陸海軍側デハ依然トシテ政府案ノ審議ニ應ジナイトノコトデアツタ

當時自分ノ直感シタトコロデハ案ノ如ク重大ナル意見ノ相違カ誤解カガ本件ヲ廻リテ存在スルノデハナイカト云フコトデアツタソコデ宇垣前外務大臣（堀田大使ヲ使者トシテ）ノ諒解シテ居ルトコロヲ聞イテ見タトコロガ五相會議ノ決定ハ防共協定强化デアツテ蘇聯以外ノモノヲ對象トスルコトハ毛頭考ヘテ居ナカツタシ又其ノ主旨デ內奏モシテアルトノコトデアリ近衞總理、米內海軍、池田大藏ノ各大臣モ亦明白ニ蘇聯ヲ對象トスル防共ノ强化デアツテ英佛等ヲ對象トスルモノデハ決シテ無イトノコトデアツタ、只解ラヌノハ板垣陸軍大臣ガ如何ニ考ヘテ居ルカト云フコトデアツタガ自分ハ陸軍大臣ニ之レヲ確メル時期ト方法トニハ愼重ナ態度ヲ執ツタ

大島陸軍武官ハ十月下旬東鄕大使ニ代ツテ駐獨大使トナリ（大使更迭ノコトハ宇垣外務大臣當時決定發令セラレタノダ）十一月ニ入ルヤ同大使ヨリ獨逸側ノ非公式提案（條約文ノ形式ノモノ）ヲ取次イデ來タノデアツタガ十一月十一日ノ五相會議ニ於テ板垣陸相ヨリ獨逸側提案ニ對シ速カニ日本政府案ヲ決定シタイト云フコトヲ提議シタ（陸海軍殊ニ陸軍側ガ本件政府案ヲ早目ニ審議セントシタ外務省ノ申出ヲ拒否シテ居タノハ根本的ノ誤解ノ存在ト云フコトカラデモ有ツタデアロウガ邪推ヲスレバ當時政府ノ空氣必ズシモ陸軍側ニ有利ナラザルモノガ有ツタニ顧ミ陸軍側ノ頤使ニ甘ンズル大島武官ヲ大使ニ昇任セシメ其ノ手デ交涉セシムルニ如カズト考ヘ大使更迭ノ計畫ガ實現セラルノヲ待ツタメデアツタトモ見ラレヌコトハナイ大島大使ノ任命ハ宇垣大臣ノ時デアルガ此ノ人事ガ如何ニ三國同盟問題ヲ紛糾セシメタルコトカ）ソコデ自分ハ此ノ機會ニ於テ予テ疑問トシテ居タ陸軍大臣ノ本件ニ對スル根本ノ態度ヲ確メ置カンモノト思ヒ「日本政府案ヲ速カニ審議決定スルコトノ必要ハ外務省トシテ夙ニ之レヲ認メテ居ルノデ八月二十六日ノ五相會議以後屢々陸海軍事務當局ニ集會ヲ求メタケレドモ只一同ノ會合ガ有ツタノミデ其後ハ陸海軍ノ方デ會合ニ應ゼズシテ今日ニ至ツテ居ルノデアルカラ陸軍大臣ノ提案ニハ自分トシテ固ヨリ何等異議ナシ只自分ノ就任後五相會議デ本問題ガ論議セラルルノハ初メテデアルカラ將來

ノ誤解ヲ防グタメ問題トナツテ居ル協定ノ性質ニツイテ明確ニシテ置キタイト思フ自分ノ宇垣外務大臣等ヨリ聞イテ居ルトコロデハ本協定ハ防共協定ノ强化デアリ蘇聯ヲ對象トスルガ英佛等ヲ對象トスルモノデナイトノコトデアルガ左様諒解シテ差支ナキヤ」ト述ベタトコロガ池田、米内ノ兩大臣ハ卽座ニ其ノ通リ間違ヒナシト答ヘ近衞總理モ亦自分モ其ノ通リ諒解シ居レリトノコトデアツタ、ソコデ自分ハ尙ホ默ツテ居タ板垣陸軍大臣ニ對シ其ノ所見ヲ求メタトコロガ自分モ其ノ通リト諒解シテ居ルガ例ヘバ佛蘭西ガ赤化シタ様ノ場合ニハ此ノ協定ノ對象トナルモノナラントノコトナリシニツキ自分ヲ初メ其他ノ各大臣ヨリ其レハ其ノ通リナリト答ヘタ

此會議ニ於テハ結局八月二十六日五相會議デ決定シタ「本件協定ハ飽ク迄防共協定ノ延長ニシテ右趣旨ヲ逸脫スヘカラス」トノ諒解ヲ再確認シ本協定ハ蘇聯ニ對スルヲ主トシ英佛等ノミニテハ對象トナルモノニ非ズトノ趣旨ヲ明確ニシタノデアツタ

自分ガ予ネテ非常ニ危惧シテ居タ本件協定ノ性質ニツイテハ此ノ日ノ會議ノ結果トシテ五相トモ同一ノ意見デアルコトヲ發見スルト同時ニ八月二十六日五相會議ノ諒解ヲ再確認スルコトニナツタノデ非常ニ安心ヲシタ、ソコデ右ノ次第ヲ速カニ出先キニ知ラセテ置クコトガ何ヨリモ必要デアルト考ヘテ外務省ヘ歸ルヤ否ヤ在獨伊大使ニ打電方ヲ命シタノテアツタ

宇垣外務大臣ノ時駐伊大使ヲ更迭シテ新ニ白鳥ヲ派遣スルコトニ決定シ九月二十二日任命ヲ濟シテ居タガ同大使ハ十一月二十二日出發赴任シタ

然ルニ右ノ電報ヲ接受シタ大島大使カラ電報デ以ツテ十一日ノ五相會議ノ決定中英佛等ノミデハ對象トナルモノニアラストノ點ハ同大使ガ武官時代陸軍ヨリ接受セル累次ノ電報ト相違スルコト大ナル様認メラルルガ斯ノ如キ主要國策ガ僅カ二三ケ月デ變更サレルトハ全ク諒解スルコトガ出來ヌトテ反對意見ヲ上申シテ來タノデ外務省デハ「本件ニ關スル國策ハ終始一貫防共ニ限定セラレ居リ何等變更セラレタルニアラス曩ニ訓令シタル案ニテモ英佛等ニ對シ大ナル睨ミヲ利カシ有效ナル政治的效果ヲ收メウベシ」トノ趣旨ノ回電案ヲ起草シ之レヲ十二月初旬ノ五相會議ニ附議シタトコロガ板垣陸軍大臣

ハ一「八月二十六日ノ五相會議ノ決定ハ蘇聯ヲ主トスルモ從トシテハ英佛ヲモ對象トスル主旨デアッテ蘇聯以外ニ對スルモノヲ除外スルモノデハナイ十一月十一日ノ五相會議ノ決定モ其ノ主旨ダ」ト主張シタノデ陸軍大臣以外ノ各大臣ハ事ノ意外ニ驚キツツモ交々陸軍大臣ノ主張ノ誤リナルコトヲ強ク主張シタ然シ陸軍大臣ハ其ノ所説ヲ繰リ返スノミデ一向要領ヲ得ナカツタノデ困惑セル空氣ノ下ニ當日ノ五相會議ヲ閉ヂタノデアツタ、自分ノ予ネ〻心配シテ居タ事ガ俄然表面化スルニ至ツタノデアル

一体ドウ云フ譯デ如此場面ガ展開スルニ至ツタノデアロウカト云フニ自分ノ想像スルトコロデハ

(イ)陸軍デハ少クトモ十三年ノ春頃カラ防共協定強化問題ニツキ大島武官ヲシテ獨逸側ニ接觸セシメテ居タトコロガ獨逸側カラハ同盟ノ對象ヲ蘇聯ニ限ラス英佛ヲモ含メヤウトノ對案ヲ出シテ來テ出先テハ獨逸側ノ對案ヲ容レテ話ヲ進メテ來テ居タト想像サレルコト卽チ出先テハ獨逸側ト大島武官トノ間ニハ政府內部ニ於ケル話合ニ先チ又政府內部テ話合ガ初マツテカラモ其ノ話合トハ別ニ英佛蘇ヲ對象トシタ同盟ト云フ話ガ勿論非公式デハアルガダンダン進ンデ居タト想像サレル

(ロ)所謂獨逸側ノ提案ガ日本ニ傳達セラレタ頃(八月ダッタト云フ)陸軍大臣ハ一夕星岡茶寮ニ於テ海軍大臣ニ對シ陸軍側ノ意見ニ贊成シテ獨逸側ノ提案ニ同意ヲ表センコトヲ求メ(海軍大臣ハ當時明白ニ其ノ考方ノ適當ナラサルコトヲ切言シタリト云フ)タ程デアル

(欄外記入)
(ニ)八月二十六日ノ五相會議ニテハ防共協定ノ延長ニ外ナラサルコトガ明カニセラレテ決議トナリタルモノナルモ此決議ノ主旨ガ明白ニ下僚ニ傳ヘラレザリシ形跡アルコト(尤モ決議及案文自体ニモ後ニナッテ見レハ異ツタ解釋ヲナサシムル余地ガ存シテ居ツタ様デモアル)

(ホ)會議ノ決定ヲ出先ニ電報シタル陸海軍次官ノ電報ノ書方ニモ多少不明瞭ト云ヘハ云ヒウル點アリタルコト

(ヘ)八月初旬獨逸側提案ヲ笠原補佐官ガ持ツテ歸朝シタル際逸早ク宇垣外務大臣(姻戚關係アリトカ)ニ報告シタルニ同大臣

ハ獨逸側案ニ異議ノ無イヤウナ口吻ヲ洩シタト云フ事實モアリテ笠原武官ガ再ビ獨逸ニ歸任シタル節、日本政府ニハ異議無キ旨ヲ大島武官ニ報告シタリトノコト

ソレハ兎ニ角板垣陸軍大臣ガ十一月十一日ノ五相會議デ確認シタル方針ニ異議ヲ申立テタル結果竝ニ五相會議決定ト異ツタ意味デ大島大使ガ獨逸側ニ説明シテ居ルコトガ判明スルニ連レ政府ノ一旦決定シタ方針ヲ陸軍側意見ノ如ク變更スルカソレトモ陸軍側ヲ説得シ出先大使ヲシテ獨逸側ニ對シ其ノ説明ヲ訂正セシムルカノ何レカヲ選バザルヲ得ナイコトニナツタ、ソコデ五相會議ハ開催困難ノ狀態ニ陷リ政局不安ヲサヘ招來スルヤウニナツタガ結局此ノ同電案ハ年内ニハ決定セラレズニ新年ニ持チ越サレタガ此頃獨逸ヨリハ非公式デハアルガ三國同盟條約案文ヲ日本側ニ傳ヘテ來タ、ソレハ政府ガ曩ニ大島武官等ニ電報シタトコロヲ土臺トシタモノデハ有ルガ其レ以外ノ點デ主要ナコトハ單獨不媾和ヲ條文中ニ加フルコト、期限ヲ十年トスルコト、外務大臣會議ヲ常設スルコト、宣傳ノ爲メノ委員會ヲ設クコト等テアル當時外務省トシテ獨逸案ニ俄カニ贊同シ兼ヌルト思ツタ點ハ單獨不媾和ノコトヲ條文ニ挿入スルコト、期限ヲ十年トスルコト、外務大臣會議ヲ常設スルコト等デアルガ最モ難點トシタノハ本協約ノ對象デ日本デハ蘇聯ニ限ラントシテ居ルニ反シ獨逸側デハ蘇聯ノ外英佛等ヲモ之レニ含マシムルコトニ諒解シテ此ニ案文ヲ作成シテ居ルト思ハルル點デアツタノデアル

如此狀勢ノ下ニ近衞内閣ハ遂ニ一月三日ヲ以テ總辭職シ平沼内閣ノ成立ヲ見ルニ至リ自分ハ陸海軍大臣ト共ニ留任スルコトトナツタノデアル『近衞公ハソノ辭職ノ弁ニ於テ「今ヤ事變ハ新段階ニ入リ東洋永遠ノ平和ヲ確保スベキ新秩序ノ建設ニ向ツテ主力ヲ注グベキ時機ニ到達シマシタ惟フニ此ノ新ナル事態ニ處スル爲メニハ新タナル内閣ノ下ニ新ナル庶政ノ構想工夫ヲ運ラシ以テ民心ノ一新ヲ圖ルコトノ必要ナルヲ確信スルモノデアリマス然モ事變ニ處スベキ帝國不動ノ方針ハ嚮キニ畏クモ聖斷ヲ仰イデ確立セラレテ居ルノデアリマス云々」ト云ツテ居ル然シ支那事變ノ責任ヲ痛感シテヰル筈ノ近衞公トシテハ事變ニ處(ス欠カ)ベキ帝國不動ノ方針ガ確立セラレ汪兆銘トノ和平ノ話ガ進ンデヰタアノ際辭職ナドトハ以ツテノ外ノコトデ一段ノ勇氣ヲ振ヒ起シ身ヲ挺シテ事變ノ解決ニ當ルベキデアツタノデアル近衞公辭職ノ弁ハ全ク詭弁デ辭職ノ眞ノ

原因ハ陸軍ノ三國同盟主張ニ恐レヲナシタモノトイハネバナラナイ』

一月二（四カ）日平沼氏ニ組閣ノ大命下ルヤ同夜十二時平沼男ハ組閣本部ニ自分ノ來訪ヲ求メ其ノ留任ヲ求メラレタ其ノ際自分ヨリ所謂防共協定强化問題ナル困難ナ問題ノ存在ヲ告ゲ之レニ關スル同男ノ意見ヲ求メタルニ同男ハ「此際トシテハ對象ハ之レヲ蘇聯ニ限ルベキモノニシテ英佛ヲ對象トスルガ如キハ適當ナリト思考セズ自分ハ(平沼男)此方針ノ下ニ善處シ若シ其考通リニ行カヌコトアリトスレバ其ノ時ハ共ニ辭職スルヨリ外ナカルベシ」トテ自分ノ協力ヲ求メラレタ依テ自分トシテハ平沼男ノ決心如此シトスレバ留任シテ國家ノ爲メ最善ヲ盡スベキモノナリト信ジ留任快諾ヲ返答シタノデアツタ、獨逸側ハ十四年一月初旬ニ至リ三國同盟案文ヲ正式ニ提議シテ來タ

如此狀況ニ立至ツタノデ本件ヲ如何ニ措置スヘキカハ自分トシテ一方ナラズ苦慮スルトコロデアツタ、陸軍側同盟意見ノ中心ガ陸軍省參謀本部ノ中堅層ニアルコトハ疑無イトコロデアルノデ直接之等ト面談シテ自分ノ意見モ述ヘ彼等ノ意見モ充分聽取シ其間何等カノ打開策ヲ發見シヨウトシタ、ソコデ一月十一、十三、十四ノ三夜ニ日一（亘カ）リ陸軍省ノ影佐軍務課長、岩畔軍事課員、參謀本部ノ稻田作戰課長、辰巳歐米課長ヲ官邸ニ招キ忌憚ナキ意見ノ交換ヲ行ツタ、自分ノ强化問題ニ對スル意見ハドウカト云ヘバ現在ノ日本トシテハ蘇聯對象以外ノ軍事同盟ハ不可、少クトモ時機尙早デ殊ニ五相會議ニ於テモ其ノ主旨デ方針ガ決定セラレテ居ル以上之レヲ變更シテ對英佛ノ同盟ニマデ持ツテ行クコトハ極力之レヲ避クヘキモノトノ意見テアツタガ不幸ニシテ行違ガ起リ其ノ結果獨逸側ニハ日本デモ蘇聯以外英佛ヲ對象ニ加ヘタル同盟ニ贊成デアルトノ印象ヲ與ヘ居リ而モ當時ノ國內狀勢上全然之レヲ無視スルコトハ非常ニ困難デアルノニ顧ミ政府從來ノ方針ニ多少ノ變更ヲ加フルコトハ誠ニ余義ナイトコロデアルト考ヘタ意見交換ノ結果(イ)對象ノ內ニ英佛ヲ加フルコトハ已ムヲ得サルモ英佛對象ノ場合締約國ニ與フル援助ハ政治的經濟的援助ニ限リ武力的援助ヲ與フルヤ否ヤハ其時ノ狀況ニヨルコトトスルト云フ風ニスレバ陸軍側ヲモ納得セシメ得ル如ク感知シタノデ已ムヲ得ザレバ右ノ如キ妥協案ヲ提出スルト同時ニ只右ニヨリ外交上蒙ルコトアルヘキ不利益ヲ出來得ル限リ少クスル意味ニ於テ(ロ)外部ニ對シテハ本協定ハ飽迄防共協定ノ延長ナリ

ト説明スル様主張スルコトニ肚ヲ決メタ依ツテ一月十九日ノ五相會議ニ於テ陸軍大臣ヨリノ提案ニ對シテハ海軍大臣等ト共ニ之レニ反對シ意見對立シテ打開ノ途ニ窮シタル頃合ヒヲ見計ヒ前記(イ)(ロ)ヲ祕密了解事項トシテ之レニ附加スルニ於テハ此場合自分トシテハ反對ヲ固執セザルヘキ旨ヲ述ヘタルニ各大臣トモ之レニ贊成シタノデアル卽チ當日ノ五相會議デ決定セラレタコトハ(イ)蘇聯ヲ主タル對象トスルモ狀況ニヨリ英佛等ヲモ對象トスルコトアルヘシ(ロ)武力援助ハ蘇聯ガ對象ノ時ハ之レヲ行フコト勿論ナルモ英佛等對象ノ時ハ之レヲ行フヤ否ヤ其程度ハ一ニ狀況ニ依ル(ハ)外部ニ對シテハ防共協定ノ延長ナリト説明スルコト(ニ)而シテ(ロ)(ハ)ハ之レヲ祕密諒解事項トシテ協定ニ附屬セシムルコトト云フコトニナツタノデアル

五相會議ニ於テ自分ノ提案ガ容レラレルト同時ニ自分ヨリ政府ノ方針ニ變更ヲ加ヘタルハ實ニ已ムヲ得ザル事情ニ基クモノデ獨逸側ニ於テ如何ニ之レ以上ノ讓歩ヲ求メ來ルコトアリトモ普通ノ場合ト異リ之レ以上ノ變更ガ許サレザル國內事情アル次第ナルガ此邊ノ事情ハ出先大使ニ對シ電報等デハ到底徹底セシメ難イカラ特使ヲ派シテ親シク之レヲ説明諒解セシムルコトノ絕對必要ナルコトヲ述ヘ之レ亦各大臣ノ贊成ヲ得タ、特使トシテハ外務ヨリ伊藤述史公使陸軍ヨリ辰巳大佐海軍ヨリ阿部少將ヲ派遣スルコトトナリ一行ハ一月下旬東京ヲ出發二月下旬伯林ニ到着シテ訓令ヲ手交スルト同時ニ政府ノ意嚮等詳細ニ之レヲ傳ヘタノデアルガ兩大使ハ三月四日連名デ訓令附屬ノ條約案文中祕密了解事項ヲ削除セザル限リ獨伊側ハ到底受諾ハセズ右訓令ヲ取次グコトハ何分ニモ良心ノ許サナイトコロデアルトシテ政府ノ再考ヲ求メテ來タ

外務省デハ兩大使ノ申出ハ今更再考ノ余地ハ無イカラ其ノ主張ニ對シ逐條的ニ説明ヲ加ヘ今次訓令ハ諸般ノ事情ヨリ之レヲ改變スルコトハ絕對不可能ナル計リデ無ク右案ニテモ獨伊側ヲシテ受諾セシメウルモノト考フル次第ヲ縷述シテ訓令執行方ヲ申送ルヘシトノ意見デアツタノデ其ノ趣旨ノ訓令案ヲ三月十三日ノ五相會議ニ掛ケタノデアツタ然ルニ陸海兩大臣ハ一月十九日ノ決定方針ハ之レヲ動カシエザルノミナラズ已ニ右ノ方針ニヨツテ交渉スヘキ旨訓令シテアルノデアルカラ兎ニ角一應先方ニ交渉スルコトハ絕對ニ必要デアルケレドモ兩大使ノ申出モアルコトデアルカラ獨伊側ニ於テ我方提案ニ應ゼザル場合ノ妥協案ヲモ此際考慮シテ併セテ訓令シテヤルコト然ルヘシトノ意見ヲ述ヘタ、之レニ對シ自分ハ一月十九

日ノ決定ハ其當時五相會議ニ於テモ之レヲ述ヘ伊藤公使携行ノ訓令中ニモ詳述シテアル通リ特種ノ狀況ノ下ニ作成セラレタモノデアルカラ妥協案ト云フ樣ナモノヲ考ヘル余地ナク何等カ別ニ案ヲ考ヘルトスレバ其レハ一月十九日ノ決定ヲ變更スルニ外ナラヌト云フコトヲ述ヘ當初ノ如ク我方針ニテ押シテ行ク樣兩大使ニ訓令スルコト外ナシト主張シタルガ兩大臣ハ已定方針ハ輕輕シク之レヲ變更スルコトヲエナイガ先方ノ希望ニモ副フ樣何等カ技術的變更ハ之レヲ加ヘル途ナキコトモアラザルヘシトシテ妥協案作製ヲ主張シテ已マナイ然シ自分ハ一月十九日決定方針ヲ變更スル結果トナラナイ樣ニ技術的ニ之レヲイヂルト云フガ如キコトハ出來ナイト信ズル旨ヲ繰リ返ヘシ種々論爭シタガ結局總理ヨリ兎モ角關係大臣ニ於テ妥協案ヲ考ヘ次回會議ニ之レヲ持寄リ研究スルコトトスヘシト提言シテ一先散會シタ(退讓空氣)

陸軍側デハ兩大使ノ意見ヲ丸呑ミニシ祕密諒解事項全部ヲ引込メルヘシトノ意見デアリ海軍側デハ祕密諒解事項第一ハ之ヲ削除シ其ノ目的ヲバ細目協定ノ際ニ達成スルコトトシ又祕密諒解事項第二ハ之レヲ緩和シ日本デハ「コミテルン」ヲ對象トスル如ク說明スルモ獨伊ニハ各自國ニ都合良ク說明スルノ自由ヲ與ヘントスルノ妥協案ヲ考ヘテ居タモノノ如ク外務、陸海軍事務當局ノ間ニハ妥協案ヲ繞ツテ種々ノ折衝ガ重ネラレタ

三月四日兩大使請訓以來ノ動キヲ觀察スルト陸軍デハ三國同盟案ガ一月十九日ノ五相會議決定ニヨリテ變更ヲ余儀ナクセラレテ不滿ヲ感ジテ居タトコロヘ兩大使カラ强硬ナル反對意見(此ノ反對意見ハ東京ノ空氣、氣持ガ出先ニ通ゼラレ出先ノ意見トシテ東京ニ舞ヒ戻ツタトモ邪推スレバ出來ヌコトモナイ)ガ上申サレテ來タノデ此機會ニ出來ウレバ一月十九日ノ決定ヲ飜ヘシテ之レヲ其ノ以前ノ狀態ニ還元セント企テテ居タト思ハレル又海軍デハ上層ノ意見ニ係ラズ課長以下ノトコロニハ程度コソ異レ陸軍側ト感ジヲ同ジクシテ居ル向モアツタ樣デ外務省側ノ主張ハ中々ニ受ケ入レラレナイ狀況ニアツタト云ヘル

コウ云フ狀勢ノ下ニ五相會議ハ三月二十二日午后八時カラ開催セラレ翌朝午前零時半迄繼續セラレ陸海軍大臣ヨリ提出サレタ妥協案ニツイテ種々論議ガ戰ハサレタ自分ハ如此妥協案ガ何レモ決定方針ヲ多カレ少カレ變更スルノ結果トナルモノ

ダト云ツテ力争シタケレドモ容レラレズ遂ニ「先般ノ訓令ヲ執行シテ獨伊ガ之レニ納得セザリシ場合」ニ於テ提出スル妥協案トシテ祕密了解事項第一及第二ニツイテソレゾレ(A)(B)案ヲ採用シタ

了解事項第一ニツキ

(A)ハ外務省案ニテ伊太利ノ參戰義務免除ヲ祕密諒解事項ニ附スル案

(B)ハ陸軍案デ了解事項第一ヲ削除シ其ノ代リニ武力援助ノ義務ハ認メルガ現在及近キ將來ニ於テハ有效ニ實施シエサルコトヲ明カニスル案

了解事項第二ニツキ

(A)了解事項第二ヲ削除シ其ノ代リ協定全部ヲ祕密トスル案

(B)海軍案デ了解事項第二ヲ「條約ハ條約文通リナルモ現在ノ世界情勢ニ於テ帝國ニ實際脅威ヲ與ヘツツアルモノハ共產「インターナショナル」ノ破壞工作ナルヲ以テ帝國ノ關スル限リ右以外ハ協定ノ對象トシテ念頭ニ置キ居ラズ」ト改メムトスル案

(止ムヲ得ザル事情ニ出タモノダトハ云ヘ右妥協案ハ內容的ニモ實ニ馬鹿々々シイモノデアルバカリデ無ク如此妥協案ヲ容レタコトハ軍部殊ニ陸軍ニ引キズラレル第一歩トナツタノデアル)

兩大使ハ右妥協案ノ訓令ヲ以テ政府カ特使携行ノ方針ニ根本的變改ヲ加ヘタルモノトシ又何ハ措キテモ條約ノ成立ヲ絶對必要トシ之レカ爲メニハ難キヲ忍ビ種々讓歩ヲモ辭セザルノ趣旨ナリト解シ折衝ノ順序及方法ハ出先ニ一任アリタシト電請スルト同時ニ直チニ自己ノ順序方法ニヨツテ交渉ヲ開始シタ卽チ兩大使ハ祕密了解事項ノ存在ヲ明示セズ之等了解事項ヲ除キタル我方條約案文ヲ獨伊側ニ提示シ白鳥大使ハ四月二日「チアノ」外相ノ「本條約ヲ作ルニ當リ日本政府ニ於テ心理留保ヲ有セラルルヤ卽チ萬一歐洲ニ戰爭勃發ノ場合日本ハ獨伊ノ側ニ立チテ戰爭ニ參加スルノ決意アリヤ」トノ質問ニ對シ政府ノ新訓令ヲ熟讀玩味シタル結果責任ヲ以テ判然答フヘシトテ「獨伊ガ英佛ト戰爭スル場合日本ハ此條約ノ條項ニ

基キテ獨伊側ニ立チテ戰爭ニ參加スルコト勿論ナリ」ト言明シ又大島大使ハ同三日「リッペントロップ」外相ノ日本案ハ「締約國ニ對シ第三國ノ攻擊アリタル場合他ノ締約國ハ參戰ノ義務ヲ負フモノナリト了解セルガ其ノ通リナリヤ」トノ質問ニ對シ「兵力援助ノ範圍方法ハ場合ニヨリ異ルコト勿論ナルモ參戰ノ義務ニ關シテハ貴見ノ通リ」ナリト言明シタ卽ハチ兩大使ハ本省ノ訓令ヲ勝手ニ曲解シ其ノ執行ヲ獨斷專行シタノデアル

獨逸側デハ一月初旬獨逸側案ヲ正式提出シタコトハ既記ノ通リデアルノミナラズ四月初旬我方案ヲ提示スルヤ(兩大使ハ祕密諒解事項ヲ先方ニ陰蔽シ居リタル故獨逸側デハ當初ハ條文ノミダト諒解シテ居タ)右ニ對シ種々ノ意見ヲ提出シテ居タノデアルガ其後祕密了解ノ存在ヲ知ルニ及ンデ其ノ態度ヲ一變シ自己ノ提出シ居リタル案ヲ撤回スルノミナラズ日本側案ニ對スル種々ノ意見モ之レヲ引キ込メ「ヒトラー」總統ノ裁斷ト云フコトデ我方條約案文ヲ大体ニ於テ鵜呑ミトシ伊側モ獨側ト打合セノ結果日本案ヲ受諾スル旨四月四日兩大使ニ正式回答シテ來タ、ソウシテ兩大使カラハ獨伊側ノ如此態度ニ顧ミテ祕密了解事項ヲ「ドロップ」シ直チニ條約ノ成立ヲ計ルベキデアルト進言シテ來タ(日本側ノ出先ト獨逸側トノ相談ニ基ク東京ヘノ攻勢ト見ル者ガ有ッテモ致方無イヤウナ狀況)

外務省トシテハ了解事項ナシノ條約成立ハ政府ノ方針ニ反スルモノニシテ到底容認シ難シトナスト同時ニ兩大使ノ獨伊側ニ對スル參戰云々ノ言明ハ明カニ政府訓令ノ範圍ヲ逸脫スルモノデアルトナシ此點ヲ是正スル樣兩大使ニ訓令方ヲ主張シタノデアルガ陸軍側ハ右ハ兩大使ヲシテ憤激セシムルモノデアルシ又兩大使ノ云ヒ過ギナルコト勿論ナルモ一旦帝國ヲ代表スル大使トシテ言明ヲナシタル以上政府トシテハ之レガ尻拭ヒヲシテヤラナケレバナラズト主張シ海軍事務當局モ大体之レヲ支持シ三省間ノ話合容易ニ纏ラズ如此シテ四月八日五相會議ヲ開クニ至ッタノデアルガ種々論議ノ末參戰ノ意義ヲ當方限リ極メテ廣義ニ解シ兩大使ノ言明ヲ間接ニ取消ス趣旨ノ回電案(此考方ハ陸軍側ノ提案)採擇サレ同日之レヲ發電シタノデアル

(大使ノ訓令違反ヲ戒飾(飭カ)スルコトモ出來ナイヤウナコトハ實ニ慨歎ニ堪ヘナイトコロデ我レ乍ラ不甲斐ナサヲ痛感スル

電訓令中ニアル參戰ノ意義ニ至ツテハ窮シタリト云フベシデアル)
右訓令ハ「帝國ノ重キヲ置ク所ハ祕密了解事項ニ掲ゲタル二點ニシテ殊ニ武力援助ニ付テハ蘇聯ヲ相手トスル場合相互ニ全幅的援助ヲナスコトハ勿論ナルモ其ノ他ノ第三國ヲ對象トスル場合ニ於テハ條約文ノ趣旨ハ武力援助ヲ行フヲ原則トスルモ帝國諸般ノ情勢ヨリ見テ現在及近キ將來有效ニ之ヲ實施スルコトヲ得ズ(獨伊側ガ希望ヲ表明セル東洋ニ於ケル英佛ノ兵力ノ處分ノ如キ現在及近キ將來之ヲ實行シ得ザル實情ナリ)トノ點ニ關シ獨伊側ニ誤解ヲ抱カシメ後日我方ガ兩國ヲ欺キタルガ如キ結果トナルコトヲ未然ニ避ケントスルモノナレバ是非右ノ點ヲ先方ニ徹底セシメ之ヲ何等カノ文書トシ置カントスルニアリ然レドモ兩大使ニ於テ參戰云々ヲ言明セル以上其ノ意義ニ付誤解ナカラシメ置クコト必要ナリ就テハ帝國ハ參戰トハ協定第二條ノ「支持」及第三條ノ「助力及援助」ヲナスコトヲ意味シ且第三條ノ「助力及援助」ノ內武力援助ニ關シテハ現在及近キ將來ニ於テハ有效ニ之ヲ實施スル能ハザル程度ノモノト解シ居ルコト(而シテ將來戰爭發生ノ形態ヲ併セ考フルトキハ宣戰ヲ布告スル場合モアリ又當時ノ情況ニ應ズル如キ宣言乃至聲明ヲ行フニ止ムルヲ可トスル場合モアリ又何等ノ意思表示ヲ行ハス事實上援助ヲ與フルコトモアリ得ベシ)ヲ先方ニ對シ明カナラシメ置クベシ」ト電示シタモノデアル

四月八日ノ訓電ニ對シ兩大使トモ種々ノ論法ヲ以テ其ノ立場ヲ擁護スルト同時ニ獨伊側ノ希望ヲ容レテ速カニ協定ヲ成立セシメラレンコトヲ進言シ「今ヤ本交渉ハ最後ノ段階ニ達シ協定ノ締結ヲ斷念スルカ又ハ我方ノ留保事項ヲ撤回スルカノ裁斷ヲナスベキ時期ニ到達セリ」トシテ極言シテ來タ

自分ハ獨伊ニシテ我方案ニ應ゼザルニ於テハ不本意乍ラ本件交渉ヲ打切ルコトモ亦已ムヲ得ナイト思考シ此ノ趣旨ノ電報發出方ヲ四月十四日ノ五相會議ニ提案シタガ陸軍大臣ハ右ノ如キ電報ノ發出ニ强硬ニ反對シ而カモ何トカ打開ノ策ナキヤト當惑ノ色ヲ示シタノデアツタ抑モ大島大使ハ武官時代カラ獨逸側トハ本問題ニツイテハ拔キ差シナラヌ關係ニアツタト想像サレルノミナラズ元來三國同盟主唱者デアルシ白鳥大使ハ獨伊何レノ側トモ別ニ因緣ハツイテ居ナカツタガ矢張リ三

國同盟論者デアツタノデ本國政府ノ意嚮ヲ無視シ同盟締結ノ方ニ政府ヲ引キズロウト云フ考デアツタコトハ明瞭デアツタ。

加之兩大使トモ當時軍部殊ニ陸軍ノ意嚮ガ三國同盟締結ニ熱心デアツタノデ陸軍ト相呼應シテ先引キテ政府ヲ引キズリ陸軍ハ後カラ政府ノ臂《(臀カ)》ヲ押スト云フコトデ本問題ノ推進ヲ計ツタコトハ略々明瞭デアツタ從ツテ武力援助ヲ與フルコトヲ躊躇スル理由ヤ留保ヲ必要トシタ事情等ニツイテハ政府カラ如何ニ訓令シヤウト充分ニ之レヲ獨伊側ニ傳フルコトヲ敢テシナカツタト想像サレタノデアル如此狀況デハ政府ガ如何ニ獨逸側ノ諒解ヲ求メヤウトシテモ獨逸側ニ於テ諒解スル譯ガ無イノデアル從ツテ政府ノ意嚮ヲ相手ニ充分傳ヘルコトノ出來ナイヤウナ交渉者ハ之レヲ交迭スルヨリ外ハ無イ譯デアルガ當時ノ國內事情ハ之ヲ交迭スルヲ許サナカツタカラ自分ハ斯ル交渉者ノ頭ノ上ヲ飛ビ越ヘテ總理カラ總理ヘ直接呼ビ掛ケテ見ルヨリ仕方ガ無イト考ヘテ居タノデアル

ソコデ自分ハ四月二十一日ノ五相會議ニ於テ事茲ニ至レバ最後ノ手段トシテ平沼總理カラ「ヒトラー」總統及「ムソリーニ」首相ニ直接電報ヲ發シ日本側ノ考方ヲ素直ニ且ツ詳細ニ述ブルト共ニ遺憾乍ラ之レ以上妥協ノ余地ナキ事情ヲモ附言シテ兩者ノ政治的考慮ヲ促シ自分カラモ「オツト」大使ニ詳細説明シテ其ノ反響ヲ見ルヨリ外ナカルベシト提言シタノデアツタ(本件ニツイテハ混雜ヲ避クルタメ伯林「ローマ」ニ於ケル交渉以外東京ニテハ故サト「オツト」大使トハ接觸スルコトヲ避ケテ居タノデアル)總理ヲ始メ陸、海、藏各大臣何レモ名案ナキニ苦シミ居リタル際トテ擧ツテ之レニ贊意ヲ表シタノデ二十三日ノ會議ニ案文ヲ提示シタノデアツタ、然ルニ意外ニモ是ニ贊意ヲ表シタ總理モ乘氣ヲ示サズ陸軍大臣亦今一應大島大使ヲシテ努力セシメテ見タイトテ同夜ノ同意ヲ撤回シタノデ(陸軍ノ一部ノ反對意見ノタメ急ニ態度ノ變更ヲ見タモノト想像セラ『レテキタガ原田日記ニヨルト木戸ハ首相カ「ヒトラー」ニ呼ビ掛ケテ直接折衝スルヨリモ大島ニヤラシテモラキタイトイフ主旨ノコトヲ首相ニ述ベタトアル木戸之ヲ記憶ナシト否定シテキルガ木戸ノ此ノ意思表示ハ恐ラク陸軍ノ意嚮ヲ反映シテ居ルモノト推察セラレ』ル)「ヒトラー」、「ムソリーニ」宛電報案ハ之レヲ見合ハセ結局前回ノ電訓ヲ其ノ儘繰リ返ヘシタルニ過ギザル訓令ヲ發出スルコトニナツタ(如此事ノ無駄ナコトハ明瞭ナルニ拘ラズ其ノ

無駄ヲ知リツツ無駄ナ事ヲシナケレバナラナカツタトコロニ當時ノ特殊事情ガ存在シタノデアツタ）

右訓電ヲ接受セル兩大使ハ案ノ如ク之レヲ執行シヤウトシナイ許リデナク却ツテ主要國策ノ遂行ニ關シ蹉跌ヲ來シタト云フコトヲ理由トシテ召還ヲ要求シテ來タ

之レヲ見タ陸軍側デハ又モヤ我方ノ留保事項ノ全面的削除ヲ主張シ出シタ（兩大使ハ自分等ノ召還要求ガ陸軍側ニ如此キ反響ヲ呼ビ起スベキコトヲ余《（予カ）》期シ確信シテ要求シテ來タノデ無イト何人カ云ヒウルデアロウ、如此コトハ本件交渉ニ於テ常ニ繰リ返ヘサレタトコロデアル）ソコデ四月二十五日、二十七日、二十八日ト連續シテ五相會議ヲ開催シテ留保事項ノ全面的削除ノ問題ヲ議題トシテ論議ヲ盡シタガ議論ハ遂ニ一致シナカツタ

其間平沼總理ハ自分提案ノ趣意トハ異ナリタル意味ヲ以テ「ヒトラー」「ムソリーニ」兩氏ニ直接電報ヲ發スルコトヲ考察シ（自分ノ考ハ交渉者ニ信ヲ置ケナイカラ重複ヲ厭ハズ今迄ノ交渉ノ經緯其他ヲ一切打チ明ケテ日本ノ考方ヲ兩巨頭ニ直接披瀝シテ其ノ最后的ノ考慮ヲ求メントスルモノデアツタカ平沼總理ノ案ハ政府ノ決心ヲ傳ヘテ兩大使ノ交渉ヲ支援セントシタモノデアル、總理ノ考ノ如キ電報ヲ出シテ見タトコロデ何等ノ效果モ期待出來無イコトハ兩大使ニ政府ノ訓令ヲ忠實ニ實行シヤウトスル誠意ガ無イコトカラ明瞭ニ觀取出來ルコトデアツタガ）二十八日總理カラノ案文ヲ五相會議ニ披露シタカ右案文中ニ「日本ハ中立ノ態度ヲ執ラズ」ト明記シ度イト主張シタ爲海軍大臣及自分カ强硬ニ之レニ反對シ問題ヲ更ラニ紛糾セシメタ其後一週間ハ此ノ問題ヲ中心ニシテ五相關係大臣及其他ノ閣僚間ニ種々ノ折衝ガ行ハレタガ結局五月五日ノ會議ニ於テ在京獨伊大使ヲ通ジ平沼總理ノ「メツセージ」ヲ「ヒトラー」、「ムツソリーニ」兩氏ニ傳ヘ以テ大島白鳥兩大使ノ折衝ヲ支援スルコトトナツタ（無意味ナコトダ）

此ノ頃獨逸側カラ我方留保ニ關スル獨逸側ノ妥協的試案所謂「ガウス」第一案ナルモノヲ提議シ來リ次デ第二案ナルモノヲ提議シテ來タガ何レモ妥協案ト銘ハ打ツテアルモノノ實ハ獨逸側從來ノ主張ヲ一歩モ讓ツテ居ルモノデハナイノデアツタ然ルニ此案ヲ廻リテ之レヲ受諾セントスル陸軍側ト之レニ反對スル外務及海軍側トノ間ニ種種ノ論爭ヲ重ネ居ル中八月

二十三日獨蘇間ニ不可侵協定カ成立シタタメ本件交渉ハ自然全般的ニ打切リトナツタ茲ニ其詳細ヲ述ブルコトハ余リニ繁雜ニ過グルヲ以テ之レヲ避クルコトトシ只其ノ間ニ起ツタ重ナル出來事ニツイテ略述スルコトトスル

一、「ガウス」第一案ヲ議題トシタ五月七日ノ五相會議ハ意見對立ノママ散會シタガ本會議ニ於テ平沼總理ハ全面的ニ陸軍大臣ノ主張ヲ支持シタ此ノ會議ノ前陸軍側ハ反對意見ノ各個擊破ヲ企テタルモノト見ヘ板垣陸相ハ六日午后二時自分ヲ官邸ニ來訪シ午后九時半マデ七時間半ニ亘リ本件承諾方ニツキ説得ニ力メタガ自分ハ故ザト夕食モ出サズニ之レニ應對シ陸相ヲシテ遂ニ其ノ目的ヲ達セシメナカツタ、此ノ前後陸相ハ海軍、大藏兩大臣ヲモ訪問シタトノコトダ

二、五月九日ノ五相會議ニ於テモ意見ハ對立ノママデ打開ノ方法ガナカツタタメ總理ノ發言ニテ陸海軍統帥部ノ意見ヲ聽取シ其ノ上デ五相會議ヲ開キ右統帥部ノ意見ヲ考慮ニ入レ協議スルコトトナツタ（之レハ總理窮余ノ策ダツタト想像サレ或ル意味カラハ名案ダツタカモ知レヌ）陸海統帥部ノ會議ハ同日直チニ開催セラレタカ交戰關係ニ入ルヤ否ヤノ點ニ關スル陸海軍ノ意見ノ相異ハ極メテ深刻ナモノガアツテ連日會議ヲ開催シタガ妥協ニ達セズ幾度カ決裂ノ危險ヲ孕ンダノデアツタ然ルニ五月十九日ニ至リ漸ク一案ガ纒ツタ卽チ「英佛等蘇聯以外ノ國トノ戰爭ノ場合ニ獨伊側ニ立ツコトハ當然ナルモ無條件ニ武力行使ヲ義務付ケラルルコトハ不可ナリ從テ對英佛戰爭ノ場合ニ於ケル武力援助ノ程度方法等ニ付テハ細目協定締結ノ際及現實ノ狀況ニ卽シ決定スルモノナリ」ト云フノデアツタ

陸海統帥部ノ話合デ纒ツタ上記ノ案ノ「ライン」デ「ガウス」第一案ノ修正ヲスル場合ニハ自分トシテハ次ノ二ツノ點ヲ獨逸側ニ對シ明確ニシテ置クコトヲ絶對必要ナリト考ヘタ卽チ其ノ一ハ英佛ノミヲ相手トスル場合ニハ日本ハ中立ノ態度ヲ執ルコトモアルト云フコトヲ明カニスルト同時ニ曩ニ「リッペントロップ」外相ガ大島大使ニ對シ「日本ハ有力ナ武力援助ヲナシ得ナイ場合ニモ交戰國關係ニ入ラルル覺悟ヲ有スルモノト解シ誤ナキヤ」ト質問シタノニ對シ「其ノ通リナリ」ト返答セルコトヲ訂正セシムルコトデアリ其ノ二ハ外部ニ對スル説明振リニツイテハ必ズシモ外交上ノ質問ニ限ラズ外部一般ニ對スル説明トシ且口頭ニ依ル説明ト限定セザルコトヲ獨逸側ニ納得セシメ置クコトデアツタ依ツテ

自分ハ海軍大臣ニ對シテハ右ノ次第ヲ説明シテ予メ其ノ同意ヲ得タノデアッタ

五月二十日ノ五相會議ヲ經テ兩大使ニ「ガウス」第一案ノ修正ガ電報セラレタ（獨伊軍事同盟ハ廿二日伯林デ調印セラレ即日發表サレタ）ガ右電訓ヲ接受シタ兩大使カラ再ビ至急召還方ヲ電報シテ來タ

三、大島大使カラ「五月廿日ノ訓令ハ結局伊藤特使携行ノ訓令ニ立歸ヘルモノト認メザルヲ得ズ獨逸側ヲシテ承諾セシムルコト不可能ナリ」ト云ッテ來タノデ自分ハ「今次ノ訓令ハ從來ノ方針ニ何等ノ變更ヲ加ヘタルモノニ非ズ、平沼總理ノ意見ニ述ベアル所ト何等變化ナキモノニシテ獨伊ノ對英佛戰爭ノ場合無條件ニ武力行使或ハ宣戰布告ノ如キ措置ヲ執ルノ義務ヲ負フコトヲ不可トスル次第換言スレバ右ノ如キ戰爭勃發ノ場合日本ハ獨伊側ニ立ツモ交戰國關係ニ入ルヤ否ヤハ日本ガ自主的決定ヲナス迄未定ノ狀態ニアル次第ナル」旨ヲ繰リ返シ説明セル電文案ヲ草セシメ二十二日夜澤田次官ヲシテ平沼總理ヲ往訪、同意ヲ求メシメタルトコロ總理ハ右ニ同意ヲ與ヘズ自ラ筆ヲ取ッテ陸軍側主張ヲ其ノ儘採用シタ修正ヲ加ヘタル上更ニ有效ナ武力援助ヲ行使スルヲ得ナイカラト云ッテ之レヲ參戰デナイトカ參戰デアルトカ論ズルノハ「アカデミカル」ノ論議デアッテ之レニ拘泥スル必要ハ無イ從テ大島大使カ總理ノ意見ニヨリ戰爭參加ノ覺悟アリト述ベタコトハ何等差支ナキモノダト兩大使ニ申送ルコトヲ提議シタ

右總理ノ提言ハ自分等ノ絶對ニ同意シ得ナイトコロデアルノデ問題ハ再ビ紛糾シ結局再ビ陸海軍部一致ノ明確ナル意見ヲ徴スルコトトナッタ

ソコデ陸海軍當局ハ五月二十七日二十八日ノ兩日ニ亘リ前后十四時間協議ヲ重ネタカ結局「參戰」問題ニ付テハ意見ノ一致ヲ見ルニ至ラナカッタ、然シ會議ヲ決裂サセテハ重大時局ニ際シ面白カラズトノ考ガアッタモノト見ヘ右問題ノ核心ニ觸レルコトヲ避ケツツ兎モ角兩軍部ノ意見一致ヲ見タ點ヲ拾ヒ集メ之レヲ取纒メルコトトナッタ

四、陸海軍ノ一致シタ點ヲ取纒メタルモノハ左ノ通リダ獨伊ノ對英佛戰爭ノ場合日本ノ執ルベキ態度ヲ(イ)意思《(志カ)》(ロ)意思表示(ハ)行爲ノ三ニ區別シ意志ニ於テハ常ニ必ズ獨伊側ニ組シ英佛ニ加ハルコトナシ意思表示ハ宣戰布告、宣言、聲明、國交斷

絶又ハ無言ニテ武力行使ノ中其ノ一若クハ二以上ノ形式ヲ用キルコトアリ又ハ米蘇等ガ未ダ態度ヲ表明セザルガ如キ狀況ニ於テ一般狀勢ト併セ考ヘ日本ガ無言ノ脅威ヲ以テ米蘇等ノ戰爭參加ヲ牽制スルヲ協約三國ノ為有利トスル場合ニ於テハ何等ノ意思表示ヲ行ハザルコトアリ意思表示ニ關シテハ獨伊側ト協議スルモノトス。行爲トシテハ帝國ハ其ノ現況ニ鑑ミ現在及近キ將來ニ於テハ有效ナル武力援助ヲ行ヒ得ザルモノナルガ協定第二條ノ政治、經濟上ノ支持ノ第三條ノ助力及援助ノ內武力行使ヲ除キタルモノハ常ニ必ズ之ヲ行フ武力行使ハ開戰ノ初期ヨリ之ヲ行ヒ又米蘇等ガ未ダ其ノ態度ヲ表明セザルガ如キ狀況ニ於テ一般情勢ト併セ考ヘ日本ガ無言ノ脅威ヲ以テ米蘇等ノ戰爭參加ヲ牽制スルヲ協約三國ノ為有利トスル場合ニ於テハ開戰當初之ヲ行ハズ戰爭ノ經過中ニ於テ之レヲ行ヒ又ハ戰爭間之ヲ行ハザルコトアリ武力援助ニ關シテハ獨伊ト協議スルモノトスト云フノデアル（管管シイモノデアル、解ツタヤウナ解ラナイヤウナモノダ）米國參戰シ蘇聯參戰セザル場合日本ハ參戰スルモノナリヤ否ヤノ點ニ關シテハ依然意思表示ヲ回避シテ居ルノデアル、故ニ自分ハ右ノ點ニ關シ為念六月六日ノ五相會議ニ於テ「蘇ガ參戰セザルニ米國ガ參戰シタルガ如キコトアリトスルモ一般情勢ト併セ考ヘ日本ガ無言ノ脅威ヲ以テ蘇等ノ戰爭參加ヲ牽制スルヲ協約三國ノ為有利トスル場合ニハ何等ノ意思表示ヲナサザルコトアリ又武力行使ヲ行ハザルコトアリ」ト云フコトヲ文書ヲ以テ明確ナラシメテ置イタ

『其後種々ノイキサツガアツタガ八月八日ノ五相會議デ陸軍大臣ハ至急無條件同盟ヲ締結スベシト强硬ニ主張シ海、外、藏ノ各大臣ハ之レニ反對シ結局總理ハ意見一致セザルモノニツキ如何トモナシ難トシ云フ意味ノ陳述アリ

此ノ五相會議前後ヨリ陸軍側デハ頻リニ要望ニシテ容レラレザレバ陸軍大臣ハ辭職スベク、辭職スレバ當然內閣ハ瓦壞スベシトナシ政變後ノ軍政ヲホノメカシテキタ、木戶內大臣モ此ノ風說ニ基イテ八月四日板垣陸相ノ注意ヲ喚起シテキル、八月八日ノ五相會議ハ前述ノ如キ（一字アキ）迫的風說ニ拘ラズ陸相ノ要望ヲ容レナカツタノデ陸相ハ十一日町尻軍務局長ヲシテ獨伊大使ト會見セシメ辭職ノ已ムヲ得ザル形勢ニアルコトヲ訴ヘテ獨伊政府ノ讓步ヲ求メテキル』

五、如此種々ノ經緯ハアリタルモ要スルニ獨伊側ハ無留保ノ同盟締結ヲ主張シ大島白鳥兩大使ハ日本政府ノ在外使臣タルニ

拘ラス常ニ獨伊側ノ主張ニ共鳴シテ日本政府ヲ引ズラントシ陸軍側亦アラユル機會ニ常ニ政府ノ方針ヲ獨伊側希望ノ方向ニ變改セシメムトシ玆ニ外務及海軍ノ主張ト衝突シ終ニ政府トシテ出先ニ對シ適確ナル訓令ヲ發スルヲ得ザル内八月二十三日獨逸ハ蘇聯トノ間ニ不可侵條約ヲ締結スルニ至ツタ

獨蘇不可侵條約ノ締結ノ報ニ接スルト同時ニ政府デハ八月二十五日五相會議ヲ開キ獨蘇不可侵條約ノ締結ニヨリ日獨伊協定ノ交渉ハ自然全般的ニ打切リトナツタモノト了解シ此ノ趣旨ヲ獨伊兩國政府ニ申入方出先ニ訓令シタガ之レト同時ニ大島大使ニ對シテハ獨逸政府今次ノ措置ガ防共協定附屬祕密協定ノ重大ナル違反デアルト云フコトヲ指摘シ右ニ付獨逸政府ニ嚴重ナル抗議ヲ提出スル旨文書ヲ以テ正式ニ獨逸側ニ申入方訓電シタガ之ニ對シ大島大使ハ右ハ余リニ他人行儀ノ抗議ニテ現在獨逸ガ其ノ死活ニカカル重大危機ニ直面シテ居ル際ニモアリ其ノ結果ハ日獨關係ニ重大ナル影響ヲ及ボスコト必然ナルベシト認メラルトテ反對意見ヲ電報シテ來タガ翌二十八日平沼内閣ハ總辭職ヲ決行スルニ先チ今回ノ如キ明白ナ協定違反ニ對シ云フベキコトヲモ云ハズシテ放置スルハ好マシキコトデハナイ本件正式抗議ト將來ノ日獨關係ヲ如何ニスルカノ問題トハ全然別問題ニテ其ノ事自体カラ直チニ日本ガ獨逸ヲ疎外スルノ政策ヲ執ルモノトハ斷ズルコトヲ得ナイ何レニセヨ現政府ハ獨逸ノ協定違反ノ點ヲ後日ノ爲明確ニ爲シ置カントスルモノナル旨ヲ述ベテ重ネテ訓令執行方ヲ電報シタガ本件訓令ハ遂ニ執行セラレズニ終ハツタモノト認メラレル『軍事裁判所ニ提出サレタ左ノ文書ニヨリ事態ハ初メテ判明シタ

◎獨外務次官「ヴアイツゼツカー」ヨリ「オツト」宛電報(九月十八日)

大島大使ハ八月二十六日附ノ日本政府抗議文ヲ提出シタ、八月末余ハ日獨祕密協定ト獨ソ不可侵條約ノ矛盾ニツイテ抗議ヲセザルヤウ說得シタガ、大島ハ政府ノ命令ニ從ハザルヲ得ナイノデ東京ニ對シテハ抗議セリト電報シ、實ハソノ抗議ヲ今日マデシナカツタノデアル』

要スルニ本件ハ對獨、伊交渉ト云フヨリモ國内デノ論争、日本側内部ノ亂鬪ニ終始シタモノト云フコトガ適當デアル、如此醜態ヲ生ズルニ至ツタ原因モ以上ノ手記ヲ見レバ自ラ察知出來ルコトト思フ、外交ノ一元化ガ如何ニ必要デアリ在外使臣ト外務大臣ノ一体化ガ國家ノ爲メ如何ニ必要デアルカト云フコトヲ痛感スルノデアル

『平沼總理ノ云ツタ「複雜怪奇」ト云フ言葉ハ歐洲ノ事態ヨリモ寧ロ國內情勢ニツイテヨリ適切ナモノデアツタト云ヘヨウ』

（欄外記入）

（註、原文ニ(ハ)脫落）

「防共協定を中心とした日独関係座談会記録」

総務局政務課

防共協定を中心とした日独関係の部（座談会記録）（編注二）

第一回懇談会

昭和二十四年四月四日　於霞関会

出席者　有田元外相　武者小路元大使　井上元公使　柳井元公使

大野総務局長　お忙しいところ御参集願いましたのは、私が総務局総務課長をしておりました時に、太平洋戦争に関する外交文書の散逸しないうちに編纂して後日の文献にしたいという考があり、当時の外務大臣である吉田茂氏などもそういう考を持っておられまして、その後議会でも外交白書という格好で今までの経緯を公表する意思はないかという質問があったことがあります。それに対して吉田さんも、その意思ありということを言っておられたように私は覚えているのですが、そういうこともあって、時期的にはその前でありますが、総務局総務課を中心にして当時のことをおよそ知っておられるような方に御参集願いまして小さい委員会を作って、その結果、満洲事変から以後の主なる外交案件を十二だったかクラシファイして、至急纏めようというので、小分科会を問題別に作ったのであります。その結果今日までのところ纏まって、すでに外務省で印刷に附して記録に保存されているものは日米交渉の記録の部と、戦争直前における対米英通商交渉の部と、日仏印関係の部、満洲事変前における日本内外の情勢、ビルマ、フィリピン関係のこと、この五つだけは完成して外務省にあるのであります。その取上げた問題の中に、今議題になっている「防共協定を中心とした日独関係の部」というのがありまして、当時も有田前大臣のお宅へは高橋覚事務官を遣わしまして書き物を戴き或はお話を承わってそれを纏めたりしたものも多少あったわけでありますが、――そういう経緯で、その後上田君が中心になって総務局政務課において継承して、できるだけ早く残余の問題についても印刷に附し得るような状況に推進するようにという上司の命令がありまして、その結果日独関係の分につきましてこういう原案（編注二）を纏めたものと諒解している次第であります。これが戦犯裁判その他の進行中でもありましたので、甚だ扱いがデリケートで、かなり慎重を期したのでありますが、しかしさりとて今にして作っておかないと後日非常に臍を噛むことがあると思いますので、諸先輩のお力添えを得て、できるだけ早くこれを纏めたいと考えているわけであります。

趣旨はそういうことで、すでにお廻しして一応お目通し願ったのですが……。

上田事務官　防共協定を作った経緯が一番資料がないものですから、そこの辺を中心に今日は訂正して戴いたり、いろいろなお話を承わりたいと思います。防共協定のところは資料がないので、有田大臣から拝借した、当時のメモと、大島大使の尋問調書、その二つを中心にして、あとは裁判所に出ておりました証拠書類の中から枢密院会議のものを少し取入れてありますが、その程度で甚だ貧弱でありますが、これについては……。

武者小路　これをやるにはやはり年代順にやったらいいと思う。それで有田君が大臣になったのは一九三六年の四月二日で、それ以前のことは有田君聞いていても、それは実は責任者として聞いていない。それで、それ以前の一番中心になっている人は皆此処に来ていないので非常に物足りないが、出先の方で一番知っていなくちゃならん人は少くとも武者小路と井上庚二郎だ。殊に井上君はその間ずっと向うで苦心したので、井上君をここに引っぱって来ることが一番、有田就任以前の歴史を調べるには鍵である。そこで僕は考えたのは、一番初めこの問題が起った時のことから触れて行くのだが、これを読んで見て実に不思議に感ずることは、大島の口述書の中に、ハックが話を始めたのは一九三五年の五、六月の候だということを言っている。そうなると実はまだ僕が向うに居た頃なのだ。僕は七月四日（三ヵ）に向うを立ったのだから、居た時にその話があったが神ならぬ身の知る由もなかったわけだ。ただ今にして思えば、僕が立つ数日前に大使館に皆来て貰って、今後どうしようという話が自然出た時に、大使、もっとしっかりドイツと日本の関係を具体化するようなことを考えて欲しいですね、ということが大分そこに出たと思う。その時の僕の印象は、僕は頗る煮え切らない態度だということを陸軍部及び若い連中の間に感じられたと僕は思う。それから僕はうろ覚えだけれども、ベルリンに着いたのが一九三四年の十二月二十八日で、そしてベルリンを立ったのが七月三日で、その間まる半年は経過したのだが、これは研究時代であって、井上君あたりから智恵を貰って研究はしておった。しかし丁度その時代はヒトラーの頭を上げて来た時代で、実に混沌たる時代であったから、こっちはただ研究をするだけだと思って、具体化した考は何もなかった。但し大抵任地に着いた外交官は考えるのだが、その国と自国との間にどんな関係を開いたらいいかということは当然考えるので、僕はすぐ考えたのは、一体ドイツと強く手を結ぶべきか、それともこういう時代だから附かず離れず中立の態度をとるべきか、又ドイツは危ないから英米依存を何とかしてもっと強くするかという、この三つの中どれを選ぶかということを考えるのは定石で、誰も考えることだ。ところが英米の日本に対する態度――満洲事変の後だから歯が立たない。なるべくよくしようという考は僕等も本省もあったのだが、なかなか進まない。中立の態度をとるということはどうか。一応はそれが一番いいように思うが、僕はその時に考えたのは、日本が中立の態度をとっているのに、ドイツは例の英国に対して海軍三割なんということをやって盛んにイギリスに水を向けていた時だから、うっかりすると日本は又前のカイザーの時のイエロー・ペリル式に孤立させられる懸念がある。三つの中でやはりある程度ドイツをこっちの方の側に附けておく必要が非常にありはしないかという考は自然に浮んで来る。もう一つ、ドイツの支那に対する通商というものは非常に強くなって来て、イギリスを凌ぐような状況になって来る。日本と競争の地位になって来た。それがドイツとしては気になる問題で、ハンブルグの連中は実に日本が嫌いなんだ。そんなこともあって、そこをどういう舵をとったらいいかという問題はなかなかデリケートな問題だから、僕はまだ何も成果がないということとで帰って来た。

それから日本に帰って東京に着いてから、松平大使と丁度一緒に帰って来たから、外務省で度々会合があって、全体の欧洲政局に対する議論が非常にあった。その時は重光次官で、そこに出ていた人は、うろ覚えだけれども、松平、武者小路、外務省側としては次官の外に局長は東郷、それから守島伍郎君が亜細亜局の課長で出たが、ずいぶん度々あった。僕は記憶があるのは、守島君若くて、参謀本部や軍令部と連絡があるから、いろいろ向うの空気をよく伝えてくれたことを記憶しているが、そこで僕等が一番強く感じさせられたのは陸軍の勢の猖獗である。これは遠方からも分っていたが日本に帰って来て、更に勢の強いことが感じられた。その時の外務大臣は広田だったが、私が帰って来て外務省でドイツの講演をした晩に、広田外務大臣がその後で若い連中みんな集めて話したことが、君等は自分(広田)の今の外交というものの内容を知っているか、要するに陸軍とどういうふうにしてやって行くかということ以外に何も俺のやることはないのだ、それを実に自分は苦心しているのだ、ということを広田が言ったので、外務省の若い連中は、広田さん、今日ほどざっくばらんに言ってくれたことはない、というので感激して、しんとしてしまった。そういうことがあった。

そこで僕等の頭に何が起って来るかというと、一番先に来たのは、満洲で満足しないで、対支の政策というものが非常にアグレッシヴになりはしないか。進んで更に南の方へ要らざる挑発でもやって、とうとう事は対支の問題でなしに米英にも飛火しやしないかという心配がすでにその時見えていた。そこで私は、前にシベリア出兵事変で、よかったか悪かったか、直接関係していたから知っているが、ソヴエトを相手にすることは、あまり大きい声は出せないが――ソヴエトを目標としてある程度軍備をしっかりするということは、軍備をしっかりするという意味において陸軍の満足を買うし、それから火遊びでない程度において安全の程度は外よりも強いだろう。こういう意味で、いろいろな国境の問題が紛糾していた時でもあったから、ソヴエトを狙っていろいろなことを考える方が一番いいだろうという方へ、自然みんなの頭が行ったんだろうと思う。――そこで非常に面白い話があるんだが、有田君から――。

有田　話の途中ですが、それに関連して広田君が通商局の第一課長かなんかしておって、私は政務局の第一課、即ち亜細亜局の前身だが、そこに事務官をしておった。――シベリア出兵の頃、一九一六《ママ》年頃だが――通商局から食堂に行くその行き帰りには政務局第一課の前を通るので、食後にはいつも寄っていろいろな話をしておった。広田君はその時にこういうことを言った。簡単に言えば、支那を敵にするということは四億の民衆を敵にすることで、日本としては非常に気を付けなければならんことだが、ソヴエトを敵とするということは必ずしもそれほど大きな影響を持たないと思う。殊にソヴエトを相手にする場合には英米の同情などもむしろ日本にあって、反感を持つこともなかろう。どうしても日本が対外的に何かやらなければならんという軍の関係があるならば、むしろソヴエトを対象にしたらいいぢゃないか。当時広田君は頭山さんの関係もあったことと思うが、国民党の支那の新しい分子には非常に同情を持っていた。だからその当時の日本の対支外交の軍閥を相手にしてやって行こうということには広田君は当時からあまり賛成しなくて、小村欣一が第一課長で、それらとよく話をしておったことを記憶する。だから今の武者小路君の言った、何かしなければならんならばむしろソヴエト、ということは相当前から広田君あたりの考にもあったことである。

武者小路　そこで前からの続きですが――そんな話はよりよりあったのだが、さて陸軍に対してはそういう政策がいいということを考えて来ると、僕の任地であるドイツの関係からは、丁度日本がソヴエトに対して懐くような心持が、隣国であるドイツには当然あるので、何かそこに両者の間の利害共通が元で、接近の方法があるように考えるのは自然の勢である。そんな考はごく漠然と持ちつつあったのだ。そこで今度は井上君に移すのだが、――若松が向うへ行ったことは僕は全然知らないんだが、僕が有田君に言ったといってそこにも書いてあるが、十一月にデーリー・クロニクルかなんかに大島の電信がすっぱ抜かれたということがあった。そこで君（井上）が大島の方に、こういう話はどういうことだと言って聞いたのはいつだった。

井上　その前に武者小路大使の言われた、大使が日本にお帰りになるその直前の集まり、あれにちょっと触れたい。あれは大使館でなくてシェーネベルグラートハウスだったが、大使と私と陸海軍武官の四人だけで、大使がお帰りになる前に十分にドイツの問題を話をして行こうということで、大使の方から誘いかけられたか大島武官から出たか知りませんが、とにかく集まった時に、大島武官は今のように、ドイツと日本と大いに提携を強化しなければならんということを力説したのです。そこで大使は今お話のように、強く具体的なことは仰っしゃらないで、巧みに受け応えされていたように覚えるのです。そして横井、当時の海軍武官は何も言わなかった。大使から、「井上君、君はどう思うか」という御質問があったので、私としてはドイツとの提携の強化もいいと思うが、ともかく英米というものを始終睨みつつやらなければならん。ドイツだけを単独に考えるのは、当時の情勢でまだまだ日本はドイツと手を結ぶところには行っていないのぢゃないか。やはり英米と並行してドイツとの強化も考えなければならんと考えます、ということを極めて簡単に申上げたことを覚えている。

それからお帰りになって、暫く私が代理しておりまして、その間にここにあるようなことが行われたのでありましょうが、翌一九三六年の一月の、日は覚えませんが、二十日前後と思いますが、当時ドイツ新聞記者の人と、それからナチの相当な地位にいた人々が、別々な方面から、何か大島武官が日独の提携について話をしているらしい、ということをそれぞれ別に私に情報をくれたことがあった。それならば大島武官にどういうのか聞いてみようというので——ほとんど毎朝大使館で情報の交換をやっていたことがあったので、その際に「実はこういう聞込みがあるが、もしそういうことがあるならばざっくばらんに話してくれ」ということを言ったら、「それでは話そう」と言って、その日の午后か翌日かに、こんなような話がごく非公式に進んでいるのだ、と言って、書いたもの——罫紙に半頁ちょっとだと思いましたが、書いたものをくれた。その内容はどうだったというと、極めて漠然としておって、はっきり正確に覚えておらんのですが、要するに日独間にソ連を対象として何か防禦同盟に持って行くような事柄を一、二箇条の条文に書いてあった

(欄外記入一)

ように思うのです。それを見せてくれたので即座に私は、これは日独両国の条約に関係することで、国の全部の政策に関係するから武官だけの問題ではないと思う。少くとも軍部だけの問題ではないと思う、それで日本政府に報告しなければならんと思います、と言ったら大島武官は、いや、これは国防の関係だ、従ってまだ政府としての話に行くべき時期ではないと思う、というような意見があったのです。しかし私はとにかく東京へ報告する方がいいと思いまして、その全文を特別な暗号みたいなものに組んで、当時の重光次官に宛てて、誰だったか覚えませんが外務省の人で東京に帰る人が通ったので、それに頼んで本省へ御報告したのです。多分二月初めに東京に着いたと思いますが。

有田　それは代理大使としてですね。

井上　そうです。

武者小路　そこでちょっと挟まして貰うのですが、大島君の裁判所での供述書の中に、ハックとの話が一九三五年の五、六月の候に始まって、九月頃になって話が少し纏まって来た。纏まって来たというのは、ヒトラーも知っておったものと見えて、又何か向うからどうだろうという話があった。そこで東京へ言ってやった結果が、若松中佐が十二月に着いた。それから、それを連れてリッペントロップ、ブロンベルグというようなところを訪問していろいろな話をして、若松君は一月に帰った。その内容は今井上君の言われるように、防禦の話であるが、それに立入ることは嫌だから「エントラステン」という意味の言葉を使った、ということがあるが、そこが非常に聞きたいのです。「エントラステン」という言葉がいよいよあの中の条文に入ったのは、リッペンの出した案の中に「エントラステン」という言葉があったのかね。

井上　ありました。

武者小路　そうすると、大島の言うように、初めの時にそういう言葉が基になっていたのかしら。

井上　それが分らないのです。――大島は、その可能性なしと初め答えたというのですが、果してそういうふうに答えたかどうか分りません。それから「エントラステン」という字が初めから入っておったかどうかということも分らない。これは裁判所における口述の中だから、或は記憶が違って、後に出た「エントラステン」という字を、その頃にすでに出たように考えたかも知れない。これは分りません。初め申した大島武官から貰ったのは日本文ですからどういう言葉を使ったか分らないのです。

それで東京で武者小路大使が先程お話のような会議が数回行われた結果、四月三十日ですが、再びベルリンに御転勤になった時にその東京の意向をお持ちになったことはこれに書いてある通りだと思います。

武者小路　そこはちょっと附加えておきますが、その時は有田大臣になった時なんだから――そういうような関係で何か形を見出そうというのでいたところが、丁度井上君の手紙というのが届いたのだろう。そこのところはっきりしていないが、――そこでいろいろこちらで考えたのだが、一番先に僕の頭に来たことは、陸軍が僕等に何も知らさないでやったものを、僕等は何も参考にもする義務も何もないから全く白紙で行こうということなんだ。従って僕の頭には少くともそういう切っかけは大島リッペンの間に起ったにしても、これはすっかり新たに研究して、いけなければ全部やめてしまうし、よければそれとすっかり違った、いわゆる外務省のイニシアティヴでやって行けるものと考えて、別に今までの経過が内緒でやられたということについて僕等は何等の懸念も持っていなかった。そこで丁度有田大臣等が四月二日に就任されて、私は四月五日に立つということになっておったから、四月三日だと思ったが、直ちに有田大臣のところへ行った。そこでその話が一番中心であったのだ。その時に私は大臣に、白紙で行く、前の関係は何等考慮しないで、こっちの立場で行く。それから向うがどの位の程度に進んでいるのかということについて多大の疑問があるから、できれば向うから意見を述べさせたい。それによって改めてこっちが研究をするという話をしておったのです。

有田　そこで僕の関係に入って来るが、私がベルギー大使でおった時に、ベルギーから支那の大使になるということで帰って来いという命令があった。その時にベルリンとポーランドと両方へほんの駈足で旅行した。目的は、そこにいる人達がソヴエトというものをどういうふうに見ているか、ヨーロッパにおける共産活動はどういうものであると見ているか、ということを聞きたいと思って、帰る前に出かけたわけです。その時君(井上)は代理で……。

井上　何月ですか。

有田　三五年の十一月か十月頃かも知れない。――それでその時に両方の大使館の人達に話を聞いたわけだ。その時の感想では、大島の話ではないけれども、やはり日独の間に何等かの政治的接近を図るような話をした方がいいのぢゃないかという感じを得て来た。それから日本に帰ってから、武者小路君がまだおった時であったので、三六年一月だが、――それで初めそういういろいろなことがあったのは知らなかったから、武者小路君に、ベルリンに帰る前に日独間の関係についてよく本省と打合せをして帰られた方がいいと思うが、ということを話して、それから重光次官にもほぼ同様なことを言って、そして私は支那へ二月の末に出発して赴任したわけです。そして支那に三週間ばかりおった時に広田内閣の外務大臣になってくれという交渉で帰った。その時にまだ武者小路君東京におって、一両日中に立つという極めて時間のない時だった。私は少し病気をしておったので武者小路君私のところへ暇乞いに来たときに、たしか私は腰を痛くして寝ておったと思いますが、武者小路君に、この前支那に行く前にちょっと話したことがあるのだが、日本とドイツの間の問題について向うへ行ったら研究してみて貰いたい、というような趣旨を――さっき武者小路大使の言われたのはそういうことだったろうと思う。それから武者小路君がほぼベルリンへ着任する頃を見計って、電報を出しておくことが必要だと思って、たしか五月と思うが、その時に初めて広田君と議会で、訓令案を持って行って話をして、よかろう、という同意を得て出した。これがこの前から外務省に出してある訓令電報であるわけです。あすこにも書いてあるように、武者小路君もさっき言われたように、日本側としては何等かの政治的接近を図る必要があるようには感じたけれども、それを如何なる形において、或は内容において、するかということについてはまだ考を持っていなかった。だから東京でも研究するが武者小路君あたりも出先において研究してくれという趣旨であったわけです。その時には、今の井上君から本省へ報告してあったということは、僕としては少しも聞いていないのです。ちっともそういうことは聞いていない。

武者小路　正直のところ僕もはっきり記憶がないのです。君の手紙が着いたことはどうも記憶がない。――ここでちょっと寺内の話をしておくが、丁度有田大臣のところへ暇乞いに行く数日前だと思う。――だから三月末頃だったと思うが、寺内陸軍大臣が一度来てくれというので、昼飯に行った。それで外務省から誰か呼ばれているかと思ったら僕たった一人で、向うは約二十人ぐらいの兵隊さんが集まっていた。紹介されてみると、参謀次長が杉山だったと思うが、杉山居なくて、外の各部長は皆居た。それから陸軍省の方もいろいろな局長が集まっている。食事中は頗る打解けた話で、僕は子供からの友達だから寺内と馬鹿話をしておった。そうしたところが、やはり食卓で町尻軍務局長――これも学習院の後輩で僕もよく知っているから、「武者小路さん、行ったら大いにドイツと手を握って下さい、できたら一つ軍事同盟でもやってくれませんか」、こう言った。僕が返事をする前に寺内が、「おい町尻、ばか言うな、ドイツはそんなにえらくねェぞ」、と言ったことを記憶している。参謀本部の連中もみんなそれに近い意向をそこで洩らしておった。そこで僕の印象でも、ドイツに対する信用というようなものについてはまだ陸軍でもたくさん持っていなかったと思う。そこで松中佐が向うに行ってどうしたという事柄は、僕は実はまだその当時頭に入れていなかったけれども、たとえ具体化していても陸軍全部の空気はまだ纒まったものはなかったと思う。そこで、よく向うの様子を見るのが第一の任務である。若し向うがどういう気であるかということが分った時にこっちの態度をきめても遅くはないと思う。ドイツとの提携は無論いいことだと思うし、自分は任地である以上、それを望むのは当然だが、しかしその具体的な問題は向うの態度にもよるから、行って考えるのだ、という積りで行った。ところがこれを見ると、陸軍のいつでものやり口がそこに現われていると思うが、大島武官のところへ四月三十日に届いた手紙によると、武者小路と寺内とその問題について諒解した、とかいうことが書いてあるんだ。その諒解はただそういう意味の諒解であったことが事実なんです。

有田　これを要するに、この時代の日本というか、東京での空気は、武者小路君にして又私にしても、ドイツとの接近には、防共的なものにするか或は同盟のような形にするのかということについては——陸軍はどう考えておったか、案を持っておったかは別問題として、外務省として、或は政府としては何等そういう具体的の考はなかった。そう言っていいわけだね。その点は明かにしておく必要があると思う。

井上　その頃、つまり昭和十年の末か十一年の初めですが、「外務省においても当時の国際情勢に鑑みソ連に対し利害関係の類似せる日独間に何等かの政治的話合をなす必要を認め」と書いてある。そして五月の訓令にそれと同じようなことが出ている。

有田　十一年の初めというのは、私は知らないわけだね。

武者小路　そう。外務省で重光やなんかといろいろ話合った時に、政治的、と言っていいか知らんが、何か提携を考えることはいいだろうというので……。

井上　だから「政治的話合」というこの書き方では少し強くなるわけだね。

武者小路　何等か接近をする、という……。

有田　「政治的」ということは、恐らく公けには僕が口頭で武者小路君に言った時もそう言ったかも知れんが、最も明瞭になっているのは、訓令の電報にたしか政治的ということが書いてある。——今の材料はどこから取ったの？

上田　この「政治的話合」というのは大臣のメモかなんかで私が勝手に書いたのです。

有田　僕も武者小路君から聞いたと記憶しているが、陸軍の者と君（武者小路）が話した時にいろいろな話が出た。しかし同盟なんというようなことを考えたものは一人もなかった。ただ町尻だけが同盟というようなことを言っておった。このことを、僕は君から話を聞いたと思ったから、僕のメモに書いてあった。そういうふうに、何かドイツとの関係を——それは英米と良い関係を維持するという条件ではあるけれども、ドイツとの接近を何等か図ってもよかろうとか、図ったらよかろうという空気が、私はその当時居ないが、武者小路君から聞いたところによるとあったと思う。

井上　それから、クロノロジカリーに言えば、大使の今仰っしゃった、新聞に出たということ。これは私、その翌年ぢゃないかと思うのです。初めまだ大使が東京に帰っておられる頃の話になったわけですね。ところが、いよいよ仮調印か本調印か出来た時にニュース・クロニクルがすっぱ抜いたので、少くとも当時の大島武官との非公式の話が筒抜けになったという話がクロニクルに出たのぢゃないか。東京でお聞きになったか現地でお聞きになったかによって違う。

有田　その話は東京ではあったように思う。ニュース・クロニクルということはないが。

井上　その話も大島武官の話によると、当時参謀本部の電報は極めて簡単であった。それが洩れたということを、リッペンが英国の大使か何かで行ったおった《てか》当時あすこで聞込んで、そして本国の外務省が党の方へ言って来て、それを大島武官に、お前の電報を見た、ということを言われて、大急ぎで参謀本部へ向って、今後は毎日暗号を変えるということを話して、一枚づつ貼ってあって、一枚はがすと翌日の暗号が出るというように……。

武者小路　その話も、リッペンの別荘に行って、自分は今度イギリスに任命された、と言ってあすこで話した時があったね。それはいつだったか。

井上　それはその前後ぢゃありませんか。

武者小路　その前後というと、話の途中だから、日本から訓令が来てからだから、七月に訓令が来て、それから談判を始めて、十何回行ったわけだ。その途中だから八月頃だ。その時に話の途中で、君、電信は用心してくれ、取られたこともあるらしい、ということを言ったんだ。

井上　その前に大島武官から、取られた、という情報を聞いて、参謀本部との電報、新しいものに変えたという話を私は代理時代に聞いたのです。それがここに書いてある「盗まれた云々」なのです。それが果してニュース・クロニクルに出たかどうかということは――ニュース・クロニクルはそれよりも後に、防共協定の調印ができる間際に日ソ漁業条約の話がそのためにだめになった話なのです。そして新聞の記事が出たので有田大臣に大使がお聞きになった。大使は漠然とやるという返事をしたということを書いてあるが……。

有田　私ははっきり言うた。——あの時の経緯はこうなんだ。クロニクルに出たことは知らないけれども、あの当時新聞を検閲してやっておったが、どうも怪しい。防共協定やっているということが、出そうでしようがない。ところがそれでもまだソヴエトの大使は気付かずにおったのだ。ところが枢密院の審査委員会が始まる前日かなんか知らんが、朝日に大きな字で、「某重大事件」というようなことだったと思う。ドイツと云々ということでないが、それが枢密院にかかるということが出た。ところが、あの時のソヴエトの大使は誰だったか——トロヤノフスキーの次で、ユレニエフ——ユレニエフから僕に至急会いたいというので会見を申込まれた。ところがどうもそれ臭い。すねに傷持つものだから……。それでうるさいから何回も会見を遅らした。ところが向うはしつこくやって来る。これはどうしても会わざるを得ない。それで東郷君に相談した。こういうことを言って来たが、向うも嗅ぎつけて来ると思うがどう返事をするか。否定するか、或はある程度話すか、ということを言った。結局隠してみても漁業条約の調印ということがある。隠しておいても向うがそれだけ大きな疑念を持っている以上は、何とかかんとか言って漁業条約の調印を延ばす。結局延ばしているうちにこっちの枢密院の手続が済んで発表するかどうかという問題になった場合に、こっちも発表をいつまでも延ばすわけに行かない。それでいつまでも漁業条約の調印と防共協定の調印を並行さして調印を延ばして行くわけに行かない。何れやらなければならんということになるから、やった場合に明かに嘘だ、日本側の態度に詐りがあったということを見せることは却って将来において不利だろう。漁業条約に調印しないことも同一なんです。向うも疑があるから保留しているに違いないから、この際、向うの取り方にもよるけれども、とにかくドイツとは言わないが、ある国との間に共産党の活動について話合をしていることはあるけれども、それは共産党の活動についてだけであって、ソヴエトとか、そういうものは毫もないのだ、という意味を説明したのです。

柳井　それは当時すぐベルリンに参りましたね。会談の模様全部参ったことを覚えております。

武者小路　ユレネフはベルリンから行ったのかね。

有田　いや、ウィンから来た。

武者小路　君が大臣の時にこっちにいて……。

有田　いや、オーストリアで同僚だった。僕が東京に帰った時に彼は僕を追いかけてオーストリアから大使になって来た。それからずっと防共協定の頃までいたんだ。

柳井　さっきの井上君の話の、最初に大島から話を聞いて、暗号に組んで東京に送ったということは、私は東京で見た記憶があります。東京でドイツへ行けという話を受けて、有田大臣から当時の経緯を伺った。大臣の話は簡単だったが、自分もドイツと日本の間に何か薄い墨でパッと書いたような、ある関係を、というお言葉でした。中味はどうでも、薄墨で書いたようなもの、それだけの関係を結ぶことを考慮したらどうかと思っていた。ところが今度こういう防共協定の問題が起ったので君に行って貰うが、あすこには大島という陸軍の武官もいるし、どうせこいつは出過ぎたことをするかも知れんからそのつもりで、しっかりやり給え、と言われた。七月の末です。それから私はすぐ電信課に行って、当時日独協定の電信というものは非常に大事になっていたので、秋山電信課長に話した。秋山君の部屋にその関係の綴じ込みを持っていて、それを出してくれた。それの第一頁は、今の井上君の暗号で組んだ紙です。私は電信だとばかり思ったくらいです。今でもそういう記憶があるが、それが第一頁で、それからドイツと大島との間の話の最初のあれがくっついて、それから大分後になって防共協定が頭に出て来て軍事同盟が裏に隠れるようにずっと変った。そういう綴じ込を全部読んだ。

有田　一番初めは「防共」という字はなかった？

井上　カヴァリングをつけたんです。こういう案を大島と向うの軍部が話しているが、先方は国防云々と言っているが、政治的関係だから国防だけでもって政府として黙っていていいか御訓令を願いたい、というカヴァリングをつけて、二通のものにして出していることを覚えている。

有田　薄墨云々ですが、僕はこれらの問題についていつも言っていることは、日本がある国との間に政治的話合をする時に、初めから濃い墨で黒々と書いて、後でそれを消そうとしても消せないようぢゃいけない。薄墨で書いて、必要に応じてあとで筆をなすって濃くする分にはちっとも差支ない。だから初めからすぐ濃い墨で書いちゃいけないということで、ドイツとの関係も、まず薄墨で書くこと《ママ》ということです。それから防共協定の強化の時も、三九年の一月に、参謀本部のものを外務大臣官邸に招いて意見を聞いた時に、欧米課長をしておった、あとで中将になった辰巳が、僕がこの間戦争裁判で誰かの証人で行った時にあすこにおって、その時の話をしたが、あの時あなたから薄墨云々という話を聞いて、今でも覚えていますよ、と言っておったが、あれらにも薄墨関係を説明したのだ。だから防共協定を強化するにしても、決して度を過すやり方をやっちゃいかんということを言った。

武者小路　要するに満洲事変以後日本は、例えば日英の接近なんということを初めから濃い墨で書いたろう。日本が方々から敵視された後の接近というやつは、必ずその裏には弊害があるものが多くて、薄墨で書くより外に仕方がないような接近しかなかったんだ。

井上　これの四頁の、ニュース・クロニクルの点は、どうもその翌年ぢゃないかと思う。

柳井　僕もニュース・クロニクルのことは、記憶は井上君と同じです。電信を盗まれたということは、僕が赴任する前、秋山電信課長から聞いている。七月頃です。ドイツの武官の電信は盗まれたので、その結果もう大事な電信は武官には打たせないことになった。ある意味においてこれは外交一元化の上にはいい、ということを秋山が言っておった。それからニュース・クロニクルには、ヨーロッパに行ってから私もその記事を見ている。だから井上君の記憶は正しいと思います。

井上　それから六頁のまん中に括弧して、「本案の詳細不明」とあるでしょう。これは相当大事だと思う。これはこの間ちょっと申上げた古内君が当時原文を扱っておったから、先生に聞くと分ると思う。

柳井　それからもう一人は杉原。あれが当時の条約局の主任事務官です。松本が課長やっておって、その下に杉原がいて、彼が本当の事務を全部やっていたから今でもよく覚えているだろう。

第二回懇談会（四月十五日）

出席者　有田元外相　武者小路元大使　井上元大使　柳井元大使
杉原元参事官　古内元書記官　与謝野情報部長

与謝野　では、これから始めて頂きたいと思います。

井上　これは、枢密院の議事録の飜訳ではないと思いますね。

有田　議事録は本物だろうね。

武者小路　枢密院の審査報告ですか。

与謝野　本物が残っていたんです――記録の上で、先輩に伺って、確かめて置きたいという点は、どの点ですか。

武者小路　一番足りないと思うのは、一番初め、向うから出して来た案なんだ、それがないのだよ。プレアンブルが非常に激越な調子であったのが見たいのだ。古内君の記憶に俟つだけなんだね。

与謝野　随分焼きましたからね。文書課に少し下りて、残っておったものは押収されたんだろうから……。

徳永　少しはありました。支那事変関係は、司令部の方に持って行ったので、返してくれといったが、返してくれない。

与謝野　持ち去られたのもあるだろうが、焼いてしまった方が多いだろうからね。

武者小路　杉原君、記憶がないかね。秘密協定にしようか、どうかというような問題で、大分すった、もんだやったものだがね。しまいには秘密にして置くということに、双方の合意によって、落ついたが、これは参加をたやすくするために、寧ろ秘密協定でない方が良いというのがあったと思うが、どうかね。

杉原　その点、はっきり記憶ありません。

武者小路　今の問題に関連して斯ういうことを、井上君覚えてませんか。「義経の弓」みたいなものだがね、出さない方が良いというようなことであったかね。寧ろ、大したことではないのだが、向うを驚かす意味で、そっとして置いて、ハームレスのものだから、意味深長にして置いた方が良いのだからと、戯談を言ったことがある。
井上　前文ですか。
武者小路　秘密の方を作る時に、蓋をあけたら大したことはないぢゃないか、という風に、意味深長にやった方が良いのではないか、というような気がする。
柳井　私は、はっきり覚えている。
井上　秘密を、どうこうという意見が出たかどうか、ということですね。
武者小路　あったというのだね。
柳井　ええ。私が東京を出る時に、秘密にしないという話が、ドイツ側から出たかどうか分りませんが、兎に角、ベルリンから日本に来まして、本省から、それを秘密にして置けという電報が出て、その時に、この間も話が出ましたように、栗山さんが当時条約局長で、あれは公表した方が良いから、私はそういう風に尽力する。君が向うに着く時には、そういう訓令が行くからということがあったが……。杉原さん、御記憶ありませんか。
杉原　私は、記憶がありませんね。
有田　栗山さんから聴いて貰ったらどうかね。初めは秘密協定であって、途中に、一寸、そういう風な問題があったことを、君ほど正確に記憶して居らんが、君に言われると一層そうかと思うね。初めは当然と、秘密協定だと思っておったら、どっからか、公表しても良いではないかという議論が出て、それに賛成しないことは覚えている。
武者小路　段々斯ういうことをやっていると、斯ういうことも気付く。リッペントロップかヒットラーが、ソヴィエットを怒らせることが実は嫌なんだ。なるべく、すべての、今迄結んだ条約――ベルリン条約を尊重して行きたい。そんな関係から、寧ろ、どうも、秘密というものをなしにやれるんならという考えは向うにもあったと思う、初めに……。寧ろ日本の方が秘密にして置きたかったという感じがする。

柳井　最後の調印の前の晩に、東京から、秘密にしないということをドイツ側と話してみないかという訓令があった。で、カイザーホーフで、午前一時か二時頃まで会見したが、リッペントロップの返事に、「今更らそんなことを言ったって仕様がない。だから前に言ったんだ」という。それだから公表ということについてはドイツが先きに言ったんではないかと思う。「だから前に言ったのに、日本が承諾しなかったのだ」という……。

有田　どういう訳で公表しようかと思ったのか、記憶がない……。

井上　いわゆる防共協定も、秘密にしようということの記録がありますね。「昭和十一年七月二十四日の外相官邸における外陸首脳部会議に於て外務省案に基き左の如き決定に到達せり」とあって、「独逸側提案の如き形にて日独間のみに於て斯かる協定を締結することは万一外部に洩れたる場合徒に蘇聯を刺戟し、又諸国の悪宣伝の具に供せられ、其結果我方が政治的及び経済的に大なる不利益を蒙ることを予期せざるべからざるをもって此の種協定は之を実質的に必要なる範囲に止め単に共産主義的破壊工作に関する情報及び対策に関する意見の交換を……」云々とある。「万一外部に洩れたる場合……」というところからして、既に秘密にして置こうという書き方ですね。

有田　「此の種協定は之を実質的に……単に共産主義的破壊工作云々」これは、斯ういうことではないかと思う。今のドイツ側提案の如き形はどういうのか知らんが、ソヴィエットの悪口を言って居ったんですね、それがあるのではないか。

杉原　私は、斯ういう風に読んだのです。有田大臣が斯ういうことを仰言ったことを、はっきり記憶して居ります。大臣室で、「この種の条約を結ぶ場合には、初めから濃い墨で書いてはいかん。出来るだけ薄いので書いて――後で書き加えればよいから、初めから濃く書かんように」ということを仰言ったことを記憶しております。そういう風の意味が「実質的に必要なる範囲に止め」たと読んでいる。

井上　「万一外部に洩れた……」云々は、どういう風にしてでしょうか。

杉原　想像ですが、なるべく結ぶけれども、ソ連側を刺戟しないようにという考慮からではないでしょうか。

武者小路　その点で、井上君、懸念しているようだが、一番初めに、全部公表しようという考えが双方にあったように感じる、というのは、共産党とソ連と同じだということを当然言うて、どうしたってそれは当然の話だから、遠慮もなにも要らない、それを公表しても、しなくても、同じことではないか、寧ろ、なにも隠すこともない。はっきり言った方が良いだろうという考えが、僕等にもあったと思う。ところが、そこで今の義経の弓ではないが、餘り簡単なことだが、意味深にやって見ようではないかという考えが次に出て来て……。

井上　双方、協定を公表しようというのでね。

武者小路　大臣《第二?》には秘密にして置いて、若し洩れても差支えないようにして置きたいという考えが、次に出て来たんだ。あけて見ても、一寸も恐ろしいことはないということに結着したんで――。ヒットラーが、今ソ連と、兎に角、喧嘩したくないからと言い、漁業問題も国境問題もあって、すっかり、ソ連のようなものだから、暴露するかも知れないが、差支えない程度でおいて置こうではないかという頭が、初めからあったんではないか。

与謝野　少くとも、本条約の方を初めから秘密にしようということは全然ないと思うのですね。万一外部に洩れたら、というのは分らないですね。秘密協定は秘密協定として、出ておって……。第一の点だけを協議しているのではなく、二点を論じているのではないかと思う。

武者小路　それによって、七月の訓令には秘密になっていて、八月頃になって、何辺かリッペントロップに会っているうちに、とげとげした条約にしたくないというので、斯ういう公表説が生れたんではないかと思う。

与謝野　はっきりしませんね。大島などの記憶に依らなくちゃァ判らんですね。古内君も覚えているかどうか分らんと思うのだ。

柳井　公表の時は外務省の問題に移ったんでしょうね。

有田　此処における人の意見は、初めの方は公表、後の、秘密協定は秘密ということで……。途中で、秘密協定は公表しても良いのではないかという気分だったらしいね。

井上　この前、最後に申上げた、六頁の途中にある（本案の詳細不明）というところは、現地では詳細知っていると思いますが、そう大きな関係はないのですね。初めの案がどうであったかということは。前文がエゲツなかったことは、ありますね。それを変えて呉れと言ったら、向うはあっさり変えて来たが、此処の条文の動きははっきり……。

有田　井上君の言うた通りで良いのだろうね。

井上　秘密協定は大分変って居ると思うのです。

与謝野　君が、防共協定が提議されてから、固まるところまでの間に、一体秘密協定も、別にかくすアレがなくて、公表しても別段差支えない条約だというような意見と、或は防共協定自体も、兎も角、実質的な、日独間の効果を狙って、ソ連を刺激しないということで、そういうような話合いがその頃に一体、あったものかどうか。今残っている不完全な記録を見ると、日本側が伏せて置くことを希望したように見え、ドイツ側もソ連を刺戟したくないというような気分にも見えるので、提案の、そこの気持ちが固まりかけるところがどうか……。

古内　隠して置いた方が良いのではないか、という意見が書いてあったんではないかと思うのです。

武者小路　七月廿四日のあれにはあるのだがね。

古内　私の記憶では、あったと思いますね。日本は、公表しない方が良いのだという意見が……。

井上　武者小路大使が交渉の途中に一度は、一も二も全部公表してしまおうという意見が出たというが、秘密協定も入れて発表してしまおうという意見があるが……。

古内　日本側にはないのではないですか。秘密協定は出すんだということは……。ロシアとの協定のこともあるから、考えられない。

武者小路　共産党とソ連は同じだというようなことをヒットラーの書いたものにはあった。しかし、構想は頗ぶる激越だったが、なるべく条約は――秘密条約は流行らないから、みんな公表し得るものだという感じは、常識では起こるが、共産党とソ連とは同じだと言ったことは、当然同じだから、別にソ連の感情を害しやしないだろうし、此方も公明正大にしてよいのではないかというようなことをドイツ側にも、日本側にもあったろうと思うがね。「義経の弓」なんかと言った気がする。秘密にした方が意味深長であるから、秘密もよかろう。兎に角、餘り秘密にしなくてはならないようなエゲツない条約は作らない方が良いだろうといって、開けて見ても大したことのない秘密協定が出来たんだろうと思うが……。

与謝野　古内君に、突然聴いても、なんだろうから――話をしているうちに思い出せると思うから……。

井上　第一の、アンチコミンテルン協定は、餘り聴かないが一条、二条の往復のあったことは事実ですね。その中で日本側が一番気をつかったのは、挑発しないようにということであったが、それは記録の中にも書いてある。第二条の往復公文「締約国は本協定の存続中相互の同意なくして「ソヴィエト」社会主義共和国聯邦との間に本協定の精神と両立せざる一切の政治的条約を締結することなかるべし」とあって、この精神という字が非常に問題になったことを覚えていますが、どういう訳で問題になったか、これに他の字を加えるというのだったか、他の字にしようというので問題になったことを覚えている。

武者小路　精神は、なるべく強くしようという意味で、その言葉とか、表現の問題ではない。根本的に矛盾しているような感じを初めから持っておったから、しっかりと、精神を強くやったんではないか。

古内　そうですね。

柳井　これについてはラパロ条約の方よりはベルリン条約の、中立条約の方が問題で、ドイツの方はベルリンの中立条約をその儘有効として置いて、日本だけ第二条で縛られるのは片手落ちだからというので、強い訓令が来て、三つの修正案が来た。その三つの修正案を私と古内君とでドイツ文に拵えて、私の意見も入れて少し変へましたけれども、それをリッペントロップの事務所に持って行った。リッペントロップの方では、これでよろしいという。どれだかの案に喰いついて、よろしいというので、こちらの立場がよくなって、本省にも電信を打ち、愈々出来ると思っておった、そこで大使館で大使の御馳走になっておった時にリッペントロップから電話がかかって来て、ヒットラーに見せるので、その前にガウスに見せたら、日本にしてやられた、これは変へて呉れと言って来て、折角うまく向うを納得させたのを、最後に駄目になった、ということを記憶しています。その三つの案の訓令は、それが条約の本文をいぢるんだったか、交換公文であったか覚えてませんが、ガウスが餘計な茶々を入れると言って憤慨したが、ドイツに不利であったことは覚えている。古内君、君が特にタイプライターを叩いて呉れたんだから……。

古内　ゲーゲンシュタンドは交換公文にあったんですね。変な言い廻し方で、良く分らんものだから……。

柳井　大使と井上参事官が行って、よくなった。

武者小路　ゲーゲンシュタンドが愈々公表されたりなんかした時に、ソ連から見て餘り無暴になっちゃいかんというので、これは有効が原則で、みんなゲーゲンシュタンドロースになっておると言ったような気がするのです。

井上　これはドイツの態度を参照するに終ることと思うが、大使がリッペントロップに会った時に、何故遠廻しなことを言うかと言ったら、当時ロカルノ条約の廃棄の際だから、世の中に知れたら、東でも、西でも同じようなことをするというので、ドイツとしては困るから、影響のないように文句を使って、実際はないようになる。

杉原　枢密院でも誰か援用して答弁されて、石井さんが非常に首をかしげて、ゲーゲンシュトライトフリーは、どうも判らんというので……。

有田　此方も判らんのだね。私が説明したが、しかも判らんなりにしたのは、餘りそういう風なことで電報の往復をやっておったんではいかんというので、いい加減にして置こうというので……。

武者小路　古内君に聴いて見たらどうかね。プレアンブルが激越な調子すぎたから、とても条約全体を、この前文をつけて引受けることは出来ないと言って――別荘で言ったんだ。大島がディスピュートフォルレンだと言ったら、リッペントロップは蒼白になって怒ったことがある。プレアンブルの激越なのは、日本は引受けられない。暫らく停頓させるより仕方がないと言って帰って来て、心配したけれども、ヒットラーに言ったら全部お前の方の言う通りになってよい、自分は条約を日本と結ぶという根本を進めたいので、前文の字句はどうでもよいのだということを言って来たので、僕は感激して本省に出した電報で、長年の経験と違った交渉の経過で、向うが斯ういう風に全部を譲って来たような次第だから、今後餘り草案の字句に拘泥しないで、イエスかノーか言って貰いたいということを言ってやった。そうしたら迅速にイエスが来たんで僕も感激をした。そこでゲーゲンシュタンドロスがいっちゃったんだろうね。

古内　前文に書いてなければ忘れたが、対象の分るようなものだというので、さかんにやっておったんでしょう。

武者小路　否認をしないのは、ゲーゲンシュタンドロスは後で問題になった。プレアンブルは一番初めになった。プレアンブルの問題で喧嘩したのは、そんなに後でなかったように思うが、一括して、イエスかノーかと言って来たのか、クロノジカルに否認?をしないところがある。

井上　プレアンブルの問題は私の着任前、ゲーゲンシュタンドの問題は着任後で、私がその電信を書いたことがある。前のことをお引(用)きになったんです。

武者小路　そうかね。

有田　今迄、甚だドイツ側の態度が……。

井上　先程申上げましたマスナーメ?(編注三)の引っかかった電報は口語体で書いてあるから、原文ではないかとメンションして貰って、内容も違う。内容は枢密院の審査報告の中に書いてある通りと思います。

与謝野　向うから取って来たのを英訳して、それを日本語に書いたんだろうね。

有田　正確でないから。後で枢密院の審査報告の中に援用した方が正確であるから、それを訂正して貰いたい。

徳永　問題になりましたポイントは、プレアンブルの問題が解決したから、その後で、ゲーゲンシュタンドロスの問題が交渉の途中で……。

井上　防共協定については餘りない。秘密協定については、一条で挑発せられる云々の問題と、既存の条約と、殊に日本とソ連との問題に色々あったが、それはアジャストメントをどうするかというのが一番問題になった。それに関連して往復文が出たんですね。

柳井　先刻の、東京から来た三つのレダクション、ドイツの方でベルリンの中立条約をはっきり破棄しないならば、日本の方も将来又情勢の変化によってソ連との不可侵条約ないし中立条約を結ぶ可能性だけは留保して置きたい。それについて、次の三つの案についてドイツ側と交渉をしろという訓令で、それに基いて、ドイツ文を作って、どれだかに喰いついて、それがガウスのところで見つかって、リッペンから武者小路大使のところに電話が掛って来て駄目になったのです。大臣(有田氏)御記憶ありませんか。

有田　日本でも将来不可侵条約、中立条約をソ連と結ぶことが必ずしも絶無が保し難いから、そういう風な趣旨を頭に置いて……。

柳井　第二条の解釈について、交換公文みたいなものを、約束を一つ取り付けて置けというので三つの案を作って見た。

有田　ドイツの態度がハッキリわれわれには分らない。気持ちがハッキリ分らん。そこで必要なら此方でも、外務省として中立条約なり、不可侵条約を作れば良いというのであったが、それは恐らく、その点について、ゆとりを取って置く方が良いという意味に私は、ハッキリ記憶しないが、それは少しも、当時のわれわれの気持と反していないのだ、そういう風な気持ちですね。果して訓令を長く書いたかどうかという記憶はない。

武者小路　日本の漁業条約とか、国境条約とかで政治関係の条約はなくて、向うは政治条約で、殊にベルリン条約は強い政治条約だから、両方の釣り合いが、なにか、こっちが損をしているような感じがあったし、そして又将来に、日本の行動の自由を取って置きたいという考えの二つがあって東京から訓令が来たように僕等は想像していたが、今、柳井君に聴いて成るほどと思うが……。

柳井　非常に嬉しかったのと、がっかりしたのとで覚えているのですよ。

井上　コンセッション云々は条文か附属書にあったんですか。

柳井　どっちにもない。

井上　文句は出ているね、交換公文に。日満国境確定のあの点は出ている。

杉原　私も、寧ろ、そっちの方に記憶がありますね。

柳井　そこに、もぐり込ませようとしたのではないかね。

古内　そうですね。強く本省から言って来ましたね。ガイストというのはドイツ側が附けようとしたのではないですか。不可侵条約を結ぼうとしているので、ガイストを落としたか、ガイストとあったか。

井上　精神《ガイスト》という、英語で言うとエトース。

古内　をつけたのは今の話の……。

杉原　不可侵条約のところは、はっきり記憶しないが、漁業条約までいかんと言われちゃ、いかんということだと思いますね。

古内　ガイストは、なんの問題になるんですかね。

井上　本協定は……。

有田　タイプの十三頁は、若松中佐が帰朝しての報告の結果に基いて武者小路大使と寺内陸相と商議し、これを書類として自分の処に送って来たが（四月三十日受領せり）というのは、なんのことかというのだ。それから次の十四頁に（日本の回答後れたるを以て独側も成否を疑いありたるが如し）とあるが、政府の回答は、後れたことはないと思うが。

井上　大島が、自分の返答の出来ないので、日本側が、と言ったんですね。陸軍側のアレを期待したのだろう。

武者小路　若松が帰って行ったから、直ぐ返事が来ると思ったら、その後杳として返事がなくて、僕が行って、返事を五月にしたから、その間長くかかった為に、向うではしきりに心配したというのだ。そういうことなんだ。

有田　これだけ見ると、僕も分らなかった。武者小路大使に聴いて初めて、そういうことだろうと思う。

徳永　日本の、とあるから……。

与謝野　陸軍側では、非公式の交渉を、公式のつもりであるからね。

武者小路　次に聴きたいと思うのは、大島の供述書の中に、武者小路大使が着任した以後は、武者小路にやって貰いたいと思っておったんだが、しかし、自分にもやれと言ったから、自分もその時参加したと、書いてある。その理由なんだ、何故そういうことを言ったかというと、第一は、前に大島がリッペントロップにサウンドしておった行きがかりもあるけれども、向うから発意を取って貰いたいということは有田大臣の希望でもあり、こちらからの、売らんかなの態度は執りたくないと思っておったんだ。向うからの提議を得ようと思うから、今までの行きがかりから大島にやらせた方がよいというのが一つ。ノイラート外務大臣とリッペントロップとの関係。リンデンから見て右側のウィルヘルムストラーセに厳として座っているノイラートはなにもしない人であって、その向い側におるリッペントロップが一切のことをやっている。自分達日本で、それ程でないけれども、つくづく、そういうような空気に似たような空気を味っている人間は、向うに行って、直ぐにもリッペンの処に行って話そうという気にはなれなかった。如何にも厳として存在する外務大臣を無視するようで、嫌であった。そこで、躊躇して、そういうことを言ったのであった。しかし、どうも話を纏めるためには、どうしても右へ行くより、左へ行かなければならない事情であったから、やっておった。リッペントロップの返事、すなわち提議が出て来たから、その後は私が向うと直接談判するようになった。ウィルヘルムストラーセの右から眺められる左の家に出入りするのは嫌だから、リッペントロップの別荘にタクシーを駈って出かけたという訳である。その経緯を言って置きたいと思う。

徳永　交渉相手は、リッペンとなすった訳ですか。

武者小路　交渉相手は全然リッペンです。非常に弱ったのがノイラート大臣、マッケンゼンだったね。ディーコフ――が非常に煩悶をして、私も身につまされて、どうかして先生達にも情報を与えようと思ったが、さりとて、その情況はデリケートであったから、幸いディリクセン大使が僕の処に遊びに来たから、ディリクセンに話をした方がよい、右側に話をするのが困ったから、ディルクセンに細かく話をしたことがある。そこで、連絡はディルクセンを通してノイラートに、リッペントロップとの話を伝えた。ところがディルクセンがしきりと言うのは、自分達、外の外交をやっている者は、イギリスとソ連が心配である。日本の態度は自分達に心配の程反英の傾向がある。これは、どうかなりませんかということを言って来たことがある。これは一つのエピソードであると思う。

上田　プレアンブルの問題に戻りますが、強硬のやつはその儘本省に来たんですか。

有田　非常に激越のものが来た。

武者小路　物言いがつきましたね。

有田　そういうことがある。宣伝に使用せんというので、本省は已むなく同意見で……。

徳永　(イ)(ロ)とありますね。それが問題になったんですか。

武者小路　イエスとあるのは間違いだ、東京へ取次いだのは間違いで……。

徳永　イエスと言ったとは書いてありませんね。

上田　外務省側の意見としては、前文として問題になったんですか。

有田　初めから問題があった。

武者小路　初め出た案はリッペン案で、それをヒットラーに見せに持って行ったら、俄然強くなったんではないかね。
古内　そういう経緯があったんでしょうね。
武者小路　初めリッペン案が来たんではないか。
有田　われわれのところに来た時には、ドイツ側の案だけだったがね。しかし、それが非常に激越だった。しかし、コメントは君等の方から来た。
武者小路　ヒットラーの処に持って行ったら、朱で入れたと言ったね。
古内　ヒットラーの手を加えて、新聞宣伝になったんですね。
与謝野　私は防共協定の交渉経過には恰度タッチしませんでしたから、進行係としては不適任で、諸先輩、就中、古内君にも来て頂いて、大体お話を下さいましたのですが、尚参考になることを一つ伺はせて頂きたいと思います。
武者小路　エントラスティンという言葉は大島の一番初めの時に、大島がそういうことを言ったから、そういうようなエントラステンという案で向うと話をした。外務省の関係しない時にそういう空気があるが……。
古内　大島さんがよく言っておったことは、日露戦争の時のことをよく話をして居りましたよ。日露戦争の時に、カイゼルがピョードルかなんかでしょう。ロシヤの海上で会談した時に、ロシヤの兵隊が東洋に向って行った。日本の陸軍が立場に困った。斯ういうことは日本陸軍としては今後避けたいというアイデアーを言っておりましたよ。エントラスティンという言葉は、ドイツ側から出たんですが、大島さんの考えは、ドイツ側に、そういう意味で伝っているのでしょう。
武者小路　若松の時に、エントラスティンという言葉があったんですか。
杉原　あの言葉は初めからでしょう。
古内　若松さんが行った時は、エントラスティンという言葉が出ておったか、エントラスティンという言葉がなかったか

井上　……。
古内　供述書には初めからそういう言葉を使ったと書いてあるが……。
有田　エントラスティンというようなハイカラな言葉は出ないですよ。
古内　大島君の気持は、そういう気持ちだったと思う。
井上　その気持を汲んでエントラスティンということになったんですね。
上田　三国同盟に入る前に、イタリアの防共協定加入のことがあるのですが……。
有田　その次の、オランダの加入に関する問題があるのですが、一般的に、これを広田三原則がある前か、防共協定を結びたいという考は、日独防共協定の前にあったのか、その他に、どういう国と具体的に防共協定の交渉をなすった経緯があるかという……。
上田　防共協定は、中国との防共協定の考が因だろうね。岡田内閣頃の案ぢゃァないかね。ボンヤリした記憶ではあるが。岡田内閣から表面に出た。支那と防共協定をやりたいということは、恐らく陸軍の考え方だろう。広田三原則の中にも謳っていると思う。協定ということはないが、防共のことは……。
有田　それから実際問題としては、昭和十一年の八月、支那との交渉があるね。川越大使がやった。あの時のこちらからの提案の中に、一般的防共協定を結ぼうという、ドイツとの後になるが……。
上田　話が進んでいる最中に……。
有田　やろうと提案したんだね。一般防共協定と満蒙、殊に蒙古の方面で、支那と防共的なことで一緒に工作しようということがあった。その時に支那側では蒙古──満洲が入ったかどうか分らんが、蒙古、北支の方の防共に関する日本との協定はやってもよろしい。けれども一般的防共協定は困るという。蒙古の方面では互に軍事保障をしようというのであったが、一般的問題を伴った防共協定は嫌だというのだ、それでどうしても分らなかった。それも一つの話の纏まらなかった重な問題の一つであるけれども、後で汪兆銘あたりに聴くところによると、無理もない。恐れたんだね。一般的防共協定は支那全体に適用されるから——広東へでも、山西へでも兵隊を出しはしないかと恐れた。蒙古とか北支なら日本に近いところであって、其処へ兵を出すということは已むを得ないことで、この意味から必要であるけれども、防共の口実で支那の到る処に兵隊を出すようでは困るというので非常に強く反対をした。

杉原　全くその通りで、私も汪兆銘と基本条約の交渉をやったが、その点は防共即駐兵ととっていることを周仏海がはっきり言っておった。それだから非常に敏感でした。

上田　英米との関係を恐れて、ということはありませんか。

杉原　英米との関係より、駐兵の区域ということについて先方は非常に厳密に考えている。例えば蒙疆——全支は勿論、まっぴらだけれども、その全体の地域ということは困る、点——何処と何処という特定にしなければならぬということで、非常に敏感だった。特定の点だけに限定するということを強く言っておって、全域に亘るということは……。

柳井　広田三原則に防共の入ったことは守島伍郎氏が亜細亜一課長でよく知っている。広田三原則に関する限り防共がどういう風に入ったということは守島伍郎君に聴けば分る。

上田　支那以外では、ベルギーとかオランダ。

与謝野　イギリスも考えたんだろうね。

武者小路　オランダの場合は、あすこにあったが、斯ういう経験がある。防共協定の出来た時に、在ベルリンの大公使が僕の処に質問に来た。フランソワ・ポンセが来て、これから凄い奴が来るよという、誰だと言ったら、オランダの公使だ。非常に心配しているよ。ポンセは非常に頭の良い男で、イタリアの大使をしておって、チャーチルの回顧録を見ると、チアノ？に対して、これから君は激しい御主人持ちになるねェと言って警句を吐く男だ、その時にポンセが、オランダをかりて、自分の懸念を言ったんだと思った。兵隊を自分の国——蘭領印度に入れるんではないか。兎に角日本は恐らく蘭印を赤くするだろう、そして兵をやって、取るのだろうと……。

与謝野　当の責任者は別ですが……。

武者小路　ケルコーかなんか入って来て、非常な剣幕だった。僕はポンセがおだてたんではないかと思うね。なんのために斯ういうものを結んだか、お前達も知ってるだろう。去年のコミンテルンの宣言を見れば、君達も分るだろう。そしたら早速偉い人から、国際法ぐらい知ってるだろう。日本が国際法を無視しない国であることは知ってるだろう。まさか、ただお前の方の国内で事情があった時に、直ぐ兵隊を持って行くことは出来ないではないか。

井上　国内及び国外があった、その国外を摑まえて言って見た。

与謝野　山口巌君はオランダ政府に話かけた。その前に防共協定かなんかやるからと、オランダだけアプローチしたんだね。

有田　まだ其処まで行かんうちに、広田内閣は辞めてしまった。

上田　ベルギーあたりにも、あったんではないか。柳井公使に伺って見ろということであったが……。

与謝野　イギリスについては心配して、議定書の案まで出来ている。

有田　防共協定にイギリスを引っ込もうとしたので、議定書で何をしようと思ったが、ドイツは色々な国を入れたいというので、武者小路君との話がイニシヤルしたからかどうか、自分でイギリス大使を買って出て行ったら、目的は防共協定を結ぼうということであった。われわれはドイツのやることを見ていよう、日本の考えは議定書案の協議——条約なんかを作ればやりたいのだというので、吉田(茂)君がイギリスに行く時に、たしかそういう話をやったんだろうと思うが、その時は防共協定も出来、又キールン《?》宣言とか、空気が非常に悪かった。その吉田大使から、どの程度の報告があったか記憶しないが、吉田君も、手も足も出なかったのではないか、着任したが。十四年《(ママ)》六月頃だったのではないか……。

武者小路　吉田の処に行ったんだろう。

柳井　覚えて居りませんね。

与謝野　締結の時は吉田さんですね。吉田さんが、外務大臣になるのが蹴飛ばされて、イギリスに行って、有田大臣が来て、その年の秋ですからね。

武者小路　柳井君が電報をドイツから打つのは困るというので……。

柳井　私は秩父宮様の時に行った。大島でしょう。一辺行って、議論して、大いに意見が合わなかったということがありましたね。

井上　イタリアの加入のところの九頁に「目下の処其の交渉の経緯を詳にするを得ず、参考迄に左に本件に関する陸軍の意見を掲載す」とあるが、これは外務省としては、堀田大使もおることだし、これは突っ込んで聴いて頂いて……。

柳井　はっきり覚えておられますよ。

武者小路　僕もイタリアに行ったから……。

有田　供述書の二十六頁の五相会議云々……とあるが、それが大体良いかと思うが、一寸見て置いて貰いたい。外務省の方が確実で、与謝野君が書いて呉れたあれ《？》にあったから、見て置いて貰いたい。

二十七頁の、これも、この間一寸話をしたが、ベルリンから十一月末にガウスの基礎案を外務省に電報したところ、一鳥三石（ママ）の名案だという返電があったと述べているが、実はあの当時の日本国内の経緯から電報は一つも出せない状況にあったんで、初めて出たのが一月十七日なんだ、デットロックに陥ちてからは……。それから正月にかけて近衛内閣が辞めなければならない状況であるから、恐らく、これは陸軍からやった電報を大島君が考え違いでもしているのではないかと確信する。

与謝野　実は、これは、私もこの時の十一月末、有田大臣がなられた後は、手を縛られた状況であるから、八月の時に、前文の出来た時か、この時か、陸軍はなんとかこれを成立させるようにと言って持って来た時に、なかなか名案のようであるが、色々研究することが必要だから、暫らく待てという、つなぎの電報があるから、逆に違った電報が出たんではないかね。そういうような気がしている。

有田　あの時の状況では、出る訳がない。

与謝野　取り敢えず大島さんが、ここの処に持って来ているのではないかという気がする。

有田　ここで繰返して来れば、私は、外務大臣になる前――顧問の時――に斯ういうものがあるということを聴いておったが、僅か三週間で辞めて一寸一月足らずなにをしておったから、外務大臣になって心配になったので、条約局長に聴いたら、日本政府案を、八月の五相会議の決定によって、作ろう。ドイツと交渉する前に――ところが一回集ったきりで、二回目からは外務省で会合をしようと言っても陸海が応じないのだと。一ト月経って外務大臣になった時に聴いたのだ、話がまとまったかと聴いたら、しきりと催促しているが、何もない。応じて来ないということであった。そこで変だなァと思った。防共協定の時の経験もあるしする（ママ）から、変だなと思って聴いた。八月の話も聴いているから、一体五相会議の連中がこの問題にどういう考えを持っているかということで、直接調べる必要があるというので、近衛さんにも聴いた。池田成彬の意見、米内にも聴いた。防共協定の延長ということであったが、板垣には、これはうっかりなにすると思って、うっかりするといけないと思って機会を待っておった。十一月頃になって、板垣が突然五相会議のことを自分で言い出した。あの問題の話を早くつけたいという話を出した。外務省は前からそういう話をしたいと思っておったが、陸海軍が応じないことだから――。外務省は出来るだけ早くやりたいのだと言った。その直前に案が来て、今の話になったか、ドイツから来て話になったか知らないが、十一月案が来る前に五相会議でやろうという。やろうというが、ここで初めて、この五相会議に述べたんだが、諸君はどう諒解しているか、私の諒解しているところでは、防共協定の延長だけであると聴いたが、米内、池田両君は真っ先に、その通りだと言った。

近衛が三番目にその通りだと言った。板垣に、君はどうかと言ったら、僕もそう諒解しているという話であったが、彼は困った。しかしフランスが若し赤化した場合、それは良いだろう。それは赤化してしまった場合は。そこで安心した。板垣が反対の意見を取りはしないかと思ったら、向うから言って来たから、そこで外務省に帰って、その趣旨を出先きに電報しろと、八月の五相会議で決定したことと同じだと。そうしたら、大島君はそれは違う。自分のやつと違うと言って、そこで大島君の電報が来る前にゴタゴタになった。板垣でなければ陸軍大臣を辞めなければならない時であったが、陸軍大臣たることは、その儘になったが、非常に不満だ。恐らく、それはいかんから、ある機会にネヂを戻して貰いたいという注文があったと見えて、その次の五相会議(翌月位)に防共協定の延長というが、主としてソ連を……。陸軍大臣ポカンとしてしまった。で陸軍大臣の考えの間違っているということを皆が言ったが、そうでないという一点張りなんだ。そこでデッドロックになってしまった。そして、出すも、退くも、出来にくくなってしまった。その前後にベルリンからガウス案かなにか知らないが来たんだ。初めは非公式で来て、その時に正式に、十二月も押し迫って。そういう風な状況だから、そのベルリンから来た案を審議するもなにもない。

与謝野　五相会議も附箋をつけて、但し英仏が赤化した場合は、対象の中に入るという話はあったが。一石三鳥云々は、裁判所で言っているのは、内心はどういう訳であったか、強弁しているのは、記憶力もよいが、本省から来た中には、そういう言葉があったという記憶があるのではないかと思う。つまりお前の案は一寸見ると一石三鳥のような案だが、陸軍が持って来て、ガヤガヤ押したから、そこだけ取って、実は突っ張っておったんだ。内心、外務省、政府が反対であっても、私も確信がないが、一石三鳥ということは参謀本部の西大尉の言葉で、結局最後のところで採用されたかどうか分らんが、継《つな》ぎの電報で、電報が出たという気がするが……。

有田　一石三鳥の名案とか、なんとか、ありやしない。

古内　武内さんがやっておったからね。

有田　非常な問題の時だから、出せない。

古内　何時頃出たかというのですか。

与謝野　ガウス案がプロトコールをつけて、あれを出した。それを又受けておった方が翌年になってから日本が決意《ケチ？》をつけたため……。実は漠然としていたんだ。

古内　十一月のうちに、陸軍大臣から防共協定の電報だったという記憶はしましたね。返事が来ないのでブウブウ言っておった。

有田　それまでは、一寸も来ないのに、急に来たんですよ。それを邪推したのは、陸軍は外務省の申出でを拒絶して、事務当局の、日本の政府案を作ることを拒んでおって、それが今のように突然板垣が、アレを早くやろうではないかと促進論を出したのはガウス案が来たからだね。陸軍の方に一足先きに来ておったからだと思う。

与謝野　つまり、これは大島さんとリッペンとの協議――話合いが、ソ連を対象としていない、英米を対象として出来たもの、大島の境地もソ連であったが、英米も入れた。笠原が叱られて、陸軍が渋って……。白鳥さんは暮にヨーロッパに発った。そして大島に直接ベルリンで会ったが、実は主たる目的は英米なんだということを言った時に、白鳥さんはウナッたということですね。本当のところがすっきりしない。ソ連だけなら出来ないのですね。

古内　八月に来た案は、文面は一般的になっておったんですね。宇垣さんは……。

有田　宇垣さんは最後に外務省に持って来て、今晩一晩で意見を作れというので、三谷条約局長、次官が集って、前文の中で米国を除外するということと、防共協定の延長だとかいうことであった。それで、これならば良いでしょうということで、宇垣さんに渡して、宇垣さんは五相会議に臨んで、今度のは外務省に来たんではないから政府として正式に採り上げられないが、情報として意見をいうとして言った。

井上　一番最初に宇垣さんの問題について調書の五頁に簡単に書いているが、斯ういう経緯があったんです。笠原少将

(当時)が帰って来て宇垣さんにドイツのどこで作ったか、案を宇垣さんに出したが(八月二十五《ママ》日)事務当局は全然知らなかった。当時山田課長が、影佐にでしょう、極めて極秘に聴いて、斯ういう案が来ているぞと。宇垣大臣が握っているということを話して貰った。私は与謝野君なんかと前から研究しておったが、更に研究しようという訳で、研究しておった。八月二十五日の昼頃から、陸海から十人以上来て、斯ういう案をドイツから出して来た。一つ外務省の対案を本日中に作れと強要した。実は影佐氏から聴いていることは何処にも言えない。日本の武力をいつかは使はなければならない。それにしてもこれを作ることは、半日やそこらで纏めることは不合理だ、その返事は出来ないと言って返した。その晩堀内次官から電話がかかって、昼間は蹴飛ばしたが、その後返事をしなければならないから、至急集まれという、三谷、堀田大使がおられたが、山田課長と数人で、次官々邸に集って論議したものが案で、そういう経緯である。宇垣大臣が十日間握っておって、事務当局に話をしなかったということは大きなことです。

与謝野　宇垣と笠原は兄弟ですから、宇垣さんに事務当局に話して呉れるなということで、その点のカラクリは分らん、その辺は模糊としておったんではないか。実は陸軍に行ったら、ある少佐が、これは絶対極秘であるがと、山田と影佐とは仲が良いから、影佐が、何処にも言ってはいけないと言って話したんだ。で、これが洩れると山田も僕も働けなくなるが。リッペンの方と武官の方と話が進んでるのではないか、当方としては、そういう懸念がある。電報を打ったら、絶対にないと否定して来た。私と山田は職を辞めれば良いからと、次官も東郷さんに注意を与えた。そこで影佐に聴いて見て、急に五相会議に出て来たようなものである。

柳井　ところがあの時に大使館では東郷さんと毎日会っている大島が突然来なくなってしまった。一ト月か二タ月来ない。東郷さんが、大島は来るかいと聴く、大使の処に来ますかと反問すると来ないという。あいつが長い間来ない時は、なにか影でコソコソやっている、臭いぞと言ったら、あの電信が来た。電信が来るまで確かです。東郷さんの勘だが、非常に当ったんですね。

有田　私が大臣になってから、そういう風な誤解が、板垣が今のように、後で取消してから——その頃陸軍の電報を調べたら、八月にドイツがイタリア武官宛に送ったのを見たら、餘りはっきりしていない。次官（海軍）の電報で、出先きの武官に打っている。われわれから見ると正確を欠いているような、誤解でもすれば、出来ないような文面でもないと思う。今どういう文面かは記憶しない。

上田　陸軍側の電報は、裁判所側で出したものである。

有田　それを見た時に、斯ういう風なことであったとすると大島君が誤解したのかなァという気もする。もう一つは、笠原が帰って、宇垣さんが同意であったという風なことである。宇垣さんの態度も、内地の政治家であるから、或はそういう風なことがあったとすれば、大島君が誤解するのも無理もない問題と思いますね。

古内　大島さんに白鳥が怒っておった。あんたは防共協定の強化ということでやっているから皆んな誤解したと言って不平を洩らしたことがある。防共協定の非強化は憤慨に堪えないと……。

柳井　板垣が自分の手落ちを深く謝罪した。陸軍がコソコソやっておったんで、自分は出し抜かれたんで、こういうことになった、自分も酷いことになったんだ、悪しからずという館長符号が宇垣さんから来て、それから興亜院問題で辞めたんでしょうね。ベルリン問題から見ると、陸軍に出し抜かれたんで、辞めたんだなァと思った。それ位ひどい電信が来た。

与謝野　陸軍がそれだけお膳立てをつけたから、出来るんだ。陸軍だから、情報として聴き置くとは言っておったが、私共はあぶないあぶないと思っておりましたね。いざとなれば既成事実になるのですからね。

柳井　宇垣さんが館長符号をよこしておったんですね。

有田　大島の供述書の三十一頁に、伊藤公使と陸海軍々人が一緒に云々とあるが、目的がはっきりしていない。何か誤解しているように感じる。「政府の腹を能く説明せんが為なりしならん」と言って、説明に来たんですね。対象がソ連だけにかけているという説明に来たんだと思うが、伊藤さんが持って行った条約案は、そのラインで出来たものか。持って行ったものは、秘密を保持する為でもなんでもなかった。あの時の妥協案は、それこそ、近衛内閣が倒れ、新しい平沼内閣がこの取扱いに、どうなるかが分らん。陸軍が出先き大使をコミットしているようでもあるから、忍ぶべからざるを忍んでの妥協案で、これ以上、ここまで行って見たら譲歩するだろう、という出先きとしては考えるかも知れないが、これに限っては、そういう余祐《(裕カ)》はないのだという、それは電報で言ってやっても分らんから、兎に角こちらから人を出して、どうしてもこれ以上はなにしないという国内の事情を説明して貰うことであるが、外務省だけではいかんという訳で、陸海軍も一緒に行った。

古内　大要でも言って呉れないかということを言って来たんではないですか。それに対して機密の関係で言えないと言って……。

有田　部分的に言っても仕様がない。全体として話をしなければならない。それが言える位なら伊藤を遣らない。

与謝野　大島さんが、伊藤が訓令を持って来ると言ったら、リッペンは笑ったということであるが、向うから見れば延期策ととったでしょうね。

有田　大島君は辞表を出したんだったかね、不可侵協定の時は……。

古内　不可侵協定の時は、勿論出したと思いますね。

与謝野　なんべんも出しましたよ。伊藤さんが持って行った訓令と、説明資料という説明書の中に、ドイツ側をして誤解を起させたというので……。東京は斯う思っている。それはドイツ側の誤解だろうという訳で、ここまで妥協するのだと誤解させたのは。伊藤さんが行った時に辞表を出した。東郷さんが外務大臣になった時は、人生観が違うというので辞表を出したからね。

武者小路　人生観がかね……。

古内　辞表は出さないということになっているが、辞表を出して強迫したことがないかということである。

与謝野　あらゆる機会に出しているからね。人生哲学を異にするからというので……。

武者小路　二十五日の朝十一時に、東郷から電話がかかって来て、今やっと済みました。枢密院が済みましたというのが十一時頃だった。

井上　私がかけたのです。

武者小路　リッペンの家で待っておったのだ、十一時頃だった。

古内　たしか昼前ですね。

上田　イニシアルが二十四日ですか。

古内　僕の誕生日だったから二十四日です。

武者小路　映画を撮りに来ておった。かくせかくせと言って秘密協定をかくして、――調印した後だから、それをかくして、調印している振りをしてね。

古内　当時の日本の陸軍も相当、そんな強いものはドイツと結ぶという決心はつかんのではないか。

武者小路　寺内と話合いがあった時に、実は寺内の処に……。

与謝野　ではこの辺で、どうも有難うございました。

第三回懇談会

昭和二十四年五月十一日、霞関会
出席者　有田元外相　堀田元大使　井上元公使

徳永課長　今日は与謝野部長が外の用事で出席できないので私が司会さして戴きます。今日は防共協定強化問題の方を話して戴きたいと思っております。これは私達のその頃携わったものでないのでなかなか難しい問題であるに拘らず、上田事務官がかなり分り易く書いてくれたのですが、これでもなお不備な点があったり、或は間違ったところがあるかも知れないと思いますから、お気付きの点とか何とか遠慮なく仰っしゃって戴きたいと思います。

堀田　これは僕も関係者で、すっかり知っていなければならない筈なんだが——井上君、あの、これはだめだと言って手を引いたのはいつ頃だったか。

井上　三九年の三月。

堀田　それぢゃその時が……。

有田　その時が正式だったかな。

堀田　正式と言っちゃおかしいが、それまでも関係はしているが——ところが君(有田)が、何だか知らんが、僕が大阪にいたのを、すぐ帰って来てくれ、急用がある、と言うのです。一体遊んでいる俺を呼び帰すとは何事か、と思ったが、帰ったよ。こんな厚い書類を見せて、こんなになっちゃった、今までの成り行をこれで考えてくれ、と言うのです。大分厚かったが、家へ帰って読んでみようというので読んでみたら、非常にくしゃくしゃしている。当惑して、こんなくしゃくしゃしたものができるかどうか分らんが、一緒にやって見ようといって、それからいろいろな案をやったりなんかしたが、——この中にも原田日記が引用してありますね。この防共協定については原田日記にいろいろな部分が出て来ますね。——それで、途中から話して相済まんが、今日持って来ようと思って忘れたが、宮内省に不思議な書類がある。日附がないのだ。そのうちに写しを作って持って来ましょう。そのサインは平沼さんと米内、有田、石渡と板垣の四人がちゃんとサインしている。僕はサインが分らないから内閣のあれで調べて貰ったら、その四人のサインであった。そしてそれには、今まで通りの方針でこの問題をやって行くということが書いてある。前に有田君から何か言ったんだろう、要領を陛下に。そうしてそれをもし出先のものが聞かなくてもなんでもそれは聞かせるようにする。いよいよ聞かなくて出先のものが悪い場合には取変えてしまう、ということが書いてある。一体そういうものがどうしてあすこにわらわらしているのか、僕は分らなくて有田君に聞いたら、有田君も分らない。どうしたんだろうというわけだ。ところが原田日記を読んでいたら、あるネ。原田日記を読んでいると、それを出したと思われる時が出て来る。陛下のところに行って話したら、その趣旨を書面に書いて出せと言われた、ということが原田日記にあります。その時に出したもののようだ。原田日記を書き抜いたものを持って来たが、今の書類はちょっと忘れた。あれは君(有田)に見せたネ。言うこときかなければ大使なんか変えてしまうという……。

有田　勿論そういう強き主張はあったのだけれども、そこまで言ったという記憶はないんだ。(笑声)

堀田　ちゃんと書いてサインしてあるんだから仕様がない。

有田　これは頑張れないネ。

堀田　確かにサインしてあるんだからネ。——原田日記を書き抜いた一部分だが——あれは十四年の二月かな。

井上　もっと後でしょう。

堀田　勿論後だが、今出ているのが二月なんだ。この中にいろいろなことがあるんだ。

有田　五月前後だろう。

堀田　僕は四月だったと思うが……。あれは総理大臣から陛下に提出したものらしい。総理大臣が、文書に書いて出せと言われて、なんか君(有田)にそう言って、君が案というか何かしらんが作って、それで持って行ったもののようだよ。

井上　原田日記のこれに引いてあるのは四月の中頃のは書いてある。

堀田　ここにこういうところがある「二十三日(三月)の午前に総理は参内して、陛下に凡ての経緯を上奏して、帰りに内大臣に会って帰って行った。恰度その日に小畑(幡カ)大使と——中略——其後内大臣と電話で話すと、陛下は内大臣に「どうも、まあ已むを得ないが、矢張り書類ではっきり見ないと困るから書類を出させよ」というお話であり、陛下も「外務大臣も承知したそうだが……」と云う御詞であった」ということが書いてある。(編注四)ここら辺のことらしい。なぜかというと僕の記憶ぢゃ四月になってからは有田君は今のような書類を陸軍大臣にサインさせることはできなかったと思う。だからこの時分に出来たんだと思う。

有田　それは何頁。

堀田　今のは僕は間違った。四月十一日のところだ。ここに書いてある。

有田　それは何と書いてある。

堀田　四月一日朝の出来事なんだが「若し両大使が中央の政府の訓令を奉じない場合には召還又は云々」と書いてある。読んでみると「(四月)一日朝外務大臣の官邸でゆっくり色々話をした時に、大臣は「……先日総理が拝謁した場合に陛下からまず第一に「若し例の防共強化の問題に就て、大島白鳥両大使が中央の訓令を奉じない場合にはどうするか」。又第二は「これ以上更に協定の内容を変へるやうなことはないか」と云ふ御下問があったので、総理は第一点に就て「若し両大使が中央の訓令を奉じない場合には召還又は然るべく処置を致します。……強化の問題は最後的なものであります……」。そういうように書いてあって、これ以上更に変えることはございませんと言ったと書いてある。この話を外務大臣したのが四月一日で、総理との話はそれより前のことですから三月末だと思う。

有田　三月末というと、伊藤一行が出発したのが二月だろう。だからやはり三月のその頃だよ。伊藤が行ってから又こっちへ言って来たんだ。それに関連しているんだろう。

堀田　この時に、簡単に言うと譲歩したんだ。君（有田）の方から。そこで陛下が、これは外務大臣も承知したか、と言うと、承知した。それぢゃここまでは仕方がない。その代りもうこれ以上変えまいな、ということなんです。それで総理大臣も、変えません。白鳥大島勝手なことをやるから、あいつら聞かなければどうするか、と言われた。聞かなければ処分致します、と言った。それを書類に書いて出したんだろう。――これに引いてない部分がまだ沢山あります。

上田　全部裁判所に出ておりましたか。

堀田　全部ぢゃない。実は原田日記を全部見たんだ。僕が読んでいる途中で裁判所から取りに来て、仕方がないからやっちゃった。

有田　さっきの話はこういうことだ。「三月二十二日五相会議妥協案」と、僕の書いたやつにあるが、これは君（堀田）がこの間来た時、米内とそれから石渡の問題言ったろう。僕が言ったという……。僕は妥協案というものはこの際万一の場合に考えるということは技術的にはできないことだ、必ず根本方針に触れるということです。ところが海軍までも、何とか出来そうなものだという主張だったんです。総理大臣は勿論大蔵大臣もそういう主張だったんだろう。記憶しないが。――そこでA、Bという妥協案が出ているんだ。それが三月二十二日の五相会議だからその時だな。

堀田　これに出ているのは四月の一日のところに書いてあるんだから、それ以前だから三月二十何日かだ。その時から僕が聞いたんだ、君に、弱ったというのを。それでどうしようかというので、それから実はできるだけ譲歩案から元に戻ったつもりなんだがね。

有田　今のところをもう一ぺん読んでみてくれ。

堀田　原田日記もくしゃくしゃして沢山あるが、防共強化のところだけはすっかり書き抜いたつもりなんだ。（以下朗読）（四月）一日の朝外務大臣の官邸でゆっくり色々話をした時に、大臣は「元来五相会議に関する上奏は総理が纒めてすることになって居て、後に外交問題に何か御用があれば無論自分も申上げに出る場合もあるけれども……。で、先日総理が拝謁した場合に、陛下から先づ第一に「若し例の防共強化の問題に就て、大島、白鳥両大使が中央の訓令を奉じない場合にはどうするか」。又第二は「これ以上更に協定の内容を変へるようなことはないか」と云う御下問があったので、総理は第一点に就て「若し両大使が中央の政府の訓令を奉じない場合には、召還又は然るべく処置を致します。又これ以上更に変へるやうなことがございましたならば、中央から出先に言ってやった強化の問題は、最後的なものでありますから、これで駄目ならば、交渉を打切るのも已むを得ないと存じます」と云ふ奉答をして、尚ほ続いて「有効なる武力援助は出来ない、という趣旨の下に細目協定を決する積りでございます」。それから尚ほ第四点になって、「有力(効カ)なる武力援助とは何か」と云ふ御下問であり、総理は「独伊と協定を結んで居る以上、この両国と第三国との戦争のある場合、局外中立と云ふことは出来ません。然る以上、武力以外の援助は与へねばなりません。又武力にしても戦闘行為は出来ませんが、軍艦を出して独伊の便宜を図る、即ち牽制する意味に於て示威運動をすると云ふ如きことはしなければならないと存じます。然しシンガポールを攻めたり、欧洲を攻撃するやうなことは絶対に出来ません」と云ふことを申上げた処が、陛下から「兎に角、始めの第一点、第二点に就て内奏の要旨を書類にしたためて自分の処に届けろ」と云ふ御下命であった。で、その内奏の要(旨欠カ)を総理は外務大臣に作ってくれと云ふ話であった。その内容は、第一に、異見をさしはさみ、訓令に従はざる場合は召還又は適当の方法に依り、交渉に支障を来さしめざるやうに致します。第二は、一月二十三日、三月二十五日付大臣訓令範囲内に於て交渉を重ぬるも見込なき場合(例えば我方針を変更せねばならん時)は、交渉をうち切ります、と云ふやうな、大体の要旨のものを陛下に御届けして、それには五大臣、即ち五相会議に列する大臣が凡て署名して居る。

有田　君が見た書類は前半しかないんだな。方針変えないということはあの書類にあったかな。

堀田　そうだ。武力援助とかなんとか、説明はない。

有田　僕が更にそれを話したことになっているわけか、四月一日、朝。

堀田　そうだ。

有田　やはり日記というものはつけておくもんだな。これ読んだら、ちゃんと今のような意味のことを言った、そして五大臣が署名した、というのがあって、ああ、この時の書類だな、と思ったんだ。

有田　それは有力なものだ、あの書類を説明する。

徳永　三月二十二日の五相会議の後、これを陛下に奏上した後ですか。

堀田　三月二十五日のは、あれが最後のぎりぎりだ。これ以上は変えないというやつなんだ。――君（井上）が憤慨したのは、三月二十二日……。

井上　五相会議の決定なんです。

有田　それで、これに直接関係あるわけぢゃないけれども、原田日記だったな、米内と石渡のことを言った……。

堀田　あれはもっと後にあるよ。

有田　あれはやはり知っておく必要がある。それは、防共協定に関して米内海軍大臣並びに石渡大蔵大臣のやり方、あれでは困るということを僕が原田に言っていることが出ているんだね。それも実は、はっきりそういうことを言ったかどうかも記憶はないけれども、とにかく原田日記にそれが出ているわけです。そこでこの間堀田君ともいろいろ話をして見たんだが、例えばこの三月二十二日の妥協案というものができる時に――伊藤公使をやったのは二《（一カ）》月幾日かの五相会議の決定をそのまま電報でやったのでは先方に誤解を起させる。普通ならあれを出しても、更に譲歩の余地があるもの、ということを一応出先の大使も考えるかも知れんし、相手方もそれを考えるかも知れん。しかしこの案こそは本当にもう譲歩のできない案であるわけです。国内情勢とかいろいろな点から言って。それだからその事情をよく説明するには電報ではいけないから、そこで伊藤公使を主として、陸軍からも海軍からもやって、大島並びに白鳥に説明をさせよう。どうしてもこれはぎりぎりの案なんだ。だから如何なる譲歩の余地もないということをよく納得せしめなければならん、という趣旨であったわけです。ところが伊藤が行って説明してもなかなか納得せずして、これぢゃいいとか、悪いとか、いうことを言って来たんだ。そこで東京で五相会議の席上において、こう言って来ているから、何か、これでいけなかった場合、ということで案が何か出来ないものか、という、こういう問題が起きたわけです。そこで私は、それは出来ない、これに技術的の筆を加えるということはできないのであって、そういうことをすれば必ずや本質というか、主義の問題に触れて来ることになるから、変更するようなことはできない、と言ったわけです。ところが総理大臣も、何か方法があろうぢゃないか、と言って、海軍も、流石の米内君も――これは米内君がああいう海軍出の人だから、細かい外交上の技術的のことについては十分知っているとは言えない。それで部下の方の意見もあったのかも知れんけれども、「そうは言っても、何とか研究の余地があろうぢゃないか」ということを頻りと主張した。陸軍大臣は勿論そういう意見であった。そして関係各省で何とか案を持ち出したらよかろうぢゃないかということになったわけです。その持寄った結果がこういうものになったんだ。A、B案とか、訳の分らんようなものになったのだが、その時に米内君が、技術的に何かやり方がありそうなものだ、ということを頻りに主張するものだから、そこで僕がその点について原田になんか言ったと見えるんだ。それが原田日記に出ているんだ。

堀田　愛憎それは書き抜いてないが……。

有田　君の関係したこと、ちょっと話してくれないか。

堀田　僕は同じことをやったんだ。有田が困ると言うんだ。何だか五相会議で四対一になるような形勢だと言うんだ。米内君は自分に不賛成ぢゃないのだけれども、しかし何分にも海軍の人で外交に通じていないから、悪意はないのだろうけれども、間違った方向に行くこともあるし、その上、自分に賛成に違いないと思う時でも積極的に賛成してくれない、と言うんだ。そこへ持って来て、石渡君はいろいろな議論をする。その議論は、これも悪意ぢゃないだろうけれども、その議論がたまさか陸軍の議論を支持するような議論になることが屢々ある。そうすると四対一になってしまう。それで非常に困るから、とにかく石渡君に注意して貰いたい。石渡君が自分の言うことに反対する意向はないに違いない。つい知らず識らず余計な議論で陸軍を支持するようなことがあっては困るから、という話があった。石渡君は結城さんが大蔵大臣の時に次官をしていた(註、この点後で訂正している。)という関係もあるから、君、結城さん知っていて話ができる人ならばそのことを話してくれないか、と言うので、当時結城さん日本銀行の総裁だったが、僕は結城さん前から知っているから話しに行こう、というので話をした。「今度の問題喧しくなっているが、結城さん、あなたも迂濶にドイツなんかとくっついたりしたら大変だということには御同感だと思う」と言ったら、「当然自分もそう思う」。そこで、「私も当然そうだと思う。又日本の財政の方の元締の大蔵省でもその見地だと思う」と言ったら、結城さんも「そうだ」と言う。「石渡君も当然その意見と思う」と言ったら結城さん「そういう意見だと思う。」と言った。「ところがたまさか実は五相会議の議論になると、そうでないようなふうに議論が行くことがある」と僕は言ったんだ。「それで有田君が孤立して四対一になるというので非常に苦労している。これは僕は有田君から頼んでくれと言われて来たのぢゃない。有田君が困っているから僕は言いに来たんだが、適当な方法で石渡君に、中味はよく分っているが、こういう時には独自の議論はやめて腑に落ちても落ちなくても外務大臣の言うことにさえ同意して居れば一番安全だからそういう方法で行くように、ということを勧めてくれないか」と言ったら結城さんも「ああ、勧めましょう。石渡君も勿論英米と喧嘩するようなことをしちゃ大変だと言って心配しているから、今の趣旨で勧めてあげましょう。必ず言うこと聞きますよ」と言って保証してくれた。そういうことがあるのです。それからその数日後なんだが、日は忘れたが、イタリアの大使館で何か園遊会があった。三田の大使館で。僕は同様の趣旨を海軍の方にも言いたいと思っていた。山本五十六に一つ話してみようかな、しかしのこのこ海軍省に行くと目に付く、どうしようかと思っていた。そこへ遇然イタリア大使館の庭で園遊会があった。それで、山本五十六の次に司令官になって死んだ古賀が、当時軍令部次長だったが、其処で古賀に会った。これは非常におかしいんだが、古賀の方からいきなり僕をつかまえて、「外務省はこの頃どうしているんだ」と言うのです。「今の防共協定の問題なんか、陸軍なんかの言うこと聞いて行ったらどうなると思うんだ。しっかりしろ。」と言って、向うからこっちを偶然逆に鼓舞したんだ。それから僕は「勿論それで一生懸命やっているんだ」と言ったが、後で聞いて、なぜそういうことを言ったか分ったが、白鳥なんか防共協定をどっかで唱えていたらしいね。そこで、あいつら外務省の飯を食って何を考えているんだ。それの憤慨で食って掛ったらしいが、——「有田は苦心惨憺して五相会議でやっているんだ。米内君は確かに有田と意見が同じで、海軍は君が言ったような意見と思うが、五相会議で事実やってみると、米内君が有田をちっとも支持してくれないような場合があるんだ。すると有田は四対一になって非常に困る。米内さんはああいうふうに物を言わない人だが、なるべく自分の議論があっても、まず外務大臣の言っていることに賛成と言ってくれれば間違ないから、どうかと思っても大抵の場合はそう言ってくれ。それから黙っていると分らないから、心の中で賛成していただけぢゃ分らないから、何か有田が言ったら、僕はそれに賛成だと言うように言ってくれ」と、さっきと同じようなことを言ったら、古賀は「それは当然だ。それはやっている筈なんだ。しかし山本次官とも相談して大いにそういうふうにやるようにしよう」と言って別れたことがある。だから原田日記に書いてあることは本当だと思う。原田日記によるとこうなっている。有田君がやはり今のような趣旨で原田に、海軍大臣も悪くはないのだろうけれども、思うように言ってくれないで時々陸軍と同じようなことを言うことがある。大蔵大臣もそういうことを言うことがある、というので、原田は海軍に関しては岡田大将に話し、それから大蔵省に関しては池田成彬に話をしているんだ。そういうことが原田日記に出ている。

有田　それは米内も石渡も、殊に米内が防共協定強化に非常に反対だったということは疑がない。その点については誤解がないが、さっき話すように、海軍々人であるがために機微な点が分らんで、その発言が結果において防共協定強化になるような案にもややともすると賛成するようなことがあったというに過ぎないわけなんだから、その点が穴だ。石渡にしてもそうだ。

井上　防共協定強化に反対したんじゃないでしょう。

有田　結局今の技術的な問題について……。しかし技術的とは言っても非常に大きな問題で……。

徳永　一番大事なことなんだが。

堀田　もともと無理なんだ。戦争はしないけれども中立でもないとか、援助はするけれども武力援助ではあるけれども戦争ではないとか、際どいところを通る。陸軍は本当の参戦に持って行こうというので中味を胡麻化して作る。海軍はそれに対して、戦争をしないというところにさえ踏み止まればいいぢゃないかというので技術的な話をして見る。外務省から見るとこれもすでに危なくて、中立でないということを言うことさえ危なくて、結局元へ持って来なければならんということになって、ある意味においてそれを外の形で元へ持って来たんだ。

有田　今の話で二つの点を注意しておく必要があるが、局外中立ではないということを陛下に申上げたということが書いてあるが、われわれはその時は知らなかったが、平沼さんからヒトラー宛のメッセージをやるということが後であったね。あの案に「中立の態度をとらず」ということがあった。これは米内もその時は非常に強硬に反対し、私も非常に反対し、それだけは取らせちゃったんだ。中立の態度をとらずということはつまりドイツ側に好意を示すようなことをするという、厳正中立の態度をとらないということなんです。ところがそのメッセージ案、中立云々ということを謳った平沼さんの案を、陸軍大臣からその時の陸軍武官宛に先にやっていると見える。先では大いにそれで満足していたところ、いよいよ出たものを見るとそれが抜けておった。それでなにしたということが与謝野の報告にあった。

徳永　これに出ております。

有田　それからもう一つは、海軍では常にこういうことが頭にあるんだ。本条約の点ではいいぢゃないか、陸軍の案に賛成してもいいぢゃないか。いよいよとなれば細目協定をやらなければならんし、又戦争間近くなれば軍事的の協定もやらなければならなくなるから、そこで頑張ったら戦争に入らずに済むぢゃないか。こういう考がある。だから動もすると本条約の方をあまり陸軍がしつこく言う場合は、いい加減で譲歩してもいいぢゃないか。後の細目協定なり軍事的の協定でそれができないようにしたらいいぢゃないか、と言う。われわれは、それは非常に危険なことで、本条約で言ってしまっておけば、あとで果して持ちこたえられるかどうか非常に疑問だから、それはいかんというので、ずっと反対して来ているが、海軍はそういう気持があるんだ。ところが今度の三国同盟あたりでも、海軍があゝいうふうにあっさりと賛成したというのはいろいろな理由があろうが、その一つは今のように、条約はこれでいいぢゃないか、後の具体的の協定の時に海軍が頑張ったらいいぢゃないか。或は外交交渉でやればいいぢゃないか、と言う。だから外交交渉に海軍が力を入れたのはそこだと思う。本条約の時は陸軍と協調的の立場をとるためにあっさり同意したけれども、それを外交交渉によって戦争に行かんように、日米交渉でも野村をやるとか、松岡に附いて豊田を出して一生懸命にやったということもそういう考があったんぢゃないかしら。これは私の想像だが……。平沼内閣は、当時の空気から見て後の三国同盟の時も、海軍の突如としての同意を説明する一つの材料だと思っている。

堀田　これには書いてないが、今海軍の態度が出たから言うが、もう少し遡って防共協定に対する海軍の態度、下の方の若いものの態度のことがやはり原田日記に出ている。軍令部にいた高木大佐と原田との話がある。それには一番最初海軍の若いものの意見が書いてある。あの時分に海軍の若い者が考えそうな意見です。それはこの点に触れるのです。今の有田君やなんかの主張したのは、例の防共協定の線に沿うて、ということを言ったが、これは英米を敵としない。ロシヤに関してはやるが英米までは拡げないということなんです。その点を海軍は英米まで拡げなければいけないという議論をしているのです。その細かいことは忘れて、今覚えておりませんが、こういうポイントが頭に残っている。その一つは、一体海軍が軍備を拡張してこうやっているのはどういうことを意味するか。これは英米がいつ敵になるか分らないから、英米に対して国防の責任を負っているので、海軍は軍備を整えているのだ。ところがその英米とは戦争ということはなし。これを無視した態度をとることは矛盾する。国民に、それぢゃ海軍はなぜ軍艦を作るのだと言われて、説明の方法がないぢゃないか。だから英米というものに対しても対抗するという態度だということでなければ、海軍の本来の軍備を主張していることにぶつかる。こういう点が一つある。それからもう一つはこういう点です。今のが元なんだろうけれども、一体条約の目標をロシヤだけにしておくことは、日本の国策というものは常にロシヤだけを目の仇にしているのだ。いろいろな議論は略しますが、要するにロシヤだけを目標として日本は国防を立てているのだということは、結局陸軍がロシヤと戦争を起すという方に同意したことになる。陸軍がロシヤと戦争するという気勢を間接に援助するような効果になる惧れがある。敵はロシヤなり、ロシヤなり、英米は敵にあらず、こう言うことは結局国民をしてロシヤに反抗した態勢をとらす。結局陸軍のたくらんでいる対ソ戦争に引きずることになる。しかし全体ということにしておけばそこはもっと緩くなって、余程よく考えなければ、陸軍だけでは戦争が決心できなく、海軍などにも御機嫌を伺った後でなければ戦争はできない状態になるから、それで戦争の危険がむしろ弱まるのだ、というようなことを言っていますね。そういう具合で、防共協定に対する今の戦争義務まで行くかどうか。海軍は戦争義務まで行かないということだったのだろうと思います。目標をロシヤに限らないで英米にまで拡げるということについては、下の方で評議してそうきめていたらしい。その点において陸軍と一致していた。それが後になって一番親方の米内君や山本のところで、それは反対だということが分って、それを言われてから高木が原田にこういうことを言っている。もっと上司の意見が早く分って、そういうことであったならばもっとやり方があったんだ。いわばそのために陸軍に引っぱられて来なくてもすんだのだ、という趣旨のことを言っている。

徳永　それは防共協定強化問題が起ってから、ずっと後の話になるわけですね。

堀田　いや、起った一番最初の時です。有田君が海軍も一緒になって陸軍に戦った時は、海軍の部下は統制がありましたから、上の大臣次官の統制で軍務局も何もちゃんと押えられた。そこに行かない前の、本物の議に行かない時、下だけの意見では逆にこれを拡げて行こうというふうにやっていた。

有田　課長級のところまではそれはあったんだな。その時の軍務局の課長は岡だったろう。それから軍令部の石川というやつ、あの二人が、理由はそういう理由であったかどうか知らんけれども、私の聞いている理由の一つは――岡などの主張している理由の一つは、いざとなれば陸海軍協調しなければならん。戦争という場合は、如何なる戦争でもだ。だからこういう意味から陸軍と海軍の協調して行く精神というものは尊重して行かなければならん、ということだった。だから今の問題もこれに当てはめれば、陸軍の言うところに余り逆らわないで、非常な害のない限りは陸軍の意見を容れて行こうぢゃないか、ということだ。岡なんというのは政治家であるかどうか知らんけれども、そういう議論の持主です。例えば興亜院の問題――対支中央機関設立の問題に対しても、岡はまだ課長だったが、頻りにそういう態度だったことを記憶している。だから課長級以下のところでは防共協定強化については陸軍の下の方と大体同じような考を持っていたであろうということはわれわれの方から見ても想像に固(難カ)くない。――さっき堀田君が言った中で、石渡が結城の次官だった云々ということは、あれはそうぢゃない。池田の次官で、結城さんが大臣になったのはその後(ママ)ぢゃないかな。池田さんが始めてなった時に石渡が次官であって、そして池田さんが大蔵大臣をやめると同時に石渡を推薦して次官から大臣にしたんだ。

堀田　結城さんの時の次官ぢゃないんだな。

有田　そうなんだ。

堀田　そうすると結城さんの時の局長か。

有田　いや、石渡の方が先に大臣になったんだ。財界における閲歴から行けば池田、結城というのは同じわけなんだからね。

堀田　今のは僕の間違いです。とにかく結城さん先輩だから……。

井上　これに書いてある十四頁の最初の行で「大島大使ヨリ前記独側提案」というのがありますが、この「前記」が何であるか、分らないのですが。

上田　十二頁のぢゃないですか。「十一月初旬「リ」外相ヨリ独側試案ヲ提示シ来レルヲ以テ……」という。少し飛び過ぎなので十四頁の「前記」が分らないかも知れませんが。

井上　それから十頁の「大島ノ訊問調書ニ依レバ云々」というところで、これは先方の記憶違いなのか、当時陸軍がこういうことを果して電報しているのか分らないけれども、実際の経緯とは少し行き過ぎている点があるようですが。

上田　八月二十五《（二十六カ）》日五相会議決定後の電報ですね。これは大使の調書をそのまとったんです。

井上　例えば「之ガ対象ハ蘇聯ヲ主トシ其ノ他ノ国ヲ従トス」とあるが、「従トス」というのは暫く後になって入ったので、初めはなかったんだ。それは日本政府も、陸軍がこういう意向だということを内密に大島に伝えて、出先と肚を合してそういう方向に導くようにした、というようにも解せるし、或は思い違いだというようにも解せる。

徳永　従という言葉の内容がなかった……。

井上　いわゆる主としてで、主とか従とかいう問題でない。それだけを目指すという主としてなんだ。ところが後になってフランスやなんか赤くなった時というので従という言葉が出て来た。われわれは従としてなんか考えていなかったんだ。向うはこれとこれを、天秤の重さは違うけれども、しかし初めから二つ考えていたという傾向は見える。これは先方の誤解か或は陸軍が初めからそう考えていたかということによってきまる。

有田　陸軍次官或は海軍次官から出先にやった電報というのがあるでしょう。

上田　あれには入っていないんです。これは裁判所から取ったので……。

井上　九頁に「主トシテ蘇聯ヲ目標トスル……」ということが書いてある。これだけという意味なんだ。

有田　宇垣さんの時五相会議できめた案文を外務省から出先に言ってやったが、陸海軍次官からも出先の武官に言ってやった。それを見た感じだけが残っているが、これなら少し先方が誤解して読めばそう読めるのぢゃないかという……。

上田　（九頁朗読）「陸電第二三六号ニ関スル説明。一、「前文案」ハ本協定ガ現存防共協定ノ延長ニシテ主トシテ蘇聯ヲ目標トスル趣旨ヲ明確ナラシメントシタル一案ニシテ英米等ヲ……注意セルモノナリ」こう書いてあるが。

有田　なんだか、これぢゃ……。僕が外務大臣に就任して、堀田君には宇垣さんのところに行って真意を聞いて貰い、案を作った。それから堀内が米国大使だったから電報やって堀内の当時の感じを聞き、それから池田さんには僕が直接聞いた。ほかの海軍大臣、総理などの意見は勿論自分で聞いている。その時に見たんだ。陸軍あたりがどういうようなことを言ってやっているかと見たが、何だかこれぢゃ出先が、故意か何か知らんが、誤解したんだと言っても仕様がないようなことにも取れると思った。

堀田　僕もその印象持っている。僕のやった時は、陸軍が悪いことをした後で読んだためかなんか知らんが、引っかけたな、と思った。陸軍の得意とするところなんだ。英米はネガティヴのように出ているだろう。しかしそれは結局英米も目標に入っているんだということの根拠になる。これは陸軍の得意とするところなんだ。

井上　十四頁に、今大臣の言われたことが書いてある。大臣が五相会議において「本協定ハ防共協定ノ強化ニシテ蘇聯ヲ対象トナスガ英米ヲ対象トスルモノニ非ズトノコトナルガ左様諒解シテ差支無キヤト糺シタル処、近衛総理、米内、池田各大臣ハ之ヲ肯定セルモ板垣陸相ハ自分モ其ノ通リト諒解シ居ルガ例ヘバ仏蘭西ガ赤化シタルガ如キ場合ニハ本協定ノ対象トナルモノナルベシト述ベタルヲ以テ有田外相ヲ始メ各大臣モ之ヲ了承セリ」と書いてあるが、了承されたんですか、大臣は。

有田　それはそう言った。ほかの者もそう言った。

井上　英仏等を対象とするものに非ずと諒解していいかと聞いたら、ほかの者はいいと言ったが、板垣陸相だけが、赤化した時は云々ということを言った……。

有田　つまりそれは、第三インターナショナルの危険に対するものだという趣旨から出ているんだね。

堀田　赤化ということから言っているけれども、フランスがロシヤと一緒に動くようになれば対象になるということなんです。

井上　この「了承セリ」というのはこの通りでいいわけですね。

有田　そうだ。

堀田　陸軍のやり方は始終ちょっと引っかけておくんだ。だから上の人はロシヤ以外は対象としないんだというふうに諒解しているでしょう。上の人はそういう気できめているが、その範囲以内であれだけ文章を練る余地がある。そこへちゃんと引っかけが付いているんだ。

有田　これでも板垣はこれを言うために却って問題を起したんですね。そうして板垣でなければ陸軍大臣は辞職しなければならんような破目だったが、板垣が当時部下の信頼を得ておったために漸く辞職しなくて済んだわけなんだ。

井上「従トス」ということが初めから大島調書にある点をどういうふうに解するかということが外務省の扱うべきものだと思うんです。同じような点が十六頁にもある。板垣陸相が十二月の五相会議で同じようなことを言っている。初めからその積りだったと言っている。ほかのものはそう考えておらなかったわけです。陸軍大臣だけがこういうコメントをつけたという、その扱い方を気を付けて貰えばいいと思う。

有田　一番初めての時だね。

徳永　その点大事ですが、陸軍は初めから従とすということを考えていたような印象を受けますね。

堀田　主としてと言えば、そこに従があって主が引っついて来る、従という文字があるように取らない。主としてこれを見ているんだというふうについ取るものだから、それで通っちまう。

上田　そうすると井上公使の仰っしゃった外務省としての取扱をどうするかという問題ですが、さっきの大島調書の文句もそれにコメントを付けた方が宜しいという御意見ですか。

井上　日本政府の記録――という程ぢゃないという意味であるならば、外務省としてのこれに対する一応の見解を加えた方がはっきりしているんぢゃないか。

上田　大島大使がこう言っているが、これは記憶違いか或は陸軍内部で初めからそういう諒解があって話が進められたというように思われる、ということを付けた方がいいという御意見ですね。

堀田　大島調書を読んで、これを厳正な意味で批判するのは少し気の毒なんで、とにかく裁判受けようとしている人が、自分の立場を弁護しようとして喋ったことなんだから、その点で仕様がないが、しかしある一部の真理はあるんだ。当時の大島君の頭から言えば、陸軍や何かから自分の頭に映った政策が日本の政策であって、総理大臣がアプルーヴしたとか外務大臣がアプルーヴしたとか、そんなことは先方は無関心である。いわば陸軍を通じて来たものは正しいものである。そうすると後伊藤公使来たり、外務省から来た電信は、大島から解釈すれば、いつの間にわが政府は政策をお変えになったのですかと言う、これは大島は真面目に言っているんだと思う。しかし「わが政府は」ということは実は「わが政府」でなくて「わが陸軍」なんです。しかし先方は陸軍のことはわが政府の政策と思っている。

井上　それから三十頁に(1)(2)とありますね。(1)の中に――ここまでは私がやったのですが――「秘密諒解事項第一ニ関シテハ………明カニスルコト」とあるが、これが問題になったのは「原則トス」ということが入っていたのです。少くともこのワーディングの中に「原則トシテ……ハ認ムルモ」という字があったのです。その原則ということで大臣に話をしたんです。

上田　原則としては、武力援助の義務は認むるもというのですね。これは大臣の手記から拝借したんですが。

井上　それは大臣きり御存知ない私の文書があるので、原則という字のあったことははっきりしている。これは自分だけのものですが――。今の三月二十二日の長いこと掛った五相会議で、そういう出先と慣れ合うというか、妥協する案を五相会議で作り上げているが、帰って来られてその翌朝私が大臣室に呼ばれて、こういうふうにきまったから出先へ電報を出すようにしろ、というお話があった。その案を見ますと、今の原則としてこれこれ、という文句があった。これは困る、と言ったんです。その前に大臣に、英仏等に来るべき協定の範囲を拡げることは是非最後まで闘って欲しい。大臣は、勿論そのつもりでいる、というお話があって、その積りで事務当局としてはやっていたのに、二十二日の会議で、原則としては認めるということになったので、これは非常に困る。今までは認めないという趣旨で来たのを、原則として認めるという、すっかり方向が転回したのです。これは困るからどうかして押えて欲しい、ということを大臣に言ったら、もう五相会議できまったからどうにもならん、という話だった。私は仕様がないから平沼総理にじかに会って、出来るかどうか分らんが、できる限り話をして、一つ総理の考も変えて戴きたいということで、こういうもの（意見書）を持って行って総理と話をすることにしたい、と言って、その晩家へ帰って一晩かかって書いて、翌朝大臣にお見せして、大臣も、自分と話してこういうものを持って行ったということじゃいかんが、君自身の考でやったということならいい。勿論そのつもりでおります。と言って、平沼総理のところに行って話したことがある。その中にそういうことが書いてあるんです。

「然ルニ今遽ニ再議ヲ行ヒ協定事項中蘇聯邦ノ参加セザル場合ノ英仏両国等ヲ対象トスル兵力的援助ニ付一度訂立シタル方針ニ一大変革ヲ加ヘ曩ニハ之ヲ行フヤ否ヤハ一ニ当時ノ情況ニ因ルベキモノトシ而モ現在及近キ将来ニ於テ之ヲ行フ意志ナキ旨確立シタルニモ不拘今次回訓ニ於テハ右兵力的援助ヲ行フベキコトヲ原則トシ但ダ例外トシテ当分ノ間之ヲ行ハサル旨ヲ独伊ニ通達シ了解ヲ取付ケ置カムトス」

というのがある。原則ということが当時の文案にはっきりあったのです。それはこれに書いてないからその点は何とかして戴きたいと思います。

有田　これは初めに山田君がレジメのように書いたものがあって、それから後で与謝野がそれを補足して別なものを書いた。ところがそれはいわゆる外務省の事務的のレジメであって、私がどう考え、どういうことをしたかということのないやつであったから、与謝野と山田の書いたやつはそのままにしておいて、それを材料にして私が書いたんだ。そしてこの間与謝野に聞いたが「君書いたやつはどうした。」「一部自分が持っていたやつはなくして、外務省に置いたやつは焼けて無い」と言ったが、それを見るとすべて条文も出ているし、それからガウスの案なども細かく書いてあった。それを材料にしていろいろ消したり、取るべきところは取り、そうでないところは消してやったわけです。

堀田　山田の書いたのはどうしたろう。外務省にないかな。山田の書いたのが一番正しいわけだが。

徳永　ないでしょうね。

堀田　あれがあると何時どうなったか、ちゃんと分るが。与謝野はそれによって……。

有田　与謝野は勿論山田が生きている時書いたんだよ。どういうことで与謝野が別に書いたのか忘れたけれども……。

徳永　山田さんがまだアメリカに行かれる前に、これだけ書いておこうと言って書かれました。

堀田　それをもっと事務官として、書類などによって拡大した、というか、正確にしたのが、与謝野が筆をとったものだ。だからその二つがあれば一番正しいし、よく分るのだけれども、両方ともなくなったらしい。与謝野が、ありませんと言っていた。

上田　今の問題に関連して、これは有田大臣の方の手記の問題ですが、今の大臣のお書きになった中に、諒解事項第一、第二について、結局妥協案として秘密諒解事項、それぞれA、B案を採用したとあるのですが、私の採ったのはB案を採ったのですが、これは乱暴なやり方で、これで合っているかどうか……。テクニカルな問題で、大臣のお書きになったのは一についてはA、二についてはBという意味か、内容が分りませんので私が勝手にとったのです。内容的にこれで間違ないかどうか。なければそれでいいのですけれども、それぞれＡＢ案というのがどうも意味が分らないのです。

私はそれぞれB案を採ったのですが……。

有田　これは外務省案と陸軍省案だね。

上田　第一についてはそうなんです。それで第一については陸軍案、第二については海軍案、こういう意味だろうと思って書いたんです。「それぞれAB案」とあったのが、普通にとれば第一についてはA案、第二についてはB案というふうにとれるのですが、そうすると内容がちょっと変になってくるのです。第一についてA案というと、外務省案で、イタリアの参戦義務免除を秘密協定事項に附する案ですが、これはちょっと変なんで、陸軍案の武力援助の義務は認めるが云々、これをとったのだろうと思ったのです。だから内容から行って、それぞれB案を採られたのだろうと思って、少し疑問だったのですけれども、こういうふうに書いたんです。この点一ぺん教えて頂かないと分らないのです。――A案を採る余地がないので……。

有田　これはちょっと分らない。見てみないと……。

上田　原則としては認めるが、現在及び近き将来には有効に実施し得ないということがきまったんですね。

井上　そういう電報が出たんで……。

有田　今の、外務省案が何、陸軍案が何ということは書いてないんだね。私の書いたやつに。

上田　外務省案ではイタリアの参戦義務免除云々……。

有田　そこに書いてあるだけなんだね。

上田　それだけです。

井上「之ヲ両大使ニ電訓セリ」とはっきり書いてあるでしょう。電訓の内容ではあったんだから、入れた方が宜かろうというのです。

堀田　あれはどうだったのかな。今の訓令が出たね。そうするとその訓令に対して――あれは執行したのか、しないのか。

有田　それは変に執行したんだ。

堀田　熟読玩味して……。

井上　それから、この中に書いてなかった点で、さっきの私の当時のものの中にあるので、御参考になる一点があるんです。それは「……独外相ノ言ニヨレバ彼レカ帝国ニ求ムル所ハ欧洲ニ対スル派兵ニ非ザルモ東洋ニ於テ英仏ノ根拠地ヲ攻撃シ且極東ヨリスル両国通商路ノ破壊ニ在リ……」これは多分これになかったと思いますが……。

堀田　後のガウス案に入って来ると三谷、与謝野が居ないと分らないよ。

徳永　これから先が実に厄介になって来ますね。

有田　分らないようにして、くしゃくしゃにしてやったんだから。

堀田　例えば今の訓令が出たでしょう。そうすると、それに書いてありますが――今度向うで両大使が熟読玩味して行き過ぎちゃったんだよ。

上田　熟読玩味という言葉はありませんけれども。

堀田　熟読玩味という言葉を僕は覚えているんだ。今のに対して向うがどういうようにやって来たということがそこに出ていますか。

上田　はあ、書いてあります。すぐその後に『「チアノ」ハ「本条約ヲ作ルニ当リ日本政府ニ於テ……」ト質問セルヲ以テ白鳥ハ「独伊ガ……」ト言明シ』とあります。

有田　私の手記の中にあるよ。「……トノ質問ニ対シ政府ノ新訓令ヲ熟読玩味シタル結果責任ヲ以テ判然答フベシ……」とある。

堀田　これは大したことぢゃないが、どうして熟読玩味ということが頭にあるかというと、こういうことなんだ。実は白鳥は勿論馬鹿ぢゃないから、外務省の飯を食って大使まで行ったんだから、訓令ちゃんと知っているんだ。だから訓令通りでなくて違反していることを知っているんだ。だから違反した趣旨を言うために熟読玩味という言葉を使ったんだ。実は熟読玩味という言葉を使ったことが、彼が意識的に訓令違反をやったということの反証になるんだ。熟読玩味ぐらい入れないとちょっと彼も返事を書けなかったんです。ただぢゃそう読めないから、混み入って裏まで読んで考えたらそうなった、というのです。訓令そのままぢゃ出て来ない、いろいろ熟読玩味してそういう意味を出してしまったというのです。

徳永　大体この書類全体の書き方に何か注意する点は……。

堀田　僕はあのくちゃくちゃしたやつがよく辻褄合ったと思うんです。僕はそこら近所が大事だから聞いてみるんだが、今のそういうのが来ますね。そうするとこっちからどういう訓令出したことになっていますか。

上田　それは書いてありますが、今度本国で問題になったわけです。そこで結局又何か妥協案というか、それを弁護するようなことになってしまうわけですね。

有田　取消させようというのと、大使が一度言ったんだからなるべく取消させないでやろうというのと……。

堀田　あの時の状況はひどいんだ。向うに出ている大使と陸軍が始終往復しているわけです。それでどっちが元か。有田君のを読むと本省が元で大島が動いているように出ています。けれども、僕がその時分持った印象では大島がむしろ先に引っ張って、陸軍が引っ張られているような印象を持っている。とに角大島は向うでそういう訓令が来ると、この訓令を逆戻ししようとする努力をする。そこで向うで今の熟読玩味したりなんかしてそうして訓令外に飛出すのです。そうして日本に言って来るんです。これは日本の陸軍バックしてくれることを知っているから大丈夫なんです。大使がもう、こう言ってしまったものを、嘘だと言っちゃいけない。それを既定事実にして政府を引っ張って行くんです。——その次はどんな訓令が出ましたか。

上田　今度は参戦のところをいろいろ規定したのがあるのです。

堀田　それはいつ頃かな。

上田　四月八日の五相会議で問題になって「……参戦ノ義務ヲ否定セザルモ日本トシテハ参戦ノ意義ヲ極メテ広義ニ解シ両大使ノ言明ヲ間接ニ取消ス趣旨ノ回電案(陸軍案)ヲ採択シ之ヲ発電セリ右訓令ハ「帝国ノ重キヲ置ク処ハ………置クベシ」

堀田　それ、実は僕も関係している回訓なんです。これはちょっと余計だが、それを書いた時に僕のぼんやり記憶にあるのは、陸軍から文章で胡麻化されるのです。だから外務省の方はこれだけはできないのだということを逆に明かにしてやろうというので、最後のことが入っているのです。こっちは武力援助はできないのだぞ、ということをはっきりさせる。原則としてはやるも、とか何とかいうことで、ここを空莫にされちゃ仕様がないから、武力援助はできないということをせめてはっきりさしてやろう。後で誤解してはいけないから、できないということを向うにははっきりさせよう、そこで止めを刺してやろうと思って、これは陸軍がなかなか聞かないだろうと思ったら、五相会議で板垣君が承諾してしまった。あれは板垣承諾して出したんだね。そうしたら忽ち向うは、大島が頭いいもんだから、そんなことは言えない、と言って……。

徳永　(井上氏に)さっきのところ、もう一度……。

井上「独外相ノ言ニヨレバ……之レヲ欲シ居レリ」これが三月二十三日のことでありますから、それまでの電報にあったということはこれで予想されるわけです。

堀田　それで、それから後問題が武力援助を本当にするかしないかということが中心になっている。

有田　さっきのA、B案は、よく考えてみるとこういうことぢゃないかな。A、B案というものがあったわけぢゃないんだ。私がかりにA、B案としたわけだ。それで諒解事項第一及び第二について各々第一案、第二案という意味なんだ。まずA案をやってみて、それでいけなければB案をやる。諒解事項第二についても、第一にやるべきことはAに書いてあること、それがいけなければＢに書いてあること。甲案、乙案ということで、各省の案にＡ、Ｂがあったわけぢゃない。

上田　Ａ、Ｂと番号打って書いてあるでしょう。

有田　それが誤解を生じた原因だろうと思う。

上田　第一について(A)何々、(B)何々、第二についても(A)、(B)とありますね。そして第一、第二についてそれぞれ(A)、(B)案を採用した、というと、第一については二つの中の(A)を採用し、第二については(B)を採用したと、こうとれるのですが。

有田　いや、そうぢゃない。第一についても第二についても、第一案は(A)なんです。

上田　そうすると外務省案ですか。

有田　そうだ。外務省案をやってみる。それがいけなかったら陸軍案で行く。第二については(A)の協定全部を秘密にする案で行き、それでいけなければ海軍案で行こうというのです。

上田　そうすると少し違って来るんですね。

有田　各省から案が出たわけですね。その中でどれをまずやって見るという案にするかということになった場合に、諒解第一についてはまず外務省案をとろう。その次に陸軍から出した案をとろうということでやったわけです。

上田　結局どういうふうな電報が出たことになるのでしょう。

井上　出たのは、さっきの原則としてという、あれでいいんぢゃないですか。

有田　原則として云々というのは初めに出たやつで……。それが執行できないと言ったからこれが出たんぢゃないか。

第四回懇談会

昭和二十四年五月十九日、霞関会

出席者　有田元大臣　堀田元大使　与謝野情報部長

堀田　イタリアについてあらまし言うと、日にちゃなんか滅茶々々になりますけれども、僕は有田君が大臣の時に、あれは……。

与謝野　十二月の暮（マヽ）にイタリアとの防共協定できた。だから堀田大使赴任されたのは……いつですか。

橋爪　七月とありますから……。

堀田　僕はウラジオストックでマルコポーロ・ブリッジ事件を聞いたんだ。その前の年の暮ぐらいだろうと思うが、有田が外務大臣の時に有田から、大使にならないか、と言われたんだ。最初ドイツに行ってくれ、と言ったんだ。それは有田の考で、どうも大島なんかがくしゃくしゃでやっていて、どうも変だからドイツに行ってくれということなんだ。ところが僕は実のところを白状すると、ナチなんぞと、とても話ができないと思ったんだ。ドイツ語の問題ばかりでなく、ナチというのはあの時分すごいからね。僕はチェッコにいて、お隣りでよく知っていたんだ。それからスイスにいたね。あの時分のナチのやってることを見るとやれっこはないと思って断った。そして僕はトルコへ行こうと言ったが有田はだめだ、というので、とうとうイタリアに行った。ところが僕が任命されたのはその内閣でなくて広田内閣でしょう。

橋爪　いえ、第一次近衛内閣の広田大臣ぢゃないですか。

堀田　その時分えらい政変があったというのはこれでも分るが、僕が話があったのは林内閣の佐藤外務大臣。そして一応話して、とにかく支那の模様を見て来ようというので、満洲から北支に行った。そこで初めて東条に会った。ところが北支の形勢変なんだ。あの時の司令官の田代が僕に会いたいと言って来た。田代が病気だけれども是非会いたい、と言って来た。病気ぢゃ仕様がないと思ったが、夕飯用意するから是非来てくれという。何のために会いたいのかと思って会ったら、いろいろなことを言う。自分が司令官で此処にいる間は部下のものに変なことはさせない、と言う。後から見直せばマルコポーロブリッジ事件みたいな真似はさせない。ちゃんと押えている。関東軍のやつが何か陰謀しているけれども、俺が此処にいる間は断固としてやらせない、ということを言いたかったらしいんだ。僕は前から知ってるんだ。そんな話を聞いてね。そうして日本に帰ったが、その時僕は田代に聞いた。おかしいよ。僕が熱河を通った時に熱河の参謀長やなんか居ない。ところが熱河の宿屋が、もと天津にいた女将がやっていたもので、そういう人の話を聞くと、何か参謀の人がどこかで会議しているらしい。二日程前から出かけましたよ、と言っている。それで田代に言った。「君はそう言っているけれども、何かくちゃくちゃやっているんぢゃないか。」「いや俺の命のある間は断固としてさせん」と言っておったが、田代という人は病気で、それから暫くして死にました。そういう情況見て帰って来て、そうしたら第一次近衛内閣になって広田君外務大臣になっていて、又外務大臣になったよ、と言って笑っていたが、その時に広田はあれを考えていたんだ。対英国交調整。これは少し頼りないんだけれども、具体案が非常に頼りなかったけれども、とにかくそういうことをやろうとしている。そこで僕は前に佐藤君と話したんだけれども、何しろ大臣が変ったし《(てカ)》まったからもう一ぺん広田と話をしなければならなくなって、そうして広田君に、僕は行くよ、行くが、杉村から来ている電信を見るとそこに書いてあるように、電信の上では、日本はむやみに防共協定を結ぶな、然るべくやれ、と書いてある。僕は何からそう感じたのか知らんが、すっかり見て行くと、後から考えるとイタリアのチアノの演説か何か知らんが、大分話が進んでいるような気がしたんだ。そこで広田君に会って、僕の考では、イタリアでは防共協定の話が大分行ってしまっているらしい。しかし君はイギリスと国交調整するのに邪魔になるというのなら、どっちが大切かといえばイギリスの方が大切だから、イタリアと防共協定やるのは暫く差控えよう。君(与謝野)はあの時日本に居たんだな。暫くやらないという積りだったろう。

与謝野　そうです。

堀田　その代りこれは諒解しておいてくれ、と言った。話がかなり進んでいるようだが、僕の職務はイタリアと日本を仲良くさせるにあるのだろうけれども、僕が行くと同時に杉村大使時代と違ってイタリアから怨まれることになるかも知れない。向うは防共協定をやろうとして待っているところへ行って、やらないのだから。それだからイタリアは折角親日とか言っているけれども、どっち向くか分らない。それだけは日本政府として心得ておいてくれ、と言うと、広田君は「そこはうまくイタリアを引っぱって行くようにやれ」と言うんだ。「うまくやれったって、そうはできない」と言って笑ったんだ。それなら僕よりも新橋の芸者でもやった方が腕がいいかも知れない。そんな胡麻化し長くは続かんよ。しかし何と言ったって対英関係と対伊関係を較べれば対英関係が大切だから、なるべく僕もイタリアを怒らさないようにはするつもりだけれども、しかし何といっても日本と結ぼうとしているところへ、こっちから嫌だと言うんだから不快な感を懐かせる結果になっても仕方がない、と言った。それで広田は、それは仕方がないが、なるべくやってくれ。それで出かけて行った。そうするとウラジオストックに行くと蘆溝橋事件が起った。それからシベリアを汽車で行く間は情報なしで、モスコーに行くと重光が居って――丁度九日ぐらいかかったが――「どうだ」と言ったら、「いや、局地解決できそうだ」と言う。「それはよかったね」。それであすこに二晩か三晩泊って、そして立つ時になって最後に重光に会ったら重光が「大変なことになった、どうも局地調停が出来そこならしい。俺はロシヤに来て、これからしっかり睨みをきかしてやろうと思ったら、もうロシヤに対してお世辞つかうような変な外交になるかも知れない」と言っていた。それからドイツに行ってみたらもう完全に局地解決の望みがないような状況だった。そうして七月の二十幾日か末近くにイタリアへ着いたのです。ところが驚いたのは、僕は嘗てあんな経験はないが、おそらくどの大使も経験なかっただろうと思うが、僕がイタリアに着いたら、新聞が非常な褒め方なんだ。各新聞ともそうだ。これはファシスト政府だものだから勝手に政府が書かせることができると見えて、偉い偉い人がイタリアに来た。何か僕に関するちょっとしたことを何処かから集めて来て、ばかに教養が高くて偉い外交官だということが書いてある。非常な歓迎振りさ。おかしくなっちゃったんだけれども、そういうわけで入って行った。チアノやなんかと話してみると僕が日本で想像していた通り、僕が来たらもう防共協定調印に来るものだと思っていたらしい。これにも出ているけれども、杉村からの電信が元になって防共協定をすぐ調印するわけに行かなくて引っぱるのだから、広田からチアノ宛だったか……。

与謝野　メッセージがありましたね。

堀田　メッセージを持って行った。役に立つとは思わなかったが、それは、防共の精神で一緒にやりましょうということを書いた手紙です。そういうものを持って行って胡麻化すことになって、持って行ったから早速それをやったが、向うも大いに有難うと言っていたが、すぐ防共協定やろうという勢いだったらしい。広田君との話もあるし、暫く考えていたよ。暫く模様見ていると、向うぢゃ日本の同意は原則的にできたようなことを、なんかそういう声明をしたようだった。背水の陣を布いていた。杉村とどういう案だったか知れないが、もう日本と結ぶようなことを……。

与謝野　議会かなんかで……。

堀田　言っている。僕が行った時の新聞の歓迎の仕方なんか見れば、これをやらないでいたならばイタリアが怒っちまうだろう。まさか怒るわけにも行かんだろうと考えていたら、国際連盟の空気は悪いし、マルコポーロブリッヂ事件の後、支那なんかに攻め出したから日本の評判悪いこと夥しい。そうして英国との――日英交渉と当時称していたが、そんなことは僕の考では絶望状態のような光景だった。そうして日本を頻りに排斥したようなことを連盟は言うし、ヨーロッパは、簡単に言えば排日一色になった。そこで、これは本当の正直な僕の考だが、日本の兵隊が実はかわいそうになって、世界で全く孤立したような状況である。ヨーロッパだから毎日ラヂオは聞けるが、ラヂオを聞いていると、(フランス)《フランクフルト(?)》か何処か知らんが、あすこら辺で放送しているのは盛んに日本の悪口を言っている。それからドイツからミッションが来たよ、イタリアに。それと会ったら、ミッションが僕に、「一体日本はいつ支那事変をやめるんだ。いつまでああんなものをやってるんだ」。非常に不平でね。あんなものやっていちゃ困るぢゃないか、と言っていたよ。武者小路に聞けば分ると思うが、支那事変が始まって最初のドイツの人気はそうだったと思う。つまり、あんなことをやっちまっちゃ日本の睨みを役に立てようというドイツの目標はだめなんだね。そこで僕としては、日本をこんなに孤立してしまっては始末に行かない。そこでせめてイタリアとでも、折角好意を表してくれるイタリアとでも話して条約を作るより仕様がない。幸い防共協定は向うで躍起になっているから、それを作るより外は仕様がないだろうという気になったのです。そうして僕はかねがね思っていたんだが、日本の軍部やなんかの宣伝を見るとこうなんだ。あれは軍備を充実させようというプロパガンダの時は必ず言うことなんだ。国際的に日本は危険な地位にある。だから軍備が要る、と言うのでしょう、理論は。そこで日本が孤立しているということを非常に国民にエキザジャレーションして、国際的孤立感で脅かすんだね。それだからどこへ行っちまうか分らないというのです。とにかく国際的孤立感で余り行くのはよくないから、相手としては多少不足があるのだが、イタリアとでも多少よくしなければならん。イタリアとよくしなければ本当に日本は一本立ちになる。——それまでは実はイタリアは支那にお世辞を使っていたんです。飛行機を売込んだりなんかしてね。まあ、あわよくば、日本でトラウトマン交渉なんかやったが、あの時分にみんなの頭に浮んだことで、第三国のどこかを使って……。

与謝野　それから九ヶ国会議があったね。ブラッセルで。つまりイタリが日本に非常にサーヴィスしたんです。

堀田　つまりイタリアでも摑まなければ日本としてはやり切れないだろう。それでとにかく防共協定作ることにして交渉を始めた。勿論日本からの訓令によってやったんだが。僕も多分、もう防共協定やろうというぐらいよこしたのぢゃないかと思う。

与謝野　その前に、堀田大使着かれて、作ろうという意見を上申されて、作る以上はドイツの方には防共協定の裏に実質的の協定があった。イタリアの場合は中立とか何とかヨーロッパ各国間に協定がありますね、そういうものに則ったものとしてはどうかという意見を出して来られたのを本省では研究中だったんで、陸軍なんかはそれにしたかった。防共だけで済ませば意味もない。そこで一生懸命陸軍をチェックし、結局そういう防共協定をやる。イタリアと日本とは単独で防共協定を結ぶ。恰度これは日独防共協定の表のあれです。あれだけのものです。

堀田　そこのところ、順序的に僕の記憶によると、今のような考を僕が起したのは防共協定を結んでからじゃないかな。

与謝野　結んでからもあったんだが、陸軍の意見が昭和十二年の九月に出ている。それに堀田からの意見ということがある。防共協定がすでに堀田大使の意見の如く問題にはならず、ということがあるが、それは日本側としては当時まだリッペンはドイツの大使だった。ノイラートが外務大臣だった。それで武者小路さんをしてノイラートに、日伊間でも防共協定を作るがドイツ側は異存あるまいな。ありません。そういう念を押してから訓令を出した。だからいよいよ日伊防共協定ができることになっておった。ところがリッペンがきき込んで……。

堀田　僕は実は、あれは公職審査には正直に書いてやったが、僕はこう思ったんだ。ドイツと日本と防共協定やってみると日本が結局ドイツに引っ張り廻される。何しろ日本の陸軍のドイツ崇拝はすごいものだ。陸軍は一ぺんやり出すとあとは盲目的に行くから危なくて仕様がない。それからもう一つ、三国にすると、三国政治体制というものができると、その中の二国はヨーロッパでしょう。どうしてもヨーロッパの政治問題に直接に引っ張り込まれる危険がある。ヨーロッパの戦争が今起った場合には、忽ち日本に響きそうな気がする。あの時はまだ欧州戦争あるかないか問題の時だけれども、危険はあった。

与謝野　三国をブロックにしたかったのだ。その前の年から独伊が接近し、それにエチオピヤ問題その他でそろそろ議題を呈していたわけだ。

堀田　そこで僕は一つはドイツを牽制するために、ドイツと違った条約を結びたかった。防共協定でなく。なぜかというと防共協定はドイツにおいては意義がある。ロシヤが隣りだから。しかしイタリアにおいては全くナンセンスなんだ。

そこでドイツと違った条約を作ってやろう。イタリアが戦争しようとは僕は思っていなかった。イタリアはもうエチオピヤ問題で苦い経験を持っている。イタリアに行ってみると、イタリアの国民はムッソリーニを信用している。なぜかというと、あの人は戦争しそうなことを言うけれども、しない、というのです。だかり《（ママ）》ドューチェと一緒におればイタリアは戦争しない、と言っていたんだ。そこでイタリアとの間に条約を作ってドイツの関係をぼかしてやりたい。それから後で防共協定を作ってから、もう一辺言ってやった時には、実は僕のところへは本当の情報来ないのです。しかし軍事同盟まで行ったら事は大変だ。しかも三国軍事同盟なんだ。政治同盟の防共協定でさえ三国のグループは嫌なんだろう。そこへ軍事同盟の三国グループを作ったら大変だと思って、防共協定みたいなもやもやしたものでやっているからすぐそんな問題起るんだから、僕の言った通りコンサルテーションとか何とかで早く——僕の中味はこういうつもりだったのです。両方のコンサルテーション、というと語弊があるので、僕は電信見たら、どこだったか意味が通じないところがあって、これはトランスミッションの間か何かだろうが、——僕は、両方の利害が共通しているような問題が起った時は両方で相談する、助け合うようにするという趣旨のものを結んだらどうかと考えていた。そうして一応結び付いて行かなければ、あの勢いでもって軍事同盟なんか作ったら大変だ。そういうので言ってやったんですがね。ただあの時分の在外使臣の苦心は、はっきりした自分の考えが言えないんだ。日本でも多分分っているだろうと、以心伝心なんだが……。陸軍が読むものだからね。今のような時には、おそらくイタリアがこれでなければ承知しない、というような形式で打つんですよ。真実のことを言うと、イタリアを承知させるぐらいなんでもなかったんです。あれ以上行かない、と言ってもイタリアは怒りもしない。しかし有末というのは僕のところにいたんだから、あれは陸軍のやっていたことを知っていたらしいが、何しろ軍事同盟をやるといっているので——その交渉が始まっているとは思っていなかったが……。それから僕が帰る前だと思ったが、重光が来たから聞いたことがあるんだ。僕の見ている前で防共協定をやっても、イギリスはイタリアと話をしようとするんだから、政治的にイギリスが面《（白ヵ）》くないものをやってもそれが本当の軍事同盟とか何とかいうのでなければいいから、今こんな条約を作って、イギリスと日本との話はできないか、と言って今のコンサルテーションの話をしたんだ。そうしたら重光は、俺はコンサルテーションという字は嫌いだ。だから何か外のものにしなければ面白くない。しかしやるんなら早く外のそういうものをしちまっておく方がいい。そうすれば、やったとしたらすぐ時効?が発足してそうして一時はヒョッとショックを受けるけれども、あとずっと行けばイギリスとの話合はできる。そんな条約でも一向平気だ、ということを言っていましたね。——そういうことでやったんです。そして、イタリアについて特に言うことはないが、イタリアでわれわれのやろうとしたのは二国条約。これはよそから見ると詰らないことのようだが、それをやってる人は相当苦心して、——実は僕はベルリンを通った時に心配だったから武者小路に会って話したが、それだけでは面白くないので当時の大島武官にも会って、もしやる場合には二国条約にすればいい、というので念を押しておいた。これについては、当時陸軍は非常にイタリアを軽蔑しているんです。ドイツもそうですが。だからイタリアと一緒のグループを作っちゃばからしいというような考があった。だからそういう方から話をすると三国同盟なんかにしないというような話がとにかくできたんですよ。そういうことを利用して三国結合の形式はとらない。日伊の形式で行くというので行ったんです。

上田　さっきの話に戻りますけれども、本省からノイラートに言って……。

与謝野　ノイラートが、宜しうございます、と言ってた。防共協定だけです。——それぢゃいよいよやろうというところへ……。

堀田　やろうどころぢゃなくて、大体条文はこういうふうにして、もうできるというところまで——もう数月おいて置けばこっちはできてしまったんだ。

与謝野　リッペンがそれを聞いて、ヨーロッパの関係は、特にドイツがイニシァティヴをとっているから、是非一本のものにしなくちゃならん。ついては日独協定の表に出ている方にイタリアを参加させよう。そういうことを言い出して来て、東京としては迷惑だと思ったが、出先がOKしているし、殊に防共協定には外の国も勧誘するという建前をとっているから、それぢゃというので、仕方がないから一本の条約にする。しかしイタリアの顔を立てて原署名国としてそれに入ってもらうということにし、同時にリッペン及び武者小路、大島の一行がベルリンからローマに押掛けて行った。だから東京の意図したところと違ったが、――これもリッペンの意図に引きずられたからで――。

堀田　イタリアから言うと僕等と同じ考を持っていた。ドイツと一緒になってしまったんぢゃ、イタリアの地歩は少しくドイツに押される。だから日本とイタリアだけの関係を作って、ドイツとは特殊の地位を保ってやろうという気があった。こっちもそれを利用してやろうと思ったんだ。

与謝野　イタリアとしても日伊関係でやることを望んでいた。だから三国となった時に非常にイタリア側は失望したわけです。それからもう一つは、防共協定には、何か裏に隠れたものがあるんだろうということはチアノは知っているわけです。

堀田　公然の秘密だったから。

与謝野　ところが日本の大使は、あれだけのもので裏があるということは言っちゃいかんと言われている。そこへリッペン乗込んだろう。チアノはリッペンに、「何かあるんだろう、防共協定に入れというのなら表だけ入れというのはおかしい」。そこでリッペンは胡麻化したというか、防共協定の時には正式の協定以外に大島とミルヒとかいう間に、飛行機を売る話とか、支那における航空条約に参加する話とか、そういうものがあったんだ。だからあれは、そういう技術的な、飛行機を売る話だ、とかなんとか言ってチアノを胡麻化したというんですが。

堀田　あれは何しろ急速で、二国条約をやっていると急に三国条約にするというんだろう。日本から訓令来たと思うとリッペンが飛行機に乗ってローマに飛んで来る。そうしてローマに来て、僕にすぐ会いに来たが、「これからチアノとムッソリーニに会う」と言うのです。だから僕はリッペンに言った。「宜しい。しかし僕とチアノは話したんだから――

君が来るまで黙っておく方が本当だったか知らんが、僕はチアノに話した。君がこういう用で来るんだということを言ってある。防共協定を三国協定にする、イタリアの加入という形式でやろうということをリッペンは話しに来るんだと言ってあるから、心得ておれ。同時に僕は本国政府の訓令によって、秘密条約も何もないのだと言ってあるんだから、君が秘密条約はある、と言うのならば、僕は今、早速チアノに、あると言ってやるよ。そんなばかな目に逢わせられては困る」と言ったら「断じて言わない」と言ったんだ。僕は、しかしイタリアは、ありそうだと言って聞かないかも知れない。なぜかというと、なんかあるということをイタリアは確信しているよ。僕はこっそり言ったが、ことに依ると電信かなんか盗んで読んでいるかも知れないよ。──ずっと後で分ったんだ、読んでいたんだね。ちゃんと知っていたんだ。

有田　どこのを。

堀田　日本の方かドイツの方か知らんが、ちゃんと読んでいたんだ。

上田　途中で恐縮ですけれども、堀田大使の御意見ですと、初め防共協定のみならず、外の中立とか何とかくっつける話が出ていましたね。しかし結局防共協定だけになったわけですね。その辺の経緯は。

与謝野　それは初め、イタリアが飛び付いて来まいということで、もう少し中味のある条約を希望したんだけれども、やはり外務省が、イタリアとは左程深入りするなというので、──対英関係上。

堀田　僕はドイツと独立のものにしたいから違ったものを作りたかったけれども、日本から見ると、陸軍が頻りに同盟の方に引っぱろうとする考を持っているのが危なくて、少しでもそれに近付くまい、というのが本省の考えだったろう。ところが僕は向うにいるから、違う方から考えてイタリアとくっついたら大丈夫と思ったんだ。

橋爪　さっき、軍事同盟の話が出ておったということがありましたね。あれは防共協定締結の前ですか。

堀田　後からですね。

上田　大使が防共協定プラス、コンサルテーションを考えておられた理由は、ドイツとは違ったものにしたい。ただ防共協定だけではイタリア側が不満だからというので……。

堀田　僕の考えはこうだ。防共協定だけでは結局納まらないのだ。何しろ雲みたいなものでしょう。そうしてイタリアは秘密条約があるとかいろいろなことを想像しているから、そこでイタリアから言うとやはり別のものが作ってみたい。それが防共協定が強いとか弱いとかいうよりも、別のエレメントが入ることを望んだ。

与謝野　つまり防共協定といってもイタリアとソヴィエトの関係は薄いし、中立条約とか何とかということになるとイギリス関係になって来る。だから……。

堀田　イタリアのはそれをイギリスとの話合に利用しようというのですから、だから僕は日本もその程度まで行っておけばよかったというつもりです。

上田　陸軍では別な意味でバックしたわけですね。本省では陸軍のそういうのを押えるために……。

与謝野　有田大臣は外務大臣になられたのはその翌年ですか。

堀田　僕がイタリアからよばれて船に乗っている途中で……。

与謝野　それから宇垣とかいろいろ出て来たわけですね。――それで結局、日伊関係を続けて話すと、ともかく防共協定でドイツのやつに入れて、その代りお祭騒ぎして空騒ぎでイタリアを煽ってやった。イタリアの方ではこの際日伊関係を振興しようというのでファシストのミッションを日本によこす。――その年の暮にすでにきまって、日本に着いたのは翌年の三月だが、三月にファシストのミッションがやって来た。堀田大使はこれを送られたわけですね。

堀田　あれにはこういう気持がある。ドイツとは別個に日本とイタリアとの関係を目立たせよう……。

与謝野　だから一月おいて又大仕掛な経済使節団をよこす。二つよこしたんです。こっちは大いに歓迎してやった。丁度日支事変後九箇国（会議ヵ）条約をなそうとする時だから、イタリアが奮斗してくれたし、その外支那ではそれほどの利害関係がないから、何かというと上海のステータスをどういうふうにされようがイタリアとしては文句はないとかいうことを申入れて来ていて、そしてイタリアとしても一応防共協定で納まって、後は別個の形で日伊親善が続いていたわけです。

――大使は何月に帰朝……。

堀田　僕は日本に着いたのは十一月です。

与謝野　宇垣の時ですね。

堀田　だから帰朝命令は多分八月頃貰ったんじゃないかな。

与謝野　それぢゃやはり東郷さんが大島と換ったりなんかするあの一連の人事ですね、宇垣の時。

堀田　ごしゃごしゃだったよ。僕は呼返された理由は、僕が帰ったらもう宇垣さんいないんだ。それで説明を聞きませんでしたが。

与謝野　ただその頃から陸軍に来た電報なんかで、防共協定できた以後有末というものがチアノなんかとパーティーなんかで会ったりする時に、実のあるやつをやりたいようなことをこっちから持掛ける。それで、やはり日本ぢゃ陸軍と話さなくちゃだめだという、そういう印象をチアノが持っていたようですね。

堀田　これはチアノに注意したことがあるんです。「外交上の問題は僕を飛ばして陸軍武官とやっちゃ困るよ」と言ったら、「やらない」と言ったが、しかし最後の時分には有末の方からそれを持掛けて行った。それはその手段に使ったのぢゃないかと思うんだが、従って有末は頻りに、陸軍は同盟条約をやらなければいかんと思っています、そういう意見で運動しています、ということを言っていたけれども、本当にあれがベルリンで援助条約の格好で話が始まったね。これは僕はイタリアにいるうちに始まったらしいね。

有田　そう、十三年の初めだからね。

堀田　それに関しては勿論有末はよく知っていると思うが、僕に一言も言っていない。ところが有末はそれを種に、これは大使に言ってはいけないけれども、日本の陸軍はこう思っているのだから、というようなことで、なんかチアノにアプローチしていたのぢゃないかと思う。しかしこれは想像ですよ。
与謝野　いや、僕は陸軍の電報で、パーティーでチアノに一辺会って話したということを見たことがある。
有田　東京で防共協定の強化ということを陸海軍と外務省が話合ったのは十三年何月頃。
与謝野　十三年八月頃ぢゃないですか。
有田　いや、八月は表面に出たので、事務的にその前……。
堀田　宇垣さん辞職したのは八月初めか九月だろう。
与謝野　最初の五相会議は八月二十何日かだね。東郷さんが辞める直前に東郷さんに訓令出たことがある。その時が初めてわれわれが知った時です。
有田　それは五相会議に出たのはドイツから来たから五相会議が始まったんだが、その前に陸海外の事務当局の話というものはなかったか。――あったような気がするんだ。
与謝野　東郷さんに訓令出たのは何月か。
有田　東郷の訓令はもっと後だよ。
与謝野　まだ堀内さんが次官でおられて、五月の末か六月かな。ある時陸軍省だったか参謀本部だったか、外の用事で行ったところが、係官が、与謝野さん見てくれ、と言って電報を見せられた。大島からこういう趣旨でリッペンと話をした、というのがあったのです、三国同盟強化の。……（速記一時中止）……陸軍がそういうことをやっているから、それに対処してどうするかということを研究しているうちに笠原帰って来て、案を持って来たから、そこで急速に外務省にもその案が来たので、山田がそれに対する案を作って五相会議というところまで行ったんで、それまでには合同して何もない。
（欄外記入三）

有田　つまり防共協定を締結したのは十一年の末だね。そして十二年の春頃から陸軍の徳富、頭山、それから海軍の阿部、ああいう連中が防共協定強化同志？というものをやって、これは具体的なものは何もないが、人の話を聞いたりなんかしてやっていたんだが、そういう空気を反映してというか何か知らんが、陸海外の――それはどうせ陸軍あたりからのなんによったと見るべきだろうが――研究してみようというようなことはなかったかな。

与謝野　なかった。

有田　山田局（課カ）長が軍務局から来たものに基いてうちうちで研究しておこうということが最初だから、陸海軍と外務との研究でなくして、外務だけの研究……。

与謝野　笠原の案が出て来て、外務省へも明日中に案を出してくれというので、僕は誰かの結婚式か何かで居残りできなかったが、山田が課長で、井上局長で、早急の間に、一晩中に条約案の前文のようなものを作って、こういうものを上に付けてどうとかいうことだった。だから一日でやられたのです。五相会議に出す時には。それまでは陸軍がこういうことをやってるし、しかも東郷さんの方からは何も来ない。一辺、なんか簡単な、リッペンと話している位のことを言ってくれればいいが、当時大使館と武官事務所が悪かったからひた隠しに隠していた。東郷さんもリッペンに、何かやってるんじゃないか、と言ったが、ない、と言われた。

上田　ここのところ、どうですか。有田大臣のにあるんですが「三省事務当局間で研究していた。その結果として七月十九日の五相会議では云々」ということが書いてありますが、「その結果として」と書いてあるその間の事情が……。

堀田　少くとも今のような事情があったことを注意しておかなければ……。

上田　五月初め頃から陸海軍事務当局間で話したことは分ったが、別個の対案を考えていたのでしょうか。その結果として云々ということになるんでしょうか。

与謝野　それぢゃやはり外務省が出したんですね。やはりそうでしょう。そうするとつまり外務省の事務当局――というよりも外務省としてはこういう結論に達したんだ。つまり日独伊三国の関係はそれぞれ違うのだから軍事同盟とか何とか言って強化するのは策を得たものぢゃないから、日独間では多少進めた条約、日伊の方はさっきのようなもの――だから日独、日伊関係を多少濃くするという、つまり陸軍を先に牽制する案を出した。五相会議では、それでよかろうということになったんだね。ところが陸軍は、今にドイツから本物が来るから、というので、とにかく外務省から出したものを呑んだんだ。向うで進捗していることをこっちが知ってるから。

有田　それは私が顧問になった時の説明を書いたんだと思うが、これから後で一月か二月目に私が大臣になって調べてみたんだけれども、必ずしもこの点は解れ《(マヽ)》なかったんだね。ただここから始まっているというだけのことであって……。

与謝野　つまり事務当局の案が陸軍を承諾させたのぢゃないけれども、日伊日独の関係を濃くするならば別々にやらなくちゃいけない。だからドイツとは軍事同盟といっても防禦同盟みたいなもの、イタリアは中立及び協議の条約というものを、条約案まで作ったんだね。

堀田　これは勿論ここで分るだろうけれども、あの時分いろいろ外務省のやってることを見られる時に、今から見ると甚だぬるまこしい、はっきりしない態度だが、陸軍がなんかやる時に潰せないんだ。そこで外務省にいる者の頭で考え出したことは、ひどい害に行かないところの変ったものを作って、そこで悪く言えば胡麻化そうという、そういうことを考えたんだね。これは後から考えるとそれで成功するものでもなかったけれども、やってるものはとにかくそれを考えたんだ。僕等も何かこれはやらなければいけない、でないと行かれちまうから……。本省も同じようなことを考えてやっている。何も濃くしたくないけれども、一応何か作らないと陸軍はその先に行ってしまうからね。

有田　少し飛ぶけれども、イタリアの関係だから僕も関係者で、すっかり忘れて甚だ申訳ないが、この間やったところで、それぞれ甲乙云々というところに、伊太利の参戦義務を免除し、ということがあるね。あの意義だが……。

与謝野　あのプロトコールがないんだね。要するに骨抜きにするために、なんか秘密協定――裏にくっつけるもので骨抜きにする。そういう勿体らしいものを付けておかないといけない。——その外になんか沢山あったと思うが。

有田　こういうこともあったんじゃないか。今となれば想像なんだが、それはあの秘密の条件で、日本は有効なる武力的援助はできない。あれをとるわけには行かないから付けるというのが外務省の案であるわけだ。しかし付けるというだけでは少しも妥協とか何とかの案にならないから何かくっ付けなければならない。そこでイタリアは英仏をも対象の場合ならばイタリアが参戦してもいいわけなんだね。しかしソヴィエトだけを対象にした場合にはどうもイタリアとしては迷惑至極だという感じがあるならば、イタリアの参戦義務を免除して、そうして条約としては対象をソ連に限るという、こういうのぢゃなかったかと思う。

与謝野　その通りです。

堀田　ソ連との関係における義務免除か。

与謝野　それから戦争とか武力援助はソ連だけの関係。——ところがイタリアはそれだけぢゃ嫌だ。その場合にイタリアはソヴィエトに対して戦争しようとしても戦争の仕様がない。そういうことを好まないならば秘密の裏で条約の効力を消して行こうということがこれにくっ付いていた。つまり対象がソヴィエトだけだから。

有田　それは要するに各省それぞれ妥協案を考えて来て貰いたいというものだから、出ないものを無理に出したというわけだ。そしてそれは今のようなイタリアの参戦義務免除というものをくっ付ければ大して困難では……。

有田《ママ》　いつの案だ。

与謝野　伊藤さんの持って行ったもの。

上田　いや、その後ですよ。

与謝野　あの時は諒解事項二つあったんだ。

有田　そのまま持続しようというのが本省の考えで……。

堀田　何にしても不思議なのは、さっき笠原というのが出たろう。笠原がローマに寄ったことがある。あの位の人間が来ると大使のところへ敬意を表しに来る。そして大使が一辺ぐらい飯を食わすというのが普通だろう。ところが笠原は来なかった。僕は笠原来たことを知ったのは立った後です。僕に会うとひた隠しにするのも変だから具合が悪かったんだね。有末と連絡するために来たんだが、僕にそれも言わなかったんだ。これはきっと軍事同盟なんかの話をしていたと思っているが、僕はあの時分から危険だと思って、軍事同盟なんかにならない条約で作ってしまおうとしたが、そうは行かない。やってみると陸軍は軍事同盟に持って行こうとするから。それでチアノと有末とはどの程度か知らんが何等かの程度で僕の知らない接近をしていたんじゃないかと僕は思う。

上田　参戦義務のことは別に問題ございませんか。

堀田　参戦義務のことは問題にもなんにも……。

有田　参戦義務を否定しようとしたが肯んじない。かき廻しちゃったんだ。

上田　ガウス案に行って、大臣のを拝見すると二つぐらいあったと思うが、それから実際に出ているのは一つしかないんで、第一か第二かはっきりしないので……。

有田　それは要するに二つともこういうことなんですよ。とにかく二つとも多少言葉の使い方とか何とか違いはあるけれども、要するにこっちのなにしている秘密条件の二つだね。これをこっちではどこまでも維持しようとするし、ドイツ並びに両大使はこれをないものにしようと努力したが、結局できなくて、日本政府の態度というものが相当この問題では強い。こういうことを見てとったものだから、それに一方陸軍あたりからも多少哀訴嘆願をドイツの方へした関係もあったんだろう。そこで何か技術的の方法によって避けられやしないか、日本の考を変更せしめることができないかというので、宇佐美とガウスが相談した。

与謝野　結局武内と古内がガウスに作って貰って。何かあれば日本の方を呑ませるに都合がいいというので……。

堀田　あれは原田日記に書いてあるのは、君が原田に言ったように書いてあったと思うが、調べてみたらガウス案というのは日本の陸軍案だった、それを向うの手を通じてこっちへ戻して来たんだ、ということがあったでしょう。あれが本当だと思うんだ。ただ有田君、あの時どこでそういうことをはっきり握ったのか知らんが……。

有田　原田日記にそういうこと書いてあるのか。

堀田　あるよ。

与謝野　これは原田さんの多少誤解がある。外の、もっとこの原案とか総理のヒトラーに対するメッセージとか、そういうものが陸軍から向うへ行って、出て来ているので、ガウス案ぐらいのものは内容変えないで文句だけひねって貰ったと思うが……。

有田　こういうことは想像し得る。陸軍から何とかしなければ困るから打開案を考えて見てくれとかいうようなことは言っている。

与謝野　それは多少言ってるでしょう。

有田　それで宇佐美か誰か知らんが、相談して、ガウスの智恵を借りて、……私もそれは実を言うと記憶はしていないが、大体において……。

堀田　そういう趣旨のことを原田に言ったんだろう。

有田　原田だって創作はしていないだろう。だからむしろ僕の記憶よりも日記に信頼するよ。

与謝野　二案あったことは確かなんだ。しかし内容には大差なかった。

有田　何れも日本が拒否しなければならんようなものだったんだ。

与謝野　つまり同時に二つ出して来たんじゃないか。まず最初のを出して、受けそうもないというので第二案を出して来た。

堀田　そこのところで、もう過ぎ去ったが、総理からのメッセージなるものはやかましいことで、陸軍と外務省の中で行ったり来たりして非常に厄介なものであったのです。そうして、報知新聞ぢゃなかったかと思うが、その時分新聞にこういう記事が出たことがあるんだ。一体国際条約なんといってぎゃあぎゃあ言うけれども——これはずいぶん乱暴な趣旨の記事だが——条約なんてものは出来てから適用によってどうともなるんで、いわば外務省流に、クラシックに、条約を作っちまうとそれはもう動きがつかんものだというような考方は野暮だ、という趣旨の記事が出たことがあるんです。僕はこれは陸軍の言っている肚を割ったような記事だと思って読んだことがありますね。そんなような考で平沼さん動いていたようだね。

徳永　あの当時の報知はドイツ大使館に買収されていたらしいんだね。十万円事件とか、その後起ったんだ。

有田　参考に聞いてみるが、ドーマンが、当時藤井実のなにだと思うが、平沼さんのところへ行って——今度裁判所にドゥーマンのあれが出ているんだ。それに、平沼さんは日米親善というか、日米国交回復ということに重きを置ているが、有田の考はこれに反したという意味のことが書いてある。

堀田　あれは原田日記を読むと全貌が分りますがね。僕は多分そこを書抜いたと思うが——これはドゥーマンが平沼さんに会うんですよ。そうして非常に感心するんですよ、実に立派な偉い人だと言って。平沼さんのアーギュメントは、日英はいろいろなことでがさがさするが、英国はけしからんというのです。同盟国だった日本が一生懸命働いたあと蹴飛ばすようなことをした。そこで英国とは仕様がない。しかし米国とは日本はうまく組んで行きたい。利害関係も衝突しないで行き得るんだという趣旨で、つまり英米離間で、日本が米国にくっ付こうという相手から——あの時分にこれはちょいちょい行われた意見ですが、僕等はもう軽蔑した意見だが、そういう意見で説いている。そうしてドゥーマンを喜ばした。

与謝野　喜ぶやつもどうかと思うが……。

上田　ガウス案に対する本省の修正案、これは内容は分りませんけれども……。
与謝野　要するに結局こっちの原案に還るわけなんだ。
上田　大島から五月二十日の訓令は……朗読……承諾せしめること不可能なり、といっているから想像はつきますが。
与謝野　ガウス案さえ見れば多少分るかも知れないが。
堀田　ガウス案は混み入っているし、その時分条約的にいぢっていた。三谷が侍従長だから、ひょっとしたら侍従長覚えているかも知れないが。
有田　それはないよ。それを書いたのは山田君が先に書き、二度目に与謝野君が書いてくれたレジメがあるだろう。あれに基いて、それに加えて行ったんだ、僕の実験したところを。その辺になると余りにくだくだしいんだね。同じことばかりやって。だから要領というか、気持だけを現わしておいたわけだ。だから今説明しろといっても説明はそれ以上にはできないわけなんで、しかしその気持は大して違っていないと思う。
与謝野　山田のあれが一部残っているとガウス案残っているが。
有田　僕も一部持っていたが、今残っていないんだ。
堀田　山田君のがあれば詳しいが。
有田　僕も外務省の記録に信頼していたから。
与謝野　ガウス案出て来たのは何月ですか。
上田　メッセージと入れ違いですから五月十五日頃です。
与謝野　第一案は五月七日に五相会議で問題になっているが。——そうすると五月が第一案で……。
有田　ほとんど続いているだろう、あの時は。
与謝野　私は五月末に支那に赴任したからガウス案が……。

有田　第一案がいけないといって第二案が来たんぢゃない。第一案来てひねくっている間に第二案が出て来た。

徳永　あれはバイシュ《？》タンとか何とかいう言葉が出て来て分らないんで……。

堀田　ドイツ側に立つけれども、結局外務省の言分は戦争はしないというところに行こうというのだからね。

有田　あれだけドイツが譲歩しておったら、なにがしかのものができたんだよ。

堀田　ドイツが欲張ったというより、大島が欲張ったんだ。これはやってる当時から当事者が何が何だか分らんと言っていた事件なんだ。

上田　あとそれから以後の問題は、こっちから言ってやる、向うから文句言って来て……。

有田　あれは私は平沼さんの上出来と思う、あの穴へ押込んだのは。

堀田　外務省としては困ったところに行ったわけだ。というのは海軍に持って行くと国際法的の理論を飛び越してしまう。そうして実際に戦争するとかしないとかいうことばかりやって理論が通らない。しかし本当は最後に問題は戦争が起った場合に日本と英米との関係は戦時状態に入るのか、戦争状態でない中立状態にいるのかということが問題になって、海軍に言わせると、戦時状態に入っても本当の戦争に入らなければいいぢゃないかということが出て来る。それで非常に外務省困った時期ですよ。

有田　形から言うと平沼さんの考え方はもう五相会議で扱い兼ねちゃった。すっかり正面衝突の形になってしまって、そこで何か息抜きというか、何か陸軍に直接海軍をなにしよう。それが結果が出るか出ないか知らんが、出ればそれを五相会議の参考にする。討議の基礎とするということが書いてあるだろう。だからそこまで行かないで陸海軍でやってるうちに……。

上田　その辺でストップしたんですね。その以後は実質的に進展していない。

与謝野　陛下の前から平沼さんもこれ以上は譲歩しないということを申上げているしね。四月ですか。それで平沼さんが陛下に書き物にしろと言われて、それを大臣に言って大臣が……。

堀田　それは現にあるんだ。僕が写しある。その行掛りは詳しく原田日記に出ている。

有田　それをなにする時に記憶して貰いたいのは、これはこういうふうにどうしても一時いかんから平沼総理からこういうことを申上げて交渉に応じない大使はやめさせるなり呼び返すことにしようということになったのでしょう。そこに書いてあるのでその次だろうと思うが。それぢゃ交渉者が悪いから交渉者の頭を飛び越して……。それはこのすぐ直後ぢゃないかと思う。書いてあるだろう。

橋爪　平沼さん電報打つ方は四月二十一日(編注五)になっていますね。

有田　それが四月二十一日？

与謝野　これは一応ドロップしたんですね。

有田　丁度一月たっているね。

与謝野　四月に何か訓令出ていませんか。

堀田　出ていますよ。なぜかというとその訓令は僕は非常に苦心した訓令だ。その五相会議はこっちからやった訓令をぎゃあぎゃあやったんで。

与謝野　なんか、そんな固いことでなくて、何か言ったことを条約の内容について一札取られているんですよ。

有田　それは君の記憶ぢゃ四月？

与謝野　三月の時にやっているわけだね。その妥協の後かも知れませんですね。

堀田　その方が少し外務省の方に後戻りした。僕はあれが通った時にびっくりした。板垣よく賛成したと思って。

上田　四月八日の訓令がありますね。

与謝野　四月八日に、両大使が向うへ行(言ヵ)っちゃったからこれを取消さなければならんというわけで……。その時陛下が書き物に書いて出せということを言ったんだろう。
上田　陛下が陸軍大臣を叱ろうかと仰っしゃったのはその頃だな。
与謝野　板垣は後になってはそうぢゃないと言っているね。
堀田　板垣ほど不思議な人間はない。――四月八日の訓令はどんなもの?
上田　それは大臣のお書きになったもので……(朗読)……。
与謝野　要するに又そこへ引戻したんだね。
堀田　その時に一辺戻ったんです。そして後から頑張っていたんだな。時々メッセージやなんかでくちゃくちゃになってみたり……。
与謝野　結局伊藤さんが持って行ったものから出ていないんだ。多少いぢったような格好になったもので、向うがすぐそれを独伊側に……。
有田　そうして進退伺って来たんだ。僕はあの時、やめさしたら、と思ったんだが……。
上田　そうすると総理やなんか、まあまあというので、妥協案を……。
与謝野　いや、もう妥協案できないんだ。ただ平沼さん言ったのは、参戦と中立の外にもう一つステータスがあるのぢゃないか――山田芳太郎を呼んで言った。ドイツが戦争始めたら自分達は中立でなくてノン・ベリジェラントというものがある。僕は国際法上通りであると言ったんだが。
堀田　あれから後アメリカの態度というものは中立と戦争との間の態度というものができたんだ。だから平沼さん先見の明がある。さすが法律家だよ。
上田　そこでずっと行詰って、七月十五日から、日本としては右事件を契機として……朗読……ものの如く……。
堀田　ものの如くぢゃない。そうなんだよ。

徳永　天津事件ですね。

有田　天津事件からビルマルートの問題。

与謝野　つまり原則的に有田クレーギーの覚書のようなものができたんだが、天津の封鎖を解除させるまで行かなくて決裂になった。

有田　この問題は天津問題という変な問題になったが、陸軍などの考から言えば、イギリスはできるだけ虐めつけたい。しかしアメリカはそうでなくしておきたいということだった。しかしイギリス租界にはイギリス人もアメリカ人も住んでいる。そこを封鎖してアメリカ人に影響ないようにすることは事実上できない。事実上できないことを陸軍はしようとして差別待遇をしようとした。アメリカ人に好意を見せイギリス人をとっちめよう。そうしてイギリスの世論ばかりでなくアメリカの感情も悪くなって、ここで何等か調整しなければならんということになっていた。ところが現地で交渉したいという気持を陸軍は持っていたんだけれども、現地で交渉することはいろいろな危険がある。つまりああいう武力に類似する行為で強制的にああいうことをしておって、そうしてイギリスと交渉しようというわけなんだから、イギリスとしても建前上具合が悪くて、到底応じないということもあるし、それから又天津の検問検索があるというようなことで、どういう結果に行くか分らないものだからして、天津で地方的に日英の交渉をさせるということは危険であるから、とにかく東京へ取ろう。こういうことを日本政府も考えるし、イギリスの方でもそういうようにして貰いたいという希望を言ったのだろうと思う。そこで僕も実は非常に責任を感じた。一方において地方的にやることの危険は十分感じているが、東京がこの問題を相当成功せしめる確信がなくちゃ日本へ折角持って来てもいかんし、——しかし結局東京でやるということになって、そうして天津からイギリスのこの問題についてのエキスパートをよこすということになった。そして日本側は加藤公使をして、現地から人を呼んで、この両者の間に東京で会談せしめるということになった。ところが陸軍の方の考え方も、われわれもそれに同意していたんだけれども、ただ□□（二字不明）の問題だけでなく、この際イギリスをして支那における戦争状態を認めさせるようにしたいという希望があった。これは難しいことだと思ったが国内情勢等でそれをやらなければならん。やった方がいいというようなことで、それでイギリスのデリゲーションを目の前において陸軍と外務省がいろいろ交渉したが、如何なる案を出すべきかということで、結局原則についての案ができて、そうしてそういう用意ができたので、まず会談を始めようということで、クレーギーと僕が話をする。これは天津事件の背景をなす問題で、向うは拒否したんだ。こんな原則的な話合はしたくない。こっちはそうでない。天津事件は派生的な問題で、そのバックグラウンドをなす問題を話しなければ完全でないという主張をした。当時イギリスもヨーロッパにおける苦しい立場にあったものだからそれに同意をした。われわれとしてはそれにもし成功すればその線によって日英関係をだんだん改善して行く緒もできると考えた。ところがあの原則案というものは、できたものと大差はない原案であったのだけれども、われわれ外務省から見ると相当イギリスにとって辛い案であるわけで、こちらもまるで、那須与市が扇の前に立ったようなもので、この矢を仕損したら大変だ。衆人環視の中でやっていることであるし困ると思って、その案をクレーギーに出したところが、向うはどんな難しい案を出されるかと思っておったが、見てびっくりした。こっちはこっちで、クレーギーどう思うだろうと思ったが意外だった。向うも安心したらしい。このくらいのものならば商議の基礎とするに困難なものでないと思った。僕もクレーギーの顔を見て、このくらいならば呑ますことができると思った。そこで協議の結果原則問題は大体日本の案でまとまった。

上田　私はここに書いた意味はこうなんです。つまりさっき言ったように防共協定強化問題が事実上六月か五月でストップした、外務省としては。一方支那でいろいろな問題が起る。防共協定はいくらやっても仕様がないから、天津問題に引っかけて日英国交改善を図ろうというふうに考えて、しかも原則問題は出来上ったんだけれども陸軍としては日英交渉反対だ。そこで原則論は出来上ったにも拘らず、実際の現銀の引渡しとか何とか陸軍が反対して出来なかった。一方ドイツとしては日本があまり進まないから独ソ間の交渉が行われて行った、というようなことを書いたつもりなのですが……。

有田　日本の考から言えば、日英関係をできるだけ改善したいということは、防共協定当時から考えていたことであるので、今のような支那における実情をイギリスが認めるということは確かに日本としては、それを基として国内も多少引っ張って行くことができるであろうし、調整のいい機会であるとわれわれは考えたんだ。ところがクレーギーもあの交渉の時に言ったのは、第一に支那における排英運動の取締、第二は日支和平問題を進展せしめる、この二つの希望を出している。勿論われわれとしても排英運動はやめるようにしなければならんと考えておったから、口頭ではあるが、できるだけそれはやらせないということを言うた筈なんだ。

堀田　そこは原田日記に、有田が最初クレーギーと話した時分のことが比較的詳しく出ています。

上田　これに対する陸軍の態度は。

有田　陸軍は勿論日英交渉をやることには大して異論はないけれども、排英の気分というものは陸軍の上下を通じて、しみ渡っていることなんだから、これは矛盾ではあるけれども、そういうふうに原則問題の話合はできても排英運動を緩和するなんということはおそらく考えなかったでしょうし、又実際において少しもできていなかったわけだ。だからイギリスとしては、原則問題を成立せしめたけれども非常に酢を飲んだような気持で、――一向排英運動は現地において止まない。これはイギリスの不平の一つだったと思う。ところがイギリスが日本とこういう問題について妥協したということについて、アメリカの政府の空気というものは非常にイギリスに対してよくなかった。これはハルの書いたのを読んでも、その他アメリカの外交文書を読んでも明らかにその通り。われわれがその当時感じたことも同様であった。そして原則の点についてはアメリカの意見を聞かずとも、自分の本国の辛い立場から、独自な見解で日本とコンプロマイズしたけれども、しかし具体的の銀の処置をどうするかはアメリカとかフランスの同意がなければできないことであるわけなんだ。そこでそういう具体的問題になって来ると、イギリスもややそういうふうにだんだんなって来たけれども、アメリカ、フランスの態度というものが強硬であるために具体的問題でぶつかって、そこで初めの原則問題も話が一応できたようなものの、実際においては出来ないと同じような結果になった。そして又次の米内内閣のビルマルート再開《（閉鎖カ）》の時に又少しこれがなにして来ているわけだ。

上田　陸軍が反対してぶち壊したような……。

与謝野　そうではないが、現地における陸軍の主張があるわけで、それが立たなければ面子があるから、つまり封鎖はこっちから進んで解除しなければならんように、後ではなるんだ。

上田　何とか書いてある。「現銀引渡問題とか……朗読……日英会談は決裂になった。」

与謝野　やはりそれが狙いだったんだから、当然なんだ。その間アメリカが通商条約を廃棄したんだが、そういうわけでイギリスとしても日本の言うことばかり聞いてもいられないような、後からつっかい棒が入ったような格好で……。

堀田　陸軍はいつでも問題について議論が二つあるんですよ。それがこんがらかっているんです。それで天津事件については今言うように、実際言うと陸軍はもて余したのです。長くやっていられないのです。そのもとは、遇然私は知っているのですが、陸軍の司令官が出兵で、兵隊を向うへ持って行くだろう。あの時陛下から根本命令があるんだね。それに掲げてある一箇条に、外国の租界に入っちゃいかん、ということがある。だから陸軍のやつは租界の中の問題に兵力用いることはできない、天皇の命令を変えない限りは。だから包囲するような変な格好をやっていた。それで困っちゃった。――それから僕が記憶しているところによると、加藤外松なんか非常に心配したんだ。僕は加藤をよく知ってるものだから――加藤が非常に強硬論だったんだ。原田日記にちょいちょい出て来る。僕は二日かかって彼と東京クラブで話したことがある。非常に困ったのは、あの当時の北京の司令官が杉山なんだ。これが加藤にえらいこと言って、陸軍の強いこの機会に英米の勢力を支那から追っ払ってしまう好機会なんだから、われわれは老後で何もできないからせめてそれだけやっておきたい、という感傷的なえらい話をして帰って来ている。ところが、この間死刑になった本間、あれが多分天津の司令官だった。あれは封鎖解除したい、司令官として。それだけでもう意見が違っているんだ。そうして最後の結末を見ると、陸軍が悪くて、陸軍が壊したようだけれども、実際は僕はアメリカが壊したという感じを当時得ましたよ。有田君の言った通り、現銀問題はイギリス一人では処分できない。アメリカに持って行くと、アメリカはイギリスが日本と話していること自身癪に触っていたので……。

上田　その次、八月になって陸軍大臣の辞職を仄めかした。あの頃陸軍が強硬になるような原因あったのですか。

有田　別にないけれども、何とか早く片をつけなければならんというので焦っただけなんです。

堀田　僕はこんなことぼんやり覚えている。陸軍大臣さすがに陸軍部内で評判悪くなった。はきはきやらないから。そういう空気があったことを聞いている。

上田　そうして町尻をオットーのところへやって……。

徳永　それから、その当時になると防共協定強化の方ができなければソ連と結ぶ、それを心配し出したわけだ。

有田　それはもう四月頃から出ているんだよ。

上田　大島大使はまだロシヤと結ぶということは知らなかったんでしょうね。

与謝野　まさかと思ったんだ。海軍武官からも来ていたが、陸軍は絶対にそういうことはあり得ないと言っていたから――あとから謝った。

堀田　一番初めは海軍武官叱られたんだ。――外務省も持っていたよ、ウィンかどっかに居た山路……。

与謝野　その前にベルギーから小林が言って来ている。

有田　白鳥からも電報来ているだろう。あれは大島と喧嘩してよこしたんだ。大島は言わない、と言う。白鳥は言えと言う。結局白鳥から言って来た。われわれはそういうことはできる筈はないが、するならしても宜しい。なぜならば、そういうことをするやつなら同盟もできないから。

堀田　外務省は、やるならやって見ろと思っていた。大島はそれを気にして、日本に分ったらドイツと結ぼうという感情が冷却するだろうと思って、そんなことは決してないと言っておった。それで僕は当時の空気を知らせるために、有田君のあれがあるんだね。陸軍からおどかされたり勧誘されたりした事件がある。これは有田君に聞いておくといいが、友田かなんか雑誌に書いているそうだが。

有田　新刊紹介とかいうところに、友田が新聞だか雑誌に書いて送って来たんだ。

堀田　有田君の有名な話で、陸軍大臣が有田君のところに来てなんにも言わないで何時間もいる。〇〇?というボーイ長がいて、有田のところへ行って、「御飯にしましょうか」と聞きに行ったら、有田怒り付けて「いらん」と言ったという……。とにかく陸軍の一課長である岩黒（畔カ）なんかが、陸軍とうまくやってくれれば総理大臣にしてやるがむやみに反対すれば、下手すると命がないぞ、と言っておどかし言ってるんだから……。

有田　岩黒（畔カ）は金高さえ言うんだ。

堀田　一課長が苟も当時の外務大臣にそういうことを言っている。そういう空気だから——僕はそういう空気を後の人に知らせるために特にここに持出したんだ。

上田　その後特に何かお気付きの点はありませんか。

与謝野　大臣のこれに、ワイスゼッカーがいよいよ独ソ協定が出て日本が抗議する時に、結局軍事法廷に出ているのでは九月になってから出したようになっている。これは大島が来た時に一応書き物にして持って行った。そうしたらワイスゼッカーが突っ返した。持って帰った。それを又最後に出したんだね。僕は大島に聞いたよ。

堀田　僕は悪意を持って見ていたから、大島のやつ出したかと思ったよ。

徳永　そして又、あれは訓令行ったんじゃないですか。ともかく出せといって。

与謝野　東京でもう写しを渡したんだ。

有田　東京でオットーに渡したんだ。
堀田　大島、やるかやらないか分らないから。
与謝野　総理のメッセージもたしかこっちでやったんだ。
堀田　何しろ在外使臣に訓令やってもそれが執行されないんだからね。
有田　こういうものを大島のところへやった、と言って渡したんだ。

（欄外記入㈠）

（昭和十一年二月）

（欄外記入㈡）

ディルクセンのメモアール中に此の事に言及

（欄外記入㈢）

コレカラ強化問題

編注一　本座談会記録では、話者の記憶違いと思われる箇所があるが、原則として原文のままとした。
二　当該資料は見当らない。
三「基準　Mass oder Massregel」との書き込みあり。
四「註、この日記は間違。後で訂正している。」との書き込みあり。
五「間違ヒ」との書き込みあり。

日本外交文書　第二次欧州大戦と日本　第一冊　日付索引

日本外交文書　第二次欧州大戦と日本　第一冊　日付索引

事項番号	文書番号	日付	電信書信番号	発・受信者	件名	頁
		昭和十一年				
一	1	昭和11年11月25日		協定	日独防共協定	3
				付記　昭和十一年十一月二十五日　右協定に関する外務省声明		8
一	2	昭和11年12月25日	一一七	在ベルギー来栖大使より有田外務大臣宛(電報)	日独防共協定に対する欧州諸国の警戒心理について	9
		昭和十二年				
一	3	昭和12年2月23日	郵一	在独国武者小路大使より林外務大臣宛(電報)	独伊など全体主義国家の政治経済動向の特徴につき杉村駐伊大使と意見交換について	11
一	4	昭和12年3月10日	特二	在独国武者小路大使より佐藤外務大臣宛(電報)	イタリアの防共協定参加をめぐる独伊交渉の状況につきリッベントロップ大使説明について	13
一	5	昭和12年4月(8)日	特情伯林七	在独国武者小路大使より佐藤外務大臣宛(電報)	独ソ接近説を独国政府当局否定について	13
一	6	昭和12年4月9日	一〇四	在独国武者小路大使より佐藤外務大臣宛(電報)	ソ連の日独離間工作に対し注意方意見具申	14
一	7	昭和12年4月19日	一一七	在独国武者小路大使より佐藤外務大臣宛(電報)	独ソ接近説に対し独側反駁について	15

一　8　昭和12年5月25日　八五　在伊国杉村大使より佐藤外務大臣宛（電報）　日伊間の防共協定締結は時期尚早である旨意見具申……16

一　9　昭和12年6月11日　一八八　在独国武者小路大使より広田外務大臣宛（電報）　日独両国の対ソ関係は不変であるとのヒトラー総統の発言について……18

一　10　昭和12年9月8日　五一四　在仏国杉村大使より広田外務大臣宛（電報）　日伊協定の調印間近との報道について……19

一　11　昭和12年9月30日　四〇六　在独国武者小路大使より広田外務大臣宛（電報）　イタリアが満州国承認交渉を開始との情報に対し真相回示方請訓……19

一　12　昭和12年10月18日　二一七　在伊国堀田大使より広田外務大臣宛（電報）　イタリアの好意的な対日態度に鑑み同国の防共協定参加問題に関する対処方針を至急回示方請訓……20

付　記　昭和十二年九月二十二日、陸軍省軍務局軍務課作成「日伊協定ニ關スル意見」……20

一　13　昭和12年11月6日　議定書　イタリアの日独防共協定参加に関する議定書……21

付記一　昭和十二年十一月六日　右議定書締結に関する外務当局談……23

二　昭和十二年十一月十九日、欧亜局第二課作成　満州国の防共協定参加問題に関する応答要領……24

一　14　昭和12年11月12日　堀内外務次官　在本邦アウリッチ伊国大使　会談　日独伊防共協定に対するソ連の対伊抗議について……24

一　15　昭和12年11月⒂日　特情伯林七二　在独国武者小路大使より広田外務大臣宛（電報）　ドイツ外交の基本は独伊枢軸と日独伊防共協定にありとのヒトラー側近の論説について……25

一　16　昭和12年11月24日　三三五　在伊国堀田大使より広田外務大臣宛（電報）　満州国承認をめぐる独伊関係の機微につきチアノ伊国外相内話について……26

一 17 昭和12年11月28日 三四三 在伊国堀田大使より広田外務大臣宛(電報) イタリアの満州国承認決定について ……26
付記 昭和十二年十一月二十九日 右決定に関する外務当局談 ……27
一 18 昭和12年12月4日 三五四 在伊国堀田大使より広田外務大臣宛(電報) 日独伊防共協定の成立等に関する石井子爵とチアノとの会談要旨報告 ……27

昭和十三年

一 19 昭和13年2月9日 六二 在独国東郷大使より広田外務大臣宛(電報) 独ソ接近説は英仏等による日独離間工作であるとの観測について ……28
一 20 昭和13年2月21日 ドイツの満州国承認に関する情報部長談 ……29
一 21 昭和13年3月9日 一〇九 在独国東郷大使より広田外務大臣宛(電報) 満州国の正式承認は満独修好条約の締結による旨独側より通報について ……30
一 22 昭和13年3月25日 一五七 在独国東郷大使より広田外務大臣宛(電報) 満独修好条約交渉の状況について ……30
一 23 昭和13年4月20日 二一一 在独国東郷大使より広田外務大臣宛(電報) 満独修好条約交渉にて独側が最恵国待遇条項の削除を提案について ……31
一 24 昭和13年4月30日 二〇〇 在伊国堀田大使より広田外務大臣宛(電報) 欧州情勢に鑑み日伊関係の強化が急務である旨意見具申 ……32
一 25 昭和13年5月12日 二五九 在独国東郷大使より広田外務大臣宛(電報) 満独修好条約の調印完了報告 ……34
一 26 昭和13年6月3日 二四五 在伊国堀田大使より宇垣外務大臣宛(電報) 日本との協力重視に言及したチアノ外相の外交方針演説要旨 ……35
一 27 昭和13年7月19日 五相会議決定 「日獨伊防共協定研究方針」 ……36

付記一　作成日不明、外務省作成
日独および日伊政治的提携強化方針要領……36
二　作成日、作成者不明
「防共協定ノ強化工作要領案」……37
一　28　昭和13年8月26日　五相会議決定　防共協定強化に関する日独伊協定案……39
付記一　昭和十三年八月二十九日発東条陸軍次官、山本海軍次官より在独国大島大使館付陸軍武官、在独国小島大使館付海軍武官宛電報陸電二三五号
右協定案と独側提案との相違点について……40
二　昭和十三年八月二十九日発東条陸軍次官より在独国大島大使館付陸軍武官宛電報陸電二三六号
右協定案に関する説明……40
一　29　昭和13年8月31日　三三六　宇垣外務大臣より在独国東郷大使宛（電報）　防共協定強化に関する独側の試案提示およびわが方の対応状況について……41
別電一　昭和十三年八月三十一日発宇垣外務大臣より在独国東郷大使宛第三三七号
右試案……42
二　昭和十三年八月三十一日発宇垣外務大臣より在独国東郷大使宛第三三八号
右試案への回答としてのわが方条件……42
一　30　昭和13年9月17日　二一五　在ベルギー来栖大使より宇垣外務大臣宛（電報）　欧州情勢に鑑みわが方の対独態度は慎重を要すべしとの意見具申……43
一　31　昭和13年11月11日　五相会議決定　「日獨伊防共協定強化ニ關スル件」……44
一　32　昭和13年11月23日　七二一　在独国大島大使より有田外務大臣宛（電報）　信任状捧呈時におけるヒトラーとの会談報告……44
一　33　昭和13年12月5日　七五九　在独国大島大使より有田外務大臣宛（電報）　防共協定強化問題に関する根本方針への疑義に対し政府の真意回示方請訓……45

一34 昭和13年12月13日 外務省作成の五相会議決定案「滿洲國及洪牙利ノ防共協定參加方ニ關スル件」……46

一35 昭和13年12月22日 一〇五〇 在英国重光大使より有田外務大臣宛(電報) ハンガリーの独伊接近に関する報道報告……46

昭和十四年

一36 昭和14年1月10日 二八 在独国大島大使より有田外務大臣宛(電報) 満州国およびハンガリーの防共協定参加に関する議定書案を独側提示について……47

別電 昭和十四年一月十日発在独国大島大使より有田外務大臣宛第二九号 右議定書案……47

一37 昭和14年1月10日 三〇 在独国大島大使より有田外務大臣宛(電報) ハンガリーの早期防共協定参加を独伊希望につきわが方対処振り請訓……48

一38 昭和14年1月16日 満州国およびハンガリーの防共協定への参加表明に関する情報部長談……49

一39 昭和14年1月22日 防共協定強化問題に関する有田外相内奏要旨……50

一40 昭和14年1月26日 有田外務大臣より在伊国白鳥大使、在独国大島大使宛 協議および相互援助に関する日独伊協定の締結に関する訓令……51

一41 昭和14年1月28日 八九 在英国重光大使より有田外務大臣宛(電報) 独ソ接近に関する英国紙報道について……61

一42 昭和14年1月31日 八六 在独国大島大使より有田外務大臣宛(電報) 日伊両国との友邦関係を強調したヒトラーの演説要旨……62

一43 昭和14年1月31日 九二 在独国大島大使より有田外務大臣宛(電報) フランコ政権の防共協定参加につきドイツ側よりわが方意向を打診について……63

一44 昭和14年2月13日 三〇 在ハンガリー松宮公使より有田外務大臣宛(電報) 欧州情勢に鑑みハンガリーの防共協定参加議定書の調印は早期完了が望ましい旨具申……64

一 45 昭和14年2月18日 一六二 在英国重光大使より有田外務大臣宛（電報） フランコ政権に対するドイツの要望等に関する諜報報告……64
一 46 昭和14年2月24日 満州国およびハンガリーの防共協定参加に関する情報部長談……65
一 47 昭和14年3月4日 一七六 在独国大島大使より有田外務大臣宛（電報） 日独伊協定の締結に関する訓令で示されたわが方条件に独伊は絶対同意不可能であり政府の再考方意見具申……66
一 48 昭和14年3月6日 一九〇 在独国大島大使より有田外務大臣宛（電報） 日独伊協定の締結に関する訓令に再考を求める大島・白鳥両大使の現地情勢判断につき伊藤公使報告……68
一 49 昭和14年3月23日 日独伊協定の締結に関する訓令の方針変更に反対する井上欧亜局長意見書……70
一 50 昭和14年3月25日 一七六 有田外務大臣より在独国大島大使宛（電報） 日独伊協定の締結に関する訓令で示したわが方条件に独伊が同意しなかった場合の交渉方針につき回訓……72
一 51 昭和14年3月28日 防共協定強化交渉に関し政府方針の更なる変更は行わない旨首相・外相・陸相・海相・蔵相が署名した昭和天皇宛念書……74
一 52 昭和14年3月31日 七九 在伊国白鳥大使より有田外務大臣宛（電報） 新たな訓令を踏まえた防共協定強化に関する現地交渉方針について……75
一 53 昭和14年3月31日 在米国堀内大使より有田外務大臣宛（電報） 日独伊軍事同盟説への米国政府当局の観測に関する報道報告……77
一 54 昭和14年4月1日 八六 在スペイン矢野公使より有田外務大臣宛（電報） 対仏関係に鑑みフランコ政権は防共協定参加の公表に気乗りせずとの在スペイン独国大使内話について……78
一 55 昭和14年4月4日 三一四 在独国大島大使より有田外務大臣宛（電報） フランコ政権による速やかな防共協定参加の公表をリッベントロップ独国外相希望について……79

一 56 昭和14年4月7日 一〇〇 在スペイン矢野公使より有田外務大臣宛(電報) フランコ政権の防共協定参加公表日に関する独伊大使との協議結果について ……79

付記 昭和十四年四月八日 右参加に関する情報部長談 ……80

一 57 昭和14年4月8日 二一四 有田外務大臣より在独国大島大使宛(電報) 武力援助の対象および参戦の解釈等に関するわが方立場につき回訓 ……81

別電 昭和十四年四月八日発有田外務大臣より在独国大島大使宛第二一五号 対英仏関係に関するわが方立場 ……83

一 58 昭和14年4月21日 三七〇 在独国大島大使より有田外務大臣宛(電報) 防共協定強化交渉におけるわが方の態度次第で独伊は対ソ関係の調整もあり得るとのリッベントロップ内話について ……84

一 59 昭和14年4月21日 三七一 在独国大島大使より有田外務大臣宛(電報) 独伊側の督促に鑑み現地の交渉状況を踏まえた政府方針の至急回示方請訓 ……86

一 60 昭和14年4月23日 二三八 有田外務大臣より在独国大島大使宛(電報) 参戦の解釈および従来の訓令に則して交渉方回訓 ……87

一 61 昭和14年4月24日 三七五 在独国大島大使より有田外務大臣宛(電報) 防共協定強化交渉の妥結は絶望につき本国召還方請訓 ……87

一 62 昭和14年4月26日 四二四 在英国重光大使より有田外務大臣宛(電報) 枢軸強化に対する日本の消極姿勢に関する英国紙報道について ……88

一 63 昭和14年4月28日 四三五 在英国重光大使より有田外務大臣宛(電報) 日本政府は反民主主義同盟には加入しない方針を独伊両国へ伝達する予定との英国紙報道について ……89

一 64 昭和14年5月5日 二六二 有田外務大臣より在独国大島大使宛(電報) 在本邦独伊大使を通じてヒトラーおよびムッソリーニへ伝達した総理意見を踏まえ防共協定強化交渉の継続方訓令 ……90

別電 昭和十四年五月五日発有田外務大臣より在独国大島大使宛第二六三号 右総理意見 ……91

一　65　昭和14年5月5日　四六六　在英国重光大使より有田外務大臣宛(電報)
日本政府は民主主義国に対抗する一般軍事同盟の締結に難色との英国紙報道について……92

一　66　昭和14年5月6日　一二二〇　在上海三浦総領事より有田外務大臣宛(電報)
防共協定強化問題に対し日本政府は現実的選択を採りつつありとの英字紙論調について……92

一　67　昭和14年5月8日　一二四　在伊国白鳥大使より有田外務大臣宛(電報)
独伊外相会談において両国の政治的および軍事的協定の締結が決定した旨のコミュニケ公表について……93

一　68　昭和14年5月8日　三七四　在米国堀内大使より有田外務大臣宛(電報)
日本は防共協定を軍事同盟に強化せずとの報道に関する米国紙論調について……94

一　69　昭和14年5月16日　四〇五　在米国堀内大使より有田外務大臣宛(電報)
独伊との軍事同盟締結問題をめぐる日本政府内の対立状況に関する米国紙報道について……94

一　70　昭和14年5月18日　四一三　在米国堀内大使より有田外務大臣宛(電報)
防共協定強化問題に関する妥協案として平沼内閣が一般的相互援助協定案を五相会議に提出したとの米国紙報道について……95

一　71　昭和14年5月21日　四二三　在米国堀内大使より有田外務大臣宛(電報)
対米関係への影響の観点から防共協定強化問題につき意見具申……96

別　電　昭和十四年五月二十一日発在米国堀内大使より有田外務大臣宛第四二四号
対独伊関係強化の場合に予想される米国の反応について……98

一　72　昭和14年5月22日　四八一　在独国大島大使より有田外務大臣宛(電報)
独伊友好同盟条約成立について……100

別　電　昭和十四年五月二十二日発在独国大島大使より有田外務大臣宛第四八二号
右条約文要訳……100

付　記　昭和十四年五月二十二日
右条約成立に関する情報部長談……102

一　73　昭和14年5月22日　郵送一　在独国大島大使より有田外務大臣宛(電報)
防共協定強化交渉の経緯に関する大島大使所感……103

一 74 昭和14年5月23日 五三六 在英国重光大使より有田外務大臣宛(電報) 日本は枢軸同盟に深入りする意向なしとの英国紙観測記事について……108

一 75 昭和14年5月23日 四三四 在米国堀内大使より有田外務大臣宛(電報) 日本が独伊同盟に参加の場合は世界戦争の勃発不可避との米国官辺筋の空気に関する情報報告……109

一 76 昭和14年5月(27)日 特情巴里八二 在仏国宮崎臨時代理大使より有田外務大臣宛(電報) 独伊同盟への日本の立場に関する仏国紙論説について……110

一 77 昭和14年6月6日 五九四 在英国重光大使より有田外務大臣宛(電報) 日本が独伊に対する好意的中立方針を決定との英国紙報道について……111

一 78 昭和14年6月13日 三三八 有田外務大臣より在独国大島大使宛(電報) 防共協定への第三国参加に際して事前通報を求めるハンガリーの要望につき日独協議について……111

一 79 昭和14年6月22日 機密一〇三 在ウィーン山路総領事より有田外務大臣宛 独ソ接近およびドイツによる対ポーランド措置発動の可能性に関する情報報告……112

一 80 昭和14年6月23日 三五八 有田外務大臣より在独国大島大使宛(電報) 防共協定への第三国の参加に際して日独伊以外の署名国にも事前通報を行うことにわが方同意について……115

一 81 昭和14年7月11日 七六九 在英国重光大使より有田外務大臣宛(電報) ヒトラーが独ソ同盟締結をソ連側へ提議との英国紙記事について……115

一 82 昭和14年7月22日 一四一 在ベルギー来栖大使より有田外務大臣宛(電報) 事変処理および対ソ・対米関係の観点から防共協定強化交渉を慎重解決すべき旨意見具申……116

一 83 昭和14年7月29日 七六三 在独国大島大使より有田外務大臣宛(電報) 防共協定強化交渉に対するわが方態度にリッベントロップが強い疑念を表明について……119

一 84 昭和14年8月4日 二二四 在伊国白鳥大使より有田外務大臣宛(電報) 防共協定強化交渉に対するわが方の最終的態度につき大至急回示方請訓……119

一 85 昭和14年8月22日 八二四 在独国大島大使より有田外務大臣宛(電報) 独ソ不可侵条約の締結決定につきリッベントロップより通報について……120

一 86 昭和14年8月22日 九七五 在英国重光大使より有田外務大臣宛(電報) 独ソ不可侵条約締結の報道に対する英国内の反応について……121
一 87 昭和14年8月22日 八五五 在米国堀内大使より有田外務大臣宛(電報) 独ソ不可侵条約締結に関する米国紙報道振りについて……122
一 88 昭和14年8月23日 九七七 在ソ連邦東郷大使より有田外務大臣宛(電報) 独ソ不可侵条約調印のためリッベントロップがモスクワ訪問予定との情報……123
一 89 昭和14年8月23日 八三二 在独国大島大使より有田外務大臣宛(電報) 独ソ不可侵条約の締結事情に関するリッベントロップの説明について……123
一 90 昭和14年8月(24)日 特情華府一一七 在米国堀内大使より有田外務大臣宛(電報) 独ソ不可侵条約が極東に及ぼす影響を重視した米国紙論調について……125
一 91 昭和14年8月(24)日 特情倫敦九二 在英国重光大使より有田外務大臣宛(電報) 独ソ不可侵条約に関する英国紙論調について……127
一 92 昭和14年8月24日 九八五 在ソ連邦東郷大使より有田外務大臣宛(電報) 独ソ不可侵条約の調印完了について……128
一 93 昭和14年8月24日 九八八 在ソ連邦東郷大使より有田外務大臣宛(電報) 独ソ不可侵条約調印に関するソ連政府発表について……128
別電 昭和十四年八月二十四日発在ソ連邦東郷大使より有田外務大臣宛第九八九号 右条約文……128
一 94 昭和14年8月24日 八四四 在独国大島大使より有田外務大臣宛(電報) 独ソ不可侵条約調印後のリッベントロップ声明……129
一 95 昭和14年8月24日 三〇二 在ニューヨーク若杉総領事より有田外務大臣宛(電報) 独ソ不可侵条約成立の重慶政権における反響に関する報道について……130
一 96 昭和14年8月25日 有田外務大臣より在独国大島大使宛(電報) 防共協定強化交渉は打切りと了解する旨独側へ申入れ方訓令……131
一 97 昭和14年8月25日 二四八 在伊国白鳥大使より有田外務大臣宛(電報) 独ソ不可侵条約成立に関し伊国外相の機関紙論説にて日本の態度に言及について……131

一 98 昭和14年8月25日 一一三 在スイス天羽公使より有田外務大臣宛(電報) 独ソ不可侵条約締結に関する独ソ両国の思惑につき観測報告……131

一 99 昭和14年8月29日 五二〇 在仏国宮崎臨時代理大使より有田外務大臣宛(電報) 独ソ不可侵条約が欧州諸国および日本に与える影響につき観測報告……134

一 100 昭和14年8月31日 一八八 在ベルギー来栖大使より阿部外務大臣宛(電報) 独ソ不可侵条約の成立に焦慮することなく事変処理に邁進すべき旨意見具申……135

一 101 昭和14年9月7日 九四五 在独国大島大使より阿部外務大臣宛(電報) 日ソ国交調整にドイツは側面的援助を惜しまずとのリッベントロップ見解について……136

一 102 昭和14年9月10日 二九九 在伊国白鳥大使より阿部外務大臣宛(電報) 離任に際し第二次欧州大戦の勃発をめぐる欧州情勢の観測と日本の執るべき外交方針につき具申……138

昭和十五年

二 103 昭和15年3月14日 七一 有田外務大臣より在伊国天羽大使宛(電報) 訪伊使節団長に佐藤元外相が決定した旨通報……143

二 104 昭和15年3月26日 訪伊使節団派遣に関する外務省決定……143

付 記 昭和十五年三月二十二日、欧亜局第二課作成「訪伊經濟使節團ト日伊親善關係增進ノ政治的措置ニ關スル考察」……144

二 105 昭和15年4月2日 八八 有田外務大臣より在伊国天羽大使宛(電報) 佐藤大使は訪伊後非公式にドイツ等を視察する予定である旨通報……147

三 164 昭和15年4月28日 五五四 在ソ連邦東郷大使より有田外務大臣宛(電報) 日ソ国交調整交渉の開始前にわが方立場の限界につき政府見解の回示方請訓……279

三 165 昭和15年5月12日 関係省会議で承認された日ソ中立協定案……279

二　106　昭和15年5月17日　一七〇　有田外務大臣より在伊国天羽大使宛（電報）　欧州情勢の変化によりイタリアとの協定締結は再考を要すとの結論につき佐藤大使へ通報……147
付　記　昭和十五年六月四日、欧亜局第二課作成「日伊間相互支援協定締結ニ關スル考察」……148
二　107　昭和15年5月17日　一七二　有田外務大臣より在伊国天羽大使宛（電報）　イタリアが欧州大戦へ参戦した場合におけるムッソリーニ首相およびチアノ外相宛メッセージの修正方訓令……150
別電一　昭和十五年五月十七日発有田外務大臣より在伊国天羽大使宛第一七三号　右ムッソリーニ首相宛メッセージ修正案……151
二　昭和十五年五月十七日発有田外務大臣より在伊国天羽大使宛第一七四号　右チアノ外相宛メッセージ修正案……152
付記一　昭和十五年四月八日付　右ムッソリーニ首相宛メッセージ原案……153
二　昭和十五年四月八日付　右チアノ外相宛メッセージ原案……154
二　108　昭和15年5月20日　五一三　在独国来栖大使より有田外務大臣宛（電報）　欧州戦局の変化に応じ日中戦争処理方針の適宜再検討方意見具申……155
二　109　昭和15年5月25日　一九四　有田外務大臣より在伊国天羽大使宛（電報）　佐藤大使のドイツ訪問が公式訪問の形にならぬよう注意喚起……157
二　110　昭和15年6月8日　二三三　有田外務大臣より在伊国天羽大使宛（電報）　今後のドイツの動向等に関し独要人へ打診方佐藤大使へ訓令……157
三　166　昭和15年6月10日　七七四　在ソ連邦東郷大使より有田外務大臣宛（電報）　ソ連側が国交調整交渉開始に前向きであることに鑑み日ソ諸懸案解決および相互不侵略条項等に対する方針回示方請訓……280
三　167　昭和15年6月10日　七七五　在ソ連邦東郷大使より有田外務大臣宛（電報）　日ソ国交調整交渉は早期に進展する可能性ありとの見通しについて……282

三 168 昭和15年6月19日 八二六 在ソ連邦東郷大使より有田外務大臣宛(電報) 相互不侵略条項を含まない軽度の政治協定案の対ソ提議は時機を逸している旨具申……282

三 169 昭和15年6月22日 二〇四 在ハルビン久保田総領事より有田外務大臣宛(電報) 対日方針に関しソ連外務人民委員部が在本邦および在中国同国大使に宛てた電報要領……284

三 170 昭和15年6月22日 八四二 在ソ連邦東郷大使より有田外務大臣宛(電報) 欧州情勢の進展に伴うソ連の立場強化に鑑み不侵略条項を回避しては交渉妥結困難である旨意見具申……284

二 111 昭和15年6月24日 三九八 有田外務大臣より在独国来栖大使宛(電報) ヒトラー総統等との会談の際の発言要領につき佐藤大使へ訓令……157

別電 昭和十五年六月二十四日発有田外務大臣より在独国来栖大使宛第三九九号 右要領……158

付記 昭和十五年七月(日付不明)発有田外務大臣より在独国来栖大使宛電報 ヒトラーおよびリッベントロップ外相との会談の際に意見交換すべき諸点……158

二 112 昭和15年6月25日 七八八 在独国来栖大使より有田外務大臣宛(電報) フランス降伏後の欧州情勢を踏まえたわが方の採るべき立場につき具申……160

三 171 昭和15年7月4日 八七九 在ソ連邦東郷大使より有田外務大臣宛(電報) モロトフ外務人民委員に対し日ソ中立協定案を提議について……285

三 172 昭和15年7月4日 八八〇 在ソ連邦東郷大使より有田外務大臣宛(電報) 漁業問題に関するソ連側の強硬態度に鑑み漁業交渉は中立協定交渉と切り離して東京で行なうべき旨具申……290

三 173 昭和15年7月4日 八三四 在独国来栖大使より有田外務大臣宛(電報) 日ソ関係の改善を独側も希望していることに鑑み対ソ国交調整の促進方具申……291

三 174 昭和15年7月6日 九〇〇 在ソ連邦東郷大使より有田外務大臣宛(電報) 漁業交渉を中立協定交渉と切り離して東京で行なうべき理由について……292

二 113 昭和15年7月10日 八七〇 在独国来栖大使より有田外務大臣宛(電報) 佐藤・リッベントロップ会談報告……162

二　114　昭和15年7月10日　八七一　在独国来栖大使より有田外務大臣宛(電報)　佐藤・リッベントロップ会談を契機に日独協力問題につき独側と協議開始の見通しについて……165
二　115　昭和15年7月11日　一三〇　在ウィーン山路総領事より有田外務大臣宛(電報)　日独間における利害衝突の可能性等に関する親日要人の発言につき報告……166
二　116　昭和15年7月12日　日独伊提携強化に関する外務・陸軍・海軍間の事務当局協議録(第一回)……167
二　117　昭和15年7月12日　八八三　在独国来栖大使より有田外務大臣宛(電報)　日独提携問題等に関するヘルフェリッヒ元訪日経済使節団長の内話について……173
付　記　昭和十五年七月十二日、外務省作成「日獨伊提携強化案」……172
二　118　昭和15年7月13日　四四五　有田外務大臣より在独国来栖大使宛(電報)　リッベントロップとの会談内容中ドイツの蘭印・仏印への関心および対米関係の事項につき詳細回示方佐藤大使へ訓令……177
二　119　昭和15年7月15日　九〇一　在独国来栖大使より有田外務大臣宛(電報)　リッベントロップとの会談内容の詳細につき佐藤大使より回答報告……177
二　120　昭和15年7月16日　日独伊提携強化に関する外務・陸軍・海軍間の事務当局協議録(第二回)……178
二　121　昭和15年7月18日　九二三　在独国来栖大使より有田外務大臣宛(電報)　第二次近衛内閣成立に関する独国紙論調報告……185
二　122　昭和15年7月18日　九二五　在独国来栖大使より有田外務大臣宛(電報)　第二次近衛内閣成立に関する独国外務省機関紙の論調報告……186
三　175　昭和15年7月19日　九六七　在ソ連邦東郷大使より有田外務大臣宛(電報)　中立協定案に対するソ連側回答の遅延理由について……293
三　176　昭和15年7月19日　九八二　在ソ連邦東郷大使より有田外務大臣宛(電報)　米内内閣総辞職をめぐる日本の政治事情に関するソ連紙論調報告……293

二　123　昭和15年7月23日　九四六　在独国来栖大使より松岡外務大臣宛(電報)　松岡外相就任を機に対米関係の立て直しを図るべき旨意見具申……186

三　177　昭和15年7月23日　九九九　在ソ連邦東郷大使より松岡外務大臣宛(電報)　新内閣においても中立協定交渉を継続すべき旨意見具申……294

三　178　昭和15年7月25日　一〇一九　在ソ連邦東郷大使より松岡外務大臣宛(電報)　中立協定交渉の促進をわが方からソ連側に働きかける必要性につき意見具申……295

二　124　昭和15年8月1日　松岡外務大臣／在本邦オット独国大使｝会談　松岡外相・オット大使会談要領……188

付　記　昭和十五年七月三十日、作成者不明「日獨伊提携强化ニ關スル件」……193

二　125　昭和15年8月1日　九九六　在独国来栖大使より松岡外務大臣宛(電報)　日本側より日独提携を打ち出すべきとのヘルフェリッヒ元訪日経済使節団長の内話について……198

三　179　昭和15年8月2日　一〇六〇　在ソ連邦東郷大使より松岡外務大臣宛(電報)　モロトフの外交演説要旨……296

別　電　昭和十五年八月二日発在ソ連邦東郷大使より松岡外務大臣宛第一〇六一号　右外交演説中日ソ関係に関する部分……297

三　180　昭和15年8月3日　一〇七六　在ソ連邦東郷大使より松岡外務大臣宛(電報)　モロトフの外交演説を踏まえ中立協定交渉促進のための方針回示方請訓……297

三　181　昭和15年8月5日　一〇八六　在ソ連邦東郷大使より松岡外務大臣宛(電報)　モロトフとの会談で中立協定案に対する回答を督促について……298

二　126　昭和15年8月7日　一〇一九　在独国来栖大使より松岡外務大臣宛(電報)　松岡外相・オット大使会談内容に関し特に日本側が重視する事項を独国外務次官へ説明について……199

二　127　昭和15年8月13日　一〇四八　在独国来栖大使より松岡外務大臣宛(電報)　日独協力問題に関する政府方針の回示方請訓……200

三 182 昭和15年8月16日 一一三八 在ソ連邦東郷大使より松岡外務大臣宛(電報) 中立協定案に対するソ連側回答につきモロトフと会談について……299
別電 昭和十五年八月十六日発在ソ連邦東郷大使より松岡外務大臣宛第一一三九号 右回答……302
三 183 昭和15年8月18日 一一五〇 在ソ連邦東郷大使より松岡外務大臣宛(電報) 中立協定案に対するソ連側回答への対処方針につき意見具申……306
二 128 昭和15年8月19日 三八五 松岡外務大臣より在伊国天羽大使宛(電報) 南洋問題、対ソ・対米関係および日独関係等につき在本邦伊国大使と会談について……200
二 129 昭和15年8月23日 一〇九三 在独国来栖大使より松岡外務大臣宛(電報) 日独提携にイタリアの斡旋は不要である旨具申……201
二 130 昭和15年8月23日 一一〇二 在独国来栖大使より松岡外務大臣宛(電報) スターマー公使訪日の真意につきリッベントロップと会談予定について……203
二 131 昭和15年8月25日 一一〇四 在独国来栖大使より松岡外務大臣宛(電報) スターマー公使訪日の際は責任ある筋との接触を手配すべき旨具申……203
二 132 昭和15年8月28日 一一一五 在独国来栖大使より松岡外務大臣宛(電報) スターマー公使の訪日および日独協力問題に関するリッベントロップとの会談報告……204
二 133 昭和15年8月28日 一一一八 在独国来栖大使より松岡外務大臣宛(電報) 欧州戦況の見通しに関するヒトラー側近の心境報告……207
二 134 昭和15年8月28日 一三〇一 在ソ連邦東郷大使より松岡外務大臣宛(電報) スターマー公使の訪日使命は日独政治協定の締結にありとの同公使との会談報告……208
二 135 昭和15年8月31日 一一四二 在独国来栖大使より松岡外務大臣宛(電報) スターマー公使は日独協力に関する申合せ案を持参して訪日の見通しについて……209
二 136 昭和15年9月4日 四相会議決定 「日獨伊樞軸强化ニ關スル件」……210
二 137 昭和15年9月9・10日 松岡外務大臣 スターマー独国公使 会談 松岡外相・スターマー公使非公式会談要旨……215

二　138　昭和15年9月19日　日独伊三国同盟条約の締結に関する御前会議の概要……217

二　139　昭和15年9月24日　松岡外務大臣より在独国来栖大使宛（電報）館長符号　日独伊三国同盟条約の締結決定につき通報……225

二　140　昭和15年9月25日　日独伊三国同盟条約の案文承認に関する独側回答について……225

二　141　昭和15年9月25日　松岡外務大臣より在独国来栖大使宛（電報）六五四　日独伊三国同盟条約の調印手続きについて……226

三　184　昭和15年9月25日　日ソ国交調整方針に関する外務省内打合せ要旨……308

二　142　昭和15年9月26日　日独伊三国同盟条約締結に関する枢密院審査委員会の議事概要……227

二　143　昭和15年9月26日　日独伊三国同盟条約締結に関する枢密院本会議の議事概要……247

二　144　昭和15年9月26日　在独国来栖大使より松岡外務大臣宛（電報）一二五一　日独伊三国同盟条約の締結に関し独伊の意見一致について……248

二　145　昭和15年9月27日　在独国来栖大使より松岡外務大臣宛（電報）一二五九　日独伊三国同盟条約の調印完了報告……249

二　146　昭和15年9月27日　条約　日独伊三国同盟条約……249

付記一　昭和十五年九月二十七日付松岡外務大臣より在本邦オット独国大使宛公信条二機密第一三三号　日英間武力紛争発生時の独国の援助に関する日独交換公文往翰……251

二　昭和十五年九月二十七日付松岡外務大臣より在本邦オット独国大使宛公信条二機密第一三四号　南洋委任統治に関する日独交換公文往翰……251

三　昭和十五年九月二十七日付在本邦オット独国大使より松岡外務大臣宛公信G一〇〇〇号
条約の運用実施に関する日独交換公文来翰訳文 …… 252
四　昭和十五年九月二十七日付松岡外務大臣より在本邦オット独国大使宛公信条二機密第一三五号
右来翰内容を了承する日独交換公文往翰 …… 254

二　147　昭和15年9月27日　日独伊三国同盟条約の締結に関する詔書 …… 254
付記　昭和十五年九月二十七日
右条約の締結に関する告諭 …… 255

二　148　昭和15年9月27日　一五六一　在米国堀内大使より松岡外務大臣宛（電報）　日独伊三国同盟成立に対する米国政府の反応について …… 255

二　149　昭和15年9月(28)日　特情華府五二　在米国堀内大使より松岡外務大臣宛（電報）　日独伊三国同盟成立に関するハル米国国務長官声明 …… 256

二　150　昭和15年9月28日　一二六〇　在独国来栖大使より松岡外務大臣宛（電報）　日独伊三国同盟条約調印式の状況報告 …… 257
別電　昭和十五年九月二十七日発在独国来栖大使より松岡外務大臣宛第一二六一号
右調印式における来栖大使挨拶文 …… 258

二　151　昭和15年9月28日　一五六七　在米国堀内大使より松岡外務大臣宛（電報）　日独伊三国同盟成立に対する米側反応を踏まえたわが方外交方針の確立方具申 …… 259

二　152　昭和15年9月29日　六二四　在ニューヨーク井口総領事代理より松岡外務大臣宛（電報）　日独伊三国同盟成立に関する米国紙報道振り報告 …… 261

二　153　昭和15年9月30日　一三二五　在ソ連邦東郷大使より松岡外務大臣宛（電報）　日独伊三国同盟成立に関するプラウダ紙社説報告 …… 262

二　154　昭和15年9月30日　一二七一　在独国来栖大使より松岡外務大臣宛（電報）　日独伊三国同盟成立に際するドイツの対ソ措置振りにつきリッベントロップ内話について …… 263

二 155 昭和15年10月1日 一七一 在ハンガリー井上臨時代理公使より松岡外務大臣宛（電報） 日独伊三国同盟のハンガリーへの影響につき同国外相と会談について …… 264

二 156 昭和15年10月2日 一五八二 在米国堀内大使より松岡外務大臣宛（電報） 日独伊三国同盟成立に対する米国内の反響報告 …… 264

二 157 昭和15年10月3日 一五九〇 在米国堀内大使より松岡外務大臣宛（電報） 日独伊三国同盟成立後における米国の参戦可能性等に関する森島参事官と在米国独国代理大使との会談報告 …… 265

二 158 昭和15年10月3日 一五九一 在米国堀内大使より松岡外務大臣宛（電報） 日独伊三国同盟の目的等に関する米国世論の啓発状況について …… 267

二 159 昭和15年10月3日 一三三九 在ソ連邦東郷大使より松岡外務大臣宛（電報） 日独伊三国同盟に対するモロトフ外務人民委員の反応について …… 268

二 160 昭和15年10月3日 一六四六 在英国重光大使より松岡外務大臣宛（電報） 日独伊三国同盟成立に対する英国内の反響報告 …… 269

二 161 昭和15年10月3日 一六四七 在英国重光大使より松岡外務大臣宛（電報） 日独伊三国同盟成立による英国政府内の対日空気の悪化状況等に関する諜報報告 …… 271

三 185 昭和15年10月3日 日ソ国交調整要綱案に関する外務・陸軍・海軍三省の意見交換記録 …… 309

付記 昭和十五年十月二日、外務省作成「日蘇國交調整案ニ關スル説明」 …… 314

二 162 昭和15年10月7日 条一機密合一二六七 松岡外務大臣より在米国堀内大使他宛 日独伊三国同盟条約の締結に関する在外公館長宛訓令 …… 272

二 163 昭和15年10月8日 松岡外務大臣 在本邦クレーギー英国大使 会談 日独伊三国同盟の成立等に関する松岡外相とクレーギー英国大使との会談記録 …… 273

三 186 昭和15年10月13日 一三三二 在独国来栖大使より松岡外務大臣宛（電報） 日独伊三国同盟成立後の独ソ関係に関する観測 …… 315

三 187 昭和15年10月17日 一三四八 在独国来栖大使より松岡外務大臣宛（電報） 在ソ連邦独国大使への訓令内容など独ソ関係につき独国外務次官と会談について …… 316

三 188 昭和15年10月30日 建川大使がモロトフに提示した不侵略条約案……317
三 189 昭和15年11月6日 一四二九 在独国来栖大使より松岡外務大臣宛(電報) ドイツは独伊の対ソ関係緊密化および日ソ関係の改善により英米勢力との対抗を意図しているとの観測について……318
三 190 昭和15年11月17日 一四六三 在ソ連邦建川大使より松岡外務大臣宛(電報) モロトフとヒトラー、リッベントロップとのベルリン会談の内容に関する情報について……320
三 191 昭和15年11月18日 一四六七 在ソ連邦建川大使より松岡外務大臣宛(電報) モロトフより中立条約案および北樺太利権に関する議定書案提示について……320
別電甲 昭和十五年十一月十八日発在ソ連邦建川大使より松岡外務大臣宛第一四六八号 右条約案……321
乙 昭和十五年十一月十八日発在ソ連邦建川大使より松岡外務大臣宛第一四六九号 右議定書案……321

昭和十六年

三 192 昭和16年1月27日 一〇一 在ソ連邦建川大使より松岡外務大臣宛(電報) 日ソ国交調整促進の必要性につき意見具申……322
三 193 昭和16年2月8日 大本営政府連絡懇談会決定 「對獨伊「ソ」交渉案要綱」……324
三 194 昭和16年2月13日 九七 在英国重光大使より松岡外務大臣宛(電報) ドイツに対しソ連がブルガリアの分割等を要求との諜報について……326
三 195 昭和16年2月15日 一一九 在独国来栖大使より松岡外務大臣宛(電報) 欧州戦局および独ソ関係の現状等に関する観察報告……326
三 196 昭和16年2月25日 一五九 在独国大島大使より松岡外務大臣宛(電報) 日ソ国交調整に対するドイツの斡旋等につきリッベントロップと会談について……328

三 197 昭和16年2月25日 一六〇 在独国大島大使より松岡外務大臣宛(電報) 日独伊三国同盟に対し日本は絶対忠実である旨リッベントロップへ強調について……329

三 198 昭和16年2月26日 一七四 在独国大島大使より松岡外務大臣宛(電報) シンガポール攻略問題に関しリッベントロップと会談について……330

三 199 昭和16年3月2日 二〇八 在独国大島大使より松岡外務大臣宛(電報) 信任状捧呈後の会談におけるヒトラー総統の発言内容報告……330

三 200 昭和16年3月11日 合五九九 松岡外務大臣より在独国大島大使他宛(電報) 松岡外相の訪欧予定につき通報……333

三 201 昭和16年3月18日 二七一 在独国大島大使より近衛臨時外務大臣事務管理宛(電報) 対英攻撃の見通しおよびシンガポール攻略問題に関するレーダー独国海軍元帥との会談報告……333

三 202 昭和16年3月27日 松岡外務大臣／リッベントロップ独国外務大臣 会談 松岡・リッベントロップ会談要領……334

三 203 昭和16年3月27日 松岡外務大臣／ヒトラー総統 会談 松岡・ヒトラー会談要領……336

三 204 昭和16年4月1日 三四二 在独国大島大使より近衛臨時外務大臣事務管理宛(電報) ユーゴスラビア政変におけるソ連の策動を痛罵し対ソ軍備増強をヒトラー言明について……337

三 205 昭和16年4月1日 三四三 在独国大島大使より近衛臨時外務大臣事務管理宛(電報) ユーゴスラビア政変はバルカン問題解決の絶好の機会とのヒトラーおよびリッベントロップの発言について……337

三 206 昭和16年4月5日 三七八 在独国大島大使より近衛臨時外務大臣事務管理宛(電報) 日独伊混合委員会の結成にリッベントロップが熱意を表明について……338

三 207 昭和16年4月7日 三八三 在独国大島大使より近衛臨時外務大臣事務管理宛(電報) ユーゴスラビアに対する日本側の外交措置実施の可能性につきリッベントロップ打診について……338

三 208 昭和16年4月9日 四二七 在ソ連邦建川大使より近衛臨時外務大臣事務管理宛(電報) 中立条約調印に備え全権委任状発出の手配準備方指示について……339

三 209 昭和16年4月10日 四三一 在ソ連邦建川大使より近衛臨時外務大臣事務管理宛(電報) 北樺太利権に関する附属議定書を除く中立条約案への調印をわが方提議について……339
三 210 昭和16年4月10日 四〇一 在独国大島大使より近衛臨時外務大臣事務管理宛(電報) ベルリンにおける日独伊混合委員会成立について……340
三 211 昭和16年4月11日 四三六 在ソ連邦建川大使より近衛臨時外務大臣事務管理宛(電報) モスクワ滞在中の条約成立がもたらす世界的効果に鑑み中立条約案の字句修正は松岡外相にて取り計らう意向について……341
三 212 昭和16年4月12日 四四二 在ソ連邦建川大使より近衛臨時外務大臣事務管理宛(電報) ソ連側作成の議定書案による北樺太利権問題の解決にモロトフが固執のため中立条約交渉打切りの意向表明について……341
別電一 昭和十六年四月十二日発在ソ連邦建川大使より近衛臨時外務大臣事務管理宛第四四三号 モロトフが提示した中立条約案第一条修正案……343
二 昭和十六年四月十二日発在ソ連邦建川大使より近衛臨時外務大臣事務管理宛第四四四号 わが方が提示した北樺太利権問題解決に関する半公信案……343
三 213 昭和16年4月12日 四四七 在ソ連邦建川大使より近衛臨時外務大臣事務管理宛(電報) 中立条約調印の合意成立につき大至急全権委任状の手配方指示について……344
三 214 昭和16年4月12日 四四八 在ソ連邦建川大使より近衛臨時外務大臣事務管理宛(電報) 松岡・スターリン会談にて日ソ中立条約に関し合意成立について……344
別電 昭和十六年四月十二日発在ソ連邦建川大使より近衛臨時外務大臣事務管理宛第四四九号 北樺太利権問題の解決に関する半公信案の修正点……345
三 215 昭和16年4月12日 四五〇 在ソ連邦建川大使より近衛臨時外務大臣事務管理宛(電報) 日ソ中立条約に関する合意成立は調印終了の公表まで極秘とすべき旨注意喚起……345
三 216 昭和16年4月13日 四六〇 在ソ連邦建川大使より近衛臨時外務大臣事務管理宛(電報) 日ソ中立条約の締結に関し在英米仏各国大使へ通報……345

三　217　昭和16年4月13日　四六一　在ソ連邦建川大使より近衛臨時外務大臣事務管理宛（電報）　日ソ中立条約および声明書の概要に関しわが方主要関係国大使へ通報……346

三　218　昭和16年4月13日　四六三　在ソ連邦建川大使より近衛臨時外務大臣事務管理宛（電報）　日ソ中立条約調印完了報告……347

三　219　昭和16年4月13日　条約　日ソ中立条約……347

付記一　昭和十六年四月十三日付松岡外務大臣よりモロトフ外務人民委員宛半公信
仮訳文
北樺太利権問題の解決に関する往信……349

二　昭和十六年四月十三日付モロトフ外務人民委員より松岡外務大臣宛半公信
右往信に対する返信および仮訳文……349

三　昭和十六年四月十三日
右条約調印に関する近衛首相談話……350

三　220　昭和16年4月13日　四六四　在ソ連邦建川大使より近衛臨時外務大臣事務管理宛（電報）　日ソ中立条約は松岡外相の帰国を待たず直ちに批准すべきとの同外相見解……351

三　221　昭和16年4月13日　四六七　在ソ連邦建川大使より近衛臨時外務大臣事務管理宛（電報）　松岡外相のモスクワ出発時の状況報告……351

三　222　昭和16年4月14日　九　松岡外務大臣より近衛臨時外務大臣事務管理宛（電報）　日ソ中立条約調印後のソ連側態度につき報告……351

三　223　昭和16年4月14日　四七五　在ソ連邦建川大使より近衛臨時外務大臣事務管理宛（電報）　日ソ中立条約締結に関するプラウダ紙社説報告……352

三　224　昭和16年4月14日　二二九　在米国野村大使より近衛臨時外務大臣事務管理宛（電報）　日ソ中立条約の成立が米国世論を刺激せぬよう配慮方具申……353

三　225　昭和16年4月15日　二一二　在伊国堀切大使より近衛臨時外務大臣事務管理宛（電報）　日ソ中立条約締結をムッソリーニ伊国首相へ伝達について……354

三　226　昭和16年4月15日　二六〇　在英国重光大使より近衛臨時外務大臣事務管理宛（電報）　日ソ中立条約成立に対する英国官辺筋の反響報告……354

三 227 昭和16年4月16日 四一三 在独国大島大使より近衛臨時外務大臣事務管理宛（電報） 独ソ開戦の可能性に関するリッベントロップおよびスターマーとの会談報告……355
三 228 昭和16年4月16日 四一八 在独国大島大使より近衛臨時外務大臣事務管理宛（電報） 独ソ開戦の場合に備えわが方対処方針の確立方意見具申……357
三 229 昭和16年4月18日 二〇七 在満州国梅津大使より近衛臨時外務大臣事務管理宛（電報） 日ソ中立条約成立に対する満州国内の反応について……360
三 230 昭和16年4月18日 六四 在ブルガリア泉臨時代理公使より近衛臨時外務大臣事務管理宛（電報） 独ソ両軍の動静に関する諜報報告……361
三 231 昭和16年4月19日 二三三 在伊国堀切大使より近衛臨時外務大臣事務管理宛（電報） 日ソ中立条約成立を踏まえ米国は日本と妥協すべきとのローマ法王の見解に関する情報報告……361
三 232 昭和16年4月22日 「松岡外務大臣渡欧復命内奏」……362
付記 昭和十六年四月二十二日 帰京に際しての松岡外相談……370
三 233 昭和16年4月22日 三二 在ウィーン山路総領事より松岡外務大臣宛（電報） 独ソ開戦の可能性に関する情報……371
三 234 昭和16年4月23日 三二八 在バタビア石沢総領事より松岡外務大臣宛（電報） 日ソ中立条約成立による華僑の動揺状況について……372
三 235 昭和16年4月23日 四五一 在独国大島大使より松岡外務大臣宛（電報） 日ソ中立条約成立に対するドイツ言論界の反応について……373
三 236 昭和16年4月24日 日ソ中立条約締結に関する枢密院審査委員会議事録……374
三 237 昭和16年4月24日 日ソ中立条約締結に関する枢密院本会議議事録……390
三 238 昭和16年4月24日 五一五 在ソ連邦建川大使より松岡外務大臣宛（電報） 日ソ中立条約成立によるソ連官憲および民衆の対日態度の変化について……390

三　239　昭和16年4月28日　二三二　在満州国梅津大使より松岡外務大臣宛（電報）　日ソ中立条約成立に伴う在満中国共産党等の動向につき観測報告……391

三　240　昭和16年4月28日　二四六　在伊国堀切大使より松岡外務大臣宛（電報）　ローマにおける日独伊混合委員会の開催について……392

三　241　昭和16年5月7日　五四九　在ソ連邦建川大使より松岡外務大臣宛（電報）　スターリンの人民委員会議議長就任およびモロトフの外務人民委員専任人事に関する現地の観察について……393

三　242　昭和16年5月7日　四九六　在独国大島大使より松岡外務大臣宛（電報）　ヒトラー演説にみるドイツの対米態度について……394

三　243　昭和16年5月9日　八　在ケーニヒスベルク杉原総領事代理より松岡外務大臣宛（電報）　東部国境付近における独軍の動向など独ソ関係に関する参考情報報告……394

三　244　昭和16年5月9日　三九　在ウィーン山路総領事より松岡外務大臣宛（電報）　ドイツは六月中の対ソ開戦を準備中との情報報告……395

三　245　昭和16年5月10日　五〇六　在独国大島大使より松岡外務大臣宛（電報）　スターリンの人民委員会議議長就任に対するリッベントロップの見解について……396

別　電　昭和十六年五月十四日発在独国大島大使より松岡外務大臣宛第五〇七号　右就任に対する大島大使見解……396

三　246　昭和16年5月10日　四三　在スイス三谷公使より松岡外務大臣宛（電報）　スターリンの人民委員会議議長就任に対するブルガリア公使の観察について……397

三　247　昭和16年5月14日　二七一　在伊国堀切大使より松岡外務大臣宛（電報）　日本の内政状況およびイタリアの軍事作戦等に関するムッソリーニとの会談報告……398

三　248　昭和16年5月16日　五九六　在ソ連邦建川大使より松岡外務大臣宛（電報）　ソ連の対独態度が急変しないかぎり独ソ全面戦争の可能性は低いとの観測について……398

三　249　昭和16年5月17日　五五六　在独国大島大使より松岡外務大臣宛（電報）　ドイツの対ソ要求をめぐり独ソ関係は重大な岐路にあるとの情報について……400

三　250　昭和16年5月22日　五八一　在独国大島大使より松岡外務大臣宛（電報）　独ソ開戦の可能性を考慮しわが方対処方針策定の上回示方請訓……401
三　251　昭和16年5月28日　四五八　松岡外務大臣より在独国大島大使宛（電報）　対ソ武力衝突の回避を希望する松岡外相のメッセージをリッベントロップへ伝達方訓令……402
三　252　昭和16年5月31日　二六一　松岡外務大臣より在米国野村大使宛（電報）　日米妥協論の打消しに関する松岡外相談話……402
三　253　昭和16年6月4日　六三五　在独国大島大使より松岡外務大臣宛（電報）　ヒトラーおよびリッベントロップと会談実施について……403
三　254　昭和16年6月4日　六三六　在独国大島大使より松岡外務大臣宛（電報）　独ソ戦は不可避である旨ヒトラーおよびリッベントロップ言明について……403
三　255　昭和16年6月5日　六三八　在独国大島大使より松岡外務大臣宛（電報）　独ソ開戦の可能性に関するリッベントロップとの会談要旨……404
三　256　昭和16年6月5日　六三九　在独国大島大使より松岡外務大臣宛（電報）　独ソ開戦の可能性に関するヒトラーとの会談要旨……406
三　257　昭和16年6月5日　九五　在ルーマニア筒井公使より松岡外務大臣宛（電報）　ルーマニア政府は独ソ開戦に備え政府移転を準備中との情報報告……408
三　258　昭和16年6月7日　三五六　在伊国堀切大使より松岡外務大臣宛（電報）　独ソ開戦の可能性に対する否定的な見通しなどにつきチアノ伊国外相と会談について……409
三　259　昭和16年6月7日　六六七　在ソ連邦建川大使より松岡外務大臣宛（電報）　独ソ関係に関する在ソ連邦独国大使の見解について……410
三　260　昭和16年6月14日　三七七　在伊国堀切大使より松岡外務大臣宛（電報）　独ソ開戦の場合わが方は当面中立的態度を維持すべき旨意見具申……411
三　261　昭和16年6月17日　七〇八　在ソ連邦建川大使より松岡外務大臣宛（電報）　独ソ関係に関する在ソ連邦独国大使館員の説明について……412
三　262　昭和16年6月17日　七〇九　在ソ連邦建川大使より松岡外務大臣宛（電報）　在ソ連邦伊国大使館員家族らの本国引揚げに関する情報について……413

三 263 昭和16年6月17日 七〇一 在独国大島大使より松岡外務大臣宛(電報) 独ソ開戦時期および日本の対応方針等に関するリッベントロップとの会談報告……414

三 264 昭和16年6月21日 一〇八 在ルーマニア筒井公使より松岡外務大臣宛(電報) ルーマニア政府より公使館の即日移転を要請について……415

四 265 昭和16年6月22日 独ソ開戦に関する在本邦オット独国大使の口頭通告要旨……419

四 266 昭和16年6月22日 七四五 在独国大島大使より松岡外務大臣宛(電報) 独ソ開戦にあたり直ちにドイツへの支持を表明すべき旨意見具申……421

四 267 昭和16年6月22日 七三二 在ソ連邦建川大使より松岡外務大臣宛(電報) 独ソ開戦に関する在ソ連邦独国大使との会談報告……422

四 268 昭和16年6月23日 独ソ開戦に際して外務省が作成した情勢判断および対処方針文書……422

付記 昭和十六年六月二十五日 右文書改訂版……424

四 269 昭和16年6月23日 七五二 在独国大島大使より松岡外務大臣宛(電報) 独ソ開戦初日の戦況に関する情報報告……427

四 270 昭和16年6月23日 七四二 在ソ連邦建川大使より松岡外務大臣宛(電報) 独ソ開戦直後のモスクワ市内の状況報告……427

四 271 昭和16年6月24日 五三七 在バタビア石沢総領事より松岡外務大臣宛(電報) 独ソ開戦に際しソ連支持を掲げた蘭印紙論調報告……428

四 272 昭和16年6月24日 八六 在ハルビン久保田総領事より松岡外務大臣宛(電報) 独ソ開戦に対してわが方は不介入を宣言し日中戦争処理に邁進すべき旨意見具申……428

四 273 昭和16年6月24日 七五九 在独国大島大使より松岡外務大臣宛(電報) 独ソ戦況に関する情報報告……429

四 274 昭和16年6月24日 七六〇 在独国大島大使より松岡外務大臣宛(電報) 独ソ戦に対する英米等の反応に関する情報報告……430

四 275 昭和16年6月24日 七六四 在独国大島大使より松岡外務大臣宛(電報) ドイツの対ソ処分構想に関する情報報告……431
四 276 昭和16年6月24日 七六五 在独国大島大使より松岡外務大臣宛(電報) ドイツと策応し極東ソ連領にて分解工作を行うべき旨具申……432
四 277 昭和16年6月24日 一一三 在ルーマニア筒井公使より松岡外務大臣宛(電報) ドイツによるロシア新政権の樹立は確実との独ソ戦見通しについて……432
四 278 昭和16年6月27日 七八四 在独国大島大使より松岡外務大臣宛(電報) 対ソ作戦に対する日本の協力をリッベントロップ独国外相希望について……434
四 279 昭和16年6月27日 七八五 在独国大島大使より松岡外務大臣宛(電報) 対英攻撃の時期等に関するリッベントロップとの会談報告……435
四 280 昭和16年6月27日 三七八 在満州国梅津大使より松岡外務大臣宛(電報) 独ソ開戦に対する関東軍の態度について……435
四 281 昭和16年6月27日 七九二 在独国大島大使より松岡外務大臣宛(電報) 防共協定の精神に鑑み道義的見地よりわが国には独ソ戦に協力する責務ありとの意見具申……436
四 282 昭和16年6月27日 七七七 在ソ連邦建川大使より松岡外務大臣宛(電報) 独ソ戦に対する日本側態度をめぐるモロトフ外務人民委員との会談報告……437
四 283 昭和16年6月27日 一一八 在ルーマニア筒井公使より松岡外務大臣宛(電報) ボルシェビキ打倒を大義名分として対ソ開戦すべき旨具申……438
四 284 昭和16年6月28日 一三六 在イラン市河公使より松岡外務大臣宛(電報) 独ソ戦に対してわが方は中立を維持し対米宣戦の上南進すべき旨意見具申……439
四 285 昭和16年6月28日 七九八 在独国大島大使より松岡外務大臣宛(電報) 日本の早期参戦を独側希望につき速やかにわが方態度決定方具申……441
四 286 昭和16年6月30日 対ソ軍事行動の即時決断を要請するリッベントロップの松岡外相宛申入れ文書……442
四 287 昭和16年7月1日 ドイツ側に対し独ソ戦に対する日本の立場を説明したオーラル・ステートメント……443

四　288　昭和16年7月1日　一六一　在フィンランド昌谷公使より松岡外務大臣宛（電報）　ソ連側に対し独ソ戦に対する日本の立場を説明したオーラル・ステートメント……444
四　289　昭和16年7月1日　松岡外務大臣宛（電報）　独ソ戦に対して採るべき立場につき意見具申……445
四　290　昭和16年7月2日　四〇三　在満州国梅津大使より松岡外務大臣宛（電報）　独ソ開戦後における満州方面の情勢報告……446
四　291　昭和16年7月2日　八二五　在独国大島大使より松岡外務大臣宛（電報）　独ソ戦況を説明し日本の協力の必要性をリッベントロップ強調について……447
四　292　昭和16年7月2日　八二六　在独国大島大使より松岡外務大臣宛（電報）　独ソ戦決着後の対英決戦遂行をリッベントロップ言明について……449
四　293　昭和16年7月3日　八三九　在ソ連邦建川大使より松岡外務大臣宛（電報）　独ソ開戦に伴う日ソ間の相互引揚げを考慮し外国人の出国査証制実施方具申……449
四　294　昭和16年7月4日　八四八　在ソ連邦建川大使より松岡外務大臣宛（電報）　ソ連の敗色は濃厚との情勢判断報告……450
四　295　昭和16年7月4日　八五〇　在ソ連邦建川大使より松岡外務大臣宛（電報）　モスクワ所在のソ連政府部官庁が撤退開始との風説について……451
四　296　昭和16年7月4日　八五四　在ソ連邦建川大使より松岡外務大臣宛（電報）　ロシアに新政権が樹立された場合におけるスターリン政権との関係につき対処方針回示方請訓……451
四　297　昭和16年7月5日　八四五　在独国大島大使より松岡外務大臣宛（電報）　在本邦ポーランド大使館の引揚げ実施を独側要請について……453
四　298　昭和16年7月8日　八七七　在ソ連邦建川大使より松岡外務大臣宛（電報）　独ソ戦につき在ソ連邦スタインハート米国大使と意見交換について……453
四　299　昭和16年7月10日　六二六　松岡外務大臣より在独国大島大使宛（電報）　諸般の情勢により在本邦ポーランド大使館の引揚げ実施は保留中である旨オット大使へ通報について……454

四　300　昭和16年7月12日　松岡外務大臣／在本邦スメターニンソ連邦大使　会談　日ソ中立条約の有効性をめぐる松岡外相とスメターニン大使との会談要旨……454

四　301　昭和16年7月16日　九〇六　在独国大島大使より／松岡外務大臣宛（電報）　三国同盟に基づくわが方態度の明確化をヒトラー希望について……457

四　302　昭和16年7月18日　九一八　在独国大島大使より／豊田外務大臣宛（電報）　ヒトラーおよびリッベントロップと会談について……458

別電一　昭和十六年七月十八日発在独国大島大使より豊田外務大臣宛第九二〇号　松岡外相メッセージに対するリッベントロップ見解……459

二　昭和十六年七月十八日発在独国大島大使より豊田外務大臣宛第九二一号　独ソ戦への協力および日米交渉の中止を求めるリッベントロップ発言……460

三　昭和十六年七月十八日発在独国大島大使より豊田外務大臣宛第九二二号　独軍部内の不満を伝えるリッベントロップ発言……461

四　昭和十六年七月十九日発在独国大島大使より豊田外務大臣宛第九二三号　英独妥協説に対するリッベントロップ見解……461

五　昭和十六年七月十九日発在独国大島大使より豊田外務大臣宛第九二四号　独ソ戦況および対米関係等に関するヒトラー発言……462

四　303　昭和16年7月19日　九二五　在独国大島大使より／豊田外務大臣宛（電報）　ヒトラーおよびリッベントロップとの会談を踏まえ速やかにわが方態度を明確にすべき旨具申……465

四　304　昭和16年7月21日　四七三　在満州国梅津大使より／豊田外務大臣宛（電報）　北満方面の軍事的緊迫に伴うソ連の対日措置につき観測報告……465

四　305　昭和16年7月31日　七〇八　豊田外務大臣より／在独国大島大使宛（電報）　独ソ開戦後におけるドイツ側の対日要望に対する政府方針について……466

四　306　昭和16年8月4日　大本営政府連絡会議決定　「對「ソ」外交交渉要綱」……468

四　307　昭和16年8月5日　豊田外務大臣／在本邦スメターニンソ連邦大使　会談　日ソ中立条約の遵守をわが方が明言した豊田外相とスメターニン大使との会談録……469

四　308　昭和16年8月6日　　豊田外務大臣
在本邦オット独国大使｝会談　豊田・スメターニン会談の内容をめぐる豊田外相とオット大使との会談要旨……474

四　309　昭和16年8月6日　　大本営政府連絡会議決定　「日「ソ」間ノ現勢ニ對シ帝國ノ採ルヘキ措置ニ關スル件」……475

四　310　昭和16年8月9日　一〇〇九　在独国大島大使より豊田外務大臣宛(電報)　在本邦ポーランド大使館の引揚げに関する独側要請の実現につき配慮方具申……477

四　311　昭和16年8月12日　一〇五六　在ソ連邦建川大使より豊田外務大臣宛(電報)　対ソ交渉の開始時期および開催場所につき意見具申……477

四　312　昭和16年8月13日　　豊田外務大臣
在本邦スメターニンソ連邦大使｝会談　日ソ中立条約の効力確認および北樺太利権問題等をめぐる豊田外相とスメターニン大使との会談録……478

四　313　昭和16年8月19日　一〇七八　在ソ連邦建川大使より豊田外務大臣宛(電報)　モスクワにて資源分配に関する英米ソ三国会議開催予定につき対ソ申入れ事項の回示方請訓……483

四　314　昭和16年8月24日　一〇六三　在独国大島大使より豊田外務大臣宛(電報)　ドイツ大本営にてリッベントロップと会談について……483

四　315　昭和16年8月25日　一〇六四　在独国大島大使より豊田外務大臣宛(電報)　独ソ戦の見通しおよび米国参戦の可能性等をめぐるリッベントロップとの会談報告……483

四　316　昭和16年8月25日　一〇六六　在独国大島大使より豊田外務大臣宛(電報)　独ソ戦況に関するカイテル元帥の説明報告……486

四　317　昭和16年8月29日　一〇八一　在独国大島大使より豊田外務大臣宛(電報)　ヒトラー・ムッソリーニ会談の内容等に関する情報報告……490

四　318　昭和16年9月4日　一一〇〇　在独国大島大使より豊田外務大臣宛(電報)　日米交渉の帰趨に関して三国同盟を堅持し対米妥協をすべきではない旨意見具申……491

四　319　昭和16年9月4日　五六一　在伊国堀切大使より豊田外務大臣宛(電報)　ヒトラーおよびムッソリーニの東部戦線視察状況に関する情報報告……493

四	320	昭和16年9月15日	一一四五	在ソ連邦建川大使より 豊田外務大臣宛(電報)	対ソ交渉は独ソ戦の帰趨を見極めた上で実施すべき旨意見具申	494
四	321	昭和16年9月20日		豊田外務大臣、天羽外務次官 在本邦オット独国大使 } 会談	三国同盟条約の適用に関する対米申入れ等をめぐる豊田外相、天羽次官とオット大使との会談記録	495
四	322	昭和16年9月22日	一一六九	在ソ連邦建川大使より 豊田外務大臣宛(電報)	米国による戦用資材の対ソ供給問題等に関しスタインハート大使と会談について	498
四	323	昭和16年9月26日		天羽外務次官 在本邦オット独国大使 } 会談	三国同盟条約に関する対米申入れ問題および日米交渉の進捗状況等をめぐる天羽次官とオット大使との会談記録	498
四	324	昭和16年10月1日	六三〇	在伊国堀切大使より 豊田外務大臣宛(電報)	日米交渉に対するイタリア側の不信感等に関する安東参事官と伊国外務省担当官との会談報告	501
四	325	昭和16年10月1日	一一九八	在独国大島大使より 豊田外務大臣宛(電報)	ドイツ国内における対日感情の悪化状況について	502
四	326	昭和16年10月2日		天羽外務次官 在本邦オット独国大使 } 会談	日米交渉の進捗状況等をめぐる天羽次官とオット大使との会談記録	503
四	327	昭和16年10月4日		天羽外務次官 在本邦ローマーポーランド大使 } 会談	在本邦ポーランド大使館の廃止に関する天羽次官と同国大使との会談記録	506
				付記	昭和十六年十月四日付、外務省より在本邦ポーランド大使館宛口上書 右廃止通告	509
四	328	昭和16年10月6日		天羽外務次官 在本邦オット独国大使 } 会談	在本邦交戦国大使館による報道記事類の頒布禁止問題等に関する天羽次官とオット大使との会談記録	509
四	329	昭和16年10月7日	一二二四	在独国大島大使より 豊田外務大臣宛(電報)	モスクワ包囲戦開始に関する情報報告	512
四	330	昭和16年10月8日	八七三	豊田外務大臣より 在独国大島大使宛(電報)	日米交渉の意図および三国同盟に関する政府の立場について	513

四	331	昭和16年10月8日	一二二九	在独国大島大使より豊田外務大臣宛(電報)	独軍によるモスクワ攻略を見据え遅疑逡巡することなくわが方対策決定方具申	515
四	332	昭和16年10月9日	六四五	在伊国堀切大使より豊田外務大臣宛(電報)	日米交渉への不信感等に関する伊国紙主筆の見解について	516
四	333	昭和16年10月10日	一二一〇	在ソ連邦建川大使より豊田外務大臣宛(電報)	独ソ間の休戦講和実現は当面困難との観測について	517
四	334	昭和16年10月11日	一二三七	在独国大島大使より豊田外務大臣宛(電報)	欧州戦局の進展に鑑み三国同盟に基づく確固たる政府方針の決定方具申	519
四	335	昭和16年10月15日	六六四	在伊国堀切大使より豊田外務大臣宛(電報)	日米交渉に対する伊国民の不信感および対ソ参戦の必要性等に関するパウリッチ前訪日使節団長の見解について	522
四	336	昭和16年10月16日	一二五〇	在独国大島大使より豊田外務大臣宛(電報)	欧州戦況とドイツの対外関係に関する情報報告	523
四	337	昭和16年10月29日	一二七六	在独国大島大使より東郷外務大臣宛(電報)	独ソ開戦後の情勢判断および外交政策に関する意見具申の要旨摘録	525
四	338	昭和16年10月30日		東郷外務大臣 在本邦オット独国大使 会談	防共協定延長問題および欧州戦況に関する東郷外相とオット大使との会談録	526
四	339	昭和16年10月30日		東郷外務大臣 在本邦インデリ伊国大使 会談	防共協定延長問題等に関する東郷外相と在本邦インデリ伊国大使との会談要領	529
四	340	昭和16年11月1日	一二八四	在独国大島大使より東郷外務大臣宛(電報)	悪天候によりモスクワ包囲戦は停滞も戦局全体は甚だ楽観すべき状況との情報報告	530
四	341	昭和16年11月5日		阪本欧亜局長 在本邦オット独国大使 会談	防共協定延長問題に関する阪本欧亜局長とオット大使との会談録	531
四	342	昭和16年11月6日		東郷外務大臣 在本邦オット独国大使 会談	日米交渉の進捗状況および来栖大使の米国派遣に関する東郷外相とオット大使との会談録	531

343　昭和16年11月6日　一二五七　在ソ連邦建川大使より東郷外務大臣宛（電報）　気比丸事件に対し強硬態度をもってソ連に臨むべき旨意見具申……533
四
344　昭和16年11月8日　一二九八　在独国大島大使より東郷外務大臣宛（電報）　悪天候による独ソ戦線の停滞状況に関する情報報告……534
四
345　昭和16年11月13日　一三二〇　在独国大島大使より東郷外務大臣宛（電報）　独側の希望により防共協定の延長および参加国増加については発表当日まで極秘とすべき旨注意喚起……535
四
346　昭和16年11月14日　一三二六　在独国大島大使より東郷外務大臣宛（電報）　バルカン諸国等による防共協定への参加表明について……535
四
347　昭和16年11月22日　東郷外務大臣／在本邦オット独国大使　会談　日米交渉における日本の対米態度等に関する東郷外相とオット大使との会談録……535
四
348　昭和16年11月25日　議定書　防共協定の効力延長に関する議定書……538
四
付記　昭和十六年十一月二十五日付　日独防共協定の秘密附属協定廃止に関する日独秘密交換公文往翰……539
349　昭和16年11月29日　六八　在新京好富総領事より東郷外務大臣宛（電報）　独ソ和平工作の必要性につき意見具申……540
四
別電　昭和十六年十一月三十日発在新京好富総領事より東郷外務大臣宛第六九号　ソ連の極東兵力および工業力事情……541
350　昭和16年11月29日　一三八四　在独国大島大使より東郷外務大臣宛（電報）　モスクワ近郊におけるソ連軍の抵抗状況など欧州戦況に関する情報報告……542
四
351　昭和16年11月29日　一三八八　在独国大島大使より東郷外務大臣宛（電報）　ヒトラーの日米交渉への関心および対米強硬決意について……544
四
352　昭和16年11月29日　一三八九　在独国大島大使より東郷外務大臣宛（電報）　防共協定延長に際して開催されたベルリン会議にて独首脳部と会談について……545
四
353　昭和16年11月30日　東郷外務大臣／在本邦オット独国大使　会談　独ソ戦況および日米交渉に関する東郷外相とオット大使との会談録……545
四

四

354 昭和16年12月2日 一四〇五 在独国大島大使より東郷外務大臣宛(電報) 対米戦争即時参加問題および単独不講和宣言案に関しリッベントロップ等と会談について……549

日本外交文書　第二次欧州大戦と日本　第一冊
日独伊三国同盟・日ソ中立条約

2012年5月1日　初版発行

編　　者　外務省
発 行 者　八木環一
発 行 所　株式会社 六一書房
〒101-0051　東京都千代田区神田神保町 2-2-22
電話 03-5213-6161　FAX 03-5213-6160　振替 00160-7-35346
http://www.book61.co.jp　E-mail info@book61.co.jp
印刷・製本　株式会社　三陽社

ISBN 978-4-86445-016-4 C3021

Documents on Japanese Foreign Policy

The Second World War in Europe, 1939-1941

Volume 1

Conclusion of the Tripartite Pact and the Japanese-Soviet Neutrality Pact

CONTENTS

1 Efforts for enlarging the membership of and strengthening the Anti-Comintern Pact. 1

2 The Tripartite Pact. 141

3 The Japanese-Soviet Neutrality Pact. 277

4 Japanese relations with the Axis Powers and the Soviet Union after the outbreak of the German-Soviet War. 417

Appendixes

Notes written by former Minister for Foreign Affairs, Hachiro Arita regarding efforts for strengthening the Anti-Comintern Pact. 553

Minutes of the round-table discussion by retired Japanese diplomats on Japanese-German relations with a focus on the Anti-Comintern Pact. 573

Chronological List of Documents